影响世界的25位管理大师思想述评
——基于一流企业视角的研究

主　编　惠　宁　周　宇
副主编　褚志远　惠　炜

中央编译出版社

图书在版编目 (CIP) 数据

影响世界的 25 位管理大师思想述评 / 惠宁著. —北京：中央编译出版社，2018.8
ISBN 978-7-5117-3596-6

Ⅰ. ①影⋯
Ⅱ. ①惠⋯
Ⅲ. ①管理学－通俗读物
Ⅳ. ① C93-49

中国版本图书馆 CIP 数据核字 (2018) 第 159871 号

影响世界的 25 位管理大师思想述评

出 版 人：	葛海彦
出版统筹：	贾宇琰
责任编辑：	谭　伟
责任印制：	刘　慧
出版发行：	中央编译出版社
地　　址：	北京西城区车公庄大街乙 5 号鸿儒大厦 B 座 (100044)
电　　话：	(010) 52612345（总编室）(010) 52612339（编辑室） (010) 52612316（发行部）(010) 52612346（馆配部）
传　　真：	(010) 66515838
经　　销：	全国新华书店
印　　刷：	北京紫瑞利印刷有限公司
开　　本：	787 毫米 ×1092 毫米　1/16
字　　数：	573 千字
印　　张：	34.25
版　　次：	2018 年 8 月第 1 版
印　　次：	2018 年 8 月第 1 次印刷
定　　价：	78.00 元
网　　址：	www.cctphome.com　邮　箱：cctp@cctphome.com
新浪微博：	@中央编译出版社　　微　信：中央编译出版社（ID：cctphome）
淘宝店铺：	中央编译出版社直销店 (http://shop108367160.taobao.com) (010) 55626985

本社常年法律顾问：北京市吴栾赵阎律师事务所律师　闫军　梁勤
凡有印装质量问题，本社负责调换，电话：(010) 55626985

国家社科基金项目：互联网驱动区域创新能力提升的效应与路径研究（17XJL004）

陕西省高等学校《工商管理专业创新人才协同培养模式》综合改革试点项目

目 录

绪 论 /1
 一、管理学思想的演化 /1
 二、管理学的基本特征 /4
 三、管理学的研究方法 /6

第一章 彼得·德鲁克：现代商业理论 /9
 一、彼得·德鲁克的生平 /10
 二、彼得·德鲁克的著作 /13
 三、彼得·德鲁克的主要贡献 /16
 四、彼得·德鲁克的管理思想评论 /27

第二章 迈克尔·波特：竞争战略思想 /34
 一、迈克尔·波特的生平 /34
 二、迈克尔·波特的著作 /37
 三、迈克尔·波特的主要贡献 /42
 四、迈克尔·波特的管理思想评论 /54

第三章 加里·哈默尔：战略是一种革命 /60
 一、加里·哈默尔的生平 /60
 二、加里·哈默尔的主要著作 /61
 三、加里·哈默尔的主要贡献 /68
 四、加里·哈默尔的管理思想评论 /75

第四章 亨利·明茨伯格：战略规则的衰落与兴起 /82
 一、亨利·明茨伯格的生平 /82
 二、亨利·明茨伯格的著作 /83

三、亨利·明茨伯格的主要贡献　/88

四、亨利·明茨伯格的管理思想评论　/91

第五章　普拉哈拉德：公司核心竞争力　/103

一、普拉哈拉德的生平　/103

二、普拉哈拉德的著作　/104

三、普拉哈拉德的主要贡献　/111

四、普拉哈拉德的管理思想评论　/117

第六章　罗伯特·S.卡普兰：启动平衡计分卡　/122

一、罗伯特·S.卡普兰的生平　/122

二、罗伯特·S.卡普兰的著作　/125

三、罗伯特·S.卡普兰的主要贡献　/130

四、罗伯特·S.卡普兰的管理思想评论　/137

第七章　迈克尔·汉默的企业再造：经营革命的宣言　/143

一、迈克尔·汉默的生平　/143

二、迈克尔·汉默的著作　/144

三、迈克尔·汉默的主要贡献　/149

四、迈克尔·汉默的管理思想评论　/153

第八章　詹姆斯·钱皮：企业重组与公司重塑　/157

一、詹姆斯·钱皮的生平　/157

二、詹姆斯·钱皮的著作　/158

三、詹姆斯·钱皮的主要贡献　/167

四、詹姆斯·钱皮的管理思想评论　/172

第九章　杰佛里·佩弗：新企业会重蹈覆辙吗？　/178

一、杰佛里·佩弗的生平　/178

二、杰佛里·佩弗的著作　/179

三、杰佛里·佩弗的主要贡献　/186

四、杰佛里·佩弗的管理思想评论　/194

第十章　查尔斯·汉迪：信赖与虚拟企业　/197

一、查尔斯·汉迪的生平　/197

二、查尔斯·汉迪的著作　/200

三、查尔斯·汉迪的主要贡献　/210

四、查尔斯·汉迪的管理思想评论　/212

第十一章　诺萨贝斯·穆丝·坎特：让人性之光闪耀　/216

一、诺萨贝斯·穆丝·坎特的生平　/216

二、诺萨贝斯·穆丝·坎特的著作　/218

三、诺萨贝斯·穆丝·坎特的主要贡献　/221

四、诺萨贝斯·穆丝·坎特的管理思想评论　/226

第十二章　乔·R.卡曾巴赫：团队、变革、绩效管理　/235

一、乔·R.卡曾巴赫的生平　/235

二、乔·R.卡曾巴赫的著作　/236

三、乔·R.卡曾巴赫的主要贡献　/253

四、乔·R.卡曾巴赫的管理思想评论　/257

第十三章　罗伯特·西蒙斯：授权年代的控制问题　/259

一、罗伯特·西蒙斯的生平　/259

二、罗伯特·西蒙斯的著作　/260

三、罗伯特·西蒙斯的主要贡献　/263

四、罗伯特·西蒙斯的管理思想评论　/274

第十四章　戴维·C.麦克兰德：权力是最大的动力器　/284

一、戴维·C.麦克兰德的生平　/284

二、戴维·C.麦克兰德的主要著作与学术思想　/286

三、戴维·C.麦克兰德的主要贡献　/296

四、戴维·C.麦克兰德的管理思想评论　/303

第十五章　克里斯·阿吉里斯的授权：皇帝的新衣　/306

一、克里斯·阿吉里斯的生平　/306

二、克里斯·阿吉里斯的著作 /307
三、克里斯·阿吉里斯的主要贡献 /321
四、克里斯·阿吉里斯的管理思想评论 /326

第十六章 查尔斯·M.法卡斯：首席执行官的领导方式 /328

一、查尔斯·M.法卡斯的生平 /328
二、查尔斯·M.法卡斯的著作 /330
三、查尔斯·M.法卡斯的主要贡献 /333
四、查尔斯·M.法卡斯的管理思想评论 /345

第十七章 丹尼尔·戈尔曼：领导风格理论 /351

一、丹尼尔·戈尔曼的生平 /351
二、丹尼尔·戈尔曼的著作 /352
三、丹尼尔·戈尔曼的主要贡献 /358
四、丹尼尔·戈尔曼的管理思想评论 /364

第十八章 费德勒：领导权变模式 /370

一、费德勒的生平 /370
二、费德勒的著作 /372
三、费德勒的主要贡献 /377
四、费德勒的管理思想评论 /381

第十九章 小约瑟夫·L.巴达那科：建立文化原理 /384

一、小约瑟夫·L.巴达那科的生平 /384
二、小约瑟夫·L.巴达那科的著作 /385
三、小约瑟夫·L.巴达那科的主要贡献 /392
四、小约瑟夫·L.巴达那科的管理思想评论 /395

第二十章 尼提·诺里亚：实事求是的管理之道 /399

一、尼提·诺里亚的生平 /399
二、尼提·诺里亚的著作 /401
三、尼提·诺里亚的主要贡献 /407

四、尼提·诺里亚的管理思想评论　/415

第二十一章　L.S.帕纳：企业道德管理　/419
一、L.S.帕纳的生平　/419
二、L.S.帕纳的主要著作　/420
三、L.S.帕纳的主要研究贡献　/425
四、L.S.帕纳的管理思想评论　/431

第二十二章　杰伊·A.康格：代际转变与组织变迁　/439
一、杰伊·A.康格的生平　/439
二、杰伊·A.康格的著述　/441
三、杰伊·A.康格的主要贡献　/454
四、杰伊·A.康格的管理思想评论　/464

第二十三章　珍妮·丹尼尔·德克：变革理论　/466
一、珍妮·丹尼尔·德克的生平　/466
二、珍妮·丹尼尔·德克的著作　/467
三、珍妮·丹尼尔·德克的主要贡献　/481
四、珍妮·丹尼尔·德克的管理思想评论　/484

第二十四章　苏曼特拉·戈沙尔：组织理论与跨国企业　/486
一、苏曼特拉·戈沙尔的生平　/486
二、苏曼特拉·戈沙尔的著述　/488
三、苏曼特拉·戈沙尔的主要贡献　/491
四、苏曼特拉·戈沙尔的管理思想评论　/511

第二十五章　丹尼尔·T.琼斯：从精简生产到精简企业　/521
一、丹尼尔·T.琼斯简介　/521
二、丹尼尔·T.琼斯的著述　/522
三、丹尼尔·T.琼斯的主要贡献　/531
四、丹尼尔·T.琼斯的管理思想评论　/533

后　记　/536

绪 论

研究梳理20世纪管理学大师的管理理论，选择影响世界经济发展的25位管理学家，研究管理大师的成长历程，阐释管理大师的经典著作，学习管理大师的思想理念，对于贯彻落实习近平总书记在十九大报告中指出的"建设现代化经济体系，必须把发展经济的着力点放在实体经济上，把提高供给体系质量作为主攻方向，显著增强我国经济质量优势"，创建一流企业，构建现代产业体系，提高经济发展质量，具有重要的理论和现实意义。

我们知道，将管理学作为一门独立学科进行研究和探索的历史只有短短百余年，这百余年的发展历程是管理由零散到系统、由经验到科学的过程，更是管理思想不断演化、不断丰富、不断创新的过程。在这一过程中，管理学的名家大师层出不穷、星光璀璨，各类管理思想和流派纷纷涌现、异彩纷呈，为管理学的发展、完善和传承作出了巨大贡献。

一、管理学思想的演化

（一）科学管理理论

科学管理理论产生于19世纪末20世纪初，科学管理理论认为，管理是一门科学，而不是靠经验和智慧完成的。科学管理学派的代表人物主要有泰勒、亨利·法约尔和马克斯·韦伯，他们分别从个人、组织和社会三个不同的视角进行研究，共同建造了科学管理理论的大厦。

泰勒是科学管理理论的奠基人，被称为"科学管理之父"，他将观察、记录、调查、实验等科学分析方法引入管理领域，在管理实践中创立了一套系统而具体的管理方法。泰勒的管理理论冲破了传统的经验式管理,为科学管理奠定了基础,在此之后,以观察、统计、实验为主要手段的科学分析方法被广泛应用于管理实践中,最具代表性的有卡尔·乔治·巴思的巴思公式与巴思计算尺,亨利·劳伦斯·甘特的甘特图,吉尔布雷斯夫妇的动作研究以及亨利·福特的标准化生产。亨利·法约尔在调查研究的基础上提出了一般组织理论。该理论将管理活动从经营活动中分离开来,将管理的功能划分为计划、组织、命令、协调和控制五大类,这一理论为管理提供了一套科学的理论构架,该理论也成为管理史上的又一座丰碑。马克斯·韦伯在西方管理领域中被称为"组织理论之父",他不仅考察了组织的行政管理,而且广泛地分析了社会、经济和政治结构,深入地研究了工业化对组织结构的影响。韦伯认为,任何组织都必须以某种形式的权力作为基础,在理想的行政组织体系中,组织活动应通过职务或职位而非个人或世袭地位来管理。

泰勒、法约尔、韦伯等人的理论主张表明,它们都力图按照科学研究的基本要求来思考和探索反映管理活动过程中客观规律的基本原则、原理和一般方法,他们的理论基础是现代科学的方法论及其技术[①]。无论是后来出现的运筹学、系统论、信息论、控制论、结构论和突变论,还是决策技术、信息技术、网络技术在管理上的应用,都充分说明了追求效率、效用、科学和理性是推动管理学理论发展的原动力。

(二)行为科学理论

随着社会的发展,人在管理中所起的作用日益明显,以"经济人假设"为前提的科学管理理论已无法适应新形势的需要。1932年,管理学家梅奥完成了著名的"霍桑实验",实验结果表明,人是"社会人"而非"经济人",研究人的需要和行为,提高人的积极性,重视人的发展成为管理学领域新的研究重点,行为科学学派由此产生。

行为科学采用客观的调查研究方法来观察、发现、记录组织中个人和团体的行为,并依据统计结果得出一般性的规律,是一门涉及多领域、多学科的边缘科学。早期的行为科学始于20世纪20年代,以霍桑实验为主要内容;后期的行为科学出现于20世纪50年代,随着管理学研究的不断深入,更多的心理学家、社

---

① 魏文斌.西方管理学流派的重新划分[J].国外社会科学,2011年(3).

会学家和人类学家加入进来，取得了丰富的理论成果，其中最著名的有马斯洛的需求层次理论、赫茨伯格的双因素理论、弗隆的期望理论、亚当斯的公平理论、麦格雷戈的 X-Y 理论、温勒的团体动力学理论、斯托格第和沙特尔的领导行为四分图理论等。

行为科学理论不再单纯地将人视为获取利润的生产要素，而是主张从人类行为的特点、行为环境、行为的原因和过程等多个角度出发，研究个人与个人、个人与群体及群体与群体之间的关系，以此创造良好的工作环境，充分调动人的积极性。行为科学的产生说明，当时社会学家的认识论思维正在突破传统的形式，开始从人文特性的角度对具有人文社会色彩的人的行为规律进行研究。自此，"人本化"的观念逐渐得到认同，人文哲学研究摆脱自然主义的束缚独立发展起来。

（三）现代管理理论

进入 20 世纪 80 年代，世界格局开始发生结构性的改变，意识形态领域的不同和各种传统文化的差异正在不断地碰撞、交融、渗透，整个世界处于一个动荡不安的状态。一方面，现代科学技术日新月异，科技与日常消费的联系日趋紧密，新的市场领域不断被开发出来；另一方面，传统文化和外来文化不断融合，社会在方方面面呈现多样化的特点。伴随这样的历史背景，西方管理学界掀起企业文化、学习型组织、流程再造、知识管理的研究热潮，产生了一系列现代管理理论。现代管理移植了数学、计算机科学、统计学、文化学等诸多学科方法，形成了"管理理论丛林"。孔茨所谓的"管理理论丛林"包括六个学派，即管理过程学派、经验或案例学派、人类行为学派、社会系统学派、决策理论学派和数量学派。这些学派的根本差异就是来自不同学科的研究方法的区别。20 世纪 80 年代，孔茨又宣称原来的 6 个学派发展为 11 个学派，即经验或案例学派、人类行为学派、群体行为学派、协作社会系统学派、社会技术学派、决策理论学派、系统学派、管理科学学派、权变和情景学派、经理角色学派和经营理论学派，并认为所谓学派（school）应叫做方法（approach）更为合适。

为了适应环境的变化，出现了以彼得斯和沃特曼为代表的动态化管理思想；为了适应激烈的市场竞争，出现了以波特为代表的战略管理理论；为了提升核心能力、延长组织寿命，出现了以彼得·圣吉为代表的学习型组织理论；为了提高产品质量、获取更大的利润空间，出现了以戴明和朱兰为代表的质量管理理论。

显然，管理学的这些学派或研究方法，基本都是移植其他学科的方法单一或交叉使用发展而来的。

新型管理理论的出现使管理学进入一个蓬勃发展的时期，也代表着管理学思想的巨大转变。一是从过程管理向战略管理的转变。这一时期的管理理论不再局限于企业内部的短期经营活动，而将重点转向企业的长远发展问题上来，将企业战略置于管理的首要位置。二是从产品的市场管理向价值管理的转变。激烈的竞争和变化莫测的市场环境使企业生存日益困难，传统的以现金流为衡量标准的财富观和利益观受到挑战，对企业价值认同的研究成为企业管理的新生力量，企业提供产品和服务的价值以及企业整体价值的增长逐渐成为管理者、经营者和消费者共同关注的问题。三是从行为管理向文化管理的转变。管理大师彼得·德鲁克指出，管理理论不应是理性的推理或分析，而应从特定的管理实践和管理文化出发，总结、概括出理论性的管理原理与方法；文化管理的核心在于核心价值观的塑造，即在长期的经验管理中培育出占主导地位的、为全体员工所认同和恪守的价值标准、行为准则、道德规范和文化素质，从而提高企业的凝聚力和竞争力，促进企业持续、健康发展。

二、管理学的基本特征

（一）一般性或普遍性

管理学是从一般原理、普遍性的视角对管理实际和管理规律进行科学概括，不涉及管理分支学科的研究。管理学是研究管理实际中普遍的、一般的、基础性的理论科学，无论是"宏观原理"还是"微观原理"，都需要管理学的原理作基础来加以研究概括。管理学是各门具体的或专门的管理学科的共同基础。

（二）多科性或综合性

从管理内容来看，管理学涉及的领域非常广泛，它需要从不同的管理现实中抽象概括出具有普遍性的管理思想、管理原理和管理方法。从影响管理实际的因素来看，一方面包括生产力、生产关系、上层建筑这些基本因素，另一方面还包括自然因素、社会因素、文化因素、心理因素等。从管理学科与其他学科的相关性来看，它与经济学、社会学、心理学、哲学、文学、历史学、数学、物理学、计算机科学等都有密切关系，是一门多学科交叉的综合学科。

（三）实践性与社会性

实践性也称实用性，一方面管理学的理论与方法是实践经验的总结与提炼，另一方面管理的理论与方法又必须为实践服务，这样才能显示出管理理论与方法的生命力。同时，管理主体与管理客体是构成管理过程主要因素，而管理主体是社会最有生命力的人，这就决定了管理的社会性。管理在很大程度上带有生产关系的特征，这也体现了管理的社会性。

（四）科学性与艺术性

管理的科学性表现在管理活动的过程可以通过管理活动的结果来衡量，同时它具有行之有效的研究方法和研究步骤来分析问题、解决问题。管理的艺术性表现在管理的实践性，在实践中发挥管理人员的创造性，因地制宜地采取措施，为有效地进行管理创造条件。管理的科学性和艺术性相辅相成，对管理中可预测可衡量的内容，可用科学的方法去测量。而对管理中某些只能感知的问题，某些内在特性的反映，则无法用理论分析或逻辑推理来估计，但可通过管理艺术来评估。富有成效的管理艺术来源于对它所依据的管理原理的理解和丰富的实践经验。

（五）历史性与现实性

管理学是管理实践、管理思想和管理理论的总结、扬弃和发展。割断历史，不了解前人对管理经验的理论总结和管理历史，就难以很好地理解、把握和运用管理学。现实性是包含内在根据的、合乎必然性的存在，是客观事物和现象种种联系的综合，现实性总是处于不断发展的过程之中，它是过去的"现实"变化发展的结果。既要梳理管理学的历史演化，更要研究管理中出现的现实问题。管理学的演进路径基本上遵循了下述三个方面：一是组织理论研究的演进路径：古典组织理论—组织行为学—领导科学—组织文化；二是管理方式方法研究的演进路径：科学管理理论—行为科学—管理科学理论—决策理论—生产管理、信息管理方法；三是经营理论研究的演进路径：厂商理论—产业组织—市场学—消费者理论—策略学。在上述演进路径中，20世纪90年代以来管理学的进展均为空白，这并不是说管理学研究没有进展,而是难以进行分类,但这一现实问题应该研究。

三、管理学的研究方法

管理学经过100多年的发展已经成为一个相对完整的学科体系,与此同时管理学的研究分析方法已发展成为一个纷繁复杂的综合体系。对管理研究方法的认识,管理学界普遍存在以下三种观点。

第一种观点认为,管理研究方法可以按照研究范式划分为三个层次:第一层次的是哲学层次方法,属于哲学方法论的范畴,它是管理学家形成管理理论、指导管理实践的根本方法,从最本质上揭示了管理学研究方法的特质;第二层次的是管理学通用研究方法,它是研究主体进行研究的基本思维原理和分析方法;第三层次的是管理学研究的具体操作方法,属于工具主义方法的范畴,它将管理学的研究特点和研究对象紧密相连,是在方法论指导下实施的管理实践方法。

第二种观点认为,管理学的形成和发展可以梳理出三条线索:第一条线索以科学和理性为基础,通过具体的管理实践总结出管理原理和方法,是目前管理学发展的主线,被称为应用管理学;第二条是以人性假设理论为前提,通过思辨的方法对管理学的内在机理进行分析和探索,被称为理论管理学;第三条是以管理案例研究为代表的管理学,采用经验分析方法,对具体的管理情境进行假象式的试验,被称为实验管理学。

第三种观点是将管理学中的研究方法与管理学家的时代背景相联系进行划分,主要有以下七种研究方法:一是科学管理时代的科学理性方法,二是社会人时代的社会分析方法,三是基于组织发展的系统分析方法,四是行为科学时代的人性假设方法,五是融合了科学理论的文化分析方法,六是信息浪潮下的有限理性方法,七是以成果为导向的经验主义方法。这些研究方法是根据管理思想演化过程中各个管理流派的特点提炼出来的,强调管理学家的思维过程和管理方法中蕴含着的哲学方法论。

在本书中,我们将管理研究方法概括为以下几个方面。

(一)案例调查与分析法

在西方管理理论的研究中,从古典管理理论到现代管理理论,许多已被实践证明属科学管理原理的结论,都是从大量的调查和反复试验的案例中得出的。例如,泰罗提出的定额管理原理、计件工资原理、操作标准化和工具标准化原理,来自于米德维尔钢铁厂实际和试验案例。经验主义学派代表人物为德鲁克(P. Drucker)、戴尔(E. Dale)等,他们的研究方法是实证的、案例分析性的,对象直接是组织、组织中的管理问题。又如,行为学科理论中所得出的"人是社会人"的结论,权变理论中所提出的"超Y"理论等,也都是通过大量的实际案例和长期的试验案例的调查分析所得出的。案例调查与分析法是管理理论研究的一种最常用的方法,这种方法最大的优点就是能够体现理论联系实际的原则,使一般管理原理的抽象建立在大量的实际调查和案例分析的基础上。

(二)归纳与演绎法

归纳和演绎是两种不同的推理和认识事物的科学方法。归纳是指由个别到一般、由事实到概括的推理方法。归纳法的基本观点包括:一是科学始于观察,观察陈述建立理论陈述的基础,观察本身具有客观性。二是归纳法是建立科学理论的方法。如果满足了归纳原理的条件,从观察陈述中概括出来的定律就是合适的。三是科学理论的发展是真实知识的积累和递增。如果经验事实是真实的,且归纳法又是合理的,由归纳得出的科学知识也是不会错误的,科学的发展就是正确知识的积累。演绎是指由一般到个别、由一般原理到个别结论的推理方法。演绎法的基本观点包括:一是演绎法对于论证理论具有重要作用。在理论进行实践检验之前,不仅可以对理论进行某种评价,而且可以使理论具有某种严密性。二是演绎法对于提示或预见事实具有重要作用,从理论命题可推导出事实命题,提示已知事实,预知未知的事实。三是演绎法对发现疑难命题具有重要作用。应用充分条件假言推理的否定后件式,对提出问题具有重要作用。

(三)比较与协同研究法

比较研究法是指对彼此有某种联系的事物加以比较、对照,从而确定它们之间的相同点和差异点的一种研究方法。事物之间的差异性和同一性,是比较研究方法的客观基础。运用比较研究法,通过对不同国家、不同地区、不同部门、不同单位管理活动进行各种比较分析,就能发现它们之间的差异点和共同点,而对其中的共同点加以概括,再加以反复验证,就可以总结出带有规律性的管理经验,抽象出管理的一般原理。例如20世纪80年代，通过美国和日本管理情况的比较，人们发现企业文化在经济管理中的极端重要性。管理学一方面需要运用各种知识（包括自然科学和社会科学的各种知识），组织各方面专家（包括管理学家、自然科学家、社会科学家）进行协同研究；另一方面为了进一步检验所研究的理论成果是否真正具有科学性、普遍性和适用性，还必须通过多方面的管理实践来检验，这就需要科研部门、科研人员与实际管理部门的协同。

本章参考文献

[1] 王力，赵渤.管理学流派思想评注图鉴：历史、方法、趋势[M].北京：社会科学文献出版社，2011.

[2] 郭咸纲.西方管理学说史[M].北京：中国经济出版社，2003.

[3] 将显荣，现代西方管理思想方法论[M].北京：光明日报出版社，2011.

[4] 魏文斌.西方管理学流派的重新划分[J].国外社会科学，2011,(3).

第一章 彼得·德鲁克：现代商业理论

彼得·德鲁克（Peter F. Drucker，1909年11月19日—2005年11月11日），20世纪最重要的管理和商业活动的思想家，被誉为"现代管理学之父"。他终身以教书、著书和咨询为业，在他长达65年的职业生涯中，共出版了39部专著，发表了数百篇文章，发表近40篇哈佛商业评论的经典文章，其中有7篇获得了"麦卡锡奖"，这些著作和论文已经被翻译成37种语言。德鲁克提出了一个具有划时代意义的概念——目标管理（Management By Objectives，简称为MBO），成为当代管理学的重要组成部分。为纪念其在管理领域的杰出贡献，他一直任教的克莱蒙特大学将管理研究生院以他的名字命名为彼得·德鲁克管理研究生院。杰克·韦尔奇、比尔·盖茨等人都深受其思想的影响，无怪乎《纽约时报》赞誉他为"当代最具启发性的思想家"。英国《经济学家》这样盛赞这位影响了一个世纪的管理巨人："在一个充斥着自大狂和江湖骗子的行业中，他是一个真正的具有原创性的思想家。假如世界上果真有所谓大师中的大师，那个人必定是彼得·德鲁克。"诺贝尔奖获得者西蒙对德鲁克在管理学领域创造的成绩给予了很高的评价，认为："对管理学者而言，挑战就是找到彼得·F.德鲁克说得还不够好的地方。"

一、彼得·德鲁克的生平

（一）德鲁克的身世

1909年11月19日，彼得·德鲁克出生在奥匈帝国首都维也纳一个富裕的文化世家，祖籍荷兰，据说其祖先是马丁·路德教派《圣经》的印刷者。他的外祖父费迪南德·邦德（Fendinand Bond）是英国人，亲手创建了盎格鲁·奥地利银行。彼得·德鲁克（Petter F. Drucker）名字中间的那个"F"取自于他外祖父的姓名。他父亲阿道夫·德鲁克作为年轻官员的时候就能慧眼识才，对维也纳大学的熊彼特鼎力相助，后来更是官运亨通，担任过帝国贸易部副部长，卸任后又担任大银行的董事长。纳粹上台后，老德鲁克为了免遭迫害而亡命美国，并且先后在北卡罗来州立大学、加利福尼亚州立大学等院校中担任教授。他的母亲是奥地利第一批医学专业的女大学生。彼得·德鲁克有一个比他小一岁半的弟弟，毕业于维也纳大学医学系，在华盛顿州开业行医。这是一个令人羡慕的四口之家，德鲁克父母的家族能人辈出，声名显赫。一旦有亲朋好友前来拜访，德鲁克一家人在吃饭的时候往往会使用英语。

（二）德鲁克的成长

德鲁克的童年是在第一次世界大战中度过的。从懂事时起，彼得·德鲁克就开始接受超凡的教育。那时，在德鲁克的家中，父母时常安排各个领域的顶尖人物到家中边用餐、边交流，谈及时事、医学、文学、数学、哲学等，其间还有朗诵、音乐与餐宴。这使幼小的德鲁克深受启发，智慧早悟。德鲁克的奶奶擅长在钢琴上演奏音乐大师马勒的作品，她也是德鲁克的钢琴老师。虽然德鲁克并没有因此成为作曲家，却由此成了一流的钢琴演奏者。

德鲁克在好多方面都非常优秀，但是他的书写水平的确令人不敢恭维，这个天生的弱项并未随着他的年龄的增长而有所改变。德鲁克在上小学时曾经跳过一次级，据他本人自述，那是校方为了能够让他提前毕业而采取的强制行动。原因是小德鲁克的书写极其糟糕，老师费尽心力也未能取得任何效果，所以便认为他实在是朽木难雕。校长的姐姐正好是高年级的任课老师，校长觉得如果继续保留德鲁克的学籍，势必会使自己的姐姐为了这么一个不成器的少年而耗费心血，因此就勒令他提前毕业了。德鲁克的中学时代是在一所初高中一贯制的学校里度过的，早已对校园生活感到厌倦的他总算熬到了毕业，于是义无反顾地走向了社会。

德鲁克当时的理想是进入一家贸易公司供职，而且不想继续留在死气沉沉的维也纳。在父亲的帮助下他来到了德国汉堡，进入一家五金商行就职，德鲁克的具体工作是担任仓库见习管理员。在汉堡就业的同时，德鲁克还在汉堡大学取得了学籍。随着时间的流逝，德鲁克逐渐厌倦港口城市汉堡的生活，于是迁居到了德国的金融中心法兰克福，学籍也转到了一所名牌院校法兰克福大学。由于德鲁克精通英语，所以他很快就在一家美资证券公司找到了工作。1929年，爆发了世界性经济危机，20岁的德鲁克在他任职的证券公司破产之后，随即成为一名经济记者，东家是法兰克福综合日报社。

德鲁克在22岁时获得了法兰克福大学法学博士学位，并且在上学期间就曾经为系主任代过课。在代课期间有一名低年级女生刚好成为德鲁克的学生，并且在后来与他结为伉俪，此人就是出生在德国美因茨的姑娘桃瑞丝·史密茨，陪伴德鲁克走过了65年的光阴。

（三）德鲁克的大师之路

德鲁克喜欢人们叫他的名字彼得，厌烦大家称他为博士、教授，对于称他为什么大师更是厌恶极了。可是，对于这样一位改变世界的人物来说，任何人称他为大师都不为过。

1943年晚秋，德鲁克接到了一个电话，这个电话就此改变了他的一生，成为他命运中的重要转折。这个电话使他从法学领域转换到管理学领域，进而成为"管理学教父"，改变了这个世界。电话的另一端说："我是保罗·加勒特，通用汽车的公关主任，代表本公司副总裁唐纳森·布朗先生向您请教。不知您是否有兴趣为我们公司的高层主管分析研究本公司的政策和组织结构？"[①]

德鲁克对经营管理学的研究是颇为不易的，当时经营管理学领域尚无足够的文献供研究，而且他对于经济管理的案例也是一无所知，即使他把哥伦比亚图书馆翻个底朝天，能搜集到的资料也只不过是关于管理技巧方面的只言片语而已。

---

① 詹文明. 管理未来：卓有成效的德鲁克 [M]. 北京：东方出版社，2009:8.

德鲁克之前并没有在正规的大型企业中就职的经历，他的工作履历只不过是报社记者以及商会的评论员而已，与经营管理相距甚远。

这个电话不仅改变了他的一生，甚至可以说改变了世界经济的格局。此后的一年半时间里，德鲁克在通用汽车公司展开了充分的调查，完成了人类经营管理学体系中的杰作——《公司的概念》（1946年）。当时通用汽车公司是世界上规模最大的制造商，德鲁克通过对该公司的调查而写就的这部著作，不仅对全球所有的企业、政府机构、非营利组织以及其他一切经营机构产生了无比重大的影响，而且还成为世界上所有经营管理学校的教科书。这部著作的出版，意味着自成体系的经营管理学由此诞生了。

作为卓越的咨询顾问，德鲁克的第一个咨询对象是谁呢？就如有位学生问的："德鲁克博士，你是怎么当上管理咨询顾问的呢？"德鲁克回答道，第二次世界大战期间，当时美国即将参战，由于他拥有博士头衔，成为被动员的民间力量，奉命要向一位上校报到。当时德鲁克被告知将承担"管理咨询顾问"的工作，但是他完全不理解这个职位是干什么的。他查了一下字典，却找不到这个词，遍寻图书馆和书店也没有找到。虽然德鲁克不明白，可是他想到了"顾问侦探"是做什么的之后，就有了基本的概念。为此，他着手了解上校的职责，目前面临什么问题，应该采取哪些做法，以及自己该做什么等，据此提出了几个选择的方案。结果，上校对他的方案非常感兴趣。最后，上校完全接受了德鲁克的提议，这应是德鲁克的第一个成功的咨询个案。哪家公司是德鲁克生前最后提供咨询的客户呢？这就是恒达理财集团，直到2005年4月，95岁高龄的德鲁克还在为该集团提供咨询服务。早在1980年巴克曼接任琼斯的常务董事的职位时双方就建立了关系。德鲁克的咨询顾问工作成为他一生中最大的贡献之一，他从事了持续超过60年之久的终身咨询顾问工作，咨询的对象包括总统、世界级知名企业、非营利机构、政府部门等，可以说是不计其数。

1937年，德鲁克全家移民美国。当时他在一些银行、保险公司和跨国公司任经济学家与管理顾问，并于1943年加入美国国籍。后来，德鲁克在贝宁顿学院任哲学教授和政治学教授，并在纽约大学研究生院担任了20多年的管理学教授。1942年，他受聘为通用汽车公司的顾问。1950年起他任纽约大学商业研究院管理学教授。自1971年后，德鲁克一直任教于克莱蒙特大学的德鲁克管理研究生院。2002年6月20日，美国总统乔治·W. 布什宣布：彼得·德鲁克成为当年的"总统自由勋章"的获得者,这是美国公民所能获得的最高荣誉。2005年,德鲁克获得麦肯锡大奖,该奖项是由《哈佛商业评论》为其在2005年度刊登的最佳商业文章设立的,德鲁克的文章《什么造就了卓有成效的管理者》夺得了第一名。2005年11月11日,德鲁克在美国加州克莱蒙特家中逝世,享年95岁。可以说,"管理学的20世纪是德鲁克的世纪,从德鲁克诞生的这一天开始,管理学就进入了一个全新的时代"。①

二、彼得·德鲁克的著作

德鲁克一生多是以学者和研究者的身份出现在人们面前的,所以尽管他被称为"现代管理学之父",但他一直认为自己首先是一名作家和老师。

(一)德鲁克的著作概述

德鲁克一生著述颇丰,著作多达30余部,较为著名的几部著作是:1946年出版的《公司的概念》、1954年出版的《管理的实践》、1966年出版的《卓有成效的管理者》、1973年出版的《管理:任务、责任、实践》。其中,《管理实践》一书开创了管理学这门学科,从而奠定了其管理大师的地位,而《管理:任务、责任、实践》则被誉为管理学的"圣经"。

82岁高龄的德鲁克写道:"从20岁开始,写作就成了我所有工作(教学及顾问咨询)的基础。"在长达六十几年的职业生涯当中,平均每两年就有一本书问世。他丰富的作品可分为三大类:第一类是探讨社会结构与分析政治领域的著作,如《工业人的未来》(The Future of Industrial Man, 1942)及《不连续的时代》(The Age of Discontinuity, 1969)。第二类为管理专论,如《管理的实践》(The Practice of Management, 1954)及《管理:任务、责任、实践》(Management: Tasks, Responsibilities, Practices, 1974)。第三类是为经理人提供实务上建议的著作,如《成果管理》(Managing for Results, 1964)及《卓有成效的管理者》(The Effective Executive, 1966)。当有人问到这些著作总共卖出去多少册时,德鲁克满不在乎地答道:"大约五六百万册吧。"这种态势令所有作家望尘莫及。1997年出

---

① 赵曙明,杜鹏程.德鲁克管理思想解读[M].北京:机械工业出版社,2009:1.

版的《德鲁克看亚洲——与中内功对话录》(Drucker on Asia: a Dialogue between Peter Drucker and Isao Nakauchi)是德鲁克与日本大荣集团总裁中内功的谈话记录。这本书原本只有日文版，仅在日本市场发售，1997年又出了英文版，如今该书的译本已增加了韩文、葡萄牙文、德文、法文、西班牙文及泰文版。

然而，书籍只是德鲁克所有著述中的一部分。几十年来，德鲁克不断发表掷地有声的论文。在1975—1995年20年间，德鲁克每个月为《华尔街日报》评论性专栏撰写文章，其中内容经常被其他人引用。而在这一段被他称为"生产力最高的时期"，德鲁克同时撰写了22篇长文章，每一篇长度从3500—6500字不等。其中《哈佛商业评论》发表8篇，《公共利益》(The Public Interest)及《大西洋月刊》各发表3篇，《外交事务》(Foreign Affairs)发表2篇，《经济学人》发表2篇，另外替《新视点》(New Perspectives)、《公司》(Inc.)、《福布斯》杂志及《风尚》(Esquire)杂志各写了1篇。德鲁克把自己过去50年来影响世人最深远的文章，收录在《生态愿景》(The Ecological Vision)这本书中。另外，他又将过去20年的文章，依"事先规划好的"3个总题目，汇编成3套论文集；以后如有新的文章发表，即可依照该文章的性质归入这3套论文集。

（二）德鲁克的大师之作

1.《公司的概念》

1942年，德鲁克受聘为当时世界最大企业——通用汽车公司的顾问，对公司的内部管理结构进行了研究，1946年，将心得写成《公司的概念》。该书的重要贡献不仅在于阐述了"拥有不同技能和知识的人在一个大型组织里怎样分工合作"，还在于首次提出"组织"的概念，并且奠定了组织学的基础。

在这本书中，德鲁克有不少一针见血的观察所得：论及忙碌的主管，德鲁克说："属下呈递上来的问题，最好能让主管当场作出决定，也就是说，属下必须一一剔除与重要业务无关的事。"论及企业组织，德鲁克的定义是："借用现代心理学的比喻，企业组织就像一首曲调，想要奏出动听的曲调，不能只看个别成员的表现，还要看整体关系是否和谐。"论及利润，德鲁克的诠释是："不论是资本主义者、社会主义者还是穴居人，利润是一切经济活动的基础。"

《公司的概念》一书出版后，德鲁克提供的顾问咨询对象逐渐扩及西尔斯、通用电气等大企业。然而不论到哪里，德鲁克均发现，"从工作、功能，一直到管理领域面临的挑战，既没有人在这些方面做过研究，也没有人提出任何想法，更没有人建立有系统的知识……"谈到自己当初为何要撰写第一本管理书籍时，德鲁克道："我希望我写出来的东西，一方面让我的客户公司的经理人知道，他们在职位上应该知道'一切事情'；另一方面培养他们将来能够承接高级管理层的职责……"

2.《管理的实践》

1954年，德鲁克出版了《管理的实践》，"发明"了"管理"。他的时机抓得很好：20世纪五六十年代的"管理热潮"正开始兴起，然而当时市面上却没有任何一本谈管理的书籍，没有一本书能够向经理人解释什么是管理，也没有任何一本书像20世纪其他的重大社会创新一样，能够将管理建立成一种制度。《管理的实践》提出了一个具有划时代意义的概念——目标管理，将管理学开创成为一门学科。

《管理的实践》既是第一部以全新角度看待管理的著作，也是第一部以实际执行层面所立论的管理学书籍。《管理的实践》一书从管理的本质切入——就管理者的角色、职务、功能的认知及其未来面临的挑战，有着精辟独到的见解，掀开了管理的奥秘与实务。该书以"管理企业、管理管理者、管理员工和工作"三项管理的任务，贯穿整本书的主轴和精髓，并以八个关键成果领域、三个经典的问句以及组织的精神丰富其内涵。德鲁克以其深厚的人文素养，强调人的理想性、价值观及判断力成了组织绩效表现的关键资源。因此，惟有找对人，摆对位置，从旁协助，才可能有"对"的成果。德鲁克在书中强调对人总是以正面（用人之长）评价，对事则是以负面（高标要标）评估，这是各类组织惟一最高的指导原则。

3.《卓有成效的管理者》

1966年，德鲁克出版了《卓有成效的管理者》，告知读者：不是只有管理别人的人才称得上是管理者。在当今知识社会中，知识工作者即为管理者，管理者的工作必须卓有成效。《卓有成效的管理者》成为高级管理者必读的经典之作，它是德鲁克写过的最让人感到愉悦的一本管理书，其中经常出现仅用一行字就完全表情达意的句子，且字里行间充满了智慧，使人在愉快的心情下心领神会。

《卓有成效的管理者》一开始，德鲁克再一次运用了对称的手法：区别如何去做对的事与找出对的事并把它做好。前者是效率的标准，应用于员工；后者是效能的标准，应用于管理者。有效管理者的任务是找出对的事请并把它做好。德鲁克指出，效能与一个人的智力或想象力并无关联。平凡人可以有效能，而很有名气的创意天才可能一事无成。有效管理者的座右铭是"认识自己的时间"，他们不从工作开始，"而是从时间开始"，注重"成效"。成效取决于外界变化多端的顾客世界，而非取决于组织内部的"工作"。有效管理者"不会强人所难，不会强迫别人去做他们做不来的事"。有效管理者"优先处理应该优先处理的事，次要的事根本不予理会"。有效管理者制定有效的决策。

4.《管理：任务、责任、实践》

1973年，"石油输出国组织"（OPEC）采取联合垄断行为，促使石油价格一路飙涨，而工业化国家承受不了能源成本飞涨，开始对企业课征重税，造成各大企业成长趋缓，正当这时，德鲁克出版了那部厚达840页、足以鼓舞人心的不朽巨著：《管理：任务、责任、实践》。这是一部给企业经营者的系统化管理手册，给学生学习管理学的系统化教科书，告诉管理人员付诸实践的是管理学而不是经济学、不是计量方法、不是行为科学。

在《管理的实践》一书中，德鲁克曾应允经理人，他会将所有经理人用来强化绩效的"一切知识"全部告诉他们。到了《管理：任务、责任、实践》，德鲁克实现了他的诺言，而且是那样的无微不至的教导。用《管理的实践》里的话来说，这部书的大部分篇幅是在修正德鲁克在20世纪五六十年代所写的三部管理学著作的内容。

从德鲁克一贯的思想结构来看，《管理：任务、责任、实践》一书回答了《工业人的未来》提出的问题：在大企业的所有人没有、也不能经营公司的时代，管理权威的正当性从何而来呢？德鲁克认为，这一问题是管理资本主义（Managerial Capitalism）下常见的特色。要让资本主义变成人类社会可以接受的制度，基本前提是建立一套道德原则，让管理角色在当今的组织社会获得正当性。鉴于该书的突出贡献，它被誉为"管理学"的"圣经"。

三、彼得·德鲁克的主要贡献

一直以来，德鲁克都被尊称为"管理大师中的大师"，之所以这么说，不仅仅是因为他拥有诸多的著述，更是因为他对所研究对象的洞察力和深刻见解，这是其他学者所不能企及的。

第一，开创了管理学学科。可以说，德鲁克之于管理学，就如同亚当·斯密之于经济学、牛顿之于物理学。虽然在德鲁克之前，世界上有一些管理理论，如1911年，泰勒的《科学管理的原理和方法》出版，标志着科学管理正式诞生。但是，这些学者的管理理论都只是在论述管理工作中的各个单一功能，并没有把管理的各项功能有机地结合起来。直到德鲁克出版了《管理的实践》，该书不但提出了一系列具有前瞻性的理论观点和原则，而且还指出了这些原则、观点应用的方式，构建了管理学的学科体系，从此将管理学开创成为一门学科。

第二，提出了崭新的研究方法和管理理念。德鲁克在研究管理的时候，关注的中心是"人"，他以独特的思维方式和旁观者的角度来对研究对象——管理及管理中的人（管理者和被管理者）进行分析和阐述。在宏观上，德鲁克从社会的角度看组织；在微观上，德鲁克从人性的角度看组织，最终再将两者统一起来，从而形成自己的管理理论。德鲁克的管理理论很强调企业的社会责任，认为企业的社会责任比提高管理效率更为重要。并且，德鲁克很重视案例的作用，重视理论在实践中的应用。由他提出的优秀管理理念有：要清楚企业的目的、企业的发展方向；只有明确组织的目的之后，组织才能有绩效；利润不是组织的目的而是结果等等。

第三，用行动实践管理理论。同一般的知识分子不同，德鲁克不会将自己的研究只局限于书面，总是亲自用实践和事实来贯彻、检验他的管理理论。于是，他受聘做一些大公司的顾问，做各种咨询工作。德鲁克将管理咨询工作当成是他进行实践的实验室，用行动来积累实践经验。也正是由于他有这样认真的管理态度，所以备受企业家和管理者的推崇。

德鲁克致力于管理学领域的研究，从而使管理学的思想和精髓传播于世。他将管理的理念贯彻到人们的内心，并深刻影响了企业和社会的发展进程。他的著作被世界许多知名企业领袖视为是管理学中最好的著作，并深受其影响。所以，德鲁克被称为"管理大师中的大师"实在是当之无愧。

（一）德鲁克的经典理论一：自我管理

德鲁克所倡导的自我管理是指个体对自身的心理与行为的主动掌握，调整自己的动机与行动，以达到所预定的模式或目标的自我实现过程，它是个人对自我生命运动和实践的一种自发或主动的调节。

一般来讲,自我管理包括自我认知、自我监督、自我调控、自我激励、自我评价和自我反省。具体来说,是指个人在追求自身价值的过程中,在自我认识的基础上,应当拥有自己的生活和工作目标,在目标实施的同时,经常进行自我检查和分析,再积极地采取措施去弥补行为中的偏差,然后保证目标能够实现,最终达到自我成就、自我超越的目的。

德鲁克认为,管理自己的前提是认识自己,发现自己的优势,了解自己做事的特点,知道自己的价值观,根据自己的长处定位职业,能不定时地对自己的行为进行监督。根据德鲁克的观察,浪费时间的现象经常存在于我们的生活当中。每个人的时间都似乎被填得很满。但是,他们所做的事情却可能根本无益于提高自己的工作效率,并且有很多人的时间被浪费在了琐碎的小事上。同样,他也观察到,"那些讲效能的管理者却总是能够设法对自己的时间进行有效地管理,总是能削减没有成效的时间"。换句话说,就是他们善于掌握自己的时间。德鲁克根据自己的研究总结出了掌握自己时间的三个阶段:阶段一,记录时间的去处;阶段二,对时间进行管理;阶段三,对时间进行整合。

有效地掌握时间,是德鲁克自我管理思想中的精髓,他在很多作品中都提到了这部分内容,如《卓有成效的管理者》、《个人的管理》等,可见该部分在他的自我管理理论中占有很重要的地位。

(二)德鲁克的经典理论二:决策管理

德鲁克认为,管理者的任务繁多,决策只是其中一项。管理者在决策时通常并不需要花很多时间,但决策却是身为管理者特有的任务。所以决策问题值得进行特别的讨论,这项任务将伴随管理者管理生活的始终。无论是在企业的哪一阶段,管理者都必须明确自己想要达到的目标及目标实现的可能,都必须审慎地认识到决策的有效性及可操作性。

为了能得到有效决策的秘诀,很多管理者都不遗余力地去探寻。此时德鲁克则提出,管理者要想作出有效的决策,就应当掌握有效决策的五大要素:

1. 了解问题的性质

德鲁克认为,一个卓有成效的管理者,必须明确所要解决的问题的性质。有效的决策人首先需要辨明问题的性质:是一再发生的经常性问题呢,还是偶然的例外?换言之,某一问题是否为另一个一再发生的问题的原因?或是否确属特殊事件,需以特殊方法解决?倘若是经常性的问题,就应该建立原理原则来根治;而偶然发生的例外,则应该按情况做个别的处置。

2. 考虑边界条件

决策的第二个要素在于确实了解决策应遵循的规范,即明确决策要达到什么目的?目标的最低限度是什么?实现目标必须具备哪些条件?德鲁克在他的书中称这些为"界限条件"。他认为一个有效的决策必须满足这些界限条件,且"界限条件越是清楚和明确,决策有效的可能性就越大,实现其预定目标的机会就越多"。德鲁克还指出,对界限条件保持清醒的认识将是十分必要的,因为它能提醒人们什么样的决策能够集中要害、什么样的决策风险最大、什么时候必须放弃某个决定。

3. 明确"正确"的决策

决策的第三个要素是研究"正确"的决策是什么,而不是研究"能为人接受"的决策是什么。人总有采取折中办法的倾向,如果我们不知道符合规范及边界条件的"正确"决策是什么,就无法辨别正确的折中和错误的折中之间的区别,最终不免走向错误的折中。

德鲁克认为,在清楚了前面两个要素之后,想要确定解决问题的方案并不是难事,不过在确定方案的时候,还要考虑人们是否能够接受。如果人们很难接受,那么管理者就需要采取适当的妥协、让步以及适度变动等一系列其他措施。但是,这并不能影响决策者按照是非标准去决策,德鲁克强调"决策就是做正确的事"。所以,管理者必须坚持自己的价值观,坚定自己的信念,选择最符合企业利益的解决方案。

4. 化决策为行动

决策的第四个要素是化决策为行动。考虑边界条件是决策过程中最难的一步;化决策为行动,则是决策过程中最费时的一步。该要素强调的是:管理者应当落实决策,让决策变成可以被贯彻的行动。德鲁克认为:"只有当贯彻落实决策的具体措施变成了某个人的具体工作和责任时,作决策才有真正的意义。如果情况不是这样,那么根本就谈不上是什么决策,至多只是个良好的愿望罢了。"所以,管理者应当切实考虑如何将决策变为现实。对此德鲁克进一步提出,管理者在实现决策的过程中,应当在准确无误地回答下列问题之后,再让有关人员去落实,即决策必须采取什么行动来贯彻落实?为了落实,决策需要让谁知道?应由谁来采取行动？这一行动应该包含哪些内容，以便让执行决策的人有所遵循？管理者只有在清楚这几个问题的答案之后，才可能更好地落实决策。当然，管理者还应当确保相关人员有足够的执行能力。

5. 建立一项信息反馈制度

决策的最后一个要素是应在决策中建立一项信息反馈制度，以便经常对决策所预期的成果做实际的印证。德鲁克认为，管理者应当根据实际情况不断地验证决策的预期目标是否合适，而这个验证的过程就需要信息的反馈。作出决策的管理者应当及时了解决策执行的情况，了解实际的效果，因为现实不是一成不变的，决策也不可能永远有效。因此决策者最好能去现场看一看，考察决策是否已经过时，是否还有成效。若反馈的信息中要求管理者对决策作出变革，则在下次决策时，管理者应当对此有充分的考虑。

（三）德鲁克的经典理论三：领导力管理

彼得·德鲁克认为，领导力是必不可少的管理技能。早在 1947 年，他就在《哈泼斯杂志》（Harper's Magazine）上撰文："管理就是领导力。" 17 年之后，在其第一本管理专著中，他再次写道："领导力是最为重要的，事实上，也是无可替代的。"德鲁克认定，领导力不仅可以学会，而且应当将其作为独立的专题进行阐述，因为它与管理有很多不同之处。遗憾的是，他始终没有就此问题出版著作。

德鲁克认为，领导就是负责率领并引导员工积极工作，从而促进组织发展，而领导者则是承担这种职责的人。所以，他认为领导不是通常人们所认为的那样，是一种特权，它是一种有责任的工作。在德鲁克的文章中，有这样一句话——卓有成效的管理者都是卓有成效的领导者。这里提到领导者这一概念，从而延伸出了德鲁克关于领导力管理的理论。

德鲁克认为，现实中领导者应当具备这些能力：具有某一领域内的特长、具有交流和倾听的能力、具有决策和组织的能力、具有培养人才的能力和激励人才的能力。他强调，"管理是做好事情，领导是做对事情。"

德鲁克认为，卓有成效的领导力取决于五个基本方面：领导者制定战略计划是基础、商业道德和个人诚信是必要条件、军事领导力是基准模式、正确认识和应用激励的心理学原则、营销模式是行之有效的一般性方法。

（四）德鲁克的经典理论四：人才管理

德鲁克认为，人才是企业可持续发展最核心的生产力，是企业中发挥作用最大的群体。不能单纯地将人才看成是企业的负担，还要看到人才是企业经营的基础，如果没有优秀人才，企业何以创新？何以盈利？一个缺乏人才的企业将难以为继。

在很多管理者眼中，员工只是成本，即便是优秀员工——企业的人才也是一样的，他们每月领取的薪酬是会计核算成本中不可缺少的一部分，所以在招聘员工的时候，管理者第一时间想到的是员工数量的扩大会增加企业经营的成本。当然，尽力节约成本是每个管理者不可回避的问题。但是，如果管理者只想到这些，思想就有了局限。因此，管理者应当纠正过去的观点，看到人才的真正价值，不要将目光盯在人才会带来的薪酬上面。从长远角度看，人才带给企业的回报将远远超过他带来的成本。

德鲁克指出，虽然现在的管理者已经认识到通过人力资源可以实现预期的结果和目标，但是现实中，管理者有关晋升和人事安排的决策还是不尽如人意。通过调查研究，德鲁克发现管理者作出的决策，平均成功率不超过33.3%，最多有1/3的决策是正确的，1/3没什么效果，还有1/3彻底失败。德鲁克认为，这主要是因为管理者没有掌握好人事决策的基本方法。于是，他提出了人事决策的五大基本原则：

1. 周详考虑职务任命

一个职位在不同的时期有不同的工作任务。对职位的描述可以长期不变，但是工作的任务随时都在变化。管理者必须首先了解这项职务的核心内容，根据不同的工作任务，挑选不同的人员。

2. 考虑若干潜在的合格人选

设定一个资格的最低限度，不具备这些资格的候选人自动被刷掉。通常，管理者必须考察3~5个符合资格的候选人。

3. 仔细思考如何考察这些候选人

管理者对任务做了研究之后，就要了解候选人具有什么样的能力，这些能力是否适合完成这项任务。候选人有弱点，有长处，管理者不能在弱点的基础上衡量表现，而且要着眼于候选人的长处。如果具备完成任务的能力，其余的方面可以弥补；如果不具备这一能力，其余的方面就毫无价值。

4. 和若干曾与这些候选人合作过的人交谈

管理者一个人的判断没有价值，因为所有人都会有第一印象、偏见、喜好和嫌恶，管理者需要倾听其他人的不同观点。

5. 保证被任命者了解自己的工作

被任命者进入新工作3~4个月后，他应该考虑如何在新工作上获得成功，管理者也有责任帮助他彻底考虑清楚新工作的要求。

（五）德鲁克的经典理论五：组织管理

德鲁克是最早预见到知识社会到来的管理学大师。20世纪70年代末以来，他致力于研究知识社会的组织和管理问题，一贯将各类组织视为社会的器官，从社会整体需要的高度来研究组织功能和指导组织的管理工作。

德鲁克认为对于一个企业来说，其目标是成为一个优秀的组织。而优秀组织具有如下的特点：第一，"能够通过工作的合理安排，使管理者顺利完成工作"。第二，优秀组织所携带的"组织精神能唤醒员工内在的奉献精神，激励他们努力付出，决定员工是全力以赴还是敷衍了事地工作"。

德鲁克认为，组织者在设计组织结构以前，必须清楚解答：组织中应该由哪些部分构成？哪些部分应该结合在一起，哪些部分应该分开？与各个不同部分相称的规模和形式应该怎样？在回答了这些问题之后，管理者就会对组织结构的设计有了总体上的规划。

根据德鲁克对传统的组织结构和新出现的组织结构的研究，组织结构总体上分为三大类：以工作和任务为中心的组织结构设计、以成果为中心的组织结构设计和以关系为中心的组织结构设计。对于这些不同的组织结构，德鲁克认为，管理者应当清楚它们各自的优点和缺点，并选择最适合于自己企业的组织结构。

德鲁克认为，在组织结构设计的过程中还要遵守一定的设计规则，如设计时要将企业的理想与现实相结合，要尽量以企业的使命、宗旨和关键活动等为依据，并结合使用多种组织形式。他认为通过遵守这些规则，将会使组织的结构设计更加规范和科学。

（六）德鲁克的经典理论六：目标管理

1954年，德鲁克在《管理的实践》中首次提出了"目标管理"这个概念，真正建立起了"目标管理"的理论体系，并把它推广和具体应用到实际工作中。德鲁克认为，企业在把握自身的目标之前，必须清楚企业的目的，它是目标建立的基础。管理者只有在清楚了企业的目的之后，才可能建立起正确而完备的目标体系，进行合理的目标管理。目标管理是企业目的的具体实践过程，而企业的目的只有转化为目标管理才可能实现。

德鲁克认为，一般管理者进行目标管理大体可分为设置目标、管理目标、测定目标成果三个步骤。在这三者中，设置目标最为重要，它实际上就是要求管理者构筑完整的目标体系。

德鲁克认为，构筑完整的目标体系应从四方面着手：首先，企业要明确制定目标的依据和要求。通常情况下，目标应满足这样的条件：能明确员工的任务，指明工作方向；能指导企业有效分配资源；能为企业创造效益和树立良好的品牌形象；能衡量企业运营的结果。其次，企业要拥有详细的目标，并使之组合成体系。针对这点，德鲁克在其理论中曾提出八个方面的企业目标，即市场目标、生产率目标、创新目标、人力资源目标、财务目标、物质资源目标、社会责任目标、利润目标。再次，管理者在构筑目标体系时应当立足现在，面向未来。在规划目标体系时，管理者应考虑到企业未来可能面临的环境及机遇的变化。最后，目标管理应体现各个目标、各个员工、各个部门之间的协调合作。每个目标都不是独立的，都是企业目标管理的一部分。

（七）德鲁克的经典理论七：创新管理

德鲁克在《创新与企业家精神》中强调，创新能力是拥有企业家精神的管理者的必备素质，而企业家精神中也就包括了创新能力。企业家应有能力推陈出新，一个不能创新的企业领导者只能称其为经理人，而不是企业家。创新是企业家精神的特殊内容，所以彼得·德鲁克提出了一个公式：创新＋企业家精神＝再创生机。这就是为什么有的企业能不断推出新产品，随时满足市场需求，有的组织能创造合作的情境，化解内部竞争的原因。在他看来，创新并没有人们想象的那么神秘。因为人们一提到"创新"就会想到颠覆性或者奇迹性的变革。但实际上并不是,只要能"改变已有资源发掘财富潜力的行为就是创新行为"。

德鲁克认为,企业为了进行创新管理,必须清楚创新管理的原则。创新管理的具体原则应包括四方面的内容:第一,有目的、有系统地创新从分析机遇着手。第二,创新既是概念的又是感知的,因此创新第二个要做的事情是出去多看、多问、多听。第三,创新若要行之有效,必须简单而专一。第四,有效的创新都是从不起眼处开始的。

(八)德鲁克的经典理论八:变革管理

德鲁克认为,我们现在所处的时期,变革是司空见惯的事情,即便是小型的企业,有些也对变革这个词并不陌生。每个企业或多或少都在技术、产品、服务、人员、结构和体系这几方面进行变革,而这些也恰恰是目前变革的主要种类。为了信息及成功,每个组织都需要蜕变为推动变革的媒介。要成功地变革管理,最有效的方法就是主动创造变革。

德鲁克认为,现在企业内部的变革现象已经普遍存在。但是,并非每个企业都可以成为变革的领导者。只有企业作出了正确的决策,才可能实现这一点。企业要进行变革,首先应该接受创新的观念,同时还需要遵守一定的原则。德鲁克在其《21世纪的管理挑战》一书中,提出了四大变革原则:

第一项原则:放弃昨天。这既是第一个原则,也是所有其他原则的基础。所谓放弃昨天,是指放弃旧的思维和已经变成了"昨天"的服务和产品,不要将现有的产品和服务作为组织发展的停滞点,应当以其为基础继续创新。德鲁克认为,任何企业都拥有着这样的发展轨迹,从昨天到今天,从今天到明天,而今天很快就会变成昨天。因此,整个组织要遵循的第一个变革原则应是有组织地放弃昨天,变革的引导者自始至终定期对每一种产品、每一种服务、每一个流程、每一个市场、每一个销售渠道和每一个客户和最终用途进行考察。

第二项原则:有组织地改进。德鲁克认为,无论企业在其内部和外部从事什么活动,包括产品和服务、生产流程、市场营销、服务、技术、人员培训和发展、信息的使用等,企业都需要系统化地和持续不断地对它们实施改进措施。同时,企业每年都需要为这种改进预先规定好一个比率。根据日本的经验,每年改进3%在大多数方面是符合实际的和可以实现的。

第三项原则:挖掘成功的经验。我们不能忽视问题的存在,严重的问题要谨慎对待。但对于变革的引导者来说，必须关注企业的发展机会，扼杀问题孳生的土壤，创造机会生存的环境。为了抓住机会，成功的变革引导者会提供足够的人力资源。这说明，挖掘自身的成功经验和在这个基础上继续发展是成功实施变革的首要机会，通常也是最好的机会。

第四项原则：系统化创新原则。创新一直为德鲁克所重视，但是在此处，他却认为，单纯对企业的变革来讲，创新不如前面三个原则更加有效果。但创新有利于形成企业时刻准备变革的氛围，使企业处于积极进行变革的状态。所以，德鲁克将创新放在最后，强调创新对于企业寻找并运用变革的机会非常有利。

（九）德鲁克的经典理论九：后现代社会的方法论

德鲁克在《变动中的工业经济》中，宣告了时代的重心将从现代社会向后现代社会转移，这时的新型后现代社会虽然并不具备新颖的发明和观念，然而在事实上却早已开始支配人们的行动了。德鲁克的写作生涯长达70年，在他创作的全部著述里只要一有机会他就向人们传授有关后现代社会的方法论。有些学者将德鲁克关于后现代社会方法论的观点总结概括为七种做法：

1. 观察

观察是指统观全局，要把全局作为有生命的东西来加以观察，而且是非常缜密的观察，任何细节也不能错过。作为观察的补充手段，就是要善于听取他人的意见，对于自己最为擅长的领域也不能例外。

2. 学以致用

学以致用不仅要活学活用知识，对那些在意外情况下学到的办法要格外予以重视并优先使用，即使一知半解或不知其所以然也要勇于尝试。

3. 运用基本原则

必须掌握基本原则并能够运用，但是这些基本原则并不是放之四海而皆准的绝对真理，而是作为"几何学中的辅助线"来使用，并将其引申为各项事业甚至是全世界全人类的"辅助线"。

4. 发现不足之处

发现不足之处是指寻找差距，了解社会的需求。德鲁克乐观地认为，宇宙当中必定存在某种秩序，万物的运行都要服从这个规则，他的革新论的根基就在于此。德鲁克在这种理论的指引下所进行的一次最大也是最早的改革，就是发明了经营管理学。

5. 把握自己的命运

任何事物都要遵循新陈代谢的自然规律，因此人们必须控制其主导权，才能把握自己的命运，尤其在剧烈动荡的时代更需如此，必须走在变革潮流的最前列。

6. 制定规划

制定规划是取得成功的关键，只有这样才能对亲身经历后获得的成功经验和失败教训及时进行归纳和总结，才能不断地从一个胜利走向下一个胜利。但是，制定规划的做法并不是不受任何制约的，人们对此必须心中有数。

7. 使用现代社会的方法

也就是说，要运用逻辑推理和定量分析的方法，因为这种方法毕竟经受了350年的检验。对于这种方法不能仅仅停留在想当然的阶段，而是要对其进行深入、彻底地思考。

（十）德鲁克留给后世的管理名言

管理者，就必须卓有成效。

To be effective, is the job of the executive.

卓有成效是可以学会的。

Effectiveness can be learned.

卓有成效是一种习惯，是不断训练出来的综合体。

Effectiveness is a habit; that is a complex of practices.

一个重视贡献的人，为成果负责的人，不管他职位多卑微，他仍属于"高层管理者"。

The man who focuses on contribution and who takes responsibility for results, no matter how junior, is in the most literal sense of the phrase, "top management".

有效的管理者在用人所长的同时，必须容忍人之所短。

The effectiveness executive knows that to get strength one has to put up with weakness.

有效的管理者用人，是着眼于机会，而非着眼于问题。

They focus on opportunity in their staffing——not on problems.

我们该知道运用自己上司的长处，这也正是下属工作卓有成效的关键。

Making the strength of the boss productive is a key to the subordinate's own effectiveness.

有效的管理者会顺应自己的习性,不会勉强自己。

The effective executive tries to be himself, he does not pretend to be someone else.

有效的管理者坚持把重点放在前面做,每次只做好一件事。

They concentrate their own time and energy as well as that of their organization——on doing one thing at a time, and on doing first things first.

管理者的一项具体任务就是要把今天的资源投入到创造未来中去。

To commit today's resources to the future.

有效的管理者打算做一项新的业务,一定先删除一项原有的业务。

The effective executive will slough off an old activity before he starts on a new one.

"专心"是一种勇气,敢于决定真正该做和真正先做的工作。

Concentration——that is, the courage to impose on time and events his own decision as to what really matters and comes first.

有效的管理者不做太多的决策。他们所做的都是重大的决策。

Effective executives do not make a great many decisions. They concentrate on the important ones.

四、彼得·德鲁克的管理思想评论

(一)德鲁克目标管理思想的应用

1. 德鲁克目标管理的核心思想

彼得·德鲁克的管理思想涉及范围十分广泛,目标管理是他的经典理论之一,也是他的发明。德鲁克把目标管理确立为一种管理体系,应用和推广到实际的管理工作中。在他的思想体系中,"目标"既是一个关键词,也是一条重要线索。

1954年德鲁克在《管理的实践》中首次提出"目标管理"(Management By Objectives,简称为MBO)概念,认为"只有这样的目标考核,才会激发起管理人员的积极性,不是因为有人叫他做某些事,或是说服他做某些事,而是因为他的任务目标需要他做某些事(岗位职责);他付诸行动,不是因为有人要他这样做,而是因为他自己决定他必须这样做——他像一个自由人那样行事。"

可见，真正的目标管理应该是寻求企业目标与个人目标的结合点，而一旦找到这样一个目标，员工就被自我激励和自我管理。目标管理的最大优点也许是它使得一位经理人能控制自己的成就，使得我们能用自我控制的管理来代替由别人统治的管理。自我控制意味着更强的激励：一种要做得最好而不是敷衍了事的愿望，意味着更高的成就目标和更广阔的眼界。

2. 德鲁克目标管理思想在美国的应用

德鲁克研究企业管理的生涯是在他 1942 年接受通用汽车公司的邀请后正式开始的。他在通用汽车公司进行了 18 个月的详细调研，对公司的内部管理结构进行分析，于 1945 年出版了著名的《公司的概念》一书。书中建议企业应该培养"有管理能力"的、有"责任感"的工人和一个"自我管理的工厂社区"。他提出了分权对组织的重要性，揭示了通用汽车组织管理的缺陷。然而，《公司的概念》一书却受到当时通用汽车公司的总经理斯隆的抨击，甚至禁止此书在通用汽车公司内部出现，因为公司的管理层认为管理是一门需要专业知识的科学，工人们是不可能懂得管理的。

《公司的概念》是德鲁克在企业管理领域的第一本专门著作，建立了当时尚无人所知且还无人教授的"管理"学科，由此开启了管理热潮。但是，在当时的整个美国却没有引起重视。《公司的概念》出版后，美国学术界对其横加批评，而当时的美国政治科学学会更因此不再邀请他参加政治理论研究委员会。尴尬的是，德鲁克的智慧始终未被美国学界主流认可。对此，德鲁克本人提供了一个富有洞见的解释：为了控制学界，美国政府只向那些用数学公式写作的研究人员提供研究资金，自己这类深入实践的学者被拒之门外顺理成章。事实上，德鲁克清楚地意识到，他从来就是一个学院派的"边缘人"。在写作之前，德鲁克通常对企业进行深入研究和观察，在咨询过程中发现问题，并在这种观察和互动中形成一些颇具洞察力的观点。在他的作品中，很少看到什么"管理模型"和"数据分析"，取而代之的则是一些直指人心的观点和故事，成文风格简单、清晰而有力。这种研究方法在管理学术中被称之为"管理经验学派"，这种学派在学术研究中不属主流。因为他们的研究方法不符合科学的"学术规范"，没有"模型"和"论证"，因此很难在学术论文中引用他们的"研究成果"。

德鲁克提出目标管理后，很多美国大型企业和公司应用了这种管理方法，后来被越来越多的行政组织应用，美国的联邦政府和日本政府都采用了这种管理方法。在美国，政府实行目标管理是与预算管理紧密结合的，主要处理政府机构的绩效和政府项目的效率。到1993年以后，美国政府实行的目标管理主要是同行政改革和绩效管理相结合的，目标管理被融入绩效管理体系，成为绩效管理改革中采取的有效管理方法之一。2003年7月，彼得·德鲁克接受了美国总统布什颁赠的美国最高荣誉勋章"总统自由奖章"。对于94岁高龄的德鲁克而言，这可谓是一份迟到的荣誉。

德鲁克的理论终于在企业里得到运用，按理来说他应该非常开心。但是，一种墙内开花墙外香的局面还是让他难以掩饰心中的郁闷。德鲁克提出这套理论本来是想帮助美国的企业更好的发展，结果没想到被他们弃之如敝履，反而被竞争对手的日本企业学了之后来对付美国企业。战后通用汽车公司的市场份额正是在日本人的冲击下迅速崩溃。这种郁闷的心情整整伴随了德鲁克几十年，以至于到1983年《公司的概念》再版的时候，德鲁克虽已74岁高龄，并早已享有了"现代管理学之父"以及"管理学当之无愧第一人"的至高声誉，却仍像个小孩子一样在该书的跋中写道："至于我，我一直认为，有经理观念的责任员工和自我管理的工厂是我最重要和最有创意的思想，也是我所作出的最大贡献。不管这些概念在日本有多大影响，但是通用汽车公司及其主管人员拒绝采纳它们，结果使得这些概念对我所在的国家毫无影响，这是我遇到的最大和最让我感到羞辱的失败。"

3. 德鲁克目标管理思想在日本和中国的应用

德鲁克的目标管理虽然创始于美国，但应用却不如日本成功，来自东方的日本人怀着极大的热情接受了这套理论，有人称"目标管理在美国开花，却结果于日本"。目标管理首先在日本被广泛地应用于企业中。德鲁克写道："我在日本的声望都来自于《公司的概念》。日本能以一个经济强国的身份出现，以及它的工业成就和工业生产力的发展，在很大程度上都归功于我。《公司的概念》刚一出版立即就被翻译成日文，人们怀着极大的热情阅读并应用它。"

二战后，日本由于面临着猛烈的技术革新浪潮、劳动力严重缺乏和企业组织内部因素的变化等挑战，很多企业通过实施目标管理来改革和加强企业内部管理机制，通过实施目标管理，企业内部有很大改观，从根本上否定了以前的管理方式，使目标管理在日本获得了肯定，以至于目标管理传入日本后形成了三次"目标管理热"。

目标管理在我国行政管理领域中也得到了广泛应用,其形式多种多样,主要包括岗位责任制、项目责任制等。很多政府组织大力推广目标管理,不仅提高了政府机关的效能,也提升了公务员的责任意识。到目前为止,武汉、连云港、青岛等200多个城市实行了城市政府工作目标管理或党政群机关工作目标管理。这些城市根据自己的工作重点和实际情况创新了政府管理模式,形成了较有特色的目标管理工作模式,实现了目标任务与目标分解相统一,目标内容与目标考核相统一,目标实施与目标督促检查、协调服务相统一。

(二)德鲁克目标管理思想的局限性

1. 目标管理思想的"理想主义"

德鲁克的管理思想虽然先进,但他的目标管理思想一度被认为是"理想主义",存在一个是否适合企业的实际情况、企业是否愿意采用这些思想的问题。也正因为这样的局限性,德鲁克的目标管理思想在通用公司遭到了强烈的抵制,公司的管理层认为管理是一门需要专业知识的科学,工人们是不可能懂得管理的。他们认为,德鲁克让工人去参加管理,就好象"让学校里的孩子们自己判断地球是圆的还是方的一样,而无视客观的科学真相";"让工人承担本该由管理层负责的工作,就好比给他加上了一层无法承受的重担";必须"让经理来管理,让工人去工作。"

马斯洛对德鲁克倡导的那套管理思想这样批评道:"如果我们有一些进化良好的人类能够成长,并且很急切地要求成长,那么在这样的地方,彼得·德鲁克的管理原理就好像很不错,这些原理是有用处的。可是,也只能在人类发展的顶层才有效。"这是因为德鲁克天然地假定这些人已经满足了各种较低层次的需求,而能够激励他们的只能是自我实现这个最高层次的需求。马斯洛甚至认为,在德鲁克那套管理思想中暗含着36个基本的假定,而他的那些管理原则事实上"可能起作用的只是那些相对健康的人、相对坚强的人、相对优雅和善良的人、有德行的人",他的管理思想"根本就是理想管理"。

2. 目标管理的应用前提不现实

这套目标管理思想的应用前提是管理者与被管理者都首先能够进行很好的自我管理,被管理者必须是"知识工人"。马斯洛认为,这个世界上还有更多的工人,他们现在更需要的是被人尊重,甚至仅仅需要的是活下去,"知识工人"事实上就是那些在马斯洛的需求层次上追求自我实现的人。对于这种追求自我实现的人来说，他之所以从事一项工作，是因为他热爱这项工作，他知道在这项工作中可以实现他自己的目标。而他之所以加入某个企业，则是因为他相信团队的力量大于个人的力量，通过企业的帮助，他可以更好更快地实现自己的目标。而在现实的企业中，真正追求自我实现的"知识工人"并不是很多，往往更多地是追求工资越高越好、官位越大越好的那种"工业文明"下的"工人"，甚至仅仅是以满足基本生活需求为目标的、追求"活下去"的那种"农业文明"下的"工人"。这种情况下，用泰罗的"科学管理"或者再加上梅奥的"行为激励"来对他们进行管理或许更为有效。相比更先进的目标管理，用"胡萝卜加大棒"式的管理方式其实更能收到效果，甚至有的时候，完全采用强权的"大棒"就够了。

所以，马斯洛认为德鲁克的管理思想主要存在这样两个问题："一个是他轻视了选择合适的个体来实现他的管理原则的必要性；另一个是他忽视了邪恶的存在、病态的存在，还有一些人身上普遍的恶劣性的存在。"[①]

（三）德鲁克管理思想的深远意义

彼得·德鲁克是公认的现代管理学之父，现代组织理论的奠基人，被称为"管理大师中的大师"。作为第一个提出"管理学"概念的人，当今世界很难找到一个比德鲁克更能引领时代的思考者。20世纪50年代初，指出计算机终将彻底改变商业；1961年，提醒美国应关注日本工业的崛起；20年后，又是他首先警告这个东亚国家可能陷入经济滞胀；20世纪90年代，率先对"知识经济"进行了阐释。

德鲁克为管理学界作出了卓越贡献，在管理学方面提出的很多新观点和新概念，具有广泛的普及性和指导性，不仅让管理学家和管理者从中受益，而且极大地推进了管理学理论在实践中的不断深入和发展，推进了现代管理学研究工作的普及进程，进而"将管理由一项技术性工具，提升到思想性、战略性和社会性的层次。"在商界，包括杰克·韦尔奇在内的众多杰出经理人对其理论积极履践，这恰好符合德鲁克的理论："管理是一种实践，其本质不在于'知'而在于'行'；其验证不在于逻辑，在于成果。"

德鲁克贡献卓越，影响深远。晚年，在总结"最重要的贡献是什么"时，德

[①] 亚伯拉罕·马斯洛. 马斯洛论管理 [M]. 邵冲，苏曼译. 北京：机械工业出版社，2007.

鲁克写道:"早在60年前,我就认识到管理已经成为组织社会的基本器官和功能;管理不仅是'企业管理',而且是所有现代社会机构的管理器官,尽管管理一开始将注意力放在企业。我创建了管理这门学科,围绕着人与权力、价值观、结构和方式来研究这一学科,尤其是围绕着责任。管理学科是把管理当作一门真正的综合艺术。"

德鲁克的管理思想中蕴含着一种非常重要的哲学思想——对立统一的辩证法思想。过去人们总是把经理和员工或者说管理者和被管理者对立起来,认为经理就是管理者、员工就是被管理者,二者是截然对立的或者说是泾渭分明的。但德鲁克却认为,有些经理事实上仅仅是别人的上司而已,他们的行为其实不能对组织的行为产生重大影响,所以不能称之为"管理者"。而有些人虽然没有下级,但他自己能作决策,并承担起作出决策的责任,那他同样是一个"管理者"。

德鲁克的思想代表了人类最为进步的管理思想,或者说他为我们指引了现代管理的方向。人类文明终将由工业文明走向知识文明,个人发展也终将由较低层次而逐渐走向自我实现的层次,到那个时候,企业管理也将从泰罗的科学管理、梅奥的行为管理而最终走向德鲁克先生提出的"目标管理"与"自我管理"。

本章参考文献

[1] 詹文明. 管理未来:卓有成效的德鲁克 [M]. 北京:东方出版社,2009:3-13.

[2] 杰克·贝蒂. 大师的轨迹:探索德鲁克的世界 [M]. 李田树译. 北京:机械工业出版社,2006:20-21.

[3] 刘波. 图解德鲁克管理思想精粹 [M]. 北京:中国言实出版社,2009:3-143.

[4] 上田惇生. 德鲁克思想入门 [M]. 汤文杰译. 北京:中信出版社,2008:202-210.

[5] 王瑶. 德鲁克的失败与伟大——如何形成自己的管理思想 [Z]. 新浪财经.

[6] 李睿祎. 浅议德鲁克目标管理思想及其应用 [J]. 经济论坛,2007.74-75.

[7] 奚红华. 德鲁克管理思想回顾及简评 [J]. 现代管理科学,2005,(1).49-50.

[8] 赵曙明,杜鹏程. 德鲁克管理思想解读 [M]. 北京:机械工业出版社,2009:1.

[9] 彼得·德鲁克. 公司的概念 [M]. 慕凤丽译. 北京:机械工业出版社,2006.

[10] 彼得·德鲁克. 管理的实践 [M]. 齐若兰译. 北京：机械工业出版社，2006.

[11] 彼得·德鲁克. 卓有成效的管理者 [M]. 许是祥译. 北京：机械工业出版社，2005.

[12] 彼得·德鲁克. 管理：任务、责任、实践 [M]. 王永贵译. 北京：机械工业出版社，2006.

[13] 彼得·德鲁克. 旁观者 [M]. 廖月娟译. 北京：机械工业出版社，2005.

[14] 彼得·德鲁克. 创新与企业家精神 [M]. 蔡文燕译. 北京：机械工业出版社，2007.

[15] 彼得·德鲁克. 21世纪的管理挑战 [M]. 朱雁斌译. 北京：机械工业出版社，2006.

[16] 彼得·德鲁克. 德鲁克管理思想精要 [M]. 李维安，王世权，刘金岩译. 北京：机械工业出版社，2007.

[17] 彼得·德鲁克. 成果管理 [M]. 朱雁斌译. 北京：机械工业出版社，2006.

[18] 彼得·德鲁克. 工业人的未来 [M]. 余向华，张珺译. 北京：机械工业出版社，2006.

[19] 彼得·德鲁克. 知识管理 [M]. 杨开峰译. 北京：中国人民大学出版社，1999.

[20] 彼得·德鲁克. 个人的管理 [M]. 沈国华译. 上海：上海财经大学出版社，2003.

[21] 21世纪商业评论. 彼得·德鲁克 [M]. 广州：南方日报出版社，2006.

[22] 彼得·德鲁克，中内功. 德鲁克看中国与日本 [M]. 林克译. 北京：东方出版社，2009.

[23] 杨娇. 德鲁克——卓有成效的管理者 [J]. 人力资源管理，2009,(8)

[24] 颜柳明. 现代管理之父——彼得·德鲁克 [J]. 现代班组，2008,(11).

[25] 诸大建. 德鲁克眼中的创新 [J]. 人力资本，2007,(11).

[26] 威廉·A.科恩. 德鲁克论领导力 [M]. 黄京霞等译. 北京：机械工业出版社，2011.

[27] 李睿祎. 论德鲁克目标管理的理论渊源 [J]. 学术交流，2006,(8),32-36.

[28] 亚伯拉罕·马斯洛. 马斯洛论管理 [M]. 邵冲，苏曼译. 北京：机械工业出版社，2007.

第二章 迈克尔·波特：竞争战略思想

迈克尔·波特（Michael E. Porter），哈佛商学院教授，他以《竞争战略》、《竞争优势》和《国家竞争优势》"竞争三部曲"而闻名。20世纪80年代，他撰写过不少关于商业战略方面的书籍以及文章，系统地介绍了战略性思维的一些基本技巧，比如"五力模式"和"价值链理论"，其竞争思想也产生了广泛的影响力。20世纪90年代，他更是凭借商业竞争和政府间竞争问题中的权威专家的身份而声名鹊起。1999年，《财富》杂志称他是当代乃至迄今最重要的谋略大师。迈克尔·波特在世界管理思想界可谓是"活着的传奇"，是当今全球第一战略权威，是商业管理界公认的"竞争战略之父"。2002年5月，埃森哲（Accenture）公司对当代最出色的50位管理学者排名，波特位居第一。在2005年世界管理思想家50强排行榜上，他仍位居第一。由此可以看出，波特在战略管理方面的声名与才华。

一、迈克尔·波特的生平

迈克尔·波特教授1947年出生于密歇根州的大学城——安娜堡，父亲是一位美国陆军职业军官。小时候的波特经常跟爸爸一起周游世界。童年的经历对波特影响巨大，为他后来的全球眼光埋下种子。青年时代的波特兴趣广泛，爱好音乐，热衷体育，曾是密歇根州高中足球队和棒球队的一员。在普林斯顿大学就学期间，他曾经参加普林斯顿大学高尔夫球队。1968年，波特参加了普林斯顿与哈佛大学在剑桥的比赛。通过这场比赛，他感受到了哈佛与普林斯顿的差别：如果说，普林斯顿是远离尘世的象牙塔，那么哈佛就是面向实务的风水宝地。这一次球赛给波特留下了深刻的印象，从此他立志要考入哈佛大学。

波特教授曾先后就读于普林斯顿大学和哈佛大学。在普林斯顿时他学的是机械和航空工程，在他后来的学术研究中，还可以看到本科学习留下的痕迹。例如，在"五力模型"和"钻石模型"中便渗透着类似于机械工程式的配合以及协作。这种研究模型和思路以丝丝入扣的精炼而著称，但同时也招致了对他的批评，学术界对波特指责最多的是认为他的研究是准机械式的、静态的。而恰恰是这种独异的特色酣畅淋漓地展现出普林斯顿的典雅与精致。1969年，波特获普林斯顿大学航空机械工程学士，随后顺利考入哈佛大学商学院转向商业。在哈佛，他师从著名管理学家克里斯滕森（C. Roland Christensen），进入了战略管理领域。两年后，波特获哈佛商学院工商管理硕士，并开始攻读博士学位，研究领域转向产业经济学，此时的波特已经为自己的学术生涯选定了方向，就是企业战略管理。企业战略管理领域立足于企业实践，而产业经济学则有浓郁的理论经济学色彩。这两个方向之间巨大的差距和鸿沟成为波特学术研究的突破口。两者的隔阂类似于德鲁克对管理理论与管理实践脱节的批评。正如波特在《竞争理论》一书的前言中所说："作为一名在企业战略和产业经济学两个领域的教育者和研究者，在过去的10年里，我在哈佛商学院的工作一直致力于为这两个领域架起一座桥梁。"1973年波特获哈佛商学院产业经济学博士学位，同年他开始在哈佛商学院任教，讲授"经营政策"课程。1979年，在波特32岁的时候，哈佛大学慧眼识英雄，授予他"终身教授"的头衔。至此，波特教授奠定了坚固的学术基础，作为哈佛历史上最年轻的终身教授，波特在此后的数十年内，在产业竞争战略研究领域里游刃有余、纵横捭阖，完成了带给他无限光荣的"竞争三部曲"，成为当今世界在竞争战略和竞争力方面公认的、名副其实的权威。他曾在1983年被任命为美国总统里根的产业竞争委员会主席，开创了企业竞争战略理论，并引发了美国乃至世界的竞争力讨论。

进入20世纪90年代之后，波特的名声越来越大，兼职越来越多，所获得奖项也越来越高。纵览其学术生涯，仅就头衔而言，他有瑞典、荷兰、法国等国家不同大学的八个名誉博士学位；仅就兼职而言，聘请波特当顾问的著名公司有瑞士信贷波士顿第一银行（Credit Suisse First Boston）、杜邦（Dupont）、英特尔（Intel）、爱德华·琼斯（Edward Jones）、导航星（Navistar）、宝洁（Procter and Gamble）、荷兰皇家壳牌（Royal Dutch Shell）等等以及各类政府机构。更值得一提的是，波特不但是"世界500强企业"中多数企业的独立董事或战略顾问，目前还担任了许多中国大型企业集团的独立董事和战略顾问。与此同时，波特获奖无数，他因对工业组织的研究而荣获哈佛大学的"大卫·威尔兹经济学奖"。在《哈佛商业评论》上发表的论文，他已经5度获得"麦肯锡奖"。1990年，他的著作《国家竞争优势》（The Competitive Advantage of Nations, 1990）一书被美国《商业周刊》评为年度最佳商业书籍。1991年，美国市场协会给波特颁发"市场战略奖"。1993年，波特被推选为杰出的商业战略教育家。1997年，美国国家经济学人协会授予波特"亚当·斯密奖"，以表彰他在经济领域所取得的卓越成就。此外，波特还于1980年获得"格雷厄姆—都德奖"，于1985年获得管理学会的"乔治·泰瑞奖"和美国营销协会的"查尔斯·库利奇·巴凌奖"等众多奖项。迈克尔·波特不仅在学术界和商业界获奖无数，他甚至还获得过公民勋章，这一褒奖通常授予战斗英雄或者是非常杰出的运动员。波特曾多年活跃于美军后备队，年轻时是高校里颇负盛名的橄榄球、棒球及高尔夫球队员。

2000年12月，波特获得了哈佛大学的最高荣誉——"毕肖普·威廉姆·劳伦斯·大学教授"（Bishop William Lawrence University Professor）称号（这是哈佛教授的最高荣誉），成为哈佛大学商学院第四位得到这份"镇校之宝"殊荣的教授。自1992年以来，哈佛共有4位学者获得"大学教授"的称号，其中包括诺贝尔奖金获得者罗伯特·C.默顿（Robert C. Merton）、已故的C.罗兰·克里斯滕森（C. Roland Christensen）教授和萨姆那（Sumner H. Slichter）教授以及迈克尔·波特。对于波特教授的"大学教授"任命，哈佛大学的尼尔·鲁德斯泰因（Neill Rudenstine）校长说："无论作为一个思维敏锐的、富有想像力的思想家来说，还是一个具有影响力的作家，一个天才的教师，迈克尔·波特被选为'大学教授'都是当之无愧的。他的研究已经跨越很多领域，包括对全球竞争力的研究以及人类健康问题的探讨。作为'大学教授'，他对于研究的旺盛精力和天赋将使得哈佛大学和许多研究专业都受益匪浅。"面对采访时，波特说道："我很荣幸能获得此殊荣。此时我更追忆已故的克里斯滕森教授，他是我在哈佛商学院时期的导师兼朋友，同样也是'大学教授'的获得者，我为自己能够追随他的研究方向而骄傲。随着现在研究领域的不断扩大，我越来越感觉到他对我的深刻影响。"[①]

---

① 席酉民，刘文瑞. 战略与变革 [M]. 北京：中国人民大学出版社，2009：12

波特不仅是战略思想家，也是战略实践家。在哈佛商学院，波特的教学项目显然是引人注目的，根据他的研究成果而开设的"竞争战略"课程是哈佛商学院MBA学生重要的必修课之一。在谈到自己的教学和研究事业时，波特说："我关注人们的思想和他们的行为，我很高兴有学者愿意引用我的理论，我更高兴当人们告诉我，我的理论给他们的生活带来变化。"哈佛商学院的院长克拉克（Kim B. Clark）先生曾这样评价波特："近30年来，在使用经济学管理和规则来解决竞争力的重要问题上，波特一直是哈佛商学院所有教员的先锋典范。波特独有的、既渗透了学院派深刻理论，又包含了现实社会问题的著作及论文，已经成为商学院学生和教授甚至政界领导人必读的内容。"MERCK & CO.公司（全球最大的制药公司之一）的总裁兼CEO雷蒙德先生认为："通过研究、教学和写作，波特已经把他的理论渗透到商业和市场的各个方面，并且对许多公司与企业的战略和竞争产生直接、巨大的影响。他对经济的敏锐洞察力能够帮助大型企业（包括制药业）充分理解竞争的主要因素。"英国杂志这样评价他："迈克尔·波特是全球最有影响力的战略管理大师，经济学的本科生、正在攻读MBA的学生、商学院的讲师将波特的著作奉为经典，而经理们则希望从波特的著作中找到如何获取竞争优势的不二法门。"美国的《经济学人》也对他作出类似的评价："波特的使命就是为了带来一场管理思维的革命：将严谨的经济学与复杂的管理学融为一炉，针对实际运营创立了一套详尽的商业法则，这些商业法则能使人豁然开朗，并为学者和企业领导人点亮一盏明灯。"

二、迈克尔·波特的著作

这位伟大的思想家曾经说过他是不可能写出管理类的畅销书的，因为他的书非常"沉重"，而事实上，他的著作风靡全球，现有著作18种，发表125篇论文。他的竞争系列著作是商业管理界经典中的经典，其中最具影响力的作品有《品牌间选择、战略及双边市场力量》（1976）、《竞争战略》（1980）、《竞争优势》（1985）、《国家竞争优势》（1990）、《日本还有竞争力吗？》（2000）等。其中，《竞争战略》、《竞争优势》以及《国家竞争优势》被称为"竞争三部曲"，它们的出版最终奠定了波特教授在世界战略研究领域的大师地位。1980年出版的《竞争战略》是他的第一部广为流传的著作，如今已再版63次，并被译为17种文字，它彻底改变了

CEO 的战略思维;另一本著作《竞争优势》,至今也已再版 32 次;《国家竞争力》虽然出版较晚,但书中有关"国家核心竞争力"的思想也触发了广泛的思潮。更为具体的说,将迈克尔·波特博士推上崇高地位的是他在"三部曲"中所提出的"五种竞争力量"、"三种竞争战略"以及"价值链"的理论观点。

(一)迈克尔·波特著作的概述

1976 年,波特出版了他的第一部专著《品牌间选择、战略及双边市场力量》。在这部著作中,波特关于企业竞争战略的思想开始崭露头角。1979 年,他在《哈佛商业评论》上发表论文《竞争力如何塑造战略》(How Competition Forces Shape Strategy),凭此获得了他个人的第一个"麦肯锡奖"。在这篇论文中,波特提出了闻名全球的五力模型。1980 年,波特出版了"三部曲"当中的第一部——《竞争战略》(Competitive Strategy: Techniques for Analyzing Industries and Competitors) 系统全面地展开了五力模型(five forces model)的深入阐述,对产业结构、产业环境、产业发展和战略决策提出了自己的一整套观点。此后,波特在战略管理领域声名鹊起,甚至带动了世界各地的企业、产业的竞争战略研究热潮。

波特并不像其他社会科学学者那样,仅仅埋头在书斋里做学问。他的目标不是进行纯理论研究,而是要关注实践。他的著作是写给那些产业界的实干家们看的,而不是专门给学者读的。从这种动机出发,他频频地出入各种公开场合,发表演讲,给企业、产业的领导人甚至政治领导人讲课,致力于提高实业界管理人员的管理水平。在对现实运行的调查了解中,波特又反过来充实和扩展自己的研究。1985 年,"三部曲"的第二部——《竞争优势》(Competitive Advantage: Creating and Sustaining Superior Performance)顺利出版,标志着他构建的企业战略竞争理论基本成型。在该书中,波特创建了价值链(value chain)这一分析工具,以解决此前五力模型的不足。五力模型和价值链的融合,使波特的理论在分析现实经营问题方面变得更有说服力,他在战略竞争管理领域的地位得以最终奠定。

20 世纪 80 年代中期,波特的注意力开始转移到"地区和国家竞争力"上。这种对整个国家或地区经济状况的关注,在他日后的研究中贯穿至今。正如他自己所言,他的真正的兴趣在区域竞争力上。从 1982 年应邀参与并担任里根总统的产业竞争委员会主席开始,他从企业、产业竞争研究领域逐渐转移到更为广阔的地区、国家和跨国竞争力研究领域,这一研究的成果集中体现在"三部曲"的第三部——《国家竞争优势》(*The Competitive Advantage of Nations*)一书中。在这部巨著里他提出了"钻石模型"(diamond model),利用这一模型,对由亚当·斯密和大卫·李嘉图创立并一直发展至今、在发展经济学中占据支配地位的"比较优势"理论和传统的国际贸易理论进行了重大修正,提出了"集群理论"。他认为,传统的比较优势理论是基于静态研究视角,而现代社会经济活动瞬息万变,决定经济竞争力的不再是传统观念中认为的"自然资源"和"劳动力",而是以创新为内涵的"生产力"。这种生产力不仅包括技术上的创新,也包括相关的政策安排、制度设计、高级人才的培养等方面。国家竞争力不是来源于比较,而是来源于内生。至此,波特的竞争战略理论体系被完整地构建出来了。

目前,波特对美国内地城市的关注成为他竞争力研究的最新方向。他声称,相对于重新分配财富,创造财富是消灭贫困与不平等的更有效的良药。

迈克尔·波特对竞争情有独钟,直到今天,他在其研究领域中探索的脚步依旧没有放慢。美国东海岸,一个又一个的研究中心标志着波特在学术上的扩张,全职的研究人员在这些中心里经手着应接不暇的项目,从竞争力研究到内地城市的发展,这一切满足着他那颗学者的心灵。他曾经说过这样一句话:"在竞争这块丰沃的领域中,我投下了20余年的研究光阴。尽管经济学家的训练使我谨守经济理性原则,但是我的志趣是掌握企业与产业的复杂性,并找出更先进的理论供产业界活用。我的目标是发展出一个严谨而实用、能够理解竞争的理论架构,并作为跨越理论与实务间鸿沟的桥梁。"[①]

(二)迈克尔·波特的"竞争三部曲"

在波特教授领导的战略和竞争力研究所的网站上(www.isc.hbs.edu),他的理论被分为三个部分:第一部分是竞争和企业战略,第二部分是竞争和经济发展,第三部分是竞争和社会。由此可见,波特教授对于竞争和战略的研究是一脉相承的,从企业到国家,从经济到社会,体现了社会科学的相互融通与联系。

1.《竞争战略》(1980)

《竞争战略》是波特的第一部关于竞争的专著。在这部书中,他整合了他所教授的两门课程——产业经济学与企业政策,关注的焦点在于企业所面临的外部产

---

① 席酉民,刘文瑞.战略与变革[M].北京:中国人民大学出版社,2009:12

业环境。波特在该书中的学术贡献主要集中在以下几个方面：

第一，首次全面地分析了竞争的五种力量，提出了"五力模型"。波特指出，产业中存在着五种竞争力，它们分别是行业中现有对手之间的竞争和紧张状态、来自市场中新生力量的威胁、替代的商品和服务、供应商的还价能力以及消费者的还价能力。五种竞争力量共同决定产业竞争的激烈程度以及产业的利润率，最强的一种或集中力量居统治地位并起关键性的作用，这是战略分析的起点。一个企业的竞争战略目标在于是公司在产业内部处于最佳定位，保卫自己，抗击五种竞争作用力，或根据自己的意愿来影响这五种竞争作用力。

第二，系统地提出了三种通用的竞争战略。所谓竞争战略，就是应该采取何种策略来对抗这五种竞争力。在激烈的商业竞争之中，只有灵活运用战略才能胜出。因此，波特提出了三种卓有成效的基本竞争战略供商界人士采用，分别是成本优势战略、差异化战略和缝隙市场战略。值得一提的是，波特不单创造性地提出了三种竞争战略类型，可贵的是，在其论述中不是单纯的平摆叙述，而是精心安排了三种战略优势之间内在的逻辑关系，其经济分析是逻辑严谨、丝丝入扣的。

第三，首次将产品寿命分析引入产业寿命分析。波特将产品寿命分析运用于产业寿命周期分析，他指出，预测产业演变过程的概念鼻祖是我们熟知的产品生命周期。其假说是产业要经过几个阶段——推出阶段、上升阶段、成熟阶段、衰退阶段。产业的增长由于产品的革新和扩散呈 S 形。波特在将产品寿命周期介入产业寿命周期分析的时候，不是机械地套用，而是灵活地加以运用，指出了产品寿命周期与产业寿命周期的相异之处。同时，波特提出，由于产业实际演变非常不同，因而生命周期的形式不会一成不变，即使它很普遍，甚至是最普遍的演变形式。波特的这番分析，为我们描绘了产业发展的演变图，其独到而细腻的分析，不仅给我们以理论与实践上的指导，而且还为我们提供了良好的经济分析方法。

2.《竞争优势》（1985）

在讨论完企业所面对产业环境之后，波特回到了企业本身内部的分析，于 1985 年出版了《竞争优势》一书。2003 年，该书被福布斯（Forbes）评为 20 世纪全球最具影响力的 20 部商业书籍之一。《竞争优势》是波特"竞争三部曲"中的第二部，其重点在于阐明企业如何利用本身的优势，避开自己的劣势。

在 20 世纪 70 年代和 80 年代早期，组合管理概念、自下而上的计划系统和分权化的组织结构在战略管理体系中处于主导地位。因此，许多公司将注意力放在通过组合分析来管理独特的或多样化的战略经营单位。他们原想通过收购较大的企业，再在转手卖掉多余部分的基础上组成集团而获利。但是，这样做的结果却是这些集团开始长时期的无利可图。组合理论导致管理人员形成错误的假设，即仅仅根据市场份额和市场增长率就可以成功地制定出公司战略。在这种情况下，波特认为管理人员必须围绕驱动业务成功的根本因素进行综合分析，因此他创造了一种有效且独特的分析方法——价值链分析方法，并将这一方法贯穿《竞争优势》的始终，阐述了将广泛的竞争战略转化成为获取竞争优势的具体实施步骤。波特认为，诊断企业竞争优势并且寻求改善企业竞争力的基本工具就是价值链，价值链把企业运营的各种活动划分为五大基本活动——产品设计、生产、营销和交货等独立领域以及四大辅助活动——采购、技术开发、人力资源管理和企业基础设施，进而鼓励企业在价值链中创造和维持企业的竞争优势。价值链对竞争优势能产生举足轻重的影响，并最终能够提升竞争优势。此外，公司的价值链进一步延伸出去就可以和上游供货商与下游买主的价值链相连，构成一个产业的价值链，这样可以把价值链充分有效地串联起来，对增强竞争力颇具意义。

实际上有关竞争优势、竞争战略的研究，波特教授并非第一人。正如他在该书前言中所提到的那样："竞争优势几乎不能算一个新课题，很多工商管理的书都已从这个或那个方面直接或间接地涉及了这个问题。"可见竞争优势虽然不是一个全新的概念，但波特却赋予它新的内涵，即"竞争优势归根到底产生于企业为客户所能创造的价值，或者在提供同等效益时采取相对的低价格，或者其不同寻常的效益用于补偿溢价而有余。"同时，波特在前言中提到本书所阐述的主要问题，即"企业如何获取持久的成本优势？如何使自己与对手相比标新立异？如何选择细分市场，以便通过企业的集聚战略创造竞争优势？何时以及如何在相关产业中通过战略协调以获取竞争优势？在追求竞争优势过程中的不确定性有何影响？企业如何保护其竞争地位？"他还指出"本书为实干家而写的"。因此《竞争优势》更注重实践中的可操作性。

3.《国家竞争优势》(1990)

1990年，波特出版了《国家竞争优势》，书中提出的"国家竞争优势"理论是一系列国际贸易理论中的最新成果。本书是他研究各国和全球经济的第一本综合性著作，所得结论是：仅仅强调自然资源及其他成本因素的比较利益的传统理论早已失去了生命力。迈克尔·波特进行国家竞争优势理论研究的目的非常直接和清楚：他希望确定在国际经济和贸易竞争中，为什么有的国家成功，而有的国家却失败。

在《国家竞争优势》中，波特将研究方向从企业之间的竞争转为国家之间的竞争，引入了"国家"这个影响竞争优势的重要因素，从而使其分析构架进一步扩大。他把这种价值体系形象地喻为"钻石体系"，亦即著名的"钻石模型"。该模型以一项为期四年的10国研究为依据，通过考察10个国家在国际市场上的得失情况得出论点，即一个国家把它们的现存优势提高到技术和生产力具有一个高度的能力是它在国际上取得成功的关键。在模型中，竞争本身更有可能带来成功。

"钻石模型"的中心思想是一个国家的四个基本方面的特质构成该国企业的竞争环境，并促进或阻碍国家竞争优势的产生。这些特质包括：生产要素、需求条件、相关与支持性产业、企业战略及其结构以及同业竞争。波特将这四方面的特质构成一个菱形，并认为当某些行业或行业内部门的菱形条件处于最佳状态时，该国企业取得成果的可能性最大。菱形同时还是一个相互促进增强的系统，任何一个特质的作用发挥程度取决于其他特质的状况。除了这四个变量之外，机遇和政府是另外两个能够对国家菱形条件产生重要影响的变量。波特不仅认为菱形中四个组成部分应当同时存在，方可有效地影响和促进竞争力的发展；而且还极力强调政府对四个组成部分中的任何一个方面都可以产生积极或消极的影响。虽然波特理论中的许多观点不算有很高的独创性，也缺乏足够的经验数据确定该理论的准确程度，但是"国家竞争优势"理论不仅对当今世界经济和贸易格局进行了理论上的归纳总结，而且对国家未来贸易地位的变化有一定的前瞻和预测。

三、迈克尔·波特的主要贡献

波特既是伟大的，又是平凡的。伟大之处在于他把战略管理从非正式的对话带入了严谨的学科领域，激发了战略管理领域此后的众多创新和发展。平凡之处在于他的研究过程并无太多特殊的方式，完全是一步一个脚印地向前发展。

波特战略思想成果的1%来自于他同时受到哈佛企业政策和产业经济学的教育，看到两者之间的契合之处，其余99%都来自于他的勤奋地学习和吸收各种知识，洞察其中的关联，探寻其中的规律，从而建立了将自己名字作为品牌的思想产品。

（一）五力模型

迈克尔·波特在战略管理领域取得的成就，是与其运用一系列卓有成效的分析方法分不开的。其中最有名气的，就是他用来分析产业结构的"五力模型"，正是这一模型将波特推上了大师的位置。

在波特之前，企业战略分析的基本方法是 SWOT 分析法。SWOT 分析相当简便实用，但显得过于笼统，如果没有具体指标，容易产生主观臆断。所以，波特在 SWOT 分析方法的基础之上，提出了分析产业结构的五力模型，以求战略分析的细化和深化。

迈克尔·波特的五力模型有助于系统地分析企业在市场上所面临的主要竞争压力，判断每一种压力的强度或重要程度。现在，波特的五种竞争力模型已被广泛用于行业战略的制定，被称为企业家制定战略的指路明灯。五力模型阐明，一个产业的结构是由五种竞争作用力共同决定的，这五种竞争力分别是：现有竞争对手间争夺的激烈程度、潜在进入者的威胁、替代品的威胁、供应商价格谈判能力和客户价格谈判能力。

1. 现有竞争对手间争夺的激烈程度

任何企业在制定战略和开展经营活动时，首先必须面对现有竞争者。同行业竞争的激烈程度是由竞争各方的布局结构和所属行业的发展水平决定的。同行业厂商之间的竞争作为一种内部力量，是五种竞争力量中最强大的力量。在同一行业中，只有那些实施了比竞争对手更具优势战略的厂商，才能获得成功。为了赢得市场地位和购买者的青睐，各厂商往往不惜代价，利用各种手段和方法进行竞争。最常采用的是通过价格、广告、性能、特色、质量、售后服务、品牌形象等全方位的竞争来击败对手，确保自己的优势地位。

在现实中，一个企业的竞争行为，必然会对其他企业产生巨大的影响，激起竞争对手们采取措施，进行报复或者抵抗。实际的过程是：当一个或几个厂商看到一个更好地满足顾客需求的方法，从而有可能扩大其市场份额，获得新的增长机会的时候，或者是感到有外部或内部环境的压力，要求改变其产品性能、质量的时候，必然会率先挑起竞争，而其他竞争对手必然会对这种行为采取反击。最终的结果可能会使整个行业的格局发生变化。这种变化可能对挑起竞争的企业和整个行业有好处，使它们的产品的质量、性能以及服务都有所提高。但是，如果这种进攻行为和反击行为进一步升级的话，则行业内的所有企业都可能深受其害，整个行业的盈利能力和生存环境将会恶化。

竞争的强度取决于行业中厂商们采取威胁竞争对手盈利水平的行动的频率和攻击性的程度。但不管竞争是温和的还是激烈的，每个公司都必须制定成功的战略参与竞争。最优的情况是：竞争厂商所制定的战略能够创造一种对于竞争对手的优势。事情的难点在于，参与竞争的厂商都有这种想法，也就是说，任何一个厂商的战略的成败不仅取决于自己，还取决于竞争对手所采取的种种进攻性和防御性行动。因此，行业内竞争的强度是否激烈或温和，是一系列结构性因素相互作用的结果。

2. 潜在进入者的威胁

任何一个产业只要有可观利润，就必然会招来对这一产业的投资，这势必会对原有在位企业的市场份额造成冲击。因此，潜在进入者是引起市场竞争的又一因素。从好的方面讲，新进入者可能对行业带来新的技术、新的资金以及新的其他生产要素。但从另一种角度讲，新进入者一旦加入，就必然会要求对市场份额进行重新分配，就必然会引起原有市场份额、原有成本、原有产品价格以及原有利润水平的变化。因此，在一个行业中，有眼光的厂商们应随时对新进入者保持高度的警惕。潜在的新进入者的存在不能不使行业内的厂商作出相应反应。这种反应就是原有厂商们不得不动用相应的资源随时准备进行防御或进攻。而这种准备一旦变为行动，就会引起竞争。新进入者进入某一行业的难度主要取决于两个方面：一是进入壁垒，二是现有厂商的反应程度。如果这一产业的进入壁垒强大，或者新进入者预期在位者会进行激烈的报复，那么进入威胁就会相对较小。

3. 替代品的威胁

行业内的竞争还可能来自另一种威胁——替代品。替代品指的是那些同现有产品具有相同功能的产品。世界上有很多东西都可以替代，但有替代可能并不见得就发生替代。替代品是否产生替代效应，关键是看替代品能否提供比现有产品更大的价值与价格之比。所以，替代产品的实际功能是对现有产品造成了价格上的限制，进而限制行业受益。用经济学术语说，替代品影响着行业的总需求弹性。具有威胁的竞争者可能会来自另一个不同的行业。如果另一个行业的竞争厂商能生产很好的替代品，那么这个行业的竞争厂商们将面临很强的竞争。如果某种产品没有替代品，那么消费者对产品的价格是不敏感的，或者是需求对价格缺乏弹性。如果某一行业存在着替代品，替代品能够提供比现有产品更高的价值与价格之比，同时买方的转换壁垒很低，消费者就会有更多的选择，那么对于原有生产厂商来说，这种替代品就会对现有产品构成巨大威胁，形成竞争压力。

4. 供应商价格谈判能力

从产品流程来看，下游企业就是客户，上游企业就是供应商。当你销售时就是供应商的角色，当你采购时就变成了客户角色。一般而言，供应商可以通过提高价格或降低所购产品或服务质量来威胁行业中的买方厂商，强有力的供应商的压力可能迫使一个行业内的厂商因无法使价格跟上成本的增长而降低其获利能力。波特认为，供应商对下游厂商是一种弱势竞争力量，还是一种强势竞争力量，即供应商的价格谈判能力的大小取决于：供应商所属行业的集中度、供应商产品的替代性、供应商产品在本企业成本组成中的重要性、供应商进行前向一体化的能力等条件。

5. 客户价格谈判能力

购买者与供应商不同的是，其更拥有谈判优势（除了在垄断行业可能出现例外的情况）。作为购买者，总是要求价格低、产品质量高、服务全面的产品或服务。他们总是以此为目标，与行业内的企业讨价还价；而行业内的企业为了赢得顾客的满意，就不得不在这几方面展开竞争。这些竞争都是以牺牲行业利润作为代价的，但购买者却从中获得了利益。

如果五种竞争力量竞争出现这样的局面：现有厂商竞争激烈，进入壁垒很低，替代品的竞争激烈，供应商和顾客有相当的谈判权力，那么该行业的竞争就非常激烈；如果五种竞争力量竞争出现这样的局面：供应商和顾客处于谈判劣势，没有很好的替代品，进入壁垒较高，现有厂商的竞争较温和，那么该行业的竞争就比较温和。

对于一行业来说，五种竞争力量的影响越强，行业中竞争厂商的联合利润水平就越低，最坏的结果是：五种竞争力量所营造的市场环境异常紧张，以致于所有厂商的利润水平都长期低于平均水平甚至亏损。因此，面对五种竞争力量的影响，波特认为企业管理者的基本策略是：一是尽可能摆脱五种竞争力量的制约；二是引导竞争压力使其向有利于企业的方向改变；三是建立强大的安全优势。

波特的五种竞争力模型在20世纪80年代提出，至今已有30多年的时间，虽然有人认为它仅是一个静态的模型，也有人认为它忽视了对人力资源的分析等，但它仍不失为对行业内竞争压力进行分析的一个比较有效的模型，对企业的竞争策略的制定具有一定的指导作用。对一个企业而言，波特的五力模型构成了一个规范化、标准化的战略分析框架。各种管理学教材，也都以这一模型作为企业战略分析的基本范式。可以说，这一模型对战略研究的影响是巨大且深远的。但是范式只具有普遍意义，而企业具体情况各不相同，管理学需要追求实践应用，如何把这一模型恰当运用到不同的企业身上，才是真正的关键所在。

（二）企业价值链构架

在《竞争优势》中，波特提出"价值链"的概念，"每一个企业都是用来进行设计、生产、营销、交货以及对产品起辅助作用的各种活动的集合"。价值链（value chain）是研究企业系统整合的一个基本范式，是竞争优势的一种系统研究工具。价值链分析的两个主要目的：一是确认获得成本优势的机会；二是有助于创造产品/服务差别化的机会。企业通过以较低的成本，或提供比竞争对手更高的用户价值的差别化，从事价值链的部分或全部活动来获得竞争优势。

波特认为企业提供给顾客的产品或服务，其实是由一连串的活动组合所创造出来的，每一项活动都有可能促成最终产品的差异化，进而提升产品价值。任何一个企业都是以价值链为分析架构，思考如何在每一个企业价值活动上，寻找降低成本或创造差异的策略作为，同时进一步分析供货商、厂商与顾客三个价值链之间的连结关系，寻找可能的发展机会。换言之，价值链就是把企业创造价值的战略性活动予以结构上和流程上的分析，再将其整合为一个完整的体系，进而从结构和流程的相关性角度确定企业的竞争战略。企业价值链如图 2-1 所示：

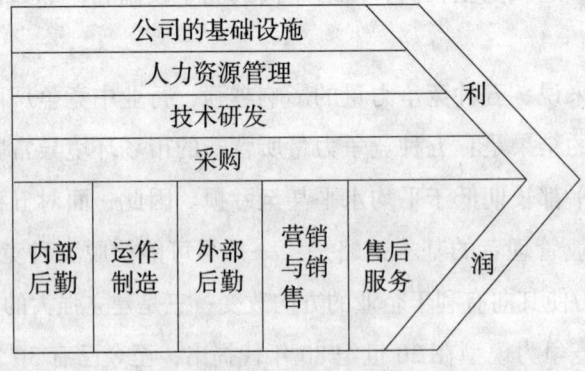

图 2-1　企业价值链

价值链理论认为：企业的任务是创造价值。企业的各项活动可以从战略重要性的角度分解为若干部分，并且它们能够创造价值，这些互不相同但又相互关联的生产经营活动构成了一个创造价值的动态的网状的过程，即价值链。具体来讲，整个企业的价值链由两大部分活动组成，一部分是基本活动，另一部分为辅助活动。基本活动创造价值，辅助活动保证基本活动的运行。所谓"辅助"是强调它在价值形成中的间接性，而不是说它不重要。如果把辅助活动理解为次要活动，则是明显的误解。

1. 基本活动

基本活动包括五个方面：一是内部后勤。这是与原材料的接收、存储和分配相关联的活动，包括原材料运、仓储、库存控制、运输调度、向供应商退货等。这一活动的本质，是对生产的输入。二是生产作业。这是将原材料等投入转化为企业产品的各种活动，包括产品的加工、包装、设备维护、检测等。这一活动的本质是输入的转化。三是外部后勤。这是集中、存储产品并将产品发送给买方的各种活动，包括成品库存管理、运输、订单处理、送货等。这一活动的本质是产品输出。四是市场营销。这是对买方进行引导，吸引买方购买产品的各种活动，包括广告、促销、销售渠道选择、销售队伍管理、定价等。这一活动的本质是产品价值的实现。五是服务。这是与增加产品的质量和价值相关的活动，包括产品的安装、适应培训、维修、零部件供应，根据客户需要进行的产品调整等。这一活动的本质是产品的价值保证和增值。

2. 辅助活动

辅助活动包括四个方面：一是采购。这里的采购不是指原材料物流本身，而是指形成物流的各种购买活动。所有价值活动（包括基本活动和辅助活动）中都有采购，例如，技术开发中购买外部的测试服务、经营核算中购买外部的会计服务等等。采购活动本身的成本往往不大，但却对企业的全面成本和产品特色影响极大。二是技术开发。这里的技术开发不仅指专门的研发，还指所有改进工艺和提高产品性能的活动。波特专门强调他不用研发这一词汇，是因为研发往往被理解得十分狭隘。企业的各种活动都会涉及技术开发，甚至有些产业的技术开发占据了核心地位。三是人力资源管理。这包括所有人员的招聘、培训、报酬、管理、开发等方面的活动。这一活动在企业中的作用是不言而喻的。四是企业基础设施。这不仅指企业的地点和办公场所，也包括企业的总体管理、计划、财务、法律支援、质量管理等，还包括企业与政府和公众的公共关系。

综上所述，企业的价值链是上述五种基本活动和四种辅助活动构成的整体，是判定竞争优势并采取措施以创造和维持竞争优势的一项基本工具。然而，企业的活动并非是这九种活动的简单集合，而是由价值链的内部联系形成的系统，这种联系可以通过整体优化和协调一致带来竞争优势。企业运营成本的很大一部分是各活动之间的协调成本。企业各个活动之间的协调，既有基本活动之间的协调，又有辅助活动与基本活动之间的协调。基本活动之间的协调同企业的纵向一体化战略有关。如果企业的纵向协调成本低于纵向一体化带来的收益，则企业很可能会进行前后向的纵向一体化，否则，企业将相关业务进行外包处理则会更加划算。辅助活动和基本活动之间的协调往往同企业的多元化经营联系在一起。如果企业多元化的协调成本低于多元化带来的利益，则企业进行多元化经营就是有利可图。事实上，无论企业是否进行多元化或一体化，波特认为，不同活动之间的"关联点"对企业竞争优势的形成，常常在成本收益核算中仅仅重视各项具体活动的成本，忽视协调成本。在竞争优势的分析中，有必要对此予以重视。

价值链理论发展到今天实现了新的突破，即价值链可以进行分解与整合。传统的大而全、小而全的企业在竞争中发展困难，而另一些企业则另辟蹊径，它们从对整个价值链的分析中放弃某些增值环节，从自己的优势出发，选择若干环节培养，并增强其核心竞争力，利用市场寻求合作伙伴，共同完成整个价值链的全过程。但是，这样的价值链是由许多相对独立且各自都有核心竞争力的增值环节组成的。这些原本属于某个价值链的环节一旦独立出来，就未必只对应于某个特定的价值链，它也有可能加入到其他相关的价值链中，于是出现了新的市场机会——价值链的整合，即可以设计一个新的价值链，通过市场选择最优的环节，把它们联结起来，创造出的价值。实现虚拟经营的企业能够充分意识到：价值链的分解与整合作为一种经营策略功效卓越，它能够保证企业获得最大的投入产出比。

如今，价值链在经济活动中无处不在，上下游关联的企业与企业之间存在行业价值链，企业内部各业务单元的联系构成了企业的价值链，价值链上的每一项价值活动都会对企业最终能够实现多大的价值造成影响。

价值链理论揭示了企业与企业竞争不只是某个环节的竞争，而是整个价值链的竞争，而整个价值链的综合竞争力决定企业的竞争力。用波特的话来说："消费者心目中的价值由一连串企业内部物质与技术上的具体活动和利润所构成,当你和其他企业竞争时,其实是内部多项活动在进行竞争。"当前,企业竞争在全球范围内展开,资源和信息在全球范围内自由流通,而互联网加速了这一趋势。在这样的背景下,企业的价值链还必须置于更为广阔的环境条件下进行分析。这些环境,构成了价值链的景框。影响价值链的景框的四个方面是:细分景框,企业的产品种类和所服务的买方范围;纵向景框,企业同供应商、分销商、客户之间的关系;地理景框,企业进行战略竞争的区域;产业景框,所在产业领域企业之间的竞争与合作关系。构建在五力模型基础之上的价值链理论使波特的战略研究方法趋于成熟。

(三)钻石模型

钻石模型(Diamond Model)是分析国家和地区"竞争力"的宏观分析工具。波特在《国家竞争优势》中构建的"钻石模型"如图2-2所示。

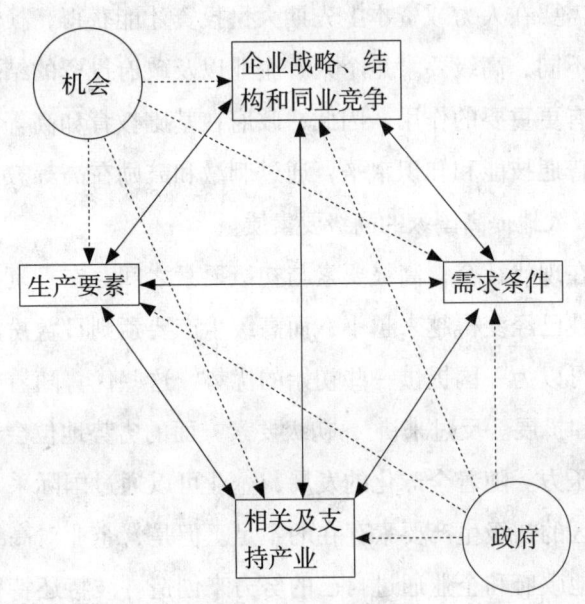

图 2-2 钻石模型

钻石模型的中心思想是一个国家的四个基本方面的特质构成该国企业的竞争环境,并促进或阻碍国家竞争优势的产生。钻石模型由四个要素组成,分别是生产要素、需求条件、相关与支持性产业、企业战略及其结构以及同业竞争。波特将这四方面的要素构成一个菱形,并认为当某些行业或行业内部门的菱形条件处于最佳状态时,该国企业取得成功的可能性最大。波特菱形同时还是一个互相促进增强的系统,任何一个特质的作用发挥程度取决于其他特质的状况。比如,良好的需求条件并不能导致竞争优势,除非竞争的状态压力已达到促使企业对其作出反应的程度。此外,波特还在钻石体系中加入了机会和政府两个变量。钻石模型的命名来自于这四个要素和两个变量所构建的菱形关系。

1. 生产要素

生产要素指一个国家的生产要素状况,包括熟练劳动力以及在某一行业竞争所必需具备的基础设施条件。

虽然国家资源要素是赫克歇尔－俄林(Heckscher-Ohlin)理论的中心,迈克尔·波特从生产要素特征的角度给予了详尽和新颖的分析。他把各种要素按等级划分成初级要素和高级要素两大类,前者包括自然资源、气候、地理位置、人口统计特征,后者包括通讯基础设施、复杂和熟练劳动力、科研设施以及专门技术知识等。高级要素需要在人力或资本上先期大量投资才能获得,换句话说,与自然赋予的基本要素不同,高级要素是个人、企业以及政府投资的结果,从而高级要素对竞争优势具有更重要的作用。因此,政府在基础教育和高等教育的投资——通过提高人口的普通技能和知识水平,通过刺激和鼓励在高等教育与科研机构的高级研究——将极大地提高国家的高级要素质量。

波特认为,在现代社会,高级要素与初级要素之间存在着复杂的关系,初级生产要素的重要性已经变得越来越小,而高级生产要素则日益扮演着更加重要的角色:初级要素可以为一国提供一些初始的优势,这些优势随着在高级要素方面的投资得到加强和扩展。反过来讲,初级要素方面的劣势地位会形成一种向高级要素方面投资的压力。随着全球化的发展,企业可以通过国际采购等活动,来弥补所处国家和地区的初级生产要素存在的不足。但是,企业对高级生产要素的需求,则只能由当地政府和企业通过自己的努力来创造。波特还特别指出,适度的初级生产要素不足,反而能起到刺激企业创新的作用,这种创新式企业持久的竞争优势,通常会被创新流程所淘汰。环境太舒适,会使企业不思进取;但不利的生产要素太多,也会压垮企业。适度的压力会带来渐进式改善。回顾历史,劳动力匮乏、工资过高、本地缺乏原料、气候不宜等,都曾在欧美亚各发达国家变成创新的动力。波特关注初级生产要素形成的竞争优势缺乏后继力量的观点尤其值得发展中国家重视。

2. 需求条件

需求条件指对某个行业产品或服务的国内需求性质。在钻石模型中，需求条件主要是指国内市场的需求。波特十分强调国内需求在刺激和提高国家竞争优势中的作用。一般说来，企业对最接近的顾客的需求反应最敏感。因此，国内需求的缺点对塑造本国产品的特色、产生技术革新和提高质量的压力起着尤其重要的作用。内需市场是产业发展的动力，主要包括需求的结构、需求的规模和需求的成长。国内市场的需求结构往往比需求规模更加重要。需求结构是指"市场需求呈现多样细分"。根据市场细分，某个小企业或者小国家可以专攻市场需求的某一个环节，这样也能够创造并维持较强的竞争力。虽然需求规模对产业的壮大发挥着重要作用，但是从长远来看，这种规模效应不如内行而挑剔的客户需求对企业造成的压力大。波特认为，如果一国内的消费者是成熟复杂和苛刻的话，会有助于该国企业赢得国际竞争优势，因为成熟复杂和苛刻的消费者会迫使本国企业努力生产高质量标准的产品，并不断进行产品创新。由精致的专门需求造成的竞争压力，从外部催化出企业进行创新的能力。一旦企业能够满足国内内行而挑剔的客户，当面对国外或者其他不挑剔的客户时，就会比其他企业具有更大的竞争优势。按波特的观点，如果一个企业连国内市场都做不好，那么所谓走向世界就是天方夜谭。这对于那些试图通过"国家化"来掩饰或转化自己企业劣势的老总来说，不啻为当头棒喝。

需求条件另一个重要的方面是预期需求。如果本国客户的需求能够领先国际客户的需求，那么就会使得本国企业提前在相关方面展开竞争，这种"抢先进入"优势对于日后企业在国际上获得成功至关重要。

3. 相关与支持性产业

相关与支持性产业指国内是否存在具有国际竞争力的供应商和关联辅助行业。在国内拥有具备国际竞争力的供应商和关联辅助性行业，是一个行业能够取得国家竞争优势的第三个条件。

关联行业和辅助行业在高级生产要素方面投资的好处将逐步扩溢到本行业中来，从而有助于该行业取得国际竞争的有利地位。波特认为，单独的一个企业以至单独一个产业很难保持竞争优势，只有形成有效的"产业集群"（Industrial Clusters），上下游产业之间形成良性互动，才能使产业竞争优势持久发展。一个国家内成功的行业趋向聚集，形成关联行业集群，是波特研究成果中最有影响力的发现。

对企业而言，具有竞争力的上游产业能够为本企业提供先进原材料、相关技术等，这些都是产业竞争力的重要组成部分。同样，如果下游产业在全球具有竞争力，那么就会对上游产业提出更高的要求，这在一定程度上是本产业进行创新的外部动力。相关产业会形成"提升效应"，在互通技术比重较高，而且处于产业生命周期的初始阶段的情况下，"提升效应"尤为显著。

相关支撑性企业的地位也可以从需求的角度进行阐释。本产业的上下游产业实际上是本产业最重要的供应商和客户，具有全球竞争力的下游产业通常对原材料等方面的要求特别苛刻，企业在努力满足这些客户需求的同时，也在创造自身的国际竞争力。在波特看来，这些相关支持性产业的相互作用，以形成有效率的"产业集群"为标志。这对一个国家和地区是至关重要的。在《国家竞争优势》中，波特通过对10个国家的数据分析，得出的结论是：每一个国家的经济崛起必定伴随着相关产业集群的诞生，如果只靠一个企业单打独斗是不可能成功的。政府也不能根据自己的意愿凭空创造产业集群，产业集群是市场力量通过钻石模型的各因素相互作用自发形成的。政府的角色是为产业集群的发展提供良好的国内竞争环境，过度的政府干预和保护往往会阻碍产业集群的健康发展。对于那些寄希望于"一枝独秀"的企业，或者寄希望于政府的优惠政策甚至保护措施来培育竞争力的企业来说，无疑是一剂清醒药。

4. 企业战略及其结构以及同业竞争

这是指一国内支配企业创建、组织和管理的条件，以及国内竞争的本质。钻石模型中第四个促成国家竞争优势的条件是国内企业的战略、结构和竞争状况。这是波特开出的企业治理三角习题，指如何创立、组织和管理公司，如何应对同业竞争对手等问题。波特认为，企业的战略、组织结构和管理者对待竞争的态度，往往同国家环境、产业差异相关。一个企业要想获得成功，必须善用本国的历史文化资源，形成适应本国特殊环境的企业战略和企业组织结构，融入当地社会，并符合所处产业的特殊情况。综合来讲，他的两个观点是：

第一，不同的国家有着特色各异的"管理意识形态"，这些"管理意识形态"帮助或妨碍形成一国的竞争优势。

第二，在一个行业中，激烈的国内竞争与该行业保持竞争优势二者之间存在密切联系。激烈的国内竞争引导企业努力寻求提高生产与经营效率的途径，反过来促使它们成为更好的国际竞争企业。

影响企业战略、企业结构的主要因素有：各国政府设定的发展目标、企业自身的目标、个人的事业目标、民族的荣耀与使命感所带来的诱因。各个国家不同的发展目标对企业和员工的工作意愿影响很大，如果一个国家鼓励人们对产业忠诚，则有利于降低产业人员的流动率，增加企业的长期投资意愿。企业自身目标又与股东结构、持有人的进取心、债务人的态度、内部管理模式以及高级资深主管的进步动机等因素有关，这些因素会影响企业对投资风险、资金利用等方面的态度。个人事业目标以及民族荣耀与使命感对于企业战略和企业结构的影响非常复杂，但是只要善于引导，这些社会文化因素和心理因素就有可能成为产业竞争力的来源。

波特特别推崇自由竞争。他认为，发达经济体成功的重要原因就在于自由竞争，自由竞争是国家竞争力的源泉。激烈的国内自由竞争不仅能够提高本国企业的竞争优势，而且能够迫使企业开拓国外市场。没有国内市场的争斗，就没有走向世界的能力。波特曾指出："强劲的良性国内市场竞争与随之而来的长期竞争优势，事实上是国外竞争者无法复制的。本国竞争可以化劣势为优势，刺激挑剔型客户的出现，建立进步的、有创意的世界级供应商系统。这个强化效果一旦形成，竞争优势所需要的本地供应商体系、充沛的高级人力资源及钻石体系的其他部分自然能水到渠成。"对于某一产业的政府保护措施实际上最有可能导致的后果就是竞争力的丧失。

钻石模型建立在对发达国家的经济学分析基础上，但是对于发展中国家，尤其是经济正在起飞的国家，这个模型也具有极大的借鉴和参考意义。

波特的"竞争三部曲"对企业战略相关的内外竞争环境，从企业内部活动成本、外部产业结构、地域产业集群等不同层次进行了全面深入的解剖，这为人们了解竞争本质提供了广泛的视角。但问题在于，这种解构分析的做法并不能很好地提供解决战略实践问题的答案。解决战略实践中所遇到的各类问题，需要综合运用各种解构方法，特别注意平衡协调各种方法之间的关系。从这个角度看，波特所提供的许多方法实际上均属于工具战略，它只解决战略可能途径，而并不提供途径选择的准则。

四、迈克尔·波特的管理思想评论

　　五力模型、价值链模型的问世已经奠定了波特在战略管理发展史上的重要地位,而钻石模型和产业集群理论的提出促使波特成为世界上最有竞争力的管理大师。波特的最大特点是用一个经济学家的眼光和头脑,剖析现实的经营管理问题。他的著作是为重视竞争实践的管理者和学者写的,尽管又厚又重,但除了经济学术语带点专业性外,丝毫看不到那种纯粹理论著作的晦涩。可以说,为了实践的需要,波特在一定程度上牺牲了学术论证必不可少的严密。波特的贡献恰恰不是学术逻辑。正如德鲁克曾经强调的那样,管理研究不是为了满足逻辑,而是为了满足现实需要。因此,对波特的理解,要从世界经济发展的时代需要考虑,尤其是从经济全球化和经济知识化的趋势来看。

　　波特从思想上极大丰富了战略管理的发展。首先,他是整个战略理论框架最优秀的继承者,其次是最优秀的变革者之一,通过他的视角,我们对战略本质有了更多的了解。将战略从总经理高超的管理艺术变为管理者的一种基本工具,这是波特的贡献。资源学派的巴尼认为,波特将战略管理从非正式对话领域带入了正式的学科领域,尽管这一进程的发生还有其他人的努力,但毫无疑问,战略管理第一次以学术面目亮相于世界,并受人瞩目是由波特完成的。《竞争战略》的出版意味着战略管理新时代的来临。

(一) 继承了战略管理的学术传统

　　战略管理最基本的学术传统是由哈佛商学院企业政策集团建立的,他们所提出的LCAG框架,即人们所熟悉的SWOT分析的完整版本,是整个战略管理理论的基本发展主线,无论战略管理理论如何演进,这个基本的理论原则依然是颠扑不破的原理。LCAG框架用最简明的语言表达了战略复杂的本质:其一,它强调了战略的经济性,即强调企业外部环境和内部因素的有机结合,在利用环境机会、抵御环境威胁时,运用内部实力同时避开内部弱点。其二,它强调了战略的社会性,即强调管理者的因素和企业的社会责任,因为战略本身是一个组织活动,离不开人和周围组织的影响。但是,LCAG框架除了这个框架再无更多的详细内容,因此对该框架的内容进行研究就成为后来的战略学者的主要任务。

　　经济性一向是学者研究战略管理的热点,相较之下,社会性问题被大大地忽略了，只有少数学者表现出对这一问题的兴趣。波特便是其中之一，他从社会性角度全面拓展了 LCAG 框架。在本质上，波特研究战略的整个进程是完善这一传统的尝试过程。他首先提出了战略集团理论，开创了五力模型，揭示了环境机会和威胁的概念，之后提出了价值链模型，试图去揭示企业优势和劣势的概念，继而研究企业的慈善活动和社会问题，努力寻找经济性和社会性的统一。可以说，继承战略管理的学术传统为波特明确了研究的方向。

LCAG 框架中还有一个因素——管理者价值，是波特还没有很好研究的内容，倒不是他没有意识到这个问题，从他的著作来看，领导者的作用一直被强调，只是不怎么重视。事实上最大的问题就像明茨伯格对波特的批评一样，忽视组织的问题一直是波特最大的缺陷，因为在波特意识中，战略不是一个组织的问题。他说："如果战略被引申要包括员工和组织安排，那么战略就会变成每个企业都要完成的一项工作和都要拥有的一个重要内容。这不仅会把事情搞复杂，还会把从竞争环境到位置、从位置到行动、从行动到员工技巧和组织这样一个因果链搞混。"这里就体现了一个主流经济学思维和管理学思维的差异。主流经济学很少会考虑组织的问题，或者把企业当做原子式的组织而非社会性的组织，尽管这一缺陷在新制度经济学后得到了弥补，而管理学思维是构建在组织之上的。从这个意义上讲，波特又不是一位彻底的管理学家。从另一个层次来看，波特从产业竞争角度对政府政策、社会问题、慈善事业乃至全人类的发展趋势提出自己的观点。这种胸怀和眼界促使波特超出了普通的经济学者，也正因为此，德鲁克称其为"少数对管理学真正有过贡献的人物之一"。

（二）聚焦战略研究方向

波特的最大贡献是奠定了战略研究中的实践导向。从波特开始，战略研究已经确立了现实主义式的不可逆转的支配地位，那种纯粹理想化、逻辑化的战略构建，已经无法继续下去。波特从研究者的角度提出，现有的战略管理理论存在一些严重的缺陷。

第一，这些理论都是过程导向，所提出的建议只是一些宽泛的原则，缺乏具体实质的内容。无论是战略的目标，还是包罗万象的 SWOT 分析法，还是最后的战略建议都是一些是是而非的东西，没有具体的说明。

第二，战略工具都是抽象出了竞争中少数关键的变量，简化了竞争的复杂程度,从而降低了这些战略工具解决复杂战略问题的效度。针对上述缺陷,波特给出了相应的答案。从战略目标来看,波特首先在《竞争战略》中提出"战略制定的本质是应付竞争所需",然后在《竞争优势》中谈到企业竞争的目标是为了获取竞争优势,明确了战略管理的主题。明确这一主题,对于战略管理理论的发展是相当重要的。通过帮助定义统一的战略管理理论和研究的因变量,波特使曾经十分分散的对话变得集聚。没有这种集聚,理论或实践的进步是十分困难的。如果不是这样,那么现在有关不同的利益相关者来决定企业绩效的不同影响的讨论,仍然是十分发散的。

第三,将 SWOT 分析,或者波特所指的 LCAG 框架中的机会威胁、优势和劣势两个概念注入了丰富的内容。针对机会威胁的是五种竞争力模型,针对优势、劣势的是价值链模型。

第四,提出了通用战略,将竞争优势总结为成本优势和差异化优势,给战略第一次赋予了具体的内容。虽然无论是成本的观念还是差异化的观念,在管理学中早就有研究,但是将其作为战略的具体内容加以推广,使得这一概念深入人心,还是波特的功劳。

第五,在战略中引入了地理因素,将钻石模型或者说集群分析添加到企业竞争分析的框架中,丰富了企业竞争的内涵,同时企业的战略考虑到地理的影响,无疑将战略理论又向真实的战略推进了一步,因为以往的战略管理理论都是建立在抽象的时空观上,忽视企业具体存在的空间和时间。

这种实践导向式的战略研究,在波特之后还有着纵向和横向的深化可能。

(三)在经济学基础上发展战略管理理论

任何一种事物的发展都有很多偶然的因素存在,思想和理论的发展更是如此。波特首先接受的是管理学教育而不是经济学教育,这对于管理学界来说是一件幸事。如果不是这样,那波特或许是一位彻头彻尾的经济学家而非管理学家。应该说更为幸运的是,波特不仅预先接受了管理学教育,而且接着又接受了经济学教育,成为产业组织经济学和企业政策两个学科领域首度交融的第一人。正是由于如此偶然的教育安排,使得战略管理的发展从波特开始偏向经济学的方向,战略管理也由不精确的命题转为严谨的课题。

在传统战略管理的核心逻辑中,战略代表了企业内部能力和外部环境之间的匹配行动，如果公司战略得当，那么企业必然会成功。这是一个无法验证的假设命题，什么是企业成功？什么样的战略能导致企业成功？全部都无法检验。经济学引入之后，问题便得到有效解决。经济学对于传统战略管理的修正主要是通过引入绩效来实现，使得不可测的假设可以通过数据检验，从而使其从理想中的逻辑变为现实中的逻辑。这一绩效的变量的引入就在于波特将产业组织中的结构——行为——绩效范式引入了战略管理。他将这个本是帮助政府确定产业中的社会福利最大化和完全竞争的动态演变的理论颠倒过来，然后用于分析企业在哪个产业能获得优异的经济绩效。由经济学来推动战略管理理论的发展至少带来三个方面的转变：

1. 对环境的分析更为严谨

在波特提出五种竞争力模型之前，环境的分析多种多样，一部分是用 PEST 模式来分析宏观环境，而且产业环境的分析也是多种多样的。虽然这些分析对于理解企业的竞争环境有一定的作用，但总体上面对如此复杂和多样的环境因素，很难发现真正对企业竞争起决定作用的因素和原理。波特提出五种竞争力之后，环境分析才能聚焦到这些关键因素上，从而对环境的理解更深入了。

2. 对企业的性质进行了探寻

管理学理论一直都回避对企业基本性质的回答，这一传统从科学管理阶段到人际关系阶段，一直到管理丛林的出现，还没有一种管理学理论对企业基本性质作出回答。其原因是管理学的实用主义至上原则，导致学者们只关心理论的应用性，而企业基本性质这样的问题或许对于管理实践来说，并不是什么非常紧迫的问题。当管理学从一般管理进入战略管理阶段之后，这个问题就提到了议事日程，因为将战略理解为企业和环境的匹配，就必须回答什么是环境，什么是企业这样的问题。尽管对于什么是企业这样的问题经济学家有自己的解释，但这些解释并不能完全满足管理学家分析战略的需要。所以波特自己建立一个企业理论就是价值链理论，将企业视为一套经验活动体系来解释企业竞争优势的来源。此后更多经济学中有关企业的理论被引入到战略管理理论中，从而战略管理理论中增加了"战略的企业理论"这一模块。

3. 战略从宽泛的原则转为可具体操作的思路

将战略的目的从企业成功转换为绩效，建立了战略与企业成功之间的理论假设，从而有助于探寻什么样的战略可以帮助企业成功，使战略的内容有了实质性的进展,从提供一些宽泛的原则转为可以具体操作的思路。

当然,波特强调经济理论是解释战略管理问题的最佳方式,也不是没有批评。事实上,已经有许多战略管理的学者和实践家们认识到单独依赖经济理论来发展战略管理理论是有局限的。一些对于战略制定和战略执行方面的心理学和社会学的影响已经得到越来越多的重视。然而,这个领域从单独依赖经济学理论向更广阔的理论基础发展并没有抵消波特的影响力。反而,如果没有经济理论第一次被严谨地适用于战略管理领域,那么后面心理学和社会学的应用也会有很多的困难。同时,运用管理学的相关理论和学说,尤其是人本主义与和谐思想,对波特的观点进行拓展、修正和发挥,依然大有用武之地。从这点看,波特不是战略研究的终结,而是战略研究的开端。

作为经济学家,波特向管理领域迈出了决定性的一步,然而,他的另一只脚还牢牢站在经济学圈内。因为他明白,离开了经济学,自己就成了无根的浮萍。因而,波特进行战略分析的基本前提依然是经济人假设,依然带有浓厚的经济学式的抽象推理和建构痕迹,距离管理的实用性尚存在隔膜。正因为如此,有人批评波特拘泥于经济学,并不是毫无道理的。对波特不是不能批评,更不是不能超越。但是,批评必须建立在吃透波特理论的基础上。

(四)将竞争的观念深入人心

有人可能会说经济学早就在研究竞争了,但是我们知道经济学中的四种竞争类型远不及现实中的竞争丰富,能将竞争的丰富内涵揭示得如此淋漓尽致的人恐怕只有波特了。波特奠定了竞争和战略研究的一个新的里程碑,波特将竞争的观点深入人心。从波特开始,战略就被演绎为一门专门研究竞争的学问,尽管现实的战略有着比如何竞争更丰富的意义。

在《竞争论》中,波特指出"不久以前,市场受到保护,占有市场主导地位则是游戏规则,如今很少产业不停留在不受竞争侵入的平稳状态,或可主导市场的状态。没有哪个国家或企业敢漠视竞争,每个国家与企业都必须了解并让竞争主宰。"纵然战略还有其他的目标,但是怎么强调竞争的重要性并不为过,因为唯有竞争才是整个世界生生不息的力量。

本章参考文献

[1] 席酉民,刘文瑞.战略与变革 [M].北京:中国人民大学出版社,2009.

[2] 迈克尔·波特.竞争战略 [M].陈小悦译.北京:华夏出版社 1997.

[3] 迈克尔·波特.竞争优势 [M].陈小悦译.北京:华夏出版社 1997.

[4] 迈克尔·波特.国家竞争优势 [M].李明轩,邱如美译.北京:华夏出版社,2002.

[5] 迈克尔·波特.日本还有竞争力吗 [M].陈小悦译.北京:中信出版社,2002.

[6] 方华.迈克尔·波特《竞争优势》研评 [D].对外经济贸易大学,2005.

[7] 向坤.迈克尔·波特:企业竞争理论的构建者 [J].管理大师解读.2010(5).

[8] 陈永刚.信息时代的迈克尔·波特——竞争战略理论的新实践 [J].论坛规划.2004,(8).

第三章 加里·哈默尔：战略是一种革命

加里·哈默尔（Gary Hamel），著名的战略管理研究大师，被《经济学人》誉为"世界一流的战略管理大师"；《财富》杂志称他为"当今商界战略管理的领路人"；2001年美国《商业周刊》的"全球管理大师"的评选中，将加里·哈默尔排在前五位。加里·哈默尔的影响是世界范围的，他提出的诸多战略管理的核心理念早已成为当今世界优秀企业的战略管理教科书，如"战略目标"、"核心竞争力"、"战略构建"、"产业趋势分析"，这些革命性的理念深刻影响着世界一流企业的管理家们。

一、加里·哈默尔的生平

加里·哈默尔出生于1954年，年轻时的工作是在一家医院做行政管理，但他似乎对自己的工作并不是十分的感兴趣。24岁那年，加里·哈默尔辞去了医院的行政管理工作，开始在密歇根大学的求学之路，主修国际商业专业，几年后加里·哈默尔如愿以偿地取得博士学位。在密歇根大学学习期间，他遇到了令他终生受益的导师C.K.普拉哈拉德（C.K.Prahalad），这让加里·哈默尔迅速成为一名优秀的学者。他们在《哈佛商业评论》上合写了多篇论文，数次夺得"麦肯锡奖"，1990年加里·哈默尔和普拉哈拉德在《哈佛商业评论》上发表《公司的核心竞争力》（The Core Competence of the Corporation），1994年两人又合著出版了《竞争大未来》（Competing for the Future）。

1983年，加里·哈默尔来到英国，开始担任伦敦商学院的授课教师，他热爱教学，教授的 MBA 课程成为伦敦商学院最受欢迎的课程之一。随着年龄的增长和研究的不断深入，加里·哈默尔显然更希望能够将自己的理念放在企业中去实践，投身到实实在在的商业世界中去。于是加里·哈默尔离开了学校，在 1993 年成立了一家商业顾问咨询公司，为通用电气（General Electric）、时代华纳（Time Warner）、诺基亚（Nokia）、雀巢（Nestle）、壳牌（Shell）、百思买（Best Buy）、宝洁（Procter & Gamble）、3M、IBM、微软（Microsoft）等许多国际著名公司提供管理咨询和培训服务。他的战略管理理念，如"战略目标"、"核心竞争力"、"产业趋势分析"等，在这些企业中得到了广泛的推广，并为这些企业的成功发展提供了重要的帮助。这一切使加里·哈默尔也迅速成为商业战略管理大师。

加里·哈默尔目前依然担任伦敦商学院的客座教授，也是哈佛商学院的托马斯·墨菲特聘研究员（Thomas S. Murphy Distinguished Research Fellow）。同时他也是世界经济论坛和战略管理协会研究员，经常参加世界各地的管理学会议，定期为 CNBC，CNN 等一些重要媒体撰写文章，并出任一些大公司的咨询顾问，他还为政府就管理创新和产业发展研究等问题提供政策建议[①]。目前，加里·哈默尔致力于建立世界第一个"管理实验室"（Management Lab），这是一个开创性的尝试，与众多管理学者共同创造管理学领域的"未来实践"，他们的目标是：促进理论和实践的高度融合，提高管理革新速度。

二、加里·哈默尔的主要著作

在过去的二十多年中，加里·哈默尔的名字在商业期刊和经济学术杂志上频繁出现，在《哈佛商业评论》发表了 15 篇文章，《华尔街日报》将加里·哈默尔列为世界上最有影响力的商业思想家，《财富》杂志称加里·哈默尔为"世界领先的经营战略专家。"他的主要著作包括《竞争大未来》（Competing for the Future, with C.K. Prahalad, HBS Press, 1996）、《领导企业变革》（Leading the Revolution, Plume, 2002）、《管理大未来》（The Future of Management, with Bill Breen, HBS Press, 2007）。

---

① 参考伦敦商学院官方网站 http://www.london.edu/facultyandresearch/faculty/search.do?uid=ghamel.

（一）《竞争大未来》

《竞争大未来》（*Competing for the Future*, with C.K. Prahalad, HBS Press, 1996）由加里·哈默尔与他的博士生导师 C.K. 普拉哈拉德合著（昆仑出版社，1998年4月翻译出版）。这部著作一问世，就被《商业周刊》评为"年度最佳管理图书"。

《竞争大未来》对管理学传统的核心理念提出了挑战。传统观点认为，企业管理的主要精力应该放在如何应对行业竞争上，而企业竞争的主要目标是从对手那里赢取市场份额。因此，传统的管理战略和决策过程也会受到竞争对手的行动或潜在行动的影响。加里·哈默尔和普拉哈拉德则尖锐地提出，这种思想有误导之嫌，在他们看来，企业的管理者应该把主要精力放在自身的优势和顾客的需求上，而不应首先考虑对手的行为并由此选择自己的行为策略，明确提出：把市场定位对准顾客需求是企业在竞争中胜出的关键。

《竞争大未来》认为，经理人以往关注的更多是效率和竞争，而面对未来的创新，所花的时间却往往不足。加里·哈默尔与普拉哈拉德分析这是因为未来的不确定性，是企业高管回避企业未来的风险，借此来隐藏其对未来不掌控的事实。换句话说，因为眼前的工作是相对可控的，所以他们干劲十足；而未来是不可控制的，所以他们就回避对未来的思考和创新，也就显得缺乏想象力。经理人往往关注于企业的重组、改造，这些能够很好地给企业带来一些改进，但并不是实质的进步，它只不过是纠正过去的错误，而没有开辟未来的市场，并不能保证企业未来获得成功。《竞争大未来》强调，企业要取得成功就要建立核心竞争力，就必须转变核心战略，不断创新并努力构建企业的未来。

《竞争大未来》对企业竞争优势提出了一个创新的观点：赶上不是企业优势，赶上的本质是模仿。所谓的领先者不过是市场范围界定的不同，任何一家企业都可以宣称自己是市场的领先者。而竞争不仅仅是空间上的，而且也是时间上的。竞争的博弈主体是落伍者和挑战者、守成者和创新者、偷懒的模仿者和勤奋的开拓者。如果企业十年前没能有竞争未来的眼光，现在就只能去模仿那些后来居上的企业，而真正优秀的企业会预测行业变化的趋势、产业环境的变化，从而调整战略，主导变化，建立优势，赢得未来。

加里·哈默尔与普拉哈拉德认为，公司应该专注于产业未来的竞争，这种竞争不仅是企业间的，更是产业间的。在这本书中，加里·哈默尔与普拉哈拉德再三强调，企业经理人要向前看，并深入思考自己是否有能力塑造一个企业，使其能够应付未来几十年的挑战。加里·哈默尔和普拉哈拉德贯穿全书的看法是：既然变革无法逃避，那么经理人就必须勇敢地面对未来的竞争。

一个公司要成功，就必须着眼未来，不断创新，而不应总是采用跟随策略。通过"创建未来"概念的阐述，加里·哈默尔和普拉哈拉德描述了市场机遇的未知性，而公司的核心竞争力就体现在这些未知的市场机遇。任何公司都可以通过自由选择销售商，和其他公司建立合作伙伴关系，从而实现自我创新。《竞争大未来》为那些希望获得成功的企业提供了许多实现管理创新的方法。

在《竞争大未来》这本书中，加里·哈默尔分析了一些曾经成功的企业后来却走向下坡路的案例。这些企业缺乏创新，总是停留在昨天成功的经验之上，以为成功就是一劳永逸的事情。成功企业需要不断创新，而这一信念的建立往往需要打破企业原有的成功"神话"，企业的管理者必须保持清醒的头脑和多元化的思维方式，永远带着一颗创新的心。加里·哈默尔还指出，雇用行业以外的人员，能够为评估企业目前的状态提供一种新鲜和不同的视角。

传统的竞争理论是以公司视角来观察世界的，关注的重点是公司，核心是企业的产品和服务。然而，加里·哈默尔与普拉哈拉德的"核心竞争力"出现，颠覆了那些传统理论，主张企业根本不应该把主要精力放在补什么"木桶短板"，那样会让企业失去方向，真正决定企业成败的是"核心竞争力"。《竞争大未来》指出，企业本身的愿景"并不能保证企业在竞争中取得成功"。企业要取得成功，就应该加强对核心理念的执行力，企业的执行力会让企业的核心竞争力伴随着合理的风险规避而不断提升。

《竞争大未来》列出了企业提高核心竞争力，从而把握未来市场机会的方法，其中之一是通过创新来提高企业经营的核心竞争力，而不是简单地提升产品质量或优化服务。在需求不断增长的情况下，提高产品质量或优化服务会变得越来越迫切，这让企业忽视核心竞争力的本质，从而本末倒置，只会注重表面的单纯提高产品质量或优化服务，却没有及时加强创新，提高企业核心竞争力，从而与企业的增长机会失之交臂。另一个提高核心竞争力并加强企业执行力的方法是，定期审视企业核心竞争力的标杆位置，而不是评估现有的竞争或潜在的竞争，只有这样才能建立企业长期的竞争优势，确保企业未来的市场地位。

《竞争大未来》给读者带来了激情和惊喜，书中提到的大多观点都是创新性的，加里·哈默尔与普拉哈拉德清晰地刻画了企业核心竞争力这一概念，又描述了诸多提高企业竞争力的方法，用大量的案例分析支撑他们的理论。毫不夸张的说，这本书为那些志在赢得明天的商业精英们指出了一条成功之道。

（二）《领导企业变革》

《领导企业变革》（Leading the Revolution，Plume，2002，人民邮电出版社2002年9月翻译出版）一书论述了一家公司应该如何在风云变幻的商界，通过不断地创新来建立和加强自身的核心竞争力。

《领导企业变革》的语言通俗易懂，很多人甚至认为这不像是加里·哈默尔的学术著作，但这正是加里·哈默尔的目的。通俗易懂的文字、美丽的照片和简洁易懂的图形，清晰地论述了他的核心观点：创新是企业建立核心竞争力的关键。《领导企业变革》对企业提出了一个更高的成功标准：不断改善客户关系，建立核心战略，高效利用战略资源，构建价值网络，这些都是创新公司商业模式的重要途径。《领导企业变革》列举了一些商界精英关于促进企业快速发展的各种论点，并以现实案例来说明高标准是企业成功的关键，如通用电气（GE）、思科（Cisco）、诺基亚（Nokia）等。

加里·哈默尔认为，在商业空前发达的今天，只有非线性的创意才会创造新财富。为了在变革时代茁壮成长，企业必须采纳激进的创新方式。《领导企业变革》阐明了激进创新的原理，揭示了变革性经营理念的源头，提出变革路径的设计标准，并详细论述了企业将创新变为核心竞争力的发展过程。在具体的战略选择上，人们往往多关注技术上的创新。而加里·哈默尔则认为，概念上的创新要优先于技术上的创新，它能够颠覆陈旧的管理思想和管理体系。

过去的世界经济和现在的世界经济不可同日而语，加里·哈默尔在《领导企业变革》里的观点认为，自满情绪让许多企业选择了错误的发展路线，缺乏创新的战略让企业失去了赖以生存的依靠。创造财富是人类社会前进的动力之一，在这个世界上，到处都演绎着数不清的财富奇迹，信息技术的出现和互联网的兴起，不仅改变着人类的生活方式，也改变着人类创造财富的方式。许多企业和经营者们通过不同的方式实现了创造财富的梦想。然而，许多企业和经营者陷入了创造财富的误区，认为通过公司重组、业务分拆、股票回购、强强合并等就可以创造财富；对它们来讲，在收益不变的情况下，只要削减成本，实现利润的增长，就是创造了财富。加里·哈默尔则指出，这些做法只是释放了财富，而没有创造出新的财富。因为这些做法并没有创造出新的市场、新的客户和新的收入源，只有创新革命才是创造财富的源动力。

《领导企业变革》认为，各种革命性的创新要植入到企业的日常管理中，这是因为任何无法预期的将来都能够带来商机，而任何机会都会转瞬即逝，所以企业必须每一天都做好创新，为任何可能到来的商机做好准备。而那些只专注于眼前，不注重做好创新准备的企业会慢慢变得平庸，尽管它们曾经辉煌过。高速发展的市场给投资者带来更大的压力，这要求企业管理者不断创新，持续改进企业产品质量、业务流程，想尽办法优化商业模式，从而激励出企业管理者更大的想象力，挖掘企业的创新潜力。作为一个战略家，加里·哈默尔的《领导企业变革》清晰地描述了企业创新的核心因素以及如何组织一个企业进行创新。

企业如何才能获取更高的利益呢？加里·哈默尔在《领导企业变革》一书中指出："变革时代的经营理念创新将是独特的竞争优势。经营理念的创新是使用各种方法重构现存经营模式的能力，它可以为客户创造新的价值，令竞争者措手不及，并给投资者带来新的财富。对于新创企业来说，经营理念的创新是在面临巨大资源劣势时获取成功的唯一途径；对于领先者来说，这也是将成功进行下去的唯一途径。"管理理念创新源自于想象力，这种想象力能够促生新的经营模式和新的经营方法，而新的经营模式和新的经营方法会替代现存的经营模式和经营方法，并在一个产业内或竞争领域内引起更多的"涟漪效应"，从而提高一个产业或一个领域内的竞争基础，推进企业创造新的财富。在第四次科技革命带领下，美国依靠计算机网络技术创造了大量的财富，美国硅谷每天会创造超过 60 个百万富翁。加里·哈默尔对此通过理性的分析说明，硅谷的财富之源不是电子商务（e-business），而是创新和想象力（imagination）。

《领导企业变革》并不是一个对后工业时代路径选择的冷静分析，相反，它更像是一个慷慨激昂的革命家呼吁彻底改革公司的信念，从一个不断进步的线性模式转变成为一个非线性的发展模式。虽然过去不断的改进产品和服务能够很好地被客户接受，但加里·哈默尔认为，真正的创新是整个经营理念的颠覆和再生。他抨击了创新神话只存在于亚马逊（Amazon）这样的 IT 行业的观念，并分析了嘉信理财集团（Charles Schwab Corporation）这样的"中老年革命成功者"案例，论述了这些企业成功的关键是一次又一次的自我创新。

通过对创新内涵和外延的深入分析,加里·哈默尔激励读者去深思企业革命的可能性,永远带着好奇心,坚持对任何东西怀着质疑的态度,分清革命性的变化和教条的表象,努力将革命想法变为现实。加里·哈默尔举了很多例子用来说明革命家的成功,如IBM的约翰·帕特里克(John Patrick)和大卫·格罗斯曼(David Grossman),索尼的久多良木健(Ken Kutaragi),壳牌的乔治·都庞乐克(Georges Dupont-Roc)。加里·哈默尔的信念是:无论"新公司"还是"老公司",革命创新就像跟在公司尾巴后面的导弹,如果你不去革命创新,那么这个导弹就将爆炸,要避免发生爆炸,企业唯一能做就是革命性的创新。《领导企业变革》文笔非常简洁,但具有强大的说服力,即使说教也满含激情,所有论点都有详细的实证论据。书中每一章都提出了一些尖锐的问题和鼓舞人心的案例,《领导企业变革》将读者带到了一个充满想象和激情的革命创新世界,让读者不由自主地希望成为一个激情澎湃的革命家,开拓属于自己的革命。

(三)《管理大未来》

《管理大未来》(*The Future of Management*,与Bill Breen合著,HBS Press,2007,中信出版社2008年6月出版)被亚马逊网站评为"年度经管类第一畅销书",并入选《商业周刊》"年度10部最佳创新读物"。

20世纪后期,商业发展迅速地同时带来了浮躁的传染病,大部分企业都争先恐后地建立物流管理、库存管理、服务体系、技术支持等,而那些真正有思想的企业,如IBM,开始寻找它们管理创新的新方向。它们的成功表明,企业只有不断地管理创新,为未来的变化做好准备,才能抓住商机,取得未来竞争的胜利。

在《管理大未来》这部著作中,加里·哈默尔运用深刻的分析和生动的描述,颠覆了人们习以为常的传统思想,设计了一套帮助企业在21世纪不断进行管理创新的机制,从而更有目的性地迎接来自未来的挑战。在这部著作中,加里·哈默尔提出企业建立长期竞争的优势不是出色的运营能力,也不是优秀的商业模式,而是管理创新,进一步讲,是组织不断激励人才、优化资源配置和搭建管理战略的创新机制。加里·哈默尔依据多年的企业研究指出,在组织的绩效取决于企业适应性和创新性的新环境下,主流管理理论聚焦于控制和效率,这多少有些主次不分。企业的高管们应该明白,管理创新才是企业成败的关键。

《管理大未来》首先告诉读者为什么需要管理创新，怎么样去理解管理创新。通过分析企业管理创新面临的机遇和挑战，加里·哈默尔认为目前企业管理框架建立在"19世纪的管理原则，20世纪中期的管理流程，21世纪互联网支撑的商业流程"的三角关系之上。目前多数企业还保持着官僚管理模式，管理者的主导思想依旧停留在"如何让员工服务于企业的目标"。而加里·哈默尔提出："企业要发展，就要打破原有的管理规则，激励管理创新并不断实践，管理者应该更多地思考如何进行组织改革，以激发员工的创造力、热情和主动性，从而建立企业的竞争优势"。

每个伟大的发明，包括管理理念在内，都有一个从出生到发展，再到成熟的过程，源于工业时代的管理模式似乎已经发展到了成熟阶段，看上去已经没有什么发展余地了。但加里·哈默尔认为，以效率为中心，以科层为导向的管理范式，让管理者忽视了管理的真正核心：着眼未来的管理创新。他提出，企业要应对外部环境的不断变化，就要建立一个创新的组织，组织的纪律和自由都要张弛有度，才能激发组织成员的创新性和主动性，从而建立企业的管理创新机制。加里·哈默尔认为有三种因素会严重阻碍管理创新：一是管理团队没有认识到管理创新的必要性，管理创新就无从谈起；二是缺乏基于现状的管理创新方案，从而大大削弱管理创新的可行性；三是人才与资本的配置不能打破固有的限制，从而不能实现管理创新所需要的资源配置。

虽然未来具有不确定性，削弱了管理者的判断力，但创新就是一项概率游戏，企业做得越多，赢得未来的机会也就越大。21世纪对于任何企业而言，首先需要解决的问题是：是否能和行业的进步保持同样的速度，企业的目标是建立不断优化的管理组织，就像人体的自我适应系统，这就要求将管理创新植入到每位职员的工作中。《管理大未来》指出员工缺乏想象力会严重阻碍企业的管理创新。如果企业想在未来的市场竞争中建立优势，不仅需要忠诚而勤奋的员工，更需要充满想象力和创造力的员工。真善美、服务、智慧、公平、自由、激情，这些才是能真正激发员工追求成功的精神依托。企业要激发员工的想象力和创造性，最好的方法就是让员工感受到他们正在为一个崇高的信念而奋斗。

《管理大未来》认为，管理创新转化为企业竞争优势需要满足以下三个条件：一是管理创新建立在新的原理之上，打破传统理念的约束；二是建立系统化的管理流程和方法；三是坚持不懈，管理创新需要长时间的积累才能转化为竞争优势，

"管理创新不是一个 6 个月就结束的项目,而是永无止境地探索更好地解放和组合人类能力的方法"。

通过分析丰田汽车等多个案例,加里·哈默尔指出创新来自多个层次:营运创新、产品创新、战略创新和管理创新,每个层次对企业的成功都能作出贡献。但是,越高层次的创新对价值创造以及竞争地位的维系就越有作用,管理创新无疑是最高层次的创新。同时,加里·哈默尔强调并非每一项管理创新都能创造出竞争优势,它们中有些效果不大,有些有方向性的错误,更有许多毫无用处。此外,没有一项管理的突破能取得永久的竞争收益。

《管理大未来》认为管理创新能够打破原有管理的束缚,建立具有创造性思维的规范流程,制定能够启发管理新方法的规则,培养管理者透过现象观察本质的洞察力。加里·哈默尔通过分析成功公司的案例,阐述了管理创新的路径:首先,将管理创新视为一个系统工程,开始行动之前要找到问题的根源。其次,设立管理创新的目标。再次,建立管理创新的可行性方案,并对管理创新的可行性和风险性进行评估。最后,管理创新必然对既有的管理体系造成冲击,企业要循序渐进,逐步实现管理创新。

《管理大未来》是一部非常大气的管理著作,在这个浮躁的商业时代让人为之一惊,虽然加里·哈默尔说:"我并不知道什么样的创新会出现,但我绝不怀疑未来 20 年管理创新会成为企业获得竞争优势的关键所在。"加里·哈默尔在全书的结尾写道"把握住你的机会吧,建立一个能真正尊重、激发与赞赏人类创造性、激情和勇气的 21 世纪新型管理模式。只有这样,你才能构建一个足够人性化且能抓住未来每一个独特机会的组织!"《管理大未来》所描绘的组织管理创新蓝图和那些成功企业的故事能够打动每一位读者的心,让读者充满了对未来的向往和创新的激情。

三、加里·哈默尔的主要贡献

(一)"核心竞争力理论"的奠基人

1990 年,加里·哈默尔与导师普拉哈拉德共同发表论文《公司的核心竞争力》("The Core Competence of the Corporation", *Harvard Business Review*,1990 年 5 月),

提出了核心竞争力的概念，解释了成功企业竞争优势长期存在的原因。《公司的核心竞争力》是《哈佛商业评论》历史上被引用次数最多的论文之一。

加里·哈默尔把核心竞争力定义为："在组织内的集体学识，特别是如何协调各种生产技能并整合多种技术的能力"。在加里·哈默尔的模型中，企业核心竞争力的识别标准有四个：价值性，企业提供的具有竞争力的产品要能够很好地实现顾客所看重的价值。稀缺性，企业的核心竞争力是稀缺的，只有少数企业拥有这种稀缺的核心竞争力。不可替代性，企业特有的核心竞争力在为顾客创造价值的过程中具有不可替代的作用。难以模仿性，这种核心竞争力是竞争对手难以模仿、难以转移或复制的，它能为企业带来超过平均水平的利润。哈默尔的核心竞争力理论的主要思想是：核心竞争力是决定企业经营成败的关键。企业应该围绕核心竞争力的建立制定发展策略，而并非专注于眼前的利润和销量，核心竞争力更多地依赖于企业所掌握的核心技术和对未来所做的准备。

加里·哈默尔认为企业的核心竞争力战略主要包括以下内容：

第一，建立基于核心技术的多元化业务结构，这可以为企业带来两大好处：首先，企业可以从核心技术的应用中获得更大的收益；其次，企业能够为核心技术提供更多的实验和创新机会。这些业务在产生利润的同时，能够更加有力地保证核心技术的持续开发投入。

第二，建立以获取核心技术为目的的战略联盟。战略联盟能够帮助企业享有技术创新带来的最大化溢出效应，减小技术研发的成本，同时还能够帮助企业巩固技术创新带来的优势地位。

第三，扩大企业核心产品的市场占有率。加里·哈默尔将核心技术生产出的产品分为核心产品和最终产品，所谓核心产品是指直接基于核心技术的产品，而最终产品是指利用核心产品生产出的产品。要保持公司在市场上的领导地位，就应该不断扩大企业核心产品的市场占有率，从而加大对最终产品的控制力度。

第四，抛弃传统的集团公司分权模式，按照有利于核心技术应用和发展的原则重新构造公司组织体系。传统的集团公司分权模式强调战略业务单元（简称SBU）的独立性，把它们看作是战略上的独立主体，并强调它们对集团公司的利润责任。加里·哈默尔认为，这种体系不利于核心竞争力的培育，原因在于：一是培育核心能力和核心产品的投资不足，核心能力的培育需要多个业务单位的合作；二是各个 SBU 培育核心能力的资源得不到集约化利用；三是创新受到极大的局限。在这种体系下,单个的战略业务单位只会追随那些近在咫尺的创新机会——产品系列的外延或者是地理范围上的扩张,而看不到基于核心能力的创新。

加里·哈默尔认为,公司核心竞争力来自于企业内部集体学习的能力,尤其是关于如何协调不同的生产技能和整合多种技术的能力。与物质资本不同,公司的核心竞争力不仅不会在使用和共享中丧失,而且会在这一过程中不断成长。加里·哈默尔用一个形象的比喻来说明企业核心竞争力:多元化企业好比一棵大树,树干和树枝是核心产品,较小的树枝是经营单位,而树叶、花、果实则是最终产品。对这棵树来说,提供抚育、营养和稳定性的根系就是核心竞争力。这个比喻形象地说明了企业核心竞争力与多元化经营之间的关系。从企业战略的角度来看,所谓的"多元化"或"集中化",仅仅是个形式问题,从本质上讲,是企业的核心竞争力问题。实际上,集中化与多元化并不矛盾,多元化决不是资源配置的分散化,而是根据集中化的原则优先配置资源的结果。

核心竞争力理论是加里·哈默尔其他理论学说的基础,也是他后来的著作《竞争大未来》和《管理大未来》的理论根基,核心竞争力理论为我们勾勒出一个企业真正优秀的品质和成功之道,是那些20世纪末高速发展企业的成功法宝。在国内经济浮躁的大环境下,我们不妨静下心来读读加里·哈默尔多年前的思想,也许会有一种不同的意境。

(二)21世纪"管理创新"的引路人

"管理创新"是21世纪企业家们最为受益的管理思想之一,加里·哈默尔在《管理大未来》中,通过分析通用电气(GE)、杜邦(Du Pont)、宝洁(P&G)等公司的成功案例,认为这些公司的成功有一个共同的原因:管理创新。加里·哈默尔的管理创新理论详细地回答了什么是管理创新,为什么管理创新如此重要以及如何取得管理创新。

加里·哈默尔将管理创新定义为"对传统管理原则、流程和实践的明显背离"。这种背离极大地改变了管理工作原有的定式,在一家大型组织中,管理创新就是对组织整个管理体系的某种颠覆,改变管理者工作方式的唯一途径就是重新设计控制其工作的各项流程。企业管理的关键是建立行之有效的激励机制,在企业中培养创新精神,应对将来有可能出现的各种机遇。加里·哈默尔认为,管理原则和管理流程的创新能够创造持久的优势,使竞争地位发生根本转变。20世纪,管理创新比其他任何类型的创新能够发挥更大的作用，促进公司业绩不断提升。

一些企业为了追求稳定的业绩而放弃了创新，没能把握管理创新的最佳时机。加里·哈默尔主张，管理创新必须坚持激进的思路和稳妥的手段。激进，不是冲动和蛮干，而是一种对传统管理思想的挑战和颠覆。稳妥，是管理创新也要依据创新流程和原则，要稳步推进。

管理创新的关键所在是改变顾客的观念，这样就能够改变竞争的基础和行业格局的。管理创新的过程是颠覆性的，是前所未有的，而产生这个过程需要突破传统管理的束缚，加里·哈默尔提出了一套系统化的管理创新流程，这个流程包含四种要素：

第一，寻找管理创新的机会。所遇到的管理问题越大，困难越多，管理创新的机会也就越大。所谓重大的管理问题，可以将其归于管理变革的范畴，这可能涉及组织机构的调整、管理模式的更新甚至整个体制的变化，还有至关重要的业务重组、并购或剥离、企业发展的方向性变更等。这些都是"企业管理问题越重大，管理创新的机会和效果也就越大"的问题。

第二，寻找创新性的原理与方法。要寻找创新性的管理原则解决前所未有的问题，必须采用前所未有的方法，这就需要企业抛弃传统的思想，寻找创新的原理与方法，开拓管理创新的新思路。在加里·哈默尔的管理创新理论中，新的管理原则，不等于新的管理工具。寻找，不是照搬。管理创新必须为企业自身改进服务，必须在自身的管理实践中寻找前所未有的管理原则。企业的核心竞争力是别人看得见却偷不走的，真正的创新同样也是别人不可复制的。实现真正的创新，必须从企业内部着手，从实际需求出发，要对企业运营有着清晰的洞察，对企业未来发展有着明确的思路。

第三，解构正统的管理思想。要把那些过去的真理当作某种教条，充分认识到管理创新原则的重要性，突破传统的管理思想，摆脱过去的思维惯式，解除对想象力的束缚，坚持创新原则。管理创新的起点在于发现管理中存在的问题，任何问题都经不住刨根问底的推敲。许多企业的高管都会提出公司管理上存在的问题，但却不了解问题的实质和起因，也不去研究这些问题之间有着什么样的联系，哪些问题是由于固有的管理模式和管理思想造成的，而哪些问题是前所未有的原因造成的，原有的管理模式出现了什么样的问题。要回答这些问题就需要对企业原有的管理思想和管理模式进行解构，这正是管理创新的起点。

第四，比较研究那些明显不遵守传统的组织的管理实践。充分利用类比的力量，摆脱传统管理思想的束缚，比较研究那些明显不遵守传统的组织的一些实际做法，从中会得到很多启发。有些看似不可能做的事情，一旦你的思想获得了解放，管理创新就会变成水到渠成的事情。

哈默尔指出，判断管理创新的真实性有三项标准：一是建立在挑战并颠覆传统管理思想的基础上；二是建立系统性的管理创新流程和方法；三是属于某项不断向前推进的发明计划的一部分，该计划会随着时间的推移不断取得更大的进展。满足这三类标准的管理创新思想，必将给企业带来长久的竞争优势。

（三）"战略意图"的创始人

1989年，加里·哈默尔与普拉哈拉德在《哈佛商业评论》发表了一篇题为《战略意图》（Strategic Intent）的文章，首次提出了"战略意图"的概念，引发了企业战略观念的突破，具有划时代的意义。《战略意图》认为，企业若想达到成功，必须在企业内部大力宣传自己的战略意图，实现企业战略目的与战略手段的统一。

加里·哈默尔与普拉哈拉德将"战略意图"定义为一个雄心勃勃的宏伟梦想，它是企业的动力之源，它能够为企业带来情感和智能上的双重能量。企业必须依靠战略意图才能赢得未来的挑战，走向成功。如果把企业的战略体系架构（即包括功能配置、竞争力获取、资源重组在内的高端蓝图）比喻为企业的大脑的话，那么战略意图则是企业的心脏。战略意图应该表现出一种迎接未来挑战的张力，这种张力能够弥补企业由于资源欠缺和能力不足所带来的劣势。

加里·哈默尔与普拉哈拉德提出战略意图具有三个属性：方向、发现和命运，战略意图就是这三个属性的感觉和意识。

方向的意识（Sense of Direction），指企业对于构建未来一个较长时间段（如10年）的市场地位和竞争地位的观点。这点可以理解为企业发展的愿景，这种对企业未来蓝图的描绘，即"我们要成为什么？"可以据此而确定企业未来的前进方向。

发现的意识（Sense of Discovery），指对事业的驱动心态，能够从纷纭复杂的现实中辨认出着眼于未来的独特竞争力，包括对事业的执著，即"我们应该干什么"。可以理解为企业发展的战略方案，企业根据战略方案确定核心竞争力的范畴。

命运的意识（Sense of Destiny），指战略意图中的情感成分，它能够让员工感知到价值所在。这种情感属于企业文化的濡染，简而言之即价值观，即"我们看重什么"。命运的意识不仅可以加强企业的凝聚力，还可以为企业在进行重大决策时提供依据。

战略意图隐含了加里·哈默尔的未来思想。在进行战略意图的界定时，不能简单地从企业的现状出发，只关注眼前的市场，而要着眼于未来，迎接来自未来的挑战。这样的战略意图，实际上是对自身定位的再认知，而且还必须是一种全面的、反思的再认知，进而分别对"我们为了什么"、"我们看重什么"、"我们要成为什么"进行思考，从而明确"我们应该做什么"。

战略意图制定如前所述，需要从"方向"、"发现"和"命运"三个方面进行评价，进而作出战略分析和选择。战略分析涉及企业发展的各种关键因素，通过分析比较确定相关具体影响因素，进而确定企业的使命、目标和愿景。这种分析的难度在于判断尺度的掌握。加里·哈默尔强调在具体的因素分析中要进行排除和反证，否则就有可能使战略意图偏离核心竞争力。战略意图如果只停留在想象阶段，是没有任何意义的。加里·哈默尔强调战略意图必须扩展到战略管理。他在对战略意图进行描述时，论证了由战略意图到战略管理的扩展过程。

制定了战略意图，就需要设置挑战。战略意图的实现，离不开具体的挑战性内容和具体的创新项目。战略意图的形成固然重要，但更重要的是让管理层和员工都能够认同战略，并愿意为其付出努力。在企业中，挑战也是战略意图的明确化，为员工提供了一个无形的追求目标，将抽象的战略意图转化成为一个个高于现实但又不脱离现实的具体的目标值，从而激励员工朝着战略意图方向努力。战略意图的实现需要企业每一位员工的参与，这种参与过程也就是战略意图的逐级落实和分解的过程。战略意图的授权，即运用平衡计分卡等战略管理工具，使企业的战略意图明确而清晰地传递到每一位员工，实现自上而下的战略分解。同时，也使每一位员工的工作聚焦于企业的战略意图，形成自下而上的反馈。

战略意图不仅仅是凌云壮志，它还包含着一个主动的管理过程。一个企业对战略意图进行了详尽地分析和确定后，制定出具有挑战性的战略目标并付诸实施。为了达到这个战略目标，上至管理层，下至执行层，都会努力寻求解决问题的路径和方法，使企业自然而然地关注创新能力。加里·哈默尔认为，实现战略意图的最主要手段是竞争性创新，他们以日本企业为例，详细说明了"建立优势梯次，寻找薄弱环节，改变竞争条件，通过合作竞争"四种竞争性创新方法。这为企业管理者的实践提供了一个赢取核心竞争力的发展思路,即在外不断寻找客户的潜在需求,走差异化路线;在内实现组织设计形式向团队合作和战略联盟形式转化。加里·哈默尔描述了企业从战略意图到战略落地的整个过程,这正是企业迎接未来挑战的关键路径。

(四)"行业远见"和"策略架构"的提倡者

《竞争大未来》中写道,来自各行各业的许多领导者也很难弄懂企业的愿景,大部分企业愿景来自于首席执行官的自负想法,这种产生愿景的方法对企业造成了极大的危害。加里·哈默尔与普拉哈拉德认为,每一个公司都需要清楚表达企业明天所面对的机会或挑战,因此他们提出"行业远见"(Industry Foresight)来说明企业愿景。"行业远见"是建立在对技术、消费者统计、规则和生活方式趋势的深刻认识的基础上。这些趋势可以改写行业规律并创造新的竞争空间,从而带来企业竞争未来的机会。

在1980年初期领先产业界的公司,很少在10年后依然稳居龙头地位,譬如IBM、惠普(HP)、戴尔(Dell)等公司,都因科技、人口、法规和竞争的快速变化,失去其领导地位。同样的情况如1998年成立的谷歌(Google),虽然只有3000多名员工、年收50亿美元,却以惊人的成长速度成为IT行业的领军企业,当大家都以为谷歌坚不可摧的时候,脸书(Face book)和推特(Twitter)的出现造就了一个又一个神话。这正是代表产业趋势变化的速度往往快于企业高级主管调整组织结构、经营理念和企业愿景的速度。

加里·哈默尔与普拉哈拉德通过调查发现:企业无法快速回应外在环境改变的原因,在于高级主管们对于"行业远见"的思考时间少得可怜,他们花了太多时间处理眼前紧急的事务,却很少关心未来。他们重视的是企业重组、流程改造和提升绩效,而不重视如何创造未来、开拓未来的产业。这就好像企业的高层管理者们在驾驶汽车时只能看到汽车的侧视镜和后视镜,却从不看前方的路况。加里·哈默尔与普拉哈拉德呼吁,企业的高层管理者必须学会遗忘过去,用全新的视野去重新思考市场的范围,重新规划营业的领域,认真思考"行业远见",从而把握好企业发展的方向盘。

企业要想取胜于未来,必须具有"行业远见",要比竞争者抢先一步,了解产业变化和未来发展趋势,才能掌握先机,先发制人。加里·哈默尔提出,培育"行业远见"就是解决好三个问题：一是在未来的 5 年、10 年或 15 年，企业应向顾客提供哪些新的利益和功能；二是企业为了提供这些新的利益和功能，必须建立或取得哪些核心专长；三是在未来几年内企业如何强化销售渠道。

加里·哈默尔强调，根据"行业远见"，企业需要建立"策略架构"（strategic architecture），建构未来的企业愿景，并列出企业必须建立的核心技术有哪些、了解新的顾客群、开拓新的销售渠道、应该着手进行哪些研发工作等。摩托罗拉（Motorola）公司 1980 年就预见到未来的电话号码不是属于固定地点，而应该属于每一个移动的人，移动电话可以让人不论身在何处均能和外界沟通，而且沟通的方式包括声音、影像和资讯。为了实现这个理想，必须建立数据压缩、平面显示荧幕和电池技术等核心专长，而且要在市场上获得广大占有率，就必须让品牌的知名度在消费者心中大大提高。这就是摩托罗拉取得成功的"行业远见"和"策略架构"。

加里·哈默尔认为"行业远见"和"策略架构"能够帮助企业赢得未来的成功，让企业比竞争者更早起步，行动更快，获得更大的竞争优势。"行业远见"让企业发现了未来产业发展的趋势和方向。更早地建立"策略架构"，可以让企业更早地实现产品商品化、市场化，更早地取得核心技术、发展出符合顾客需要的产品，建立自己在行业发展上的影响力，获得最大的市场占有率，从而成为行业标杆企业，创造领导品牌。

四、加里·哈默尔的管理思想评论

（一）"管理创新就是对传统管理原则、流程和实践的明显背离"

加里·哈默尔将管理创新定义为："对传统管理原则、流程和实践的明显背离，或者对惯常的组织形式的背离"，这种背离极大地改变了管理工作的方法。简单地说，管理创新会改变管理者的做事方式。加里·哈默尔相信管理创新是可以通过一些合理的流程加以掌握和提升的。例如，管理者可以从质疑和检验头脑中那些既有的管理观念入手让自己跳出"范式陷阱"。但是，人们现在头脑中的那些关于组织、激励、领导、计划、资源分配的传统管理观念，有多少是绝对正确的呢？传统的管理理念认为，自由和效率是此消彼长的关系，但是在谷歌，员工享有充分的创新和实验的自由，同时整个企业组织的纪律性和效率始终保持在一个很高的水准。这种与传统理念的背离，正是加里·哈默尔所倡导的管理创新，为那些混混欲睡和心急如焚的管理者们提供了一支强心剂。

管理创新不仅能够增进组织的绩效，还会给公司带来持久的竞争优势。这主要是因为基于管理创新的优势难以模仿，对于许多企业高管来说，采用一种突破性的商业模式，比丢弃他们固有的管理理念和管理习惯要容易得多。一个明显的例子是丰田公司凭借管理创新赢得的产业竞争优势，这种优势迄今已经持续了20多年。美国汽车企业从20世纪80年代就开始学习丰田生产体系（TPS），它们先后研究了丰田的零库存、工厂自动化、与供应商的关系、准时系统（JIT）等。但是，似乎直到最近几年才弄明白丰田的真正优势在其基本的管理理念上，即丰田认为一线员工的价值并不仅仅在于他们的双手。他们相信如果向一线员工提供足够的工具和培训，他们能有效地解决问题，也会是创新者和变革家。

为了提升适应能力，管理者需要认真思考的是，如何把创新作为一种系统性的能力，让组织的每一名成员都成为创新者？如何创造一种能够激发人们尽情发挥自己潜能的环境和氛围？也就是说，为了打造核心竞争力，企业首先应当营造一个鼓励创新的核心平台，让每个人都能够在上面自由地发挥自己的创造力。必须注意到，管理创新的绩效必须与员工的利益形成关系，就是加里·哈默尔说的"管理创新转化为员工利益"。只有这样，才能激发员工的创新积极性，取得管理创新的突破。相反，任何管理创新，如果只是给公司带来业绩，而不给员工直接带来收入或奖励，那么管理创新就将是公司的事，而不是员工的事。正如加里·哈默尔总结的那样："谷歌清楚，如果没有创业激励奖金，你不能期望员工和企业家一样工作！""全食公司（Whole Foods Market）各团队获得的成功直接体现在团队认同、奖金和岗位提拔中，每个门店都由总部管理者和区域主管共同采取300种不同的方法对门店绩效进行评价，这样的绩效评价每年要进行十次。"

与其他类型的创新相比，管理创新有着无可比拟的优势。管理创新彻底改变了组织运营的方式，或者彻底颠覆了传统的组织模式，而且正因为如此强烈的变革使得组织能够高效地实现目标。无论是丰田、惠尔浦、通用电气都是通过营运创新、产品创新、战略创新、管理创新的金字塔模式实现企业的持续发展目标。与其相反，柯达、索尼等知名企业因为面对巨大变化时没有及时自我调整，从而付出了极大代价。面对环境的快速变化，只有付出持续的、富有创造力的努力，企业才能实现想要达到的创新目的。企业只有改变传统的管理思想，也才能带来长足的进步。

从加里·哈默尔的管理创新理论中，我们受到的启发是前所未有的，尤其在中国企业管理远远落后于西方的现状下，国内企业需要从管理创新理论中树立管理创新的信心。如果我们习惯于"管理是不值钱的，技术与设备才是值钱的"，"服务是免费的，产品才是值钱的"，那么这样的思维就很难帮助企业获得成功。

管理的基础一直以来都应该是建立在对未来的预测之上的，但不可预测，或者说暂时的不可预测同样也是管理的基础，最大的不可预测也许就是未来的最大收益。加里·哈默尔认为跟随型企业往往就只能看到可预测的未来，因而不能摆脱落后的位置，它们必须通过自身的革命性创新才能超越自我，成为行业主导，摆脱跟随者的帽子。对中国企业而言，我们可以借鉴西方发达国家企业的管理经验，但经验毕竟只是经验，它只能代表过去。我们必须面对未来才能取得突破，在迈向未来的道路上，并无经验可循。面对不确定的未来，企业必须进行管理创新，只有创新才能够打破陈旧管理的束缚，带给企业新的发展动力。

很多人质疑加里·哈默尔的管理创新并没有告诉大家一个答案，但我们必须明白，加里·哈默尔并不是预言家，他不可能告诉我们未来是什么样的，但他和其他管理大师一样，告诉我们必须有一个办法去迎接来自未来的挑战，而这个办法就是管理创新。

（二）加里·哈默尔的"核心竞争力"

加里·哈默尔与普拉哈拉德的《公司的核心竞争力》提出了"核心竞争力"这一概念，这篇文章的写作背景是20世纪80年代末，当时许多欧美企业都忙于结构重组和公司分拆，而日本的企业由于管理创新、思考未来，从而建立了核心竞争力，美国和欧洲的大型跨国公司相继在多个优势领域输给了日本企业。在"核心竞争力"思想诞生之前，美国企业战略思维的基础就是波特（Michael Porter）教授的"产业结构"分析法，以及建立在此基础上的"竞争优势"理论。加里·哈默尔与普拉哈拉德的管理思想给公司的竞争战略带来全新思路，让那些落后的欧美企业找到了失败的原因，从而找到一条重塑企业信心的道路。

对于企业来说，"核心竞争力"这一管理思想的重要性在于核心竞争力具有稀缺性，它是难以模仿的，对核心竞争力的重视和研究实际上是将企业竞争优势的生成问题转化为维系竞争优势的问题,进而赋予企业可持续发展的基础。这也就是为什么认清、维护和加强自身的核心竞争力对企业而言是如此重要的。

我们可以把核心竞争力视为组织内的集体学习能力,尤其是关于如何协调、整合不同的生产技术的能力。核心竞争力不仅涉及技术体系的协调一致,还与工作的组织、价值观的传递有关。核心竞争力还是沟通、参与以及对跨组织工作的深刻认同。需要指出的是,培育核心竞争力并不意味着比竞争对手更多的研发投资,也不意味着垂直整合。核心竞争力的独特之处在于,是使用,是分享,从而不断强化竞争优势。核心竞争力不仅是把已有的业务抱成一团的粘结剂,而且还是新业务开发的引擎。

加里·哈默尔与普拉哈拉德的企业核心竞争力理论考察的是企业持续的动态的竞争状况,特别是企业面对竞争的潜在的获利能力,而非企业现有的市场占有率、品牌知名度以及企业的生产规模等指标参数。我们会发现加里·哈默尔的"核心竞争力"有着一些共同的特征:

第一,独特性。核心竞争力强调的是企业具有的无与伦比的参与市场竞争的能力,这种竞争能力是不能通过简单的模仿建立起来的。企业一旦拥有了这种能力就能够依托这一竞争优势迅速占领目标市场,赢得客户的信任,形成自己独特的消费群体,同行企业、替代品企业在一定的时空内难以超越。

第二,整体性。企业核心竞争力的形成是企业所有资源充分整合的结果,是企业驾驭内外环境的能力,企业的核心竞争力可能产生于某些具体的要素。但它的功能不会仅仅局限于某个部门,它会渗入企业拥有的全部资源之中,体现在企业经营的一切方面。在企业多样化经营的今天,衡量企业核心竞争力的一个重要标准就是一个企业所拥有的核心竞争力是否覆盖了企业的各个部门和所有产品,它是否能够抵御不可预期的市场风险,它在多大程度上实现了企业的预期目标。

第三,价值性。企业核心竞争力的价值特征表现在三个方面:一是核心竞争力在企业创造价值和降低成本方面具有核心地位,核心竞争力能显著提高企业的运营效率;二是核心竞争力能实现和创造顾客价值,能给消费者带来实实在在的好处;三是核心竞争力是企业不同于竞争对手的原因,也是企业比竞争对手做得更好的根本原因。因此,核心竞争力对企业、顾客具有独特的价值,对企业赢得和保持竞争优势具有特殊的贡献。

企业拥有的核心竞争力是企业长期竞争优势的源泉,一种特殊的看不见的摸不着的知识和能力在企业的成长过程中发挥着关键性作用。在产品生命周期日渐缩短和企业经营日益国际化的今天，竞争成功不再被看成是转瞬即逝的产品开发或市场战略的结果，而是企业具有不断开发新产品和开拓新市场的特殊能力的体现。企业的长期竞争优势是单个企业拥有的比竞争对手能够更加卓有成效地从事生产经营活动和解决各种难题的能力。现实的经营战略、组织结构、技术水平优势只不过是企业发挥智力资本潜能的产物。作为企业长期竞争优势基础的核心竞争力有利于企业效率的提高，能够使企业在创造价值方面比竞争对手更优秀。

我们不得不承认，"核心竞争力"理论颠覆了绝大多数企业管理者的认识，加里·哈默尔的核心竞争力比一般管理学家眼里的企业竞争力更远、更大、更具有诱惑性，这样的理念让我们不难理解为什么那么多优秀的企业不断创造辉煌，却又不断失落。悲观的是，似乎能建立这种核心竞争力的中国企业凤毛麟角；乐观的是，面对未来每个企业都有机会，只要找到属于自己的核心竞争力。

（三）永远向前看，只有未来才能造就成功

未来（Future）在加里·哈默尔的理论里有着举足轻重的地位，无论是"管理创新"、"核心竞争力"，还是"战略意图"、"行业远见"都是建立在着眼未来的基础上。加里·哈默尔的未来观贯穿了他几乎所有的著作，《管理大未来》、《竞争大未来》和《领导企业变革》中都论述了基于未来的思想。

在加里·哈默尔看来，如果企业只是关注于眼前的业务，进行简单的改造和重组，就会错过未来的机会；而进行企业管理创新，建立企业核心竞争力，会让企业赢得未来的机会，只有赢得未来才是企业成功的关键。所谓目前的领先者不过是市场范围或业务有所不同，任何一家企业都可以宣称自己是市场的领先者，只有未来是检验成功与否的唯一标准，眼前的业绩只能代表过去，企业不能总是自满过去的业绩。我们不妨想想，企业未来的顾客和现在的客户一样吗？企业未来的竞争优势和企业现在的竞争优势一样吗？如果答案是一样的，企业存在的价值又何在呢？企业存在的意义正是在于在环境不断变化下的业绩增长，赢得未来的机会。我们想想，加里·哈默尔曾经列举的摩托罗拉是管理创新、赢得未来竞争的正面案例。但现在，摩托罗拉似乎正在进行一场痛苦的变革，因为它在辉煌阶段的发展策略落后于未来，造成现在不得不被动接受的现状。

竞争不仅仅是空间上的，而且也是时间上的，企业必须抛弃陈旧的理念，不

断创新,尽可能地缩短达到未来的时间,才能赢得未来。企业的管理创新是落伍者和挑战者之间的、守成者和创新者之间的、偷懒的模仿者和勤奋的开拓者之间的竞争。落伍者总是比较懒散、胆小,所以会选择最熟悉的、阻力最小的事情,例如业务重组和机构改革这样熟悉的事情,但怯于创新。而创新者总是颠覆过去,突破官僚,虽然对未来并无十足的把握,但创新者必须努力做到创新,才能找到赢取未来的机会。

从组织结构改革带动产业转型的一个简单逻辑:十年前如果没能有竞争未来的眼光,现在就只能去模仿那些后来居上的公司,因为游戏的规则是由发生了创新变革的新公司来制定的,现在同一起跑线上的公司,十年后的情况也许就大相径庭了。优秀的企业会抓住产业发展趋势和市场环境的变化,思索"行业远见",调整战略,主导创新,张开双臂拥抱未来,现在的业绩不过是十年前为未来所作的准备。但实际上,大多数公司对市场的变化和行业的发展消极应变,不具有前瞻性,只是眼巴巴地做好跟随者,而那些真正的领先者却主导了产业转型,建立了强势的核心竞争力。

成功的企业总是努力去想象未来5年甚至10年的市场环境、产业的发展情况、企业的状态。只有企业为未来做好准备,就能够了解行业的发展趋势,从而控制自己的命运。克莱斯勒公司每10年都能奇迹般地起死回生一次,这虽然是好事,但如果能够"不死"岂不是更好。如果对手有先见之明,那么自己只能亡羊补牢;如果自己有先见之明,那么对手到时候只能亡羊补牢。毫无疑问,革命的代价是巨大的,但革命的成果是所有企业都趋之若鹜的,那么企业为什么不在未来到来之前就未雨绸缪呢?

通常来说,企业面对危机首先想到的是重组,倘若重组无效则进行企业改造,但我们必须明白,企业改造并不能解决问题,危机将继续存在并有可能扩大。在危机不断扩大的情况下,企业终于开始思考自己的未来,而这个未来成为悲观结果的可能性要大于一个乐观的结果,而要取得一个乐观的结果,企业就必须"流血"革命。虽然加里·哈默尔不是预言家,但他深刻地提醒着我们:只有创造未来,企业才能不作别人尾巴后面的跟随者和模仿者,而这正是企业价值的核心。

本章参考文献

[1] 加里·哈默尔. 经营理念创新：创造新财富的唯一途径 [EB/OL][2008-06-29]. http://www.zssl.net/mba/art_25325.html.

[2] 陈永东. 核心竞争力理论的局限性——兼谈日本企业竞争的衰退 [J]. 经济与管理研究，2003，(1).

[3] 耿萍. 管理创新：企业永葆核心竞争力的关键 [J]. 管理学家，2009，(12).

[4] 耿萍. 战略意图：从头脑到心脏 [J]. 管理学家，2009，(12).

[5] 陈伟航. 决胜未来的三大关键 [N]. 工商时报，2005，(12).

[6] 庞博. 管理创新的新挑战摆脱传统管理思维的束缚 [J]. 当代经理人，2010，(9).

[7] 加里·哈默尔，普拉哈拉德. 公司的核心竞争力 [J]. 哈佛商业评论，1990，(5).

[8] 朱华桂. 论企业核心竞争力理论渊源 [J]. 南京社会科学，2002，(9).

第四章　亨利·明茨伯格：战略规则的衰落与兴起

亨利·明茨伯格（Henry Mintzberg）自20世纪70年代以来，先后在管理学界创立了影响深远的管理角色学派、战略过程学派和实践管理教育范式，是一位从管理实践出发，敢于向传统理念挑战的勇士。他的思想极为独特，敢于冲破现有束缚，时常提出一些抨击管理学界主流观点的见解。他有关战略问题的著作对管理学理论影响很大，其对战略、结构、管理和计划的再思考更是确立了他在业界的地位。正如汤姆·彼得斯所评价的那样："亨利·明茨伯格也许是世界上第一位管理思想家。"

一、亨利·明茨伯格的生平

　　亨利·明茨伯格1939年出生于加拿大多伦多市的一个普通家庭，父亲是一家生产女装的小公司的管理者。当明茨伯格还是个孩子时，他就想知道父亲在办公室里做些什么，表现出一种对管理学天然的好奇和热情。明茨伯格中学成绩一般，之后考入加拿大麦吉尔大学攻读机械工程学。1961—1963年，明茨伯格在加拿大国家铁路公司从事运筹研究工作。工作中，他发现自己对"人是如何工作的"比对"事物是如何运转的"更感兴趣，在叔叔的鼓励下他决定转行，进入美国麻省理工学院（MIT）学习管理，并于1965年获得该院斯隆管理学院管理学硕士学位，1968年获得博士学位。毕业后，明茨伯格先后任麦吉尔大学管理学院管理学教授、克雷霍恩（Cleghorn）讲座教授和法国芳塔伯鲁INSED大学访问教授，还在伦敦商学院、埃克斯·马赛大学、卡内基·梅隆大学和蒙特利尔高等商学院担任过访问学者。

1980年,亨利·明茨伯格成为加拿大皇家协会会员,也是该协会第一位管理学教授出身的会员。他曾四次在《哈佛商业评论》上发表文章,其中两次获得"麦肯锡奖"。1988—1989年,他担任了战略管理协会主席,就在其领导地位得到确认之后,一如其惯有的风格,语出惊人,提出了战略管理衰落的概念。正是这样的个性,让这位全身充满悖论的管理学大师,被人们评价为"管理领域伟大的离经叛道者"。1995年,明茨伯格的《战略规划的兴衰》获得管理学会的乔治·泰瑞奖,被评为年度最佳著作。1998年,明茨伯格被授予加拿大国家勋章(加拿大最高荣誉)与魁北克勋章。2000年,明茨伯格因对管理学所作出的贡献获得管理学会颁发的杰出学者奖。

二、亨利·明茨伯格的著作

亨利·明茨伯格迄今一共出版了十余本著作(见表4-1),其中最具影响力的著作包括《管理工作的本质》、《组织的结构》、《组织内外的权力斗争》、《明茨伯格谈管理:人们的奇妙组织世界》、《战略过程》、《战略规划的兴衰》、《战略历程:纵览战略管理学派》、《管理者而非MBA》等。

表4-1 亨利·明茨伯格著作一览表

年份	著作名
1973	《管理工作的本质》
1979	《组织的结构》
1983	《组织内外的权力斗争》、《五重组织》
1989	《明茨伯格谈管理:人们的奇妙组织世界》
1991	《战略过程》
1994	《战略规划的兴衰》
1998	《战略历程:纵览战略管理学派》
2000	《我为什么讨厌坐飞机》、《公共管理》
2004	《管理者而非MBA》
2005	《战略反咬》
2007	《跟踪策略》
2009	《管理》
2009	《管理?不是你想像的那样》
2011	《管理保健的神话》

(一)《管理工作的本质》

1973年，亨利·明茨伯格出版了《管理工作的本质》(*The Nature of Managerial Work*)一书，它是明茨伯格的成名作，也是经理角色学派最早出版的经典著作。该著作是以他1968年完成的博士学位论文《工作中的经理——由有结构的观察确定的经理的活动、角色和程序》以及其他有关的文献为基础完成的。据说当年明茨伯格曾经把自己这篇博士论文的手稿寄给了15家出版社，但是都被一一退回来了。后来，明茨伯格经过认真思考，再一次对论文进行了认真修改并投递出去，最终得到了一家出版商的青睐。然而，能够凭借此书一举奠定明茨伯格"经理角色理论巨匠"的地位，恐怕不仅这个出版商没想到，肯定也出乎明茨伯格的意料之外。

亨利·明茨伯格之所以被称为"经理角色学派[①]"的代表人物，是由于当大多数研究者仍然关注的是"企业应该如何运转"的问题之时，明茨伯格已经把目光投向了"管理者如何实际工作"的领域，以经理所担任的角色为中心来分析经理的职务和工作，以求提高管理效率。

《管理工作的本质》全面地阐述了经理工作的特点、经理所担任的角色、经理工作中的变化及经理职务的类型、提高经理工作效率的要点、经理工作的未来等，并评价了其他管理学派有关经理职务的各种观点。该书的意图很简单：让读者跳出传统想法，向他们介绍一些对管理工作更可靠的描述。这些描述基于明茨伯格对五位管理者日常工作的研究，并选取了少量其他人对管理者如何使用时间的论述作为证明材料。结果发现，管理者们并没有做他们想做和应该做的事，他们并不是在做人们常常宣称的计划、组织、指挥、协调和控制，而是把绝大多数时间都用在了快速对付"短暂、多样、零碎"的事情上。因而，明茨伯格认为，一切经理级的决策行为都可以用高级程序的语言加以描述。经理使用一个具体的程序——排时间的程序来控制他的一切活动。

基于以上判断，该著作揭示了管理者如何工作的本质，指出了四个对管理者的工作产生影响的变量即环境、工作本身、人与时间，并将管理者的管理活动分

[①] 这里所说的"经理"，是指一个正式组织或组织单位的主要负责人，其拥有正式的权力和职位。至于"角色"，则如明茨伯格在本书中所解释的："角色这一概念是行为科学从舞台术语中借用到管理学里来的，角色就是属于一定职责或地位的一套有条理的行为"。

为三个大类，在这三个大类中又细分管理者的工作角色为十种（如图4-1），以此得出了管理工作的本质：四个影响管理者工作的变量＋三个类别的管理活动＋十种管理者的工作角色。

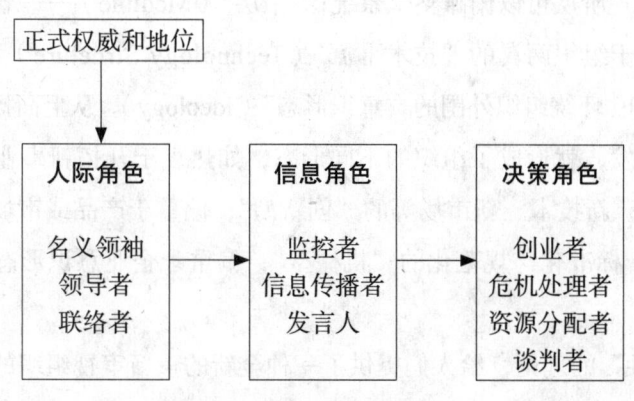

图4-1 管理者的角色

正是解析了管理的本质，明茨伯格在书中进一步指出提高管理效益即经理工作效率的要点：一是与下属共享信息；二是自觉克服工作中的表面性；三是在共享信息的基础上，由两三个人分担经理的职务；四是尽可能利用各种职责为组织目标服务；五是摆脱非必要的工作，腾出时间规划未来；六是以适应于当时具体情况的角色为重点；七是既要掌握具体情节，又要有全局观念；八是充分认识自己在组织中的影响。

应该说，明茨伯格的研究让我们对管理的本质有了新的认识，其经理角色理论也成为了大多数管理教科书的基本内容。该书有助于帮助职业经理人正确认识自己在组织中的地位和价值，对职业经理人队伍还处于发展初期的中国来说也是意义重大的。

（二）《明茨伯格谈管理：人们的奇妙组织世界》

《明茨伯格谈管理：人们的奇妙组织世界》（Mintzberg on Management: Inside the Strange World of Organizations）是亨利·明茨伯格1989年出版的著作。在这部书里，明茨伯格对组织进行了基于独特视角的分析，提出了结构配置（Configuration of Organization）的组织整体认知观点。他认为不同的企业之所以成功，不能说是因为它们善用组织中的任何单一属性，而是要看它们是如何让这些不同的属性产生关联的,"把属性组合在一起"被证明要比所谓"一个最佳方法"重要得多。明茨伯格提出了组织的六种属性:处于组织底部的"运作核心(Operating Core)——制造产品或提供服务;位居最高层的"战略顶点(Strategy Apex)——经理阶层可以俯瞰整个系统;"中层"(Medline)——管理作业层和一般经理人;处于组织两翼的"技术幕僚"(Technology Structure)和"支援幕僚"(Support Staff);环绕组织外围的"意识形态"(Ideology)。从上面提到的组织属性的不同配置出发,就形成了组织的不同形态,如热衷于开拓新事业的"创业型";偏重于新产品、新技术、新市场等的"创新型";偏重于产品或市场专业化的"专业型";偏重于标准化与规范化的"机械型";偏重于企业意识形态建设的"使命型"等。①

"六种属性"的理论,给人们提供了一种全新的重新审视组织的视野。其另一篇发表在《哈佛商业评论》上的"画一张组织运作图"文章,再次强调了此种审视组织的重要意义。明茨伯格认为,传统的组织结构图只能展示管理人员的姓名和头衔,其余的信息一概没有——没有产品、没有流程、没有客户,甚至很可能还没有具体的业务内容。用一幅组织结构图来"看"一家公司,就像是用一张市政官员的名单在城市中找路。明茨伯格创造了一种新方法——组织运作图,它能揭示企业真正运作的方式,描绘出员工、产品以及其他信息之间的互动关系。高层经理们可以利用组织运作图激发讨论,探讨最佳经营以及战略选择的方式,如同徒步旅行者利用地图来研究可能的路线一样。在该文中,明茨伯格运用大量的实例介绍了组织运作图的应用原理和技巧。

正是由于敏锐的眼光和深刻的洞察力,明茨伯格将组织的结构进行了一番彻底的分析,其研究成果对于我们更加全面完整地认识管理的内在属性意义重大。

(三)《战略历程:纵览战略管理学派》

1998年,亨利·明茨伯格出版了《战略历程:纵览战略管理学派》(A GuidedTour through The Wilds of Strategic Management)一书。基于明茨伯格的一贯作风,该书还是对管理学上非常流行或广泛接受的东西表示了怀疑,并提出了明

---

① 李乾文.伟大的离经叛道者——亨利·明茨伯格的代表作及其贡献[J].企业管理,2004,(3).83.

茨伯格自己的观点,同时该书也重点论述了时间对战略管理的巨大作用。

全书共12章,除了开篇和结束章,明茨伯格用10章梳理了"十大战略管理学派"。他在著作中指出,每个学派独特的观点只是聚焦于战略形成的某一个方面,从某种意义来说,每一种观点都是片面的、夸张的。明茨伯格描述和点评了每一个学派的观点,并且剖析了每个学派的贡献和局限。设计学派、计划学派和定位学派是从战略的整体视角进行说明的学派,他们相对更关注的是如何地表述战略,而不是关注战略形成过程中的一些具体工作。企业家学派、认知学派、学习学派、权力学派、文化学派和环境学派这六个学派对战略形成过程中的具体方面进行了思考,他们侧重于描述战略的制定和执行过程,而较少关注对理想战略行为的描述。结构学派是明茨伯格提出的,其实是对其他学派的综合。这一学派的学者崇尚整合,他们将战略制定过程、内容、组织结构和组织环境等各环境加以分类来研究。

对于首次提出的结构学派,明茨伯格指出其关注的焦点并非是静态的"结构",而是"结构的转变"。如果说定位学派的SWOT分析(优势、劣势、机会、威胁)"是'构造'(Figuring),那么结构学派就属于'共同构造'(Configuring)"。组织和组织周边的环境构成了组织存在的"状态",而企业战略则不但要认识这种"现存的结构",更要描述"结构的变化"。这实际上是现今非常流行的"变革管理"的核心内容。明茨伯格发现,当战略转型的"远见"形成之后,转型面临的困难将在组织内部的不同层面以不同形式表现出来。这就是"组织变革"的要求,比如文化的适应性、组织机构的重整、管理体系的变革以及人员的再培训等。更重要的是,以上这些"转型战略"、"变革故事"并非只以可见的方式在正规场合下发生、发展。事实上,转型和变革所波及之处,更多的是在组织机构现存的结构中、无法准确表述、准确识别的非正规"战略"、非正规"组织行为"以及"充满漏洞和不足"的管理体系。明茨伯格"立方体"说出了战略转型的真实情况。这个真实情况就是:企业组织的战略转型,决不是单一层面、单一维度上发生的事情,甚至不是完全可以呈现在"理性层面"并得以把握的事情。"不管在哪里,都不会有(关于战略转型的)神奇方案"。明茨伯格指出,"关键是把变革与持续稳定相平衡:在必要的时候和必要的地方才进行变革,同时又维持着秩序。"①

---

① 李乾文.伟大的离经叛道者——亨利·明茨伯格的代表作及其贡献[J].企业管理,2004,(3).82-84.

本书中一个非常重要的观点就是针对现今过度偏爱流行的、最新的、最热的思想的迹象加以抨击，作者认为这种迹象不仅伤害了那些很有造诣的老学者，而且也危害到了读者。

（四）《管理者而非MBA》

《管理者而非MBA》（Managers Not MBAs）一书是亨利·明茨伯格用15年实践、历时四年、五易其稿的经典新作。在该书中，明茨伯格对现行的商学院模式进行了猛烈的抨击，在业界掀起了轩然大波。他广为流传的一句名言是：MBA因为错误的原因用错误的方式教育错误的人。他把商学院摔在地上，并呼吁对管理学教育以及人们看待这种教育的方式进行彻底改革，提出了一个令很多MBA毕业生们几乎要歇斯底里的观点：企业不应该雇用MBA毕业生，因为教室和课堂无法培育出企业的领导者。本书以大胆的、革新性的思维方式打破了MBA的神话，分析了现行的MBA教育中的种种缺陷以及对社会造成的影响，引发管理界、教育界、媒体和整个社会对MBA教育背后存在的问题进行反思。

《管理者而非MBA》包含三个非常重要的主题：一是对于MBA的批判性思考，它本来是工商管理教育，而现在却歪曲了管理实践；二是在一个严肃的教育过程中培养管理者应该做些什么；三是管理实践本身脱离了正轨，给社会带来了机能失调的后果。

与此同时，明茨伯格认为MBA在中国起步要比美国等发达国家晚得多，完全可以从正确的道路开始。明茨伯格对MBA教育的批判在中国的管理界和教育界引起了不小的反响，在MBA办学方兴未艾的势头里，明茨伯格的言论为我们开拓了一个思考的空间。

三、亨利·明茨伯格的主要贡献

（一）首次分析了管理工作的本质，形成了"经理角色学派"

1916年，法国工业家亨利·法约尔首次提出的"计划、组织、协调、指挥和控制"已经在管理学界成为主流，但并没有告诉人们，管理者真正在干什么，它们至多只说明了管理者在工作时的一些模糊目标。与此同时，从管理工作的实际情况来看，管理者的工作是极为复杂的，其职责繁多，又无法轻易委托他人，所以管理者不得不过度操劳，被迫完成许多肤浅的任务。短暂、多样化和非连续性构成了管理工作的特色，而这些又阻碍了管理科学家们对管理工作加以科学化改进的尝试，只好把精力集中到研究组织的专业功能上。在这个领域里，他们可以较为轻松地分析流程，量化相关信息，但理论与实践脱节，对管理工作者没有从根本上给予帮助。

与此相反，亨利·明茨伯格另辟蹊径，提出了应在细致观察基础上真正了解管理者做了什么，而不是他们说做了什么，或者是学者们想象管理者做了什么。当明茨伯格攻读博士学位时，他密切观察了五位首席执行官（他们分别来自大型咨询公司、著名大学附属医院、教育系统、高科技公司和日用品制造商）一个星期的繁忙活动。以此开始了他对管理者的研究。通过观察，明茨伯格发现"管理工作并非人们想象的那样有条不紊"，打破了人们对管理工作的种种"传奇说法[1]"。明茨伯格创造性地将管理者的工作描述为不同的"十种角色"，认为"十种角色"密不可分，构成了一个"完形格式塔[2]"，在这个统一的整体中，抽离其中任何一种角色，都会让管理工作丧失完整性。例如，不进行联络的管理者会缺乏外部信息，因此他无法向下属传播信息，也无法作出充分反映外界条件的决策（实际上，刚登上管理职位的新人常常为这个问题所困扰，因为在他建立起自己的人际网络之前，根本无法作出有效的决策）。

明茨伯格形成的"经理角色学派"是从全新的视角对管理工作进行分析，使得管理者能够认识自身工作并认清自己的价值，正确理解工作的压力和困境，快速应对，以提高管理者的工作效率。更进一步讲，这对改革我国传统的经营管理体制具有重要的意义。由于经理工作极为重要，权力又非常之大，因此如何建立既能有效地发挥其积极性、创造性，同时又能约束其滥用职权的制度，就是我国目前建立现代企业制度的当务之急。

---

[1] 传奇说法即指管理者是深思熟虑的、有系统的计划者；有效率的管理者无须履行常规职责；高级管理人员需要由正式管理信息系统提供的综合性信息；管理是一门科学和专业，至少正在迅速变成一种科学和专业。

[2] 格式塔，心理学术语，指人类在看到不完整形式（图像、物体、意识、观念等）时，有将其补充完整的心理冲动。

(二)对"规划战略"进行了批判,破除了战略管理的迷信

什么是战略?传统战略概念认为它是一种规划,一种对未来行动的明确指导。制定战略是高层管理者的职责,他们应冷静地考虑并制定战略,这就是所谓的"规划战略"。对此,亨利·明茨伯格同样持有异议,他的理论矛头直指僵硬刻板的战略方针,认为"规划战略"与现实不符,过于理想化,战略制定很多时候是临时性的,根据直觉,没有按照固定的程式和计划。

明茨伯格指出,在实践中所有制定战略的过程都包含两个方面,既需要事先深思熟虑,也需要在摸索中逐步形成。只靠事前规划而作出的战略,可能与现实产生偏差;只靠自然形成的战略,会对事物的发展失去控制。因此,两者要结合起来,于是明茨伯格提出了著名的"塑造战略"[①]。他的核心概念"应急战略"是根据需要而不断调整变化的战略。在此过程中,管理者根据企业和环境的需要而制定战略。在这方面,战略的制定与实施是相互依存的。他把制定战略的艺术比作制陶,把管理者比作陶工,他们制作物件的形状在他们手中不断变化。

明茨伯格还认为,人们对战略形成的认识就如同"盲人摸象",因为从未有人能够具备完整审视大象的眼光,每个人都仅仅依据自己的理解,或紧紧抓住战略形成的某一部分,同时对其他部分一无所知。明茨伯格反对将大象的各个部分简单地加以拼凑而试图得到完整的大象,但同时没有完全抹杀"盲人摸象"的功绩,他认为为了得到整体的认识,必须要理解局部。

明茨伯格对"规划战略"进行批判,提出"塑造战略"理论,又一次颠覆了传统管理的思想,为管理者提供了一种全新的发展企业战略的方法,意义重大。

(三)对传统 MBA 教育模式提出批评,创建了 IMPM 教育模式

亨利·明茨伯格对传统 MBA 教育模式提出了尖锐的批评。他认为传统 MBA 教育培训的过程即学生如何进入 MBA 培训、如何完成学习过程、最后如何结业,按系统术语来说就是输入、生产及产出。MBA 应意味着 A(Administration,管理)与 B(Business,商业)的结合,也就是说,不仅要培训商业,也要训练管理。然而,MBA 培训未来的经理人学习公司的各种功能,如财务和运营,但不教他们如何进行管理。对于没有任何经营经验的人,MBA 培训无法通过课程就能把

[①] 1987 年,发表于《哈佛商业评论》。

他们塑造成经理人。明茨伯格认为目前 MBA 培训所教的是技巧或技能，忽略了真正的管理精神。以此模式培养出来的所谓"精英"，明茨伯格的评价是"充斥着这种管理者的社会，我们可承受不起"[①]。

明茨伯格的意思并不是说管理教育没有用，他提出只有具有丰富组织经验和出色领导能力的人，才应当给予管理培训。也就是说，把已经是经理的人带进来，把他们集合在一起，帮助他们互相学习。他说："我们能够提高经理人的素质，但我们无法做到在教室里制造经理人。"明茨伯格绝不是仅仅以旁观者的身份挑剔指责 MBA 教育，他的过人之处在于用了七年时间在麦吉尔大学建立了管理培训项目——国际实践管理教育（IMPM，International Masters in Practicing Management），这个项目是为那些有一定世界顶级公司管理经验的人专门设计的。借助培训与开发课程，管理者可以通过反思，领悟经验中蕴含的道理。明茨伯格的创新之处在于，把课堂变成了现场解决问题的地方：参与者要思考的是他们自己带到课堂上来的现实生活中的案例。在 IMPM 项目中，要求入学者必须是在职管理者，最好由公司集体派出，以便他们把工作带进课堂。IMPM 由三大洲、五个国家的大学组成的一个联盟负责，每个国家负责一个为期两周的模块。随着欧洲商学院、印度管理学院、日本神户大学等院校的相继加入，IMPM 如今已经初具规模。

明茨伯格对 MBA 教育模式的批判，是对传统管理教育思想的大胆质疑，使推崇者对其进行反思。MBA 教育在实际中确实存在管理教育与管理实践不符的情况，违背了管理教育的作用和实际意义。虽然传统的 MBA 教育仍有其位置，但我们必须降低对 MBA 毕业生能力的期望值，而且市场也正在降低这种预期。明茨伯格所倡导的 IMPM 教育，就是要真正解决以上问题，管理要基于经验去改善，而不是只学技巧。

四、亨利·明茨伯格的管理思想评论

（一）核心内容、内在联系及理解要点

明茨伯格的管理思想主要体现在组织管理和战略管理方面，核心内容包括：

[①] 亨利·明茨伯格. 明茨伯格论管理 [M]. 闾佳译. 北京：机械工业出版社，2007:69.

"十种角色"描述管理工作的本质、"塑造战略"的提出、培训管理者而非 MBA 等等。这些内容尽管在不同的时间从不同的角度来讨论管理,但是它们之间有密切的逻辑关系。

首先,认清管理工作的本质是改进管理教育的前提。如果要改进管理教育,就必须了解管理者究竟在做什么,只有知道了管理工作的本质,才能有的放矢,提高管理教育的实践性和有效性。其次,改进管理教育思想是"塑造战略"管理思想的延伸。明茨伯格一直强调,管理必须应用于实践,而非泛泛而谈。"塑造战略"与"规划战略"的最大区别就在于前者强调在实践的过程中战略要不断修正,这是一个变化的过程,更适用于实际。最后,明茨伯格提出改进 MBA 管理教育,也是这一思想的延续。他认为,在管理教育学员的过程中也是需要不断地注入"灵感",不仅仅是提供一些一成不变的技巧和技能,这样才能培养出优秀的经理人。

要想准确把握、理解明茨伯格的这些管理思想,必须了解其管理思想的三个维度。第一个维度是他的管理思想属于管理学中的强调经验、实证和归纳的英美学派,与此相对应,是管理学中强调理性、推理和演绎的大陆学派。这种倾向的集中体现是他关于管理者角色的研究。在明茨伯格基于现实调查、重视实践研究、提出管理者的角色理论之前,管理学中占统治地位的是法约尔等奠定的管理功能论,即所谓的"计划、组织、指挥、协调、控制"思想体系。按照明茨伯格的说法,这些词是同义反复,意思都是控制,对于管理的具体过程来说意义不大。明茨伯格思想的第二个维度是他强调平等、参与和互动的进步倾向,与这种倾向相对的,是强调管理层权力、崇拜管理层的超人能力的保守倾向。集中体现这种进步倾向的是他关于战略规划的研究,强调和重视人的作用。第三个维度是他属于管理学中强调理论与实践的良性结合的实践学派,反对的是执意效仿自然科学、试图在大学里把管理学建成一个有着与自然科学一样的学术尊严的专业学科的学院派。在这里,他重点提出管理也是一种技艺的观点,这种技艺的成分建立在科学、艺术的基础之上,就构成他的管理三元论。他对美式 MBA 教育模式的批评,就是因为这种 MBA 教育过分强调了管理的科学成分,忽视了管理中通过想象力才能达到的艺术成分和通过经验才能达到的技艺成分。①

---

① 亨利·明茨伯格. 明茨伯格论管理 [M]. 闾佳译. 北京:机械工业出版社,2007:XV.

（二）亨利·明茨伯格管理思想的特点

1. 勇于突破传统

明茨伯格的工科背景使他对管理的研究更偏重于用实证的方法，而非主观的想象和臆断来解释管理的现象。比如，他习惯于从实际着手，通过对管理者最直接的观察和跟踪，来思考管理者是如何进行工作的，组织是怎样运营起来的，决策是怎么制定出来的，发展战略是如何形成的等等；而且他本人从来不迷信任何教条，勇于挑战传统，这是他与其他管理学家的根本区别所在。无论是对法约尔管理功能论的批判，还是对美国的 MBA 教学方式的猛烈抨击，无不体现出这种特质。明茨伯格敢于对流行的东西进行反思，但这些都不是无端的质疑和否定，而是在挑战传统，提出质疑的同时，找到并提出相应的解决问题的办法，这也是他的难能可贵之处。比如，在对管理学的本质认识上，明茨伯格反对传统的具有计划性的解释，在他看来管理既不是一门科学，也不是一门专业，而是深深扎根于日常生活的实践活动，即使在同一家公司，也不能把管理的技巧随意"移植"。为此，他将管理的艺术性和现实性融入到自己的管理理论之中，不仅仅为其理论加入了感性的色彩，还提出了"左脑规划右脑管理"的新论断。正是他这种对问题的怀疑精神和批判态度，以及不迷信现有传统理论的执著精神，让他的研究角度时刻处于发散状态，从来没有研究的禁区，能够向着各个方向不断地延伸，也让他提出的理论常常有耳目一新之感，并逐步形成了自己独特的管理学研究成果。

2. 易于偏向极端

明茨伯格是第一位当选加拿大皇家社会学协会会员的管理学者，这使他获得了极大的声望。按照常人的想法，他本可以在巨大的荣誉光环下躺在功劳簿上了，按现在的流行观点来说，小心谨慎、维持现状应该是性价比最高的选择。但他从未骄傲满足过，甚至从未停止过质疑，还抛出了"管理工作没有科学可言"这样的惊世骇俗的语言。应该说，这样的极端性似乎已经融入到了他的性格、思想和生命之中，谁也无法改变。在现实的生活中，明茨伯格曾经这样评价过自己："我总是对非常流行和被广泛接受的东西心存疑虑。"他坦然承认："有的时候，我的确是有一些极端性的假设，但不是所有的时候。因为我坚信，有的时候最极端的东西就是最正确的东西，而中庸的倒未必是正确的东西。"[①] 与明茨伯格管理思想的

[①] 杨璐，司楠. 明茨伯格管理思想探讨 [J]. 经营管理者，2010，(5). 11.

极端性相对应，人们在评价明茨伯格时往往也会出现两种"极端"的看法：欣赏他的人认为他是一个伟大的"反传统的斗士"，敢于向一切貌似合理的观点发起挑战；而批评他的人则认为他是一个地地道道的"极端分子"，"不按规矩出牌"。比如，无论是对企业制定战略的建议还是对MBA教育制度的反思，在他的思维里总是带有某种极端化的假设，过于绝对地认为事物不是黑色就是白色，这中间绝对不存在灰色，不给自己留一点余地。然而不管怎样，正是由于他的这种坦诚和与众不同，更使得他的这种极端性得到大众的广泛认可，大家并不认为这是一个问题，反而认为这样正是其管理思想的特色所在。

3. 追求与众不同

与追求极端相对应的就是其管理思想无不走在了理论研究的前沿，追求与众不同的前卫性也是其管理思想最突出的特点。明茨伯格将自己追求与众不同的前卫性从自己从事管理学研究一开始时就发挥得淋漓尽致。明茨伯格坚持自己的一贯做法，将不同的理论和不同观点结合在一起，成为自己最适用的东西。例如，明茨伯格在研究管理的初始阶段，就抛开教条，通过观察经理们在办公室的举动从而得出这样与众不同的结论——经理们把大多数时间都用在快速应对危机上。这一观点虽然在今天已经被大多数管理学家所认可，但在当时一经抛出实际上就是挑战了传统的观点，几乎与整个管理学界为敌。明茨伯格这种特点还出现在他的文学作品中和他的课堂上，他通过《我为什么讨厌坐飞机》这样一本文学作品将航空公司和机场管理实践的"讽刺剧"呈现给了观众；在明茨伯格的课堂上，他不仅跟学生们分享前沿问题，还与学生们讨论小说、中国帝制的组织框架等具有启示性的论题，他就像魔术师变魔术一样总是能变出许多区别于常规的东西。正是这种追求与众不同的特性，让他俨然就是一个"超级明星"，在管理学的研究领域中出尽风头，经常占据管理学术界新闻的头版头条。应该说，在严谨规范的学术研究理论中，能将自己的观点精彩而前卫地表达出来，明茨伯格绝对是管理学术界的第一人。

4. 推崇直觉感受

与以往经典管理学理论崇尚计划、规划不同，在亨利·明茨伯格的管理思想中，认为管理不仅仅是人们长久以来偏爱的那种高度分析性的"理性"过程，更应该是在讨论管理的技术分析层面的同时，重视"直觉"这一隐秘而又重要的过程。他的这一思想在其提出的很多观点里都有所体现。比如，当古立克在法约尔的基础上把管理职能界定为 POSDCORB（计划、组织、人事、领导、协调、报告、预算）以后，这种学说几乎主宰了整个管理学界。但明茨伯格却尖锐地质疑道：如果一名经理被告知一个工厂刚刚被烧毁，他会立即派人去查看是否需要什么临时性安排，计划、组织、指挥、协调和控制等词汇，并不能告诉我们经理真正在做什么，它们顶多指出了经理工作过程中某些含混的目标。在明茨伯格眼里，法约尔体系变成了与管理实际脱节的"老一套"。因此，他认为现实中的经理在处理具体工作时，决定都是很快作出的，更多地依赖直觉和经验，而不是依赖深思熟虑的分析。至于韦伯所提出的官僚组织，在明茨伯格看来，更像纯逻辑的演绎。层次分明、规范有序的官僚组织在现实中是很难找到的，经理面对的是无数的横向联系，更多的临时信息是在不规范的组织中绕行。他认为，很多管理学理论之所以不得要领，就是因为所有这些管理学理论都犯了一个共同的毛病——脱离实际。在任何一个组织里，管理的对象都是人，是由充满了鲜明个性的人构成的。这也决定了这个组织是一个复杂的混合体，对它的管理是一项十分困难而又微妙的工作，需要身临其境才能体会其中的奥妙，更多的时候靠的是以往的经验和瞬间的直觉感受，而不是一本正经的计划安排。

（三）启示

总结明茨伯格的理论，了解明茨伯格的研究成果固然十分重要，但学习并掌握他在研究中所采取的思考问题的方式和视角更值得关注。

1. 重视人本主义

通过以上对明茨伯格管理思想核心内容和特点的分析，可以看出他的思想是具有系统性的，相互之间是有联系的。无论是他认为管理者工作的本质属于管理学中的强调经验、实证和归纳，指出塑造战略强调参与和互动，还是提出培训管理者而非 MBA 强调理论与实践的结合，虽然观点各不相同，分别从不同侧面和不同角度展开论述，但统一起来都体现出了一个重要的特征——具有浓厚的科学的人本主义精神，即尊重、平等、信任、合作和分享[①]。明茨伯格强调员工、强调平等、强调实践的管理学理论，不容易像强调领导力、强调理性计算分析、强调

---

① 这一观点是中国人民大学亨利·明茨伯格研究中心学术主任、中欧国际工商学院教授肖知兴提出。

自上而下的战略等等类似的管理学理论那样得到作为实际控制企业资源的在位者的支持,但这种管理思想所体现出的人本主义精神,对当下正处于改革攻坚阶段的中国来说,显得尤为珍贵。明茨伯格曾在《不要痴迷领导力》这篇文章中写到,"诚然,领导力十分重要,领导力也当然能带来改变,但是领导力又被多少次地重复放大"。比如他在文章中列举了郭士纳的例子,郭士纳在位的 4 年让 IBM 的股票市值增长了 400 多亿美元,很多人都习惯于将成绩的取得都归功于他一个人身上,而忽视了公司其他人员的默默奉献。因此,明茨伯格明确亮出了自己的观点——不要痴迷领导力,"我们究竟需要什么样的领导力呢?难道是那种媒体整天吹捧的英雄式的领导力吗?大人物骑着白马从天而降,为所欲为,大刀阔斧地改革,即便他不过是昨天才上任,对其所在组织的历史和文化一无所知?事实证明,这往往是灾难的配方。"

事实上,受制于传统的封建思想和外来强人政治的影响,个人崇拜、习惯人治一直是中国社会在管理理念上的顽疾。人们习惯于强人的出现,往往将组织的兴衰成败过多地寄托在个人身上,没有看到一个国家乃至一个企业的发展不是一个人所能决定的,需要组织内部所有人的共同努力。正是因为这样的片面思想,在中国的社会中,经常可以看到一个组织由于领导的变换而发生剧烈变动,人走茶凉、人走政熄就是一个明显的体现,甚至有时组织马上会陷入瘫痪。可以说,正是由于科学精神的缺乏,人文传统的失落,让我国的各级组织在管理的水平和层次上与国外相差甚远。虽然目前国内许多企业把"以人为本"作为企业精神,但大多是喊喊口号而已,大部分企业家不能真正地认识到,管理的本质不是管人,而应当以发挥员工的能动性、发展员工的创造性为本。这种理念才是能够长久解决劳动力结构性短缺、资源缺乏等诸多问题的前提条件。也正因为如此,我们现在比任何国家、任何时期都更需要参考借鉴明茨伯格的人本主义思想。真正的管理者应该是参与型的,他们参与各个层面,了解每个环节,帮助每个员工发挥潜能,做到最好,这才是管理的真谛。

2. 时刻保持质疑

敢于质疑,是一名优秀学者必须具备的基本素质之一。明茨伯格之所以取得今天的成绩,奠定今天的地位,关键因素就是他时刻保持质疑的态度,不随波逐流、不被主流价值观所淹没,成为一个真正思想独立的人。除了众所周知否定法约尔管理功能论外,还有一个例子体现了他敢于质疑的个性——管理学大师德鲁克在其经典著作《管理工作的本质》中提到："管理者就好比乐队指挥，在他的指挥下，各种乐器演奏形成了具有生命的乐章。"这段经典比喻被人们视为不容讨论的真理，但明茨伯格还是用他那招牌式的质疑眼神，认真打量着这个"想都不用想"的"真理"。为了弄清乐队指挥到底扮演着什么角色，他曾专程去加拿大的一个交响乐团呆了一天。通过对交响乐团细致地观察，他找到了德鲁克不严密的地方："我想问，谁在操纵整场演奏？一旦乐谱摆在前面，指挥的自由度就大打折扣。我知道音乐发烧友可以区分不同乐队间的差别。但不管是谁在演奏，它们不会变成其他曲目。另一个关键在于，所有的演奏者都清楚无误地知道自己该干什么，指挥的作用不过是确保他们和谐地演奏，保持节拍。并不是指挥安排每个演奏者该干什么。"[1]

对于他为什么总是这样与众不同，明茨伯格解释到："我有一个英雄，就是安徒生童话里的那个说国王什么都没穿的小男孩。我认真地考虑过这个问题：人们怎么能看到国王什么都没穿，却说他的衣服非常漂亮？"那时因为"人们根本没有勇气看，更不用说出来。"[2] 明茨伯格认为那个童话里的人们没有勇气看见现实，在现实生活中我们很多人也一样。"每个人都有疯狂的梦想。但当他们醒来，他们被吓坏了，他们又把自己封闭起来，害怕与众不同。"明茨伯格更愿意把自己形容为一个学习者，时刻保持质疑，更加珍视反常才是一个学习者最宝贵的本质。当管理者看到一些不符合常理的东西，比如一些顾客不买你的产品时千万不要忽略，而应该说："等一下，我们可能错过了什么。"他总结说："这就是学习。"

但在当下的中国，事不关己高高挂起是大多数人的处世法则，别人怎么说我就怎么做是最惯用的做法，也让中国的管理理论在周而复始的低质量循环中失去生机和活力。我们迫切需要明茨伯格这种敢于向主流叫板的质疑之道，彻底根除这颗慢慢侵蚀我们肌体的毒瘤，让我们的企业更加健康地走向未来。

3. 善于反思自醒

正是基于人本主义的理念和对管理本质的认识，明茨伯格始终认为，管理不是教出来的，而是个人在实际中悟出来的。他指出："学习的最好方式就是反思，以及从你自己的经验中学习。"明茨伯格曾经讲过这样一个例子，2004 年，他接到

---

[1] 孟群舒.明茨伯格：流行的东西都应反思.解放日报，2006，(4).2.
[2] 方军.明茨伯格的反传统智慧.经济观察报，2006，(5).1.

在一家高科技公司担任工程部总监的菲尔的电话,由于手下的工程师们原来缺乏管理经验,管理工作做得很费劲,不知道如何是好。为此,明茨伯格建议他让这些工程师定期坐在一起,在一种相对平静的气氛中,分享各自担心的事情,反思自己处理这些事情的经验教训。菲尔坚决执行了他的建议,组织了一个管理者小组,大约每两周碰面一次,坚持了两年的时间。很快,菲尔又组织了另一个小组,而这些小组又陆续组织了自己的小组。在这些小组的讨论中,涉及的议题无所不有,从谈判技巧到看懂资产负债表。特别让人惊奇的是,对于那些一点都不懂资产负债表的工程师来说,通过自我学习,他们居然都看懂了,而且过程非常愉快。尝到了甜头后,菲尔将这种自我教学式的项目不断发展。在每一次研讨会上,他们都会请一位著名的管理思想大师针对特定的主题提供资料和练习。通过这些资料让组员展开有针对性的学习,判断应该采取什么样的策略。

通过反思自醒来不断训练自己,而不是直接向专家学习,这种思想是明茨伯格一直试图灌输给人们的。因为他相信,管理和外科手术不一样,如果你不是专家,就不能进行外科手术。但是人们都可以尝试着进行管理,随时都可以。如果你是一个管理者,最好的学习方式就是和同事一起反思你自己的经验,通过反思自醒让自己得到潜移默化的提高。这样的观点对时下的中国管理界来说也是意义重大。中国的古人就曾提出:"纸上得来终觉浅,觉之此事要躬行",说的就是这个道理。但现在无论是学界还是管理者自身,好象越来越不相信自己,都习惯于照抄照搬别人的经验。诚然,学习借鉴是必须的,但不加分析地全盘吸收必然后患无穷,如果幻想着从西方管理经验顺手拿到放之四海而皆准的方法更是痴心幻想。因此,学会反思,善于自醒,应该是在中国特色社会主义这个独一无二的大变革中,管理学理论研究者和实践操作者应该笃定的品质。

4. 严守平和的心态

平和的心态也是一名优秀学者所需要具备的素质之一。尤其是在各种利益充斥的今天,个别学者被利益集团绑架,违背学术道德,为少数人摇旗呐喊的例子不少。因此,要想做好研究,成为一名具有独立人格的、受人尊敬的学者,更需要一种平和的心态,排除外在的干扰,扎扎实实地做好学术研究的基本工作,做好强基固本。这样的理论研究成果才有价值,才有生命力,任何急功近利、投机取巧的行为只能适得其反。

搞理论研究需要平和的心态,成为一名成功的管理者何曾不是这样?对这一点，明茨伯格有着精彩的描述。他特别反对企业管理中急功近利的冲动，因为这样的行为能够不费吹灰之力就摧毁一家企业的核心价值。很多轰轰烈烈、声势浩大的决策在短期内能够看到价值，但放在长远的角度来看后患无穷，"而更糟糕的是，外界评价还仍然在鼓吹，这样的企业家多么的成功和出色。"媒体在其中起到了推波助澜的作用，它们常常对一个"英雄管理者"给予长篇累牍的报道，溢美之词连绵不绝。可是，谁知道在几年后，这些公司是否还能保持这么好的业绩呢？一个组织领导者的长期绩效，很难用数字来衡量。"眼下，企业高层管理者注重短期绩效，更容易得到华尔街以及媒体的青睐，那些看上去辉煌的数字，让这些企业管理者迷失了方向。"因此，明茨伯格提出了他心目中理想管理者的形象："一位成功的管理者，他应该是内敛而善于反思的；他的视线更多聚集在公司内而不是公司外；他懂得灵活运用分析工具，也能注意到分析工具的局限性；他理解别人，也能够融合不同的价值观念。"他还列举了一个例子：几年前，当明茨伯格一行人去印度的时候，他们在公路上见到了西方难以见到的现象，公路上充斥着所有被称为交通工具的载体：毛驴、牛车、自行车、拖拉机等。当时就有人问开车的司机（一名当地大学的教授）："这样的交通状况下，你们怎么可能开得了车？"而这名教授很平淡地说："我不过是跟着车流行驶。"[①]明茨伯格深有感触：当遭遇到新兴市场或者复杂化的市场局面时，管理者需要练达的心态，寻找不同环境下的解决之道。但是现在，高层管理者的管理心态距离实际的练达管理心态还相距甚远。

解析明茨伯格，我们更容易被他那充满质疑、追求极致的行为所迷惑，好象他就是一个内心非常躁动的激进主义者。本质上，正是他那种不畏名利所缚、不畏利益集团捆绑的精神，一种追求科学独立性的平和形态，才能让他取得如此的成绩。

（四）反思

走近明茨伯格，认识明茨伯格，我们也应该具有像他对任何学术权威的做法一样，欣赏但不盲从，吸收但保持独立。特别是明茨伯格的管理思想同许多传统的管理思想是"对立的"，如果我们接受明茨伯格的理论，是不是其他的管理学理论就应该放弃呢？许多看过明茨伯格理论的人无不为此而头疼。现实中的很多经

---

① 汤维维. 让谁来管理你的公司 [J]. 商学院，2009，(7). 42.

理，也经常会感到无所适从。实际上，这种情况在学术研究中十分常见。任何一种理论，都不能说穷尽了"真理"，科学只能在不断"证伪"中前进。明茨伯格的价值是独到的，这种独到表现为对管理学理论发展的针砭。明茨伯格对此前以及当时各种管理学理论的批判，是建立在对这些理论认真梳理和思考的基础上的。明茨伯格敢于向管理学的众多前辈叫板，立足于他深厚的功底和扎实的实证研究。学习管理学理论，不仅仅是掌握相关的观点，更重要的是掌握相关理论反映出来的思想和精神，如上面提到的科学的人文主义精神。因此，我们也应该正确看待明茨伯格的相关理论，事实上其理论也确有商榷之处，存在一定的局限性。尽管明茨伯格对经典管理理论进行了无情的颠覆，但是他的管理者工作的本质理论本身仍旧存在一定的局限性。

1. 明茨伯格对管理者管理企业内部的角色重视不够

明茨伯格对经理角色的十个归纳过于重视"经理"在企业外部关系中的作用，比如说挂名首脑、领导者、联络者、发言人和谈判者等，这些都是从企业的对外关系中总结出来的，着眼点都向外。但事实上，无论是企业的管理者还是其他组织的领导者，他们的工作重心都在于企业或者组织的内部，即从内部提升工作效率，毕竟内因才是影响事物性质的决定性因素。显然，明茨伯格在这方面的关注视角有所偏差。

2. 明茨伯格对时代发展所带来的变量因素考虑不够

管理者的角色和领导者的角色的重点因时代背景不同而变化，并会承担新的角色。时代的变迁总是会赋予当时代的人特有的使命，因此不同的时代背景下，企业管理者或者领导者的角色和定位也是不同的。明茨伯格未将环境保护、电子商务、知识经济、核心竞争力、跨文化交流、产品质量的全球化标准等问题纳入企业经理人的战略思考体系，弱视了信息及决策的角色重要性。随着企业社会责任运动的兴起，要求企业管理者必须积极担负起承担社会责任的角色。另外，经理在信息方面的角色发生了较大的变化，监听者、传播者、发言人的工作占用的时间日益减少，在这方面明茨伯格的理论明显与时代的发展有了距离。

认识到明茨伯格管理理论上的诸多不足，并不能抹灭其对现代管理理论的巨大推动，也不能动摇其在管理学理论研究中的重要地位。正如辩证唯物主义认为的，任何事物都是运动的，绝对静止的事物是不存在的。相应地，任何的理论研究也是处于不断的自我完善、自我发展的状态之中，没有什么放之四海而皆准的理论，都是需要与时俱进的。管理学的理论发展也演习了这一规律。在实践的基础上，通过一代代管理学家的不懈努力，积淀了丰富的经典理论，这些经典理论为管理科学在人类文明史上的发展发挥了自己应有的价值。但在实践发展的过程中，经典也是无法拒绝局限性的，毕竟时代的变迁和思想的进步是一个永续不断的过程，经典也需要不断地丰富和发展。因此，我们在学习过程中，应当善于结合现实，与时俱进地对理论进行吸收消化。只有这样，我们才能把握管理科学的精髓，掌握管理艺术的真谛，这也就是我们走进明茨伯格，认识明茨伯格的根本目的所在。也只有这样，才能推动中国的管理学理论不断前行，中国各级组织的管理水平才能不断提高，真正意义上的中国本土的管理学大师才能破茧而出。

本章参考文献

[1] 亨利·明茨伯格．管理工作的性质 [M]．方梅萍译．北京：中国人民大学出版社，2007.

[2] 亨利·明茨伯格，布鲁斯·阿尔斯特兰德，约瑟夫·兰佩尔．战略历程：纵览战略管理学派 [M]．刘瑞红等译．北京：机械工业出版社，2002.

[3] 亨利·明茨伯格．卓有成效的组织 [M]．魏青江译．北京：中国人民大学出版社，2007.

[4] 亨利·明茨伯格．明茨伯格论管理 [M]．燕清联合组织译．北京：中国劳动社会保障出版社，2004.

[5] 亨利·明茨伯格．战略规划的兴衰 [M]．张猛译．北京：中国西部出版社，2010:265-272.

[6] 亨利·明茨伯格等．战略过程 [M]．北京：中国人民大学出版社，2005:265-272.

[7] 克雷纳．影响世界的西方管理思想 [M]．董洪兰译．北京：中央编译出版社，2007.

[8] 亨利·明茨伯格．管理者而非 MBA[M]．杨斌译．北京：机械工业出版社，2005.

[9] 亨利·明茨伯格．明茨伯格论管理 [M]．闾佳译．北京：机械工业出版社，2007.

[10] 亨利·明茨伯格. 明茨伯格管理进行时 [M]. 何峻译. 北京：机械工业出版社，2010.

[11] 伯克. 组织变革——理论与实践 [M]. 燕清译. 北京：中国劳动社会保障出版社，2005.

[13] 赵文明等. 世界经典管理思想精读精解 [M]. 上海：中国物资出版社，2009:67-93.

[14] 周三多，邹统钎. 战略管理思想史 [M]. 上海：复旦大学出版社，2002:67-93.

[15] 李乾文. 伟大的离经叛道者——亨利·明茨伯格的代表作及其贡献 [J]. 企业管理，2004，(3). 82-84.

[16] 葛建华. 明茨伯格管理者的三类角色 [J]. 中外管理，2008，(7). 50-51.

[17] 丁伟. 明茨伯格：反传统的管理大师 [J]. 中国企业家，2006，(9). 24.

[18] 孟群舒. 明茨伯格：流行的东西都应反思 [N]. 解放日报，2006-04-02.

[19] 方军. 明茨伯格的反传统智慧 [N]. 经济观察报，2006-05-01.

[20] 汤维维. 让谁来管理你的公司 [J]. 商学院，2009，(7). 42.

第五章 普拉哈拉德：公司核心竞争力

普拉哈拉德（C.K.Prahalad，1941.8.8-2010.4.16）是著名的战略管理研究大师，核心竞争力理论的创始人之一，是国际上公认的公司战略和跨国公司管理领域的专家。普拉哈拉德是密歇根大学商学院公司战略与国际商务教授，被称作当今在公司战略领域最具影响力的思想家。普拉哈拉德以自己独特的视角站在创新思维与管理实践的最前沿，被《商业周刊》盛誉为"改变世界的商业先知"，并两次被伦敦《泰晤士报》称为"世界上头号最具影响力的管理思想家"。普拉哈拉德的一系列管理思想理念如"核心竞争力""战略意图""共同创造"和"企业成功定律"等影响着世界上最顶尖企业的管理人，是当之无愧的当代管理学大师。

一、普拉哈拉德的生平

普拉哈拉德教授1941年出生于印度南部的泰米尔纳德邦的哥印拜陀镇。他的父亲是一位著名的法官，与此同时也是一位哲学家和文学家，在父亲的培养和熏陶作用下，普拉哈拉德从小就对知识产生了浓厚的兴趣，对世界充满了好奇心。1960年，19岁的普拉哈拉德从金奈（即马德拉斯）的马德拉斯大学物理系毕业后，在联合碳化物公司担任一个分部的部门经理，这段职业经历让他积累了一定的管理经验并对管理学产生了极大的兴趣。随后他留学美国继续深造管理学，并在1975年获得了哈佛大学的博士学位。

普拉哈拉德的执教生涯开始于1978年，在这一年他来到了密歇根州安娜堡的密歇根大学商学院（University of Michigan School），开始担任公司战略和国际商务的教学工作。在这一时期，普拉哈拉德教授成果颇丰。他与加里·哈默尔邂逅并结识，他们二人合作在《哈佛商业评论》发表的《战略意图》和《公司的核心竞争力》轰动一时，并两次获得了麦肯锡奖。1994年是普拉哈拉德的丰收之年，在这一年，他与加里·哈默尔合著的倾心之作《竞争大未来》出版并取得了巨大反响，获得了学术界的一致好评。这一著作的广泛传播奠定了普拉哈拉德关于核心竞争力分析的基础。次年，美国竞争力协会为普拉哈拉德颁奖，以表彰他对竞争力研究的学术贡献。

普拉哈拉德对于商业的体验不仅仅局限于学术研究上，他希望能够对商业经营模式和管理方法有着更切身的体会。因此，在1997年普拉哈拉德在圣地亚哥创办了自己的网络公司（普拉加公司）。他尝试一种新型的网络公司经营模式，将公司的工作重心从信息业务转向更有实质性的内容。然而，由于互联网行业的波动和竞争对手的挤压，这家公司的经营并不乐观。

公司经营的逆境并没有打垮普拉哈拉德，反而让他从中学到了很多并且激发了他更大的学术热情。在2004年，他先出版了《金字塔底层的财富》，揭示了为穷人服务的创新性商业模式。之后他又出版发行了《消费者王朝：与顾客共创价值》，展示了我们将从工业生产时代迈向互联网主导的新零售时代。这一年，普拉哈拉德在密歇根大学史蒂芬M·罗斯商学院的礼堂发表演讲，强调商业创新要以市场为导向，在最贫困的人口中获得利益，此次演讲获得了巨大的反响。

普拉哈拉德是管理学界名副其实的大师。伦敦的《泰晤士报》（Times）把普拉哈拉德称作是"世界头号最有影响力的管理学家"。美国的商业顶级杂志《商业周刊》称他为"密歇根大学最杰出的教授，当今企业战略领域最具影响力的思想家""改变世界的商业先知"。在《泰晤士报》等机构推出的全球商业思想家排行榜中，普拉哈拉德在2007年位居榜首，其在世界范围内的影响力可见一斑。一直到2010年普拉哈拉德病逝，这位伟大的管理学家从未停止思考，为管理学的发展作出了不可磨灭的贡献。

二、普拉哈拉德的著作

普拉哈拉德，这位有着惊人天赋的管理学家，用自己几十年的学术生涯持续地改变着世界各国企业的领导者对于商业的认知能力。

普拉哈拉德的一生从未停止思考，著作颇丰。他参与编写了《卫生机构财务管理》（1974）、《卫生保健管理》（1974）、《跨国公司的使命》（1987）、《竞争大未来》（1994）、《消费者王朝：与顾客共创价值》（2004）、《金字塔底层的财富》（2004）、《普拉哈拉德企业成功定律》（2009）等多部在世界范围内有极大影响力的著作，并发表论文30余篇，其中包括两篇获得麦肯锡奖的绝世之作《战略意图》和《公司的核心竞争力》。它们的出版与发表最终让普拉哈拉德教授获得了全世界同行与企业领导者的认可与赞赏，奠定了他管理学大师的地位。

（一）《跨国公司的使命》（1987）

《跨国公司的使命》（*The Multi-National Mission*，1987）是普拉哈拉德和伊夫·多茨合力编著的一本著作。该书分析了企业高层管理国际公司所遇到的各种问题，并且向企业高层管理人员推荐应对国际竞争的策略。

普拉哈拉德和伊夫·多茨用长达六年的时间，深入到20多家大型的跨国公司，与跨国公司的500余名高层管理人员进行深度交流，整理了这些跨国公司的高层管理人员所遇到的各种各样的问题并加以分析，提出了应对的策略。20世纪中后期，伴随着全球化浪潮的袭来，各个行业都面临着来自全球企业的竞争压力。企业的高级管理人员开始意识到，分析当前竞争形势，并制定合理有效的全球竞争战略，成为应对全球化竞争的当务之急。《跨国公司的使命》在这一背景下应运而生。全书共12章，内容资料详实，结构安排合理，环环紧扣，发人深省。

该书一共有两大部分。第一部分是战略形成分析。不同的经营领域和不同的行业有着不同的特征，普拉哈拉德和伊夫·多茨以一种巧妙的方式向读者展示了全球竞争的动态本质，刻画了跨国公司对于东道国政府政策所作出的反映以及劳工组织的影响。之后，他们对不同经营领域之间的相互依赖性和关联程度进行评估，建立了公司的经营领域组合。第二部分是管理职责与技巧。面对全球竞争环境的种种问题与挑战，普拉哈拉德和伊夫·多茨经过认真地思考，给出了合理的应对措施，提出赢得竞争之战的实际对策。该书一步一步地展示了如何面对全球竞争并实施战略决策，阐述了如何在全球竞争市场中获得胜利。

（二）《竞争大未来》（1994）

《竞争大未来》（Competing for the Future, with Gary Hamel, 1994）由普拉哈拉德和加里·哈默尔联合编著，堪称普拉哈拉德的巅峰之作。这部著作一经问世，就被《商业周刊》评为"年度最佳管理图书"，被行业内人士誉为"近十年来最具影响力的商业类书籍"。

《竞争大未来》的成功绝非偶然，对传统管理学观点的挑战和创新使得该著作能够从诸多管理丛书中脱颖而出。行业之间的界限越来越模糊，行业之间的联系越来越紧密，是新的竞争规则。这样的规则使得传统管理学思想和管理方式不再适应时代的发展和经济的进步。普拉哈拉德和加里·哈默尔顺势而为，新的管理策略适时而生，他们以一种崭新的语言在管理学界发声。在这本书中，两人建立了一个连贯的模型，说明今天的管理人员如何能够在明天的市场中发现和实现优秀的目标。他们对企业竞争的主要目的是从竞争对手那里获得更多的市场份额这一传统理念发出挑战，明确指出基于顾客需求的市场定位才是企业在竞争中得以取胜的重中之重。

普拉哈拉德和加里·哈默尔对世界上的一些著名的公司进行了个案分析，提出了许多史无前例的观点。我们处于日新月异的时代，处于技术创新和信息革命的时代，我们的产品结构，服务业结构和产业结构正在经历深刻的变革，人类的生产方式和生活方式正在改变。在这样的时代，我们面临挑战的同时，也迎来了许多机遇。当然，这样的机遇是世界性的，竞争是全球性的，没有任何一个国家可以独自完成这样的变革。在这样的竞争背景下，公司和企业家要关注的，是产业未来的竞争，产业之间未来的竞争成为主要的竞争关系。企业经理人不能再像以前一样故步自封，企业策略的规划要应对的是未来几十年所有可能的挑战与机遇。普拉哈拉德和加里·哈默尔在全书中无不展示出这样一点："既然变革无法逃避，那么，企业经理人就必须勇敢地面对未来的竞争。"[①] 对于一个公司来说，仅仅变小变好和变快是不够的，它们还需要树立自己独树一帜的形象。

《竞争大未来》中强调了竞争预见能力，普拉哈拉德和哈默尔认为，产业发展预见能力的竞争，是一场在影响产业转型的形式与方向方面，确认自己公司在智力上的领先地位之争。它可以使公司具备领先到达未来并保有领先地位的潜力；

---

① 普拉哈拉德,. 加里·哈默尔. 竞争大未来 [M]. 顾淑馨译. 广州：智库股份有限公司,1997.

可赋予公司发展方向以特色；可使公司控制所在产业的发展方向，从而掌握自己的命运。竞争要诀就在于公司在未来尚未到来之前就看到未来。他们描述了未来市场机遇的不可知性，而公司的核心竞争力就在于这些未知的市场机遇。公司通过自我创新来实现管理的突破与变革。资深经理人必须向前看，并深入思考自己是否有能力可以塑造一个企业，并顺利应对未来的所有可能的挑战。经理人必须要具备对产业发展的评估能力和遇见能力，而不只是组织重整与再造工程。因为"组织重整工作的目的，是要改正过去所犯的错误；再造工程的宗旨，也不过是要赶上竞争者而已。"①

"核心竞争力"这一概念的提出，是对传统竞争理论的一大冲击。传统的竞争理论把公司竞争的核心放在对于公司产品质量和服务品质的提升上，关注企业目前存在的劣势和不足，来补齐企业的短板，从而达到企业利润最大化，抢占市场份额的目的。而"核心竞争力"理论向我们展示了全新的视角。企业要做的不是对自身价值的准确衡量，而是清楚的知道自己在顾客心中的价值。公司的最终目标是满足顾客的需求，从而找到决胜未来的方法。公司经理人如果能够把握好"核心竞争力"，在达到公司目的的基础上最大化的满足顾客的需要，这个公司就一定能在未来拥有自己的一席之地。

那么如何提高公司的核心竞争力呢？怎样才能让企业在激烈的全球竞争中立于不败之地呢？普拉哈拉德和哈默尔在书中给出了答案。公司主管必须要更新自己的管理观念，培养创新思维并提高创新能力。现有的管理方式和产品概念已经不能满足发展的需要，用新观念新思维对待新事物，冲破旧的传统束缚和牢笼，是每个企业经理人的职责。企业经理人必须要有远见，核心能力的竞争已经成为对未来的预测能力和感知能力的竞争，日新月异的国际国内形势要求管理人员能对未来十年的情势作出正确的判断和预测。企业管理人要做行业领先者，而不是做一个追随者，核心专长的培养是必不可少的，它是走向未来的钥匙。要培养核心专长，首先要保证核心专长的上下一致性，企业的内部的和谐至关重要。如果上层没有一致的意见，各个业务单位又只顾自家的专长，那么整个公司在核心专长的建立方面就会问题重重。保证专长在行业中处于领先地位，可以充分发挥公司的核心竞争力。

---

① 普拉哈拉德，.加里·哈默尔.竞争大未来[M].顾淑馨译.广州：智库股份有限公司，1997.

《竞争大未来》以一种全新的视角引发了人们对管理学理念的深层探索和研究。普拉哈拉德和哈默尔通过比较不同行业不同企业的发展历程和经验教训，用大量的案例深入浅出地向世人展示着耳目一新的结论。每一个公司经理人都必须明白，现代企业的竞争已经不局限于产品和服务的竞争，抓住未来的机会，找准顾客的需求，不停地进行创新和变革，走在竞争对手之前建立长期竞争优势，才是"核心竞争力"最本质的诉求，才是通往成功之路的最佳法门。

（三）《金字塔底层的财富》（2004）

《金字塔底层的财富》（*The Fortune at the Bottom of the Pyramid: Eradicating Poverty Through Profits*，2004）是普拉哈拉德的又一部力作。世界上的 40 亿穷人构成了增长速度最快的市场，普拉哈拉德向我们展示了这个市场是如何拥有巨大的购买力，并且为公司的发展提供了一个巨大的潜力的。让公司为穷人提供所需要的服务成为一个新的话题点。普拉哈拉德提出："不要再把贫困群体看作受害者或社会负担，而要把他们视为有活力、有创造力的企业家和有价值的消费者，一个崭新的机会之门就将打开。"[①] 传统观点认为商机只存在于处在购买力顶层的 20% 的社会群体中，而 80% 的 BOP（处于金字塔底层的群体）几乎没有购买力。与传统的观点相悖，普拉哈拉德认为全世界的 40 多亿穷人中蕴藏着巨大的创新能力和购买能力，学会为他们提供商品和服务，可获取相当可观的利润，与此同时还可以帮助处于金字塔底端的群体摆脱贫困。忽视 BOP 市场是企业经营者长期以来一直存在的问题，是他们所犯下的致命错误。普拉哈拉德重新评估了原先持有的关于开发世界上相对贫困国家的商业机会的想法，揭示了商业成功和社会改良的途径。全书有六大组成部分：

第一，金字塔底层市场的性质。金字塔底层市场有五大性质：（1）金字塔底层是有钱可赚的。传统的观点认为穷人没有购买力，因此 BOP 市场是不值得开发利用的。然而实际上，穷人代表着巨大的未被释放出来的潜在购买力。（2）金字塔底层市场可以建立通路。传统看法认为金字塔底层市场的营销通路不易建立，尤其对于大公司和跨国企业来说，进入该市场面临着很大的障碍。但实践证明营销通路是可以建立的。（3）金字塔底层市场具有品牌意识。与普遍看法不同，普

---

① 普拉哈拉德. 金字塔底层的财富 [M]. 林丹明，徐宗玲译. 北京：中国人民大学出版社，2010.

拉哈拉德发现穷人非常重视品牌，并且对价格反应十分敏感。（4）金字塔底层市场是相互联结的。金字塔底层的消费者的通讯能力和连接力日益增强，他们正快速开发利用信息网络的好处。（5）金字塔底层消费者乐意接受先进技术。无线装置，网吧和个人数字助理（PDA）在 BOP（金字塔底层的市场）中的快速扩散，使得许多经理人和研究者意想不到。

第二，如何开发 BOP 市场。（1）公司应该创造穷人的消费能力，创造出对于穷人来说有价值，可获得，购买方便的产品。（2）应根据穷人的需求进行新产品和服务的开发。（3）要重视建立买卖双方的信任与合作，充分利用开发 BOP 市场。

第三，财富创造的生态系统。在 BOP 背景下，私营部门包括了不同类型的社会组织，它们相互作用，创造了市场，开发了合适的产品和服务，并且提供了价值。财富创造的生态系统的核心是商业系统。基于运用资源和覆盖市场的愿望，私营部门将会发明与市场性质相适应的新体系。

第四，介绍 BOP 战略是如何有益于社会的。我们知道，对 BOP 的最大考验是缓解贫困压力。普拉哈拉德提出要减弱贫困惩罚，节约资源和能源，让底层群体享受更多更好的服务从而让底层的创造性得以发挥。

第五，向我们展示了 BOP 战略是怎样对企业有利的。企业生产的目的是追求利润最大化，BOP 战略下经济价值的来源是低单位利润规模化的生产和低资本密集度条件下的高资本回报率。同时，BOP 市场的稳定发展会对高端市场产生刺激作用，进而形成良性循环。

第六，这部著作的最后，普拉哈拉德收录了 12 个案例。这些案例涉及各种各样的行业和不同的发展中国家的企业。他用事实说话，告诉我们 BOP 正在逐渐发展成为一个成熟的市场，这个市场的繁荣为穷人带来了巨大的利益，也拉动了整个世界经济的发展。

商业世界每天都在发生着变化，这样频繁的变化要求企业家们顺势而为，发现和创造新的发展思路和发展理念。普拉哈拉德冲破传统观念的枷锁，为公司高层制定企业策略开启了新的大门，未来世界不只是富人的，更是穷人的。抓住穷人的商机，管理好金字塔底层的财富，是这位管理大师带给我们的新的商业发展思路。

(四)《消费者王朝：与顾客共创价值》(2004)

《消费者王朝：与顾客共创价值》(*The Future of Competition: Co-Creating Unique Value with Customers*, 2004) 是普拉哈拉德和文卡特·拉马斯在 2004 年出版的一本著作。

在这本书中，二人重新考虑了 21 世纪企业价值创造的全新方式。他们力图探索为什么在充满了创新与变革机会的 21 世纪，仍然有太多的公司不能满足消费者的需求，从而实现公司利润和稳定发展。之所以出现这样的矛盾，是因为工业化与信息化带来的技术融合对企业造成了巨大的结构性变化，全球化的信息连通性为企业带来了新的挑战。越来越多的消费者从价值的被动接受方转变为价值的主动创造者，一种全新的价值创造理念正在形成——企业与消费者共同创造价值。这对所有的企业领导者来说都是一个新的挑战，管理者面临着全新的价值创造框架。消费者和企业共同努力拓展的企业网络和消费者社区，逐步成为共同创造价值的核心要素。个人客户越来越多地与公司和消费者社区进行网络互动，企业创新的焦点将从产品和服务的优化升级转变为每一个顾客个性化体验的优化升级。

在这个新兴的机遇空间中，企业必须建立新的战略资本——一个关于如何竞争的新理论。这本书为企业管理者建立新的战略资本提供了有价值的指导，详细介绍了新的功能、组织、基础设施和治理能力，打破原有的固定思维，开创新的管理体系，这些全都将被用于提升竞争经验和共同创造独特的价值。

(五)《普拉哈拉德企业成功定律》(2009)

《普拉哈拉德企业成功定律》(*The New Age of Innovation*, 2009) 是普拉哈拉德教授和 M.S. 克里施南（密歇根大学罗斯院的商业信息及技术教授）合著的一本企业管理畅销书，该书一经发行就获得了广泛好评，众多企业领导人对该书给予了盛誉。

21 世纪的商业竞争说到底是创新的竞争，改进企业管理流程和提高信息技术在企业中的关键作用，是每个企业领导人必须时刻关注的问题。满足未来终端消费者的需要，是新时代企业创新的含义。普拉哈拉德和克里施南在本书中揭示了连接战略与执行之间的缺失环节——建立组织能力，使公司能够实现持续不断的变革与创新。产业技术的边界融合是新时代发展的趋势，每一项业务未来的发展都依赖于访问全球资源网络,让企业与消费者共同创造体验。企业价值观发生了变化,以企业和产品为中心的价值观逐渐转换为个性化体验和共创为核心的价值观。每一个企业的 CEO、执行官和管理者必须改变他们的业务流程、技术系统和供应链管理,实现资源的获取和满足消费需求,从而完成企业的创新过程。

普拉哈拉德和克里施南为企业如何实现转变提供了全新的思路。消费者的个性化体验是企业必须关注的,企业要将所有涉及的个人(包括客户、员工、投资者、供应商)都看作是独一无二的,并通过智能分析来衡量个人行为。重新设计系统从而连接不同来源的资源,提高资源的运行效率和信息技术匹配能力,实现企业运行效率的最优化。

普拉哈拉德一生中发表了 30 余篇重量级的论文,其中他与哈默尔合作的两篇论文《战略意图》和《公司的核心竞争力》在美国顶级商业杂志《哈佛商业评论》发表并且都获得了麦肯锡奖,被视为管理学的明珠。

三、普拉哈拉德的主要贡献

普拉哈拉德是当之无愧的管理大师,他用自己的一生向世人诠释了什么是真正的企业战略家与思想家。他是受世人尊重与敬仰的,在《时代》杂志和《福布斯》杂志联合发布的两年一度的全球"思想家 50 名"排行榜中,普拉哈拉德多次进入"全球最有影响力的商业思想家"前十名,并且在 2007 年和 2009 年连续两届位列排行榜第一名。他在企业战略、经济发展和共同创造者三个领域所作出的贡献,是不可磨灭的,为管理学的发展画下了浓墨重彩的一笔。

(一)企业战略大师——"核心竞争力理论"创始人

普拉哈拉德善于观察,勤于思考,他对公司战略的创新式研究改变了以往对于战略研究的传统焦点,"核心竞争力理论"的提出让他登上企业战略领域的顶峰。企业战略理论经历了四个发展阶段。

第一,早期战略思想阶段,在这个阶段,完整的企业战略理论体系尚未形成,但已有雏形。在这一时期,哈佛大学教授,"商业战略"概念的提出者肯尼斯·安德鲁斯(Kenneth R. Andrews, 1916—2005)对战略作出了清晰准确的界定。他认为战略由四个要素构成,即个人价值观、公司实力、市场机会和社会责任。安德鲁斯坚持战略应当是由管理层特意和有意识地决定并加以适应的，主张企业通过战略管理优化资源配置，获取竞争优势。

第二，传统战略理论阶段。这一阶段的代表人物是伊戈尔·安索夫，他第一次运用适当的语言和程序来分析现代工业企业，并明确地界定了公司战略中的深层次问题，包括公司如何成长，如何寻求合作，如何借用外力等。

第三，竞争战略理论阶段。20世纪80年代，企业战略理论研究的核心问题是企业竞争。这个阶段形成了三个学派，以迈克尔·波特为代表的行为结构学派，以普拉哈拉德和哈默尔为代表的核心能力学派以及战略资源学派。

第四，动态竞争战略理论阶段。随着新的竞争规则和生产方式的到来，企业竞争环境变幻莫测。管理学家提出"动态能理论"等新的战略理论，解决动态竞争环境下企业如何获得竞争优势的问题。

普拉哈拉德作为"核心竞争力理论"的提出者，核心能力学派的代表人物，对推动企业战略思想理论的发展作出了巨大的贡献。

"核心竞争力"概念的首次提出，是在普拉哈拉德和哈默尔共同发表在《哈佛商业评论》上的论文《公司的核心竞争力》中。这篇论文通过对公司的个案分析揭示成功企业竞争优势长期存在的原因，为公司的持续发展，战胜竞争对手提供了有效方式。"核心竞争力"是企业的组织学习能力，是协调各种生产技能并整合多种技术的能力。核心竞争力不会随着使用的增多而减少，有形资产会随着时间的流逝而减少或损失，但核心竞争力会随着应用和共享的增多而增强。西方企业家与日本企业家相比缺少创新的管理观念，墨守成规，抱着陈旧的传统观念不放，限制了业务部门的创新能力。现代企业是多元化的企业，它好比是一棵大树，树干和树枝是核心产品，较小的树枝是经营单位，而树叶、花、果实则是最终产品。对这棵树来说，提供抚育，营养和稳定性的根系就是核心竞争力。普拉哈拉德和哈默尔用这个形象的比喻告诉人们，从企业战略角度，我们要投入更多关注的是这棵"大树"的根系，也就是核心竞争力，这才是企业存活发展的重中之重。

核心竞争力具有价值性、稀缺性、不可替代性和难以模仿性。企业的发展由自身所拥有的资源决定，企业需要围绕自己所拥有的独特的资源来构建自己的能力体系，从而实现竞争优势。创新是企业核心能力形成的根本条件，没有创新，核心竞争力就无从谈起。模仿可以使企业迅速缩小同竞争对手的差距，但是模仿只是企业发展的第一阶段，这一阶段企业不具有核心能力。简单的模仿不能使企业脱颖而出，通过吸收、消化、综合和创新，企业才能拥有属于自己的核心能力。企业要在创新的基础上对相关要素进行有效的整合和协调，对资源有效合理地利用。核心竞争力战略主要包括以下方面的内容：

第一，建立基于核心技术的多元化业务结构。多元化经营是企业发展到一定阶段时扩张规模和规避风险的战略选择。能否成功发展多元化经营战略，关键在于企业在制定战略过程中是否依据自己的核心竞争力。

第二，建立以获取核心技术为目的的战略联盟。日本企业通过建立战略联盟的方式低成本、高速度地获得了核心技术，从而夺取市场获得了竞争优势，在世界企业舞台上拥有一席之地。构建战略联盟已经成为新型国际市场的常用方式。

第三，扩大企业核心产品的市场占有率。普拉哈拉德和哈默尔将核心技术生产的产品分为两类：核心产品（直接基于核心技术的产品）和最终产品（利用核心产品生产出的产品）。扩大核心产品的占有率对于企业抢占市场份额，获得最大化利润具有至关重要的作用。

抛弃传统的集团公司分权模式，按照有利于核心技术应用和发展的原则重新构建公司组织体系。传统的集团分权模式不利于核心竞争力的产生，企业领导者在这样的制度体系下只会追逐眼前的利益而放弃构建利于企业长期发展的核心竞争力。

核心竞争力理论是普拉哈拉德的开山之作，他为企业战略的发展提供了新思路，通过对公司案例的具体分析得出了企业发展的成功之道。该理论对传统的战略理论提出了质疑，以创新的视角为企业领导者管理企业和制定企业战略开出了新的"药房"。正是因为核心竞争力理论，普拉哈拉德站在了企业管理领域的高峰，成为一名企业战略大师。

（二）"漫长而孤独的旅途"——寻求经济发展之道

来自于发展中国家印度的普拉哈拉德可能是为数不多的关注世界贫困群体的管理学家。他把自己寻求经济发展之道比喻成"漫长而孤独的旅途"。

普拉哈拉德对传统的商业思维进行了颠覆，不同于BOP（处于金字塔底端的贫困群体）没有购买力的观点，他认为BOP市场是一个绝对不能忽视的市场。"40亿穷人可以成为下一轮世界贸易和繁荣的引擎"，普拉哈拉德强调，"如果我们不再觉得穷人是受害者或社会负担，而是把他们视为有活力、有创造力的企业家和有价值意识的消费者,一个崭新的机会之门就将打开。"他认真分析计算了包括中国、印度、巴西、墨西哥、俄罗斯、印度尼西亚、土耳其、南非和泰国在内的世界九大发展中国家的购买力,合计约 12.5 万亿美元。普拉哈拉德用数字真切的告诉企业家们,忽视 BOP 市场,就是忽视未来。

世界上的 40 亿贫困群体可以是创新的源泉,金字塔底层的市场可以由跨国或者本国的行业,非政府机构以及贫困群体自己来共同打造。贫困群体不应该只是商品价值的被动接受者,他们应该获得选择生活和商品的权利。普拉哈拉德认为,世界上的穷人相当于被压抑了很久的数以万亿美元计的消费能力。他深入企业进行调查,发现印度联合利华有限公司的销售策略是将它的核心产品洗衣粉改造成单位价格低廉的小包装进行配送,这种配送方式创造了新的财富。正是由于技术的革新和经济发展方式的变革打开了贫困国家的新市场,这些国家的企业日益自信,在世界舞台上崭露头角。他在多个重量级的国际会议上都提到,慈善事业不是解决贫困问题的方法,穷人的权利没有得到保障,因此购买潜力尚未释放,解决贫困和发展的根本方法是激发贫困群体的购买力和创造力。

企业想要拿下 BOP 市场,获得发展先机,就必须针对 BOP 市场进行创新。对于 BOP 市场创新,普拉哈拉德提出了 12 条原则:

以产品和服务的性价比为重点。面对日新月异的商品市场的发展,贫困群体所追求的已经不仅仅是价格的低廉,"性价比"成为他们的流行语。企业要开拓金字塔底层的市场,必须打造出具有性价比的,能令消费者满意的产品。

创新需要混合式的解决方案。吸引贫困消费者的购买需要有先进的新兴的技术的融合,过去传统的技术方案已经不能适应 BOP 市场。固有的基础设施与新兴技术的结合成为企业面临的最大的问题。

由于 BOP 市场很大,因此开发出来的解决方案必须能够在不同的国家、文化和语言之间进行扩展和移植。不同的国家有不同的风土人情,新开发的解决方案不能局限于解决某一个国家或地区的问题,要获得规模报酬,企业需要让自己的方案设计易于在相似的金字塔底层市场中进行调整。

降低资源密度。无论对于发达国家或者发展中国家,资源浪费都是全球企业所需要面临的共同问题。我们每时每刻都在产生大量的资源浪费,大量的资源被闲置。降低资源密度,提高资源重复利用率,是市场创新条件下必须遵守的原则。

产品开发必须始于对性能(而不仅仅是形式)的深刻理解。企业要开拓 BOP

市场，仅仅把为西方发达地区所开发的产品进行轻微修改是无法实现的。企业必须思考新开拓的市场的现实条件，对贫困群体的生活和劳作方式进行深切的感受，抓住他们的消费点进行生产。

在 BOP 市场中，流程创新与产品创新同等重要。通常情况下，创新必须以营建基础设施为重点，包括营建满足普通条件的制造设施。

降低技能要求。我们不能对 BOP 市场的基础设施和服务有过高的期望，因此企业要尽可能的降低对产品的技能要求和安装产品的环境要求。考虑到不方便的运输和基础设施薄弱等问题，企业尽可能提高产品适应性是关键。

教育顾客去使用产品是必要的。企业不得不考虑的问题是，对于很多处于 BOP 市场的消费群体来说，媒体是难以获得的。传统的广告方式或许不能解决教育顾客的问题，企业需要寻求他法。

产品必须配合不利的环境。这一点对产品的技术要求进一步提高。可以想象，在南非等不发达地区，基本的供水和供电问题也许还没有解决。企业要想让自己的产品有用武之地，需要产品技术水平的提高和产品的恶劣环境适应性。

鉴于消费者群体的特点，界面的研究也很关键。BOP 市场的消费群体在语言、文化、技能水平和产品性能特点熟悉度等方面的差异，是创新团队所必须思考的问题。

创新必须直面消费者。BOP 市场包含两个主体，分别是高度分散的农村市场和高度密集的城镇市场。企业的创新产品要能分部满足不同的市场，而不仅仅是单一的创新模式。

创新必须注重系统的广阔架构，也就是平台，以易于融入新的产品特征。在 BOP 市场上，企业产品会面临产品特征和性能快速演变的问题，创新团队要挑战现有的范式。

未来世界不只是富人的，更是穷人的。抓住穷人的商机，管理好金字塔底层的财富，学会为他们提供商品和服务，可获取相当可观的利润，与此同时还可以帮助处于金字塔底端的群体摆脱贫困。普拉哈拉德用一生去思考如何推动发展中国家的经济发展，解放处于金字塔底层的消费者的购买力，让企业把握 40 亿穷人的市场商机，从而推动人类社会的整体进步。

(三)开辟新的创新模式——"共同创造"

普拉哈拉德从未停止他在管理领域的脚步,在"核心竞争力理论"和"金字塔底层的财富"之后,他又提出了"共同创造"的概念。

在传统工业体系中,企业是核心。然而到了 21 世纪的信息工业时代,消费者能够与公司进行深度的交流,并且积极采取行动,消费者的个性化体验成为公司所必须关注的焦点。在这种全新的竞争环境下,能够与顾客进行沟通交流的企业往往会成为新时代的霸主。越来越多的消费者从价值的被动接受方转变为价值的主动创造者,一种全新的价值创造理念正在形成——企业与消费者共同创造价值。在信息时代,成功的公司不再是单纯以产品和服务的质量来衡量其价值,它们的价值是和顾客共同创造的,价值创造以一种能为每个顾客提供个性化的服务和体验为标准。世界上没有任何公司能够拥有或者可能拥有足够的资源向每位用户提供独一无二的体验,个体数目过多是公司面临的共性问题。因此,这种情况下,公司唯一可以实现的是组织一个不断转变的供应商和构建合作伙伴网络。

我们正在参与到共同创造价值的过程中。信息化时代的网络服务为我们构建了平台,每个消费者在这个平台上创造的价值都是共同创造的过程。播放音乐,下载电影,录制视频,创作个性化体验,这些都创造了新的价值,是企业和顾客双赢的结果。数字技术与电信革命的结合使消费者与消费者之间的互动、消费者与公司之间的互动,以及公司业务的性质都发生了巨大的变化。它从根本上改变了消费者与公司之间互动的基础,带来了新的价值创造方式。

共同创造价值与传统的以消费者为导向的价值模式完全不同。在传统的产品服务经济时代,企业的关注点在于如何打造完善服务以形成一条满足消费者需求的价值链。在这个价值链中,顾客处于价值链的最底端,是被满足的状态。而共同创造价值的核心思想不再是企业为消费者创造价值,而是如何使消费者成为与企业同样重要的问题解决者,使顾客与企业成为一个整体去创造价值并获取价值。每个人都有不同的人生阅历、教育背景和成长阶段,因此个人体验具有独特性。普拉哈拉德认为,每一个消费者都应作为价值创造的主体,在帮助公司创造价值的同时,也为自身谋求了价值。消费者的价值不再仅仅关乎产品,而且还包括了个性化体验,产品成为一种用来创造体验的人工制品。因此,个体的重要性不容忽视,在研究价值创造时,消费者之间的互动,以及消费者群体与公司之间的互动都具有举足轻重的作用。

纵观普拉哈拉德的学术生涯，他不仅仅是"共同创造"理念的倡导者，更是忠实的实践者。他的学术研究并不是孤军奋战，他与哈默尔的合作成为管理学界的一段佳话，他与诸多教授的共同研究使得他在学术道路上能够思考更多，走得更远。他用自己的亲身经历，来践行自己的"共同创造"理念，向世人展示着他独特的人格魅力和学术素养。

四、普拉哈拉德的管理思想评论

普拉哈拉德，这个出生于发展中国家印度的新锐管理大师，正在用自己对于企业的独特理解，改变着全球所有企业家的思维方式，同时也正在改变人们认识世界的角度。他不拘泥于现有的战略管理思想和理论，深入企业进行调查和研究，得出了不同以往的结论，打开了新世界的大门。他的战略管理思想是对企业战略的极大丰富和完善，在继承了传统优秀的理论框架的同时，也根据信息互联时代这样新的时代背景作出了创新和变革。

（一）"克敌制胜的法宝"——核心竞争力

谈到普拉哈拉德管理理论的奠基之笔，我们不得不说他与哈默尔1990年在《哈佛商业评论》发表的经典论文《公司的核心竞争力》。这是"核心竞争力"概念的首次提出，并很快在管理学界风靡。这篇文章的写作背景是20世纪80年代末，西方国家的大企业都忙于进行公司的结构重组和分拆，而日本企业家却另辟蹊径，他们进行管理创新，获得了核心竞争力，从而克敌制胜，登上世界企业的顶峰。

核心竞争力理论指出了企业持续竞争优势所在，它是一种能够为企业带来比竞争对手更具有竞争优势的资源和能力。一种看不见摸不着的知识和能力在企业成长过程中发挥着不可替代的作用。在企业经营日益国际化，产品生命周期日益缩短的21世纪，一个公司拥有了核心竞争力，就能够从激烈的竞争中脱颖而出，从而为自身和顾客创造更多的价值。

"核心竞争力理论"是对传统管理理论的极大颠覆，普拉哈拉德以一种超然的视角走在了管理领域的最前列。他没有被时代所抛弃，而是紧跟时代发展的脚步进行管理思考和创新,为企业管理者想出了克敌制胜之道。

中国已经有越来越多的企业认识到"核心竞争力"的重要性,利用核心竞争力理论来指导企业战略的制定。他们逐步把战略重点从产品和服务质量的提升转变为不断提高企业的核心竞争能力上。我们都知道,经过多年的积累与实践,中国的华为公司已逐步形成和发展了自己的核心技术,进而开发出一系列的核心产品。华为公司用自己先进的技术,良好的企业文化,合理的组织结构以及低成本研发取胜竞争对手,它以自己的方式扩展企业的发展空间,同时增强了企业抵御市场风险的能力。在中国,这样的例子数不胜数,中国的企业正走向世界,走向未来。

当然,管理学观点没有最优,只有次优,"核心竞争力理论"也不例外,它也具有自己的局限性。普拉哈拉德和哈默尔把日本企业在世界竞争中成功的原因归结为对于核心竞争力有意识、有组织地培育和利用,与之相比,美国等西方国家的企业未能在世界竞争中取胜,则是由于只注重产品和服务质量的提升,而忽视了核心竞争力的培养和利用。然而,事实上,继《公司的核心竞争力》发表之后的十年,日本企业在国际竞争中节节败退,而美国企业继续保持了世界企业中的霸主地位。这不禁引发了我们的思考,"核心竞争力理论"或许并不是完美的,它在一定程度上也有它的局限性。"核心竞争力理论"认为企业只要拥有自己的核心技术,并不断强化和完善,就可以拥有自己的竞争优势,在国际竞争中获胜。然而,技术的发展往往是跨越式的,对于核心技术的维护和保守发展并不一定能长期保持企业的优势,技术的革命式飞跃也会让企业脱颖而出。另外,核心竞争力理论倾向于依靠一项核心技术来发展多项经营,这也是不完善的。随着企业的多元化发展,企业业务错综复杂,只凭借一项关键技术往往难以实现其在所有业务单元的应用,业务单位的不可共享性决定了核心竞争力战略的实施条件还有待优化。因此,中国企业家在学习和应用核心竞争力理论时,一定不能生搬硬套,需要根据企业自身情况,制定符合企业发展的战略,并不断根据竞争环境的变化作出调整和改善。只有这样,我们的企业家才可以在复杂的国际竞争环境中保持持久的竞争优势,为公司的发展和国家经济的发展增光添彩。

(二)独具慧眼,转变目标市场

普拉哈拉德的不仅仅局限在企业战略的研究上,他对经济发展有着自己的想法，从未停止思索发展中国家脱离贫困的方法。以往的大投资家们坚持"富人的钱比穷人的好赚"，他们把二八商业定律作为自己的信仰——真正的商机只存在于金字塔顶层，而占总人口绝大多数的金字塔底层不存在商机。与传统观点不同，普拉哈拉德认为企业的目标市场不应只是金字塔顶端的市场，未来的竞争市场在于金字塔底层（BOP 市场）。BOP 市场的主体是拥有世界五分之四的人口数量，却只占有五分之一财富的贫困群体，他们拥有着强大的消费能力和发展潜力，哪个企业占领了这个我们从未关注的市场，它就赢取未来竞争的胜利。微软公司针对穷学生开发出了操作简单，价格合理的 Windows 操作系统，开拓了穷人市场。飞利浦电子公司的节能照明产品远销至撒哈拉以南的 10 个非洲国家，为这些国家的人民带来了光明和温暖。路透社用移动电话架起农民走向世界的桥梁。这些外国的优秀企业，已经开始践行普拉哈拉德的新理念，并创造出巨大的财富。所有这些案例无不证明着普拉哈拉德理念的正确性，他们正在通过市场手段来解决贫困问题。尽管这些对于大公司的企业家们发出了新的挑战，这些挑战包括新产品的包装、定价、营销手段和配送服务等许多方面，但开拓"金字塔底层"市场，为穷人提供所需的服务是大势所趋，企业和消费者都会从中获利。

中国是世界上最大的发展中国家。改革开放以来，我国的经济建设取得了辉煌的成就。但是我国人口众多，收入差距大，低收入群体依然占据很大的比重，"金字塔底层"的市场还有待进一步开发。普拉哈拉德的转变目标市场的理论值得每一位中国的企业家去思考。中国企业家的目光不应全部投放在富人的身上，在穷人市场中挖掘商机是一个崭新的思考方向。开发 BOP 市场是企业为解决贫困问题作出的重大贡献，而这种做法，比出于同情心和社会责任感的慈善捐赠要有用的多。海尔公司领军的"家电下乡"，有效顺应了农民群体消费水平升级的趋势，生产出了众多适合农民消费特点、性能可靠、质量保证、物美价廉的家电产品，并为农民提供了满足其需求的流通和售后服务。"家电下乡"在增加企业销售额的同时，拉动了农民消费，促进了行业的发展，改善民生，落实节能减排，进一步完善农村生产和流通服务体系。伟大的企业家是心怀国家的，中国需要更多优秀的企业家与政府携手，共同努力根治我国作为发展中国家的贫困问题。在为自己盈利的同时努力实现社会福利的最大化，是当今每一个企业家都要思考的问题。

(三)合作共赢,共同创造价值

21世纪是一个崭新的时代,互联网、大数据、产业融合等等是这个时代的主题词,各种不同的技术发展趋势正在交汇,社会和文化环境也应该因时而进,发生相应的变革。普拉哈拉德开创了消费者和企业之间的新的动力机制,顾客不再只是产品的购买者,不再单纯作为企业产品或服务的被动接受者而存在,而更多的是企业的合作伙伴和价值的共同创造者,企业产品或服务生产的积极参与者。共同创造的核心是企业和消费者之间的互动,它的发生是基于每一位顾客通过自发、自主的行为参与来进行服务体验的独特定制,而不是简单地从预先规定的选项中进行选择。在这个技术变革飞快的时代,我们的世界每天都在发生着新变化,企业不能停留在原地踏步。只有与顾客共同创造价值的企业,才能在时代发展的浪潮中稳步上升,把握未来的方向。

中国的企业家已经开始注意到这一点,消费者的个性化体验已经成为他们每天都关注的问题。小米手机的创始人雷军之所以能够取得商业上的巨大成功,创造诸多销售奇迹,成为手机行业的"传奇",与小米公司的众多粉丝消费者(米粉)是离不开的。成功的企业拥有良好的企业文化和清晰的发展战略。小米公司为了让用户能够充分参与,从而构建一个属于用户的,能够与用户共同成长的品牌,结合企业发展经历和实践经验,总结出了三个战略和三个战术,即我们熟知的参与感"三三法则"。三个战略包括做爆品(产品战略)、做粉丝(用户战略)、做自媒体(内容战略);而三个战术分别是开放参与节点、设计互动方式、扩散口碑事件。小米公司奉行"用户至上,体验为王"的原则,在进行手机设计的过程中不断调查和收集米粉们的意见,进行进一步的完善和改进,使得自己的产品更加人性化。正是因为这种"和顾客共创价值"的经营模式,使得小米公司在众多手机品牌中脱颖而出,赢取了竞争的胜利。普拉哈拉德的"共创价值"思想应该被更多的企业家们所重视,谁赢取了顾客,谁就赢取了未来。

参考文献

[1] 普拉哈拉德. 金字塔底层的财富 [M]. 林丹明,徐宗玲译. 北京:中国人民大学出版社,2010.

[2] 普拉哈拉德,.加里·哈默尔.竞争大未来[M].顾淑馨译.广州：智库股份有限公司，1997.

[3] 普拉哈拉德.消费者王朝[M].王永贵译.北京：机械工业出版社，1997.

[4] 普拉哈拉德.普拉哈拉德企业成功定律[M].林丹明，徐宗玲译.北京：中国人民大学出版社，2009.

[5] 普拉哈拉德,.加里·哈默尔.公司的核心竞争力[J].哈佛商业评论，1990（5）.

[6] 岳占仁.纪念管理大师普拉哈拉德[J].IT经理世界，2010（5）.

[7] 王永贵.改变世界的商业先知——普拉哈拉德[J].清华管理评论，2016（7）.

[8] 耿萍.战略意图：从头脑到心脏[J].管理学家，2009（12）.

[9] 耿萍.管理创新：企业永葆核心竞争力的关键[J].管理学家，2009（12）.

[10] 朱华桂.论企业核心竞争力理论渊源[J].南京社会科学，2002（9）.

第六章　罗伯特·S.卡普兰：启动平衡计分卡

罗伯特·S.卡普兰（Robert S. Kaplan，1940—）是平衡记分卡（Balance Scorecard）的创始人之一，也是作业成本法（activity-based costing）的创始人之一，现任美国平衡记分卡协会主席、哈佛大学教授。卡普兰自1984年以来一直在哈佛商学院任教，现为哈佛商学院贝克基金会（Baker Foundation）首席教授。卡普兰具有较深的理工科背景，他是麻省理工学院（Massachusetts Institute of Technology）的电子工程学士和硕士、康奈尔大学（Cornell University）的运营研究博士。卡普兰的研究、教学以及咨询领域是战略实施和运营管理，其关注的重点是如何通过成本管理和绩效管理系统，让公司成功实施战略和实现卓越运营。他撰写或合作撰写了14部著作，在美国《哈佛商业评论》上发表了10多篇文章，获得多个教学和论著方面的奖项。其中平衡计分卡理论在当今管理界享有盛名，《哈佛商业评论》把它誉为"75年来最伟大的管理工具"。

一、罗伯特·S.卡普兰的生平

1940年，罗伯特·卡普兰（Robert Samuel Kaplan）出生于美国纽约。年轻的时候，他在麻省理工学院获得电气工程专业的本科学位和硕士学位。研究生毕业后，他在企业里干了两年系统设计师和咨询顾问工作又重返校园，在康奈尔大学（Cornell University）获得运筹学专业的博士学位。

1968年，卡普兰拿到博士学位后，来到卡内基-梅隆大学（Carnegie-Mellon

University）商学院，从事会计学教学。在这里，他一呆就是 16 年之久。前 9 年他是专任会计学教师，其精力主要集中在概率折旧法、统计取样模型、管理费用分摊数学模型、审计中的统计取样新方法以及股票市场对于财务会计信息的影响等实证研究方面。在这些研究中，他放弃了当时会计领域里惯用的会计报表分析，而是专注于建构分析模型。他围绕着自己的实证分析方法，在 1976 年出版了《社会安全体系中的财务危机》（Financial Crisis in the Social Security System），1977 年出版了《社会安全指数》（Indexing Social Security: An Analysis of the Issues）。

从 1977 年开始，他担任了卡内基 - 梅隆大学商学院院长（served as Dean），这次任职一直持续了 7 年。在做院长期间，卡普兰继续从事会计教学与研究，并发表过多篇论文。1978 年，他出版了《管理会计中量化模型的应用》（Application of Quantitative Models in Managerial Accounting: A State of the Art Survey）。1979 年，他与加布里埃尔·厄威茨（Gabriel Urwitz）合作在《商业杂志》（Journal of Business）上发表《债券评级的统计模型：一种方法论研究》（Statistical Models of Bond Ratings: A Methodological Inquiry），试图在分析方法上有所突破。1980 年，他与伊丹敬之（Hiroyuki Itami，日本一桥大学教授）合作在《管理科学》（Management Science）上发表论文《多元互动产品单位成本的动态分析方法》（An Activity Analysis Approach to Unit Costing with Multiple Interactive Products）。之后，伊丹在知识资本的评价方面不断深化，着重研究无形资产对企业的价值问题，而卡普兰则吸取伊丹的思想，在作业成本法上拓展思路，开始考虑无形资产如何转化为有形资产的问题（这正是后来《战略地图》要解决的主要问题），由此而萌生了平衡计分卡的最初理念。所有这些，都给他后来的理论建树打下了学术基础。

1984 年，卡普兰作出了有关他学术方向的一个重要决定，从卡内基 - 梅隆大学商学院跳槽到哈佛大学商学院任教，担任了哈佛商学院的迪金森（Arthur Lowes Dickinson）会计学教授和贝克基金教授（Baker Foundation Professor）。迪金森会计学教授岗位的来源是注册会计师的鼻祖阿瑟·洛斯·迪金森爵士为了推进会计学研究于 1924 年设立的基金会。哈佛商学院给予卡普兰在会计学的深化研究上更多的支持，并使他结识了日后关系非常密切的两位合作伙伴罗宾·库珀（Robin Cooper）和大卫·诺顿（David P. Norton）。他们三人联手，在作业成本法和平衡计分卡的研究上有了重大进展。

1984 年以后，伴随着平衡计分卡与作业成本法的诞生与推广，卡普兰发表了大量著述。1987年，他与托马斯·约翰逊（H. Thomas Johnson）合作出版了《管理会计兴衰史：相关性的遗失》（*Relevance Lost: The Rise and Fall of Management Accounting*），他在书中分析了管理会计存在的两大缺陷：一是成本分摊和利润核算有严重的偏差；二是传统的业绩衡量体系仅仅关注财务指标而没有衡量非财务指标。这部著作在管理会计的革新和实践方面有着重要价值，强调管理会计与经营决策以及企业发展战略的关联性，再造了管理会计系统，而且经受了实践的考验。1988年，卡普兰获得了美国会计协会（简称AAA）颁发的杰出会计教师奖（The Outstanding Accounting Educator Award）。1989年，卡普兰与安东尼·阿特金森（Anthony A. Atkinson）合作出版了《高级会计管理》（*Advanced Management Accounting*）。这些著作，巩固了卡普兰管理会计的一流教师地位。2007年获得了美国会计协会的重大贡献著作奖（The American Accounting Association Seminal Contributions to Literature Award）。同年，他还与威廉·布伦斯（William J. Bruns）合作出版了《会计与管理》（*Accounting and Management: Field Study Perspectives*）。

卡普兰超越普通教师的地方，在于他的会计教学渗透了管理学方面的思想和方法，并由此提出了新的理论。在他的管理会计著作中，出于对会计职能实际运行中的问题观察，对企业会计系统仅仅用于财务报告而无法满足经营决策和管理控制的考问，卡普兰提出的作业成本分析法逐渐成型。1991年，他与库珀合作出版了《成本管理系统设计》（*The Design of Cost Management Systems*）。1998年，他再度与库珀合作出版了《成本与效益》（*Cost and Effect: Using Integrated Cost Systems to Drive Profitability and Performance*）。这一研究方向发展到2007年，卡普兰与史蒂芬·安德森合作出版了《时间驱动作业成本法》（*Time-Driven Activity-based Costing: A Simpler and More Powerful Path to Higher Profits*）。这三部著作从作业成本法的角度，勾勒出20世纪90年代会计学从狭义效益分析向价值链优化分析的转变轨迹，提供了如何应用作业成本法使会计职能与企业价值链和价值增值相协调的管理会计新模式，从而带领管理会计回到它偏离了60多年的相关性目标上来。

1992年，卡普兰和诺顿在《哈佛商业评论》上发表了第一篇有关平衡计分卡的文章《平衡计分卡：驱动绩效的量度》（*The Balanced Scorecard: Measures that Drive Performance*），标志着这一新的管理工具的诞生。1996年，卡普兰和诺顿出版了这一课题的第一部著作《平衡计分卡：化战略为行动》（*The Balanced*

Scorecard: Translating Strategy into Action），该书很快就引起了中国的关注，1998年新华出版社出版的中译本名为《综合记分卡：一种革命性的评估和管理系统》。2001年，两位作者合作出版了新作——《战略中心型组织：如何利用平衡计分卡使企业在新的商业环境中保持繁荣》。

卡普兰在管理会计和战略管理方面的贡献，使他获得不少荣誉。1994年，德国斯图加特大学（der Universitat Stuttgart）授予其荣誉博士。同年，因为卡普兰在会计行业的突出贡献，获得英国特许管理会计师公会（The Chartered Institute of Management Accountants）颁发的CIMA奖。2001年，他又获得管理会计师学会（The Institute of Management Accountants，简称IMA）颁发的杰出服务奖（Distinguished Service Award）。2002年和2003年，全球最大的管理咨询公司埃森哲公司战略变革研究所（Accenture Institute for Strategic Change），将卡普兰列入管理思想家和作家50强（The Top 50 Thinkers and writers on management Topics）。2005年，《金融时报》评出的商业思想家25人排行榜（2005 list of Top 25 Business Thinkers），卡普兰也榜上有名。2006年，作为一名成功的会计学家，他被选入会计名人堂（Accounting Hall of Fame）。会计名人堂是1950年由美国俄亥俄大学为36位著名会计学家设立的（至2006年入选者共80人），进入这个名人堂是众多会计学家的毕生梦想，卡普兰荣至实归。2006年，他还获得了美国会计协会管理会计分部颁发的终身成就奖（Lifetime Contribution Award），波兰国立罗兹大学（University of Lodz）授予其荣誉博士。2008年，卡普兰获得加拿大滑铁卢大学（University of Waterloo）荣誉博士，又因推动管理会计行业发展的杰出贡献，获得了管理会计师学会（IMA）颁发的终身成就奖。

二、罗伯特·S.卡普兰的著作

卡普兰从事管理会计与战略管理方面的研究，先后出版14部专著并发表120余篇文章，其中10篇发表于《哈佛商业评论》。他最近的著作包括《战略中心型组织：使用平润与业绩的成本与效果》、《平衡积分卡：变战略为行动》，最近在《哈佛商业评论》上发表的文章包括《战略出了问题，画出你的战略地图》、《使用平衡积分卡作为战略管理系统》、《整合成本系统的未来前景和过往失误》等。

（一）卡普兰在管理会计领域的著作

1.《成本管理系统设计》（The Design of Cost Management Systems）

1991年，卡普兰与库珀合作出版了《成本管理系统设计》[①]（The Design of Cost Management Systems），全面介绍了在成本和业绩管理中的各种创新，不仅包括各种概念，更重要的是讨论了如何把这些概念整合起来，使得企业可以在保持或提高盈利的同时减少成本。这个整合过程强调了两个重要理念：一是作业成本的精确计量；二是如何通过持续或间断的改进来降低成本。作者通过大量最具代表性的公司与企业案例揭示了管理层如何在成本管理系统设计中运用各类信息。

2.《成本与效益》（Cost and Effect: Using Integrated Cost Systems to Drive Profitability and Performance）

1998年，卡普兰又与库珀合作出版了《成本与效益》。在这部书中，卡普兰和库珀揭示出大多数公司并不知道的、应如何准确地测量、影响和理解它们业务中的基础成本驱动源，为公司管理者提供了一幅详细而全面的蓝图，使他们能够作出更好的决策，并推动组织的学习与改进。

《成本与效益》把管理、财务和会计领域提高到了一个全新的水准。该书展示了先进的会计法原理如何推动企业的绩效，其中包括业务基础成本法和目标成本法、凯森成本法等其他成本管理技术。作者使用从世界范围的先进企业中选出的实例，包括西门子、惠普、电话电报、瑞典电线制造商康泰尔、麒麟啤酒和宝洁等公司，来说明如何创建整合以知识为基础的系统，以便为当时和过去的绩效提供有意义的信息。

3.《时间驱动作业成本法》（Time-Driven Activity-based Costing: A Simpler and More Powerful Path to Higher Profits）

卡普兰将成本管理这一研究方向发展到2007年，与史蒂芬·安德森[②]合作出版了《时间驱动作业成本法》。本书通过研究大量不同背景的案例，阐述了估时作

[①] 罗宾·库珀（Robin Cooper）1972年在英国曼彻斯特大学获得化学专业学士，1977年和1982年先后在美国哈佛大学获得工商管理硕士学位和管理学博士学位。1998年作为访问教授加入Emory大学商学院，此前在克莱门特研究院管理研究中心任教。同时，他还是曼彻斯特大学管理学院的荣誉访问教授，并在哈佛商学院任教。

[②] 史蒂芬·安德森（Steven Anderson），毕业于哈佛大学，1996年创办了Acorn Systems公司，专注于为中等规模的企业提供ABC系统智能化服务和在整个企业推广使用ABC服务。

业成本法（Time-Driven Activity-Based Costing，简称 TDABC）的应用。这些案例都是在 Acorn Systems 公司的咨询指导下完成的实际应用，具有代表性的组织包括 Kemps 有限责任公司、Sanac 物流、ATB 金融、花旗集团技术基础设施部和杰克逊州立大学。估时作业成本法最重要的一个贡献是为实现作业成本系统价值最大化提供了工具和例证。

作业成本法（Activity-Based Costing，又译为作业成本计算法，简称 ABC）是管理公司资源很好的一种工具，但是许多应用 ABC 的管理人员却发现这种方法受到很大的限制，因此备感受挫。实践证明，估计业务作业所需资源的调查太耗时间，成本太高。TDABC 是一种能利用 ERP 系统中的数据，计量成本和获利能力的更简单、更有效的方法。利用 TDABC，管理人员可以花更少的时间和成本来收集和维护数据，因此可以有更多的时间解决暴露出来的问题，如无效率流程、非盈利产品、客户以及过剩产能。

作者通过回答如下两个基本问题，告诉管理人员如何建立 TDABC 系统：

公司每个业务流程的资源产能成本是多少？公司每项业务、每个产品和每位客户所需的作业产能耗费（时间）是多少？书中举例说明了 ABC 成功应用的一般好处，如提高产品和客户的获利能力、提高产能利用率和改进流程效率，还着重介绍了 TDABC 的创新应用，包括将战略计划与经营预算相联系、改进并购绩效评价程序、支持诸如精益管理和标杆管理等持续性改进活动、消除供应链中不必要的复杂程序、优化核心员工的配备。

（二）卡普兰在战略管理领域的著作

在研究管理会计的同时，平衡计分卡的诞生也呼之欲出。1990 年，卡普兰将工作重心放到了平衡计分卡的开发上。1992 年，卡普兰和诺顿[①]在《哈佛商业评论》上发表了第一篇有关平衡计分卡的文章《平衡计分卡：驱动绩效的量度》(The Balanced Scorecard: Measures that Drive Performance)，标志着这一新的管理工具的诞生。

1.《平衡计分卡：化战略为行动》(The Balanced Scorecard: Translating Strategy into Action)

1996 年，卡普兰和诺顿出版了这一课题的第一部著作《平衡计分卡：化战略

---

① 大卫·诺顿（David P. Norton）：平衡计分卡创始人，平衡计分卡协会的创始人，主席兼 CEO。

为行动》,详尽论述了计分卡的四个维度,并分析了计分卡如何作为战略管理的基础来操作。这部专著将计分卡从绩效衡量工具转变为战略实施工具,它的问世标志着平衡计分卡的成熟。很快,平衡计分卡风靡美国,进而风靡全球,这部著作也先后被翻译成 24 种不同的语言,并于 2001 年获得美国会计协会颁发的最佳研究贡献奖——维尔德曼奖(Wildman Medal)。

这一经典著作运用了许多实战案例和图表帮助读者理解如何将战略管理的基本概念转化为实际行动,为读者展示了把战略分解为行动方案的全过程。卡普兰先生和诺顿先生都拥有营运管理学博士学位,他们所创造的这一卓越的战略衡量和管理方法可普遍适用于几乎任何一种类型的组织。

2.《战略中心型组织:如何利用平衡计分卡使企业在新的商业环境中保持繁荣》(The Strategy-focused Organization: How Balanced Scorecard Companies Thrive in the New Business Environment)

2001 年,卡普兰和诺顿关于平衡计分卡的第二部著作《战略中心型组织:如何利用平衡计分卡使企业在新的商业环境中保持繁荣》出版。该书阐述了企业如何将平衡计分卡用作战略管理的核心工具,用五个原则将平衡计分卡融入战略之中,解决了平衡计分卡作为战略执行方式的路径问题。战略执行必须遵循的五个原则是:将战略转化为可操作的指令;改变组织以适应战略;使战略成为每一个员工的日常工作;确保将战略转化为一个连续的过程;发动高管层来领导和促进变革。

书中介绍了两位作者始终关注的早期实施平衡计分卡的客户,并研究了这些客户如何从把平衡计分卡用作绩效衡量框架,并逐步拓展到用于战略执行和管理流程的发展过程,最终发现了一种新的组织形式,并把它称之为"战略中心型组织"。"战略中心型组织"和其他一般组织的区别在于,他们能够系统地描述、衡量和管理战略。这本书被凯捷安永咨询公司(Cap GeMINI Ernst & Young)称为 2000 年最佳全球商业书籍。

3.《战略地图:化无形资产为有形成果》(Strategy Maps: Converting Intangible Assets into Tangible Outcomes)

在对实行平衡计分卡的企业进行长期的指导和研究的过程中,卡普兰和诺顿发现,企业由于无法全面地描述战略,管理者之间及管理者与员工之间无法沟通,对战略无法达成共识。"平衡计分卡"只建立了一个战略框架,缺乏对战略进行具体而系统、全面的描述。2004年1月，两位创始人关于平衡计分卡的第三部著作《战略地图：化无形资产为有形成果》出版。

战略地图是在平衡计分卡的基础上发展来的，与平衡计分卡相比，它增加了两个层次的东西：一是颗粒层，每一个层面下都可以分解为很多要素；二是增加了动态的层面。也就是说，战略地图是动态的，可以结合战略规划过程来绘制。战略地图是以平衡计分卡的四个层面目标（财务层面、客户层面、内部层面、学习与增长层面）为核心，通过分析这四个层面目标的相互关系绘制企业的战略因果关系图。这部书专门阐述如何将战略转化为可操作的语言，怎样运用四个维度绘制战略地图，将战略转化为具体的经营目标和指标要做些什么。该书出版后，马上成为《战略与商业》（Strategy & Business）和亚马逊网站2004年十大商业畅销书籍之一。

4.《组织协同：运用平衡计分卡创造企业合力》（*Alignment: Using the Balanced Scorecard to Create Corporate Synergies*）

2006年，平衡计分卡的第四部著作《组织协同：运用平衡计分卡创造企业合力》出版，阐述了组织和战略协调一致的原则。书中分析了平衡计分卡与企业战略图的关系，通过战略图与平衡计分卡这一整套治理框架，帮助企业挖掘组织协同所产生的价值。

大部分组织都包含多个业务单元，每个业务单元都有受过良好训练、经验丰富的管理人员和优秀员工。但是许多业务单元之间无法协同工作，它们的工作目的各不相同，目标也互相矛盾，结果错失良机、浪费资源，企业创造的总体价值小于各部分之和，导致业绩不佳，不能实现1+1>2。罗伯特·S.卡普兰和戴维·P.诺顿在本书中阐述了如何纠正这些组织失调的状况——不只在公司内部，而且包括公司与董事会、投资者、客户和供应商之间。他们认为促进组织协同的责任在于集团总部，阐述了企业高管如何制定集团层面的战略图和计分卡，形象地描绘出集团的"企业价值定位"——企业如何在不同的业务单元之间创造协同效应，如何运用革命性的平衡计分卡管理体系来设定、协调、监控高层战略的实施。本书应用了大量的案例分析、操作性强的框架以及战略图和计分卡范例，指导企业管理者运用平衡计分卡来保证组织的每一个部分都在朝着共同的战略目标前进。

5.《平衡计分卡战略实践》（*The Execution Premium: Linking Strategy to Operations for Competitive Advantage*）

2008年，罗伯特·卡普兰和戴维·诺顿的关于平衡计分卡的第五部著作《平衡计分卡战略实践》出版，继续对平衡计分卡在战略管理中的实际应用展开说明。较之作者先前几本著作，本书堪称以平衡计分卡理论为核心进行战略管理的集大成之作，它引导企业构建并运行一套有效的从战略制定到运营执行，从战略监控再到战略检验修正的闭环管理体系，同时还整合了两位作者在管理领域中的其他创见，如战略开发、运营管理和改善、作业成本法等。很多高管和管理专家都认为这部书是有关战略的颠覆之作。

1992年，罗伯特·S.卡普兰和戴维·P.诺顿博士将平衡计分卡方法作为一种绩效衡量工具介绍给了广大读者。随后他们帮助一些企业实施了这种方法，并了解到他们如何将这种绩效衡量工具作为新的管理体系的基石来驱动战略的执行。接下来的几年里，他们进一步发展和完善了这套战略管理体系，并在他们的第二部书《战略中心型组织：如何利用平衡计分卡使企业在新的商业环境中保持繁荣》中提出了拓展后的管理框架。

三、罗伯特·S.卡普兰的主要贡献

一般来说，一位教授如果在一个领域有重要的工作，他就有资格被称为大师或巨匠。而卡普兰教授至少在两个领域有重要的奠基性工作，这就是在成本会计领域的"作业成本分析方法"和战略执行领域的"平衡计分卡"、"战略图"等方面的贡献。卡普兰教授的工作不是纯理论或纯学究式的，他的贡献在于对操作层面上的梳理或指南，在先前靠个人智慧来完成差异化工作的领域里开拓出一个"规定动作"的套路，按照他的方法，智慧的使用将更加具有逻辑性，更加合理。

平衡计分卡作为一种新型管理工具，在当今世界方兴未艾，提出这一工具的罗伯特·卡普兰也成为管理学领域的耀眼新星。作为一个会计学家，他敏锐地观察到管理会计存在的"相关性遗失"缺陷，从成本会计入手，试图恢复管理会计与经营决策、企业发展战略的相关性，并由此出发提出了新的作业成本分析法，追求会计职能与企业价值链和价值增值的协调。

伴随着会计研究的步步深入，卡普兰与身为诺兰诺顿研究所创始人之一的戴维·诺顿联手，开发出了平衡计分卡。平衡计分卡包括财务、客户、内部业务流程、学习与成长四个维度，按照四个维度之间的因果逻辑，连结着企业的长期愿景和短期行动，从而使其成为公司战略的实施工具。为了推行平衡计分卡，卡普兰进而以战略中心型组织勾勒出战略执行的路径。为了把企业战略转变为可操作的语言，卡普兰又开发出战略地图。卡普兰的成就之一，是超越了现有的会计体系，把无形资产的运用和价值创造放到企业经营中的重要位置上，构建出企业治理的新框架。尽管平衡计分卡问世的时间还不算长，但它在管理方面的发展前景却十分诱人。不论这一工具在今后还会有多少变化，它所凝聚的管理思想已经展示出了卡普兰的大师风采。

（一）卡普兰在成本会计领域的贡献

卡普兰的成名工作是"作业成本分析"，这一成名作直接解决了20世纪60年代之后产品种类急剧增加、客户成分越来越复杂、间接费用比例持续居高的情况。当卡普兰把实证分析方法娴熟地应用到会计学中时，发现自己的学术很难再有新的突破，并由此产生了尝试新研究的想法。在管理学中，出于减少不确定性的愿望，使用数学分析方法往往具有极大的诱惑力，而会计学是运用数学工具最多最广的领域。但是，数学分析常见的一个问题是往往会陷入"自证困境"，只顾数据本身的逻辑而与现实情况脱节。卡普兰在他的研究中，对这种缺陷有所察觉。在1986年出版的《失去关联性：管理会计的兴衰》（Relevance Lost: The Rise and Fall of Management Accounting）一书中，卡普兰教授指出了当时通行的管理会计体系的主要缺陷。比如，它无法将间接成本和支持成本（如管理费用）准确地分摊到每个产品和客户身上，其结果是无法有效地衡量单个产品和客户的利润水平，也无法进行恰当的业绩衡量。

为此，卡普兰提出了作业成本的分析方法。运用这一方法，管理者通过分析具体活动和流程，可以把间接成本和支持成本准确地分摊到使用这些资源的单个产品和客户身上。这大大增加了企业的内部核算效率，促进了企业竞争力的提高。在卡普兰之后，一批咨询公司和管理软件公司迅速跟进。

作业成本分析目前已经在管理先进的企业中普遍应用，并且演进出了"作业成本管理"和"作业成本定价"等分支领域。这些人所做的是推广工作，而卡普兰教授也并没有停步，他继续进行着开创性的工作。这些工作体现在一系列学术著作中，比如1997年的《成本与效益》和2007年的《时间驱动的作业成本法》。在这些书中，卡普兰教授所要集中解决的是，人们在使用他的方法时会面临怎样的困境，以及人们该怎样更有效地使用他所创造的管理工具。

20世纪末ABC研究全面兴起。当时,以计算机为主导的生产自动化、智能化程度日益提高,直接人工费用普遍减少,间接成本相对增加,明显突破了制造成本法中"直接成本比例较大"的假定。制造成本法中按照人工工时、工作量等分配间接成本的思路,严重扭曲了成本。另外传统管理会计的分析,重要的立足点是建立在传统成本核算基础上的,因而其得出的信息,对实践的反映和指导意义不大,相关性大大减弱。虽然当时流行许多模型,但是除了所依据的信息相关性值得商榷外,其他方面还很抽象、难懂,甚至一些专家都看不懂,其实践意义就更差了。在这种背景下,卡普兰教授在其著作《管理会计相关性消失》一书中提出,传统管理会计的相关性和可行性下降,应有一个全新的思路来研究成本,即作业成本法。由于卡普兰教授等专家对于ABC的研究更加深入、具体、完善,使之上升为系统化的成本和管理理论,并广泛宣传,卡普兰教授本人被认为是ABC的集大成者。其主要理论观点有:

1. 产品成本是制造和运输产品所需全部作业的成本总和

成本计算的最基本对象是作业,ABC赖以存在的基础是产量耗用作业、作业耗用资源,即对价值的研究着眼于"资源→作业→产品"的过程,而不是传统的"资源→产品"的过程。

2. 引导管理人员将注意力集中在成本发生的原因及成本动因上

ABC的本质就是以作业作为确定分配间接费用的基础,引导管理人员将注意力集中在成本发生的原因及成本动因上,而不仅仅是关注成本计算结果本身。通过对作业成本的计算和有效控制,可以较好地克服传统制造成本法中间接费用责任不清的缺点,并且使以往一些不可控的间接费用在ABC系统中变为可控。所以,ABC不仅仅是一种成本计算方法,更是一种成本控制和企业管理手段。在其基础上进行的企业成本控制和管理,称为作业管理法(Activity-Based Management,简称ABM)。

(二)卡普兰在战略管理领域的贡献

平衡计分卡也许是卡普兰一生最伟大的贡献,它作为一种前沿的、全新的组织绩效管理手段和管理思想,在全世界的各行各业得到了广泛的运用,代表着一种全面的、可行的公司治理理论的开端。

卡普兰发现,以往建立在大型制造业基础上的财务指标,尤其是美国企业的财务指标，偏重于衡量短期的公司业绩，却不能同公司的长期战略目标相联系，这种指标反映出的是公司过去的业绩状况，却反映不出公司未来的发展方向。在20世纪初期确立的管理会计方法，对于公司的有形资产评价和配置发挥了重要作用，却难以衡量公司的无形资产，这些都制约着公司的经营活动。

伴随着战略管理的兴起，公司财务管理所突出的短期绩效，就会同长远目标发生或明或暗的摩擦乃至冲突。1980年以后，这种矛盾越来越明显。许多公司不是没有战略，而是使命愿景没有通过战略与实际操作衔接起来。经理们在谈起愿景时眉飞色舞，设计战略时豪情满怀，然而一看到会计报表时马上就会把思绪转向眼下的短期绩效，当长远目标有可能妨碍短期利润时，就会把愿景放在旁边。尤其是当资金链紧张或者股票市值下滑时，所采取的措施就很难考虑到长远战略的需要。平衡计分卡的诞生，在一定程度上解决了这一问题。

1. 平衡计分卡的发展历程

第一，平衡计分卡的萌芽时期（1987—1989年）。在罗伯特·卡普兰和戴维·诺顿研究平衡计分卡之前，Analog Device（简称"ADI"）公司最早于1987年就进行了平衡计分卡实践尝试。

当时，ADI公司进行公司战略方案的调整。为了确保战略目标特别是3个战略重点目标的实现，ADI实施了一个简称QIP的子项目，由此衍生出了世界上第一张平衡计分卡的雏形。公司为了推行作业成本法（ＡＢＣ），特地邀请了一部分管理学者参与，卡普兰就是其中的一位。他发现了ADI的平衡计分卡，并认识到它的重要价值。

第二，平衡计分卡的理论研究时期（1990—1993年）。发现第一张平衡计分卡后，卡普兰与复兴全球战略集团（Nolan-Norton）总裁诺顿开始了平衡计分卡的理论研究。1990年，Nolan-Norton设立了新的公司绩效考核模式开发项目，并将研究成果命名为"平衡计分卡"。研究报告详细阐述了平衡计分卡对公司绩效考核的重大的贡献意义，并建立了平衡计分卡的四个考核维度。

1992年初，卡普兰和诺顿将平衡计分卡的研究结果在《哈佛商业评论》上进行了总结，论文的名称为《平衡计分卡——驱动绩效指标》，从此平衡计分卡开始得到企业界的关注。1993年，卡普兰和诺顿将平衡计分卡延伸到企业的战略管理之中，发表了第二篇关于平衡计分卡的重要论文——《在实践中运用平衡计分卡》。

第三，平衡计分卡的推广应用时期（1994年至今）。1993年卡普兰和诺顿将平衡计分卡延伸到企业的战略管理系统之后,平衡计分卡开始得到全球企业界的广泛接受与认同,越来越多的企业在平衡计分卡的实践项目中受益,同时平衡计分卡还延伸到非盈利性的组织机构中。

2003年,Balanced Scorecard Collaborative Pty Ltd 的调查统计显示:在全世界范围内有73%的受访企业正在或计划在不久的将来实施平衡计分卡,有21%的企业对平衡计分卡保持观望态度,只有6%的企业不打算实施平衡计分卡。

在平衡计分卡推广与应用的过程中,其理论体系也在不断地丰富与完善:1996年,卡普兰和诺顿继续在《哈佛商业评论》上发表第三篇关于平衡计分卡的论文,并出版了第一本关于平衡计分卡的专著。2001年,第二部关于平衡计分卡的专著《战略中心型组织:如何利用平衡计分卡使企业在新的商业环境中保持繁荣》的出版,标志着平衡计分卡开始成为组织管理的重要工具。

2. 平衡计分卡的基本思想

平衡计分卡(Balanced Score Card,BSC),是由哈佛商学院教授罗伯特·卡普兰和复兴全球战略集团总裁维·诺顿,通过对12家在绩效管理方面处于领先地位的公司进行了为期一年的研究后,共同开发的一整套平衡财务指标和非财务指标的考核体系。平衡计分卡是对传统绩效评价体系的完善。从内容上讲,它保留了传统的财务指标,同时又增加了客户、内部流程、学习与成长三个非财务指标,共同构成了平衡计分卡的四维度框架(如图6-1)。

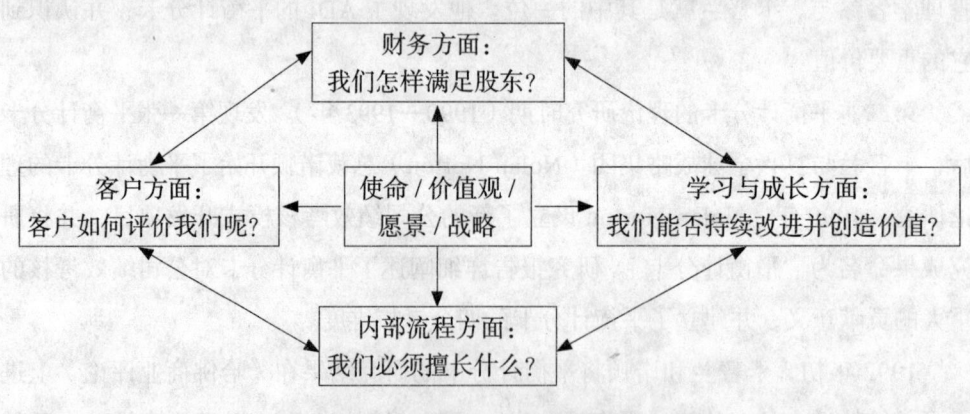

图 6-1 平衡计分卡四维框架图

第一,财务维度。财务维度是平衡计分卡其他所有维度的目标与指标的核心。虽然平衡计分卡是对传统企业管理中过度重视财务指标的绩效考核方法弊端的修正，但这并不意味着平衡计分卡的设计否认了财务指标的重要性，而是想达到一种财务性指标与非财务性指标的平衡。因此，财务指标仍是最重要的指标，它们是股东、投资者最关注的反映公司绩效的重要参数。这类指标能够全面、综合地衡量经营活动的最终成果、衡量公司创造股东价值的能力。

第二，客户维度。客户是企业的生命根基，如何向客户提供所需的产品和服务，从而满足客户的需要，提高企业的竞争力，已经成为企业能否获得可持续性发展的关键。平衡计分卡的客户维度可以帮助企业辨别并衡量自己的价值观，从客户的角度给自己设定目标，以保证企业工作的成效。客户维度的衡量指标主要有市场占有率、客户保持率、产品和服务的属性等。

第三，内部流程维度。内部流程维度反映企业为持续地实现财务绩效和顾客满意所应擅长的关键业务流程。在企业明确了财务维度和客户维度的因素后，才能确定通过什么方式来有效满足目标客户的需求，并改善财务绩效。内部业务流程是形成企业竞争能力的主要过程，是企业改善经营业绩的重点，顾客满意、财务绩效的实现都要从内部经营过程中获得支持。平衡计分卡不仅着眼于改进现有业务流程，更重要的是它从满足顾客需求和实现财务绩效的角度出发，对企业的内部业务流程进行重新审视，并对关键流程进行有效的创新，以保证企业的内部业务流程能够满足企业生存和发展的需要，在实现短期经营目标和实现长期可持续发展之间保持平衡。

第四，学习与成长维度。学习与成长维度对平衡计分卡的有效实施起着基础性作用。为了提升内部运营的效率，满足客户需求，持续提升并创造股东价值，企业必须不断成长。由此，围绕组织学习与创新能力的提高，对"人"的管理设定学习和发展类指标，其意义在于衡量相关职位在追求运营效益的同时，是否为长远发展营造了积极健康的工作环境和企业文化，是否培养和维持了组织中人员的竞争力。学习与成长维度主要由三个方面构成：员工能力，信息系统能力，激励、授权和协作。

平衡计分卡的四个维度存在相互驱动的因果关系，即财务指标是企业的最终追求和目标，也是企业存在的根本物质保障；而要提高企业的利润水平，必须以客户为中心，满足客户需求，提高客户满意度。要满足客户需求，就必须加强自身建设，提高企业内部的运营效率。提高企业内部效率的前提又是企业及员工的学习与成长。

3. 平衡计分卡的核心理念

平衡计分卡的核心理念就是战略驱动下的平衡理念，即通过财务、客户、内部流程及学习与成长四个方面指标之间的相互驱动的因果关系展现组织的战略轨迹，实现绩效考核→绩效改进以及战略实施→战略修正的战略目标过程。

平衡计分卡中所谓的"平衡"是指在以下四个方面保持平衡：

第一，财务指标和非财务指标的平衡。一方面，通过财务视角继续保持对企业短期业绩的正常关注；另一方面，通过引入诸多关键性非财务指标来明确和揭示企业获得卓越的远期财务结果和突破性竞争业绩的驱动因素。非财务指标则是对财务指标的补充。平衡计分卡并不是财务指标和非财务指标的简单组合，而是在企业使命和战略的驱动和链接下，通过自上而下的流程转化发展而来的，具有非常强的因果逻辑关系和战略针对性。

第二，长期目标和短期目标的平衡。平衡计分卡是一套战略执行的管理系统，从企业的长期战略目标开始，逐步分解到企业的短期目标。在关注企业长期发展的同时，也关注企业近期目标的完成，使企业的战略规划和年度计划很好地结合起来，解决了企业的战略执行力差的弊端。

第三，领先指标与滞后指标之间的平衡。平衡计分卡会采用一些概括性指标来描述企业的核心成果。概括性指标往往是滞后指标，即由过去的行动所产生的可衡量的显性结果指标，如利润（率）、客户满意度、市场份额、客户保持率等。而领先指标（动因指标）则是与每一个核心结果指标（滞后指标）相对应的驱动因素指标，反映了企业战略的独特性，如关键内部业务流程、学习与成长的方式和程度等。平衡计分卡将滞后指标（结果指标）与领先指标（动因指标）进行综合，以如何有效完成战略为动因，以最终可衡量的指标为目标管理的结果，寻求结果性指标与动因性指标之间的动态平衡。

第四，企业组织内部群体与外部群体的平衡。平衡计分卡使企业在制定战略时能够注意平衡与各相关利益群体的关系，综合比较自身与竞争对手的优势和劣势，及时发现机会和威胁，筛选出最佳的战略行动方案。同时，企业的运营效率与效果也在很大程度上取决于部门之间与部门内部各个环节的平衡状况。平衡计分卡可以使员工在明确企业的愿景、战略的基础上，积极促成共识，使员工在战略与绩效管理的共同牵引下，高标准地处理流程的输入与输出，注重多种形式的沟通与配合，逐渐达到令人满意的和谐与平衡。

平衡计分卡所包含的上述四种平衡关系，集中体现了企业在为实现突破性业绩的运行过程中，是如何凭借平衡计分卡来均衡处理所涉及的有形与无形资源之间的交互作用及合理配置的，充分揭示了企业是如何在各价值链环节上以平衡计分卡为核心管理工具实现有效运作和增值传递的。

四、罗伯特·S.卡普兰的管理思想评论

（一）平衡计分卡失效的因素

平衡计分卡在实施中，有不少企业取得了成功，但是没有成效的案例依然存在。从一定意义上讲，追溯平衡计分卡的失效问题，要比大力宣扬它的辉煌成就更有价值。对此，卡普兰有清醒的认识，他强调平衡计分卡"知易行难"，甚至断言，在使用平衡计分卡的企业中，半数以上都存在问题。为此，他总结出导致平衡计分卡失效的七种因素。

第一，高层管理不认可平衡计分卡的战略工具作用。平衡计分卡的最大特点就是把战略意图与实施指标联系起来，而战略的制定来自于高层领导的决策。如果领导层不认可平衡计分卡的战略意义，那么就有可能把它仅仅当做传统的绩效测评工具，顶多当做绩效工具的改进版而已。固然，平衡计分卡有许多具体指标，但高层如果仅仅看到它的测评作用而看不到它的战略作用，则失败在所难免。高层的认可不但包括理性的判断，而且包括情感的承诺。一旦失去了高层的承诺，就会出现卡普兰比喻的"早餐问题"：假如猪和鸡二者商定要共同作出咸肉加鸡蛋的早餐，猪将产生一个疑问："你为早餐确实作出了贡献，但我却要贡献出全部。"鸡失去了猪的承诺，早餐是永远等不来的。

第二，参与的人太少。高层认识到了平衡计分卡的重要性，期望很高，富有激情，但由于高管团队事务过多，领导过忙，所以平衡计分卡的设计和推进往往落在首席财务官（CFO）和首席计划官（CPO）头上，他们也确实胜任，表面上顺理成章。但是，即便 CFO 和 CPO 拿出了很好的计分卡，组织中的一切运作依然照旧，因为团队领导风格和整体运行方式没有改变。所以，推动平衡计分卡的实施一开始就需要有相当数量的高管的参与和交流，需要团队的共同努力。但是，要让过多的人参与也不现实，一般来说，用核心小组逐步扩展的方式较好。

第三，平衡计分卡停留在公司高层，没有向下推进。如果平衡计分卡只有高管层参与而没有员工的努力，即使是整个高管层都在奋斗，平衡计分卡也难以奏效。平衡计分卡最终要让所有员工参与，因为它要使所有员工都理解企业战略并作出相应贡献。一旦员工认为实施平衡计分卡不过是高管层的事，就会失去员工的创造力和革新性支持，战略就不能变成员工日常工作的一部分。这样，尽管平衡计分卡在行动层面上的指标设计十分细致完美，也会在操作上难以推行，公司经营会重蹈战略流于上层无法落实的老毛病。

第四，制定过程耗费时间太长。平衡计分卡的设计者追求完美，力求每个指标、每个数据都要达到最优。当某个指标缺乏相应信息时，设计者一定把这些信息弄齐全了才罢休，追求一劳永逸，这使实施不断推后。然而信息齐全了，机会也就丧失了。真正推行平衡计分卡，要及时实施，先干起来，在干中学，最初的指标遗漏和指标不可用都是常事，需要在实施中反馈调整。平衡计分卡的实施不是"一次性事件"，而是一个持续推进的过程。

第五，将平衡计分卡视为一项工程而不是管理活动。在某个咨询公司的诱惑下，或者有些公司图省事，尽管领导下了推行平衡计分卡的决心，却往往聘用咨询人员来推行平衡计分卡。这样做的结果，很容易采用工程化的方式，导致代价昂贵的失败。一年半载以后，咨询人员会给出一堆报告和一个看起来很美的方案，经理们的办公桌上增加了一个管理信息系统，然而几乎无人使用这一系统，公司的管理得不到应有的改进。经理们必须清楚，推行平衡计分卡是自己的事，必须从内部开始，应当着眼于管理改进，而不是一种数据库建设。

第六，聘用缺乏经验的顾问。随着平衡计分卡的流行，许多咨询公司都开始"推销"这一工具。然而，多数咨询公司仅仅是把受聘公司原来的绩效测评方法或者其他管理方法戴上一个平衡计分卡的帽子。这些咨询人员并没有真正做过平衡计分卡，只是拿着卡普兰和诺顿的文章和书籍照猫画虎，其结果十有八九是画虎不成反类犬。

第七，把平衡计分卡诠释为业绩计分卡。推行平衡计分卡的过程，也就是用言论和行动诠释平衡计分卡的过程。它是预测未来的战略管理工具，不是衡量过去的报酬管理工具。管理离不开报酬和奖惩，然而报酬和奖惩针对的是已经作出的行为，一旦把平衡计分卡变成计酬依据，那就会张果老倒骑驴向后看。平衡计分卡必须关注未来发展，只看过去就丧失了战略价值。许多企业在实施平衡计分卡时，只是看中了它在绩效考量上增添了非财务指标，其结果是战略不见了，变成了 KPI 计分卡（Key Performance Indication）。平衡计分卡固然能增加绩效，但这种绩效只有同战略的实施紧密联系起来才具有发展意义。

另外，平衡计分卡首次实施的突破口选在什么层次也很重要。对于从来没有实施过平衡计分卡的公司来说，首次推行应当从业务单元（事业部）开始，再逐步推进到总公司层次。平衡计分卡的战略性，决定了必须自上而下推行，但这绝不等同于把制定平衡计分卡的单位放在公司最高层。按照卡普兰的经验，当业务单元没有平衡计分卡的实施积淀和改进经验时，一下子要在总公司最高层实施平衡计分卡，很难取得成功，而且会放大上面所说的各种失效因素。但如果放在业务单元之下（比如放在某个部门）作为突破口，则毫无疑问就不再属于战略层面。

卡普兰认为，这些不成功的因素不是平衡计分卡本身的问题，而是操作的时候使用不当造成的。要注意的是，成功还是失败，并不与投入的资源与花费的努力成正比。在中国，越来越多的企业正在推行平衡计分卡，上述七种会导致这一战略工具失效的因素，更应该引起这些企业的警惕。

（二）企业实施平衡计分卡的障碍与困难

1. 企业实施平衡计分卡的障碍

第一，沟通与共识上的障碍。根据文艺复兴科技公司（Renaissance）与《首席财务官》杂志（*CFO Magazine*）的合作调查，企业中不到十分之一的员工了解企业的战略及战略与其自身工作的关系。尽管高层管理者清楚地认识到达成战略共识的重要性，但却少有企业将战略有效地转化成被基本员工能够理解且必须理解的内涵，并使其成为员工的最高指导原则。

第二，组织与管理系统方面的障碍。据调查，企业的管理层在例行的管理会议上花费近 85% 的时间去处理业务运作的改善问题，近 15% 的时间关注于战略及其执行问题。过于关注各部门的职能，却没能使组织的运作、业务流程及资源的分配围绕着战略而进行。

第三，信息交流方面的障碍。平衡计分卡的编制和实施涉及大量的绩效指标的取得和分析，是一个复杂的过程。因此，企业对信息的管理及信息基础设施建设的不完善，将会成为企业实施平衡计分卡的又一障碍，这一点在中国的企业中尤见突出。中国企业的管理层已经意识到信息的重要性，并对此给予了充分的重视,但在实施的过程中,信息基础设施的建设受到部门的制约,部门间的信息难以共享,这不仅影响到了业务流程,也是实施平衡计分卡的障碍。

第四,对绩效考核认识方面的障碍。如果企业的管理层没有认识到现行的绩效考核的观念、方式有不妥当之处,平衡计分法就很难被接纳。长期以来,企业的管理层已习惯于仅从财务的角度来测评企业的绩效,并没有思考这样的测评方式是否与企业的发展战略联系在一起,是否能有效地测评企业的战略实施情况。平衡计分法的实施不仅要得到高管层的支持,也要得到各自然业务单元管理层的认同。

2. 企业实施平衡计分卡的困难

平衡计分卡不仅强调短期目标与长期目标间、内部因素与外部因素间的平衡,也强调结果的趋动因素,因此平衡计分卡是一个十分复杂的系统。其实施过程一定会遇到困难,国外七八年的平衡计分卡实践也证实了这一点。

第一,指标的创建和量化方面。财务指标创立与量化是比较容易的,其他三个方面的指标就需要企业的管理层根据企业的战略及运营的主要业务、外部环境加以仔细地斟酌。列出的指标有些是不易收集的,这就需要企业在不断探索中总结。有些指标重要但很难量化,如员工受激励程度方面的指标,需要收集大量信息,并且要经过充分的加工后才有实用价值,这就对企业信息传递和反馈系统提出了很高的要求。

第二,平衡计分卡要确定结果与趋动因素间的关系,而大多数情况结果与趋动因素间的关系并不明显或并不容易量化。这也是企业实施平衡计分卡所遇到的又一个困难。企业要花很大的力量去寻找、明确业绩结果与趋动因素间的关系。

第三,实施的成本方面。平衡计分卡要求企业从财务、客户、内部经营过程、学习和成长四个方面考虑战略目标的实施,并为每个方面制定详细而明确的目标和指标。要使全体成员参加,每个部门、每个人都有自己的平衡计分卡,企业就要付出较大代价。

(三)平衡计分卡在我国的适用条件

1. 平衡计分卡适合具有明确组织战略的企业

要想成功应用平衡计分卡,必须是以战略为导向的企业。通过战略的实施提高企业的核心竞争力,这是由平衡计分卡的本质特征所决定的。平衡计分卡是企业战略目标具体行动的转换器。如果企业还没有制定有效的战略，引入平衡计分卡的企业就要重新认识和制定企业的战略。找到一个合适的战略是一个企业最为关键的成功因素，也是成功实施平衡计分卡的正确开始。

2. 平衡计分卡适合具有充分协商和沟通体制的企业

平衡计分卡的建立是基于高层管理者制定的战略，而其运用则是平衡计分卡分解、转换、实施的过程，制定企业、团队甚至个人的平衡计分卡。这就要求企业全体员工积极参与，了解战略的实施。因此，对于企业高层管理人员来说，必须具有充分分解和沟通战略的意愿和能力。只有在这种协商沟通的环境中，平衡计分卡的各个指标、各个层面之间的关系才能落实到实际中，平衡计分卡才能有助于实现最终的长期战略目标。

3. 平衡计分卡适合具有指标创新能力和意愿的企业

平衡计分卡并不是一套固定不变的指标体系，它随应用企业的不同而不同。企业的管理阶层在制定战略的时候要切实按照本企业的实际情况，制定科学的战略和指标体系。而随着企业发展阶段的不同，企业应随时调整其战略和目标。要使衡量指标与平衡计分卡的目标建立因果关系，企业高层管理人员必须具有创新能力。而战略实施过程又是指标反馈与修正的过程，这也需要一定的创新能力来进行指标的改进。

4. 平衡计分卡的执行要与激励机制相结合

平衡计分卡的执行既需要企业全体员工的参与，使每个员工清楚自己的目标方向，还要建立相应的激励机制并与平衡计分卡的实施结果相挂钩。这样，才能促使每个员工积极了解战略、了解自己在整个战略中的位置以及自己的目标，提高他们工作的积极性和创造性，增强他们达到目标的动力。

本章参考文献

[1] 宁向东. 管理的心灵 [M]. 北京：中国发展出版社，2011:30-40.

[2] 卡普兰，库珀. 成本与效益 [M]. 张初愚，张倩译. 北京：中国人民大学出版社，2006:1-3.

[3] 罗伯特·S·卡普兰，史蒂芬·R·安德森. 估时作业成本法：简单有效的获利方法 [M]. 陈宇学，黎来芳译. 上海：商务印书馆，2010:1-3.

[4] Robert S. Kaplan, David P. Norton. *Having Trouble With Your Strategy? Then*

Map It[J], Harvard Business Review, 2000, September-October, 167-176.

[5] 罗伯特·卡普兰：平衡计分卡之父 [J]. 中国总会计师, 2008,(11). 116-117.

[6] 赵娟. 平衡计分卡创始人：罗伯特·卡普兰 [J]. 施工企业管理, 2007,(10).

[7] 罗伯特·卡普兰, 戴维·诺顿. 战略管理办公室 [J]. 商业评论, 2005,(11).

[8] 陆依. "卡普兰-诺顿理论"对管理学的发展 [J]. 南京社会科学, 2009,(5).66-69.

[9] 张瑜. 平衡计分卡的创始人：罗伯特·卡普兰 [J]. 管理学家, 2010,(3).

[10] 宋典. 平衡计分卡执行企业战略的有效性问题研究 [D]. 南京农业大学, 2006.

[11] 张进, 韩夏筱. 绩效评估与管理 [M]. 北京：中国轻工业出版社, 2009:170-171.

[12] Gerhard Speckbacher.A Descriptive Analysis on the Implementation of Balanced Scorecards in German-Speaking Countries [J].*Management Accounting Research*, 2003,11, Vol.14, No.4.

[13] Errol R.Iselin, Lokman Mia, John Sands. The Effects of The Balanced Scorecard and Related Systems On Organizational Performance[J]. *Management Accounting Research*, VOL11,No.1, pp:75-88.

[14] 宁向东. 大师卡普兰 [J].IT经理世界.2008,(1).

[15] 王化成, 刘俊勇. 企业业绩评价模式研究——兼论中国企业业绩评价模式选择 [J]. 管理世界.2004,(4).

[16] 袁一骏. 绩效管理创新研究 [J]. 现代管理科学.2002,(4).

[17] 章义. 平衡计分卡在我国应用的现状及发展趋势预测 [J]. 网络财富.2009,(3). 21-22.

[18] 周吉林. 管理方法介绍——平衡计分卡 [J]. 金山企业管理.2006,(3).43-46.

[19] 郭丹. 平衡计分卡的适用性 [J]. 人力资源.2005.

[20] 刘亚伟. 应用平衡计分卡, 实施全面绩效管理 [J]. 企业管理.2006.

[21] 布莱恩·贝克. 人力资源计分卡 [M]. 机械工业出版社, 2004.

[22]http://wiki.mbalib.com/wiki.

[23] Teemu Malmimj, Balanced Scorecards in Finnish Companies:Research Note[J], *Management Accounting Research*, 2001, 12(2).

第七章 迈克尔·汉默的企业再造：经营革命的宣言

迈克尔·汉默（Michael Hammer，1948—2008），世界最著名的管理学家之一，曾在 IBM 担任软件工程师、麻省理工学院计算机专业教授以及 Index Consulting 集团的 PRISM 研究负责人。迈克尔·汉默是企业再造和业务流程理念的创始人，他的思想使现代经营管理领域发生了深刻的变化。遍及全球的许多企业将他所倡导的理念运用于自身的经营活动和组织结构中，创造了惊人的业绩。美国《商业周刊》称他为 20 世纪 90 年代最优秀的一个管理思想家，《时代》周刊把他评选为美国最具影响力的 25 人之一。

一、迈克尔·汉默的生平

迈克尔·汉默出生于 1948 年，1964 年进入麻省理工学院攻读数学学士学位，毕业后继续攻读电器工程硕士学位、计算机科学博士学位，先后获得学士、硕士和博士学位。1984~1989 年，在麻省理工学院任教，进行"20 世纪 90 年代的管理"研究，企业再造思想开始孕育。1990 年，在《哈佛商业评论》上发表《再造：不是自动化，而是重新开始》，率先提出企业再造的思想。这篇文章被业界看作是企业再造的宣言。1992 年，被《商业周刊》评为"20 世纪 90 年代的四位最杰出的管理思想家之一"。1993 年，与詹姆斯·钱皮合著出版《企业再造——企业管理革命的宣言》(Reengineering the Corporation：A Manifesto for Business Revolution)，本书被认为是企业再造理论诞生的标志。1995 年，与史蒂文·斯坦顿（Steven

Stanton)合著出版《再造革命》(*The Reengineering Revolution*),1996年出版《超越再造》(*Beyond Reengineering*)。1996年,汉默被列入《时代杂志》"美国25位最具影响力的人"的名单。2001年,出版著作 *The Agenda: What Every Business Must Do to Dominate the Decade*(中译名为《企业行动纲领》)。2008年9月3日,管理大师迈克尔·汉默不幸去世。

二、迈克尔·汉默的著作

(一)著作产生的背景

在20世纪70年代前后,科学与技术的革命使企业的经营环境和运作方式发生了很大的变化,而经济发达国家的长期低增长又使得市场竞争日益激烈,很多企业面临着许许多多的考验和严峻的挑战。在经济学界、管理学界,一些学者和专家用3C(Customer 顾客、Competition 竞争、Change 变化)理论来论述当时的这种全新挑战。一是顾客:在经济活动中买卖双方关系的主导权转移到顾客一方,随着生活要求和水平的不断提高,顾客对自己需求的各种产品和服务也有了更高的要求。二是竞争:随着社会的发展与变革,科学技术和生产技术的提高进一步加速了企业之间的竞争。三是变化:一方面是竞争方法的变化。企业之间竞争的加剧使竞争的方法与手段发生了根本性的变化,且这种变化进入了一条高速道路,越来越多的超级公司越出国界,展开了形式多样的竞争。另一方面是生产和服务系统的变化。市场变化决定了一切,随着市场需求的日趋多变,产品寿命周期的衡量单位由"年"缩短为"月",说明技术的变化和进步使企业的生产、服务系统随着市场的要求而发生经常的变化,这种变化已经成为企业内部与市场环境持续不断的事情。所以,在大量生产、大量消费与资金的快速流通的市场环境下,已经发展起来的企业经营管理模式无法适应新的快速变化的市场,要面对当今诸多的各种挑战,公司或企业只有在更高水平之上进行一场根本性的改革与创新,才能在低速增长的经济时代中增强自身的竞争力。

(二)著作简介

迈克尔·汉默的主要论著有:《再造:不是自动化改造而是推倒重来》(1990

年)、与詹姆斯·钱皮(James Champy)合著了《再造企业：经营革命宣言》(1993年)、《再造革命》(1995年)、《超越再造》(1996年)、《企业行动纲领》(2001年10月)。

1.《再造：不是自动化改造而是推倒重来》

20世纪80年代之前，迈克尔·汉默还只是一名普通的管理咨询顾问。20纪80年代末，他总结自己的研究成果，诠释了"再造"一词，用来形容利用信息技术对企业业务过程的彻底改造，实现企业业绩的大增长。20世纪90年代初，他作为"组织再造"的先驱和拥护者闻名于世。

"再造"(Reegineering)一词并非由汉默首创，托马斯·达文波特(Thomas Davenport)最早在《斯隆管理评论》上的一篇论文中启用了这个概念，但它吸引众多读者关注始于1990年7月《哈佛商业评论》上发表的《再造：不是自动化改造而是推倒重来》(Reengineering Work: Don't Automate, Obliterate)。当时，基于以"3C"(顾客Customer、竞争Competition和变化Change)为特征的三股力量对企业的影响日益增大，"科层制管理"(Hierarch Management)也不再能适应企业的发展。该研究项目旨在借助计算机及其信息技术带来的革命性影响为企业管理指明方向。正是基于上述背景，汉默在这篇文章中诠释了"再造"这个概念，提出了"业务流程"(Business Process Reenginggring，简称BPR)，指出企业应该利用现代信息科技的力量"再造"业务流程，提高业务流程的速度，以实现业绩的大幅度增长。对许多公司来说，"再造"是摆脱陈旧的流程，挽回即将被淘汰的命运的惟一希望。

任何理论的产生都不是随意性的，都有它深刻的时代背景及现实要求，公司业务流程再造也不例外。20世纪信息技术的革命使企业的经营环境和运作方式发生了很大变化，企业所面临的市场竞争也更加激烈，而经典组织形态的弊端，则是引发流程再造理论的导火索。在一个企业中，业务流程的设计决定着企业的运行效率以及企业产品和服务的效益。在传统的企业组织中，分工理论决定着企业业务流程的构造方式。依托于分工理论的组织结构模式在促进组织发展的同时，也给企业组织的发展带来了一系列弊端，诸如分工过细过窄、员工技能单一、组织机构庞大、组织效率低下、管理费用增多等等。这些都严重背离了"分工出效率"的初衷。所以，汉默和钱皮打算制造出一场革命性的转变，彻底颠覆以往的主流管理理论，这就是闻名遐迩的"流程再造"。所谓流程，是指一系列连续有规律的行动,这些行动以确定的方式发生或执行,导致特定结果的实现。任何一个流程都包括三个要素:输入、输出以及把输入转变为输出的活动。

2.《再造企业:经营革命宣言》

汉默在开创了一场新的管理革命之后,他又与卡尼指数公司(CSC Index)的总裁詹姆斯·钱皮(James Champy)合著了《再造企业:经营革命宣言》(*Reengineering the Corporation: A Manifesto for Business Revolution*,1993),该书认为企业业务流程重组(Business Process Reengineering,简称BPR)是对企业的业务流程作根本性的思考和彻底重建,目的是在成本、质量、服务和速度等方面取得显著的改善,使企业能最大限度地适应以顾客、竞争、变化为特征的现代企业经营环境。

相对"劳动分工原理"和"制度化管理理论"等传统管理思想,BPR强调企业内的充分发展与合作。核心内容可归结为:一是"重组",即实行横向集成,运用团队工作方式,压缩纵向组织,使组织扁平化,授权员工自行作出决定,推行并行工程。二是强调顾客导向,即以顾客为中心考虑经营目标和战略导向,根据顾客需求考虑应设置哪些经营过程。

这部著作很快成为国际最畅销的书籍之一,连续六个月被《纽约时报》列为非小说类的头号畅销书,并在出版的当年被译成14种不同语言的版本向世界各国传播。该书明确提出了再造理论概念,在全球刮起一股再造旋风。他在书中讲道:"20年来,没有一个管理思潮能将美国的竞争力倒转过来,如目标管理、多样化、Z理论、零基础预算、价值分析、分权、质量圈、追求卓越、结构重整、文件管理、走动管理、矩阵管理、内部创新及一分钟决策等"。在新的公司与企业运行空间条件下,改造原来的工作流程,使公司与企业适应新的生存发展空间。

企业再造理论也被译为"公司再造"、"再造工程",西方国家称之为"毛毛虫变蝴蝶"的革命。《再造企业:经营革命宣言》给出了"再造"的定义:为了取得经营业绩的戏剧性提高,企业应该再造经营——运用现代信息技术的力量急剧地重新设计每项业务的核心流程。该书的副标题用了"革命宣言",旨在强调"再造"是全新的经营理念。所谓"企业再造",简单地说就是以工作流程为中心,重新设计企业的经营、管理及运作方式,在新的企业运行空间条件下,改造原来的工作流程,以使企业更适应未来的生存发展空间。企业再造理论以一种再生的思想重新审视企业,并对传统管理学赖以存在的基础——分工理论提出了质疑,是管理学发展史中的一次巨大变革。

企业再造是以一种再生的思想重新审视企业,它的第一步往往是在顾问的帮助下,对公司的核心强项及竞争优势进行归纳分析;第二步是区分促成这些优势的各个因素。汉默和钱皮将这些步骤命名为商业价值分析(Business Value Analysis, BVA),这种分析必须触及竞争优势的核心所在,严格区分哪些过程及活动是促进了竞争优势的,哪些是等而次之的,还有哪些是根本不起任何作用的。最后一个步骤是新生结构的应用,这些结构有助于商业价值的增加,企业竞争力的提高。但这些结构往往跨越原有的职能部门,形成自我管理的团队,这一切保证了工作效率和成长空间,以更为精简和平面的结构取代原有的企业职能管道,因为水平面上的沟通显然比由上而下的垂直沟通有更大优势。

汉默和钱皮在书中全面论述了企业再造,正式把企业的业务流程再造定义为"针对企业业务流程的基本问题进行反思,并对它进行彻底地重新设计,以便在成本、质量、服务和速度等衡量企业业绩的这些重要的尺度上取得显著的进展"。这一定义,包含四个关键词:基本的(Fundamental)、彻底地(Radical)、显著的(Dramatic)、流程(Process)。理解了这四个词汇,也就把握了流程再造的基本思想。

第一,对业务流程进行根本性的思考。在企业的业务流程再造中,企业人员尤其是高级管理人员需要对业务流程进行根本性思考,对长期以来企业在经营中所遵循的分工思想、等级制度以及官僚体制进行重新审视,打破原有的思维定势,进行创造性思维。其关键在于提出颠覆性的基本问题,例如,"为什么要这样做?""为什么要做当前的事情?"等等。对贯穿企业始终的管理思想与方法进行思考,不能受任何条条框框束缚。

第二,对业务流程进行彻底改造。流程再造不是对现有组织体系的调整与补充,而是要进行脱胎换骨式的彻底改造,抛弃现有的业务流程和、组织结构以及所有的陈规陋习,把过去的一切规定好的结构与过程都搁置一边,另起炉灶,创造出全新的工作思路与方法,并对企业从整体上进行重新设计,开辟崭新的企业发展路径。对于企业来说,再造是一场革命而不是改良。如果不进行彻底变革,只在管理制度和组织结构方面进行修补,对根除企业的顽疾无济于事。

第三,业绩要突飞猛进。汉默与钱皮对企业进行流程的再造,并不是要取得微小的改善和点滴的提高,而是要取得业绩上的突飞猛进。流程再造要起到根治企业顽疾的一剂"猛药"的效果，为的是促进企业"大跃进"式的进步。他们为"显著的进展"制定了一个目标，即"周转期缩短 70%，成本降低 40%，顾客满意度和企业收益增进 40%，市场份额增长 25%"。总之，企业的流程再造绝非是缓和的、渐进的改善，而是要实现一跃千里的大步跨越。

流程再造的实质，是对企业的一种系统变革，其对象及核心领域是企业的业务流程。根本目标是显著提高企业的绩效，而提高绩效的途径是对被专业分工和官僚体制分割得支离破碎的业务流程进行重新设计和彻底变革。在哈默和钱皮的眼里，20世纪晚期的企业，由于原有的业务流程作怪，才造成了企业百病缠身。因此，再造要从重新设计企业的业务流程入手，但效果如何，尚有待于实践检验。

实践中，很多公司都因为有效地利用了科学技术而获利匪浅，如柯达公司在产品预订和送货之间节省了一半的时间。汉默希望这种效率不仅体现在商业过程之中，还能对抗低效率这一时弊，并认为这个问题一旦解决，一切都将迎刃而解。

效率是一把双刃剑，当公司越来越精简，很多员工不得不卷铺盖走人，那些留下来的就得加倍努力工作或是另谋出路，所以 BPR 被人嘲笑为企业精简的遮羞布，也有人认为它是弗雷德里克·泰勒科学管理邪恶影响的卷土重来。钱皮的公司后来将此过程重新命名为业务流程改进（Business Process Improvement, BPI），它保留了 BPR 的精华，也减少了很多痛苦。

这一全新的思想震动了管理学界，一时间"企业再造"、"流程再造"成为大家谈论的热门话题，受到了人们的广泛关注。再造理论从提出至今，理论界和实践者投入了很大的精力进行研究，因而得到迅速推广，为企业带来了显著的经济效益，涌现出大批成功的范例。据说，在 1994 年，美国 3/4 的顶尖大公司都展开了再造工程。IBM 信用公司通过流程改造，一个通才信贷员代替过去多位专才并减少了九成作业时间的故事更是广为流传。到 1995 年，有关企业再造工程的咨询业务总额高达 500 亿美元。"再造"热也使得钱皮和哈默迅速地跻身于最具影响力的世界管理大师行列。这个理论为企业的发展带来了新的思路，但是企业再造也有很高的风险。汉默和钱皮在书中说："50%—70% 的从事再造的企业都没有达到预期的效果，或者说是失败了。"到 1996 年年底，企业再造理论的吸引力开始减弱，其主要原因是再造工程对人员和组织的本质产生了副作用。比如，再造工程很快就变成了解雇成千上万工人的同义词。汉默出于一个虔诚的犹太教徒的良知对这种副作用忧心忡忡，甚至夜不能寐，他承认再造工程没有足够考虑人的因素。

这大概是源自他的工程师背景吧。

到 20 世纪 90 年代已经为组织再造业及其相关的服务创造了一个大约 510 亿美元的市场（Davenport，1995）。面对着对组织再造越来越多的批评，汉默又有针对性地写了他的第二部著作《再造革命》。然而，到 1996 年这一概念已开始失去其吸引力。于是，汉默在 1997 年对再造工程的得失作了总结，又出版了《超越再造》一书。该书承认组织再造在企业实践中存在问题，但在很大程度上再次重申了其最初的观点，也澄清了实践中的概念乱用。

3.《企业行动纲领》

1997 年后汉默潜心钻研，继续从事顾问工作，新积累的材料和经验使他在 2001 年 10 月推出了新著《企业行动纲领》，该书最大的改进在于弱化了"再造"的概念，增加了对"流程变革"可行性的讨论。汉默宣称如今的新经济是顾客经济，如今的市场是买方市场，从稀有物品到稀有顾客这一转变是区别过去 10 年和未来 10 年的本质标志。此书旨在指导商业人士如何在一个顾客占据优势地位的经济中生存和拼搏。这本书中体现出来的人文精神可看作是对再造工程人性关怀不足的弥补，也体现着汉默基督徒的情怀和学者的责任感。不难看出，汉默的经历体现了一位有责任心的、不断进步的管理大家的风范。

在《企业行动纲领》中，汉默向人们展示了九个独立成章而又相互联系的新时代的管理概念体系：以客户的需求为企业的经营导向，使企业成为易于做生意的企业，为客户提供他们真正想要的东西或提供更多的附加值，业务流程至上追求优异绩效的愿望变为现实，乱中求治而创新工作系统化，重视工作绩效的测定成为管理的一个组成部分而不是数据统计的一项任务，无结构化管理从结构模糊化的威力中受益，将重点放在最终客户，把分销链变为分销利益共同体，公司要全力与其他公司合作，企业要拓展与整合而非垂直整合。

三、迈克尔·汉默的主要贡献

汉默以管理学研究而出名，但他却没有进过任何工商学院，没有系统学习过工商管理知识，正是这种旁观者身份，反而促成了他在管理学领域的贡献。

（一）利用现代信息技术解决企业绩效问题

汉默博士从1982年开始潜心探索计算机在商业世界里的实际应用问题。本以为精明的商业人士在以富于创造性的方式应用计算机，结果却发现绝大多数公司只是把计算机当作一块起美化作用的装饰布，盖在陈旧的传统商业运作模式上。只有那些财务已经濒临崩溃边缘的公司，才敢于打破常规，以根本性的变革求得一线生机。但是过分偏重于计算机技术层面应用的业务流程再造运动，在变化相对缓慢的文化层面因素的阻碍下，往往导致失败的结局。迈克尔·汉默在商业世界和管理学领域里都给人们提供了一个令人惊叹的例证。投身商海之前，从未进过任何工商管理学院的、也从未系统学习过任何工商管理知识的、麻省理工学院计算机科学博士迈克尔·汉默却给整个世界的商业领袖们上了一堂已经持续了10年的工商管理学大课。这就是20世纪90年代发端美国、热遍全球的业务流程再造（reengineering）运动。

汉默1990年写了《组织再造的工作：不是自动化，也不是销毁》，并且还辅以副标题"管理者能够释放计算机的能力，挑战旧的工作方式"。它抓住了汉默思想的精髓所在，即利用现代信息技术为企业绩效问题提供简单而又有效的解决方法。这种方法被认为是对现有理论的彻底颠覆。

但是，汉默把流程作为组织再造的一个基本方面予以明确是后来的事。他认为，自从亚当·斯密之后，劳动分工进一步促进了组织功能分工的激增，也使得现代管理实务逐渐向任务型组织结构发展。但是，汉默还认为，组织从根本上说就是许多流程的组合：各种投入要素的收集和创造为顾客带来价值的产出。未来企业生存的唯一方法就是，从根本上重新设计能够使组织更加简单化的流程，以有利于组织更有效地把价值传递给顾客。

总地来说，汉默的所有著作都是围绕这些主题展开论述的，但是随着时间推移其内容会有所改变。因此，汉默在《哈佛商业评论》上发表论文，陈述了组织再造的七个原则，这些原则是建立在组织特殊的信息流程观念基础之上的。同时，那些强调信息技术（IT）对组织转换的贡献的文章也进一步充实了这一观点。在《再造企业》这本书中，明确提出信息技术具有打破工作管理限制方面的作用，并用整整一章讨论了运用这种方法的一些案例。尽管他在《再造革命》和《超越再造》这两本书中，也把信息技术作为企业重新设计流程需要考虑的基本因素之一，但它们已经不再处于特别重要的地位了（甚至在索引中都没有提到）。

（二）阐述了全面质量管理和组织再造的关系

汉默的重要转变就是明确了概念的新颖性、特色及其相关范围。在《再造企业》中，汉默认为组织再造是一个新颖的概念，这一认识得到了彼得·德鲁克（Peter Drucker）的支持。更重要的是他还指出，组织再造从根本上来说不同于质量改进，因为它摒弃了那些令全面质量管理运动失败的因素。而在《再造革命》中又再次提到了这些要求。但到《超越再造》中，全面质量管理和组织再造则变成相互补充的关系。

（三）将组织再造作为具有普遍性的管理方法

早期的实践中，再造成功的案例几乎全来自美国的大公司——主要的跨国公司。但在《再造革命》中，汉默开始把重点放在了美国之外的一些小公司上面，甚至是公共或非营利组织（"任务驱动型"组织）。因此，组织再造成为具有普遍性的解决方法。

汉默在《再造：不是自动化改造而是推倒重来》、《再造企业：经营革命宣言》、《企业行动纲领》中，除了举出组织再造的案例和界定了关键因素外，还着重解释了经理人员如何成功地完成组织再造项目及其组织再造的应用。在《再造企业》中，讨论了实行组织再造的各种因素，强调了对强有力和有预见性领导的需要，描述了组织再造创造了一个"新工作方式的世界"，认为组织再造将需要一些转变：功能型部门向流程性团队转变、简单任务向多维工作转变、控制向授权转变、培训向教育转变、根据能力支付报酬向根据结果支付报酬转变、根据绩效晋升向根据能力晋升转变、保护价值向生产价值转变、管理者从监督员向教练员转变、垂直组织结构向扁平组织结构转变、经理从记分员向领导者转变。

（四）关注人文因素和社会经济环境变化对企业经营的影响

《再造企业》中指出，所有工人都需要成为自我管理的专家，管理人员则必须是企业流程的主人、教练和领导者。因此，组织也会变得富有弹性，并促使顾客价值在企业中更加畅通和完全地有效传递。

《再造企业》的核心是客户观念，基础是信息技术。客户观念和信息技术共同主导了新时代的企业经营方略和企业管理原则。人类已经步入了一个全球性的市场经济之中,市场经济的价格机制导致什么都过剩。这是如今进入客户经济时代、客户至上的第一大原因。信息技术则促进了资源的拥有者、生产者和最终消费者之间,供应商和客户尤其是最终客户之间的传统力量的对比关系改变。信息的广泛和低成本传播,使顾客的选择范围和选择成本大为下降,现在货比百家和以前货比三家的信息和搜索成本可能一样。更进一步地,顾客的地位上升,也在很大程度上改变了组织内部的结构——老板和员工、上级和下级之间的关系。组织结构不仅要扁平化,甚至要倒过来,老板最好是一个教练和支持者的角色。人在遭遇重大挫折时才会深刻地反思和醒悟自己。企业也如此,当整个经营状态良好时,有动力、有能力引进技术,却没有变革其组织文化和经营理念的动力,甚至会对其拥有的企业文化和经营理念非常自鸣得意,从而与新技术应用所要求的新组织规则和新管理理念发生激烈的冲撞。汉默这位计算机博士在推进计算机应用的过程中,从一个狂热的计算机改造管理论者成为了一代管理学大师,所反映的也许正是计算机技术的商业应用与企业经营的社会经济文化内涵是相互改造的这样一个现实。从《再造企业:经营革命宣言》、《再造革命》、《超越再造》到《企业行动纲领》,汉默自身的思想认识在逐步深化,逐步更多地关注企业管理中的人文因素和社会经济环境变化对企业经营的影响。

(五)强调概念首先应该建立在实践的基础上

汉默著作的最后一个重要特色就是运用了成功的和失败的企业再造案例阐明他的论点。正是这些组织再造实践的案例支持了汉默的观点——概念首先应该建立在实践的基础上,而不是纯粹的学术理论。然而,在汉默和汤姆·彼得斯(Tom Peters)一起工作时,对组织再造范本的选择也并不总是那么幸运。他的批评者满心欢喜地指出,汉默谈论的许多企业在后来出现了各种问题。在《企业再造》中,哈默也谈到了经过组织再造的组织中有50%—70%因没有达到他的预期目标而失败,于是这种"再造神话的失败"就一直围绕在他的后期著作之中。汉默在回答中指出,组织再造并不是天生就有很大的风险性,而正确地遵循组织再造的原则也只是组织再造成功的保证。并且,失败也并不是那么容易确定的,因为组织再造实践中还存在潜在的规避性和不足。

四、迈克尔·汉默的管理思想评论

正如格林特（Grint, 1994）和其他许多学者谈到的一样，组织再造的组成部分，诸如流程定位、工作再设计或综合技能团队工作并不是特别新的观点，它的每一部分都有一些影响深远的管理思想的烙印，有的甚至可以追溯到19世纪的管理思想。虽然在这方面存在着争论，但是正如组织再造的一些支持者认为的那样，组织再造是与众不同的一项工作，而汉默则在他的《再造革命》一书中强烈拒绝那种认为"组织再造没有什么新意"的认识，并且还着重指出了组织再造与其他方法如工业工程和质量管理的区别。表面上好像承认了其定位的不足，不过，汉默也作出了更加务实的回答："谁在乎呢？"唯一重要的是组织再造工作。

（一）强调学习管理知识的重要性

《再造企业》的写作就是基于他的"管理已无创新"的观点形成的，他认为当今企业管理所涵盖的那些基础范畴的理论，确实已经没有太多可以创新的空间。汉默深深地相信，伟大的管理学家彼得·德鲁克先生已经将管理学中的很多理论精华在20世纪50年代就总结给了企业的经营者们。钱皮在管理咨询领域已经工作了40多年，今天谈论的管理问题，和钱皮40年前遇到的管理问题其实是一样的，还是关于企业如何管理员工以及培养自身领导力等。不过同时汉默强调，虽然管理的理论已经没有太多的创新，但是今天仍然需要学习这些知识，尤其是其中一些重要的基础部分。

汉默一直花费很多时间关注中国制造业的情况，发现凡是那些大型的机械产品，即不与消费者直接产生接触的"中国制造"产品的质量不错，并且一直销售得很好。但是涉及到中国生产的日常消费品，价格上的盈利空间确实很小。因此汉默和钱皮认为对于中国制造，应该集中解决的问题是投入更多精力去保持与消费者的良好关系，真正从他们的需求出发来理解自己的产品定位。

（二）主张企业颠覆传统的管理模式

迈克尔·汉默和钱皮在CSC指数公司的工作生涯中，和其他同事一起，形成了一系列管理理念，主张企业必须进行大刀阔斧的改革以颠覆传统的管理模式，并且提出要从企业流程角度进行管理，主张企业领导者在改造企业之前应该首先改变自身的思维方式。他们以充分的理由，证明流程管理应该跨越企业的"围墙"，延伸到供应商、顾客和企业合伙人。

他们是乐观主义者，尽管经历了一个非常困难的时期，但仍认为企业还是可以走出困境的，并且也能够利用这样的时机作出一些调整。

很多企业的创新都只是一种基于简单模仿的照搬，无法突出自己的差异化与核心竞争力，竞争对手怎么做，他们自己就怎么做。即使其中有些决策存在问题，他们也会选择跟风同样的错误行为，缺乏全面的思考。在这里有两个原则：第一个是战略方面的原则：永远不要比照竞争对手的方法去做规划；第二个原则就是永远不要尝试从竞争对手的优势中寻找办法突围而出，而是应该找出竞争对手的弱势，在那里发掘市场，从中获益。

（三）组织再造概念界定不够精确

在评价汉默对管理思想的贡献时，产生了一个特别的问题。他的主要贡献是促使了组织再造这一概念的大众化，但他没有给出一个简单的、令人普遍接受和经过验证的含义。这一状况对组织再造来说也并不是唯一的，它还引出了另一个问题——为什么这一概念会这么成功。针对这个问题，汉默在《再造革命》一书中指出，1994年3/4的美国大企业中可以说都在进行组织再造的项目。那么，如果组织再造只是一个新的标记而不是一个革命性的新概念，它又怎么会如此流行呢？

格林特（1994）认为组织再造的引人之处在于，它与20世纪90年代初一些流行观点的某些方面产生了"共鸣"。例如，格林特发现这种共鸣是由美国文化和象征主义产生的。在《企业再造》一书中，汉默还特别指出，相对于诸如质量管理的外国进口，组织再造是地道的"美国生产"。同时，他还把其看做是美国企业精神而加以举证和资本化。同样，在《超越再造》中也提到了这一问题，并且组织再造为什么会获得国际性的认可这一问题也受到了质疑，但值得肯定的是，汉默成功地激活了美国的国家自信心。

格林特还注意到其政治和时代特色。汉默对革命般的组织再造作出的频繁而高度的概括好像不是正常的美国商业用语。

汉默的著作中还有另一个重要的方面——他的修辞。他频繁地引用企业领导者、美国文化名人及古典作家的话语以支持和说明他的观点。在他的著作中，到处都是流行用语，如"运用传统的方法"、"异想天开"、"庸人自扰"。在他的著作中，首先列出了"克服组织的机制"和"组织再造的领导方法"以及"原则"和"组织再造失败的原因"的目录。这种语言是简单直接和非常有自信的，可以说，组织再造是自亚当·斯密的《国富论》之后最重要的管理概念。它是确保组织生存的唯一方法：只要你正确地做了，它就会起作用。

琼斯（Jones）指出，汉默的修辞也经常带有一种宗教的色彩。汉默的许多带有描述说明类型的报告都更偏好于"福音传递"的风格。而他也自称为"神学主义者"（Byrne，1992）。很明显，他不仅利用了基督教的教条，还引用了宗教权威人员的语言，而且还通过遭罪和再生构筑了赎罪学说的理论基础。在《再造革命》中，他通过分析"出埃及记"故事中的创新性管理经验，很明确地得出一个结论——"追寻乐土之路"。因此，这种宗教色彩也可以看做是汉默著作中的另一种文化和象征性的共鸣。

但是，特别强调汉默的修辞并不意味着要批评他的贡献。正如艾克里斯（Eccles）和诺瑞亚（Nohria，1992）所说，有力的修辞手法是成功管理理论思想的一个重要特点，而汉默的著作就包含了许多证明有效的语言技巧的例子。不过，好像更令人质疑的是描述组织变革方法时言语的激烈和暗示。例如，早期的《哈佛商业评论》就建议彻底放弃旧的流程。在《商业周刊》的一篇文章中，汉默指出组织的"脂肪"并"不会都集中在一起等着你去砍掉它，而是肥瘦相间的，你祛除它的唯一方法就是碾碎它，然后油炸"（Byrne，1992）。在其他地方，汉默还把组织再造比作能够杀死人和破坏现存机构的中子弹。在他的著作中，还有许多其他的针对抵制力量的暴力解决方法。结合一种相当原始的经济主义，汉默认为经济报酬是唯一真正的报酬。在这种情况下，就会产生狭隘、残酷的竞争性的和对组织与社会的带有敌意的看法。虽然汉默后来也认识到了人们还有其他的追求，如群体的和谐、精神奖励、工作和个人生活的平衡。他还认识到，除了那些不能够或不愿意接受组织再造原则的人之外，一个经过组织再造的社会仍然是要冒着遭到拆台和抵制的风险，但他仍然对自己能够在简单的"现实性"基础上坚持自己的观点而感到高兴。在《超越再造》中，他也认识到在组织中的工作压力和人员成本，但他仍坚持认为，通过组织再造，幸存者在他们的工作中所得到"资产、意义和价值"完全可以弥补他们失去的一切。

(四)对人的因素考虑得不够充分

长期以来,组织再造对人员及组织本质的影响备受批评,并成为了汉默和其他如钱皮、达文波特等早期合作者之间的主要分歧。尽管汉默也试图寻找反驳对组织再造"非人性化"及在《再造革命》中提到的裁员的指控,但这对于人们现存的关注并没有什么效果。直到 1996 年末,他才承认组织再造"对人的因素考虑得很不充分",并且他还把这一不足归结为他的工程师身分背景(White,1996)。这使得组织再造的吸引力开始大幅下降。正如《超越再造》的标题所指出的,虽然汉默始终确信其理论的持久重要性,但它的辉煌已成为过去。

本章参考文献

[1] 张凤阳.西方现代社会思潮史 [M] 济南:山东教育出版社,2004。

[2] 亚达斯等.喧嚣时代 20 世纪全球史 [M] 大可,王舜舟,王静秋译.北京:生活读书新知三联书店,2005。

[3] 赵文明.百年管理思想精要 [M].北京:中华工商联合出版社,2003。

[4] 方振邦.管理思想百年脉络 [M].北京:中国人民大学出版社,2007。

第八章 詹姆斯·钱皮：企业重组与公司重塑

詹姆斯·钱皮（James A. Champy）是公认的研究业务重组（business reengineeing）、组织变革（organizational change）和企业复兴（corporate renewal）等管理问题的世界权威。曾任 CSC 指数公司的创始人和董事长，目前就任皮洛特系统公司（Perot Systems）公司咨询部门主席，亦是公司战略负责人。他与迈克尔·汉默合著的《企业再造》一直被奉为国内外企业改革的"圣经"，他的著作全球销量逾 200 万册，被译成 17 种语言。继《企业再造》之后，钱皮的著作《再造管理》又被《商业周刊》评为 1995 年最佳管理类书籍之一。最近又出版了《钱皮新营销》、《钱皮新战略》两本新著作，引起了强烈反响。

一、詹姆斯·钱皮的生平

詹姆斯·钱皮出生于 1942 年，在麻省理工学院获得学士学位和硕士学位，在波士顿大学法学院（Boston College Law School）获得法学博士学位。他是 MIT 公司的终身会员、MIT 董事会成员、波士顿大学法学院海外理事会会员，他还是昂那乐格设备有限公司（Analog Devices, Inc.,）公司的的董事。

詹姆斯·钱皮是皮洛特系统公司系统咨询实践公司的主席，他主要负责为公司提供战略指导和管理咨询。加入皮洛特系统公司之前，钱皮是 CSC 公司的主席和首席执行官。CSC 公司是一家管理咨询公司，它开创了再造的发展和事件咨询业务，1988 年 CSC 公司的咨询收入超过 200 万美元。在詹姆斯·钱皮的领导下，这家公司的咨询业务以每年递增 25% 的速度增长，现在 CSC 公司已跻身全球最大的咨询公司行列，在世界各地拥有 2000 多家咨询机构，资产超过 50 亿美元。詹姆斯·钱皮还是美国公共广播公司的栏目独立撰稿人，他还经常为《福布斯》(*Forbers*)、《计算机世界》(*Computer World*)、《销售与市场》(*Sale & Marketing Management*) 等杂志撰写管理类文章。他的研究兴趣很广泛，除了流程再造外，还包括战略管理、运作管理、组织发展与变革以及信息技术等。

詹姆斯·钱皮著述颇丰，其中他与哈佛商学院教授 Nitin Nohria 合著的《管理你的企图心》广受赞誉，已经被译成中文。他的《企业 X 再造》一书被认为是《企业再造》后的又一部力作，被认为是"信息时代跨越组织界限企业革命的纲领性著作"[①]。

二、詹姆斯·钱皮的著作

詹姆斯·钱皮的主要著作有：与汉默合著分别于 1993 年、1995 年出版《企业再造——企业管理革命的宣言》、《再造管理：对新领导者的要求》，后者被《商业周刊》评为 1995 年最畅销的工商书籍之一。与尼丁·诺利亚（Nitin Nohria）合作出版了《管理的革命》(1998 年)、《抱负弧线》(2000 年)、《企业 X 再造》(2002 年)、《钱皮新战略》(2009 年)、《钱皮新营销》(2009 年)。

（一）《企业再造——企业管理革命的宣言》

詹姆斯·钱皮（James A. Champy）是研究业务重组、组织变革和企业再造等管理问题的世界权威。与迈克尔·汉默合著的《企业再造》一直被奉为企业改革的"圣经"，全球销量逾 200 万册，被译成 17 种语言。

企业再造理论的产生有深刻的时代背景。20 世纪 60、70 年代以来，信息技术革命使企业的经营环境和运作方式发生了很大的变化，而西方国家经济的长期低增长又使得市场竞争日益激烈，企业面临着严峻挑战。有些管理专家用 3C 理论阐述了这种全新的挑战：(1) 顾客（Customer）——买卖双方关系中的主导权转到了顾客一方。竞争使顾客对商品有了更大的选择余地；随着生活水平的不断提高，

---

① 詹姆斯·钱皮：《企业 X 再造》，中信出版社 2002 年版。

顾客对各种产品和服务也有了更高的要求。（2）竞争（Competition）——技术进步使竞争的方式和手段不断发展，发生了根本性的变化，越来越多的跨国公司越出国界，在逐渐走向一体化的全球市场上展开各种形式的竞争，美国企业面临日本、欧洲企业的竞争威胁。（3）变化（Change）——市场需求日趋多变，产品寿命周期的单位已由"年"趋于"月"，技术进步使企业的生产、服务系统经常变化，这种变化已经成为持续不断的事情。因此在大量生产、大量消费的环境下发展起来的企业经营管理模式已无法适应快速变化的市场。20世纪80年代初到90年代，西方发达国家经济经过短暂的复苏后又重新跌入衰退状态，许多规模庞大的公司组织结构臃肿，工作效率低下，难于适应市场环境的变化，出现了"大企业病"现象。面对这些挑战，企业只有在更高水平上进行一场根本性的改革与创新，才能在低速增长时代增强自身的竞争力。当时迈克尔·汉默与CSCIndex顾问公司执行长官詹姆斯·钱皮为了改变这种状况，在广泛深入企业调研的基础上提出了企业再造理论。1993年，两人将多年的研究成果公诸于世，联名出版了专著《企业再造》。《企业再造》依据福特、IBM及贝尔公司的案例及相关的成功经验，介绍企业如何进行自我改造，系统阐述了企业的流程再造，即BPR（Business Process Reengineering，也译做"流程再造"）思想，提出再造企业的首要任务是企业流程重组，只有重组好企业流程，才能使企业彻底摆脱困境。BPR理论随即成为席卷欧美等国家的管理革命浪潮，并被誉为18世纪英国经济学家斯密专业分工理论之后具有划时代意义的企业管理理论。

企业再造理论首要的内容就是提出了对流程的不同理解。钱皮和汉默将流程再造定义为"针对企业业务流程的基本问题进行反思，并对它进行彻底的重新设计，以便在衡量绩效的重要指标上，如成本、质量、服务和效率等方面，取得显著的进展。"这一定义强调要打破原有分工理论的束缚，重新树立"以流程为导向"的思想。企业再造直接针对的就是被割裂得支离破碎的业务流程，其目的就是要重新建立完整和高效率的新流程。因此，在再造的过程中一定要牢固树立流程的思想，以流程为现行的出发点和终点，用崭新的流程替代传统的以分工理论为基础的流程。新变革以后的业务流程具有以下的鲜明特点：

第一，工作单位发生变化：从职能部门变为流程执行小组。

第二，工作变换：简单的任务变为多方面的工作。

第三，人的作用发生变化：从受控制变为授权。

第四，职业准备发生变化：从职业培训变为学校教育。

第五，衡量业绩和报酬的重点发生变化：从以活动为依据变为以成果为依据。

第六，晋升的标准发生变化：从看工作成绩变为看工作能力。

第七，价值观发生变化：从维护型变为开拓型。

第八，管理人员发生变化比：从监工变为教练。

第九，组织结构发生变化：从等级制变为减少层次。

第十，主管人员发生变化：从记分员变为领导人。

企业再造理论认为，企业再造活动绝不是一次改良运动，而是重大的变革。这主要表现为以下三个方面：一是企业再造对固有的基本信念提出挑战；二是企业再造需要对原有的事物进行彻底的改造；三是改革使经营业绩显著提高。

企业再造理论强调在实际管理中必须坚持三条基本原则：

第一条原则：以顾客为中心。传统的分工理论将完整的流程分解为若干任务，并把每个任务交给专门的人员去完成。在这种思想的影响下，工作的重点往往会落在任务上，从而忽视了最终目标——满足顾客的需要。恢复了流程的整个面貌，带来的直接好处就是使每位负责流程的人员充分意识到流程的出口就是向顾客提供较高的价值。

第二条原则：以员工为中心的企业再造将直接导致组织结构发生变化，扁平化成为替代传统的金字塔型结构的新模式。变化后的企业主要以流程小组为主，小组中的成员必须是复合型人才，需要具备全面知识、先进观念和敬业精神，这一客观要求推动员工不断学习、不断挑战新的目标。

第三条原则：以效率和效益为中心。重组流程推动了企业生产效率和效益的提高。IBM公司通过重组流程减少了九成的作业时间，大大降低了人工成本，并增加了100倍的业务量。在企业再造的过程中，失败的例子比比皆是，这不是由理论本身造成的，而在于企业实施再造的过程中忽视了一些相匹配的因素。因此，企业再造最终能否获得成功还要取决于两个因素：一要依靠有效的团队。企业再造的过程中会遇到各种各样的阻力，包括来自于员工个人、组织群体和社会等方面，克服这些阻力是企业再造的关键性要素。通过建立高效率的团队，可以加强个体之间的沟通，引导员工向共同的目标努力，从而彻底消除企业再造过程中的障碍。二是需要有魅力的领导。约翰·科特认为，企业再造失败在很大程度上是由于领导和组织上的不得力。因此，魅力型领导最适合担当这个重任。由于下属对领导者的能力和品德的崇拜而愿意接受魅力型领导的指挥,而这类领导者又往往不拘泥于理性和传统,成为推动变革的主要力量。

《企业再造》一书中并没有罗列出一组提供不同产品和服务的企业案例,而是为人们描绘了一张业务流程及身处其中的人们不断进行互动的网络。在这张网络里,以企业的产品或服务为主线的各个组织休戚与共。在这种情况下,从前保守商业秘密的做法已经过时了,到处充满了协作的气氛,人们拥有各自需要的信息并分享各自的观点。

通过企业再造,企业学会了:一是创建协调机制。通过在运作方面与客户的进一步协调,在客户最需要的时候以较低的成本准确地供给产品。二是更加透明。向客户详尽地展示其业务流程,这是一项在提高生产效率的同时保持竞争力的革新措施。三是理解客户的角色。通过与客户交谈以及倾听客户的建议,公司能比以往任何时候都更为出色地实现着客户的"拉动"价值,并更为精确地发挥着业务流程的"推动"效应。四是不断推进企业再造的进程。当公司的每一个部门都将互联网的作用发挥得淋漓尽致时,客户和公司的效率都能获得成倍的增长。

企业再造是 1993 年开始在美国出现的关于企业经营管理方式的一种新的理论和方法。按照迈克尔·汉默与詹姆斯·钱皮的定义,企业再造是指"为了飞越性地改善成本、质量、服务、速度等重大的现代企业的运营基准,对工作流程(Business Process)进行根本性重新思考并彻底改革",也就是说,"从头改变,重新设计"。为了能够适应新的世界竞争环境,企业必须摒弃已成惯例的运营模式和工作方法,以工作流程为中心,重新设计企业的经营、管理及运营方式。

再造理论提出至今,理论界和实践者投入很大精力进行研究,因而得到迅速推广,带来显著经济效益,并涌现出大批成功的范例。据说,在 1994 年美国 3/4 的顶尖大公司都展开了再造工程。IBM 信用公司通过流程改造,实行一个通才信贷员代替过去多位专才,并减少了九成作业时间的故事广为流传。到 1995 年,有关企业再造工程的咨询业务总额高达 500 亿美元。"再造"热也使得钱皮和汉默更为迅速地跻身于最具影响力的世界管理大师行列。

企业再造包括企业战略再造、企业文化再造、市场营销再造、企业组织再造、企业生产流程再造和质量控制系统再造。

(二)《再造管理》

继《企业再造》之后,钱皮的著作《再造管理》又被《商业周刊》评为1995年最佳管理类书籍之一。

《再造管理》是一部才华横溢、富有实践性、具有巨大影响的管理学著作。詹姆斯·钱皮通过联邦快递HP、AT&T等公司再造过程中经理们的第一手经验来阐述这种新的管理议程。他在《再造管理》中指出:在这个充满竞争的年代,公司管理人员面临具有深远影响的变化,在公司的再造中,管理人员只有再造自己的工作和管理方式,公司的再造才能成功。不然,这种剧烈的流程再造、这种想获得和满足顾客需求的冲动、这种想为市场带来新观念和新的行为方式的变革只能失败。

詹姆斯·钱皮的分析显示,这些公司的经理们在面对和掌控再造的管理挑战中,使他们的组织变得更有激情和竞争力,随着越来越多的公司进行再造,这些经理们的丰富的再造经验将成为新公司的管理指南,再造管理就也成为未来管理成功的必由之路。实质上,它是未来管理革命的宣言。

(三)《抱负弧线》

2001年,钱皮与哈佛教授尼丁·诺瑞亚合著的新书《抱负弧线》面世。许多人对抱负这一主题感到不解。钱皮说:"如果人们停下来去想一想,那么他们就会意识到,自己受到某种形式的抱负的驱使——我们通常所谈的'领导权'其实是抱负的残余物。我相信,只要管理者了解自己抱负的来源和本质,那么他们就会成为更优秀的领导者。"

詹姆斯·钱皮和尼丁·诺瑞亚在本书中最大的贡献是提出了一个独特的"企图心曲线",涵盖了企图心的三个主要阶段:第一阶段是企图心之弧的上升阶段,即个人的最初梦想以及在追求梦想的过程中必须贯彻始终的执著和勇气。第二阶段是企图心之弧的顶点,也就是企图心发挥到巅峰的阶段。第三阶段是企图心之弧的下降阶段,即每个奋斗者都不得不面临的最最艰苦的挑战。面对企图心的上升、高峰和衰减,每一个阶段都需要特别的对策和处理方式,只有这样才能保持企图心轨迹的完整和能量,才能管理企图心,而非受制于它。可见,企图心并非与生俱来,相反,它是可以培养、学习和驾驭的。

"企图心"一词源自"步行"的概念,从拉丁语"ambitionem"演化而来,意思是边走边拉选票,其现场可能是情绪激烈的,结果则可能是意义重大的。野心家的化身拿破仑·波拿巴的"企图心"是"我觉得自己在被推向一个不可捉摸的尽头。一旦我变得无足轻重,一个原子就足以把我击碎。但是即使到那时,人类所有的力量于我也无可奈何。"

企图心,正如其他虽然危险但有巨大创造力的能量,需要真正有效地管理。企图心是所有成就之本。没有企图心,就不可能有征服,就不可能有新大陆的发现,就不可能有新行业的开创。对于企图心这个东西,人们的感觉总是有些矛盾和困惑,通常认为它是危险的,但同时又认为它是一种必备的基本素质。詹姆斯·钱皮和尼丁·诺瑞亚不赞成人们滥用它,但同时又瞧不起缺乏它的人,基本上不把缺乏企图心看成缺点,而更多是把它看成一种小过错。他们理智地认为企图心是一种可以激发的能量,一方面可以带给人们无穷无尽的荣耀,另一方面却可以使人们彻底毁灭。这都取决于人们怎样利用它。简言之,企图心就是激励人们前进的动力,就是追求成功的精神,就是为值得人们追求的事业而奋斗的精神。

成大事者通常都是从默默无闻中崛起的。而且,正是他们的默默无闻才激发起他们的远大抱负和企图心。艰苦卓绝的工作在实现他们热情洋溢的企图心中起到的作用至关重要。詹姆斯·钱皮和尼丁·诺瑞亚认为企图心需要一个更好的名声。任何社会要贬低它都将得不偿失,尤其在技术常给人们前所未有的大好机遇的今天。而且历史表明,企图心往往是利大于弊,美好的企图心是使人类进步的新鲜血液。好的企图心必须以能造福他人、鼓舞他人的方式来创造财富。

詹姆斯·钱皮和尼丁·诺瑞亚认为企图心是见别人之所未见。奇才所达之目标,无人能达到;天才所达之目标,无人能看到。狄鲁哈依·H·阿班尼、迈克尔·戴尔、朱蒂·乔治、约翰·P·麦基、帕特里克·J·麦戈文和莱特兄弟,这些人身上的共同点是什么?是明察别人所不察的眼光,相信别人所不信的信念,以及敢于梦想并使梦想成真的企图心。

实现企图心需要具备坚强的个性和顽强的意志。迈着坚定的步伐前进,在逆境中坚持梦想。詹姆斯·钱皮和尼丁·诺瑞亚所研究的例证证明:伟大的事迹会赢得每个人的崇敬以及一些人对过去和现在的大英雄的效仿,他们所举的每个例子,几乎主角们都或多或少在通向胜利的道路上战胜了逆境。他们坚持人们可以从乔治·卢卡斯、纳尔逊·曼德拉和萨姆·摩尔·沃尔顿那里学到坚持的能力、乐观的能力和学习的能力。另外实现企图心还要掌握时机。因为机会几乎从不会敲人们的家门。越是相信机会的人越能够创造机会。

詹姆斯·钱皮和尼丁·诺瑞亚要求企图心要平衡。历史上不乏做得过头而干出蠢事的教训。有没有企图心过大？企图心有止境吗？答案是有。企图心是成功的必要条件，但是放任而无节制的企图心可以导致历史意义上的愚蠢。看看劳伦斯·埃利森、威廉·杰斐逊·克林顿和阿尔弗雷德·J.邓拉普、加里·C.温特这些例子，就会明白这个问题的答案。

詹姆斯·钱皮和尼丁·诺瑞亚鼓励有企图心的人追求更卓越的目标。成大事者必以超越金钱的目标为动力。到达不寻常高度的人，情况可能各不相同，但他们的共同点是：都有合理规划的、清晰的目标，来唤起他们的才干和能力，指引他们向正确的方向前进。一个催人奋进的目标是有企图心人的指南针，可以使他们不偏离航向。什么样的目标才是值得追求的？詹姆斯·钱皮和尼丁·诺瑞亚认为最满意的目标能够给它的追求者以力量，能够感召他人渴望臻于更高境界。不管你是为个人寻求一个崇高目标，还是为了带领其他人加入你的事业，他们发现有八种途径可以帮助你提升你的企图心的高度：（1）不管干什么都要追求卓越；（2）创造最大的价值；（3）赋予个人以权力；（4）改善人类生存条件；（5）创造欢笑和快乐；（6）创造未来；（7）把利润用于公益事业；（8）改善环境。

詹姆斯·钱皮和尼丁·诺瑞亚宣称有企图心但绝不违背价值观。妥协有损企图心。作为在这个纷繁复杂的世界摸爬滚打的企图心勃勃的奋斗者，不可避免地面临正确和错误之间进退两难的困境。正确的决定可能代价巨大，错误的决定也许非常容易。詹姆斯·钱皮和尼丁·诺瑞亚忠告人们：你的正直诚实非常珍贵，经不起在短期利益上糟蹋浪费。当你违背了你所主张和信仰的道德伦理价值观时，会走下坡路，而且越走下去越糟糕。自我背叛是失败的药引子。在每个领域，成功者都是那些坚守自己价值观的人。

詹姆斯·钱皮和尼丁·诺瑞亚认为放权才能保权。力量来自他人。手握权力是难以抗拒的诱惑。但与人分享权力是开创企业并发掘其最大增长潜力的唯一途径。用合作代替独裁，可以解放创造力和人类潜力。为了实现放权，他们提出以下几点建议：（1）学习接受不同的意见；（2）寻求自由与控制的平衡点；（3）权力共享可以提升绩效水平；（4）整体力量大于部分之和；（5）恐惧只能造成短期的成功；（6）积极的焦虑可以激发潜力；（7）权力并非本来就是罪恶的。

詹姆斯·钱皮和尼丁·诺瑞亚意识到：一个人只有懂得单枪匹马难以成功的道理，他的事业才能真正高效发展。力量主要来源于鼓舞他人的能力，人们需要互相依靠才能实现他们的企图心。如果各行其事，各自的努力很可能互相抵消，如果联合起来，就能达到共同的目标。

詹姆斯·钱皮和尼丁·诺瑞亚认为改善事物的秘诀是，知道何时怎样对某些事件作出反应。有时，一个人通过重新塑造一个行业，从而重塑了自己，例如詹姆斯·罗杰斯和科林·鲍威尔。有时，一个人改变了一个国家，如彼得大帝和玛格丽特·撒切尔。

他们还倡导优雅地离去。死去的不能领导活着的。体面地退位是企图心之弧的顶点，是有企图心之人的最佳时刻。只有那些最明智的人做到了。一些有企图心之人因为拒绝撒手，从而使自己的企图心之弧开始走上下坡路，看看休尔·艾弗里和罗伯特·哈夫特。另外的人则在旗帜仍在飘扬的时候撤退，最终得到更多，看看罗伯托·戈祖塔、迪安·F.莱伯龙、彼得·林奇和安德鲁·卡内基。还有就是苹果公司乱七八糟的传奇事件：先后有四个首席执行官没有机会体面地离开。

（四）《企业 X 再造》

在当今信息和商品自由流动的世界里，《企业 X 再造》向读者展示了一个崭新的企业营运模式。这本书被认为是《企业再造》后詹姆斯·钱皮推出的又一部力作，被称为"信息时代跨越组织界限企业革命的纲领性著作。"[①]

企业再造的触角不能局限于企业的股东，企业的管理者、雇员、商品和服务的供应商、合作伙伴、客户都应当包括在内。《企业 X 再造》正是着眼于拓展这一进程的迫切性，"X"在这里代表跨越组织之间的各种界限。X 再造突破长期以来横亘在企业、客户、供应商以及竞争对手之间的高墙，将相关企业的业务流程连接在一起，使所有合作伙伴共同为形成一个有效、崭新的多企业实体而共同努力，能够产生比企业各自为政大得多的生命力。这之前业务流程是在企业独立运作的条件下定义的，现在则被描述为连结整个企业群运作的红线。一个企业的业务流程相对于其他企业来说，不再是分散和孤立的，而是连绵不断、相互依存、反应迅速的一个整体的一部分。在这种情况下，到处充满了协作的气氛，人们拥有任

---

① 詹姆斯·钱皮：《企业 X 再造》，中信出版社，2002 年。

何需要的信息并分享各自的观点,企业学会了创建协调机制,更加透明地向客户详尽的展示其业务流程,通过与客户交谈以及倾听客户的建议,实现客户"拉动"价值,更为精确地发挥业务流程的"推动"效应,不断推进"X"再造的进程。

詹姆斯·钱皮认为,企业 X 再造不是一个十分复杂,但也不容易完全理解的概念。简单地说:"X 再造就是通过信息技术的广泛应用,重新规划跨越组织界限的业务流程,以实现经营绩效的突破性提升。"[①]由于 X 代表着跨越组织之间的各种界限。因此简单地说,X 再造就是跨越组织界限的业务流程的再造。

企业 X 再造不仅是一门艺术,而且是一门科学。它将企业之间的商业行为以及企业与顾客有机地联系起来,为每一参与者创造更为丰厚的价值。企业、顾客、供应商,甚至竞争对手之间的高墙正在逐步瓦解,到处充满了协调和合作的氛围。

要深刻地认识企业 X 再造,必须全面理解 X 再造过程中的"百慕大三角",这个三角的组成为:流程、策略与参与。业务流程是企业再造的关键词汇,而 X 再造则赋予流程崭新的含义。

第一,X 再造的业务流程包含了更多的参与者,不仅仅限制于企业的内部成员,而且包括顾客、供应商、销售商、合作伙伴甚至竞争对手,而且这些参与者都是相互依存的整体,再造缺少了那一部分都不行。

第二,X 再造彻底改变了保守业务流程秘密的规则,除了那些特别保密的部分,要求开放一切业务流程。传统上,业务流程被看作是一种竞争中可以获得竞争优势的专有技术而严加保密,轻易不公诸于世。在 X 再造中,企业的业务流程必须与顾客、供应商、销售商甚至竞争对手的业务流程连接在一起,企业不但需要了解对方,而且对方也需要了解该企业。因此,互相间开放业务流程,既是必要的,也是必须的。

第三,业务流程为企业生态系统的生物链条,它涉及到连续互动的整个企业群的运作。一个企业的业务流程相对于其他企业来说,不再是分散和孤立的,而是连绵不绝、相互依存、反应迅速的一个整体的一部分,应用相关的技术,提高跨组织的绩效,就成为企业实施 X 再造进程的命脉所在。

根据业务流程所跨越的组织范围,詹姆斯·钱皮把业务流程分成三类:第一类,企业可以独自完成的流程。该类业务流程的控制权企业可以完全掌握,往往

---

① 詹姆斯·钱皮:《企业 X 再造》,中信出版社,2002 年,第 28 页。

成为企业竞争力的核心，因而不必也不需要将此类流程交与其他组织完成。第二类，企业可以与其他组织协同完成的业务流程。这类业务流程涉及企业、供应商、合作伙伴以及顾客之间的信息流、物流、资金流的交换和流转，不属于企业专属的业务流程。第三类，企业依靠其他组织来完成的业务流程。这类业务流程是其他组织包括顾客、供应商、销售商、合作伙伴等的主要业务，因此可以将这些流程外包给其他组织。企业要实施X再造，就必须重新审视这三类业务流程，明确哪些自营，哪些与其他组织协同运作，哪些进行业务流程外包。

策略是"百慕大三角"的第二个角，企业通过采用不同的策略或策略组合来实现为顾客的增值服务。这些策略包括：定价、质量、服务、制定、创新、速度与多样化。在企业X再造流程中，"百慕大三角"中的第三个角为"参与"，即要参与到进入企业经营范畴的外界组织中去，与顾客、供应商、销售商甚至竞争对手建立密切的联系，进行协同运作。了解参与者的财务状况以及原材料的需求和产品的预定情况，实现企业系统与外界参与者的相关系统的完美无缝的对接，保证整个系统的运作。

三、詹姆斯·钱皮的主要贡献

企业进行流程再造的具体做法，就是充分借助现代信息技术，以业务流程的彻底变革为核心，突破传统的"职能分工"概念，通过辨识、分解、评估业务流程中的各个环节，对不必要的流程进行删除、压缩、整合、外包，以有利于开发客户价值为标准，来重新设计业务流程，重新建设组织架构，重新改造经营管理模式。整个流程再造过程其实就是一个对传统企业管理方法和理念加以颠覆、重组、更新的过程，是凤凰涅后的新生。新生以死亡为前提，再造以颠覆为前提。流程再造的颠覆性表现在两个方面：一是对传统分工理论的颠覆；二是对经典官僚组织体制的颠覆。

（一）颠覆了传统分工理论

分工理论的鼻祖亚当·斯密在《国民财富的性质和原因的研究》中对劳动分工进行了原理式剖析。斯密的分工理论在工业社会的实践中得到了最为广泛的运用，时至今日，分工理论由制造业推广到服务业，由营利组织推广到非营利组织，几乎没有一个企业能够背离它。由分工而建立的管理规则，指导着企业的运行与发展已经长达两个世纪。在分工理论指导下，通过分解企业的整个生产流程和经营流程，依此配备管理人员、技术人员、蓝领工人、服务人员等，把一个复杂的工作分解成多个简单的工作，进而提高工作人员的技术熟练程度和现场的工作效率。然而，在20世纪即将结束的90年代，这套分工理论受到了挑战。分工形成的流程控制，最后肯定会通向金字塔式的集权控制模式，这种模式的主要特色就是工作流程的程式化和权力运作的规范化。在这种模式下，公司由许多业务上相对独立的职能部门组成，经营流程被分割成许多专业化的片断碎块。流程所涉及的相关部门各自拥有独立的信息，企业的信息被分割成数据碎片。在流程中的各个环节，工作人员需要重复查阅不同文件，按标准化的要求进行作业行为。专业化的副作用迟早会造成部门之间的人为割裂，企业内部的各部门各单元各司其职，工作人员只对业务流程中归其负责的局部活动负责，缺乏整体观念，最终无人对整个业务流程负责。为了保持部门之间的协调和联系，又不得不增加机构和人员，导致间接费用和成本增加。而且，流程之间严密的分工往往会引起运作僵滞，缺乏创新，效率低下，柔性不足而刚性有余，反应迟钝而惰性增长，很难适应客户和外界的要求。

如果说，在大批量流水线式的制造业中，分工形成的业务流程还具有效率和成本上的合理性，那么随着日新月异的新技术革命，企业所处的环境已经发生了重大变化，一成不变的大批量模式随之过时。在当今的现实世界里，顾客需求、产品生命周期、市场增长、技术更新速度、竞争方式等等，几乎没有一样是可以准确预料或者保持稳定不变的。影响当代企业的诸多要素中，有三个要素至关重要，即顾客（Customer）、竞争（Competition）和变化（Change）。随着信息社会的到来，这三种要素本身有了根本性变化，对企业的影响日益增大。这三种要素或分别或组合所形成的强大力量，把企业经理推到了他们并不熟悉的领域。经理在运营中的陌生感与恐慌，几乎都同这三个要素有关。因此，这三个要素需要引起企业经理人员的特别关注，流程再造就是由此引发的。

钱皮与汉默认为，在信息社会，斯密的分工理论已经陷入困境，流程再造就是要彻底跳出这种困境。所以，从本质上看，它无疑是对劳动分工理论的颠覆。这种颠覆性体现在以下两个方面。

1. 以作业流程为中心，而不是以技术分工为中心

在企业流程再造过程中，肯定要根据社会需求和发展思路，对企业组织进行战略性调整。这种调整的组织形式，就是以新型的流程小组取代原有的职能部门，把原来的职能管理资源进行整合重组，以流程体系连接专业化分工，使整个企业的运行回归到整合状态。一个以流程为中心的企业和一个以职能为中心的企业具有根本性的不同。这种不同，不是企业营运流程的差异，而是维系企业的基本结构差异。在传统企业中，组成企业的基本结构是职能相对单一的部门，所有部门只能承担每一个流程的片段；而在以流程为中心的企业中，企业的基本组成单元是不同的流程，不存在刚性部门，甚至流程本身也不是刚性的，而是随着市场的变化可以随时增减和改变的。另外，在传统企业中，流程隐含在每个部门的职能体系中，没有人专职对具体的流程负责，流程变成了片段式的任务流，任务和任务之间的脱节和冲突司空见惯。而在以流程为中心的企业中，每个流程都有专门的流程主持人负责控制，由各类专业人员组成的团队负责实施，流程成为一种可以真实观察、控制和调整的连续过程。

2. 以顾客满意为导向，而不是以企业生产能力为导向

流程再造的主旨是顾客满意。工业化完成以后，人类生活中原有的买卖双方关系，或迟或早都会发生重大变化，其总体趋势就是由卖方市场转向买方市场，顾客主宰着买卖关系。而顾客需求的特点不再是简单的结实耐用，而是越来越倾向于多样化、个性化、现代化和时尚化。同时，随着技术的日益发展，企业产品生命周期也在不断缩短。对顾客而言，信息技术使得人们可以逐渐减少有关商品的信息不对称，从而削减企业的发言权。原有的那种由企业引导顾客的时代已经不复存在了，代之以顾客引导企业的新时代，这才是"顾客是上帝"的真实含义。如果不了解这一重大变化，企业在激烈的市场竞争中必然失败。因此，流程再造强调以顾客的需求来决定公司业务的内容，以顾客的意向对业务流程予以彻底更新。再造的目的是通过调整、信息反馈、全员参与等手段实现企业经营的根本性转变，由以生产为中心转向以消费为中心，满足顾客的需要。"我们的工资全都是顾客付给的，我们必须做令顾客感到满意的事情"。

总之，业务流程再造的实质就是对传统的分工理论进行重新审视，把被生产技术分割得支离破碎的业务流程按照顾客需要重新整合起来，实行流程管理。

（二）颠覆了经典官僚组织体制

经典官僚组织体制是一种层次分明、制度严格、权责明确的组织体系。这种组织建立在韦伯所说的法理权威之上，以其层级结构、精确高效、规范严密、非人格化而著称。随着社会的发展，官僚组织受到越来越多的批评。钱皮和汉默提出的流程再造思想，从组织角度对官僚组织体制形成了全面的替代和颠覆。

1. 组织结构实现由金字塔型向扁平型转变

在现代社会中，企业组织所面临的环境不确定性越来越大。钱皮和汉默认为，在变化的环境中，永恒的事物只有一件，那就是变化本身。变化已成为一种常态，它变得非常普遍和连续不断，而且变化速度也大大提高。经典官僚组织所面临的一大难题，是组织自身的等级层次结构具有机械性和繁琐性，难以适应环境的快速变化，往往滞后于现实需要。官僚组织体制的生命力在于其制度化和理性化，它对任何问题都要按相应的制度及组织规程解决，对任何事务都要有职业化的专门机构加以处理，针对任何一项工作，都会遵循讨论、草拟、定规等一系列稳健的程序。在这样一种体制下，从问题提出到问题解决，有可能早已时过境迁，物是人非。官僚组织在不断演化中，势必会趋向于组织内部的分工越来越细密，业务流程越来越复杂，制度条文规则越来越繁琐。人们的行为被严格地限定在组织的既定框架中，员工丧失了灵活主动地解决问题的可能。以几乎一成不变的组织结构和程序来面对变化莫测的环境，无疑会在激烈的市场竞争中落败。

流程再造所构建的组织结构，要求组织能够对当前所提供的产品和服务采取变通态度，不拘泥于习惯做法和既有规程，要能根据环境的变化及时调整产品和服务的种类、提供方式。为了适应环境的变化与不确定性，流程再造以扁平化作为新型组织结构的基本方向，减少组织的层级结构，改变过去的金字塔型体系，把员工组织成强调合作的工作团队，让员工对突发事务拥有更多的自主权。下放对组织日常事务的决策权，让工作人员有决定权。正如汉默所言："等级制度的决策方式所付出的代价现在已经高得令人难以忍受。事无巨细都要层层向上请示，这样的决策对节奏快速的市场来说，必然是显得慢了。"流程再造倡导对人的信任，减少规章对人的主动性的束缚，软化官僚组织的僵滞，从而提高组织在环境变化面前的主动性和灵活性。相对于官僚组织而言，人们可以竞争的等级职位减少了，工作人员被重新组合成流程小组，组织更加强调的不再是职位，而是个人技术的全面发展以及解决问题的能力。组织不再追求自身的内部合理性和规范性，而是追求满足顾客需要的能力以及对顾客的服务效果。

2. 实现组织目标由追求局部效率向追求整体使命的转变

传统组织中的每个人、每个部门都在重复自己的工作，然而限于自身的权力位置和职能分工，他们无法确切地给自己在整个组织系统内定位，也不知道他们的工作与组织目标实现的关联程度。同时，官僚组织在实际运行中，以形式理性置换了实质理性，使"理性"和"效率"常常成为官僚组织牺牲社会利益和整体利益的借口。员工必须遵守那些本来就不该制定的规则，编写那些毫无实际价值、通常也不会有人去读的报告，在提高效率和控制浪费的名义下，造成无效性。

在流程再造中，再造主体需要对组织的业务流程进行"从头再来"的分析、改造和重新设计。这种再造过程，必须引导组织成员重新关注组织存在的目的和组织的社会价值，在再造中实现组织理念的重新塑造，鼓励员工在面对顾客时承担全部责任，使组织成员对自己所创造的社会价值和经济价值都能形成清晰的认识。通过流程简化、组织扁平化、打破流程分割等变革，使组织成员对组织的整体认知得到增强，进而改变官僚组织中局限于被分割的部门和职位责任，更多地关注于产品和服务的结果及其为社会和顾客带来的价值和增值。

3. 企业内部的工作流程要实现革命性的转变

官僚组织崇尚专门技术，依靠条块分割的"鸽笼式"专业化单位来解决各种问题。然而当环境发生变化，新事物和新问题出现时，专业化的官僚组织由于稳定性的需要，一般不会马上建立一个新的部门和职位来应对。同时，这种稳定性会导致组织内的已经过时、不具有实际意义的部门和职位难以撤销。在官僚组织中，未曾发生过的新事情往往找不到主管部门，而撤销一个老部门比建立一个新部门要困难得多。钱皮和汉默倡导的流程再造，特别强调改造的彻底性。它要求对整个企业的相关流程进行考察，对现有流程加以分析，确定流程的起点和目的，并对那些不产生增值效益的流程，以及重复多余累赘的流程，一概加以撤换归并，甚至会全盘否定，抛弃原有流程，而代之以全新的流程。这就为打破官僚组织的稳定结构提供了可能。

总之，流程再造后的企业组织，已不再是机械的、封闭的、以组织自身的需要为导向的组织，而是呈现出一种灵活机动、生机盎然、热情向上、注重顾客利益的新组织。

四、詹姆斯·钱皮的管理思想评论

（一）推动了全世界企业经营理念的改变

"再造工程"在欧美的企业中受到了高度的重视，因而得到迅速推广，带来了显著的经济效益，涌现出大批成功的范例。从1994年起，由CSC索引（CSC Index）公司（战略管理咨询公司）对北美和欧洲6000家大公司进行了621家抽样问卷调查，结果显示：北美497家的69%、欧洲124家的75%已经进行了一个或多个再造项目，余下的公司一半也在考虑这样的项目。据估计，约有70%~75%的欧美企业正计划实施BPR，有一些公司通过BPR也取得了一定的成绩，例如福特汽车公司、AT&T、IBM、意大利的BAT、德国西门子公司的Nixdorf Service等。此外，亚洲也有许多公司纷纷接受这一思想，其中有泰国的泰华农民银行、中国台湾的永大机电工业公司这样的成功案例。美国公司1994年花在再造上的钱超过70亿美元，其中包括人工费用和咨询费用，如果要计入所需的技术投资，再造开支即刻膨胀到300亿美元。20世纪90年代前期，每年均有来自世界上1000多家世界著名的大公司的1万多人参加汉默举办的再造技术培训班。美国运通公司（American Express）（主要业务为信用卡）通过再造，每年减少费用超过10亿美元。德州仪器公司的半导体部门通过再造，对集成电路的订货处理程序的周期时间减少了一半还多，改变了顾客的满意度，由最坏变为最好，并使企业达到了前所未有的收入等。①

这种效果正如钱皮所指出的那样："《再造企业》彷佛触到了人们最敏感的神经，在世界的每个角度、在各个行业当中掀起了再造浪潮。实践已经证明，企业的再造已经获得了巨大的成效。最近，一份来自美国麻省理工学院的研究报告表明，自1993年以来，在航天工业领域，由再造所带来的生产率提高达30%。与此同时，从保险业到计算机零部件制造业，企业再造成功的例子比比皆是。"②

西风东渐，再造思想在我国迅速传播，无论是理论方面还是实践方面，人们对流程再造已经逐渐熟悉，流程也成为我国各行各业的常用词汇，再造思想逐渐

---

① 踪家峰、郝海：《传统管理的革命者》，河北大学出版社2005年版，第93页。
② 詹姆斯·钱皮：《企业X再造》，中信出版社2002年版，第1—2页。

深入人心。在实践中，随着我国电子商务和电子政务的减少，业务流程再造也提升到战略的层次，我国许多企业进行了企业再造并取得了成功，如我国著名的企业海尔就因再造而生机勃勃。人们逐步认识到，企业再造思维对政府再造大有裨益，有的地方有的部门已经开始实施。在理论上，再造思想也获得高度评价。如我国著名管理学家陈炳富认为，再造工程是管理革命的宣言，它不是一种空洞的抽象的管理时尚，而是管理的行动，关系到企业中的每一个人和每一项活动。他还希望中国的企业家们应该努力迎接新时期的挑战，从自己企业再造的实践中，创造企业竞争力的新支点[①]。

（二）再造思想不完善，分析工具不健全

公司再造理论给全球的企业和政府带来了巨大影响，许多公司取得了再造的成功。但是不容置疑的是，有更多的公司并没有取得预期的成功，甚至许多公司再造过程中招致失败。在某种意义上，20世纪90年代初期的欧美，BPR带给企业界的更多是一种期望，而不是一种希望，停留在学术观点还有待于实践的验证。下面是从1993～1995年之间的几组权威调查数据：

1993年，麦肯锡咨询公司对20个BPR项目进行调查的结果显示，60%的企业所取得的效益（包括成本的降低）小于5%，30%的企业节约成本达18%以上，只有10%的企业认为达到了BPR所承诺的效果。

1994年，CSC索引公司（BPR创始人之一钱皮担任该公司的CEO）做了100个BPR项目的调查，结果是67%的企业认为效果甚微或失败，只有33%的企业认为BPR取得了较好的结果。

1996年，德勤咨询公司调查400个BPR项目，发现与前面的结果非常相似。

2001年，英国FCD调查机构对全球600个业务流程再造项目进行了调查，结果显示：78%的企业项目取得的效果与预期相距甚远，其中甚至有45%的项目使企业取得负面效益，只有22%的企业取得了成功。另外一个很能吸引人的现象是那些取得项目成功的企业，其实施成功的时间段基本上都出于1990～1995年，而1995年以后的企业项目失败率占据大部分比例。

通过以上的对比我们能够清楚地知道，业务流程再造既有曾经的辉煌和成功，

---

① 张金成：《再造工程—企业竞争力的新支点》，天津人民出版社1996年版，第4页。

又有现在的低潮时期,业务流程再造好像也不是包治百病、放之四海而皆准的良方。正因为如此,20世纪90年代后期以来,笼罩在业务流程再造上的光环也在逐渐消退,人们不再狂热和非理性,而是投身于对业务流程再造的深入研究和实践中。

业务流程再造是一个还在发展的学说,本身思想还不缜密。作为一种发展的学说,业务流程的再造思想表现为:思想仍在发展、实践上也在发展、分析工具还不健全。

思想仍在发展表现为:在钱皮和汉默1993年提出业务流程再造后,他们一直没有停止探讨,业务流程再造从流程再造到流程型组织再造,再到跨组织的X再造,业务流程再造的学说一直在发展。

实践上的发展表现为:业务流程再造在时间性上并未得到成熟证明。

分析工具的不健全表现为:展开业务流程再造是需要很多实施策略、实施方法、流程分析模型、规范化程序、构造业务流程再造组织体系与管理结构、流程分析工具等。

亨利·明茨伯格说:"再造思想没有经历再造。它不过是一些具体化的东西,与旧观点没有什么两样。在新系统下,具体的变化自然会应运而生。任何昙花一现的管理时尚都会拥有崇尚虚华的追随者,于是大家都跟着动了起来,再造一切。一位偏远地区的经理在读书后深信变革势在必行,我们认为他的需求才是对变革的真正需求。我们为何不停止再造、再搭、再构、分散经营等而开始思考呢?"[1]

业务流程再造的矛头直接指向亚当·斯密的劳动分工理论及其在分工原则下建立的金字塔式的科层制组织[2]。钱皮和汉默指出:"一整套两个多世纪之前拟定的原则在19世纪和20世纪的岁月里对美国企业结构、管理和实绩起了塑造定型的作用。在这本书里,我们说现在应该淘汰这些原则,另造一套新的。对于美国公司来说,不这样做的另一条路就是关门歇业。"

分工原则和科层制组织真的应该完全抛弃吗?再造的经验告诉我们并不是这样的。按照马克思·韦伯的说法,根据劳动分工建立的科层制组织具有以下6个特点:第一,组织中的人员应有固定和正式的职责并依法行使职权。组织是根据

---

[1] 斯图尔特·克雷纳:《管理必读50种》,海南出版社1999年版,第44页。
[2] 科层制组织又称官僚制组织,区别于官僚主义。

合法程序制定的，应有其明确目标，并靠着这一套完整的法规制度，来组织与规范成员的行为，以期待有效地追求与达到组织的目标。第二，组织的结构遵循等级制原则。所有岗位遵循等级制度原则，在组织中按照地位的高低规定成员间命令与服从的关系，每个职员都受到高一级职员的控制和监督。第三，人与工作的关系。成员间的关系只有对事的关系而无对人的关系。第四，成员的选用与保障。每一位职员根据其资格限制，按自由契约原则，经公开考试合格予以使用，务求人尽其才。第五，专业分工与技术训练。团队成员进行合理分工并明确其工作范围及权责，然后通过技术培训来提高工作效率。第六，成员的工资及升迁。按职位支付薪金，并建立奖励与升迁制度，使成员安心工作，培养事业心。这样的科层制组织即使在现代企业里都拥有极大的效应，是有些事业务流程再造理论所无法达到的。因此，试图全面抛弃劳动分工理论，创造出一种全新的、可代替旧模式的新型管理理论和实践体系是不容易做到的，再造理论应该和其他管理理论相融合，才能演绎出可调和的、更贴近组织实现的管理理论来。①

钱皮和汉默反复强调业务流程再造要讲求根本性和彻底性，要推倒重来，要在一张白纸上描绘出绚丽的篇章，要实行"凤凰涅槃"式的变革，这可能不适合所有的企业。牛津大学管理学院信息管理研究中心前主持人泰勒教授和英国彻曼斯特理工大学的威勒教授认为，业务流程再造的核心理念——"根本性"和"彻底性"——实际上是建立在这样一个前提之上，即对企业流程的重组犹如拆装机器一般。从这点可以看出BPR所体现的管理思维是非常理想化的，而实际上并非所有的企业流程都是如此理想化，很多企业也不能承担"凤凰涅槃"式的变革。英国学者科林·威廉和乔治·宾尼认为成功的组织并不否认或尝试摧毁历史遗产，它们力图在历史遗产上进行建设。它们尊重历史积累的经验，并成人组织的决策层对历史经验的认识是模糊不清的。②

（三）再造理论忽视了人的因素

在再造过程中对人的因素重视不够也是再造学说需要改进的地方。早在1993年，汤姆·彼得斯就认识到这个问题，他说："多数再造的努力付之东流，或是收

---

① 梅绍祖等：《流程再造：理论、方法和技术》，清华大学出版社2004版，第68页。
② 斯图尔特·克雷纳：《管理必读50种》，海南出版社1999年版，第44页。

效甚微，或是中途夭折，原因就是它对个人的美好愿望、智慧、朴素缺乏信任和尊重。"1995 年，业务流程再造的奠基人汉默自己承认：70%的业务流程再造项目不仅没有取得预期的成果，反而使得事情变得更糟。汉默在《华尔街日报》的一次访谈中承认了自己的错误。钱皮在 Across the Board 杂志的一篇文章中道了歉，他们认为革命性变化过热，把"人"的因素遗漏在外。钱皮在《再造管理》中再次谈到，经理人员无一不愿意以严厉的眼光来审视别人，但通常不愿意以同样的眼光来审视自己。

詹姆斯·钱皮和迈克尔·汉默在 20 世纪 90 年代出版的《企业再造》，主要是研究了一些商业流程的变化，特别是新的商业模式的情况。《钱皮新战略》讲的是一些新的创意如何满足需求，《钱皮新营销》主要是关于营销方面的内容。这三本书都是围绕新的商业模式的一些想法。在 20 世纪 50 年代，德鲁克写的相关方面书籍相信大家已有所了解。管理理论可能没有一些新的突破了，但是企业经营方面的新做法却是层出不穷的。在商业模式当中，一些缺陷可能引发了金融危机和经济危机，比如对风险容忍度过高，一些大的银行在这方面体现的尤为明显。再比如缺乏高效的供应链，一些公司和一些行业出现产能过剩。对于风险容忍度过高的问题，现在还有一些银行不断的对风险进行容忍，导致这样的问题像滚雪球一般迅速恶化。

詹姆斯·钱皮的《钱皮新战略》和《钱皮新营销》里面的案例，向人们解释组织管理和企业再造理论。第一，树立愿景，不仅要把公司建立起来扩大规模，而且要从更高的层次去思考公司的发展，比如提高产品和服务的质量。第二，重视直觉，案例中很多公司决策者在最后作出分析的时候，很大程度还是依赖自己的直觉。但是有一个前提，就是这些人非常关注市场，关注自己的顾客，了解客户的需求。第三，关注焦点。很多公司看起来成功，但其实缺乏对市场的剖析，在表面风光的背后，是背离市场需求而无可避免的衰败。第四，承受风险。对风险有强的承受力，是很重要的一点，在发展中必须要时时关注风险问题。第五，要进行创新，只有创新才能生存。这一点应该纳入到企业文化当中。创新，是迈向进步的基础，在思考下一步要做什么的时候推陈出新，才能更好的发展。但创新必须建立在对顾客、对市场了解的基础上。一个公司的 CEO 肯定了解公司最初建立的目的，但这不仅要 CEO 知道，还要让所有的雇员了解和参与其中。要关注流程及模式的改善，所有雇员都应该关注到管理的变化。

本章参考文献

[1] 詹姆斯·钱皮. 企业 X 再造 [M]. 钱正茂译. 北京：中信出版社，2002。

[2] 张金成. 再造工程——企业竞争力的新支点 [M]. 天津人民出版社，1996。

[3] 斯图尔特·克雷纳. 管理必读 50 种 [M]. 覃果等译. 海口：海南出版社，1999。

[4] 梅绍祖等. 流程再造：理论、方法和技术 [M]. 北京：清华大学出版社，2004。

[5] 踪家峰，郝海. 传统管理的革命者 [M]. 保定：河北大学出版社，2005。

第九章 杰佛里·佩弗：新企业会重蹈覆辙吗？

杰佛里·佩弗（Jeffrey Pfeffer）斯坦福大学商业研究院关于组织行为方面的托马斯·D.迪伊基金教授。除了90多篇论文及论著章节，佩弗独立撰写或者与人合著13部著作，他是以下著作的作者：《组织及组织理论》、《组织权力》、《组织设计》、《权力管理：组织中的政治及影响》及《员工的竞争优势：挖掘劳动力的潜能》，他还与人合著了《组织的外部控制：论资源独立性》一书。这些著作现在已经被组织行为学领域的研究者奉为经典，在当今世界管理学界中占有重要的学术地位。

一、杰佛里·佩弗的生平

杰佛里·佩弗是斯坦福大学商学院的托马斯·D.迪伊基金教授，自1979年以来，他一直在此任教。佩弗独立撰写或者与人合著13部著作，这些书现在已经被组织行为学领域的研究者奉为经典，在当今世界管理学界中占有重要的学术地位。每一个有耐心和能力阅读完这些书籍的人，都将获益良多。

1968年，杰佛里·佩弗在卡内基-梅隆大学获得经营与管理科学学士学位和工业管理硕士学位，1972年获得斯坦福大学组织行为学博士，之后又获得耶鲁大学授予的心理学博士学位。他的职业生涯以助理教授的身份开始于美国伊利诺伊斯大学香槟校区，1973—1979年在加州大学伯克利分校当过助理教授和副教授，并在哈佛商学院做过访问学者。如今，佩弗已经成为哈佛商学院、新加坡管理大学以及伦敦商学院的客座教授，同时也是巴塞罗那IESE商学院的常客。

在高校里，佩弗主要教授人力资源管理和组织行为学的核心及选修课程，进入斯坦福大学后，他又开设了一门组织权力的选修课程。他也热衷于研究各类管理学领域的案例并撰写总结。如在一个人如何获得控制权并统筹管理自己的事业方面，佩弗教授也撰写了 Keith Ferrazzi, Jeffrey Sonnenfeld and Laura Esserman 的案例。针对一些公司采取高承诺或高绩效的管理模式，他主要关注了达维塔、男仕服饰公司、西南航空公司、圣十字医院、SAS 研究所和安第斯地区的金佰利的具体案例。

从 2003 年始直至 2007 年，佩弗在《商业 2.0》杂志上开设专栏"人为因素"，该杂志在世界范围内拥有 60 万人的固定读者群，在商界影响颇深。自 2007 年以来，他又开始为另一本土耳其商界和经济学界的重要杂志《资本》撰写月刊专栏。目前，他为哥伦比亚广播公司撰写双月博客，实现与听众互动，也偶尔为华盛顿邮报供稿。此外，佩弗坚持做着一档 60 分钟的 CBS 周日早间时段的节目，同时他也经常作为嘉宾出现于 CNBS 以及韩国的一些电视及电台栏目中。他的学术观点被世界各国的新闻资讯频频引用，在世界范围内有着极其广泛的影响力。佩弗本人也是管理学界的热点新闻人物。

目前，作为 Audible Magic 公司的董事会成员之一，佩弗为公司的盈利出谋划策，同时他还服务于一些非营利性组织，如"飞跃保健"和"旧金山剧场"。此前，他曾担任几个人力资本管理公司的董事，包括 Resumix, Unicru 和 Workstream，担任 SonoSite 公司的董事十年之久。同时，他也是民营高科技企业 Actify 和 Audible Magic 的董事会成员。迄今为止，佩弗先后在全世界 27 个国家教授高级主管培训班，传授其管理学思想，教授企业的管理理念与管理技巧。他参与了 34 个国家和地区的研讨会，并为众多的公司、协会以及各大美国高校做咨询或提供行政培训，亦是多家学术刊物编辑委员会的成员。

由于众多的文章和书籍，早在 20 年前，佩弗教授就被选举为管理学院的院士，成为高级研究中心的研究员，还因其众多的书籍和学术论文而获得了诸多奖项。之后，杰佛里·佩弗成了理查德·欧文奖（Richard I. Irwin Award）的获得者，这项荣誉由管理学会颁发，以表彰其在管理学领域的杰出贡献。

二、杰佛里·佩弗的著作

杰佛里·佩弗的著作众多，从 1978 年至今一直笔耕不辍。从 *Organizational*

Design 到 2011 年出版的 *Power: Why Some People Have It-And Others Don't*，这些书不仅仅是一些文字的集合，每一本书都代表着佩弗在某个阶段的研究成果。这些成果不一定尽善尽美，然而当把它们视为一个整体的时候，它们完美地表达了佩弗的整个学术思想的发展，也表达了管理学中一个体系的变迁。从这个意义上来说，研究佩弗的著作，就是研究其本人的管理学思想史，研究其管理学的思想体系。有了这一视角，我们就相当于站在了这位管理学大师的肩膀上，有了全新的视野和高度，这是相当有意义的。

迄今为止，佩弗教授一共出版了 13 本著作，我们可以列出一个书单（见表9-1），本书中我们主要介绍其中最为著名的几本。

表 9-1　杰佛里·佩弗著作一览表

年份	书目
1978	*Organizational Design*
1978	组织的外部控制：对组织资源依赖的分析 *The External Control of Organizations: A Resource Dependence Perspective*
1981	*Power in Organizations*
1982	*Organizations and Organization Theory* 组织及组织理论
1992	用权之道：机构中的权力斗争与影响 *Managing with Power: Politics and Influence in Organizations*
1994	求势于人：释放员工能量实现竞争优势 *Competitive Advantage Through People: Unleashing the Power of the WorkForce*
1997	*New Directions for Organization Theory: Problems and Prospects*
1998	人力资源方程式：以员工为本创造利润 *The Human Equation: Building Profits by Putting People First*
2000	工作最怕光说不练 *The Knowing-Doing Gap: How Smart Companies Turn Knowledge into Action*
2000	平凡的员工非凡的业绩：开发员工潜藏的价值 *Hidden Value: How Great Companies Achieve Extraordinary Results withOrdinary People*
2006	管理的真相：事实、传言与胡扯 *Hard Facts, Dangerous Half-Truths, and Total Nonsense: Profiting fromEvidence-Based Management*
2007	你所知道的管理都是胡扯 *What Were They Thinking: Unconventional Wisdom About Management*
2011	*Power: Why Some People Have It-And Others Don't*

注：没有中文译本的书目仅写出英文书名。

（一）《组织的外部控制：对组织资源依赖的分析》

管理理论大约在 30 年前出现了重大变化，组织模型终于开始重视环境要素。首开先河的是保罗·劳伦斯以及洛斯齐在 1967 年进行的一项突破性的研究，认为潜在消费者和推出新产品的企业之间，有着非常频繁的互动。1978 年，当时进化理论的明星级年轻研究学者杰佛里·佩弗与杰勒尔德·R.萨兰基克合著了《组织的外部控制：对组织资源依赖的分析》(The External Control of Organizations: A Resource Dependence Perspective)[①]（以下简称《组织》），同年马歇尔·迈尔也出版了《环境与组织》[②]。这一时期的这几项研究，前所未有地强调了环境因素在组织管理活动中的重要作用，而发展至今，资源依赖观点已经是最经常被引用的管理理论之一。

《组织》一书共有三个中心主题，每一个主题代表着组织研究领域在不同发展阶段的研究方向及其变化。通过对这三大主题的研究，结合已有的经验和随之而来的理论展开，我们就可以评估出该书的影响力，并进一步观察本书观点的演变过程及在现实世界中这些观点在管理学领域所扮演的角色。

第一，本书的核心主题是论述了内部环境或组织的社会环境在有关问题决策的制定过程中的重要作用。这一观点帮助人们理解了包括员工招募、董事会成员构成、联盟和兼并的寻求等问题，一般的前提条件就是相关社会环境。了解组织环境的重要性在于，它是开放系统理论观点的自然延伸，并与当今理论相结合。该观点认为，如果想真正了解组织的抉择和行动，就应该更多地关注组织所处的位置，以及所在位置上的压力与限制因素，而不是将重点放在组织内部的动力机制和领导的价值观与信念之上。

第二，作者指出，尽管组织明显受到所处形势和环境的制约，但还是有机会做自己的事情的，如与拥有其不足资源的组织建立联盟，以获得更多临时自主权，从而获得更多符合组织利益的权力等。

第三，作者论述了培养人们对组织内部和组织间的行为进行理解的能力的重要性。作为一种理念，社会力量的重要性在于它是对依赖和相互依赖关注的必然

[①] Jeffrey Pfeffer and Gerald R. Salancik. *The External Control of Organizations: A Resource Dependence Perspective*[M]. StanfordUniversity Press, 2003.

[②] Marshall W. Meyer. *Environments And Organizations:Jossey-Bass Social And Behavioral Science Series*[M].Jossey-Bass, 1978.

结果，同时也是依赖产生的限制与努力减轻这些限制的影响的结果。

在组织行为学领域，《组织》一书被公认具有里程碑意义，而且被引用的次数随着时间的推移不减反增，可见这一观点正在得到越来越多的重视，也体现出佩弗教授这一研究的理论超前性。此前，人们并未充分认识到组织结构对外部环境和社会背景的重要作用，直至资源依赖理论正式被提出。急于深入了解这一理论的读者不必担心，在本章的后续内容中，笔者将对这一理论进行详细分析。

（二）《用权之道：机构中的权力斗争与影响》

佩弗教授撰写《用权之道：机构中的权力斗争与影响》（*Managing with Power: Politics and Influence in Organizations*）的原因是非常戏剧化的。早些时候，他为斯坦福大学商学院"机构中的权力与权力斗争"课程而撰写的教科书《机构中的权力》（*Power in Organizations*）被停止使用了，而他是这门深受欢迎的课程的创立者，称得上是这门课程的开山鼻祖。另外，他的妻子在耐心读完他热情推荐的《机构中的权力》后提出一个出乎他意料的问题，"你能不能写点人们看得懂的东西？"此时佩弗意识到了问题的严重性，他下决心采用新的叙述手法、新的素材和近几年研究的新成果，尤其是许多有关创新和变革的政治动力以及权力和权力斗争在这一过程所起的作用方面的内容，对原书进行一次根本性的"大换血"和"大包装"，使之更贴近时代，更易被普通读者所接收。读完佩弗博士的新作会发现他的预期目标达到了，该书以通俗易懂的形式解读权力的真谛，破译权力的奥秘，兴味盎然，引人驻足。

"告知人们权力有奥秘但并不神秘，要以平常心善待权力，有一个客观、健康、正确的权力观，这是本书的第一要意，也是佩弗博士着力想传达给读者的最有价值的思想。"[①] 权力是一个很有些魅力的公共话题，人们谈论它就像谈论钱、购物一样自然习惯。也不难在书摊上找到一些论述权力、权术的书，但这些书从包装到内容大都有一种明显的倾向，就是将权力神秘化、丑陋化和邪恶化。当然，谈及权力问题确实难以回避一些现实中存在的问题，但它们不可能代表权力的全部意义。

通读全书之后获得这样一种整体感觉：书中并没有回避对于"权力是美国最

---

① 许新. 解说权力真谛[J]. 博览群书，1998(11).

肮脏的字眼"的探讨，但总体上，作者给予了"权力"二字以积极、肯定的评价。作者给权力的定义是"影响人的行为，改变事态发展进程，克服阻力，让人们去做他们本来不愿做的事情的潜在能力"。因为在写作中，他也格外重视权力对他人行为的影响。一如佩弗教授的惯用论证方式，本书中也给出了诸多案例来对这一定义进行有力地证明，如他提到林肯、尼克松、基辛格等人正是基于这种认识，把权力和影响看作是办成事情的一系列途径之一——不是唯一途径，而是重要途径，从而在政治上取得了极大的成功。这就是从管理学角度来探讨的权力。

《用权之道：机构中的权力斗争与影响》是一部阐述组织机构中权力斗争的书。由于作者的写作初衷，这本书在理论方面更多地采取点到即止的态度，在实践方面更强调理论在现实世界的应用。

这本书分为四大部分18章。第一部分"组织的权力"，佩弗在这部分提出了对于权力和政治的一般定义。他指出，大多数人认为组织和社会中的权力和政治是丑陋和肮脏的，人们不愿意谈及。然而，大多数人都不能否认，为了获得成功和生存，人们不可避免地要成为这种权力和政治游戏的局中人。换言之，"并不是你会这样去做，但你知道它是怎么回事。"

在本书第二部分"权力的来源"中，为了说明为什么有些人拥有跟别人不一样的权力，佩弗讨论了他所谓的"新黄金法则"——拥有黄金的人就拥有决策权。个人或组织因素都可以形成这样的效果，而处在正确的权力位置上，应该是最为重要的影响因素。权力位置能提供对资源的控制权，如预算、物理设施、信息获取等。佩弗还讨论了如何藉由个人权力寻找盟友，从而进一步提升自身权力。较之于组织权力，个人权力较易于掌控。在权力游戏中取得成功是件不易的事情，它需要特定的能力、勤奋地工作以及足够的时间。在佩弗看来，那些灵活的、对别人的感受较为敏感的、能够包容冲突和控制自己情绪的人更有可能成为成功者。

本书显然不是为权力正名的狭隘之作，它对权力的认识是现实可取的，鼓励人们使用权力，扩大影响，并谆谆告诫人们："权力和影响并不是组织中最肮脏的秘密，而是个人和组织成功的秘诀。"反观古今中外，事实正是如此。

（三）《求势于人：释放员工能量实现竞争优势》

自从人力资源研究被提出以来，学者们就信奉这一条真理。佩弗教授已经明确地把这条真理作为本书（*Competitive Advantage Through People: Unleashing the*

Power of the WorkForce)的标题：释放员工能量，实现竞争优势。佩弗教授也亲力亲为地教育管理者充分发挥他们所拥有的人力资本的价值。他指出，成功的企业都有一个可持续的竞争优势，这一优势既不是技术，也不是专利或战略地位，而是这些公司如何管理自己的员工。这涉及到两个重要论点。

第一，人力资源的效能（performance among people）。佩弗认为成功是来自于与人的合作，而不是限制或取代他们的职能。这意味着管理者应该把人力资本视作组织战略优势的来源，而不是仅仅将其视为成本要素而进行最小化或消除。作者将就业保障视为一个组织对其雇员所作长期承诺的重要指标。组织会采取一系列管理策略，以利用有限的人力资源为组织获取最大的竞争优势，这些策略包括招聘环节的选择、薪酬激励制度、员工持股计划、权力下放、团队工作、培训和技能拓展、再次工作规划、交叉培训、内部晋升机制、工作场所的平等对待。若一个组织能创造出高效的工作参与性，他就能在改善员工关系和提高经济利益方面获得更多的好处。

第二，管理者的执行命令及有效策略所遇到的困境。佩弗教授在本书中提出一个理论，认为员工都是"努力工作"的规避者：如果没有某种形式的外部控制、激励或监控机制，员工不会进行有效劳动。在美国，目前这种"工作规避"理论已经根深蒂固，而在这种管理者与雇员处于对立关系的氛围当中，人力资源的效能是没有办法充分发挥的。而作者认为一个组织的雇员扮演的是管理者的执行障碍还是管理者的盟友的角色，其责任显然在于管理者自身。

同佩弗教授的其他著作一样，在《求势于人：释放员工能量实现竞争优势》这本书里，他也提供了许多思想深刻、建立在研究基础之上的证据以支持许多"流行"的管理实践活动。总之，这是一本颇有影响力、且读起来非常有趣的书。

（四）《工作最怕光说不练》

正如佩弗在《求势于人》中明确提出的那样，他认为员工都是"努力工作"的规避者：如果没有某种形式的外部控制、激励或监控机制，员工不会进行有效劳动，他们更喜欢高谈阔论。倘若谈论的都能付诸行动，倒也无可厚非，但假如光说不练，在知与行之间形成的差距超过一定程度，公司就要吃苦头，企业管理者到头来也在劫难逃。

知行差距（The Knowing-Doing Gap）可以说是组织中普遍存在的令管理者头

疼的问题。而佩弗经过大量实证考察，发现这种知道得太多、行动得太少的情况已经成为阻碍企业前进的重要原因，这种风气很快就能体现在企业的业绩上，给企业造成不可预知的损失。企业的管理者无不力求避免"光说不练"的陷阱，有些企业确实做到了。

在《工作最怕光说不练》（*The Knowing-Doing Gap: How Smart Companies Turn Knowledge into Action*）一书中，佩弗通过细致入微的分析，发现这些企业都有共同的特点：在这些企业中，员工和管理者发表高见之后会尽快付诸实施，做到言行一致，这样的企业很快与平庸的企业拉开距离。针对如何判断光说不练的具体症状，如何提前预防企业陷入这一可怕陷阱，以及如何纠正员工的工作态度，作者在预警"光说不练"的恶果的同时，也提出"说到做到"的工作方针。

（五）《平凡的员工非凡的业绩：开发员工潜藏的价值》

斯坦福大学商学院的两位教授查尔斯·奥雷理（CharlesO'Reilly）和杰佛里·佩弗教授合作撰写的书《平凡的员工非凡的业绩：开发员工潜藏的价值》（*Hidden Value: How Great Companies Achieve Extraordinary Results withOrdinary People*）出版于20世纪90年代后期，要介绍这本书，让我们从一个案例开始。

这一时期，美国思科公司的财富迅速膨胀，书中有一章专门对其进行了讨论，视其为管理楷模。讨论涉及思科对收购的管理，着重讲了它留住人才的能力，但是这些似乎都不足以解释思科的巨大成功。两位作者写道："问题还没解决，那就是思科的竞争优势到底是什么？"他们给出的回答是"按照推理"，如果思科比别家公司更成功，那就是说"与对手相比，思科能及时提供顾客需要的产品和技术"。按照他们的说法，思科没有自己的技术，但它以顾客为中心，这是思科真正做得好的地方。思科关注市场走向，然后收购必要的技术，保留研发人员。最后他们得出结论：思科成功的秘诀就在于它能够开发员工的才能和精力。这句话在总结思科的同时，也是对本书核心主旨的概括。然而理解停留至此，恐怕还是有所偏颇的。

两位作者用了很大的篇幅对知识经济中的"人才大战"问题进行了实地的考察。结果令人吃惊，那些热衷于"人才大战"的企业并没有像拥有优秀人才那样拥有优秀的业绩。于是一个疑问就被抛出：是寻求"优秀的"人才，还是建立"恰当的"组织？书中类似于对思科公司的研究，作者共给出了七个成功公司的案例，引导读者自己去做探索：七个不同的成功公司怎样使员工的才华得到最大限度的发挥，而在另一个公司又究竟为什么不能充分挖掘出员工队伍中潜藏的价值，最为重要的是，获得成功的公司竟然使得它们的竞争对手难以进行模仿。当竞争对手正忙于追寻同样一些"非凡"人物时，明智的公司却在干着作用非凡而竞争对手又难以模仿的事情——着力建设自己的组织，使自己公司中每个角落的平凡员工都像"明星"人物那样有着"非凡"的表现。

本书以非常可信的方式向人们证明，注重管理员工的方式是怎样发挥作用的以及为什么会发挥作用。它明确地告诉人们：成功企业不是以吸引优秀的人才赢得成功，而是以建立恰当的组织赢得成功，即便是平凡的员工，也会让他们有上乘的表现，从而取得非凡的业绩。它让每一个管理者坚信，持续竞争优势的源泉早已存在于每个企业之中。对于本书的解读有助于任何人去创建一家业绩卓越而又持续发展的公司。

三、杰佛里·佩弗的主要贡献

佩弗教授的研究领域非常广泛，他在人力资源管理、组织中的权力和政治、循证管理、知行差距、组织中的层级体制和劳动力市场、时间和金钱之间的心理学关联及其经济评价等诸多方面做了理论和实证的研究。由于其著作通常都不涉及艰深的理论，且以轻松幽默的语言来阐述管理学的奥秘，故不易阐述其成型的理论观点。然而除此之外，佩弗教授所做的大量研究已形成了超过 125 篇文章和书籍章节，这一丰硕的成果最终形成一个最具代表性的理论，即我们前文中已提及的资源依赖理论。另外，本书中还将分享其在企业组织管理以及 MBA 教育等方面的观点。

（一）完善了资源依赖理论

资源依赖理论（Resource Dependence Theory）属于组织理论的重要理论流派，是研究组织变迁活动的一个重要理论，该理论萌芽于 20 世纪 40 年代，在 70 年代以后被广泛应用到组织关系的研究，目前与新制度主义理论被并列为组织研究中两个重要的流派。杰佛里·佩弗和萨兰奇科（Gerald Salancik）于 1978 年合作出版的《组织的外部控制：对组织资源依赖的分析》正是资源依赖理论的主要代表著作,他们也成为资源依赖理论的集大成者。

资源依赖理论起初是研究组织间关系,主要包括企业组织之间、非政府组织与政府组织之间、网络型经济组织之间的关系及其组织内部与外部环境的作用,后来这一理论被运用到许多其他的研究领域中。杰佛里·佩弗和萨兰奇科在阐述这一理论时,以组织理论为主要对话理论,指出在既有研究中,虽然已有许多学者承认环境的重要性,但研究重心往往停留于组织内部,比如说领导风格、激励方式、奖金酬劳等,而未深入探讨组织究竟如何理解环境、环境籍由什么样的机制影响组织、会形成什么样的影响。同时,组织又会如何被动地回应或主动地管理环境。那么,这里的环境指的是什么?组织受哪些环境因素的影响?通过什么样的机制产生影响?又通过什么途径反作用于环境?

1.组织的环境

第一,杰佛里·佩弗和萨兰奇科提出了四个重要假设:组织最重要的是关心生存;为了生存,组织需要资源,而组织自己通常不能生产这些资源。结果,组织必须与它所依赖的环境中的因素互动,而这些因素通常包含其他组织。生存因此建立在一个组织控制它与其他组织关系的能力的基础之上。因为组织依赖它的环境中的因素来获得资源,这些因素能够对组织提出要求。而组织也许发现自己正试图满足这些环境因素所关切的事情。组织所需要的资源包括人员、资金、社会合法性、顾客、技术和物资投入等。

第二,佩弗和萨兰奇科认为,一个组织对另一个组织的依赖程度取决于三个决定性因素:资源对于组织生存的重要性;组织内部或外部一个特定群体获得或使用资源的程度;替代性资源来源的存在程度。大千世界,没有任何一个个体可以独立于环境完全自给自足,也就是说,资源依赖性不可能减少为零。在这种情况下,人们需要做的就是研究资源依赖对组织生存不确定性的影响程度,需要通过衡量某种资源对组织的重要程度、资源稀缺程度、资源拥有者支配资源的自由程度来进行评判。如果一个组织非常需要一种专门的知识,而这种知识在这个组织中又非常稀缺,并且不存在可替代的知识来源,那么这个组织将会高度依赖于掌握这一知识的其他组织。

这样,环境研究的管理学内涵就显现了出来。因为一个组织得以生存,它所需要的资源一定是多元的,而这些多元的因素之间可能存在相互冲突的关系。这时,我们就可以依据各种资源对组织生存的不确定性的影响程度大小,来决定哪此环境因素是主要的,组织为了延续生存必须对这些环境因素作出回应,哪些环境因素可以忽略。说得更具体一些,一个企业的生存不需要获得所有个人或组织的认可,只要获得利益相关者的支持即可。事实上,一个企业组织内部各部门的权力大小,也往往正是决定于其克服环境不确定性的能耐。

然而,组织的环境远非一个理论框架中所概括的那么简单。现实中,组织环境既受真实世界的影响,更由于个人对世界的解读与诠释而左右。所以,组织的环境非常多,甚至可以描述为有无数个,因为加入主观因素后,对于环境的解读是因人因时而异的。

2. 困境

这样似乎就形成了一个困境:不懂得资源依赖观点时,可以以一个片面的观点来了解一个组织,至少可以解释得通。接触了资源依赖观点之后却发现,组织受外部环境控制,而外部环境却有无数多个,这似乎使研究陷入了不可知的境地。

在《组织的外部控制:对组织资源依赖的分析》一书中,作者一方面强调组织的外部环境控制性,强调人们要重视对外部环境的理解和预测;另一方面,佩弗教授又以实证方式指出,组织可以主动地、有效地管理环境、改善环境、改变组织所在的环境。这是对于现实状态的最真实的描述。人们所要研究的环境,不是唯一的,甚至不是客观存在的,而是在于研究者的主观定义。例如,在面对需求减少的状况时,有的厂商可能认为竞争的激烈程度已经威胁到生存,而有的厂商可能认为只是暂时的困境,不久的将来将得以好转。对组织外部环境不同的理解、预测,自然导致决策主体管理侧重点的不同。

3. 影响因素及其作用机制

那么影响组织的环境因素到底有哪些?它们的作用机制是什么?佩弗教授认为应该分为主观和客观两个层面。他指出,影响组织评价环境因素的主要是组织的信息系统。信息系统所搜集的信息内容、信息频率以及信息的形式,不论是否直接被用作绩效评估,搜集工作本身已经产生现实作用。既然信息有如此重大的影响,管理者自然可以通过控制信息的内容及信息流通方式来左右各部门对环境信息的掌握与解读,进而影响各部门的权力分配。

对上述分析作以总结我们发现,佩弗和萨兰奇科主张"组织受环境控制和制约","控制和限制组织的环境源自于组织的主观解读",且"组织对环境作出什么样的反馈,深受组织内部信息系统、权力分配所影响",而"组织的信息系统和权力分配是受到各部门处理环境中的重大不确定性因素的能力影响"。由此可见，组织成员的自主性是研究中不可忽略的因素。通常，管理者都会采取措施，确保自己在组织中的权力，即所谓的权力体制化。当这种体制化程度越高，环境就越无法预测和解释组织的活动和行为，也就是说，在环境影响组织行动的这个关系中，会受到组织权力体制化的干扰。

对权力体制化以及组织如何诠释环境的学习，让人们对环境对于组织的限制机制有了更进一层的掌握，它外在的表现形式是组织采取积极的管理策略，尽量减少组织生存的不确定性。佩弗和萨兰奇科在本书的第五章至第九章，用全部篇幅来分析一些常见的企业活动。这些案例虽然有限，但它们在很大程度上证明了企业活动不是单纯为了获利，也不是为了成长，更不是为了领导者个人的野心和企图，当然也不是为了朋友间的熟识这种纯粹社会情谊的原因，而是一种相互依赖、相互制衡的策略举措。这些管理相依的企业活动包括并购、合资、相互兼任董事、企业政治活动、行业工会、卡特尔等。

积极管理这种依赖性的存在可以有效减少组织生存的不确定性，但组织的生存成长并没有因此而高枕无忧，相反地，组织需要面对更为棘手的挑战。这点不难理解。佩弗和萨兰奇科指出，各组织管理上的依赖性，只是把组织对外部环境原有的依赖性做了转移，而不是消除。这就使组织陷入面对外部环境限制的两难：组织希望拥有自主性，但又不希望在不确定的环境中经营，可要明确这种不确定性，它就要与其他利益相关者进行协调，这必然导致自主性在一定程度上的牺牲。这一过程最终将使得这些利益相关者之间的关联越来越密切，任一成员的行动都会牵连系统中的其他成员。换句话说，环境不确定性的程度越高，组织管理环境的需要越大，管理环境的策略就会越多，以使得这种环境不确定性看起来可控。

4. 组织、环境、结构

"不确定性本身是没有问题的，"作者写道，"只有当这种不确定性是由对组织非常重要的环境因素引起时，它才成为问题。"也就是说，只有涉及到与组织生存有紧密关系的要素时，不确定性才对组织构成威胁。作者在研究中将组织所依赖的因素分为环境结构因素、社会关系因素两大类，同时将各因素的作用结果——不确定性也纳入分析。在此前与此后的相关文献中，这种分类并不多见。

环境结构因素中最重要的三个分别为集中度（权力和权威在环境中的集中程度）、资源可获得性（关键资源的可用性或稀缺性）、相关性（组织间的关联模式和关联程度)。这三个结构因素会影响社会关系因素——尤其组织间冲突和相互依赖程度——之间的关系,而社会关系因素则进一步影响该组织面临的确定性和不确定性。不确定性既可以被视为其他各种环境因素作用的结果,它又可能进一步造成对于重要组织的依赖这一结果。从组织行为学的外部控制角度来看,集中度、资源可获得性和相关性这三个基本要素,是作为管理者必须要明确的。

佩弗和萨兰奇科对于组织、环境、结构的预测与管理学界的主流观点有很大程度上的差别。首先,环境不见得越来越不确定,因为一旦环境不确定性增加,组织的管理力度也将加强。其次,组织不一定会越来越分权,因为权力的集中才是优化资源配置、协调彼此行动的最佳方式。也就是说,面对环境的产业化,组织要设立更多职能部门,但这些职能部门最终还是会将权力进行集中。

始于佩弗和萨兰科奇,资源依赖实践家从极其广泛的文献中兼收并蓄精心构建他们的解释。佩弗和萨兰奇科在关于组织转型的约束模型中使用了环境条件的客观测量办法,比如一组企业的集中度和替代资源的可数量。然而,他们也赞同引用韦克的陈述"人类行动者不是对一种环境作出反应,而是塑造这一环境"。[①]

资源依赖理论的一个重要贡献就在于让人们看到了组织采用各种战略来改变自己,选择和适应环境。资源依赖理论着眼于组织为了管理与其环境中的其他组织的相互依赖性而采取的策略。就像交易成本理论一样,这一理论强调某些相同的行动约束,不同的是,它采取一种更明确的实现管理动机的政治方法,更注重于自主权和生存之间的权衡。资源依赖理论的应用以组织间的关系为基本分析单位,从微观到宏观,范围广泛;分析单位跨越极大,从个别管理者、组织内单元到整个企业、联盟和合资企业组织间网络。

然而,任何理论都不可能发展到尽善尽美。在资源依赖理论的研究当中,还有一些议题未达成统一,其中有三个需要特别关注:依赖是一种客观情境还是一种感知情境?究竟是依赖还是普通市场驱动力产生了组织间关系的多种形式?较之已有组织行为理论,资源依赖观点的预测是否更准确,或者它是否在特定的条件下更有解释力?关于这些问题,正如作者不断强调,不要以为当然地接受资源依赖观点,就能深入了解这一观点的理论取向,需要更多学者着手于实证分析,以此来审视、发展和修正这一理论观点。相信这也是作者之一的佩弗教授在另一

---

① Weick, K. E., 1969, The Social Psychology of Organizing, Reading, MA: Addison-Wesley.

作者杰勒尔德·R·萨兰奇科于 1996 年突然过世后，依然决定费力地重新取回版权，重新出版本书的意旨所在。

事实上，已有研究者在这一领域作了更深一步的探索，特别是麻省理工学院研究高科技企业的詹姆斯·厄特巴克以及埃里克·希普尔，他们研究表现较好的企业和其顾客的密切联系。

（二）客观地分析了管理者的权力

一般的新古典经济模型将公司当作一个黑箱，按照最大化利润的原则，以不可知的方式进行生产，无视人为因素的影响。另外，组织理论和现代组织经济学将组织中的人作为研究的中心。佩弗教授把组织当作个体的总和来建立模型，这些个体有不同的绩效、能力和信息。

20 世纪 80 年代，管理学界对企业权力分配制度展开讨论，如高管团队权力分配管理大师彼得·德鲁克先生认为，单一管理者负责制在 21 世纪依然是很有效的管理方式，与其相似的观点旨在表达"CEO 的权力集中有利于制止团队中的无端争论，并保证决策的有效完成"的观点。但是，另一种观点认为集权容易造成专断，当组织团队把时间都用在不断否定他人决策时，集权对组织绩效产生负面影响。1981 年，对以肯定的语气阐述权力，佩弗教授并未回避来自各个领域对权力的恶言相向，并且作出客观定义：权力是个人通过自身能力的发挥对他人或组织行为产生影响从而实现既定的目标。

《用权之道：机构中的权力斗争与影响》是佩弗由资源依赖理论的研究领域向权力管理和组织政治研究领域开始拓展转移的标志性著作。这本书对忙碌的管理者们颇有裨益，直白而明确地告诉人们一个方法：如何去管理，如何获得权力。从这本书公开宣称的意图来看，它在很多方面是成功的。在佩弗看来，管理者的权力来自于对资源的控制、和其他有影响力的人的联系、职位带来的正式权力、从属于组织的一个战略单位及个人贡献。当管理者聪明地利用这些渠道时，将会提高完成他们目标的可能性。管理者的智慧在于对战略和时机选择，以及他们所构建的用来实施战略的步骤。不过，向特定论点的转移在《求势于人：释放员工能量实现竞争优势》一书中表现得更加明显。

在对权力管理进行分析时，佩弗格外强调的一个因素就是人力资源管理，这也是其研究的一个最为显著的特点。他指出，人力资源本身即是强势媒介品牌的重要内容，相对于科技、专利权、产品素质和策略性定位等因子，优势人才和有效的人力资源管理对企业竞争优势的形成和提升起着更为显著的作用。

同样是与萨兰奇科合作，他们提出了社交信息处理理论（Social Information Processing Theory），认为通过相互之间的沟通，为同事提供社交性信息，交流他们对工作、环境的看法以及对工作、环境中发生的各类事件的态度，讨论他们在工作方面的需要和价值观念，并关注自己的工作环境，这是获取与处理社交信息的重要途径和正确方式。这种发生在团队成员之间的社交信息的交换，不仅有助于他们理解复杂的工作环境，而且还有助于他们了解团队的行为准则，形成相似的工作态度与融洽的企业氛围。而作为企业管理者，营造企业言论与信息环境这一环节往往易被忽略，其在企业人力资源管理中的作用却是尤为重要的。

（三）全面估价了 MBA 教育

佩弗教授的主要研究都集中在资源依赖理论及权力问题方面，值得一提的是，21 世纪初期，佩弗教授的一篇文章开启了对商学院存在目的与使命进行讨论的先河，并持续至今。

2002 年，佩弗与学生克里丝蒂娜·方（Christina Fong）在 *Academy of Management Learning and Education* 杂志上发表文章《商学院的末日：看得见的成功不多》[①]批评现在的 MBA 教育，之后许多学者对 MBA 教育从各个方面提出批评，如 2004 年对传统美式管理教育模式的长期批评者、管理学大师亨利·明茨伯格（Henry Mintzberg）出版专著《管理者而非 MBA》(*Managers Not MBAs*)。2005 年著名的战略学者苏曼特拉·戈沙尔（Sumantra Ghoshal）的遗著《坏的管理理论正在毁坏好的管理》(*Bad Management Theories Are Destroying Good Management*)推出。同年，领导力专家沃伦·本尼斯（Warren Bennis）和同事合作在《哈佛商业评论》发表长文《商学院是如何迷失方向的》(*How Business Schools Lost Their Way*)。这些作者在商业研究领域无不享有很高的地位，文章的标题个个直指 MBA 教育，文章的内容更是有理有据，可圈可点。有意思的是，批评者们把该说的狠话都说完了之后，商学院们却摆出一副"虚心接受，坚决不改"的架势，原

[①] Jeffrey Pheffer, Christina Fong. The End of Business Schools: Less Success Than Meets the Eye. *Academy of Management Learning and Education*, 2002,(9).

来怎么做，现在照样怎么做。

集几十年的经验和调查，佩弗教授和学生克里丝蒂娜·方对MBA教育进行了全面估价，并著成《商学院的末日》一文，他们的结论有如下要点：

第一，在商学院所学的跟实际工作关系不大。

第二，如果不进入著名的商学院，有MBA学位也找不到好工作。

第三，公司雇用员工时，一般只看毕业生毕业何处，并不看该生学了什么课程，也不看学生在校成绩。

第四，各商学院的MBA课程从上世纪60年代以来没什么大变化，跟工商业现实的距离很大。

总之，MBA教育并不能保证一个人能找到很好的职业，也不能保证一个人能得到高薪，是一种得不偿失的投资。

对于佩弗教授的这一结论，美国商界、各商学院反响强烈。美国管理学研究生入学考试委员会、美国各高校商学院的学生纷纷发难，认为佩弗教授有言过其实之嫌。然而值得一提的是，身为斯坦福大学商学院导师的佩弗教授看似是在"诋毁"自己所热爱的工作，在搬起石头砸自己的脚，但他的同事们却无一人出来反驳他。

"由于长期以来的神话，MBA有一点像：'皇帝的新衣'，而佩弗正像那个儿童，他指出皇帝其实什么也没穿，是光屁股！他只不过说出了大家有目共睹的事实。只不过这位'儿童'在1972年就获得斯坦福大学的博士学位，在商学界多次获得学术大奖，出版过数十本管理学专著，并在伊利诺州立大学、哈佛大学以及斯坦福大学的商学院执教30余年！"[1]

由于传媒的放大效应，在那些反对声中，有多少声音是来自真正研究过佩弗教授观点的人之口，这点值得我们仔细考量。事实上，佩弗教授也并未完全否定MBA教育存在的价值，他主要反对把商学院的学业跟金钱直接划等号的做法，认为一个有成就的商人的成功诀窍，肯定不能说是跟这个人有无MBA有直接关系。但是，如果这个人在商学院认真学习MBA所有课程，完成所有学习任务，那么这个商人的整个素质就会好一点，在决策的时候就会考虑得周全一些，站得也相对高一些，在待人接物方面也显得有些教养。教育的目的是全面培养一个人，然

---

[1] 若原. MBA，美国教授提出质疑[N]. 环球时报，2002—9—5(16).

而长期以来，有些人将MBA的教育功利化了，这样久了，教育水平肯定要打折扣的。笔者索性猜想，正是基于校正这一现状的考虑，佩弗教授才不惜成为众矢之的，来给MBA教育降降温。

四、杰佛里·佩弗的管理思想评论

（一）拓展了管理思想的内容及研究方法

佩弗与萨兰奇科合作，第一次有意识地在组织管理研究中将资源依赖的观点作为一种理论提出，第一次系统和全面地提出管理组织环境，他们的著作把环境视为限制性因素转变为视为辅助性因素。

资源依赖观在组织研究的触角伸向权力论点及管理环境论点的过程中扮演了决定性的角色，佩弗与萨兰奇科的研究成果是这一领域的基石，也为后续研究提供重要参考。当管理的一个挑战涉及如何"用权力管理"时，人们需要意识到这不仅仅包括不断修改资源依赖性，还需要管理者认识、诊断并处理不同的利益观点。如果管理者们能更好地理解权力理论的主流，他们就能更有效地进行管理。

按照斯科特（Scott，1987）的观点，佩弗提出的资源依赖观有两个杰出贡献：第一个贡献是能够帮助管理者适应环境的变化，从而对组织研究作出贡献。根据这一理论，组织理论家们修正了他们对环境的看法，不再把环境简单地看作是法律、技术变革及社会标准的一个抽象构成，而是更倾向于把它视为组织关键资源的一个源泉。第二个贡献涉及外部依赖性对内部权力分配的影响。根据资源依赖理论，管理关键外部依赖性的子单位比其他单位更加强大（希克森，1971）。当一些子单位在管理变革方面变得更加重要时，组织内的权力分配按他们的利益发生变化，从而造成各组织内的权力再分配，而这种新的权力分配将在从获得更多权力的子单位中挑选新任管理者上得到体现（弗里格斯坦，1985）。这些子单位的观点与利益将在决策制定及组织结构中得到体现。

由此我们可以看出，资源依赖理论的研究自然地引发了另外一个问题，就是权力管理问题，佩弗的后续研究更多地体现出这一倾向。他更多地研究了战略问题——有的是关于管理者们如何实施管理权利，有的是关于学者们如何管理知识。在这些研究中，他也进行了深入分析，作出了杰出贡献。在这一点上，佩弗的贡献主要在于促使了人们对"权力"这一概念的正确认识，突破了对于权利获得问题的回避，走出了权力获得途径的误区，从而给管理者提供良好的指导。

在研究方法上，佩弗和许多经典的管理学研究方法截然不同。联系管理研究当中常用的方法，佩弗的研究基本上是轻定量而重案例，处处突出理论联系实际。杰佛里·佩弗一贯的风格就是没有高深道理、没有复杂模型，都是各种常识。对于自己观点的证明也是出于自身经验以及各种实际案例，通俗易懂，又发人深思。

另外，佩弗教授也注重其研究与商业发展的"共鸣"。在频繁地引用企业领导者、文化名人甚至古典作家的话语以支持和说明自己的观点，在他的著作中，你几乎看不到生涩隐晦的专业用语，而处处使用像"异想天开"、"庸人自扰"这样的词语。这种语言是简单直接和非常有自信的，它似乎在告诉管理者：只要这样做了，它就会起作用。

（二）杰佛里·佩弗管理思想的局限性

任何实证研究都涉及代表变量及分析单元的选择问题。例如，在组织并购中，行业的汇总资料被用来预测组织行为。跨部门的资料应该也能够解释那些组织间的离散和剥离，在那里不存在资源依赖性。因此，并购应该只发生在竞争不确定性非常高的地方，离散性应该只发生在具有极少或适应的不确定性的情况下。

任何资源的依赖性研究都没有直接测量依赖性及不确定性。它们常常从一些其他的原始资料或变量中被推断出来，而这些推断具有极大的可疑性。新关联的建立应该与组织 A 对组织 B 资源依赖性的变革相关。退一步讲，另一个新关联的出现也可能不是由资源依赖性导致的。

资源依赖性中权力的中心思想过于赘述，并且很明显也过于狭窄。而且，当杰佛里·佩弗和萨兰奇科第一次发表他们的资源依赖观点时，权力理论的宽泛观点已经超出了对资源控制的唯一重视。为了避免与这一观点交战，杰佛里·佩弗和萨兰奇科的企业管理者们没有得到有关非策略性组织活动或超乎其论点范围的建议，而是被建议主要从控制资源与安排议事日程的角度进行其权力管理。

正如作者的研究中所体现的那样，管理学本身就是一门社会学，任何理论的提出也好，方法的总结也罢，最终都是为了指导实际。佩弗关注了管理学的真正运用者——企业组织的管理者们，为他们的实际所想所需，给出了一套行之有效拿来就可以用的指导方法，从而使组织管理者可以走出组织管理的误区。这也支持了哈默的观点：概念首先应该建立在实践的基础上，而不是纯粹的学术理论。在这套新方法的指导之下，新的企业是否还会重蹈覆辙，才是对一个管理学者理论正确与否的最佳评判。

参考文献

[1]*The External Control of Organizations: A Resource Dependence Perspective*, (with G. R. Salancik)[M]. New York: Harper and Row, 1978.

[2]*Managing with Power: Politics and Influence in Organizations*[M].Boston: HarvardBusinessSchool Press, 1992.

[3]*Competitive Advantage Through People: Unleashing the Power of the WorkForce*[M].Boston: HarvardBusinessSchool Press, 1994.

[4]*The Knowing-Doing Gap: How Smart Companies Turn Knowledge into Action* (with Robert I. Sutton)[M].Boston: HarvardBusinessSchool Press, 2000.

[5]*Hidden Value: How Great Companies Achieve Extraordinary Results withOrdinary People* (with Charles A. O'Reilly)[M].Boston: HarvardBusinessSchoolPress, 2000.

[6]*Hard Facts, Dangerous Half-Truths, and Total Nonsense: Profiting from Evidence-Based Management* (with Robert I. Sutton)[M].Boston: HarvardBusinessSchool Press, 2006.

[7]*What Were They Thinking? Unconventional Wisdom About Management*[M]. Boston: HarvardBusinessSchool Press, 2007.

[8]*Power: Why Some People Have It—And Others Don't*, New York: HarperBusiness.

[9]Lawrence, Paul R., and J. W. Lorsch. *Organization and Environment*. Boston, Mass.: HBS Division of Research, 1967. (Reissued as a Harvard Business School Classic, Harvard Business School Press, 1986)

[10]Douglass C. North, *Institutions, Institutional Change and Economic Performance*, CambridgeUniversity Press, 1990.

[11]马尔科姆·沃纳．管理思想全书[M]．韦福详译．北京：人民邮电出版社，2009．

[12]马迎贤．资源依赖理论的发展的贡献评析[J]．社会学研究，2005(1)．

第十章 查尔斯·汉迪：信赖与虚拟企业

查尔斯·汉迪（Charles Handy），欧洲著名管理学权威，是当今世界上最称得上管理哲学家的人。汉迪曾就职于壳牌公司，后获麻省理工学院硕士学位。担任过伦敦商学院教授、BBC节目主持人及自由作家。他主要研究组织和个人的发展方向与变革的关系，提出了"四种管理文化"、"三叶草组织"、"S型人生曲线"以及"甜甜圈原理"等新观念，并因此闻名于世。在过去管理学的畅销书排行榜中，总是可以看到汉迪的名字，他在不同时期的代表作特别是《通晓组织》、《管理之神》、《非理性时代》、《空雨衣》、《大象与跳蚤》等著作已经深深打动了读者的心。同时汉迪还穿梭于各类主题演讲中，这些使他在大洋两岸备受赞赏，被誉为管理学界的思想家。

一、查尔斯·汉迪的生平

（一）早年：摸着石头过河

查尔斯·汉迪于1932年出生在南爱尔兰基达尔郡赛林斯圣米歇尔教区一个牧师人家庭。出生在爱尔兰独立之前的汉迪自动享有英国公民身份，确切地说汉迪是盎格鲁—爱尔兰人，一名英格兰后裔。由于他的祖先曾经占有和拥有这片土地，爱尔兰的原居民往往将他们看做入侵者，对英格兰的新教徒充满敌意。这个身份注定他无法融入那片土地，尽管他自己十分珍惜自己的爱尔兰护照，但对于爱尔兰人来说，他始终是个英国人。汉迪的少年时期正是爱尔兰独立运动进行得如火如荼的时期。所以,少年时期汉迪的生活处处被贴上这种特殊身份的标签,上专门的学校,去特定的俱乐部和咖啡厅,几乎没有天主教的朋友……在这种种族隔离状态下,养成了汉迪自己独有的思考习惯。

在汉迪12岁那年,他的一位同窗好友想上温切斯特学院,必须学习希腊语,他求汉迪陪他学习。就这样,出于友情的陪读使汉迪进入牛津大学学习哲学和古希腊罗马史,成为一名古典学者。在牛津大学学习哲学和古希腊罗马史的经历奠定了汉迪浓厚的人文素养。他自己后来回忆道,这种精神上的叩问帮助自己"厘清未来人生的意义"。毕业之后,查尔斯·汉迪没有继续从事古典学研究,也没有像其他人时髦地去参军,而是选择了商业。他向分支机构遍布全球的壳牌石油公司提出了申请。虽然作为古典学者的汉迪无法向石油公司主管解释自己的选修课程,但牛津大学的招牌还是让他顺利过关。壳牌公司的面试官告诉他:"你受过良好的训练,只是脑子空空如也,别担心,我们会教给你有用的知识。"是金子总会发光,经过一年的培训后,公司决定派他负责东南亚地区的市场,并很快晋升为经理。

在壳牌公司的10年中,汉迪先后在新加坡、马来西亚、婆罗洲和伦敦总部任职,牛津大学良好的基础训练让汉迪在壳牌石油公司能够从容面对各种挑战,他的人生在壳牌公司有了个好开头,更为重要的是这里的经验让汉迪明白了基础训练和实用技能的关系。

(二)美国经历:无法逾越的心路历程

在壳牌石油公司工作了10年后,他发现自己只能成为一名思考者而无望在商界有所作为,于是他辞去了壳牌公司的工作。此时,伦敦商学院成为他的下一个人生站点。在商学院的筹备期间为了考察美国商学院的运作模式,1966年查尔斯·汉迪只身来到麻省理工学院斯隆商学院进行为期一年的全脱产学习。从此,汉迪正式踏入管理研究行列。

20世纪60年代的美国,肯尼迪总统死了,越战仍在继续,民权游行充满大街小巷,还有足以让英国嫉妒的繁荣,在美国的所见所闻让汉迪兴奋不已。美国人的热情、活力、自信,尤其是对商业成就的追求使汉迪真正领会到了什么是美国精神。在斯隆商学院他还结识了组织发展理论的创始人沃伦·本尼斯、"企业文化"的发明人埃德加·沙因、组织学习理论的重要代表人客瑞斯·阿克利斯,这让他对组织研究产生了浓厚的兴趣。同时，斯隆商学院的授课方式让汉迪真正领略到组织和管理的"独创性、想象力和个人魅力"，汉迪发誓要把美国的这种商业精神带到英国去。"打那以后，我每年都要去美国充电学习，吸收能量和乐观精神，美国的岁月完全改变了我的人生态度。"汉迪说："我的使命就是用美国的方式去改良英国的商业氛围，造就一个更加美好的英国。"

可以说，在美国的学习经历使汉迪对管理培训有了更清晰的了解，记载着汉迪无法逾越的心路历程。

（三）大师之路：S 型人生曲线

查尔斯·汉迪的人生转折点源于他父亲的死——一个爱尔兰教会教师的去世。他原本以为一个素来喜欢安静的人去世不会有很多人参见他的葬礼，但他发现他错了。葬礼那天从各地赶来的汽车在路边停了几百米。这让汉迪感觉到自己繁忙的生活和所谓的成就与父亲比起来根本不算什么。

汉迪决定从追随父亲开始改变自己的生活。于是，1977 年他到温莎堡圣乔治学院当学监。这个学院主要有两个使命：一是为神职人员晋升高级教职做准备；二是在社会上探讨一些伦理道德问题[①]。这份工作的报酬不到伦敦商学院教授的十分之一，微薄的收入将使一家人的生活陷入窘境。但是，在这个地方可以把基督教义和社会现实结合起来，对生命和社会的意义有更深刻的认识。在理论和现实生活的艰难选择之间，汉迪的夫人给予他坚定的支持。事实证明，汉迪及他夫人的选择没有错，对于伦理道德问题的关注为汉迪提供了更广阔的视野和思考空间。日后汉迪那充满人道主义的思辨和追求人生价值的伦理处处体现了这份工作对他的影响[②]。

在这期间汉迪主持了"工作的未来"长期系列谈论，提出了"组合人生"的概念，即未来将会有越来越多的人被迫或者选择成为独立工作者，把不同的事情、客户和工作组合在一起。为了向世人证明自己的理论，汉迪决定亲自尝试。1981 年，汉迪辞去学监工作成为自由作家，写作之余他还到各地去演讲、谈论，同时还继续担任 BBC 的主持人。迄今为止，查尔斯·汉迪已出版了一系列畅销著作，其中我们耳熟能详的包括：《通晓组织》（*Understanding Organizations*）、《管理之神》

[①②] 闻华，王肖婧. 思想者的轨迹：汉迪的生平 [J]. 财经界（管理学家），2008,(2).54-60.

(Gods of Management)、《非理性时代》(The Age of Unreason，又译《工作与生活的未来》)、《空雨衣》(The Empty Raincoat，又译《觉醒的年代》)、《大象与跳蚤》(The Elephant and The Flea) 等，提出了三叶草组织、联邦制组织、3I组织、组合式人生、S型曲线、圆环图原理、中国式合同、四种管理之神、大象与跳蚤等流行概念，向我们展示了他对于现代社会和管理问题的思考。

"人生就是N条S型曲线构成，在你的第一条曲线下坡之前，你必须提前思考开始你的第二条上升曲线"，这就是汉迪设计的人生S型曲线，同时他还亲自实践着。

二、查尔斯·汉迪的著作

(一)《通晓组织》

查尔斯·汉迪在1976年出版了《通晓组织》，这本书是汉迪的开山之作，也是管理学的经典之作，该书中的很多理论都被给予很高的评价。这部书不是对传统理论的简单继承，也不是一种挑战，而是一部学术著作，它的出版填补了市场上管理类书籍的空白，为后来的管理学发展奠定了基础，后被作为管理学教材而传世。

《通晓组织》将对有效管理核心的探求作为研究主线。汉迪在书中找出了组织中的几十个变量，并一一加以分析，旨在能够帮助读者了解并理解该如何管理一个组织，让那些为组织的生存和发展满心焦虑的人放松下来，以开放的眼光重新审视组织的真正意义。全书分为两部分：第一部分是关于组织的概念，在该部分汉迪从工作动机、角色定位、领导力、权力和影响力、群体的运行以及组织文化等方面来描述组织的概念；第二部分是组织概念的运用，具体涉及组织成员及其发展、组织中的工作及其设计、政治和变革、组织的未来等方面。《通晓组织》的理论思想可以概括为以下几个方面：

1. 关于个人动机和压力

在管理中了解个人行为的动机非常重要，但是具体怎样去做到这一点呢？查尔斯·汉迪认为，要回答这类问题，首先必须明确个人的自我意识、个人在组织中的角色、组织中个人之间的心理协调、个人对形势的领悟。但是很快查尔斯·汉迪发现他的动机分析理论并非充分，要能够准确地给组织中的角色和人际关系定位，还必须在组织中进一步观察人们的行为，对角色定位的研究在当时还是一个全新的领域。当汉迪正专心致力于这方面的研究时，他很快发现人们在组织中的问题是极其复杂的，例如"位置不确定、彼此间矛盾重重、常常超负荷地工作，沟通或无所事事、个人压力大、道德低下、相互间很少沟通。"

组织中的个人压力可以分为健康的和不健康的，健康的压力可以给予人们以动力，不健康的压力会导致人门身心的不健康。汉迪的角色理论提供了一个正视压力、了解压力以及认识压力产生源的途径，他在书中提出了三种减压方法[①]：

第一，正确划分角色，尽量将家庭和工作分开（夫妻双方在同一单位者除外）。

第二，随时做好角色变换的心理准备（平时注意对其他职务的学习）。

第三，在无所事事时可以考虑寻求第二职业；第四，时刻记住，组织里面的很多问题都是由角色压力、对角色的误解、无所事事及恶劣的人际沟通引起的。

2. 关于领导角色

查尔斯·汉迪认为领导是组织中最重要而又最"轻松"的角色。书中对领导的定义是：领导是组织中并不具体的独一无二的矛盾集合体。虽然查尔斯·汉迪在本书中对领导的定义不能令人信服，但是他主张领导必须对自己的下属及时确立一个较高的标准，并随时得到个人行为的反馈信息，为领导的要求确定了一个具体模式。这种理论并不仅仅局限于领导活动，用来概括人类的发展也显然是正确的。汉迪对这中理论的实验方法也许并未达到很高的程度，但对个人来说是极为重要的。他认为与其说个人存在领导气质，倒不如说职位赋予了他这种气质。同时，汉迪认为"权力来自于领导岗位，影响来自于权威。"

3. 关于共同管理和时间管理

汉迪认为，共同管理是指各种专业管理人才通过讨论作出决策。如果这些专业人才之间能够协调好，那无疑会产生很好的效果。但是，由于管理机制与人际关系等主客观因素的限制，导致组织内部难以协调好，所以一般情况下很难取得理想的效果。汉迪认为，对下属进行更多的控制是获取权力的一种方式，但是这种做法与大公司的管理模式不相符，与今后的管理要求也有出入。汉迪指出，如

---

① 罗伯特·海勒. 查尔斯·汉迪 [M]. 宋宇清，译. 北京：中国社会科学社，2002:19.

果按照这种方式，很多事情都会变得很糟，例如：任务常常被错误下达、强制管理将变得盛行起来、组织将会误人歧途、管理将会变得无效、人们将会变得不知所措、组织将变得需要越来越多的人、权力将被削弱、各种需要将无法得到满足等。

如果在这一过程中组织的某一部分严重违规，结果将会使权力得到削弱，管理变得无效。汉迪认为，无效的群体必然会浪费人们的时间和精力，而这种群体的任何变化都会产生很大的影响。据汉迪的计算，管理者将 50% 的时间都花在组织之中，时间的浪费十分惊人，更不用说权力滥用所造成的负作用了。汉迪认为，管理者必须学会时间管理。学会管理时间的好处很多，主要表现在如下三个方面：

第一，普遍性的好处。在工作、家庭生活及个人爱好方面获得更多的成果；拥有一种协调的生活状态，减轻了生活中的压力，将拥有更多的精力，同时变得更加自律；拥有更多的努力方向、更多的动力去实现自己的目标，在个人生涯中获得更多的成功。

第二，职业上的好处。变得更有生产能力，更有能力把握各种机遇；工作方法也更系统化；更能代理别人办事；更能工作在点子上，避免办事拖沓；更能发展优秀的团队精神。

第三，对其他人的好处。每一个人的时间管理都会得到优化，集体纪律性得到提高，好榜样能够树立，经过代理使受代理人的工作责任心和技能都得加强，对人们所处的位置和他们相应的要求有一个更深的了解。

4. 关于文化形态

查尔斯·汉迪在《通晓组织》一书中，指出企业之间由于受各种因素的影响，文化差别会很大。他认为，每一个组织都需要用不同的文化来处理不同的事情，包括惯例的形成、创新的进行、危机的处理和政策的制定。他认为"单一的文化只会使组织陷入困境"，文化之间必须注意相互融合。由此，查尔斯·汉迪提出了四种不同类型的组织文化：

第一，权力文化。这种文化在小型组织中十分常见，特别是在 19 世纪美国的一些公司中。在今天，权力文化在一些贸易组织及经济贸易公司中仍然存在，这种文化通常以个人集权为核心。

第二，角色文化。它像古希腊的神殿一样，各个柱子代表不同的职能，诸如：经营部门、销售部门、生产部门等。

第三，任务文化。它就像一张网，整个组织的核心就在任务的完成上。也就是说，适当的组织、适当的人群利用一定的物质条件来展开工作，在完成任务的过程中，可能会牵涉到个人文化。

第四，个性文化。就像部落和家庭一样，组织同样有自己独特的处事方式。这种文化对个人的行为影响很大。

查尔斯·汉迪写这本书的初衷是想找到一种引导和控制个人和组织行为的法则，如同自然科学的法则一样。然而令他感到失望和沮丧的是，他所追寻的主题与他的预期相差甚远，但他仍然不断地追求他的主题。

（二）《管理之神》

《管理之神》不仅是一部洞悉组织性格的管理学著作，更是一部洞悉人性的书籍。在书中查尔斯·汉迪用深入浅出的隐喻，以古希腊的众神为载体，对企业文化的特征进行了详细的解析。汉迪将其归为四类，并分别用四个神来比喻：霸权文化——宙斯型；角色文化——阿波罗型；任务文化——雅典娜型；存在主义（个性）文化——狄奥尼索斯型。各种文化或各种处理事情的方式都有好的一面，没有哪一种文化或是混合式的文化，本身就是不好的或错误的，只不过并不适合其所处的环境而已。正是你不喜欢或不赞同某种文化这个事实，使这种文化不适合你，而不是因为它本身是错误的、不好的，或效率低下的。

1. 宙斯管理文化：霸权文化

宙斯是这种文化的保护神，它是众神之王，人们畏惧、尊敬他，有时也会爱戴他，他代表了父系家族的传统：冲动而富有领袖魅力，不太理性但常常散发着慈爱的力量。

这种文化的代表图形就像一张蜘蛛网，组织按照职能或产品划分成不同的部门，这些部门就像传统的企业图表中的线条一样，是从中心点放射出去的线路。然而，在这种文化中，重要的并不是向外放射的线路，而是把蜘蛛围绕在中央的环状线路，它们代表着权力与影响力，离中心点的距离越远，其重要性就越弱。在这种文化中，与中心点的蜘蛛之间的关系，比任何形式上的头衔或职位都重要。在这种文化管理下，领导做决策的速度非常快，在速度比精准的细节更重要，或是当延迟的代价比犯错的代价更高，而且在下一次交易中这些错误又是可以避免的时候，宙斯的霸权文化就会显示出不凡的效力[①]。但是速度快并不意味着质量好，决策质量的好与坏还是要靠宙斯以及最靠近他的圈内人的才能来决定。因此，在这种组织中，挑选和继承自然成了决定因素，人们花费大量的时间和金钱在上面。相对于其他的组织文化，在这种组织文化下，成本还是比较低的，比起处于控制之下的种种程序，信任要便宜得多。这种管理文化是通过一种被称为"移情作用（empathy）"的特殊的沟通形式来实现的，信赖和群带关系是"移情作用"发生的坚实基础。因此，这种文化可以说是由合得来的朋友相互介绍而形成的团体，他们不以正式的合同来维系，而是以"移情作用"的直觉力，通过人与人的接触来运营。然而，这种霸权也有冷酷的一面，当"移情作用"出现误差时，就必须有人离开。因为他们经常要花时间学习使用新的沟通方式而丧失决策的高速度，人际关系薄弱的团体就会无法生存下去。

在历史上，这种文化最常见于小型企业，目前在经纪公司、投资银行、许多政治团体和中介性质的组织中非常普遍，也经常出现在各行各业的起步阶段。汉迪在书中指出，在讲求真才实学、机会平等的今天，这种文化就可能显得有些只讲关系、照顾自己人了，往往被人们讥讽为业余管理与纵容特权遗风的例子，但事实上它们不该受到这种待遇[②]。因为这些组织的"宙斯"们都是非常讲究效率的，同他们接触而建立起来的感情对完成事业来说是个很好的基石。

2. 阿波罗管理文化：角色文化

这种文化的保护神是太阳神阿波罗，它是秩序与法规之神，这种文化假定人是理性的，任何事都可以也都应该加以逻辑分析。因此，一个组织的工作任务也能被一格一格地划分开来，根据特定的"工作职能"作出一份工作流程图，并用一整套的工作手册、预算案、资料库之类的规则和程序，把它们紧紧结合起来。

角色文化的图形是古希腊神庙，神庙的"力"和"美"来自它的梁柱。梁柱代表各种经过精心设计的职能和部门，梁柱之间由各种法规和程序连接起来，在顶部与三角墙会合在一起，而这个三角墙的顶部则是由各个部门的"首领"所形成的董事会或职能委员会。

在角色文化中，人是机器的一个零件。你只要做你该做的事就行了——不必多也不能少，所谓的效率就是火车准时到达，不要太早也不要太晚。效率是追求

---

①② 查尔斯·汉迪. 管理之神 [M]. 崔姜威译. 北京：北京师范大学出版社，2006：9.

达到标准所设定的目标，而只有在证实这些标准目标需要修订时，才能推翻它们。不论在心里层面还是在合同层面阿波罗文化都会让人很有安全感，它会替你把握生活和工作，甚至可以为你购买保险，提供房子和汽车，帮你买到价廉物美的东西，还能为你提供法律上的服务。

当然，这一切都是建立在它对生活可以预知的能力上，当这个假设成立时，阿波罗文化是很有效率的。这种文化最痛恨的东西是改变，当他们碰到变化的环境时，或是故意忽略它，或是设立许多跨越职务的联络小组，以试图将整个组织结构固定在一起。假如这些措施都无法奏效的话，管理也就崩溃了，整个神庙或瓦解而被兼并、或破产、或在向专家咨询之后的东山再起。

3. 雅典娜管理文化：任务文化

这种文化的保护神是年轻女子雅典娜，也是一位善于解决问题的艺术家和航海先锋。任务文化会采取一种非常与众不同的管理方式，它会首先找到问题的存在，然后运用资源实施策略，安排得力有效的人员、机器和资金组成团队开始运作，等待问题得以解决。管理的优劣成败要以最终结果，即问题解决的实际情况来进行评断①。这种文化认为专业水平才是权力或影响力的基石，才能、创造力与直觉力才是团队贡献所必需的。在这种文化中，年轻得以绽放光彩，创造力备受尊崇。

任务文化的图案是一张网，它从组织系统的不同部分获取资源，集中解决特定的问题。和宙斯组织的权力处于中心、阿波罗式文化的权力处于顶端不同，雅典娜式文化的权力是分布在网线的交叉点上。这种组织的每个单位都非常松散且能自给自足，但在整体的组织策略中，又担负了特定的任务。

这种组织文化中的每个团队都有一个共同的目标——解决问题，整个团队团结一致又充满热情，而且不太会出现前两种文化中那种破坏性的人际冲突。在这样的组织文化中领导权不会成为热门话题，团队中的成员会相互尊重，在程序细节上也很少互相挑剔。当组织中的某些人出现困难时，其他人不会乘机加以利用、陷害，而是去帮助对方。在角色文化中重要的委员会，而在这里重要的是团队。

当我们不再需要创新，或是碰到需要有永久性和日常性解决方式的问题，这种任务文化就会变得十分昂贵，因为雅典娜根本不在乎家务琐事，所以任务文化

---

① 查尔斯·汉迪. 管理之神 [M]. 崔姜威译. 北京：北京师范大学出版社，2006：15.

不适合稳定下来的组织，在那里它通常不会持续很长的时间。另外，如果雅典娜们运作的相当成功，组织结构变得十分庞大，这时候需要支付大量的日常运作费和维护费，并可能会使组织遭遇非常严重的失败，雅典娜式管理也会失效，此时前者需要阿波罗式管理或者需要宙斯式管理。在现实中，顾问公司、研究与开发部门、广告公司等与雅典娜式管理文化比较接近，它们都像是解决单一特定问题的工厂。

4. 狄奥尼索斯管理文化：存在主义（个性）文化

这种文化的保护神是酒神和歌神狄奥尼索斯，它代表个性管理文化。所谓的存在主义源自一个假说：这个世界并不是某个崇高目的的一部分，我们并非只是某个神手中的傀儡。相反地，尽管我们的存在只是这个世界的一个意外，但如果有谁能为我们和这个世界负责的话，那一定是我们自己。把握着我们的命运的唯有我们自己[1]。

与其他三种文化下个人从属于组织不同的是，在存在主义文化下的组织是从属于个人的，组织通常帮助个人完成目标。这种文化深受专业人士喜欢，在那里他们可以保持个性，拥有自由，不必受人管辖，同时作为组织中的一员，有同事可以交流，有组织的各方面支持，有额外获得的弹性工作制，甚至还有就某些问题与组织交涉的权力。因此，在个人才干或技术为组织最重要资产的地方，存在主义文化可谓是最佳选择。在他们的组织中管理者所管辖的事情都是一些"琐碎的杂务"，根本无法对这群人实施任何制裁，这种组织中的专业人员并不乐意接受命令、填写表格，或在他们的计划上做任何妥协，这种文化下的管理者没有什么声望，地位排在最末位。

狄奥尼索斯式组织文化在现实中很少存在，因为对于普通组织或管理者来说，它不能给予管理者任何权利。但现实中又有某些团体组织和狄奥尼索斯式组织文化很类似，比如：医生、律师、系统分析师、科学研究专家、公共关系顾问、咨询人员以及各种协会等。

现实中的组织理念往往融合了上述四种不同的文化形态，查尔斯·汉迪给出的解释是：组织中的工作会有很多种，而每一种组织文化一般只适合处理其中的一种，这样组织就不得不融合不同类型的文化，以适应不同类型的组织工作。

---

[1] 查尔斯·汉迪. 管理之神 [M]. 崔姜威译. 北京：北京师范大学出版社，2006:19.

（三）《非理性时代：掌握未来的组织》

未来是可以事在人为的，如果我们知道自己心目中的未来是什么样，我们便能够影响它，这正是驱动汉迪写此书的信念。《非理性时代：掌握未来的组织》自出版以来一直畅销不衰，广受读者的追捧。该书对明天社会里的人们的工作与生活特别是企业的组织形式做了令人激动而震撼的描述。汉迪指出这是一个变化中的世界，在面对新的变化，我们必须以一种全新的甚至是非理性的方式对新的变化作出反应，这样我们才不至于沦落到像"热水中的青蛙"一样的命运。全书分为三篇：第一篇为变化，第二篇为工作，第三篇为生活。

汉迪在开篇即引用萧伯纳的话"所有的进步都依赖于那种非理性的人"，理性的人使自己适应世界，而非理性的人坚持试图让世界适应自己。按照汉迪的观点，在变革的时代，变化既是威胁也是机会。连续的变化是舒服的变化，过去是未来的导向。他相信变化不再像以前一样，保持现状不再是最好的出路。那条路将不太舒服，不太容易走，但无疑会使工作生活更有趣。在书中汉迪指出，30年前大多数人认为变化意味着大体相同，只是更好一些，那是增量的变化会受到欢迎，今天我们知道在生活的许多领域我们不能保证大体一样，不管是工作还是金钱、和平，或是自由、健康，或是快乐，甚至不能自信地预测我们自己的生活将发生什么事。变化现在更不可靠，也更令人激动。

面对不连续的变化，组织结构也将随之变化。该书中汉迪深入研究了组织结构的变革方式，预言将来的工作组织将会出现三种新的组织思维模式：三叶草组织、联邦组织和3I组织。

三叶草是爱尔兰的国花，它的每根茎上都有三片叶子。汉迪用它来象征由三种不同的人组成的组织，即以基本的管理者和员工为核心，以外部合同工和兼职工为补充的一种组织形式。其中，三叶草的第一片叶子代表核心工作人员，由资深专家、技术人员和管理人员组成，他们对组织是不可或缺的，是组织区别于其他组织的标志，失去了这部分人，组织也就失去了自我。组织为这部分人提供丰厚的待遇，作为回报，这部分人要努力工作，忠诚而不失灵活。第二片叶子由与企业存在合同关系的个人或组织构成，通常还包括一些曾经为企业工作过，但现在为其提供服务的专家。组织将相对不重要的工作外包给这部分专业人士或小公司，在理论上这部分人可以做得更好，且成本更低。第三片叶子是灵活性的劳动力,即那些兼职工和临时工。① 这部分人也叫弹性人力资本,临时雇佣兼职人员来做正常工作时间以外的部分或者帮助组织渡过高峰期,能够显著地降低组织的成本。

从经济角度来看,选择三叶草组织是明智的,但三叶草组织不像过去传统组织里只有一种员工,而是三种员工,每一种员工对该三叶草组织的投入程度不同,签订的合同不同,对组织的期望不同,所以对于三叶草组织的管理者来说,接受和承认这种差异还只是开始,最大的挑战在于如何确定三种不同部分以及如何管理他们。

在联邦组织理论中,汉迪认为联邦制是指不同的单位成员在一面表示同一身份的共同旗帜下结为同盟。信任和拥有共同目标是联邦制的两大基本要素。从表面上看,联邦制试图使组织变得很大,但联邦内部各成员依然很小,或者最起码保持独立,这样可把自治和联合结合起来。这种方式需要企业经过漫长而痛苦的演变才能达到两个最佳状态:一个是其规模应使其在市场和金融中心占有一席之地,并具有规模经济;另一个是其小的成员应具有所需要的灵活性以及他们所日益渴求的团体感。汉迪进一步指出,联邦制和分权制存在很大差别,分权制指中央将某些工作职责委托给边远的分部去做,但中央握有全面的控制权,负责委托、提议和指导等工作,而在联邦制中,中央不会指挥和控制得太多。因此,汉迪得出结论:联邦组织是由相反因素推进的组织,它的发起、壮大和它的活力主要来自各小成员;中央有一定的影响力,但总体上相对较小。②

企业实行联邦制改变了传统的组织管理理念。汉迪认为一个组织的活力主要来自外围而不是中心,源自下层而非上层。联邦制组织依靠一个统一的权利和体制来实现一系列复杂的目的,同时也不忽视外部世界的多样化,与日益复杂多变的时代同步,尊重多样性,尊重差异。因此,汉迪断言,在组织的不断演变过程中,向联邦制发展是必然趋势。

在过去,财富常常建立在土地所有权上;在近代,财富是建立在制造产品的能力上;而现在,财富则日益建立在知识及应用知识的能力上。在信息社会中,面对日益激烈的市场竞争,汉迪认为,在组织的核心部分,如果人们想从知识中

---

① 查尔斯·汉迪.非理性时代 [M].王凯丽译.北京:华夏出版社,2000:85.
② 查尔斯·汉迪.非理性时代 [M].王凯丽译.北京:华夏出版社,2000:108.

获取价值，仅靠自己的头脑是不够的，还需要有价值的信息和思想。成功和效率的新公式是 3I=AV，这里的 3I 代表智慧（Intelligence）、信息（Information）和思想（Ideas），AV 表示增加的价值（Added Value），这种价值可以是现金或财富的其他形式。汉迪提出的 3I 组织实际上是指这样一种组织：以追求真理为目标（即产品或服务的质量），使用智能机器，拥有高素质的现代化人才，组织内部有赞同式管理文化氛围的组织。在当今竞争激烈的信息社会，组织只有保证所生产产品或服务的质量才能够生存，任何牺牲质量获得短期利润都会导致组织短命。然而质量并非唾手可得，它需要合适的设备（智能机器）、合适的人（高素质的人才）以及合适的环境（赞同式管理文化）。这一切都要求组织进行不断地学习，掌握现代化的知识。

3I 组织与其他组织不同，军队、工厂或政府等组织哲学不适用它们，3I 组织必须关注那些知识起关键作用并且脑力比体力重要的领域，它在所有层次上都是学习型的组织。其他组织付钱给别人不是让他们思考，只是让他们做事，3I 组织付给别人报酬不仅要求做事还要求思考，这将会给组织管理带来巨大的不同。

该书的目的在于使人们更好地理解自己周围发生的变化，以便人们不管是作为个人还是作为社会，少受点痛苦、多获得益处。全书的论据基于以下三个基本假设[①]：

第一，这次的变化不同，它们是不连续的，不是一个模式的部分；这种不连续性在历史上不时发生，尽管令人混淆和不安，尤其是对那些掌权的人来说。

第二，细小的变化事实上会使人们的生活发生最大的改变，尽管这些变化在当时并不引人注意。正是工作组织方式的变化，将使人们的生活方式产生最大的改变。

第三，不连续的变化需要不连续的颠倒思维来应付，尽管思想者和思想乍看起来显得荒唐。

---

① 查尔斯·汉迪.非理性时代[M].王凯丽译.北京：华夏出版社，2000:5.

三、查尔斯·汉迪的主要贡献

(一)提出了四种不同的组织文化

查尔斯·汉迪认为由于组织文化决定了组织的行为和思考方式,所以看似无形的组织文化对组织的行动和结果有很大的影响,甚至在某种程度上比组织的制度和规章对组织有更深层次的影响。汉迪认为现代组织内部存在四种不同的文化倾向:霸权文化、角色文化、任务文化、存在主义或个性文化,并以希腊的众神来象征不同的文化,即象征霸权文化的宙斯、象征角色文化的阿波罗、象征任务文化的雅典娜、象征存在主义或个性文化的狄奥尼索斯。现实中的组织管理是对上述四种不同文化的综合运用,使用宙斯式文化为组织确定目标和方向,运用阿波罗式文化满足人们的需要,运用雅典娜式文化促使组织不断前进,运用狄奥尼索斯式文化激发人们创造力的发展。汉迪用深入浅出的语言将两者巧妙地结合起来,赋予管理理论以生动的神韵,大大扩展了科学管理的内涵。

(二)揭示了似是而非的存在

在面对个人和组织有可能沦为"空雨衣"的命运时,汉迪以其深厚的哲学思想,为我们揭示了社会正在陷入九个似是而非的理论,即汉迪在《空雨衣》一书中提出的导致个人和组织沦为"空雨衣"的九个"悖谬"。这九个似是而非的理论包括:智力、工作、生产力、时间、财富、组织、衰老、个人、公正。汉迪认为,这些似是而非或悖谬将一直存在,困扰个人和组织的发展,为此组织和个人必须将管理和灵活结合起来,学会灵活的管理,必须学会摆脱传统的思想束缚,对个人和组织进行不断的更新,以防止其走向衰落。

(三)提出了S型人生曲线、"甜甜圈原理"以及"中国式合同"思维理念

为了使个人和组织走出"悖谬"困扰,使生活变得有意义,汉迪提出了三个思维理念,它们构成了汉迪商务管理哲学的核心理念。

第一,施行新变革的"S型曲线"。每一个人的一生中都会有得意和失意,每一个组织的生命周期内都会有繁荣和衰退,个人和组织的生命就犹如一条条S型

曲线构成。若在人生得意时即处于第一条 S 型曲线的时候开始着手准备第二条 S 型曲线，以此往复，从而步步登高，不至于坠落巅峰、一蹶不振。

第二，正确把握平衡的"甜甜圈原理"。汉迪认为，人们必须远离那些几乎占有个人所有时间的工作，应该将自己的核心工作放在圆圈的中间，外围则代表从事的其他活动。理想的工作应是以"甜甜圈"中心为核心，外延为自由发挥的空间，个人、工作与组织的甜甜圈是相互关联的，每个人要做的是在每个圈内与三个圈之间找到合适的平衡点。

第三，充分运用双赢艺术的"中国式合同"。"中国式合同"是建立在相互信任基础上的合同，目的是双赢，结果是皆大欢喜。在查尔斯·汉迪看来"中国式合同"不需要法律保证，它是比西式合同更长久的合作方式，隐藏在契约背后的是双方都必须作出一定让步。许多时候妥协常常是必要的，当人们的思维更加富于弹性，能够灵活应变，作出必要的妥协就能走出许多"悖谬"。

（四）新秩序的预言者以及预言的身体力行者

查尔斯·汉迪在他的理论体系中对未来的工作和生活进行了令人振奋的描述，他认为将来除了有薪工作外，还有家庭工作、义务工作及学习工作，正式的工作将会变得越来越少，大多数人不得不从事第二职业，甚至第三职业，他预言将来人们的工作方式是组合职业，生活方式是组合婚姻。基于对信息社会是非理性的社会，变化是不连续的变化的认识，汉迪打破传统思维模式，大胆地提出了三叶草组织、联邦制组织以及 3I 组织，这对传统的组织模式形成了巨大的挑战。他预言将来会有越来越多的人在三叶草组织、联邦组织以及 3I 组织中工作。他的预言宣告了传统组织、工作、生活方式的衰落，汉迪的很多预言在今天已经实现，社会的发展还将继续证明汉迪预言的正确性。同时汉迪在成为自由人之后，开始实践他自己的预言，在这四项工作中找到最佳均衡。汉迪后期通过对自身经历的反思，倡导我们过由收费工作、免费工作、学习、回家做工作以及休闲组成的"组合式人生"，他自己大体上过这样的生活，100 天学习，150 天做有薪工作，25 天做义务工作，90 天做家庭工作、假日休闲。

查尔斯·汉迪在他的管理理论中将管理、哲学、宗教、社会伦理等交叉学科理论融会贯通，运用深入浅出的隐喻、平实智慧的语言，将管理学的思想精髓以一种特殊的方式呈现在我们面前。他提出的诸如组合式人生、四种管理之神、三叶草组织、联邦制组织、3I 组织、S 型人生曲线、甜甜圈原理、中国式合同等流行概念以及对未来组织形态、生活工作方式的大胆预言，对世界各国尤其是转型中的中国的组织形态、组织文化、工作方式、生活方式以及如何摆脱"悖谬"具有重大的理论和现实借鉴意义。

四、查尔斯·汉迪的管理思想评论

（一）未来组织理论

汉迪认为："30 年前大多数人认为变化意味着大体相同，只是更好一些，那是增量的变化会受到欢迎，今天我们知道生活的许多领域我们不能保证大体一样，不管是工作还是金钱、和平或是自由、健康或是快乐，甚至不能自信地预测我们自己的生活将发生什么事。"我们正在进入一个非理性时代，在这个时代中变化是不连续的，各种变化都是意想不到的。这个时代惟一灵验的预言就是：没有预言会灵验。这种不连续的变化充满了机遇和挑战，它促使人们要敢于怀疑、打破陈规、推陈出新，以"非理性"的思维来思考问题。与此对应，工业经济时代建立在牛顿力学和科学管理理论基础之上的等级分明、分工精细的传统组织已经无法满足非理性时代不连续变化的要求，组织变革势在必行。

不连续的变化就在我们周围，汉迪认为："我们既不需要像沸水中的青蛙过迟离开，也不必等待一场革命"，在这个时代变革中，机会和问题并存，只要善于生存，不连续性就是一个宝贵的学习机会。人们所要做的就是改变自己对待变化的态度、习惯以及某些组织方式。这样人们就会迎来"一个新发现、新启蒙和新自由的时代，一个获得真知的时代。"非理性时代的新环境和新技术要求组织变革呈现扁平化、小型化、分散化的趋势。在预言组织变革的方式时，他指出未来将会出现一种"三叶草"组织，这种组织方式能够将组织的资源集中到最需要的部分，实现资源优化配置。在这种新出现的三叶草组织中，管理者和技术人员是核心部分，各种外包服务人员是外围部分，临时工和兼职工是组织的弹性人力部分。在谈及未来组织的责任与权力时，汉迪建议未来组织可以采取"联邦制"组织形式，该种组织能够将规模经济效应与灵活性很好地结合，新型组织中的引导与支持、协调与影响将取代传统组织中的命令与服从、控制与反制。在信息化背景之下，汉迪提出成功与效率的新公式：3I=AV，并借此提出未来组织变革的第三种形式——3I组织，此种组织关注那些知识起关键作用且脑力比体力更重要的领域。

当今的管理实践印证了汉迪关于组织变革的预言，现实社会中类似"三叶草"、"联邦制"、"3I"的组织比比皆是，同时在制度范围内人们有了很多业余工作。人们有越来越多的机会把工作和兴趣结合起来，工作地点离人们的住处越来越近，全职工作人员在不断减少，自我雇佣在不断增加，劳动密集型企业正在向知识型企业、服务业转型发展。这些现实让人不得不折服汉迪过人的预见力和深邃的洞察力。但是，目前世界经济以及各国的经济正被一些大型组织，如大型跨国集团所控制。这似乎与汉迪对未来组织变革的遇见相矛盾。反观这些发展很好的大型组织，它们不同于那些顽固不化的组织，很注意改变自己，无时不处不在进行创新。母子公司之间的分权化、组织内部机构的扁平化以及灵活化是这些大型组织的又一真实写照，这从另一个侧面映衬了汉迪的组织变革思想，或许它们是三叶草组织、联邦制组织以及3I组织的综合体。

（二）组织文化理论

汉迪认为组织文化的类别有四种，分别是：霸权文化、角色文化、任务文化、个性文化或存在主义文化。在《管理之神》一书中，他以古希腊诸神为载体，分别对应不同的文化类别，即宙斯代表霸权文化，阿波罗代表角色文化，雅典娜代表任务文化，狄奥尼索斯代表个性文化。汉迪甚至相信不懂得这四种文化的内涵就不可能真正懂得管理。这四种文化中，常见的是宙斯式权力文化、阿波罗式的角色文化以及雅典娜式的任务文化，其中阿波罗的角色文化最为常见，现实世界中的大多数大型组织都采用这一管理文化，汉迪之前工作的壳牌石油公司就是典型的阿波罗式管理文化。至于最后一种管理文化——狄奥尼索斯式文化现实中很少见，汉迪认为这种管理文化不能存在，至少不能像其他管理文化一样独立存在[1]。但是，正是这种狄奥尼索斯式的非组织管理理论对于汉迪的组织理论极为重要，它是汉迪的伟大发现。

比较这四种组织管理文化，我们可以发现，宙斯式组织文化常见于组织的初始阶段，并随着组织的逐渐兴起而消亡，最终向阿波罗式组织转变。单纯的雅典

---

[1] 罗伯特·海勒. 查尔斯·汉迪[M]. 宋宇清译. 北京：中国社会科学出版社，2002：6.

娜式组织在现实中很少见，而狄奥尼索斯式组织则几乎找不到。所以，比较起来只有阿波罗式组织才能称得上真正的"管理之神"。

查尔斯·汉迪关于管理之神的理论很富有想象力，但也存在一定的局限性。受个人经历的影响，汉迪认为大学是狄奥尼索斯式文化的发源地，那里不需要权威进行管理，这与现实不符合。汉迪认为，由于组织中有大量的工作要做（包括稳定、发展和特殊状态），所以四种管理方法是并存的，在管理者的脑海里是融为一体的，这与他所说的"四种管理文化对于多数人来说太多了"相矛盾。在人们感到厌烦时，他们就将选择他们所喜欢的文化，从这个角度来看是个人限制了组织，而并非像汉迪所说的组织限制了个人。

（三）似是而非理论

在非理性时代中，大型公司奉行 $1/2 \times 2 \times 3=P$ 的政策，即用两倍的工资来雇佣原来一半的员工，创造出三倍的生产力。一半的人会因此失去工作，不得不努力找工作，并逐步沦为工作机器。汉迪将这种现象归结为智力、工作、生产、时间、财富、组织、衰老、个人、公正九个悖谬的存在。他提出了走出变革时代悖谬的三个原则：施行新变革的"S型曲线"，把握平衡的"甜甜圈原理"以及充分运用双赢艺术的"中国式合同"。

在这三个原则中S型曲线使人们能够"未雨绸缪"，但是一个棘手的问题是：如何知道我们处于第一条曲线的具体位置。汉迪没能够提出一个让人信服的答案。"中国式契约"中的妥协、让步虽可达到双赢，但被认为是软弱的表现。只有"甜甜圈原理"方式被认为是最有用的，它兼顾内外：在内代表核心工作，倡导人们应将自己对事业的追求放在工作的最中间；在外代表其他琐事活动，可以不断充实自己的工作生活，达到工作和自由的平衡，帮助个人走出悖谬，找回自我。

综上所述，查尔斯·汉迪的管理思想有着深厚的哲学背景和浓烈的宗教色彩，将管理、哲学、宗教、社会伦理以及经济学融为一体，用平实的语言隐喻出高深的管理思想。同时，汉迪十分重视将理论和实践结合起来，他自身就在不断实践自己的预言。所以，可操作性是汉迪管理理论的又一大特点。但是，汉迪的管理思想也有一定的局限性，它的局限性在于带有一定的虚幻色彩，他总希望看到他所预料的事情发生，而不考虑实际情况，致使他的某些预测不可避免地带有主观色彩。但是他并不随心所欲，这一切都以他丰富的经验和敏锐的洞察力为基础。

汉迪对这些问题的分析与思考对中国企业管理具有重要的借鉴意义。中国 40 年的改革开放使中国企业创造了令世人瞩目的经济财富，但越来越多的人意识到，管理者与普通员工的关系变得越来越微妙，员工追求的价值在不断改变，消费者对商品的需求则日益多样化和个性化……如何去积极应对其至引领这些变化而不是被动地作出各种调试是摆在中国企业管理者面前的一道难题。幸运的是查尔斯·汉迪睿智的管理理论能够引领我们清晰地认识到：在非理性时代各种不连续变化，使我们接受扁平化、分散化、小型化以及知识化的组织变革趋势，针对不同的企业、不同的成长阶段树立不同的企业管理文化，并积极地引导员工走出"谬论"，追求真实自我。

本章参考文献

[1] 罗伯特·海勒. 查尔斯·汉迪 [M]. 宋宇清译. 北京：中国社会科学出版社，2002.

[2] 查尔斯·汉迪. 管理之神 [M]. 崔姜威译. 北京：北京师范大学出版社，2006.

[3] 查尔斯·汉迪. 非理性时代 [M]. 王凯丽译. 北京：华夏出版社，2000.

[4] 查尔斯·汉迪. 空雨衣 [M]. 江慧琴，赵晓译. 北京：华夏出版社，2000.

[5] 冯建涛. 组织生态类型 [J]. 财经界（管理学家），2008,(2).63-67.

[6] 闻华，王肖婧. 思想者的轨迹：汉迪的生平 [J]. 财经界（管理学家），2008,(2).54-60.

第十一章 诺萨贝斯·穆丝·坎特：让人性之光闪耀

诺萨贝斯·穆丝·坎特是为数不多的具有国际影响力的女性管理学大师之一，她的人性化管理思想和女性主义视角使她成为管理学说史上一颗璀璨的新星，在管理界散发着耀眼的光芒。她的主要管理思想——坎特法则、后创业者时代企业的管理原则和企业管理五论已成为企业管理的经典理论。她的代表作《公司男女》、《变革大师》和《巨人学舞》等也成为企业管理者床前案头的必备读物，为众多人所追捧。诺萨贝斯·穆丝·坎特这个名字，已享誉全球。

一、诺萨贝斯·穆丝·坎特的生平

诺萨贝斯·穆丝·坎特（Rosabeth Moss Kanter），1943年3月15日出生于美国俄亥俄州克利夫兰市（Cleveland，Ohio）一个普通的中产阶级家庭。她的父亲是一名律师，母亲则是一名传统的家庭妇女。从儿童时代起，坎特各方面的表现就非常突出。8岁时，她便制作了自己的第一张名片，称自己为"儿童心理学家"。11岁时，她和朋友合伙写了一篇神秘主义小说。12岁便开始学习打字，并在一次征文比赛中获奖，赢回了一台打字机。尽管这些无非是游戏之举，但用中国传统眼光来看，这是典型的"少有大志"。

1960年，坎特进入宾夕法尼亚州布林莫尔学院（Bryn Mawr College）学习社会学。布林莫尔学院的受教育经历和自由校园文化的熏陶，培育出她早期的激进倾向。在大三时，她与坎特同宾夕法尼亚大学心理学专业学生斯图亚特·坎特

（Stuart Kanter）结婚。1964年，坎特以优异成绩获得了布林莫尔学院的心理学和社会学学士学位。毕业之后，她随丈夫来到了密歇根州，并开始寻求新闻和广告方面的工作。无奈时运不济，她只好进入密歇根大学（University of Michigan）继续学习社会学，于1965年获得密歇根大学（University of Michigan）的硕士学位，并于第二年开始在马萨诸塞州的布兰代斯大学（Brandeis University）任教，担任社会学副教授。与此同时，继续在密歇根大学学习社会学，于1967年获得密歇根大学的博士学位。1969年，正当坎特夫妇俩的事业逐步走上正轨，丈夫斯图亚特却一病不起，很快撒手人寰，这给坎特造成了沉重的打击。后来，经一位朋友介绍她和巴里·斯坦（Barry A. Stein）认识。巴里·斯坦是一名颇有经验的管理咨询顾问，他不仅给坎特传授管理咨询的知识和窍门，更使得经历了重大挫折之后的坎特树立起了从事管理咨询的信心。两人的关系迅速发展，1972年，坎特和斯坦步入了婚姻殿堂。家庭生活逐步恢复正常，为坎特在事业上的发展奠定了基础。1973—1974年，坎特参加了哈佛大学的组织行为研究项目。1975—1976年，担任哈佛大学法学院的研究员和访问学者，同时完成了博士后研究。1977—1986年，担任耶鲁大学（Yale University）的社会学和组织管理学教授。1979—1986年担任麻省理工大学（MIT）斯隆管理学院的客座教授。1986年至今，担任哈佛商学院（Harvard Business School）工商管理教授。

坎特是为数不多的取得国际地位的女性管理大师之一，是与汤姆·彼得斯同一时期的大师。她的主要研究领域是组织，专长领域是战略、创新以及变革的领导艺术。她的研究旨在理解和解释最重要的组织——大公司，并使之变得既有效又更人性。按她的话来说，"我早在读书时就认识到，公司是社会中最有力量的实体，如果你关心世界是如何运转的，你必须研究公司。我的兴趣一直在于：一个复杂的世界是如何成为一体的。"20世纪80年代，她便以呼吁大公司（尤其是美国公司）进行改革而闻名。20世纪90年代，很多大公司遵循她的观点进行改革，使企业摆脱了呆板僵化的模式，大大增强了企业的灵活性与适应性。IBM等一些公司的经理说，正是坎特促使他们进行了变革。

坎特也是全球最负盛名的管理作家之一。她经常为《哈佛商业评论》撰稿，共发表论文13篇，并在1989—1992年间担任该刊主编。她还自己撰写或与他人合作撰写了17本书，其中多本畅销，并多次获得各类奖项。其中，《公司男女》（Men and Women of the Corporation）获米尔斯奖（C. Wright Mills Award），《变革大师》(The Change Masters)被《金融时报》(Financial Times)评为20世纪最有影响力的商业书籍之一,《巨人学舞》(When Giants Learn to Dance)更使她被人称为"大公司的舞蹈老师"。在管理学术上的极深造诣使她在2001年获得美国学术界最高荣誉"杰出管理学术奖章"。

坎特还是享誉全球的管理咨询师。她同丈夫巴里·斯坦一起创办了"好方法"管理咨询公司(Good Measure Inc.),其主要研究与咨询对象是全球性公司、医疗系统以及其他寻求创新模式的组织。她担任多家公司CEO的顾问,她在公司战略与创新方面的思想理论也获得了广泛认同。作为一位杰出的管理学家,坎特经常出席各类国际会议,并与一些国家领导人在同一论坛发表演讲。为此,坎特被埃森哲咨询公司评为"全球最具影响力的50位商业思想家之一"(名列前十)、"全世界最有影响力的50位女性之一"。此外,坎特还是美国国家品质奖评选委员会主席,世界经济论坛成员。

二、诺萨贝斯·穆丝·坎特的著作

诺萨贝斯·穆丝·坎特的著作有《公司男女》(Men & Women of the Corporation)、《巨人学舞》(When Giants Learn to Dance)、《变革大师:掌握企业繁荣之钥的人》(The Change Masters: Corporate Entrepreneurs at Work)、《信任:连胜的艺术》(Confidence: How Winning and Losing Streaks Begin and End)、《走在管理前沿》(Frontiers of Management)、《世界级:地方企业如何逐鹿全球》(World Class: Thriving Locally in the Global Economy)、《e变》等。

(一)《公司男女》

1977年,坎特出版的《公司男女》是一部社会学和管理学交叉研究的代表作。该书出版后引起了巨大反响,并获得了当年的米尔斯奖(C. Wright Mills Award)。(米尔斯奖由美国的社会问题研究会设立,以著名社会学家米尔斯命名)。坎特的著作获此殊荣,使她在学界的影响力迅速扩大。

《公司男女》承袭了坎特对乌托邦的分析架构,区别在于分析对象变为现实中的一家大公司。《公司男女》的独到之处体现在如下四个方面:第一,该书揭示了组织中女性、少数族裔的弱势及其成因;第二,该书的研究对象不仅仅限于公司的正式员工,而是将员工的妻子等"外围部队"包含在内;第三,该书揭露了官僚体制对组织成员的过度控制,顺应了管理学界对官僚制进行批判的潮流;第四,该书对权力的分析反常人的思维,认为组织中的专制领导和严密控制,原因在于缺乏权力,而不是权力过大。正因为上述四点,《公司男女》成为社会学和管理学的双料经典,在获得米尔斯奖的同时,也被公认为是坎特"组织变革理论三部曲"的第一部。

(二)《巨人学舞》

1989年出版的《巨人学舞》是坎特教授最为成功的著作之一,坎特教授因此被称为"大公司的舞蹈老师"。在这部书中,坎特相信,"孤独的狼"似的创业者时代已经过去,而在"后创业者时代",经济的未来要依靠大公司的发展。《巨人学舞》提出了"后创业者时代的管理原则",其要点如下:

第一,目标最小化,选择最大化。降低固定成本,尽可能多地运用"可变的"或"临时的"成本、方法或原则等达到目的。

第二,通过影响力和组合找到管理的手段。管理者与领导人应当通过参与和投入获得权力,而不是通过全面控制或完全的拥有而获得权力。

第三,鼓励"完全的、持续的变化",使事情处于动态之中。为了产生意想不到的创造性的新组合,鼓励在人员、职能和产品上不断地重新组织。把人员调整重新定义为积极的(一个更新之源),而不是消极的。

采纳这样的原则,有可能导致企业的灵活性和职工的安全感需要之间的紧张。坎特的建议是,职工应该转变观念,不要把安全感系于某个具体职位或企业,而是系于就业能力,即能够始终找到就业的知识。而对于灵活的、反应快的公司,坎特推荐如下战略:首先,发展更好的协同性,使企业有更多的内部协作和更好的整体性。其次,建立与其他公司的联盟。最后,开发新的"溪流",即开发那些让企业走向未来的新商机。她说,"这些后创业者时代的战略,能够把缺乏活力的组织改变为全球商业奥林匹克竞赛的敏捷选手,能够让那些肥胖臃肿的大公司懂得如何跳舞。"另外值得一提的是,作为女性,坎特的观点自然不乏女性主义的视角,她特别强调大公司应该认识到家庭生活的重要性。她不仅理解组织,而且理解组织中的男男女女的情感和态度。这一特点早在她的第一本著作《公司男女》中就非常明显。

(三)《变革大师：掌握企业繁荣之钥的人》

1983年，坎特很快推出新著《变革大师：掌握企业繁荣之钥的人》，在这部被称作"变革三部曲"第二部的著作中，坎特对《公司男女》中所发现的官僚制弊端进行了深入研究，提出运用企业家精神来矫正美国企业日益僵化的管理体制，认为领导通过分享权力，可以扩大权力，而不是丧失权力。只有赋予组织成员相应的权力，才能调动他们的积极性，发挥他们的主动精神。如果组织各级成员都拥有同自身的责任相匹配的权力，那么他们的企业家精神就会被调动起来，企业管理体制过于僵化的弊端有望得以缓解。

有人认为，《变革大师：掌握企业繁荣之钥的人》标志着坎特研究侧重点的转变——在这之前她关注的是组织的结构和体制，在这之后她开始关注组织成员的行为。这种观点不无道理，但却有些片面。坎特自己评价《变革大师：掌握企业繁荣之钥的人》时，声称这本书为她开启了一扇门，使她一方面意识到了学术领域的未知之境，另一方面刺激她跨出国门周游世界。

(四)《信任：连胜的艺术》

2004年，坎特出版了《信任：连胜的艺术》一书。在此书中坎特提到为什么有些球队输了一场比赛就一败涂地，而有些球队即使没有明星队员也能赢取一场又一场的连胜？为什么有些组织总能化逆境为机缘，一次次实现突破，而有的则恰恰相反，一旦陷入困境就无法实现重生？到底什么能让国家、企业以及个人转败为胜，实现经久不衰的成功循环？

坎特从人类最古老的也是最能体现团队合作的体育运动入手，深入访谈了1500多位球队教练和运动员，并调查了1243家企业，对其中的成功者和失败者、处于成功循环的组织和下降循环的组织进行对照比较，最终的发现却出乎意料：成功的组织之所以能够持续保持成功，并非取决于优越的人力或财力资源，关键就在于成功者的信念。

坎特指出，领导者只有综合运用以下战略才能实现企业的连胜——培养"承诺高于一切"的企业文化；推崇互相尊重、精诚合作；鼓励人人创新、更有效地解决问题。只有当人们感到彼此相连，当人们愿意对彼此承诺和忠诚，当人们一起行动以解决问题，组织内部和外部的信心基石就得以建立，企业便会拥有所向披靡的成功者姿态，拥有无法抗拒的连胜循环。

这部著作提供的技巧和信心帮助人们摆脱连续失败的破坏性循环，实现各自的成功——不管是企业主管、机构领导、一线员工以及其他专业人士，或是寻求改善生活质量的人们，都会找到自己的信心基石，找到赢的答案。

三、诺萨贝斯·穆丝·坎特的主要贡献

诺萨贝斯·穆丝·坎特是世界上仅有的几位得到公众认可的女管理学家之一。德鲁克这样评价她："诺萨贝斯·穆丝·坎特把整个管理工作看成既是结构又是过程，既是任务又人性化，既是连续的又是变化的。她既看到树木，又看到森林，这在我们的管理学者中，是惟一的。"[①] 由此可以看出，坎特管理思想的一个重要特征就是"均衡"，或许正是因为这一点，使她的管理理论避免了其他管理思想往往流于偏颇的弊病，在管理理论的丛林中别具一格，既得到学界的肯定，也得到实业家的认同。坎特的理论，涉及到组织、领导、人力资源、战略与环境、社会合作等多个方面，与德鲁克的思想构架遥相呼应。坎特管理思想的核心是人性化管理，并具有三个主要特征：一是以女性视角和情感渗透为管理学提供新的解释，作出了管理学中感性与理性融合的研究范例；二是重视理想追求与现实环境的对接，在结构与过程、人员与组织、公司与社会之间寻求平衡；三是把管理学置于社会变化的大背景之下，使管理与社会融为一体，这三大特征贯穿于坎特的理论和作品当中。坎特的主要贡献集中于两个方面：一是她的人性化管理思想，二是她的企业管理五论。

（一）提出了人性化管理思想

坎特具有强烈的爱国热情，她的著作尤为关注美国企业。1983年出版的《变革大师》，就是向美国公司发出挑战："我们面临未曾料到的巨大的社会经济变革，而过去的做事方式难以适应，需要的是创新。"要走前面的路，惟有创新。她所看到的问题是，美国大公司根本不习惯于把握创新。传统上，创新往往在大公司之外发生，通常是个人或创业者进行创新活动。因此，现在需要"创造各种条件，甚至在大型企业，使个人能获得实验的力量、创造的力量、开发的力量和试验的

[①] 慈玉鹏，融管理与社会为一体的思想者：罗莎贝斯·莫斯·坎特 [J]，管理学家，2011.5.

力量，总之是创新的力量。"显然，这样的看法来自于社会学的视野。她相信，要创造一个让创新能够层出不穷的环境，组织内的气氛和沟通是关键。她提出的解决方法就是要破除各类障碍，像官僚作风、死气沉沉和僵硬的组织结构，鼓励高层管理者和职工进行有效的沟通，她特别强调各个层次的协作。为此，她提出了人性化管理思想，具体体现在坎特法则和后创业时代的管理原则上。

1. 坎特法则

坎特法则是坎特管理思想的结晶，主要内容是：尊重员工是人性化管理的必然要求，是回报率最高的感情投资。尊重员工是领导者应该具备的职业素养，而且尊重员工本身就是获得员工尊重的一条重要途径。其详细内容如下：

尊重员工是人性化管理的必然要求，只有员工的私人身份受到了尊重，他们才会真正感到被重视、被激励，做事情才会真正发自内心，才愿意和管理者打成一片，站到管理者的立场看待工作，主动与管理者沟通意见，探讨工作，完成管理者交办的任务，甘心情愿为工作团队的荣誉付出。大部分人都喜欢享受工作，喜欢有高度自觉性、进取精神和领导魅力的管理者，愿意把工作视为生活中的重要内容，为自己喜欢的工作付出，愿意为尊重自己的管理者分忧解难。如果持续受到尊重，持续得到认可，员工们愿意和管理者成为朋友，成为互相促进的工作伙伴。

尊重员工就是给予员工一个私人的空间，既使是在上班时间。作为管理者不可以也不可能每时每刻都监督在员工的身边，他所能做的就是指导帮助员工学会时间管理，利用好自己的时间，做好自己职责范围内的工作和自己的发展计划，用计划和目标管理员工。依据二八定律，员工自己喜欢的工作只占全部工作的20%，如果能给员工时间让他们做好这部分工作，那么他们的工作会更有效率、更有成绩。管理者无须时刻对员工灌输敬业奉献精神，也不用害怕员工自己管理不好自己，应相信员工的自我管理水平。同时帮助员工树立信心，正确认识和评估自己，有效规划自己的工作，安排好自己的时间，提高必备的工作技能和知识的储备，提高工作的效率。

尊重员工就是让员工学会主动承担工作，对工作负责，提高自我管理水平。尊重员工将使员工沿着柯维先生所提倡的"依赖—独立—依赖"的发展过程有序地发展提高，最终满足员工自我实现的需求，进而达到团队合作，共谋发展。人性化管理就要有人性化的观念、人性化的表现，最为简单和最为根本的就是尊重员工的私人身份，把员工当作一个社会人来看待和管理，让管理从尊重开始。

坎特法则深刻揭示了坎特管理思想的核心——协作的重要性。协作首先要求企业内部的协作，即员工和管理者之间、员工和员工之间的协作。只有企业内部的整个团队团结一心、共同进退，才能最大限度地发挥企业的组织优势，创造出1+1>2的效益来。坎特进一步指出，使员工精诚团结的最好办法便是尊重员工，实行人性化的管理；授权员工，使每个员工都具有主人翁精神。坎特法则为现代企业管理提供了重要依据。这正是女性细腻情感与专业的理智相结合的体现，她注重"人"的主体地位，注重营造尊重的和谐的企业文化。当今社会人们的生活水平普遍提高，物质经济的追求已经不是生活中的唯一追求，我们的企业不仅仅要追求更大的经济利润，也要是一个实现个人理想的平台。

然而，坎特并没有停留于此，她还放眼当今社会，认为仅靠企业内部的协作是远远不够的，还必须依靠企业外部的协作——联盟。在全球化经营的背景下，企业所面临的国际化竞争越来越激烈，企业走向战略联盟将成为必然趋势。

2. 后创业者时代的管理原则

坎特认为，"孤独的狼"似的创业者时代已经过去，而在"后创业者时代"，未来经济发展要靠大公司——企业联盟，这就是她提出的"后创业者时代的管理原则"。具体内容主要体现在《巨人学舞》一书中，三条原则前面有介绍，这里不再重复。

这样的原则，有可能导致企业的灵活性和职工的安全感需要之间的紧张。坎特的建议是，职工应该转变观念，不要把安全感系于某个具体职位或企业，而是系于就业能力，即能够始终找到就业的知识。当我们的能力达到很高水平时，就业就不会成为一个难题。在以市场经济为主体的社会里，竞争无处不在，一个固守陈旧的企业难以生存，一个固守陈旧的人就更难有立锥之地。记得中国第一家国有企业倒闭时，人们迷茫的看着，疑惑不解，"这是为什么？"甚至还有人送上花圈纪念破产的企业。当时没有人会相信国有的企业会办不下去。我们永远都不可以忘记一个适用于自然又适用于社会的规律"适者生存"。国有企业的弊端就是生活过于安逸，人们成为了机器，思维在退化。压力同样是动力，只有适当的刺激，才可以提升个人素质和企业动力。

而对于灵活的反应快的公司，坎特推荐如下战略：首先，发展更好的协同性，使企业有更多的内部协作和更好的整体性；其次，建立与其他公司的联盟；最后，开发新的"溪流",那些让企业走向未来的新的商机。坎特(1992)认为企业间的战略联盟可看作是一种由弱到强、由远及近的序列。在企业联盟中,同行企业共享资源可以获得收益。例如共同研发新技术、新产品,共享销售渠道、供货商或代理商等。在企业联盟的连接点上,企业可能获得各种潜在的机会。例如一方提供技术,而另一方提供市场,双方实现利益共享。就组织本身而言,技术的发展与创新是企业持续生存之根本,当企业无法独自解决技术发展与创新问题时,就会主动寻求联盟,从而导致联盟企业的组织资本产生。在生产社会化的过程中,实现的强强联合、产销一体化、技术共享等等都可以以最小的成本得到最大的社会收益,比提高企业的抗风险能力。

简而言之,后创业者时代的管理原则是一种打破保守、积极开拓、以技术为核心的管理原则。

(二)总结了企业管理五论

企业管理五论是坎特对企业管理理论的精辟论述,具体内容如下:

1. 职业资本论

传统公司中的职业是由制度决定的,沿职位阶梯顺序向上。在向上走的过程中,人们积累的是"组织资本",即能够帮助人们在公司内向上层发展的经验和关系。然而今天人们可以依赖的是职业资本,即到任何地方都有用的技能和声誉,而不是组织资本。

2. 企业创新论

在一个创新型的企业中,管理员工就是给予员工发展的机会,并且对战略性的目标作出贡献。那些授权创新以及涉及创新的员工会更满意自己的工作。

3. 商业联盟论

成功的商业联盟应具备的三个基本条件:首先,公司联盟是一个有"生命"的系统;其次,参与各方公认的成功联盟是建立协作(一种产生新价值的关系)关系,而不仅仅是彼此的交换(付出并索取)关系;最后,联盟不能被所谓形式上的系统所支配和控制,它需要一个能相互促进知识增长的人际关系及内部严密的组织网络。

4. 组织自信论

企业内外存在一种叫做组织自信心的集体心理现象,组织自信能够帮助组织达成目标，取得成功。组织自信可分为个人自信、团队自信、体系自信和外部自信四个级别，且后一级分别以前一级为基础。个人自信就是我们通常所认识的自信，一种我一定能做到的信念。团队自信是在自己充满自信的基础上，团队成员之间彼此充满信心，相信团队伙伴的能力，并且会随时互相支持，承担责任。体系自信是指对企业的架构和运作流程充满信心，相信企业的体系优势能提供极大的帮助。外部自信是指企业外部的利益相关群体对企业的信心，这些相关利益群体愿意把最好的资源投放到双方的合作上。

组织自信的获得，包括建立组织自信和维持企业自信两个过程。同时，组织自信是一个周期，必然会有低谷的时候。当组织自信处于低潮时，作为领导者可从解决细小的失误开始，帮助团队重新振作。适度奖励和资源投入可以帮助组织成员重获动力。另外，领导者必须营造合作、向上、勇于承担责任、积极主动的企业文化。

5. 领导力论

领导者必须把人们从习惯中唤醒，使人们为从来没有见过、甚至是还未存在的事物而感到兴奋不已。

企业管理五论从五个方面对科学管理企业作出了精辟的论述，为在经济全球化的浪潮中，企业如何寻求提升和发展的空间，如何在激烈的竞争中立于不败之地已成为关系国计民生的大问题提供了启示。坎特首先从职业资本——技能和声誉应该代替传统的组织资本——经验和关系出发，指出在当今社会，职业资本才是企业和企业家靠得住的资本。这一观点新颖独到，针砭时弊，同时也为企业的发展提供了新的思路。坎特还进一步指出，创新是企业取得长足发展的关键，要鼓励创新，尤其要发挥员工的积极性，鼓励员工参与创新。在科学技术成为第一生产力的今天，这一点显得尤为重要。坎特根据当今世界的发展趋势，提出建立商业联盟——企业战略联盟的观点。企业战略联盟是时下很多著名公司普遍采用的做法。坎特进一步指出，应同时构建商业联盟与积累职业资本，双管齐下能取得更好的效果。而在论组织自信时，她更是将自信区分为不同的级别，并且依照各个级别的内在逻辑关系，逐一进行论述，论证严密，对帮助企业重获动力，从衰退中复苏提供了强有力的理论依据。而对领导力的论述，则深刻论述了作为企业家和经理人的责任以及他们必须具备的素质。领导力不是权力，而是魅力，是一种能催人奋进、使人团结的能力。

总之，哈佛的首席管理学教授诺萨贝斯·穆丝·坎特提出的人性化管理思想、坎特法则、后创业时代的管理原则以及企业管理五论，旨在理解和解释最重要的组织——大公司，并使之变得既有效又有人性。可以说，她以女性细腻的情感和专业的知识加之深入的实践经验为管理学、为各大企业提出了实用的理论方法，使得企业得以注入了新的血液，使企业在经济全球化的浪潮下有了新的活力。她深刻理解了"创新是一个民族的灵魂，是一个民族生存发展的动力。"这一真理。她同时认识到企业文化及个人成就的重要性，一个成功的企业既是效益良好，技术先进的企业，又是一个实现员工个人价值的舞台。

四、诺萨贝斯·穆丝·坎特的管理思想评论

时代的大师都是站在巨人的肩膀上，究天人之际，通古今之变，成一家之言。与众多的管理学家，如梅奥、马斯洛、麦格雷戈、本尼斯、汉迪类似，坎特是半路出家，最初研究的是社会学，后由社会学转入管理学。这使坎特的思想在很大程度上与这些学者具有相似性，都十分关注管理主体的社会性，善于从心理方面研究管理的相关问题。坎特的过人之处就在于：在吸收和借鉴前人管理思想的基础上，紧密结合现实，理论联系实际，从而提出自己独特的见解。坎特的管理思想有两大突出特点：一是她独特的女性主义视角，二是她的理论深深植根于社会现实。这两大特点也成为理解坎特管理思想的两条主线。德鲁克说，纵观坎特的管理理论，她始终保持了结构、行为二者之间的平衡，从没有顾此失彼。实际上，正是理性与人性的张力，刺激了管理学研究的不断进步，而坎特管理思想的独特魅力，就在于理性追求与人性诉求之间的平衡。

坎特的管理思想范围广泛，内容十分丰富。其中人性化管理思想、坎特法则、组织自信观以及后创业时代的管理原则等观点，都是管理学与社会学、心理学的融合，是坎特横跨各个学科的成就。总的来说，她的思想永远都不乏创新，她独特的女性主义视角使她的理论更新颖独特。在坎特看来，公司是社会中最有力量的实体，如果你关心世界是如何运转的，就必须研究公司，所以她的管理学思想，她的著作都离不开公司，离不开这个她所称谓的"男男女女"发挥自己能力的舞台。

坎特曾经说："我非常乐意成为一名演员，一个参与者，而不是一个旁观者：

也许一个旁观者与权力更加接近。"坎特以参与者自居，使自己参与其中，亲身感受，见证始末。她用自己犀利的目光，敏锐地捕捉着其中的精髓，并萃取提炼，使之成为经典。正是她这样的定位，使她的理论更具有人文气息，更加贴近现实，更能反映并解决目前的现实问题，同时也得到更多读者的喜爱和欢迎。

纵观坎特的思想历程，始终有几条固定的线索贯穿其中：第一，坎特自始至终关注女性、家庭和社区问题，重视变革给女性、家庭和社区带来的挑战和机遇，这既反映了坎特的女性立场和社会学素养，又体现了美国历史上的社区传统。第二，坎特所有的著作都有一个共同的基调——变革与传统的平衡。换句话说，如何在顺应变革潮流的同时，使传统不致中断，是坎特孜孜以求的目标。第三，建构和演化并重，结构和过程并重，正规组织和关系网络并重。所以，坎特研究方向和主题的变化，其中隐含着不变。至此，坎特的贡献可归纳为以下几个方面。

（一）倡导人性化管理

坎特管理思想的核心就是人性化管理。坎特法则、组织自信观以及后创业时代的管理原则等观点无不是人性化管理思想的延伸和升华。所谓人性化管理，就是一种在整个企业管理过程中充分注意人性要素，以充分开掘人的潜能为己任的管理模式。其具体内容，包含很多要素，如对人的尊重、充分的物质激励和精神激励，给人提供各种成长与发展的机会，注重企业与个人的双赢战略，制定员工的生涯规划等。概括起来说，人性化管理思想包含四个方面的内容：一是情感管理，即与员工进行充分的沟通，了解员工内心情感，根据情感的倾向性、可塑性、稳定性进行管理，最大限度地激发员工的积极性。二是民主管理，即鼓励员工参与组织决策，一方面可以集思广益，有助于管理者作出更正确的决策，另一方面，又可以让员工获得受尊重的感觉，激发员工的主人翁精神，提高对工作的积极性。三是自我管理，即注重目标管理模式，鼓励员工根据组织的总体目标和发展战略，自主制定计划、实施控制、实现目标，将员工的个人意志和组织的统一目标结合起来，从而鼓励员工为组织作出更大的贡献。四是文化管理，即运用文化这一隐性的约束手段，整合员工行为中不符合组织规范、价值观的行为。

人性化管理是将人性学理论应用于管理，按照人性基本属性进行管理的管理哲学。注重人的潜能开发是人性化管理理念的基点。坎特认为，注重人的潜能开发，是提高员工素质的一个根本途径。企业的管理者好比是一个建筑师，要善于因材施用,将各不相同且不完美的人看成各种建筑用材,扬长避短,相得益彰,对他们作出精心的安排,使之砌成坚固的房子。管理者的才能在这里便是珍贵的凝聚剂。坎特还进一步解释说,企业的经营者又好比是一个球队的教练,必须具备以下素质:一是全局观念。要知己知彼,甚至要知道整个战局的发展,这样才能时刻保持清醒的头脑,时时占据有利的位置。二是合理调配使用本组织的资源,尊重员工,让每个成员都在合适的岗位上得到表现的机会,善于对各成员给予相应的指导和帮助。员工的素质对于企业来讲至关重要,提高员工的素质也就是提高了企业的竞争力。因此,现今不少企业一改过去忙于员工的调进调出的做法,将各层次员工的培训作为主要工作。这是公司管理层次提升的一大体现。

"员工也是上帝"是人性化管理理念的本质体现。这就要求我们首先要尊重员工。坎特法则明确指出,尊重员工是人性化管理的必然要求,是回报率最高的感情投资,尊重员工是领导者应该具备的职业素养,而且尊重员工本身就是获得员工尊重的一种重要途径。现代西方企业管理学家近期提出了一个颇具新意的观点:认为企业有顾客和员工两个"上帝"。美国罗森布鲁斯旅游公司更是标新立异,独树一帜,大胆提出了"员工第一,顾客第二"的口号,并将其确定为企业的宗旨付诸实践,使该公司在短短的十余年时间内便跻身于世界三大旅游公司的行列。可见,员工对于企业的重要性。

在坎特的后创业时代的企业管理原则中,人性化的管理思想也得到了集中体现。员工是企业的主体,员工队伍的稳定、创造性的大小、素质的高低、凝聚力的强弱深刻影响着企业的效益和发展。对于企业来说,员工队伍的稳定是效益稳定的一块基石,频繁的进进出出,实际上付出最大机会成本的还是企业。或者说,员工有可能找到一家适合自己发展的企业,而企业要是不秉承重视员工的理念,那它就永远也不会拥有真正属于自己的员工。对员工最好的奖赏莫过于重用员工。独具慧眼的领导往往不是等到员工具备各种能力时才去用他,而是只要他具备基本素质,就给他职位、责任、压力,让他在管理实践中磨炼,在磨炼中展示各种潜能,提高管理技能。人才在干出惊天动地的事情之前,多与常人相差无几,但只要一有合适的机会,他们就会一鸣惊人。所以,领导如何发现人才、使用人才,不只影响到个人成长,更会关系到组织的发展。不能否认,错用一个员工的负面影响是巨大的。对于企业,如果员工感受不到管理机制的规范性与合理性,看不到自己的发展前途,那这个企业也就毫无发展前景而言。这种企业如果不加以全面改造或彻底修整，就会陷入深重的危机而难以自拔。不可忽视的是，虽然多数员工能默默奉献，但企业却不能只将员工当"奶牛"。企业只有将员工视为上帝，员工才会视企业为家园。坎特精辟的论述，一针见血地指出了目前很多公司内部的问题，为企业寻求更好的发展提供了依据。

人性化管理概念的提出，坎特并不是第一人，但坎特的独特之处在于她作为女性的独特视角。她对女性、家庭和社区问题的关注，使她的理性成为充满感情的理性。在坎特的著作中，自始至终有一种女性的关爱之情，使读者不仅被说服，更容易被感染。以战略为例，坎特认为在新的时代条件下，战略是一种"即兴表演的艺术"，组织成员在进入项目之前，并不知道结果如何，随着工作的进展，可能的结果才会慢慢展现。再如组织机构之间的合作关系，她认为："当它们更像家庭，而少理性时似乎最有效。义务要分散，合作更广泛，特定个体之间的理解增加，交流频繁而深刻，人际环境丰富。最佳的公司间合作关系，常常是混乱的、情绪化的，涉及感情或信任这样的感觉……只有各方面都完全投入时，合作关系才能维持长久，为合作伙伴创造价值。"

（二）重视企业家精神的建构

著名经济学家韦伯·斯特曾说过：企业家是"一个经营冒险事业的组织者，特别是组织、拥有、管理并承担这一事业全部风险的人"。坎特亦特别注重发挥企业家的作用。在《变革大师》一书中，坎特着重研究了如何成为一名合格的企业家，如何培养企业家精神。她说，成为一名合格的企业家必须具备以下素质。

1. 创新是企业家精神的灵魂

创新是企业的灵魂。一个企业最大的隐患，就是创新精神的消亡。"物竞天择，适者生存"，一个企业，要么做大做强，要么落后淘汰，创新必须成为企业家的本能。但创新不是"天才的闪烁"，而是企业家凭借自己的努力、辛勤工作的结果。创新是企业家精神的标志，创新包括方方面面，从产品创新到技术创新、从市场创新到组织形式创新等。创新精神的实质是"做不同的事，而不是将已经做过的事做得更好一些"。所以，具有创新精神的企业家更象一名充满激情的艺术家。

2. 冒险是企业家精神的天性

没有甘冒风险和承担风险的魄力，就不可能成为企业家。企业创新风险是二进制的,要么成功,要么失败,只能对冲不能交易,企业家没有第三条路。在美国3M公司有一个很有价值的口号:"为了发现王子,你必须和无数个青蛙接吻"。"接吻青蛙"常常意味着冒险与失败,但是"如果你不想犯错误,那么什么也别干"。同样,对1939年在美国硅谷成立的惠普、1946年在日本东京成立的索尼、1976年在中国台湾成立的宏碁、1984年分别在中国北京、青岛成立的联想和海尔等众多企业而言,虽然这些企业创始人的生长环境、成长背景和创业机缘各不相同,但无一例外都是在条件极不成熟和外部环境极不明晰的情况下,他们敢为天下先,第一个跳出来吃螃蟹。

3. 合作是企业家精神的关键

企业家在重大决策中实行集体行为而非个人行为。尽管伟大的企业家表面上常常是一个人的表演(One-ManShow),但真正的企业家其实是擅长合作的,而且这种合作精神需要扩展到企业的每个员工。企业家既不可能也没有必要成为一个超人(superman),但企业家应努力成为蜘蛛人(spiderman),要有非常强的"结网"能力和意识。西门子是一个例证,这家公司秉承员工为"企业内部的企业家"的理念,开发员工的潜质。在这个过程中,经理人充当教练角色,让员工进行合作,并为其合理的目标定位实施引导,同时给予足够的施展空间,并及时予以鼓励。西门子公司因此获得令人羡慕的产品创新记录和成长记录。

4. 敬业是企业家精神的支柱

正如马克斯·韦伯在《新教伦理与资本主义精神》中写到:"这种需要人们不停地工作的事业,成为他们生活中不可或缺的组成部分。事实上,这是唯一可能的动机。但与此同时,从个人幸福的观点来看,它表述了这类生活是如此的不合理:在生活中,一个人为了他的事业才生存,而不是为了他的生存才经营事业。"坎特认为,对一个具备坚定道德操守和合格企业家精神的经营者而言,货币只是成功的标志之一,对事业的忠诚和责任,才是企业家的"顶峰体验"和不竭动力。

5. 学习是企业家精神的动力

坎特认为,学习与智商相辅相成,以系统思考的角度来看,从企业家到整个企业必须是持续学习、全员学习、团队学习和终身学习。日本企业的学习精神尤为可贵,他们向爱德华兹·戴明学习质量和品牌管理;向约琴夫·M·朱兰学习组织生产;向彼得·德鲁克学习市场营销及管理。同样,美国企业也在虚心学习,企业流程再造和扁平化组织,正是学习日本的团队精神结出的硕果。

6. 执著是企业家精神的本色

坎特认为,企业家必须要执着于自己的事业。英特尔总裁葛洛夫有句名言:"只有偏执狂才能生存"。这意味着在遵循摩尔定律的信息时代,只有坚持不懈持续不断地创新,以夸父追日般的执著,咬定青山不放松,才可能稳操胜券。在发生经济危机时,资本家可以用脚投票,变卖股票退出企业,劳动者亦可以退出企业,然而企业家却是唯一不能退出企业的人。正所谓"锲而不舍,金石可镂;锲而舍之,朽木不折"。

7. 诚信是企业家精神的基石

坎特认为,诚信是企业家的立身之本,企业家在修炼领导艺术的所有原则中,诚信是绝对不能摒弃的原则。市场经济是法制经济,更是信用经济、诚信经济。没有诚信的商业社会,将充满极大的道德风险,显著抬高交易成本,造成社会资源的巨大浪费。其实,凡勃伦在其名著《企业论》中早就指出:有远见的企业家非常重视包括诚信在内的商誉。诺贝尔经济学奖得主弗利曼更是明确指出:"企业家只有一个责任,就是在符合游戏规则下,运用生产资源从事利润的活动。也就是必须从事公开和自由的竞争,不能有欺瞒和诈欺。"

8. 服务是企业家精神的归宿

坎特认为,我们每个人都是服务者。长松咨询的贾长松曾说过:"头顶着天,脸贴着地。"这就是真正切切的告诉我们每个人,都要服务好你的每一个客户。"如果你不好好服务你的客户,别人会愿意代劳"。服务是企业家精神的归宿,是一个企业长盛不衰的生命线。

坎特认为,只有具备以上八种素质的企业家才可能造就一个成功的企业,才可能将企业上上下下的力量团结起来,发挥企业最大的能量。

(三)提倡建立企业战略联盟

战略联盟是指两个或两个以上的经济实体(一般指企业,如果企业间的某些部门达成联盟关系,也适用此定义)为了实现特定的战略目标而采取的任何股权或非股权形式的共担风险、共享利益的长期联合与合作协议。

在全球价值链分工不断细化的形势下,一个企业必须也只能关注于其中的一个或若干个细分市场,并在选定的细分市场做得最好。而当一个企业拓展自己的竞争地位时,往往需要某些补充优势。这时,战略联盟的优势就逐渐突显。战略联盟可以不需要大量资金投入,既节省了时间,同时又可获取市场上最好或最适合自己的资源。企业联盟已经成为企业制定发展战略中必不可少的一部分。

坎特认为,联盟的意义主要在于:帮助企业适应内外环境的不断变化,不断加强和发展其核心能力,保持和获取竞争优势。这就要求企业能够正确地识别和选择符合企业竞争战略原则的资源和优势,并且对这些资源和优势加以充分利用和发挥,并且要利用各种方式不断加强投入、学习和积累,通过创新和整合形成新的竞争优势。战略联盟的优势主要体现在以下几个方面:

第一,实现先进技术资源的共享。并非所有的公司都拥有相同的优势,所以许多企业寻求建立联盟是为了找到具有互补性技术优势的合作伙伴,通过联合两家或更多的企业就可以以更快的速度、更高的质量向市场推出先进的产品,实现技术资源的共享。此外,对于本身技术实力比较薄弱的企业而言,通过与存在某些技术优势的企业建立紧密的合作关系,可以在不断的协作中学习和掌握对方优势的技术和技能,加快自己技术进步的速度,避免自己开发的极大风险与成本代价。

第二,增强抵御风险的能力。随着经济全球化的进一步发展,竞争日趋激烈,企业的经营风险无疑也会增加,无论是人才、技术、资金还是合作伙伴方面,不确定性都会加大,战略联盟的建立可以有效的降低这种风险。一方面,通过合作,单个企业可以获取资金、技术、人才等外部资源,而且可以相互交流信息传递技术,通过提高企业自身实力来提高企业的风险抵御能力。另一方面,通过合作,可以有效的分散风险,因为联盟各方利益相关,一损俱损,一荣俱荣,共同承担风险,从而减小了意外情况对单个企业的冲击。

第三,拓宽市场,实现规模经济。通过汇集两个或两个以上企业的资源,战略联盟通常可以提供从事一种特定经营的最有效的规模。如果能有效实现联盟的组合及整合,往往还能使企业发挥出整体大于个别企业总和的巨大协同效应。这也是建立企业战略联盟的巨大优势之一。正是因为企业战略联盟具有如此多的优势,才使得联盟成为现代企业发展的方向。

坎特的能量似乎是无限的,她就像一个痴狂的艺术家,在完成自己的一部作品之后便紧接着开始自己下一部作品的创作。上一部作品和下一部作品虽然内容不同,但艺术的灵魂是一直延续的。无论是她的人性化管理思想,还是她的企业家精神理论,抑或是企业战略联盟理论,都始终贯穿着她的人本思想。企业家精神使联盟内部各企业之间亲密协作，密切配合，各尽其责，激发联盟内企业最大的热情；联盟内的各企业内部员工也要协作，要实现人性化管理，发挥每个员工最大的能量。只有这样，联盟才能发挥它真正的效力，使联盟中的企业在现今如火如荼的竞争中立于不败之地。坎特已经在管理学史册上留下了很多壮丽的篇章，企业战略联盟是她目前研究的重点，我们期待她更多的作品、更大的突破。

（四）坎特的人性化管理原则对中国企业的启发

1. 提高企业创新能力

中国是发展中国家，改革开放40年以来，经济建设所取得的成就世界瞩目，无数大大小小的企业沐着改革开放的春风如雨后春笋般崛起，社会主义市场经济呈现繁荣局面，但与早我们一百年发展的发达国家相比，我们的企业还存在许多不足：企业制度不够完善，企业管理方面不够成熟等。诺萨贝斯·穆丝·坎特的管理理论对中国有着许多借鉴价值。

近年来国家重视创新，企业也明白创新的重要意义，但不得不承认一个事实，中国企业的创新能力有待提高。在国际竞争成为国家间经济实力与科学技术较量的背景下，创新对于一个民族的生存具有决定性的意义。中国自改革开放以来，确实发生了天翻地覆的变化，但经济中的不成熟因素依旧存在。我们的企业大多以加工为主，中国成为世界最大的制造国，如何把"Made in China"变成"Create in China"是中国的企业面临的重大问题。我们的企业要向集约型技术型的企业转变，就必须重视科技的力量，重视创新。"问渠哪得清如许，为有源头活水来。"创新是企业活力的来源，是保持企业生机的要素，企业应该设立专门的研究机构，投入足够的资金及专业的研究人员。

提高企业员工的危机意识，使之不断进取。中国是社会主义国家，国有企业占主体地位，国企的优越待遇及稳定职位使一些人形成了一种"做一天和尚撞一天钟"的观念，缺乏进取心，创新的精神。"物竞天择，适者生存"，在激烈竞争的今天是企业乃至国家生存的准则。有压力才有动力，每一位员工一定要有责任感又紧张感，认真践行工作，锐意进取。所以管理制度上必须有所改善，形成竞争氛围。同时，要充分考虑到员工的承受能力，做到中国人所说的"中庸"之道。

2. 企业文化建设

21世纪是文化管理时代，是文化致富时代。企业文化的重要性将是企业的核心竞争力所在，是企业管理最重要的内容。企业文化的功能主要有导向功能、约束功能、凝聚功能、激励功能、辐射功能、品牌功能。管理是企业永恒的课题，企业文化不仅是管理理论，而且是经营理论。管理不仅是纪律、规章、制度、责任，而且具有它自身的价值、理念、企业文化。企业文化是一只看不见的手，看不见的手一定要握住企业有形的手。

中国的不少企业主认为只要给予员工一定的薪金就可以了，忽视企业文化的建设或者根本没有此方面的意识，导致员工失去积极性。坎特的理论值得中国企业借鉴。全国政研会副秘书长、中宣部思想政治工作研究所副所长董耀鹏也这样评价过企业文化的重要作用："企业文化就是价值观、行为规范、经营管理理论，是软实力、核心竞争力、企业的长寿之道。"

纵观各个成功的企业，无一不是一个团体的协作。员工在之中得到了尊重、信任、成长，并自动负担起责任。如果每一个员工把工作都当成事业来做，我们找不出一个不成功的理由。

本章参考文献

[1] 罗莎贝丝·莫斯·坎特（美国）.巨人学舞 [M].中国社会科学出版社，1989.

[2] 罗莎贝丝·莫斯·坎特.走在企业管理前沿 [M].黄宜思，欧小琪译.海口：海南出版社，2007.

[3] 罗莎贝丝·莫斯·坎特.世界级 [M].王成至译.上海：上海人民出版社，2002.

[4] 罗莎贝丝·莫斯·坎特.连胜的艺术 [M].孙伊译.北京：中信出版社，2007.

[5] http://www.hbs.edu/ 哈佛商学院.

[6] 慈玉鹏.融管理与社会为一体的思想者：罗莎贝斯·莫斯·坎特 [J].管理学家，2011(5).

[7] 慈玉鹏.参与者与旁观者：管理学家坎特与德鲁克 [J],管理学家，2011, (4).

[8] 董耀鹏.企业文化的重要作用 [EB/OL] 石家庄新闻网，2007.

第十二章 乔·R.卡曾巴赫：团队、变革、绩效管理

乔·R.卡曾巴赫（Jon R. Katzenbach），卡曾巴赫咨询公司（Katzenbach Partners LLC，简称KPL）的创始人兼高级合伙人，麦肯锡集团达拉斯分公司执行董事，美国著名的实务派管理专家，他长期从事大型机构战略、绩效、领导和变革的研究、咨询与培训工作，对于团队、变革以及高绩效组织方面的经验和见解已被全球多家大型企业采用和实施。卡曾巴赫著作主要包括：《团队的智慧：创建绩优组织》（*The Wisdom of Teams Creating the High Performance Organization*），《变革领导人——企业再造的灵魂人物》（*Real Change Leaders: How You Can Create Growth and High Performance at Your Company*），《巅峰绩效》（*Peak Performance*），《团队工作》（*The Work of Teams*）等。

一、乔·R.卡曾巴赫的生平

乔·R.卡曾巴赫就读于美国杨百翰大学，于1954年以优异成绩毕业于斯坦福大学经济学专业。1959年，他获得哈佛大学工商管理硕士（MBA）学位，并在该校获得贝克学者奖。朝鲜战争期间，卡曾巴赫担任太平洋地区美国维特斯通号和尼古拉斯号军舰的海军中尉。卡曾巴赫曾是麦肯锡咨询公司的高级主管，在该公司任职的35年中，他曾担任旧金山和纽约分公司的领导者、治理委员会的主席，还在公司高级决策机构、治理机构、股东会担任多种职务。在麦肯锡任职期间，卡曾巴赫负责多个行业的咨询业务，主要包括消费品、能源、电子、木材、工业

产品、医药产品和金融理财。

卡曾巴赫还是博斯管理咨询公司的高级合伙人，他创立了卡曾巴赫咨询公司。在45余年的咨询生涯中，他专注于组织绩效、合作、公司治理和人力资源管理，他的客户包括乔治·盖蒂、约翰·保罗·盖蒂（盖蒂石油公司创始人）、埃德加·凯泽（凯泽工业公司前董事长）、约翰·里德（花旗银行前总裁）、大卫·洛克菲勒（美国大通曼哈顿银行前董事长及总裁）、约翰·W·罗（阿思达公司前董事长及总裁）、拉里·斯皮策（梅莫雷克斯公司总裁）及查尔斯·威廉姆森（尤尼科公司前总裁）等。

卡曾巴赫咨询公司成立于1998年，总部位于美国纽约，是由乔·R.卡曾巴赫（Jon R. Katzenbach）、尼科·坎纳（Niko Canner）和马克·A.费根（Marc A. Feigen）共同创建的。该公司是一家涉及战略和组织交叉方面的咨询企业，擅长于领导力、团队、员工业绩等方面的管理咨询，与其合作商共同服务于主要经济聚集区内的100多家机构，并且在战略、组织架构、组织变革及劳动力资源利用等方面拥有丰富的经验。

二、乔·R.卡曾巴赫的著作

（一）《团队的智慧：创建绩优组织》

乔·R.卡曾巴赫与道格拉斯·K.史密斯于1993年合作出版了《团队的智慧》一书，该书认为，团队是组织改进业绩的关键，没有团队，组织就无法迎接未来的挑战，无法做好向客户提供全面高质量的服务等各项工作。在本书中，作者调查了30家公司中的50多个团队，引用了几十个真实案例，揭示出各种团队业绩水平之间的差异，总结出一套使团队工作效率更高、工作业绩更好的方法。

卡曾巴赫与史密斯在决定团队业绩的条件中发现一系列共性因素：一是团队建立的原因。他们认为对业绩的迫切需要是团队建立的最重要原因，这远比建立团队的练习、特殊的激励因素和具有理想形象的团队领导重要得多。二是团队的基本要素。作者认为规模、目的、目标、技巧、方法和责任心是团队的基本要素，对这些要素加以重视才能形成团队业绩所必需的条件。三是团队业绩的产生。作者认为，团队业绩的机会存在于组织的各个部分，包括对事物提出建议的团队、生产或做事的团队和管理事物的团队。四是团队的高层领导者。作者认为，在最高管理层中，长期挑战的复杂性、对管理时间的大量占用以及高级管理人员根深蒂固的观念和行为，都与团队的建立相抵触。五是对团队的普遍认识。传统文化向来强调个人成就，职务升迁、工资方案、业绩考核都是针对个人的，团队常属于"有也不错"的事后想法，因此很难把对个人的信任转变为对团队的信任。

作者也发现许多造成团队业绩产生重大差异的特殊因素：一是何谓"真正的团队"。只有在管理层提出明确的业绩要求时，才能形成"真正的团队"，否则团队"名不副实"。二是关于绩优团队。真正的绩优团队非常少见，这源于绩优团队中的人具有强烈的责任感，而这种责任感是无法管理的。三是关于团队与管理层级制。团队与管理层级制可以并行不悖，它使正常的组织结构和运作过程得到统一和加强。四是团队与业绩、学习的关系。团队可以保持短期业绩重点与长期组织建设之间的平衡，通过把长期目的诠释为可以明确界定的业绩目标，然后开发为实现这些目标所需的技能，团队中的学习现象就会持续下去。五是关于业绩产生的基本单位。在越来越多的组织中，团队是产生业绩的基本单位，公司业绩要求的反应、速度、在线客户服务和质量是个人无法达到的，而团队则可以成为跨越这种差距的桥梁。

团队的智慧大都存在于对业绩的合乎情理的追求之中，该书通过以下三个部分来探索这种智慧：

1. 了解团队

在这一部分，卡曾巴赫与史密斯证实了团队存在的必要性，揭示了团队对大型组织日趋重要的原因，并提出一系列让团队发挥作用的基本准则。最后，作者通过案例分析，得出绩优团队与一般团队的区别及其产生的原因。

第一，该书探讨了团队对组织业绩日趋重要的原因。作者认为，团队应成为组织的基本业绩单位，在现实中，团队的业绩会优于在各自范围和责任内工作的多个个人业绩的简单求和。有几个原因能够解释这一现象：一是团队能将互补的技能和经验快速整合，这些技能和经验超越了个人所拥有的范围，并可以使团队在更大范围内应付多方面的挑战，如创新、质量和客户服务。二是团队可以用比个人更为快速、准确和有效的方法打入大型组织的联系网，建立起能立即解决问题和提出倡议的交流方式，并根据新的信息调整工作方法。三是团队为加强经济发展和管理工作提供了独特的社会视角，团队之中的人员通过共同努力克服工作障碍，对相互的能力建立起信心和信任，最终使整个团队得到升华。四是团队中有更多"高兴的事"，这种"高兴的事"包括聚会、吹牛嬉闹和庆祝活动，它与普通组织的聚会最大的区别在于它能够支持团队的业绩并将其延续下去。团队因此成为形成绩优组织的最好途径之一，那些能够帮助公司建立起可持续竞争优势的高级管理人员，常会把发展团队业绩放在工作的首位。

时也成为团队的定义是："团队就是由少数有互补技能、愿意为了共同的目的、业绩目标和方法而相互承担责任的人们组成的群体。"[①] 如图 12-1 所示，三角形的三个顶点表明团队能够提供的结果，三条边和中间部分表述了产生结果的基本要素。

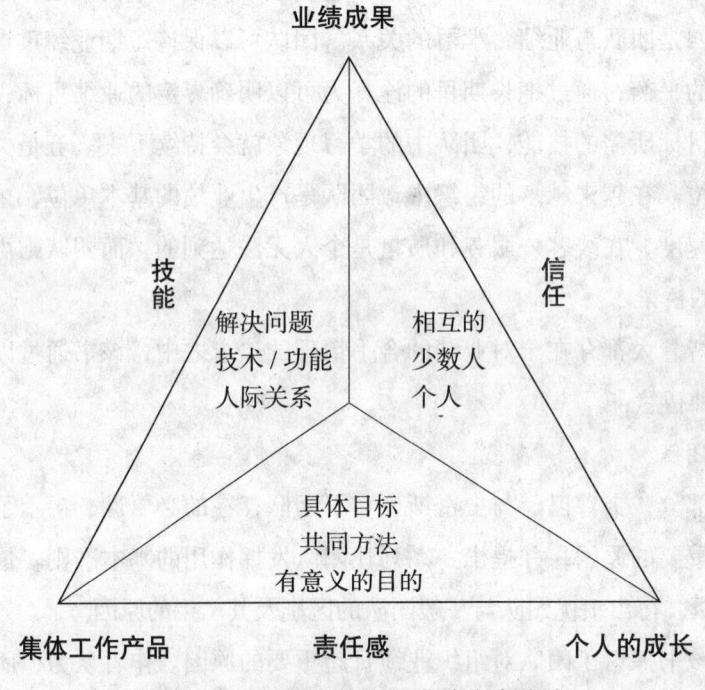

图 12-1 对团队基本要求的集中论述

团队的人数被控制在 20 人以内，因为大规模群体的人员之间很难相互配合，对个人、职能和管理层级会产生不同的看法，对具体可行的事情难以达成共识。过大的规模还会产生一些后勤方面的问题，或者遇到一些其他方面的限制。

---

① 乔·R. 卡曾巴赫，道格拉斯·K. 史密斯．侯玲译．团队的智慧——创建绩优组织 [M]．北京：经济科学出版社，1999：41．

拥有适当的规模后，团队还需要能够互济余缺的技能组合。这些技能主要分为三类：一是技术性或职能性的专家意见，包括医生、律师、工程师等拥有专业技术的人员；二是解决问题的技能和决策的技能，这些技能会随着团队的成长日臻完善；三是人际关系的技能，包括善意的批评、积极倾听、客观公正、承担风险等。

第二，团队的目的与业绩目标密切联系。卡曾巴赫与史密斯认为："共同的、有意义的目的能确定基调和方向"。[1] 团队凭借在工作中共同形成的、有重大意义的目标来确定方向，并根据大的方向明确业绩目标。在目的产生的过程中，团队成员的自豪感和责任心得到充分激发，他们花费大量时间对如何达到目的进行探讨，而目的本身也为实现具体目标提供了指导。"具体的业绩目标是整个目的的一部分，把广泛的方向性原则转变为可以衡量的具体目标，是其对成员产生重大意义的第一步"[2]。团队的目的和具体业绩目标具有密切联系，业绩目标是目的的量化和细化，也是团队进步的见证；而目的是团队达到业绩目标的强大动力，能够发掘团队的更大潜力。

团队还需要形成共同的方法，这些方法包括经济方法、管理方法和社会方法各个方面，每个团队成员应该专注于实际工作，在工作技能、时间、任务的分配上取得一致。如何将个人技能与提高团队业绩有效地结合起来是形成共同工作方法的关键所在。

职责共担是团队建立的关键特征。责任心和信任感是团队成员向自己和别人许下的承诺，这种承诺是对团队的巩固和支撑。然而，职责共担也是一项"难以对付的测试"，根深蒂固的个人主义使多数人对团队环境心存谨慎，而职责共担不能通过强制方法得以实现，只能随着团队的成长逐渐建立。

第三，卡曾巴赫与史密斯以《塔拉哈西民主报》的 ELITE 团队和达拉斯团队为例，对绩优团队的特征进行了分析。案例分析表明，所有基本要素在绩优团队中都得到满足，尤其是拥有强烈的个人责任感，是绩优团队之所以少见的主要原因，这也使得绩优团队得到进一步发展：拥有更深切的目的感、更雄心勃勃的业

---

[1] 乔·R.卡曾巴赫，道格拉斯·K.史密斯. 侯玲译. 团队的智慧——创建绩优组织 [M]. 北京：经济科学出版社．1999: 46.
[2] 乔·R.卡曾巴赫，道格拉斯·K.史密斯. 侯玲译. 团队的智慧——创建绩优组织 [M]. 北京：经济科学出版社．1999: 50.

绩目标、更完善的方法和更充分的信任,使其能够与一般的团队加以区分。

2. 成为团队

在本书的第二部分,卡曾巴赫与史密斯揭示了团队业绩曲线上各种群体(工作组、伪团队、潜在团队、真正的团队和绩优团队)之间的差别,并通过"铺设钢管特别工作组"一例总结出建立团队业绩的共同方法。最后,作者还分析了团队中的领导者和团队遇到的障碍。团队的业绩曲线包括五个要点:工作组、伪团队、潜在的团队、真正的团队和绩优团队,如图12-2所示。

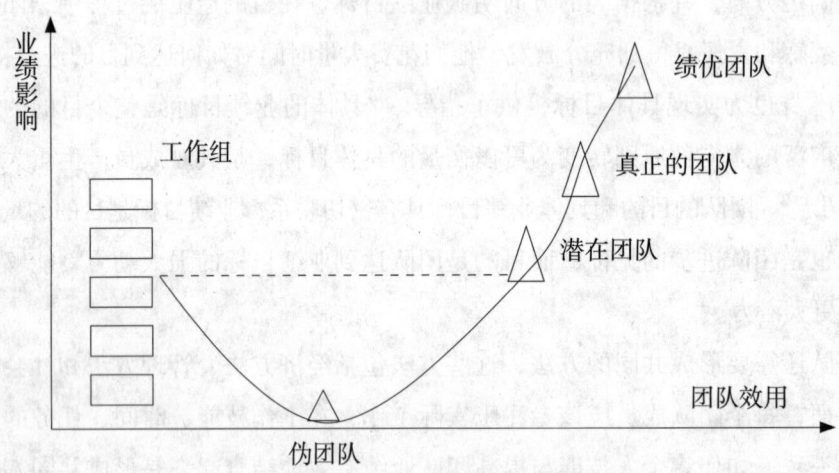

图12-2 团队的业绩曲线

工作组是在没有重大业绩挑战时的群体,群体成员的相互影响表现在交流和共享方面,此时并没有共同的目的、具体的业绩目标或共同的产品。伪团队并不重视具体的业绩目标和共同的目的,只是"为了建立团队"而存在,在这个群体中,整体的业绩小于个人业绩。潜在团队是"有着重大业绩需要,而且也确实想改善其业绩成果的群体",[①]它需要共同的目的和工作方法,但却未建立起集体责任感。正如业绩曲线所显示的,在团队效用增加时,业绩成果仍会提高。真正的团队是由少数有互补技能、愿意为了共同目的、业绩目标和方法而相互承担责任的人们组成的群体,这一群体符合作者对团队的基本定义。绩优团队不仅能够满足团队需要的基本条件,而且拥有强烈的个人责任感,该团队的业绩远远超过了所

---

① 乔·R.卡曾巴赫,道格拉斯·K.史密斯. 侯玲译. 团队的智慧——创建绩优组织[M]. 北京:经济科学出版社. 1999: 91.

有群体，也是潜在团队和真正团队的最佳模式。

图 12-2 表明了上述五个要点的重要关系。工作组具有较高的业绩潜力，在大多数情况下有理由选择成立工作组；最大的业绩提升潜力出现在潜在团队和真正的团队之间，而如何实现这一跨越也是作者要在下一步阐述的问题；绩优团队拥有最高业绩成果，它与一般团队的最大区别在于强烈的个人责任感。一条虚线将工作组与潜在团队连在一起，虚线下方表示业绩成果最差的伪团队，管理者应极力避开这一区域。潜在团队沿业绩曲线上升会实现业绩成果的飞跃，作者通过观察发现了成为真正团队的基本模式："团队中的个人必须承担起解决冲突、相互信任、互相依赖和艰苦工作的风险，否则就形不成真正的团队"。[①]

卡曾巴赫与史密斯通过"铺设钢管特别工作组"的案例，归纳出建立团队业绩的共同方法：一是确定工作的重点和方向。拥有明确的、迫切的、值得完成的目标，可以为潜在团队扫除障碍，树立战胜困难的信念。二是根据技能（学习技能的潜力）而非个性选择成员。潜在团队需要完成任务的互补性技能，包括技术性的技能、职能性的技能、解决问题的技能和处理人际关系的技能。三是特别关注最初的会见和行动。最初的行为显示出成员对组织的态度，这对于潜在的团队至关重要。四是建立明确的行为规则。明确的规则有利于集中注意力、开诚布公、承担责任和建立信任，这些最终为业绩作出贡献。五是提出注重业绩成果的工作和目标。将共同的目的进行分解，建立起可以量化的、具体的业绩目标，有利于潜在团队为自己的行为进行考评。六是经常用新鲜事物和信息发起挑战。作者认为，新的信息会使成员对业绩挑战产生全新的认识和理解，从而帮助潜在团队明确共同的目的，建立更完善的工作方法，获得更好的绩效成果。七是多花些时间在一起。潜在的团队可以在长期的交流与沟通中建立强烈的信任感和责任感，这对于成为真正的团队是至关重要的。八是开拓积极承认和奖励的能力。及时反馈有助于形成影响业绩成果的重要行为方式，反馈发出的信号是团队进一步发展的重要方向。大多数潜在团队需要成员承担起解决冲突责任、相互信任和依赖、艰苦工作的风险，从而完成向真正团队的飞跃。

以上八条原则能够确保团队承受起必要的风险，帮助潜在团队沿业绩曲线上

---

① 乔·R.卡曾巴赫，道格拉斯·K.史密斯. 侯玲译. 团队的智慧——创建绩优组织 [M]. 北京：经济科学出版社．1999: 111.

升为真正的团队,甚至是绩优团队。

在这一部分的结尾,作者论述了团队中领导者的作用,认为管理层应将关注的重点放在帮助领导者工作上,而非"选择谁作为领导者",因为团队中每个人都要做实事,领导者是否具备应有的技能、是否拥有强烈的责任感更为重要。

3. 开发团队的潜力

该书的第三部分论述了团队在进一步发展中遇到的问题:团队与业绩的关系、团队在变革时期的发展和团队中最高管理层的作用。

公司的业绩观要求重视客户、员工、股东和其他主要利益相关者的均衡利益,而保持这样的平衡业绩观需要团队发挥最大功能,运用各种技能和方法,追求业绩目标,而这些挑战往往能够激发团队的潜能,使其获得进一步发展。反过来说,团队带来的业绩观会使组织的整个业绩观得以丰富和持久。

在遇到大变革时,整个组织的行为和价值观都需要产生变化,而团队内富有的真诚奉献、互补技能和责任感能够同具体业绩紧密结合起来,推动组织变革。

关于最高管理层在团队中的作用。作者认为,由于团队能够加强组织中各方面的业绩能力,能够取得更好的业绩成果,所以最高管理层正将重点转向团队,并着力于领导团队取得优秀业绩。

(二)《变革领导人:企业再造的灵魂人物》

本书描述了企业变革时出现的一批新型管理者,这些管理者并非组织中的首席执行官或高层管理者,而是处于工作一线的中层主管和专业人才,他们敢于打破陈规,向现行权力基础与规则发起挑战,建立起新的模式,激励自己与他人推动企业业绩不断提升,这些管理者被称之为"真正的变革领导人"。本书分为适应变革、推动变革、培养和发展领导能力三部分,并将业绩表现作为衡量变革成果的指标贯穿始终。作者认为,企业变革与业绩表现的关系极为密切,变革领导人应予以高度重视,将工作重心转向提高业绩的三个直接动力,即高层主管的意愿、工作动能及生产率、市场实现。

1. 适应变革

作者认为业绩是衡量企业变革的重要指标,是重大变革的客观功能,在推动企业变革时,真正的变革领导人需要采取一系列措施提高业绩表现:一是全面掌握市场动态,根据顾客的意见和竞争对手的产品评估自己的业绩;二是设立业绩目标来衡量变革成果，确保各项工作以提高组织业绩表现为目的；三是通过不断接触市场，调整业绩目标，激发员工潜力，追求更高目标，推动变革持续进行下去。由变革领导人创造出来的这种业绩气氛被称为"业绩伦理"，[①] 它的存在有助于树立公共的目标，建立集体责任和相互信任。但这种精神需要最高管理层的大力推动和一批真正的变革领导人有意识地进行培育。

在企业变革时制定合适的工作前景至关重要。作者认为，"优良工作前景的表述言简意赅、含义深远，能够让员工清楚地看到改革的方向和目标；工作前景描绘的景象应具有普遍意义，能够鼓舞员工采取具有凝聚力的行动；工作前景选择的字句必须与每个员工息息相关，并能够激起改革者和被改革者的共鸣"。[②] 变革领导人根据以上条件对目前的工作前景进行判断和完善，从而树立美好的愿景，激励每个员工组织业绩。

在推动企业变革时，领导人还需要拥有树立自信和信誉、激发自己和他人的勇气。作者认为，勇气是一座桥梁，联结着企业的现状和企业迫切需要的改变，这时不仅要建立自己的信心，还需要激发他人的勇气，甚至要争取高级管理层的支持。建立变革所需的信心是一个循序渐进的过程，随着变革持续进行，领导人为每个步骤承担风险，而这些风险需要更大的勇气。变革过程中采取的任何行动，是一连串前进和互相关联的抉择，无论是变革顺利进行，还是停滞不前、困难重重，领导人都需要激发更大的勇气面对挑战。

2. 推动企业变革

在这一部分，作者提出了推动企业变革的三条途径：一是激发员工的潜能，将员工被动、孤立、温驯、无精打采的状态转变为热情、创新、高效、积极主动的工作状态；二是进行流程的再造，运用多种手段和方法，绕过职能藩篱，更快捷、更方便地为顾客创造产品和服务；三是重新设计组织结构，跨越等级障碍，依靠三种最具灵活性的单位（协作组、单一领导人工作小组和充满活力的个人）改善组织业绩。

变革领导人对员工的激励分为以下三种情况：

[①] 乔·R.卡曾巴赫等．郭力，秦康译．变革领导人——企业再造的灵魂人物 [M]．北京：经济科学出版社．1999: 44.

[②] 乔·R.卡曾巴赫等．郭力，秦康译．变革领导人——企业再造的灵魂人物 [M]．北京：经济科学出版社．1999: 53-56.

第一，激发小集体的活力。作者引用"汽封公司"的案例说明，在小集体中运用简单而有结构的业绩改善流程，可以释放大部分员工的潜力。在案例中，一是公司的变革领导人拟定出期望的目标，若达到目标需要多个行动步骤，依据行动步骤将问题进行分解，使目标内容明确，重点突出；二是小组开始动手解决问题，这一过程包括思考、分析、建议及行动规划，通过头脑风暴找出问题的根源；三是小组需要开发可行方案并对其进行分析，当所有行动步骤完成后，这种业绩改善流程才算大功告成。在小集体中激发员工潜力时，变革领导者需要遵循以下基本原则：建立明确的业绩目标并划定明确的工作范围，为员工提供努力的方向和评估工作成果的依据；设置简洁灵活的参与流程，确保员工的各种技能和观点发挥作用，"将努力的焦点集中在价值最高的领域上"；充分重视沟通，为各级员工解答他们关心的问题。

第二，激发较大企业的活力。随着变革规模、范围和复杂性的增大，制定有效的业绩改善流程也更为困难。在 UNOCAL 公司的案例中，变革领导人霍华德面对成本过高、利润不佳的局面，依据以上三条原则设计出一套全新的"加速改善业绩计划"，这项计划结合了新的思想、新的手段和技能，明确了总的业绩目标和每个人的具体目标，并拟定出一套达到目标的方法。在这一案例中，霍华德采用集体和个人两种沟通形式得出解决问题的方法，并且凭借业绩成果衡量参与者的责任。为了确保计划顺利实施，霍华德完全剔除裁减人员的可能性，消除第一线员工的后顾之忧，使他们更加积极地投入到工作中去，最终实现业绩目标。

第三，激发大型企业员工的活力。当激发活力的目标群体由几十人增加到几千人时，小集体的结构化流程或较大企业的改善业绩计划就不再适合。此时，变革领导人一方面要确保计划的结构性，使计划内容完整，措施和方法具体详尽、符合逻辑；另一方面要确保计划的灵活性，使计划过程易操作、计划结果可衡量。在激发大型企业员工的活力时，对企业文化和所处环境的透彻理解显得尤为重要。"德克萨斯商业银行"定下的改革计划并未因袭他人的方法或授权模式，"而是自己制定改革的途径，过程中充满有技巧的即兴创作、深思熟虑的调整、形形色色的取舍，以及不断的尝试和错误——这些全部以该企业独特的社会文化和环境作为基础"。[1]

---

[1] 乔·R.卡曾巴赫等. 郭力, 秦康译. 变革领导人——企业再造的灵魂人物 [M]. 北京：经济科学出版社. 1999: 143.

在第二部分，作者探讨了变革领导人如何设计和运用企业流程创造更好的业绩。一是树立顾客至上的观念，将创造顾客价值作为提高业绩的新动力；二是突破等级体系，运用比竞争者更快、更好的方法，为顾客提供产品和服务；三是运用不同的方法和途径，设计出合适的、高效的、能产生最高价值的综合流程，推动企业变革持续进行下去。

在整个组织中培养顾客至上观念，需要先让员工保持顾客意识，然后把组织的首要之务和行动，贯注在少数几件对顾客最重要的事情上。顾客至上的观念不是一句空话，即使组织中的大部分员工并不与顾客直接接触，但也应确保所有员工都养成真正以顾客为中心的思维习惯。接下来最重要的，就是为顾客提供他们真正关心的产品或服务，在这方面，纽约市立地铁运输系统是一个很好的典范。20世纪90年代初，美国经济逐渐衰退、失业率上升、治安环境恶化，纽约地铁的载客量不断下降。公司的领导人认为，只有充分重视顾客价值才能完成提高载客量的使命。他们运用以下四种方法提高载客量：一是充分了解顾客的想法。公司制定了一套内容详尽的调查问卷，用来判断决定顾客是否搭乘地铁的最重要因素。二是衡量顾客最关心的事。领导者设计出一套全新的评估指标，将以往对职能表现（如列车晚点次数）的评估转向对顾客关注的事项（如列车晚点原因）的评估。三是将员工推向市场。公司将行车情况定期公布给驾驶员、车站管理员等人，让员工对公司业绩产生直接的感受，从而激发他们采取行动、配合改革的意愿。四是将问题一个一个地解决。大多数顾客是根据自己搭乘的某条线路判断地铁运营状况，而非从全局出发系统性地考虑，公司因此将其视作区域性问题，采取一次整顿一条地铁线路的方法，逐个解决，不仅有助于激励各个部门，而且由此建立的工作模式能够培养顾客至上的观念，推动公司追求更高的业绩目标。

流程管理的重点在于清除一切障碍，将产品或服务更快地提供给顾客，这意味着要打破"等级体系中无形的藩篱"。变革领导人认为，"这样的藩篱是难以避免的弊端，经常会限制优秀的产品或服务向顾客输送，尤其是当员工的行为和技能需要做些改变的时候"。[①] 此时，真正的变革领导者应将流程与部门合理化，突破职能藩篱，迅速将顾客价值送到他们手中。这一方面需要找到阻碍核心流程的关

---

① 乔·R.卡曾巴赫等.郭力，秦康译.变革领导人——企业再造的灵魂人物[M].北京：经济科学出版社.1999:179-189.

键障碍并加以清除；另一方面需要将所有的改进行动汇集起来，使大家一致为一个共同的目标——创造顾客价值而努力。

管理与重新设计一项特定的流程，并没有放之四海而皆准的方法，但在这一部分，作者还是介绍了几种较为常用的手段和方法：一是将质量管理与企业改造统一起来，使单个部门的改造工作与整个组织相联结，帮助成员从整个流程的角度思考问题。二是将初期成果转化成普遍的改进，在关键问题得到解决后，扩展改革成果是一项顺理成章的工作，与之相关的其他问题也更容易得到处理。三是确保重新设计有恰当的范畴，即设计的广度和深度符合要求，广度包括重新设计流程中与创造顾客价值密切相关的部分，深度就是致力于所有对行动流程有益的因素，而非只改变行动步骤。四是依靠基本原则与员工，即树立明确的目标，获得勇气和制定业绩评估方法。

变革领导人着力于激发员工的主动性，与传统的中层主管依靠等级体系和规章制度不同，他们更多地依靠协作、充满活力的个人和非正式网络改善企业业绩。这一部分主要就是探讨真正的变革领导人如何以异于传统中层主管的方式，将员工的力量组织起来。变革领导人不会对组织结构图花费过多时间，他们可能会对组织结构进行梳理和简化，但由于无权改变组织结构，他们更希望寻求其他灵活的方法实现业绩成果。

通常情况下，变革领导人依靠协作组、单一领导人工作小组和充满活力的个人致力于业绩改进。协作组能通过成员的集体努力，把各自擅长的技能结合起来，创造高于个人成果的业绩。由于协作组具有分享与轮替领导角色的能力，每位领导人都知道如何将领导工作转交其他成员，因此具备领导优势。单一领导人工作则拥有速度和效率优势，它能够比协作组更快地取得成果。但在这一形式下，多数成果都依赖于个人，因此很少能取得高于协作组的业绩。在少数具有高度潜力的环境中，个别有专长的人能起到重要的变革作用，这些人对变革有独到的见解，他们是发现新产品、发现新市场、找到新资源、锁定新客户、创造新方法的关键人才，因此变革领导人往往会不遗余力地寻找他们。

在需要进一步提高业绩时，变革领导人会对组织结构进行调整。一是削减或消除管理层级，将中层管理的任务从控制狂变为教练与激励；二是将机关职能移至第一线，从而节省成本、培养技能、获得开阔的视野；三是将协作组作为单位进行重组，改变组织内部的重点与协调状况。

3. 培养和发展领导能力

本书的最后一部分旨在培养和发展变革领导人的领导能力。作者探讨了变革领导人应如何促使员工采取行动并保持长期动能，如何获得超越主管的技能，如何唤醒潜在的变革领导人推动企业变革。

在变革初期，变革领导人通过组合各种手段和方法，增加应付不同业绩挑战的选择机会，促使员工加入行动；随着变革的持续进行，领导人再度寻求组合关系的平衡，混合使用自上而下、自下而上、跨职能部门等方法，激励员工取得更好的业绩成果。在变革的质量和速度与日俱增时，变革领导人还会通过提供个人成长机会、提高用人标准吸引更多更优秀的人才参与业绩改进，让变革获取持续不断的动力。

对于如何成为一名优秀的变革领导人，作者认为应获得一系列与传统中层主管不同的见解与技能，包括平衡各利益相关者的利益、树立工作前景、激发员工的潜能、再造企业流程、依靠高度灵活的单位、寻找动能。另外，还需要良好的心智、在陌生领域自在活动的能力、对信誉的重视、保持人员与业绩平衡的意识。企业的变革期为潜在的变革领导人提供了提高变革技能、开发新生代潜力的良好机会，面对这样的环境，真正的变革领导者必须迅速认清形势，根据不同的情境找出正确的平衡点，最有效地发挥自己的影响力。真正的变革领导人面临的挑战不仅仅局限于企业的某次变革之中，他们从变革中获取的宝贵经验无论对于企业变革还是传统的管理工作都有至关重要的作用。

（三）《巅峰绩效》

本书对全球 25 家顶尖企业进行了深入调查和研究，阐述了一批优秀企业如何最大程度地发挥员工潜力，创造出优于普通标准、优于人们所期望、优于竞争对手、优于其他地方的同类生产力团队所创造的绩效水平，从而获得全球瞩目的辉煌成就。这种能够创造出"巅峰绩效"的劳动力多是那些具有强烈的责任感、能够为雇主创造或提供具有客观比较优势的产品或服务的一线员工。作者对创造巅峰绩效的优秀企业进行调查后发现，无论业务重点、市场地位、领导哲学等方面的差异有多大，它们各自都一贯地采用下述五条路径中的一条或多条来培养和维持员工出众的业绩水平，即任务、价值观与自豪感路径，流程与度量路径，企业家精神路径，个人成就路径，认可与赞赏路径，这五条路径为企业的领导者和员工提供了精辟和详尽的实务指南和最优选择。

1. 保持关键性的平衡

业绩出众的员工能够长期为雇主提供具有竞争优势的产品或服务，这源于他们具备对实现更高的标准和目标的责任感，这种责任感能够创造出一般制度和计划无法解释的增效现象。作者发现，业绩出众的组织在管理理念和方法上有着共同的特征：一是非常信任员工，认为员工创造价值的潜力具有重大意义，尤其是对于一线员工，他们的情感力量往往可以决定企业的相对成败。二是从理性和感性两个方面调动员工的积极性，组织的领导者非常重视员工的情感力量，他们认为这种力量"在整个企业内部有着广泛的感染力，并且对企业的整体业绩有着倍数效用"。三是将企业的业绩与员工的自我实现置于同等重要的位置，并且非常重视在长期中保持两者的动态平衡。

通过深入研究，作者发现有五种路径可以解释员工创造出众业绩的情形，这五条路径被称为"平衡路径"，每条路径都能为企业提供一整套重点突出、综合完整的价值观和行为体系。它有助于在组织中建立一种平衡而有特色的管理模式，这种模式也从另一方面说明了保持企业业绩与员工自我实现之间动态平衡的重要性。

2. 探讨平衡路径

在这一部分，作者对平衡路径进行了深入研究，分析了每条路径的力量源泉和特点，并结合大量案例说明了在不同的环境中，领导者应如何挑选合适的路径，使其发挥出最大作用。表12-1是对五条路径的综述：

表12-1 五条路径综述

平衡的路径	适用条件	可能的力量源泉	常用整合方法	著名案例
任务、价值观和自豪感	1. 引以为傲的悠久历史 2. 高尚的目标 3. 利益驱动的领导活动 4. 充分的团队机遇	1. 充满魅力的领导者 2. 引人注目的传统 3. 振奋人心的梦想	1. 拓宽眼界 2. 得到最重要的 3. 进行有目的的选择 4. 向员工展示真正的价值	1. 美国海军陆战队 2. 万豪国际 3. 3M公司

续表

平衡的路径	适用条件	可能的力量源泉	常用整合方法	著名案例
流程和度量	1. 高度重视行为的一致性 2. 衡量业务重点的明确方法 3. 成熟的市场环境 4. 进行连续的改善 5. 易于获取并且可靠的数据库	1. 挑剔苛刻的客户群 2. 动态的市场环境	1. 确保业绩透明 2. 广泛地分配领导活动 3. 完善加强工作本身	1. 雅芳制造 2. 西尔斯宠物营养公司 3. 约翰逊集团
企业家精神	1. 高风险、高回报的机遇 2. 员工有得到公司所有权的显著可能 3. 迅速增长的市场环境 4. 高度重视个人的主动性和个人承担风险 5. 无为而治的领导哲学	1. 充满魅力的领导者 2. 良好的愿景 3. 动态的市场环境	1. 广泛地创造机会 2. 广泛地分配领导活动 3. 进行有目的的选择 4. 进行有意义的认可和奖励	1. 汉鼎投资公司 2. BMC软件公司 3. 威乐滑雪辅导学校
个人成就	1. 大多数员工雄心勃勃 2. 个人的进步和成就是企业业绩当中最为重要的因素 3. 盈利的可能性大而个人风险小 4. 人才竞争激烈，流动性大	1. 动态的市场环境 2. 挑剔苛刻的客户群	1. 明确什么最重要 2. 确保业绩透明 3. 有目的的选择 4. 创造更多机会	1. 家得宝公司 2. 麦肯锡公司 3. 美国第一银行
认可和赞赏	1. 个人平均业绩至关重要 2. 工作本身不刺激 3. 物质奖励受限 4. 人才市场竞争激烈 5. 后备员工多数无专业技能	1. 充满魅力的领导 2. 动态的市场环境 3. 引人注目的传统	1. 向员工展示真正的价值 2. 激发集体力量 3. 进行有意义的认可和奖励	1. 肯德基 2. 万豪国际 3. 西南航空公司

注：表12-1摘自《巅峰绩效》第2章：平衡路径导论。

第一，任务、价值观和自豪感路径。任务、价值观和自豪感路径使企业的远大目标、伟大功绩、良好声誉与员工的个人业绩密切结合起来，为员工创造大量机会扮演领导角色，参与组织管理。这一路径的领导哲学是："企业的立场、各工作小组所取得的成就以及员工集体或个人能为企业作出怎样的贡献都是员工真正感到自豪的关键所在。组织内外对员工的认可能够不断增强他们的这种自豪感"。

任务、价值观和自豪感路径为企业设立了一个崇高的目标，它能超越短期利润和经济收益的局限，在组织上下营造一种积极向上的氛围，使公司创造的成就成为一线员工引以为豪的光荣传统。但是这样的传统并非一蹴而就，它需要领导者们彻底摒弃"实用主义"原则，长期不懈地鼓励自己和员工创造出真正能够赢得消费者的产品和服务，并且同时能够让所有员工为其工作成果深深地感到自豪。

美国海军陆战队是成功运用这一路径的典型范例，它以"用最低的成本做最充分的准备"为指导战略，将业绩重点放在出众的领导力和战术创新两个方面，通过确立核心价值观、树立楷模、排除士兵的恐惧、在严酷考验中患难与共、成立内聚团队等方式获得业绩与员工自我实现的平衡，从而创造出巅峰业绩。

第二，流程和度量路径。流程和度量路径提供了一套明确的业绩衡量措施，这些措施将组织的总体目标分解为具体的、员工能欣然接受的个人目标，这些目标既要保证公司的业绩，还要体现员工的自我价值。这一路径的领导哲学是："一贯达到并超过其业绩标准的、并且坚决拥护工作流程的关键所要求的员工能得到同事的认可和尊重，同时还能够得到管理层公开地认可和奖励"。流程和度量路径的基本特征包括："衡量业绩的明确标准和度量方法，为顾客创造价值的一套综合完整的运作流程以及业绩透明度"。①它超越了普通的成果管理模式，重视在衡量业绩的同时调动员工的积极性，培养员工的责任感，鼓励员工最大限度地实现自我价值。

这一路径适合于规模较大且较为成熟的企业，卡曾巴赫在此分析了世界知名美容产品公司雅芳是如何运用流程和度量路径获得成功的。化妆品市场在全球具有高度竞争性，要求企业必须及时了解和掌握消费者的需求和偏好，对产品的质量和成本进行严格控制，在这种情况下，拥有一套设计良好的工艺流程和度量方法至关重要。雅芳公司将工人和主管分别称为同事和顾问，并始终保持这三个层级（领导者、顾问和同事），积极鼓励所有层级员工提出新思想、新创意、新点子；将衡量业绩的标准和方法清楚地传达给每个员工，使其充分了解公司的业绩重点和自己的工作要求；最后将各领域、各阶段的业绩成果进行公开展示，使员工获得最清晰、最直接的反馈，进一步凭借员工的情感力量推动公司业绩上升。

第三，企业家精神路径。企业家精神的确能够对员工起到真正的作用，尤其

---

① 乔·R.卡曾巴赫. 苑书义等译. 巅峰绩效 [M]. 北京：中国财政经济出版社. 2006: 72.

在公司创建之初，不断成长的动态市场环境、个人获得高收入的可能性以及独特的"创造些自己的东西"的机会，都是激励企业家精神路径的典型因素。但是在这一路径中高风险与高回报并存，员工必须在提供"独特"产品或服务的过程中获得高额回报。这一路径的领导哲学是"员工得到的回报与其创造的价值和承担的风险成正比；在金额和获取公司股权比例等方面，这种回报没有上限"。[①]

处于成长期的组织具备运用企业家路径的一些条件：快速增长的业务量、充满机会的市场领域、员工强烈的自我实现的需要、蓬勃向上和活力四射的组织氛围，都使企业家精神路径成为一种现实的选择。卡曾巴赫在书中提到的 BMC 软件公司就是这样一种情况，公司最初开发出用途广泛、深受用户喜爱的软件产品，使销售业绩和股东回报迅速增长。此时，公司针对骨干成员——产品设计师和电话销售人员，设计出一套将绩效与员工的动机、行为紧密结合的制度，明确电话销售为最主要模式，并在业绩获得提高时为员工提供非常优厚的报酬，最大限度地发挥企业家精神路径的激励作用。

第四，个人成就路径。卡曾巴赫认为，员工的个人成长是实现自我价值的重要部分，组织中个人进步和获得成功的机会能够使员工获得工作的积极性和成就感，激励他们为提高组织业绩而不懈努力。作者指出，采取个人成就路径的组织十分注重培养员工的个人素质、价值观念和专业技能，它们为员工提供充分的自由、空间和机会来表现和展示自我。个人成就路径通过使员工发挥主人翁精神为组织作出贡献，它与企业家精神路径有诸多相似之处，但却有本质不同：员工承担的风险较低、可获得收入较低、组织更加强调个人成就和个人发展机会。个人成就路径的领导哲学是："员工受到的认可与奖励与其个人成就成正比。根据其贡献大小，组织会给予他们优厚的报酬和职位晋升的机会，并且他们的同事都是该领域内的天才。"

麦肯锡公司通过以下方法发挥个人成就路径的作用：一是在公司内部创造更多机会，鼓励每位员工参与不同部门、不同职能领域的项目，帮助他们获得更好的发展；二是对应聘者进行严格筛选，对个人业绩进行定期评估，对合伙人进行严格推选；三是清楚地表述公司的各项事宜，让每位员工对公司的业绩期望、合伙人的评估过程和核心价值观十分了解；四是提供有意义的认可和回报，公司付

[①] 乔·R. 卡曾巴赫. 苑书义等译. 巅峰绩效 [M]. 北京：中国财政经济出版社. 2006: 33.

给员工和合伙人的报酬远高于同行业水平,为员工提供了大量快速晋升的机会,公司所有的人事体制和标准都是为清楚分辨和奖励表现最佳的个人而设计的。

第五,认可与赞赏路径。采用认可与赞赏路径的公司会定期对员工个人或集体成就进行庆祝和奖励,并将这种活动当做组织管理流程和非正式组织结构的一部分。卡曾巴赫认为,认可与赞赏路径的核心在于组织领导者所推崇的领导哲学:"对于员工集体和个人作出的贡献,主管、同事以及高层领导者都应采取各种方法给予认可、奖励和庆祝,使他们能够在一种热情洋溢、激动人心和趣味盎然的环境中工作。在这样的环境下,员工领取正式报酬的重要性退居次要地位"。[①] 他认为员工对于贴心、可靠、非物质的奖励和认可具有更加积极的反应,与普通公司由人力资源部门发起的强制性的活动不同,它们往往采取富有新意的形式满足关键部门员工的自我实现需求。认可与赞赏路径属于一种辅助路径,它很少单独成为推动业绩的主力,而是与其他路径相结合使用。

肯德基公司将认可、赞赏路径与流程和度量路径结合使用,使两条路径相互补充,取得了显著的成果。首先,向员工展示其真正的价值,公司的领导层明确表示餐厅经理及其一线员工是最重要的职位,公司上下应以此为重点开展工作。其次,保持业绩透明,确保每位员工看到自己与他人的业绩水平,这为公司提供了重要的衡量标准,为进行认可和奖励提供了依据。再次,提供有意义的认可和奖励,公司领导者的主要任务之一就是"寻找乐趣,认可员工,并将他们发动起来",他们创造了一种强大的认可文化,使那些看似无聊的奖项具有极大的激励作用。最后,创造集体力量,激发员工在团体中的积极性,提高相互之间善意竞争的水平,帮助他们相互促进。

3. 对平衡路径的应用

第三部分介绍了应用平衡路径的几条经验。首先是创造和整合员工动力。责任感是员工努力工作、为组织创造竞争优势的关键所在,要培养这种责任感则需要组织的领导者拥有"创造情感力量的动力源泉"。在此,作者通过实践观察到了三类具有代表性的力量源泉:拥有远大理想的、富有魅力的领导者;时刻变化、不可预测的市场环境;引人注目的传统和成就。这三类力量源泉构成了激发员工潜力的主要动力,找出这些动力只是任务的一半,找出这些动力并将其传导给员

---

① 乔·R.卡曾巴赫.苑书义等译.巅峰绩效[M].北京:中国财政经济出版社.2006:41.

工，使组织中的大多数人感知到这些并真正发自内心地认可，从而将自己的行为与组织的业绩紧密联系起来，推动两者共同提高。为了将这三类力量源泉传导给员工，卡曾巴赫提出三种整合与传导情感力量的方法：一是树立员工的信心和自我形象，通过充分重视员工的价值、创造美好的愿景、发挥伟大的集体力量为员工提供实现自我价值的环境。二是高度重视绩效，以业绩为导向进行招聘，让每位员工明确业绩重点、清楚组织的业绩状况和度量业绩的方法，对业绩表现出众的员工进行有意义的认可和奖励，将对组织的业绩要求转化为员工对自我价值实现的要求。三是为员工创造大量锻炼和提升自我的机会，让员工扮演领导角色，参与公司管理，接触其他领域的项目，提高他们的工作经验和专业技能。

除了培育激发员工潜力的力量源泉和整合这些力量的管理方法外，卡曾巴赫还认为，实施规范行为是组织在整体业绩和员工自我实现之间达到平衡的唯一途径，拥有巅峰业绩的组织并非仅仅依靠核心价值观确保员工行为的规范性，而是通过明确的行为准则进行约束，并且运用这些纪律培养员工的自律感。

对于组织的领导者而言，运用平衡路径从而获得巅峰绩效并非易事，对此，卡曾巴赫提出了一个具有普遍意义的两阶段方法：第一阶段是找出调动员工积极性的令人信服的理由和方法，本书提到的企业可能并非有意识地寻找这些，但它们都经历了这样的过程。第二阶段是选择组织所需的平衡路径，卡曾巴赫建议以企业有用的资源、企业现状、价值取向、员工利益和保持整体业绩与员工自我实现之间的平衡作为标准进行决策，寻求有效的、合适的平衡路径。

三、乔·R.卡曾巴赫的主要贡献

（一）团队管理理论

1.提出构建团队的基本准则

在对公司团队的研究中，卡曾巴赫提出了构建团队的基本准则："团队就是由少数有互补技能、愿意为了共同的目的、业绩目标和方法而相互承担责任的人们组成的群体"。较小的规模是帮助团队相互配合、采取有效行动的基础；人数过多可能导致更多的分歧，难以达成共识并产生后勤问题。互济余缺的技能组合是团队完成目标的保障，这些技能并非一开始就有，也许是通过不断地学习获得的。

共同的目的与团队的业绩目标密切联系,它是团队工作的基调和方向,为团队的业绩要求划定了粗略框架。团队还需要形成共同的方法,这是团队工作达到目标的有效途径,而要形成共同的工作方法,核心就在于如何能把个人技能与提高团队业绩有效地结合起来。职责共担是团队建立的关键特征,在团队工作的过程中,成员的自豪感和责任心得到充分激发,这种责任心和信任感是团队成员向自己和别人许下的承诺,这种承诺是对团队的巩固和支撑。

2. 指出团队与群体的区别

虽然在日常工作中人们经常使用"团队"一词,但是并不清楚该词的具体含义,也不清楚是什么原因构成了真正的团队。卡曾巴赫认为,团队与群体有根本性的差别,一支团队并不只是在一起工作的一组人员。多数高级管理人员赞成组织采用协同工作的方式,它代表了一整套做法,包括鼓励他人、倾听他人意见、对他人的观点作出积极反应、给需要的人以支持、承认和肯定他人的成就等。这种协同工作的价值观能够帮助组织中的成员相互沟通,有助于团队的表现,但它并不能保证团队的业绩,而团队与群体的根本性差别就在于是否一丝不苟地致力于业绩。团队是由一小拨具有互补技能和共同工作方法的、能够为了共同的业绩目标努力的人,成员之间为了共同的目标协同工作、相互信任、共担职责。而那些使人感觉良好或相处融洽的群体并非团队,它们虽有协同工作的形式,却缺乏团队提倡的协同工作的价值观和根据具体业绩衡量的目标,这种忽视了业绩的群体并不能作为团队长期存在。

(二)变革管理理论

1. 对"变革领导人"进行了重新定义

在对组织变革的研究中,卡曾巴赫认为,组织的变革领导人是关系变革成败的关键。这里的变革领导人并非传统意义上的高层主管,而是处于变革一线的中层管理者,他们能够打破陈规,运用新颖的方法激发、鼓励、动员公司成员,并将企业变革与业绩的三股重要动力——高层主管的意愿、工作动能及生产率、市场现实衔接起来,他们被称为组织的新型管理者。

真正的变革领导人具有以下共同特点:一是精益求精。变革领导人会永无休止地寻找推动变革的最好方法,深信变革是实现组织成功的最好途径。二是具有向现行权力基础与规则发起挑战的勇气。在面对困难、挫折和失败时,变革领导人能够依靠巨大的勇气坚持下去,并用这种精神鼓舞周围的成员。三是善于打破陈规。变革领导人依靠与周围人的精诚合作冲破困难,向现状发起挑战,解决各种问题。四是懂得激励自己与他人。变革领导人不但会自我激励,而且会鼓舞身边的人,为他人的创造激情、活力提供更多的机会。五是保持低姿态。变革领导人将自己成功的部分原因归结为低姿态,而视趾高气昂、自我吹嘘为侵蚀其信誉的绊脚石,他们在变革中表现得低调、谨慎、小心翼翼。六是具有幽默感。幽默感是帮助变革领导人渡过难关的法宝,在变革中出现迷惑、退缩和挫折时,他们会利用幽默感保持前进的步伐。

2. 指出"真正的变革领导人"与普通主管的区别

真正的变革领导人肩负着在大型企业里改变广大员工行为的重任,他们往往通过多种领导方法与改革途径,主动影响数十到数百人,使员工的工作表现具有根本性的改变。真正的变革领导人坚信以下几条原则:

在公司业绩方面,普通主管更关注财务业绩,而变革领导人坚持从多个方面进行衡量。他们不仅关心财务方面的业绩表现,公司的市场份额和个人晋升,更重要的是主张为股东、顾客与员工带来价值,顾客忠诚度、公司核心技能的优势和员工未来的发展才是更值得关注的内容。在领导哲学方面,普通主管极易被策略所驱使,而真正的变革领导人被志愿所驱策,他们将多数时间花在处理与员工有关的事情上,主张最大限度地激发组织成员的积极性和创造力,通过民主形式改善员工的工作表现,加强管理效果。在责任承担方面,普通主管常进行责任划分,明确各人的责任,而变革领导人高度重视职责共担,认为"自我管理的精髓在于共同承担责任(领导人和员工都有责任)",[①]在最重要的领域进行几项关键性的评估,通过公开对话和互动进行沟通、协调,以消除分歧和矛盾,从而提高组织的凝聚力,形成最有效的管理方法。

(三)绩效管理理论

1. 总结出创造巅峰绩效的五条路径

通过深入的调查和研究,卡曾巴赫发现,无论企业的业务重心、市场地位、领导哲学之间存在多大的差异,它们都各自采用了下述五条路径中的一条或多条

---

① 卡扎巴赫,真正的变革领导人:如何使企业蓬勃发展 [M],经济科学出版社,1999.

来维持员工出众的业绩水平,从而创造出企业的巅峰绩效:一是任务、价值观与自豪感路径:其特点是企业拥有崇高的目标、久远的历史、以价值观为导向的领导活动以及丰富的团队机会,在研究中以美国海军、3M公司为代表。二是流程与度量路径:其特点是明确的度量方法和重心确定的业务流程,这些方法和流程既能反映员工的观点,又能体现经营的侧重点,在研究中以雅芳、希尔斯宠物营养公司为代表。三是企业家精神路径:其特点是存在高风险同时又是高回报的机会,员工获得企业所有权的可能性较显著,而管理层秉持无为而治的管理理念,在研究中以BMC公司和汉鼎公司为代表。四是个人成就路径:该路径要求有个人成长和发展所需的广泛机遇和动力,在研究中以美国家得宝、麦肯锡咨询公司为代表。五是认可与赞赏路径:其特点是高度重视对个人和团队所取得的成就进行非货币性的赞誉和回报,在研究中以肯德基和美国西南航空公司为代表。

以上五条路径中,每条路径都拥有几个关键性的力量源泉和整合方法,它们有助于企业建立一种平衡而有特色的管理模式。因此,无论采用哪条路径,管理者必须在企业的整体业绩与员工个人价值的自我实现之间取得平衡,这是企业创造巅峰业绩的关键所在。

2. 提炼出创造巅峰绩效组织的共同信念

在对五条平衡路径进行研究的过程中,卡曾巴赫还提炼出这些公司在管理哲学上具备的共同信念,正是这些信念促使它们通过使用不同的管理方法、机制、活动和工具,而这些都被整合到了五条路径当中。这些公司具有以下三个共同理念:一是非常信任自己的员工,认为员工的战略价值和创造业绩的潜力可以决定企业的相对成败。二是主张从理性和感性两方面调动员工的积极性,卡曾巴赫认为,业绩表现出众的员工与普通员工的最大区别就在于员工们表现出来的活力和责任感水平,拥有这种高素质员工的企业必然超越了只在物质上刺激员工的阶段,而是进一步调动和利用员工的情感,这种情感力量在整个企业内部有着广泛的感染力,并且对企业的整体业绩有着倍数效用。三是将企业的业绩与员工的自我实现置于同等重要的位置,高度重视在长期中保持两者的动态平衡,这种平衡不是零和博弈,而是一种双赢组合,通过采用平衡路径,企业和员工都能受益。

四、乔·R.卡曾巴赫的管理思想评论

（一）卡曾巴赫的管理思想对管理理论的影响

卡曾巴赫运用案例研究法，通过在全球顶尖的几十家跨国企业进行的详细调查和访谈，对企业管理领域的团队理论、组织变革、组织绩效等方面进行了深入研究，并取得了丰硕的成果。

在团队管理方面，卡曾巴赫提出了构建团队的基本准则，将绩效目标、人员规模、技能组合、工作方法和职责共担视为衡量团队的基本要素，并指出了团队与普通群体的差别。在绩效管理方面，卡曾巴赫运用大量实践经验，总结出实现优秀业绩的五条路径，这五条路径相互补充和配合，帮助企业建立员工价值自我实现与企业绩效之间的平衡，推动企业走向巅峰绩效。另外，卡曾巴赫还将组织员工的概念予以创新，将员工的内涵扩展到政府职员和国企职工，并将各级管理层纳入员工的范畴。在变革管理方面，卡曾巴赫对变革领导人赋予了新的涵义，认为他们不同于普通主管，是一群能够打破陈规，运用新方法激发、鼓励、动员公司成员，并将企业高层主管的变革意愿、工作动能及生产率衔接起来的新型管理者，他们是组织变革成败的关键。

（二）卡曾巴赫的管理思想对中国企业管理实践的影响

"团队"这个概念正在受到越来越多的关注。改革开放以来，我国企业面临瞬息万变的市场环境和激烈的市场竞争，对于客户需求、竞争者的进入和新的商业行为必须作出快速响应。与此同时，企业内部的生产或研发任务比以前更为复杂，需要具有多种知识、技能和能力的人在一起展开工作，团队工作得到广泛认可。然而，团队在实践中也遇到了许多问题：团队成员的专长不能得到有效发挥、团队目标偏离组织目标、团队成员之间发生冲突导致工作效率低下等。团队存在悖论，团队需要管理，卡曾巴赫的团队理论为中国企业构建团队并激励团队进行高绩效工作提供了清晰的思路和具体的方法，也为提高中国企业核心能力提供了一条全新的道路。

另外，全球化竞争的根本和关键在于人才、人才机制和人才业绩的竞争，而作者在绩效管理中的平衡路径理论旨在最大限度地激发员工，调动员工的主动性、

积极性和创造性,这与我国企业提倡的"以人为本、关爱员工"的企业文化具有异曲同工之妙,是构建"和谐企业"、"和谐社会"的核心理念,同时也是解决企业改革中各种复杂问题的根本路径,为中国企业经营理念、经营方式和经营机制的转变以及为中国企业在全球市场上创造出巅峰业绩,起到重要的借鉴和激励作用。

本章参考文献

[1] 乔·R.卡曾巴赫(编选).团队工作[M].熊念恩译.北京:中国财政经济出版社.2005.

[2] 乔·R.卡曾巴赫,道格拉斯·K.史密斯.团队的智慧——创建绩优组织[M].侯玲译.北京:经济科学出版社.1999.

[3] 乔·R.卡曾巴赫等.郭力.变革领导人——企业再造的灵魂人物[M].,秦康译.北京:经济科学出版社.1999.

[4] 乔·R.卡曾巴赫.巅峰绩效[M].苑书义等译.北京:中国财政经济出版社.2006.

第十三章　罗伯特·西蒙斯：授权年代的控制问题

罗伯特·西蒙斯（Robert Simons），加拿大特许会计师，麦克吉尔大学博士，哈佛商学院 Charles M.Williams 工商管理教授。罗伯特·西蒙斯的畅销书《控制的杠杆：管理者应如何使用创新控制方法推动战略更新》(Levers of Control: How Managers Use Innovative Control Systems to Drive Strategic Renewal) 荣获管理会计学文献突出贡献奖。《性能测量与控制系统的实施策略》(Performance Measurement and Control Systems for Implementing Strategy) 精心构建了一个将性能测量与控制系统整合的策略结构，为管理人员提供了更多关于管理控制系统来实现策略。罗伯特·西蒙斯的《组织设计杠杆：管理者如何利用责任体系增进绩效和奉献精神》(Levers of Organization Design: How Managers Use Accountability Systems for Greater Performance and Commitment) 提出了一种新的动态组织设计理论。西蒙斯利用授权与控制理论揭示了制定目标与绩效测评的作用，他的控制理论更加注重市场导向战略、定制化、持续改善、满足客户需求、授权等因素与控制之间的联系。

一、罗伯特·西蒙斯的生平

罗伯特·西蒙斯（Robert Simons）是麦克吉尔大学的博士，加拿大特许会计师，哈佛商学院查理斯·威廉姆斯（Charles M.Williams）工商管理教授，他担任该学院会计与控制系负责人和研究部门主任。在过去的 27 年中，他在哈佛商学院一直教授会计、管理控制和战略执行课程，主要是针对高级管理人员做高级管理教育计划。罗伯特担任一些企业的战略实施、组织设计、性能测试和战略控制的顾问,曾经还以专家证人的身份在美国联邦法院和州公用事业委员会工作过。

二、罗伯特·西蒙斯的著作

罗伯特·西蒙斯至今总共出版了四部著作(见表13-1),每一部著作都对管理学领域产生了极大的反响。

表 13-1 罗伯特·西蒙斯的著作一览表

著作名称	出版社	出版年份
SevenStrategyQuestions: A Simple Approach for Better Execution	HarvardBusinessSchool Press	2010
Levers of Organization Design: How Managers Use Accountability Systems for Greater Performance and Commitment	HarvardBusinessSchool Press	2005
Performance Measurement and Control Systems for Implementing Strategy	Prentice Hall	2000
Levers of Control: How Managers Use Innovative Control Systems to Drive Strategic Renewal	HarvardBusinessSchool Press	1994

(一)《控制的杠杆:管理者应如何使用创新控制方法推动战略更新》

1994年,由哈佛商学院出版社出版的罗伯特·西蒙斯的畅销书《控制的杠杆:管理者应如何使用创新控制方法推动战略更新》(Levers of Control: How Managers Use Innovative Control Systems to Drive Strategic Renewal)荣获管理会计学文献突出贡献奖。在此书中,西蒙斯提出了控制杠杆(Levers of Control)这一概念——公司内部相互制约的因素必须加以控制,并使这些相互制约的关系保持一种平衡,如:自由与限制之间、授权与责任之间、尝试与效率之间的关系,管理人员必须两者兼顾,并保持平衡。在该书中,西蒙斯介绍了四种基本的控制杠杆来控制战略:信念系统、边界系统、诊断控制系统和交互式控制系统,这四种杠杆构成控制系统。西蒙斯将控制系统定义为:"管理控制系统就是管理人员为保持或改变组织内部活动模式而采用的正式的、基于信息的例行程序和步骤"。[①] 这一定义的特点

---

① 罗伯特·西蒙斯. 控制 [M]. 鲜红霞,郭旭力译. 北京:机械工业出版社,2004.4.

在于：首先，强调的是控制系统包括正式的例行程序和步骤，如计划、预算和市场份额监控系统等，同时他也相对注重非正式行为所产生的激励作用。其次，控制系统的运行是基于信息系统而发生作用的，当信息系统用于保持或改变组织活动模式时便成为控制系统，理想的活动模式同时包括针对目标的活动和未曾预料到的创新活动这两个方面。最后，西蒙斯还讨论了管理人员使用的控制系统，但不包括那些有关业务活动的控制系统。这部著作主要介绍了如何有效地促进高层管理者平衡创新和控制，从更为广义的角度诠释了控制的作用，为大型企业的管理人员提供了一个有效平衡价值创造与管理控制之间压力的架构体系。

（二）《性能测量与控制系统的实施策略》

2000年，罗伯特·西蒙斯出版了《性能测量与控制系统的实施策略》（*Performance Measurement and Control Systems for Implementing Strategy*），该书提供了一套以综合会计为基础的技术理论来实现策略。作者主要论述了控制系统的前期预备和整体协调的重要性，认为管理者所需的所有控制系统工具和技术的路线导向就是用以提高管理效率，其中的工具和技术包括利润轮分析，盈利能力分析和战略等。作为平衡记分卡的创始人之一，西蒙斯在该书中最全面的介绍了平衡记分卡方法，精心构建了一个将性能测量与控制系统整合的策略结构，为管理人员提供了更多关于管理控制系统来实现策略。

（三）《组织设计杠杆：管理者如何利用责任体系增进绩效和奉献精神》

2005年，在由哈佛商学院出版社出版的《组织设计杠杆：管理者如何利用责任体系增进绩效和奉献精神》（*Levers of Organization Design: How Managers Use Accountability Systems for Greater Performance and Commitment*）一书中，罗伯特罗伯特·西蒙斯提出了一种新的动态组织设计理论。该理论提出如何创建一种组织结构责任体系，以积极影响员工的工作方式和注意力焦点，并将员工的活动与整个战略目标结合起来，为企业实现目标作出贡献。其中，罗伯特将"顾客定义、关键绩效变量、创新压力、为他人承担责任"这四个因素确定为了影响组织设计决策的关键。

(四)《七个战略问题》

2010年,罗伯特出版了《七个战略问题》(*Seven Strategy Questions: A Simple Approach for Better Execution*)一书。在书中,他强调为了保持领先于群雄,必须将组织的竞争战略转化为日常行动,才能让组织在市场竞争中获胜。这意味着管理者必须引导员工朝着正确的方向努力。至于如何做到这一切,罗伯特·西蒙斯提出了七个关键问题:(1)谁是你的主要客户的?(2)你的核心价值观如何看待股东、员工和客户?(3)你真正对待有争议的问题了么?(4)你设置什么样的战略边界?(5)你是如何产生创意的?(6)如何促使你的员工互相帮助?(7)有什么样的战略不确定性让你睡不着?

除了出版的书,罗伯特还在《哈佛商业评论》《史隆管理评论》《战略管理》《会计》《组织与社会》《当代会计研究》《会计和管理》《实地研究视角》和《会计杂志文学》等刊物发表了14篇论文,涉及企业战略、组织和管理控制系统设计之间的关系等内容(见表13-2)。

表13-2 罗伯特·西蒙斯发表论文一览表

文章名称	发表刊物
Stress-Test Your Strategy: The 7 Questions to Ask	*Harvard Business Review* 88, no. 11 (November 2010): 93-100
Managing Risk in the New World	*Harvard Business Review* 87, no. 10 (October 2009): 68-75
Designing High-Performance Jobs.	*Harvard Business Review* 83, nos. 7/8 (July - August 2005)
Beyond Selfishness	*MIT Sloan Management Review* 44, no. 1 (fall 2002): 67-74
Memo to CEOs: The Five Half- Truths of Business	*Fast Company* 59 (June 2002): 117-121
How Risky Is Your Company?	*Harvard Business Review* 77, no. 1 (January-February 1999): 85-94
How High Is Your Return on Management?	*Harvard Business Review* 76, no. 1 (January - February 1998): 71-80
Control in an Age of Empowerment	*Harvard Business Review* 73, no. 2 (March 1995): 8-88
How New Top Managers Use Control Systems as Levers of Strategic Renewal	*Strategic Management Journal* 15 (March 1994): 169-189

续表

文章名称	发表刊物
The Strategy of Control: How Accounting Information Helps to Formulate and Implement Business Strategy	*CA Magazine* (March 1992): 44-50
Strategic Orientation and Top Management Attention to Control Systems	*Strategic Management Journal* 12, no. 1 (January 1991): 49-62
The Role of Management Control Systems in Creating Competitive Advantage: New Perspectives	*Accounting, Organizations and Society* 15, nos. 1-2 (1990): 127-143
Analysis of the Organizational Characteristics Related to Tight Budget Goals	*Contemporary Accounting Research* 5, no. 1 (fall 1988): 267-283
Accounting Control Systems and Business Strategy: An Empirical Analysis	*Accounting, Organizations and Society* 12, no. 4 (1987): 357-374
Research and Control in Complex Organizations: An Overview	*Journal of Accounting Literature* 5 (1986): 183-203

三、罗伯特·西蒙斯的主要贡献

（一）提出了控制杠杆理论

20世纪90年代以来，在经济全球化的大背景下，企业间的竞争不断加剧，在这一时期，学者们越来越重视将激励与约束这两种手段相结合的方式来激发员工的工作积极性，引导员工主动为实现组织的目标而努力工作。西蒙斯认为，管理控制系统就是管理层为了完成预期绩效目标或是改善组织当前绩效而根据信息处理程序所开展的正式活动，并且认为管理控制活动应该是一个运用控制杠杆来重构企业管理控制活动的交互式的控制过程。[①] 西蒙斯在《控制的杠杆》一书中详细阐述了这一种新的商业战略控制理论，改变了传统控制理论中"命令与控制"这一单向活动的思想，并对自上而下制定战略、标准化与高效率、按计划生产的结果、实现既定目标、循规蹈矩的管理控制方法提出质疑。西蒙斯利用授权与控制理论揭示了制定目标与绩效测评的作用，他的控制理论更加注重市场导向战略、定制化、持续改善、满足客户需求、授权等因素与控制之间的联系，反映了控制

---

① 罗彪，郑姗姗. 国外管理控制理论研究脉络梳理与模型评介 [J]. 外国经济与管理，2011，(4).

与管理更深层次的冲突:"一个不断创新和采用市场导向战略的企业怎能使用那些只求平稳的管理控制方法呢?授权与定制化又怎能与顺从标准和只求按计划行事的管理控制方法相调和?"

西蒙斯的控制理论注重在协调组织、商业战略和人的行为过程中所产生的各种制约关系,认为保持这些制约关系的平衡是战略实施的重中之重。所以,其控制理论的核心内容是控制好反映了企业内部三个不同方面的三大对抗性态势:(1)创造价值的对抗性态势;(2)制定战略的对抗性态势;(3)个人动机的对抗性态势。这三种对抗性态势都会产生一些制约关系,只有这三种对抗性态势保持平衡,管理者才能有效控制商业战略。创造价值的对抗性态势就是解决无限的机会与有限的注意力这一对矛盾,如果能使两者保持平衡,那么管理人员就能得到最大的管理回报。这里所指的"注意力"是指企业在某一问题上或是议程上所投入的信息加工处理能力。制定战略的对抗性态势实际上是做好既定战略与随机应变战略之间的平衡,也就是在企业中层次模型与随机应变模型这两者同时发挥作用,如果把任何一种方式推向极端,管理控制都将无法取得好的效果。个人动机的对抗性态势是把员工的自身利益与贡献结合起来,西蒙斯将这种心理状态定义为具有自相矛盾性质的"居中趋势",若是能平衡好自我利益与组织利益,人性中积极的一面就将得以发扬光大。

西蒙斯的控制理论是具有颠覆性的,它动摇了战略既定假设的根基,提倡通过交互控制方式实现战略与管理控制融合的思想,西蒙斯的理论框架从更广的视角考察了管理控制系统,拉近了战略、环境与管理控制之间的距离。西蒙斯的控制杠杆理论展示了管理人员如何利用四种基本杠杆——信念控制杠杆、边界控制杠杆、诊断控制杠杆和交互控制杠杆来控制战略,这四种杠杆分别控制商业战略的核心价值观、要规避的风险、关键绩效变量和战略不确定性因素。他认为这四种杠杆归结为两种对抗性的作用力,即一阴一阳,以有效地实施战略。信念系统和交互式控制系统产生积极和鼓励作用,即为阳;另外的边界系统和诊断控制系统予以约束和服从命令,即为阴。只有对这四个方面的因素加以分析和掌握,并且能有效利用这些对抗性的力量使其实现一种动态平衡的状态,管理者才能成功地实施和控制战略。

(二)确立了以管理控制杠杆为依托的管理控制系统

西蒙斯指出,管理控制系统是利用信息链维持和改变组织行为模式的正式过程和控制系统。他认为传统的管理控制系统的定义中隐含两个关键假设:一是管理控制系统是实施经营战略的工具;二是战略制定是一个自上而下的过程[①]。西蒙斯在后来的论著中对这两个假设都进行了拓展,首先把管理控制系统定义为一套与企业战略共同演进的动态控制机制;然后把战略也视为一个具有动态边界的系统,把战略制定过程视为一种交互过程。在此基础上,他提出了四种基本的管理控制杠杆:信念控制杠杆、边界控制杠杆、诊断控制杠杆和交互控制杠杆,同时把每一种杠杆都置于一个使其发挥作用的系统中,于是就相应产生了四个以管理控制杠杆为依托的管理控制系统。

1. 信念系统(Belief Systems)

员工在任何组织中都一定要有其位置,组织通过控制承诺来确保员工共享组织的愿景、核心价值、使命、信条及宗旨等。也就是说,高层管理者希望下属采纳组织的价值观和纲领,以鼓励和指导员工探寻新的机会。通过宗旨、使命和目标来建立和传达正式的信念系统,鼓励和引导组织的研究和创新活动。在组织的内部,员工的责任和义务就是信奉组织的价值观,愿意为实现组织的宏伟目标而竭尽全力。当员工参与到了企业核心价值观的制定之中时,这份责任和义务就表现得越为强烈,员工对实现组织的战略目标就越有信心。[②]因此,当战略实施的过程中出现问题时,信念系统可帮助管理人员找出存在的问题和解决问题的方案,更重要的是,在战略实施中即使没有出现问题,信念系统也能激励员工努力寻找创造价值的新途径。

2. 边界系统(Boundary Systems)

边界系统是每一个组织所必须明确的问题,并为每一名组织成员所知晓,如组织的行动规范、事先定义的战略规划和方法、资产收购规则、运营指南等。西蒙斯指出,利用边界系统为探寻机会的行为确立行为界限,为组织成员勾勒出可接受的活动领域。与信念系统不同的是,边界系统不是针对所有成员的,而是根据已确定的商业风险,对寻找机会的行为加以一定的限制。西蒙斯认为,管理人

[①] Simons, R. Control in an Age of Empwerment[J]. *Harvard Busines's Review*, 1995, 73(2).80-86.

[②] MBA 智库百科网 [EB/OL].http://wiki.mbalib.com.

员不应当明确规定组织成员应该寻找什么样的机会,因为当掌握新的信息或是面临一个新的境遇时,他们就会寻找机会创造价值或是克服某些障碍。当然,除了极小的组织外,所有较大组织的管理人员是不可能知道所有问题、掌握所有解决方案、了解组织成员面临的所有机会的。因此,在边界系统所确立的活动界限内,员工可以自由发挥,寻找机会。

3. 诊断性控制系统(Diagnostic Control Systems)

诊断性控制系统在组织内的地位是非常的重要,能够对公司的产出进行优化,它包括:输出测度、评价标准、激励系统以及回报系统。利用诊断性控制系统可推动、监控和奖励某一特定目标所取得的绩效。诊断控制系统是一种信息反馈系统,具有确保实现可预测目标的作用。西蒙斯认为,以往的管理者并没有充分重视诊断控制系统。每一个组织,每天要做许多决定,有时下属就会自行作出决定,同时高层也要确保这些决定与组织目标的一致性。因此,管理人员就要利用该系统掌控组织的绩效信息,并及时纠正与预定目标产生偏差的行为。典型的诊断控制系统有目的和目标系统、商业计划、利润计划和预算、费用中心预算、项目监控系统、人力资源计划、标准成本会计系统和目标管理系统,其中利润计划和预算是现代企业最为常见的诊断控制系统。

诊断控制系统的特点:(1)衡量某一过程的产出;(2)用预先设定的标准对实际结果进行比较;(3)根据预定标准纠正偏差。在控制系统中会出现这种现象:劳动力、原料、信息等等的投入到一个生产或是服务过程中,并被加工成具有一定价值的产出。而后,定期对产出的质量和数量进行测量,并与预定目标进行对比,最后利用反馈回来的偏差信息对投入的要素进行调整,以达到今后的产出更接近预定标准。具体特点如图 13-1 所示。

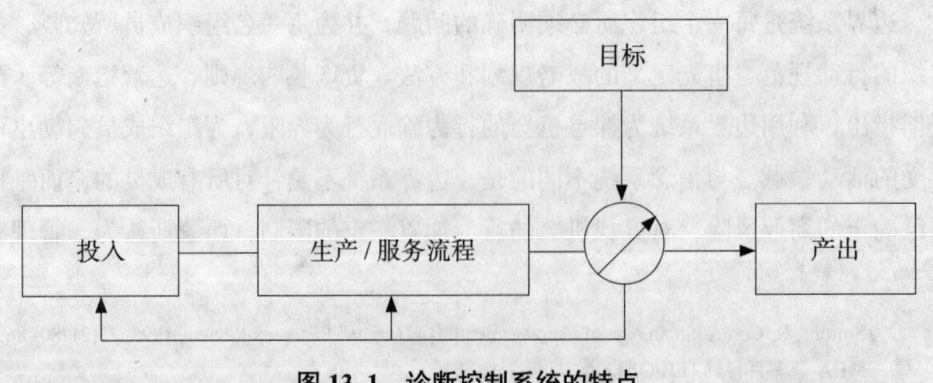

图 13-1　诊断控制系统的特点

4. 交互式控制系统（Interactive Control Systems）

这是管理人员定期参与下属的决策活动的信息系统。明智的组织用它来跟踪蕴藏于组织内部的新创意向，激发新的学习活动，作出面向未来的准确定位。交互式控制系统包括：将企业的流程数据融入交互管理系统，与员工面对面的交流沟通，对来自下属的数据、假设或行动方案提出挑战，激发组织不断进取并促进新创意、新的战略诞生。管理人员根据他们观察到的战略不确定性因素，利用交互式控制系统来启动对机会的探求。由于在既定战略实施过程中，组织所面临的竞争环境是不断变化的，同时由于竞争环境的不确定性因素不是一种静态现象，不能纳入计划，无法在例外管理的基础上进行监控。所以，西蒙斯认为，交互式控制系统可对战略从下至上的形成起指导作用，管理人员必须鼓励组织上下进行新的观念和管理创新的尝试，减少对开拓性活动的限制，抓住意料之外的机遇，以充分发挥交互杠杆的作用。

交互式控制系统使管理人员能集中精力解决面临的问题。交互控制系统具有四个显著特点：(1) 系统产生的信息是一项重要的、会反复出现的待办事项，由最高层管理人员进行处理；(2) 交互式控制系统要求组织上下各级的业务管理人员经常性地、定期地予以关注；(3) 上级主管、下级和同事对该系统产生的数据进行解读和讨论；(4) 该系统促使组织不断对重要数据、假设和行动计划进行质疑和讨论。

通过交互式控制系统将高层管理人员的设想转化为新战略的过程如图 14-2 所示，左上角方块里的商业战略就是高层人员的设想，即企业为了发展的规划。由于竞争市场的不确定性和多变性，大多管理人员并不清楚提高企业竞争力应该作哪些方面的变革。因此，企业所采用的商业战略需要通过管理人员与下层人员共同参与，上下层管理人员通过交互式的对话交流，高层管理人员可以了解到市场的不确定性和鼓励员工不断开拓进取等，进一步改进企业的商业战略，使企业能够适应瞬息万变的市场。

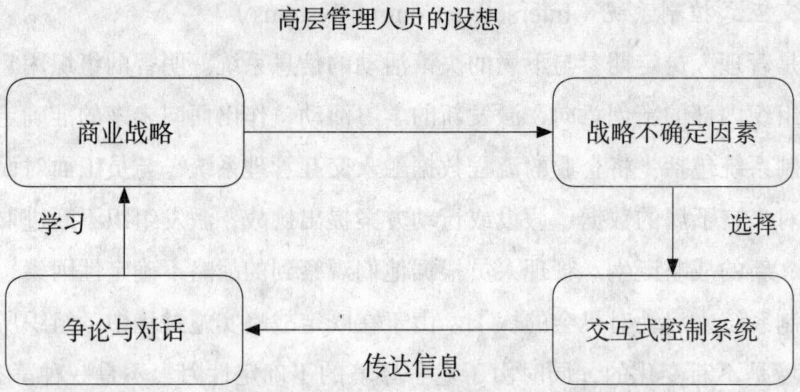

```
                高层管理人员的设想

    ┌──────────┐  ────────→  ┌──────────────┐
    │  商业战略  │              │  战略不确定因素 │
    └──────────┘              └──────────────┘
         ↑                           │
         │ 学习                       │ 选择
         │                           ↓
    ┌──────────┐  ←────────  ┌──────────────┐
    │ 争论与对话 │    传达信息    │  交互式控制系统 │
    └──────────┘              └──────────────┘
```

图 13-2　设想转化为新战略的过程

（三）明确了各杠杆之间的关系

1. 联系

信念杠杆与边界杠杆。信念系统和边界系统这两种控制杠杆对组织的机会寻求活动起到引导的作用，这两个系统是同属于正式系统的两种不同形式：信念系统是一个肯定系统，对机会的寻求活动起激励作用；边界系统是一个否定系统，对机会的寻求活动起限制作用。

信念系统传递着企业的价值观标准，具有鼓舞员工士气的作用，其所包含的内容就是要让组织成员为周围的人和组织承担责任和义务，让其在自己的岗位上尽职尽责。例如，一个企业所宣传的理念和精神是针对企业内从上到下各个阶层、部门所有员工的。但是由于信念系统的涉及面太广，组织的激励活动不能完全依靠信念系统来有效推进，再者就是信念系统的内容太模糊，无法用作衡量工作绩效的具体标准。如果企业只依靠信念系统来激励员工，那么这些模糊的概念就很难将工作活动限定为一个具体目标。因此，这就需要引入边界系统的限制作用，就是边界系统对受到信念系统作用的企业所开展的活动加以限制，为组织成员划出了可接受的活动范围。与信念系统的广泛性不同，边界系统不是针对广大员工的，而是根据有可能出现的风险对商业活动加以一定的限制。

西蒙斯的同事查理斯（Charles）在其论文中指出，一方面，依靠比较笼统的信念系统来激发人们开展研究活动，会因为没有确定的目标而造成公司的资源和精力过于分散；另一方面，让高层管理者来明确组织成员如何寻找机会实属不易。

面对这样的情况时，高层管理人员通过规定下属员工在那些方面是不能做的，另外依靠员工在所允许的范围内发挥创新能力，所以边界系统是对行为设定最低限度。① 尽管从表面上来看，边界系统是对组织行为加以一定的限制，但是从多方面来讲，边界系统是组织内部拥有自由和产生创造行为的前提条件，使组织具有更大的灵活性和创造性。在信念系统中，边界系统确定寻找机会的范围，也就是在无限的机会空间中划定了一个更小的区域，组织成员可以在这个小的机会范围内施展才华，这就是信念系统和边界系统共同作用，把无限的机会空间缩小到一个具体领域，并引导组织成员在这一规定领域内创造新价值。

图 13-3 展示了信念系统和边界系统是如何共同发挥作用的，管理控制系统将无限的机会空间转变为有重点的领域，所以说信念系统和边界系统是组织的生命线，积极的信念系统和具体的边界系统能确保下属不会从事有损企业的活动，从而使管理人员能够更专心于提高企业的竞争力。

图 13-3　信念系统和边界系统的共同作用

诊断控制系统与交互式控制系统。诊断控制系统作为确保既定战略目标的反馈系统，为管理控制系统提供着重要的支持作用。诊断控制系统的作用是在管理层选定合适的控制变量并制定好短期计划时，这一系统按确定的控制变量所记录的短期计划所完成的程度，对出现的偏差进行诊断分析和及时纠正。西蒙斯认为，传统的投入端控制和标准化生产步骤都是不可行的诊断管理控制方法，会抹杀员工的创造力，并且造成管理成本过高。西蒙斯的诊断控制系统是对一些关键绩效变量（既定商业战略要取得成功的必要条件或是成功要实现的要素）进行测量。但是在实际管理活动中，往往会有一些外部的突发事件使战略目标无法成为现实，同关键绩效变量一样，战略不确定因素也是管理层人员所要考虑的一个重要部分。

---

① Charles Christenson. *The Power of Negative Thinking*[J].Working Paper.1972.72-4.

但是关键绩效变量与战略不确定因素两者还是有着本质的不同：关键绩效变量与产量、质量等因素有关，如饮品企业产品的包装材质，企业会把这些与产量、收益和效率相关的绩效变量进行统计和监控检查，保证变量在允许的绩效范围内。然而，战略不确定性因素则涉及到本行业生产的重大技术变化，如饮品的配方升级或是消费群体的口味变化所带来的重大变化。关键绩效变量与战略不确定性因素的区别归纳如表 13-3 所示。

表 13-3 关键绩效变量与战略不确定性因素的区别

类别	关键绩效变量	战略不确定性因素
反复思考的问题	实现既定战略所关注的问题	使战略目标无法实现的突发事件
重大关注	完成既定战略	新战略的生成
推动因素	专业人员分析	高层管理人员的决定
寻求的目标	正确的答案	恰当的问题

交互式控制系统是根据不确定性因素来启动新的战略的生成，企业通过对战略不确定性因素的关注，通过交互式控制系统催生高层管理人员从前没有考虑过的战略。西蒙斯指出，在交互式控制系统中，最高层管理人员传达出他们的重要决策，并对整个组织活动进行监控，所有下层管理人员可参与到这种交互式对话中来，由其在组织中的地位决定其参与对话的程度。因此，他认为可以在组织中的 3~4 个层次进行交互式对话，层级太低的就可不用直接参与这个系统。

通过上述内容可以看出，诊断控制系统是注重保证实际结果与预期结果的一致性；而交互控制系统则更加侧重于战略实施过程的变化，更具有灵活性。从稳定性角度来讲，诊断控制系统是减少差异；而交互式控制系统则是增加差异。从组织的学习过程来讲，诊断控制系统促进单循环学习，使工作进程保持在预期的范围之内；交互式控制系统是一个双反馈循环系统，能促进双循环学习，导致对制定现行战略的根本基础提出质疑。从职能角度来看，诊断控制系统节省了高层管理人员的工作，利用该系统，管理层人员只需制定好战略目标，由下属去执行，不需要每时每刻地进行监控，职能部门只要保证组织运行正常便可；交互式控制系统促使员工集中注意力，尤其是高层管理人员需要经常性地关注此系统，职能部门收集、比较和通报数据，他们是信息传递的主要节点，把收集的信息快速在组织内纵向和横向传达，反映高层管理人员所关心的问题。诊断控制系统和交互式控制系统的对比如表 13-4 所示。①

表 13-4 诊断控制系统和交互式控制系统的对比

	诊断控制系统	交互式控制系统
商业战略：以此为战略	目标	愿景
重点关注	重要绩效变量	战略不确定性因素
意图	给予激励并指出实现目标的方向	在组织内部促进对话和学习
目的	完成既定目标	创造性寻找机会
分析推理	推论	归纳
系统复杂程度	复杂	简单
时间段	过去和现在	现在和未来
额定目标	固定	不断重新估计
反馈	负面反馈	正面反馈
调整	输入或过程	双循环学习
交流	不需要对话	达成一致意见
职能部门任务	发挥监管作用	起促进作用

2. 区别

这四种杠杆在技术设计属性和管理者注意力的分配方式上有所不同。信念系统和边界系统在技术设计属性中的反馈和度量系统方面不同，如传达的信息类别不同、传递信息的方式不同、系统要达到的目的不同等。尤其是对基于度量的控制系统来说，不同的杠杆之间，管理者的注意力分配也不同。表 13-5 从内容、作用、形式、使用时机和由谁使用这五个方面对信念系统、边界系统、诊断控制系统和交互式控制系统进行了区别总结。②

表 13-5 四种控制系统的区别

属性	信念系统	边界系统	诊断控制系统	交互式控制系统
内容	明确提出信念，规定价值观、组织的目的和指导方针	正式制定的准则，对行为的限制和禁止	对组织取得的绩效进行监控，在与预定绩效目标出现偏差时，及时纠正	管理人员定期参与下属决策活动的控制系统

---

① 罗伯特·西蒙斯.控制[M].鲜红霞，郭旭力译.北京：机械工业出版社，2004.111.
② 罗伯特·西蒙斯.控制[M].鲜红霞，郭旭力译.北京：机械工业出版社，2004.160.

续表

属性	信念系统	边界系统	诊断控制系统	交互式控制系统
作用	为机会寻找行为提供动力和指导	允许员工在规定的领域里发挥创造力	实现资源有效配置、确定目标、提供动力、对工作状况进行评估	使组织关注战略不确定因素并促使新战略产生
形式	使命宣言、组织规划、信条、组织目的	商业行为准则、战略计划系统、资产收购系统、业务指导纲要	制定标准、度量产出、把激励措施与取得的成绩挂钩	参与下属讨论会，不断对数据、假定和计划进行讨论
使用时机	机会迅速增加、改变战略方向、激发组织成员时	当过多的创新尝试行为有耗费组织资源的风险时	预先设定绩效标准，对产出进行度量，利用反馈信息进行调整时	战略不确定因素要求寻找带来不利影响的变革与机会
由谁使用	高层管理人员拟定信念内容，职能部门传达信念、收集意见	高层管理人员制定，职能部门监督执行情况	高层管理人员对意外情况进行研究，职能部门收集数据和编写例外报告	高层管理人员主动使用该系统并制定主观性的、基于成绩的奖励

（四）推动控制杠杆的实际应用

西蒙斯控制杠杆理论的四个核心概念是核心价值、避免风险、重要的绩效变量与战略不确定性，每一核心概念都有一个相对应的控制系统。该理论要求员工为实现既定目标努力工作，保持创新，重视组织预期目标的刚性，同时也强调现代组织结构的灵活性，平衡好创新与可预测控制之间的关系，加强组织内从上到下的交流。西蒙斯强调控制杠杆之间的动力机制，如将信念系统和边界系统结合应用于确立目标和规定行为领域。信念系统与交互系统结合使用有助于员工创新和提高组织的稳定性，增强员工对组织的憧憬。[①]

在一个公司的整个生命周期内，并不是所有的控制系统一直在发生作用，而是在企业所处的各个阶段，根据其不同阶段的不同要求，管理者会根据实际情况作出调整。在公司的起步阶段，正式的控制系统基本没有作用，非正式控制系统则发挥着重要的作用，唯一需要的正式控制系统就是内部会计控制系统，用来保证资产和会计信息的安全。在公司的成长阶段，当公司规模逐渐变大、部门系统

---

① 张先治，顾水彬．西方管理控制学派梳理与观点述评 [J]．审计与经济研究．2012,(1).79-89.

变多时，更多的决策权就会下放到基层部门，这时就需要更多的正式控制系统对公司员工的活动进行掌控。在公司成长的后期阶段，公司规模进一步扩大，公司就开始使用正式的信念系统，用以传达公司的核心价值和使命，为员工努力指引方向。同时边界系统也开始发生作用，对员工所从事的一些不利于公司的活动进行限制，界定员工活动的范围。当公司进入到成熟阶段时，管理层人员开始利用诊断控制系统和交互式控制系统。成熟阶段的企业依靠正式的信念系统、边界系统、诊断控制系统和交互式控制系统的共同作用对战略的制定和实施加以控制。控制杠杆与战略之间存在着因果联系，根据西蒙斯所做的调查，控制杠杆推动战略的变化可分为以下两大类。

1. 控制杠杆推动公司战略从根本上全部改变

当一个公司的战略失败导致公司承受巨大损失，开始走下坡路的时候，就需要控制杠杆推动公司战略发生革命性的变化。西蒙斯经过统计，得出在战略改变时有三个亟需解决的问题：克服组织的惰性；确定并公布期望能取得的成绩；使新的行动纲领得到组织上下的完全支持。

利用管理控制系统克服组织惰性。战略改变是从根本上全部改变组织，由于组织在长期的发展过程中存在一定的惰性，如惯性做法和标准操作步骤等，那么，要变革就是抛弃旧的运行模式。首先，要做的就是起草公司新的使命宣言，包括核心价值观和公司目标等，用新的价值观为组织注入新的活力，号召所有员工斗志昂扬。其次，用正式的边界系统明确规定哪些行为是活动可以涉及的范围，而哪些是决不能容忍的行为，边界系统对宽泛的信念系统起到平衡作用。这些信念系统和边界系统为下属制定新的战略，提供新的动力，同时也起到约束作用，划出新的行动领域和创新范围。再次，利用管理控制系统规定和传达预期目标。新的战略需要新的责任目标和采取新的诊断控制系统，其目的就是让大家相信实现新目标的承诺和对新战略的可行性树立信心。新战略的可行性是由实现目标来表现的，因此对关键绩效变量进行控制的诊断控制系统就显得尤为重要，要设计和落实新的诊断控制系统，监控关键绩效变量。最后，公司度过难关时，管理层人员就应该将注意力转向交互式控制系统，利用这个控制系统去关注那些与既定战略设想相关的不确定性因素。管理层人员可在公司内定期地、自上而下地开展与业务有关的讨论和对话，并以此搜集战略不确定性因素的数据，并采取相对应的措施——产生新的战略。这四种控制杠杆不仅能有效地解决一些公司中的现实问题，如克服组织惰性、传达绩效目标、将新的战略自上而下落实，还可以关注战略不确定性因素，促使新战略的形成。

2. 控制杠杆推动成功公司战略改进

与上一节内容不同的是，本节讨论的对象是对成功的企业进行战略变革，其目的就是通过战略变革使公司能在竞争中保持这种成功的态势。通常，对一个成熟的企业进行改革是很困难的，因为以往的战略是成功的，所以不能对以往的战略予以否定或是批评，上一节推倒重来的作法的可行性不大。为此，要让员工明白，企业想要保持成功态势，其基础就是改进战略，保持战略的先进性。同样，此种类型企业的战略变革有三项重要的任务，依次是：促使公司对目前取得的绩效不满意；在公司内宣传新战略的方案；进行检查，确保新战略在方案上做了相应改变。西蒙斯的控制杠杆在完成这三个任务过程中发挥重要作用。

首先，针对第一个要解决的问题，利用管理控制系统让公司上下对目前的绩效感到不满，并通过制定更高目标的方式提高公司对绩效的要求，有了更高的预期目标，员工就会产生危机感，不安于现状，这就需要有足够的诊断控制系统来监控绩效目标。其次，用管理控制系统宣传新战略，并反复讨论新战略的可行性，诊断控制系统这时就可以使管理层人员了解和掌握新战略的实施情况，对新战略出现问题的流程和内容进行纠正和改进。最后，利用交互式控制系统了解与新战略相关的战略不确定因素，如新产品、新市场、新技术等因素。

管理控制系统是对组织战略进行变革和更新的重要杠杆。建立起这些控制杠杆可以满足组织在成长过程中的管理控制需要，这些杠杆的组合方式可以是多种多样的，只有灵活使用这些杠杆才能让组织适应不同的战略环境。

四、罗伯特·西蒙斯的管理思想评论

自从 20 世纪 90 年代以来，全世界经济快速发展，企业生存发展的外部环境也发生了巨大的变化，主要体现在经济全球化进程加快、市场竞争压力增大、市场需求多元化与个性化等。同时，企业内部自身环境也发生了结构性的变化，从组织结构和人力资源到授权和企业文化等因素，都对企业的目标实现和管理运行产生了深刻的影响。于是，学者们开始寻求一种能够使企业灵活适应自身与外部环境变化的管理控制模式。此时，西蒙斯认识到市场导向战略、定制化、持续改善、满足客户需求和授权等因素与控制的关系，于是西蒙斯的控制杠杆理论应运而生，用以帮助企业适应环境的变化。

（一）理论意义

1. 实现管理的动态平衡

通过综合利用信念系统、边界系统、诊断控制系统和交互式控制系统，使这些系统产生的鼓励和限制作用相互影响，在战略控制中建立起一种动态平衡，能对战略目标起到控制作用。

对战略的指导作用。战略分为既定战略、新生战略和实际战略，实际战略是既定战略与新生战略的结合。诊断控制系统协调和监控既定战略的实施情况，也就是诊断控制系统适用于监控已经计划好的战略目标，是把既定战略转化为实际战略的基本管理工具，使组织成员明确工作的方向和重点，将组织的各种资源整合在一起来实现战略目标。有些时候，既定战略因为一些客观因素，使得该目标的实现异常艰难。在这种情况下，管理人员应利用诊断控制系统对既定战略进行监控，对经营结果进行预测，与预期目标进行对比，确定既定战略目标能否得以实现。通过交互式控制系统指导创新与寻找机会，进一步促进新战略的产生。从员工角度来看，交互式控制系统有助于员工实现战略创新的内在愿望，为其提供创新的尝试机会和发挥个人才能的平台。

信念系统既能促进既定战略的实施，又能催生新生战略。在组织的使命宣言中体现了管理者的思想，信念系统激励组织成员为完成既定战略目标而去寻找机会。所以，信念系统必须顺应组织成员的内在愿望，这样他们才会努力去完成组织的目标。信念系统指定努力的方向，提供工作的动力，指导和鼓励个人寻找机会，使既定战略与新生战略相互融合。边界系统确保实际战略不会逾越可接受的活动范围，通过对核心价值观、战略和经营范围的限定，缩小活动领域，使成员寻找机会的行为不与既定战略相违背。如果没有边界系统的限制，一些寻找机会的行为就有可能对组织产生不利影响。

因此，组织的战略控制不是通过某一个单独系统来实现的，而是通过信念系统、边界系统、诊断控制系统和交互式控制系统共同发挥作用的，这些系统分别发挥激励、度量、促进学习和控制的作用。信念系统授予员工一定的权利寻找机会，边界系统确立竞争规则，信念系统和边界系统一起为组织确定了战略领域。

诊断控制系统使组织上下关注既定战略的实施情况，交互式控制系统促进和引导新战略的产生，诊断控制系统和交互式控制系统一起指导战略的确定和实施。

这四种系统分别对战略流程不同部分进行控制，每种系统的使用方法和目的也不尽相同。信念系统和边界系统只要求下属充分理解组织的核心价值观，管理人员的注意力是单向对下的；诊断控制系统要求管理人员定期参与战略实施的分析；交互式控制系统则要求管理人员不间断地重点参与。相比较而言，诊断控制系统不需要管理人员投入过多的精力，而交互式控制系统则需要管理人员增强注意力。

在控制的相互作用方面，这四种系统呈现出一种相互补充、相互制约的动态态势，这也是西蒙斯结合"阴"、"阳"这一中国哲学思想提出的管理控制系统。如信念系统和交互式控制系统都能促进组织成员寻求机会和创新，形成一种内在的学习动力。同时，边界系统也能促进学习，它可以根据组织过去的错误战略调整战略的边界。诊断控制系统同样通过制定目标和纠正偏差来控制和促进学习。除了相互影响，这四个系统也存在着相互制约的关系。例如，边界通过惩罚的手段对错误的创新行为起到威胁的作用，诊断控制系统又通过奖励来满足个人的内在愿望，激励个人去努力。这种对抗性的力量自始至终都在组织内部发挥作用，鼓励与禁止、奖励与惩罚这些正反力量影响着组织的管理控制。

在控制的松散与严格这一方面，只有通过多种杠杆的协调作用，才能掌握好控制的松紧度。信念系统传达核心价值，这个概念可以宽泛，而边界系统则必须表述准确，严格界定行为的范围，这两者的结合，必须让下属在可以寻找机会的范围内拥有较多的机会，否则便会感觉行为受到很大的束缚。管理人员则必须通过诊断控制系统严格要求下属，保证预期目标的顺利实现。但是当出现一些重大变化时，就需要较为宽松的交互式控制系统，保证管理人员与下级、同事之间充分的交流，广泛收集反馈信息，一起对所收集的信息进行讨论，鼓励组织成员提出建议和新的战略思想，以采取应对措施。

2. 界定了平衡授权与控制的关系

"授权"关系的出现使组织内又出现了更为复杂的制约关系，现代组织中管理人员为了组织的利益，便将一些决策权下放给了那些与客户关系密切的下属，这种授权下属的行为，就表现在决策权由组织上层转移到了组织的下层，这有利于组织灵活应对外部环境的快速变化。同时，权利的下放在某些方面来说也对组织具有一定的危险。如西蒙斯在《组织设计杠杆：管理者如何利用责任体系增进绩效和奉献精神》一书中举的例子：一家大型制药厂的中层管理者拥有了签定合同的权利后，便与医院开始了合作协议。当这些中层管理者意识到合同中存在的问题，并要求修改合同时，就会对制药厂造成损失。

与大多讨论授权的文章不同的是：西蒙斯认为管理者对下属授权时应加强控制，所使用的控制系统必须在授权与控制之间保持一种平衡，保证所授予的权利不会失控；同时也要保证控制不能过多地干预所授予权力的正常行使。他指出，授权不是简单地将决策权在组织内部下放几个层级，更重要的是要对下属进行控制，这样才能发挥授权的真正作用。

信念系统。要发挥授权的有效作用，就要为下级提供信息和培训，促使组织成员清楚地了解组织的战略目标、价值观和工作方法。通过掌握信息和接受培训，才能将权利进一步下放给他们。为了能更加灵活地应对市场的变化，更好地抓住机会，授权的员工可能会采取管理人员不曾预料到方法。这就需要组织所确定的行为准则和价值观来指导员工权衡利弊，作出正确的决策。

边界系统。尽管授权后有了信念系统传达组织的宗旨和信念，能有效指导员工作出恰当的选择，但是在员工寻找机会的过程中，难免会出现员工在得到决策权后为所欲为的情况，授予一定的权利并不是代表员工可以不计代价地做任何决策。所以，员工行为的指导原则必不可少，边界系统要明确说明说什么样的行为是严格禁止的，让员工明白什么样的行为会对组织造成危害，通过边界系统制定的指导原则规定员工的权利行使范围。

诊断控制系统。授权的同时要保持对下属的控制，因此控制与未授权之前相比，也要发生一定的改变。通过诊断控制系统对下属员工的绩效进行控制，如果下属不能对绩效承担责任，那么就不能对下属授权，这就要求下属员工必须对他们的绩效负责，鼓励他们寻找机会完成绩效，促进员工进行创新。一般在组织中授予员工权利，就要求员工承担更多的风险，这就需要有激励措施来让员工勇于承担风险。当然，奖励措施要根据员工对组织的贡献程度来确定。

交互式控制系统。交互式控制系统为员工在组织内部对获得的新情况和新认识进行纵向和横向交流提供了正规的沟通渠道，体现出员工的主动性，同时也能让上层管理者有通道与基层员工保持联系。交互式控制系统引导授权的员工关注战略不确定领域，帮助他们了解和掌控战略不确定因素，实现对当前信息的全面了解，对今后的战略决策起帮助作用。

西蒙斯的管理控制杠杆就是要处理好控制与学习、效率与创新、奖励与惩罚、领导与管理这些组织内部的内在制约关系，实现一种管理的动态平衡。在组织中存在授权关系的情况下，保证权力下放与控制的平衡，用以实现组织的正常运转。

（二）实践意义

西蒙斯的管理控制杠杆在财务实践中得到了广泛应用，具体体现在以下四个方面：

1. 信念杠杆

信念杠杆传达着组织的核心价值观，体现了组织的能力和价值，在组织内部，员工一旦对组织的核心价值观欣然接受，那么员工就会主动承担起组织的责任，并竭尽全力。通常情况下，员工的责任感越强，他取得的工作成绩就越大。

在财务战略的实施过程中，信念杠杆是实现财务战略目标的责任与信心，主要应用在授权上。在现代企业中，董事会对经理的一般授权采取由董事长定期向经理签署授权委托书的形式，在授权委托书中详细载明所授权限的具体内容。董事会对经理的特殊授权则主要是通过授权人签发单项授权委托书或有授权人在授权文本上签字确认后实现的，经理对行政副职或财务负责人的一般授权是在相关的行政职责划分书面文件中进行规定。由于信念杠杆是模糊的，不同于绩效激励那样具体明确，同时授权后必然引起权力的滥用行为，并产生一系列的问题。因此，管理人员就很难将这些模糊的企业信念转变为有重点、有目的活动，这就需要边界杠杆作用的发挥。

2. 边界杠杆

边界杠杆是实现财务战略目标的制度控制，组织通过限制成员的活动空间来规定成员应承担的责任。因此，在财务战略目标实现过程中，边界杠杆主要依靠制定各种制度、监督措施发挥其控制作用。当企业的财务战略实施与预期目标偏离时，广大股东就可以采用"用手投票"或"用脚投票"的方式来表达意见，达到对企业管理层监督的目的。

3. 诊断杠杆

诊断杠杆是实现财务战略目标的校正器，在实施既定财务战略目标中起到重要作用，是最主要的杠杆，该杠杆的关键作用是确定关键绩效变量。在确定关键绩效变量时既要考虑财务战略目标的实现，又要考虑绩效变量对员工的激励作用。因此，在现代企业中，平衡记分卡是理想的关键绩效变量之一。平衡记分卡注重财务指标与非财务指标之间的平衡，从财务、客户、内部业务流程和学习创新这四个方面全面考察企业，把业绩评价工作纳入战略管理的全过程，通过建立与整体战略密切相关的业绩评价体系，把企业的战略目标转化成可操作的具体执行目标，使企业的长远目标与近期目标紧密结合，并努力使企业的战略目标渗透到整个企业的架构中，成为人们关注的焦点与核心，实现企业行为与战略目标的一致与协调，提高了企业的战略管理能力。由于管理者和下属在组织中的层次不同，在实现财务战略的过程中各自的目标又是不同的，所以关键绩效变量的选择并不是唯一的，它也会因为企业战略的不同而不同。

4. 交互杠杆

交互杠杆是实现财务战略目标的"监视器"。每个企业都是最求成本最小化和收益最大化的，由于管理者的精力有限，加上交互杠杆的主要作用在于鼓励学习与创新，所以在实施财务战略目标的过程中，交互杠杆通常只设计一个，而且必须能收集各种因素的影响带来的相关信息。该信息必须能被组织中的所有成员理解，从而能够被管理者和下属应用，进而根据该信息对以后的战略实施进行预测，进一步完善战略计划。

在公司治理结构中，全面预算管理是一种使企业资源达到最佳配置的管理模式。全面预算管理是一种体现以人为本思想的集成式管理模式，它的核心职能就在于对企业的业务流、资金流、信息流和人力资源进行全面整合，通过对财和物的运行方式、资金流和业务流进行事前的规划，并将其按照职权范围落实到相应的责任人身上。这种管理将企业的目标层层分解，并最终形成了部门和个人的目标。企业的财务预算编制过程就是一个财务指标和非财务指标的因果平衡过程，通过这个过程，部门和个人明确了要实现的企业目标与自身目标。全面预算管理在实施过程中应加以适当的计划、组织、协调和控制，从而实现企业的非财务目标，促进企业各种管理资源的整合，所以全面预算管理在实现财务战略目标的过程中充当"监视器"的作用。

（三）反思

西蒙斯的控制理论已经将企业价值、风险防范、诊断控制与交互控制全部纳入理论框架内，包括了传统的基于会计方式的诊断控制系统和将战略革新与环境变化相结合的交互式控制系统，还有将价值引导与约束限制相结合的行为控制。该理论不仅把控制系统视为完成战略目标的保证，还把战略分析、信息交流融入控制系统，结合了预期的目标引导与非预期的创新鼓励。它注重战略执行中所产生的新的不可预测的变量，强调通过组织与环境协调来实现组织内部上下级之间的交流学习。从学派的内容结构与核心理念来看，西蒙斯的控制理论属于广义管理学的管理控制范畴，包括企业文化、企业战略、组织行为、信息技术、会计学、动态组织设计等内容。但是，西蒙斯的控制理论对于现代组织管理来说，还存在着以下这几个方面的缺陷：

第一，没有足够重视非正式控制。虽然西蒙斯的交互式控制系统中提到要利用非正式手段来对战略可能产生的改变进行了解，促使新战略的产生。但是，西蒙斯却忽视了组织针对非正式组织行为应采取的相应对策，因此交互式控制系统并不具有普遍适用性。交互式控制系统是基于信息系统上的正式控制，其理论的基础框架中没有包含社会意识形态等一些非正式控制，而非正式控制是现代管理控制的重要内容。

第二，控制手段应用成本高。例如：交互式控制的进行一般需要消耗长期的时间和较高的成本；管理者与基层员工的交流沟通需要管理层投入大量的精力和时间去掌握战略不确定因素，在组织内部自上而下经常性地开展讨论；当企业战略需要发生变革时，新战略的实施成本是非常高的。

第三，控制杠杆间的配合风险大。不同控制杠杆交错使用产生动力机制，杠杆间的配合使用使得控制系统达到一种理论上的动态平衡。但由于在实施控制的实际活动中并不存在具体的参照标准，各控制系统之间难以实现真正的平衡，这种不平衡将会导致预期不到的后果，因此这就需要管理者具备有效使用管理控制系统的能力。

（四）启示

高层管理者应当注重了解并分析组织的关键战略变量：核心价值观、要规避的风险、关键绩效变量和战略不确定因素。这四个变量之间具有很强的影响作用，所以必须将这四个变量整体进行考虑分析，只有平衡这四个变量，才能有效地控制所实施的战略。

核心价值观是一个组织的灵魂，积极的核心价值观能起到强有力的促进作用，当然，不合适的价值观就会起到负面的作用。管理者必须对他们的组织的核心价值观进行深入解读，以保证战略的实施不会违背核心价值观。信念系统对加强或是改变价值观有很大的促进作用，虽然信念系统起到的是一种控制平衡的杠杆作用，但是信念系统作为员工精神激励方面的作用却是最直接有效的。如果管理者不够重视组织的核心价值在商业战略中的重要意义，组织的核心价值观就不会得到很好地利用，控制的平衡自然难以保持。由此，信念系统一定要将核心价值表述得清楚，同时管理者也要有强大的理解力和执行力。如 IBM 公司的托马斯将信念系统很好地运用，使其所有员工都认同了 IBM 的核心价值观，使得 IBM 在 20 世纪 90 年代取得了空前的成功，并逐步确定了其在 PC 电脑市场的主导地位。

公司在实施商业战略中必然会遇到不同程度的风险，管理者对商业战略分析的重要作用就是预算组织战略实施中要规避的风险，这就是要避免带来风险行为的发生，所以管理者要设计界定组织成员的哪些行为是在允许的经营边界范围之内，哪些行为是在边界范围之外。如果管理者没有清醒地认识到所处行业中的竞争风险，或是没有评估商业战略实施中风险，那么边界系统的设计就是徒劳的。所以，一个战略能够成功实施的保障就是对该战略的风险进行预测并提前预防。

关键绩效变量的确定主要是受组织所选择的商业战略的影响，管理者必须根据其商业战略来明确绩效要达到的目标，同时在战略实施的过程中必须对所取得的成绩进行度量。也就是要求管理者思考一些问题——那些关键绩效变量会影响到既定战略，如何影响以及如何度量。当既定战略发生改变时，关键绩效变量也应当随之改变。评估战略不确定因素与那些可能导致管理者所做的规划无法实现的突发事件，只有当管理者足够了解和掌握有关战略的不确定因素以及能把握突发事件时，交互控制系统才能发挥作用。

西蒙斯的管理控制理论进一步丰富了我国的管理控制理论体系，鼓励管理控制理论研究的多元化。国外的管理控制理论以不同的研究视角为基础已经形成了多种学派，然而我国目前的管理控制研究视角显得过于单一，研究主要以基于内部控制的管理控制和基于会计的管理控制研究为主。随着我国企业更多地参与到国际竞争中，管理控制杠杆的理论研究对于企业发展的影响意义重大，我国现有的基于内部控制与基于会计的管理控制体系中需要融入更多、更广的新概念，控制杠杆的应用将成为夯实我国现代管理控制理论的基础和适应全球发展的条件。

另外，随着心理学相关学科的进一步发展与完善，控制方式必将呈现出多样化和科学化，这些学科的发展为推进我国管理控制方式科学化提供了契机。我国学者应及时掌握国内外控制理论的最新发展状况，积极尝试管理控制与其他学科的交叉，用多元化学科基础来丰富我国的管理控制理论。①

要注意管理控制理论与企业外部环境变化的联系，直接移植国外的管理控制理论是不够的。从不同控制理论的历史发展来看，管理控制理论的变化具有时代性，不同时期下所需的管理控制的侧重点也不同。理论应用与现实问题脱节会弱化管理控制效用，所以管理控制理论研究一定要与企业所面临的现实问题相结合，根据我国企业的实际情况，选择一些环境背景相近的国外控制理论进行参考和研究。以往在制造大国的背景下，国内许多企业主要承担的是简单的来料加工或是能源开发，以制造或生产为核心，安东尼的基于会计的控制模式对于这类生产导向的企业有一定的指导作用。如今，中国产业面临着转型升级，要求企业更多地去自主参与市场竞争，这就需要企业更多地关注战略，关注不确定因素，西蒙斯的交互式模式可以成为此类企业的参考模板。

西蒙斯为我国的控制理论提供了新的思路，即引入了非正式控制方式的应用。非正式控制手段的应用有助于扩大企业管理控制的范围，提高管理控制的效率，特别是正式控制无法涉及的控制领域。我国的管理控制更注重的是正式手段的控制，而没有很好地利用非正式手段的方式发挥灵活控制的职能。因此，我国的管理控制应追求控制手段的多元化，避免会计控制的单一思维，积极吸收非正式控制的思想，重视非正式控制的应用，拓展我国管理控制的控制广度与深度、效果与效率。

参考文献

[1] 罗伯特·西蒙斯. 控制 [M]. 鲜红霞，郭旭力译. 北京：机械工业出版社，2004.

[2] Simons, R. Control in an Age of Empwerment [J]. *Harvard Business Review*, 1995.

---

① 刘继云，孙绍荣. 行为控制理论研究综述 [J]. 科技管理研究. 2006,(5).207.

[3] MBA 智库百科网 [EB/OL]. http://wiki.mbalib.com.

[4] Charles, Christenson. *The Power of Negative Thinking*[J]. Working Paper. 1972.

[5] 张先治，顾水彬. 西方管理控制学派梳理与观点述评 [J]. 审计与经济研究 .2012,（1）.

[6] 罗彪，郑姗姗. 国外管理控制理论研究脉络梳理与模型评介 [J]. 外国经济与管理，2011,（4）.

[7] 刘继云，孙绍荣. 行为控制理论研究综述卜 [J]. 科技管理研究 . 2006,（5）.

第十四章 戴维·C.麦克兰德：权力是最大的动力器

戴维·C.麦克兰德（David C. McClelland，1917—1998），美国著名管理学家和社会心理学家，长期担任美国国家政府机构顾问，是麦肯锡奖（McKinsey Award）和美国心理学会杰出贡献奖的获得者，被誉为"素质研究之父"。麦克兰德是哈佛大学和波士顿大学心理学教授、美国东方心理协会会长，同时也是麦克比尔咨询公司的创办人和主管。麦克兰德关于权力的论述来源于他的《动机研究》（1955）、《评马斯洛教授的论文》（1955）、《取得成就的社会》（1961）、《意识的根源》（1964）、《成就动机是可以培养的》（1965）、《渴望成就》（1966）、《权利的两面性》（1970）、《权力需要》（1972）、《测量素质而非智力》（1973）、《权力：内性经验》（1975）、《权力是巨大的激励因素》（1976）等主要著作和论文。

一、戴维·C.麦克兰德的生平

1917年5月的一天，在美国纽约州的弗农山庄（Mt.Vernon），卫理公会教派的牧师戴维迎来了他第三个孩子戴维·C.麦克兰德的出生。牧师戴维曾担任过伊利诺伊州杰克逊维尔市（Jacksonville）女子学校麦克莫瑞学院（McMurray College）的校长，在他的影响下，孩子们个个学习刻苦且成绩优异，麦克兰德更是如此。1933年麦克兰德中学毕业，1935年进入韦斯利昂大学（Wesleyan University）学习心理学，1938年获得心理学学士学位。同年7月，麦克兰德与夏普莱丝（Mary Sharpless）结婚，次年获得密苏里大学（University of Missouri）的心理学硕士学位。接下来的两年里,麦克兰德又在耶鲁大学(Yale University)继续深造,得到卡尔·霍夫兰和罗伯特·赛尔斯的指导,在24岁时就拿到了耶鲁大学的心理学博士学位。

1941年,也就是博士毕业后的那一年,麦克兰德正式成为一名大学老师,他曾先后任教于康涅狄格女子大学、韦斯利昂大学、布林莫尔学院、哈佛大学和波士顿大学。在1945—1956年间,麦克兰德担任了韦斯利昂大学教授及布林莫尔学院(Bryn Mawr College)教授。在此期间,他还一直服务于美国友谊服务协会(American Friends Service Committee, AFSC),并且担任福特行为科学基金分会(Behavioral Sciences Division Ford Foundation)的副主任。1955年发表《动机研究》、《评马斯洛教授的论文》。1956年,麦克兰德由布林莫尔学院调入哈佛大学,任心理学教授。1961年发表《取得成就的社会》。1963年,他与人合伙创办了自己的咨询顾问公司——麦克比尔咨询公司(McBer & Company)[1]。同年,他向国际教育协会提交了设立高校七级学术奖学金的方按,旨在激励学生的学习动机。1964年发表《意识的根源》[2],同年担任美国东方心理协会会长。1965年发表《成就动机是可以培养的》[3],1966年发表《渴望成就》[4],1970年发表《权利的两面性》[5],1973年发表《测量素质而非智力》[6],1975年发表《权利:内省经验》[7],1976年同戴维·伯纳姆合作发表《权利是巨大的激励因素》[8]。1980年,麦克兰德的妻子夏普莱丝去世,1981年10月同第二任妻子Marian Adams结婚。1986年,麦克兰德转任波士顿大学教授,直至退休。麦克兰德自1989年开始对全球200多项工作所涉及的胜任素质进行观察研究。1995年《哈佛商业评论》重新刊登《权利是巨

---

[1] 该公司后来并入世界知名咨询机构合益集团(Hay group),称为Hay-McBer。集团下设的麦克兰德研究与创新中心(McClelland Center for Research and Innovation)在人力资源评测与管理的研究中处于重要地位,他们所设计的素质测量模型在全世界都得到了广泛的应用。

[2] McClell and David C. The Roots of Consciousness. Oxford, England: D. Van Nostrand. (1964). p.219.

[3] McClell and David C. Achievement motivation can be developed. *Harvard Business Review*, 1965.

[4] McClell and David C. That urge to achieve. *Think Magazine*, 1966.

[5] McClell and David C. The two faces of power. *Journal of International Affairs*, Vol(15), 1970.

[6] McClell and David C. Testing for competence rather than for "intelligence". *American Psychologist*, vol28(1), Jan, 1973.

[7] McClell and David C. *Power: The Inner Experience*. Oxford, England: Irvington. (1975). xiv. p.427.

[8] McClell and David C. Power is the great motivator. *Harvard Business Review*, 1976.

大的激励因素》。1998年3月27日，麦克兰德因心力衰竭逝世于马萨诸塞州列星顿市，享年81岁。

麦克兰德喜欢到处旅行，每一次的旅程都会给他带来新的研究兴趣和理论视野。在20世纪60年代初的时候，他在成就动机培训活动期间，经常到印度去，并对东方思想以及冥想训练产生了浓厚的兴趣。1963—1964年他在突尼斯期间，接触到了中世纪阿拉伯著名哲学家、历史学家和社会学家伊本·赫勒敦的作品，在第二年写的一篇没有发表的论文中，麦克兰德基于赫勒敦关于自然和政府基础的理论提出了"赫勒敦"指数，用以测量政府的效能。除此之外，麦克兰德是一个虔诚的基督教徒，他是一个富有同情心、慷慨大方的人。他早期的学生形容他是一个"自主、大方、会无限期帮助他人的人"。例如，在同他的一名学生一起乘坐电梯时，听到这位学生说起由于经济困难而面临辍学的问题时，麦克兰德问他需要多少钱，并且当时就打开支票薄，在下电梯之前就将支票给了那名学生。麦克兰德获得过多种荣誉和奖励。1964年，他被选为美国东方心理协会的会长。1976年，他与伯纳姆合作的论文，获得了麦肯锡奖。1987年，他因为在心理学领域的学术成就，被美国心理学会授予杰出贡献奖。

二、戴维·C.麦克兰德的主要著作与学术思想

（一）麦克兰德的需要理论

克兰德从20世纪40年代开始研究人的需求和动机，可以说，对人类需求和动机的研究是麦克兰德整个学术研究的基础，其在弗洛依德、莫瑞等前人的研究基础上提出的"三种需要理论"，更是将这一领域的研究推向了一个新的高度。这一时期麦克兰德的主要代表作品有《动机研究》、《评马斯洛教授的论文》、《取得成就的社会》、《成就动机是可以培养的》和《渴望成就》。

1.三种需要理论

麦克兰德曾做过一个"套圈游戏"的实验，即在套圈游戏中，允许每个人自己选择站立的位置和投掷的距离，多数人都是随意选定，有时站得近些，有时站得远些。但有一部分人却总是认真、仔细地计算自己的位置和距离，使得游戏变得具有某种意义。他们既不站得太近，以至于太容易套上，也不站得太远，以至

于套不上。通过对这一部分人的深入研究和总结，麦克兰德认为现实生活中存在着一种 A 型动机的人，富有 A 型动机的人具有以下几个明显的特点：（1）能够自己设定合适的挑战性目标；（2）喜欢通过自己的努力解决问题，不依赖偶然的机遇坐享成功；（3）需要立即得到反馈，弄清工作的结果。以此为基础，麦克兰德逐渐发现了人类对于成就的需求，并随着对于成就需求的深入研究继而总结出影响人类和组织行为的三种需要，最终形成了著名的三种需要理论。

三种需要理论是建立在人的基本生理需要都满足的假设条件下的，因而他不讨论人的基本生理需求，而是直接从精神层面开始研究的。麦克兰德认为，人的基本需求主要有以下三种：一是成就需要（Need for achievement）：争取成功希望做得最好的需要。二是权力需要（Need for power）：影响或控制他人且不受他人控制的需要。三是亲和需要（Need for affiliation）：建立友好亲密的人际关系的需要。

所谓成就需要，是指具有强烈成就需要的人渴望将事情做得更为完美。这种人会不断地提高工作效率，以期获得更大的成功。然而，具有强烈成就需要的人却并不关心成功后所带来的物质奖励，他们追求和享受的是在争取成功的过程中克服困难、解决问题、努力奋斗的乐趣以及成功后的个人成就感。一个人的成就需要与他所处的经济、文化、社会和政府的发展程度相关。同时，社会风气也制约着人们的成就需要。在具体的工作中，麦克兰德指出，高成就者寻求那种能发挥其独立处理问题能力的工作环境。他们喜欢设立具有适度挑战性的目标，不喜欢凭借运气获得成功，因而特别容易或是特别难的工作对他们而言都是没有吸引力的。他们也需要有明确的、不间断的关于自己工作成就的反馈，以使他们知道自己的工作成就得到组织和他人承认的程度。高成就需要者事业心强，有进取心，敢冒一定的风险，比较实际，大多是进取的现实主义者。基于这一点，麦克兰德指出，成就需要的高低对于一个人、一个企业和一个国家的发展和成长起着非常重要的作用。一个成就需要高的人往往朝气蓬勃，勤奋工作，成绩显著；一个企业中成就需要越高的人愈多，这个企业发展就越快，获利也愈多；一个国家中成就需要高的人愈多，这个国家就愈兴旺发达。

权力需要所指的是对影响和控制别人有一种强烈的愿望或驱动力。权力有个人权力和社会权力之分。个人权利在不同阶段的表现不同，有一个发展的过程，其一般的发展变化是：依赖别人—相信自己—控制别人—自我隐退而为全社会追求权力。麦克兰德通过实验研究发现，并不是所有的人对权力的渴望程度都是相同的。权力需要越高的人越是喜欢支配、影响他人，或直接对他人发号施令，这些人注重争取地位和影响力。他们喜欢具有竞争性和能体现较高地位的场合或情境，也会追求出色的成绩。但与高成就感需要的人不同，权力需要强烈的人这样做并不是因为个人成就感的满足，而是为了获得地位和权力，以与自己所具有的地位和权力相称。麦克兰德认为，权力需要是管理成功的基本要素之一。

亲和需要就是寻求被他人喜爱和接纳的一种愿望。一般情况下，负有全局责任的管理者往往把亲和力看得比权力更为重要。高亲和动机的人更倾向于与他人进行交往，至少是为他人着想，这种交往会给他带来愉快与乐趣。高亲和需要者渴望友谊，喜欢合作而不是竞争的工作环境，希望彼此之间能够沟通与理解，他们对环境中的人际关系更为敏感。有时，亲和需要也意味着会对失去某些亲密关系的恐惧和对人际冲突的回避。亲和需要是保持社会交往和人际关系和谐的重要条件。

在大量研究的基础上，麦克兰德对成就需要与工作绩效的关系进行了十分有说服力的推断。首先，高成就需要者喜欢能独立负责、可以获得信息反馈和中度冒险的工作环境。他们会从这种环境中获得高度的激励。倘若管理者是一个高成就需要者，一般在小企业或大企业的某一独立部门取得成功的几率更高些，而在大型企业或其他组织中，这一比率就会降低很多。这是因为他们只对自己的工作绩效感兴趣，并不关心如何影响别人去做好工作。其次，亲和需要、权力需要与管理的成功密切相关，最优秀的管理者往往是权力需求很高而亲和需求很低的人。如果一个大企业经理的权力需要与责任感、自我控制相结合，那么他就很有可能成功。最后，可以对员工进行训练来激发他们的成就需要。如果某项工作要求高成就需要者，那么，管理者可以通过直接选拔的方式找到一名高成就需要者，或者通过培训的方式培养自己原有的下属。

2. 三种需要理论的测量

麦克兰德通过研究发现，人的行为总是被一种最强烈的需要和动机所推动着。因此，可以通过一些方法来确定一个人是属于成就需要、权力需要和亲和需要中和那一种，或者是属于任意两种需要的组合，或者是三者兼而有之。麦克兰德同时指出，我们可以根据三种需求间的不同，通过多种方法对每个人进行测试，并按强烈程度打分，最后把每种需要的总分加起来，根据不同需要的总分高低情况，判断不同人的不同特点。三种需要之间的异同见表14-1：

表 14-1　麦克兰德的三种需要理论

	定义	特点
成就需要	乐于接受适度挑战，渴望将事情做得完美	不在乎物质需求，努力奋斗的目的在于获得他人认可，可能缺乏团队协作精神
权力需要	渴望控制他人并讨厌被控制，有强烈的权力欲	努力奋斗的目的并非获得他人认可，而是为了影响他人或者获得与自己身份相称的地位
亲和需要	寻求被他人喜爱和接纳，乐于营造一种温馨的氛围	认为合作的意义大于竞争，会刻意避免一些争吵和冲突

3. 成就需要的重要性及其培养方式

在需要理论中，麦克兰德对成就需要进行了更加深入的分析。他认为，成就需要强烈的人由于时时想着如何把自己的事情做得更好，所以往往能够作出成就。因此，一个公司如果成就需要强烈的员工多，往往就会经营顺畅、发展迅速；一个国家如果成就需要强烈的民众多，这个国家也往往会发展迅速。对此，麦克兰德在其 1961 年出版的《取得成就的社会》一书中，选用了能够反映成就主题的文学作品和艺术设计作品，采取一套标准的编码统计方式，确定成就动机指数，同时以相应国家总贸易量、煤炭生产量和电力生产量作为经济发展的指标，对成就训练和社会经济发展的关系进行量化研究。麦克兰德的详尽定量分析可以表明：古代的希腊，中世纪的西班牙，1400—1800 年的英国，以及许多现代国家，无论是资本主义还是社会主义，无论是发达国家还是发展中国家，都符合他提出的观点。比如，经济发达的英国，用儿童读物来衡量，1925 年前后，这些读物的成就感内容所占比重在 25 个国家中排第五名，当时它的经济运行也居于世界前列。到了 1950 年，英国儿童读物中成就感内容所占比重下降，在 39 个国家中排名第 27 名，英国的国家领导人此时也开始被创业精神缺乏而引起的经济衰落所深深困扰。

自 1960 年以来，在麦克兰德的直接领导下，一批心理学家在哈佛大学以企业经理为主要研究对象进行了大量的试验，创造了一种所谓"全压"训练班的办法来提高参加者的成就需求水平。起初这些心理学家对于实验能否成功并无信心，因为当时美国心理学界普遍认为人的基本动机是儿童时代形成的，之后很难改变，而且很多心理咨询和心理治疗对于转变人的性格亦少有长期效果。但是另一方面，他们又受到下述榜样的鼓舞进行实验：戴尔·卡耐基和教会传教士——这些充满热情的人都相信自己能够转变成年人的思想，而且他们实际上也做到了这一点。

麦克兰德等为经理们举办的训练班有四项主要目标：

（1）训练参加者用成就感强烈的人的惯用方式去思考、交谈和行动。

（2）鼓励参加者为今后两年设定比较高但经过仔细推敲的目标，每隔6个月回访参加者以共同检查进展情况。

（3）运用各种方法让参加者更好地认识自己。

（4）通过互相了解别人的希望，分享成功和失败，彻底改变周围环境以及共同经历等实验，让参与者增进团体意识和集体主义精神。

这种训练班已经为大型美国公司、墨西哥企业和印度企业的经理人员举行过多次。统计数字表明：受过训练的人在两年后取得的成就明显高于条件类似但未受过训练的人，因为前者的主动性和创新精神普遍有所提高。

（二）麦克兰德的权力理论

在成就动机理论近20年的研究过程中，麦克兰德发现，成就动机可以激励企业家的创业活力，促进企业发展进而影响经济的增长。然而，在率领众人前进的领导者中，具备强烈成就需要的人却很少，甚至在一定的程度上，成就需要和领导能力存在负相关关系。为了进一步研究和解释这一"强兵往往非良将"的问题，麦克兰德自20世纪70年代起，开始对人类的权力需要进行研究，提出了权力的两面性、权力是最大的动力机器等著名的理论。这一时期他的代表性著作有：《权利的两面性》（1970）和《权力是巨大的激励因素》（1976年首次发表，1995年《哈佛商业评论》重新刊登）。

1.《权利的两面性》

正如前文所述，麦克兰德在研究中发现，成就需要强烈的人，往往在一个小公司或大公司的某一个部门中表现出色，但在大型的企业或者其他组织中，他们的作用和影响是相当有限的。在一个需要专门有人负责分工、协调、监督、控制的大型企业中，成就需要强烈的人总是难以胜任这些工作。同样，管理者的首要任务是影响他人，故而对权力的需要显然是他们的主要性格特征之一。然而，与成就需要强烈的人相比，在现实生活中，权力需要强烈的人往往是不受大众所欢迎的，人们显然以富于成就感为荣，而以被其他人认为有强烈的权力欲为耻。麦克兰德正是对这种现象的深入研究，于1970年出版了其著作《权力的两面性》。

在该书中，麦克兰德主要论述了如下两种权力：

第一，个人化的权力，这一类型的权力以控制他人为核心。他们一心只想击败竞争对手，并且认为生活就是一场"零和博弈"。在这种人的眼中，组织内的其他成员只是维持其地位的工具，他们常常表现为专断、专权，有着很强的控制欲和征服欲，喜欢炫耀权力。这种人一旦成为政治领袖，往往会造成比较严重的社会后果。

第二，社会化的权力，这一类型的权力以影响或帮助他人为核心，并且以组织内成员的真正得失为出发点。他们总是怀疑自己是否给组织内成员带来真正的益处，同时也总是处在矛盾的心理之中，他们总是能够意识到每一次的取胜都意味着有些人的失败。这种人多见于选举制产生的领导者，他们也适宜于在正式组织的领导工作。

在明确界定两种权力的概念和特点之后，麦克兰德指出，在实际生活中并没有个人权利和社会权力之间明显的分界，有的时候这两种权力在不同的场合会交替出现。因而，对两种权力之间"度"的合理把握与否，往往能显示出一个管理者管理水平的优劣。一个优秀的管理者必须意识到，管理的过程不是强迫，甚至也不是说服，而是认识自我。

2.《权力是巨大的激励因素》

意识到权力对管理者如此重要之后，麦克兰德不得不对其进行深入而持久的研究。1976年，麦克兰德和戴维·伯纳姆在《哈佛商业评论》3—4号月刊发表的《权力是巨大的激励因素》（该文获得美国麦肯锡奖，并被《哈佛商业评论》1995年1—2月号重新刊登），被认为是该领域经典性的论文之一。在这篇文章中，麦克兰德主要提出了以下几个观点：

第一，成就需要强烈的人无法成为有效的管理者。在麦克兰德之前，人们认为成就需要强烈是一个领导人必备的要素。麦克兰德论证了这一观点在现实生活中的偏差，认为受成就激励的人，只是习惯于将自己的事情做得更好，并且希望迅速得到自己有关事情结果的反馈。但作为管理者，仅仅自己出色地完成任务显然是不够的，管理者不可能一个人做完所有的任务，所以如何引导他人完成组织工作才是最重要的。而这一要求，显然是和成就需要强烈的人的性格特点是有区别的。

第二，亲和需要强烈的人也无法成为有效的管理者。麦克兰德指出，亲和需要强烈的人,有强烈地被人喜欢的追求。而要使一个组织正常运转,管理者就必须在管理过程中一视同仁。在现实中,亲和需要的人往往做不到这一点,因为他们往往会照顾某些人的特殊要求,往往想跟组织中的每一个人搞好关系。这种基于人情关系需要而作出的行为,总会打破整个组织的运转,最终导致组织工作效率的低下。

第三,个人化权力需要强烈的人无法成为高度有效的管理者。个人权利型的管理者,有控制、征服他人的欲望,其管理行为会表现得偏向于专断和专权。在这种管理下,士气往往比较低落。但另一个方面,这一类型的管理者在管理的效率上要优于亲和需要强烈的领导者。毕竟他们追求的是"事业"而非"关系",也许从员工的角度来讲,在"老好人"与"霸道专横"之间,他们会选择前者,但是一个组织的最优选择无疑是后者。尽管优于亲和需要强烈的管理者,但个人权利类的管理者还是存在着很多的问题,其中最为主要的,就是在这样的组织内部环境中,员工对一个组织的忠诚可能会变为对领导者个人的忠诚。组织被个人风格支配,员工的发展也往往取决于其顺不顺从管理者。这类管理者离开时,往往会造成组织内部的混乱。

第四,社会化权力强的人才能够成为高度有效的管理者。麦克兰德指出,社会需要强烈的人具备以下特质:(1)权力需要强烈。他们不是那种自己埋头苦干的人,在追求权力的过程中,他们更看重的是如何影响他人,而不是支配或者控制。(2)了解成员需求。他们能够努力了解组织成员的需求,进而有利于对其施加影响。(3)组织责任感。他们具有较强烈的组织责任感和团队意识,尤其是如果个人利益和组织发生冲突时,他们可以适当地放弃。(4)乐于工作。他们将工作本身视为乐趣,即使这种工作确实效率不高,他们也会认为对于组织有序运行是有价值的。(5)公平公正。即在决定组织内部的具体奖惩时,不以个人喜好为转移,因为他们深知自己的权力立足于公众利益。(6)眼光长远。他们不局限于一时一事,长于整体考量事物。同时他们深知自身能力有限,进而广纳良言。

(三)麦克兰德的素质理论

麦克兰德并非一个纯理论研究的教授,他的咨询公司——麦克比尔咨询公司经常为企业和政府机构委托的管理人员工作做评估。在这些评估过程中,麦克兰德发现传统的测评方法往往缺乏评价的有效性。传统方法过于注重智力、知识能力和专门技能，但是这些因素无法预示将来工作绩效的高低和个人职业生涯的成就。除此之外，传统测评所注重的因素需要相当的成本投入，而那些原本就生活在社会底层的人是难以支付这些费用的，这就意味着那些社会底层的人会进入一个工作绩效上的恶性循环。麦克兰德经过深入研究后发现，从根本上影响个人绩效的是素质（competency），具体来说就是类似于"成就动机"、"人际理解"、"团队影响力"等因素。这一时期麦克兰德提出了著名的"冰山模型"，他的代表作品是1973年发表在《美国心理学家》（American Psychologist）杂志上的《测量素质而非智力》（Testing for Competency Rather Than Intelligence）和由其主持的咨询机构麦克比尔咨询公司于1996年出版的《胜任素质辞典》。

1.《测量素质而非智力》

麦克兰德在《测量素质而非智力》一文中正是提出"素质"的概念。他在这篇文章,中引用大量的资料，说明仅仅凭借智力测验来判断个人能力是不合理的，并进一步指出能够决定工作绩效的深层次原因并非人们主观上认识的一些诸如人格、价值观等因素。在该文中，麦克兰德抛开传统的理论假设和主观判断，坚持从第一手资料出发，发掘那些能够真正影响工作绩效的特征和因素。他认为，人的工作绩效由一些更根本的更潜在的因素决定，这些因素能够更好地预测人在特定职位上的工作绩效，这些能区分在特定的工作岗位和组织环境中绩效水平的个人特征，就是素质，即是胜任力。素质是员工潜在的特性，例如人的动机、社会角色、自我形象、所拥有的知识等等，它决定着一个人能否产生出色的绩效。麦克兰德《测量素质而非智力》这篇文章的发表，标志着素质研究的开端。之后，美国薪酬协会对素质作出了更进一步的定义——个体为达到成功的绩效水平所表现出来的工作行为，这些行为是可观察的、可测量的、可分级的。

2.冰山模型

在这个模型中，麦克兰德把人的素质描绘成一座冰山，这座冰山分为水面之上和水面之下两个部分。表象特征即水上的部分，指的是人的知识和技能，通常容易被感知和测量。潜在特征即水下的部分，主要指的是社会角色、自我认识、动机等，这部分特征越往下越不容易被挖掘与感知。麦克兰德指出，预测业绩的最好因素不是诸如学历、技能等外在条件，而是人的深层素质，也就是水下的冰山部分。这个比喻看似浅显，实则蕴含着巨大的理论价值和实践价值，对管理学尤其是人力资源管理产生了重大影响。它揭示出了传统的观点在这一问题上的一个误区,指出影响个人绩效的最主要的素质并非是学历、智力等表层因素,麦克兰德在他的学术生涯后期,主要精力都放在这一方面,(见图14—1)。

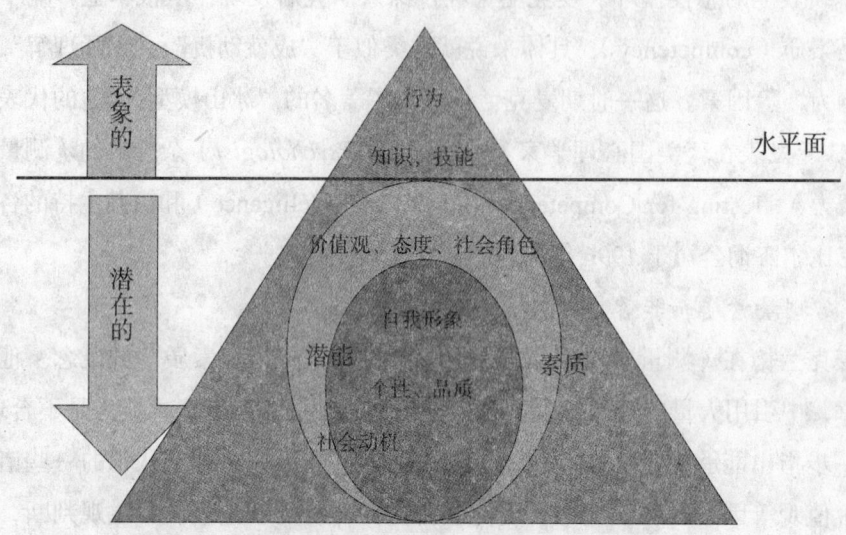

图14-1 麦克兰德的冰山模型

3.《胜任素质词典》

在麦克兰德研究的基础上,理查德·博亚齐斯(Richard Boyatzis)通过对经理人员胜任素质的原始资料进行重新分析,于1981年提出了与"冰山模型"类似的"洋葱模型"。"洋葱模型"是把胜任素质由内到外概括为层层包裹的结构,最核心的是动机,然后向外依次展开为个性、自我形象与价值观、社会角色、态度、知识、技能。越向外层,越易于培养和评价;越向内层,越难以评价。大体上,"洋葱"最外层的知识和技能,相当于"冰山"的水上部分;"洋葱"最里层的动机和个性,相当于"冰山"水下最深的部分;"洋葱"中间的自我形象与角色等,则相当于"冰山"水下浅层部分。在该模型中,博亚齐斯归纳出一组可以辨别优秀经理人才的胜任素质因素,然而与麦克兰德不同的是,博亚齐斯总结出的这些因素具有广泛的适用性,能够同时应用于差别很大的公司。两个模型虽然本质上都强调核心素质或基本素质,但"洋葱模型"更突出潜在素质与显现素质的层次关系,比"冰山模型"更能说明素质之间的关系。同时,不仅博亚齐斯在深化和发展着麦克兰德的研究,大量其他咨询机构也采用了这一方法。这对冰山模型的发展构成了巨大的挑战。

为了面对和克服这些挑战，自1989年开始，已经72岁高龄的麦克兰德开始对全球各类组织的200多项工作所涉及的胜任素质进行观察研究。经过深入的研究，他从众多的胜任素质中提炼归纳出21项通用的胜任素质要素，这21项胜任素质要素概括了人们在日常生活和行为中所表现出来的知识与技能、社会角色、自我概念、特质和动机等特点，形成了普遍适用的管理人员胜任素质模型。在此基础上，麦克兰德主持的咨询机构麦克比尔咨询公司于1996年出版了著名的《胜任素质辞典》，其基本内容见表14-2。

表14-2 胜任素质辞典

成就与行动素质群	成就导向、重视秩序、品质和精确、主动性、信息搜集
帮助与服务素质群	人际理解、客户服务导向
冲击和影响素质群	冲击与影响、组织认知、关系建立
管理素质群	培养他人、命令、团队合作、团队领导
认知素质群	分析式思考、概念式思考、专业知识
个人效能群	自我控制、自信心、弹性、组织承诺

胜任素质模型的有效运用，需要遵循一定的步骤。首先，不同类型的工作，素质要求是不一样的，需要确定哪些素质是该类工作岗位所需要的胜任素质。确定胜任素质主要有两条基本原则：一是有效性。判断一项胜任素质的唯一标准是能否显著区分出工作业绩，这就意味着，所确认的胜任素质必须要在优秀员工和一般员工之间有明显的、可以衡量的差异。二是客观性。判断一项胜任素质能否显著区分出工作业绩，必须以客观数据为依据。其次，在确定胜任素质后，组织要建立能衡量个人胜任素质水平的测试系统，这个测评系统也要经过客观数据的检验，并且要能区分工作业绩。最后，在准确测量的基础上，设计出胜任素质测评结果在各种人力资源管理工作中的具体应用办法。

麦克兰德的胜任素质概念，对人力资源管理产生了极为重大的影响。直至今日，在人力资源的工作分析、人员招聘、人员考核等方面，依然可以看到麦克兰德的胜任素质模型。正是基于麦克兰德在素质领域中独有并且深入的研究，后人称其为"素质研究之父"。

三、戴维·C.麦克兰德的主要贡献

(一)需要理论的推动者

在麦克兰德之前,有许多学者也进行过需要理论的研究,比较著名的有精神分析学派和行为主义学派的动机理论,如 H. 墨瑞①(Henry Alexander Murray, 1893—1988)的成就需求概念、马斯洛②的需求层次理论(Maslow's hierarchy of needs)、斯金纳③的行为主义的强化理论等。可以说,麦克兰德的三种需要理论与之前的观点多多少少存在一些相似之处,通过他们相互之间的比较,我们可以清晰地看出麦克兰德在整个动机理论研究中的贡献。

以弗洛依德为代表的精神分析学派用释梦、自由联想等方法研究动机,他们往往将人们的行为归于性和本能的动机,而且他们的研究方法和技术很难得出有代表性的结果,并且这种研究方法和技术可重复性差,无法得出动机的强度。行为主义者用实验的方法研究动机,使得动机的强度可以测量,但是他们将动机定义得过于狭窄,主要集中于饥、渴、疼痛等基本生存的需要上,没有区分人的基本生理需要和精神需要。相对而言,麦克兰德的研究克服了上述两者中存在的局限性,他通过一定的方法来测量人的高层次需要与社会的动机性,强调采用系统的、客观的、有效的方法进行研究。

美国人格心理学家 H. 墨瑞早在 1938 年就系统地提出成就需求这个概念,认为成就需求是指个人想要尽快地且尽可能地把事情做好的一种欲望或倾向。麦克兰德对成就需求的研究很大程度上是受到 H·墨瑞的影响。与其不同的是,麦克兰

---

① 亨利·墨瑞(Henry Alexander Murray,1893—1988),美国人格心理学家,主题统觉测验创作人。他将成就需求界定为个体"完成困难的工作;为操控或组织事物、人物或思想;为尽快且独立地做好;为克服障碍且达到高的标准;为超越自己;为超越且胜过别人;以及为使得个人的才能通过成功的学习而增进自我尊重"的一种欲望。

② 马斯洛(Abraham H. Maslow,1908—1970),犹太人,美国著名心理学家,第三代心理学的开创者,提出了融合精神分析心理学和行为主义心理学的人本主义心理学,于其中融合了其美学思想。主要著作:《动机和人格》、《存在心理学探索》、《科学心理学》、《人性能达到的境界》。

③ 斯金纳(Burrhus Frederic Skinner,1904—1990),是行为主义学派最负盛名的代表人物,被称为"彻底的行为主义者"。也是世界心理学史上最为著名的心理学家之一,主要著作有:《有机体的行为:一种实验分析》、《沃登第二》、《科学与人类行为》、《关于行为主义》等。直到今天,他的思想在心理学研究、教育和心理治疗中仍然被广为应用。

德认为成就需求是个人人格中相当持久稳定的一种特性，这种追求某目的或目标的特性或倾向就是成就动机。

麦克兰德开始研究需要理论的那个年代，马斯洛的需求层次理论十分盛行。马斯洛于1943年在《人类激励理论》论文中首次提出需求层次理论，该理论将人的需求分成生理需求、安全需求、归属与爱的需求、尊重需求和自我实现需求五类，依次由较低层次到较高层次排列。同时，马斯洛的需求层次理论具有以下几个特点：一是五种需求像阶梯一样从低到高，按层次逐级递升。但这样的次序不是完全固定的，是可以变化的，也有种种例外情况。二是一般来说，某一层次的需要相对满足了，就会向高一层次发展，追求更高一层次的需要就成为驱使行为的动力。相应的，获得基本满足的需求就不再是一股激励力量。三是五种需求可以分为两级，其中生理上的需求、安全上的需求和感情上的需求都属于低级需求，这些需求通过外部条件就可以满足；而尊重的需求和自我实现的需求是高级需求，这类需求是通过内部因素才能满足的，而且一个人对尊重和自我实现的需求是无止境的。同一时期，一个人可能有几种需求，但每一时期总有一种需求占支配地位，对行为起决定作用。任何一种需求都不会因为更高层次需求的发展而消失。各层次的需求相互依赖和重叠，高层次的需求发展后，低层次的需求仍然存在，只是对行为影响的程度大大减小。在当时的社会中，人们普遍认为马斯洛的需求层次理论对管理工作有相当广泛的借鉴性和启发性，尤其是他的自我实现理论，更被人们认为是给人类的发展指明了方向，对个人和社会都有积极的意义。

然而与马斯洛的需求层次理论相比较，麦克兰德的需求理论有以下明显的优点：

第一，马斯洛以人的基本的生存需求为起点，认为人的许多需求都是与生俱来的。但麦克兰德没有考虑人的生理性需求，只是从社会需求的角度出发，认为人的需求是可以通过后天培养的。

第二，马斯洛主要从个人的角度去研究，所以其更多地从个性需求出发去总结人的动机。而麦克兰德则注意到组织、群里和社会对个人的影响。可以说，马斯洛从个人角度研究人的需求，决定了他更侧重于人的心理；而麦克兰德则从群体角度研究人的需求，决定了他更侧重于组织的管理。这一点我们可以在两种理论具体内容的比较中窥视一二，比如情感需求、尊重需求、自我实现需求的区分主要说明个人的行为动机，而成就需要、亲和需要、权力需要则更能说明组织中的人类动机。

第三，因为经济、文化等方面的不断变化和发展，自我实现这个层次的需要缺乏明确的标准来确定。时代不同，文化背景不同，人们的需求当然就不同，自我实现的表现方式可能差别很大。马斯洛的理论仅仅考虑到人自身的需求，过分强调个人的自我意识、内省和内在价值，而忽视经济、文化等各方面的影响因素，使这一需要更多地是一种心理感受，很难衡量。而麦克兰德则借鉴行为主义的方法克服了这一难题，使得三种需要都能形成客观的、可测量的标准体系。从这一意义上看，马斯洛是一个理想主义者，而麦克兰德是一个现实主义者。

马斯洛的需求理论与麦克兰德的三种需要理论相比较，麦克兰德也有不足的地方，其中最明显的不足就是：马斯洛的需求层次理论适应于每一个人，属于大众化、妇孺皆宜的理论，而麦克兰德的需要理论则更多地只适应于西方世界的白领阶层，因为只有对那些人而言，才可以不用考虑生理需要而直接进行精神层面的研究。

斯金纳也对需求理论进行过卓有成效的研究，他以行为主义的强化理论在管理学界著称。该理论认为，人是没有尊严和自由的，人们做不作出某种行为，只取决于一个影响因素，那就是行为的后果。人并不能自由选择自己的行为，而是根据奖惩来决定自己以何种方式行动。因此，人既没有选择自己行为的自由，也没有任何的尊严，人和动物没有什么两样。斯金纳的强化理论是在"反映→刺激"模式的基础上形成的，他着重于研究通过外部的奖惩措施来激励人，完全不考虑思维、情感等因素，他将科学的测量方法在心理学上发挥到了极致。因而，斯金纳的强化理论在管理学界和心理学界影响也很广泛。麦克兰德和斯金纳都认为人的动机可以通过后天学习而改变，都致力于寻求激励因素的可测量方法，在这一意义上，他们具有共同性。实际上，麦克兰德的素质测评技术，在很大程度上就是受到了行为主义心理学的启发。但与斯金纳不同的是，麦克兰德并没有将思维、情感这些难以测量的因素排除在模型之外，相反是通过行为学的测量方法来试图对其进行测量。也就是说，斯金纳将行为学更加地精致和科学化，而麦克兰德则将行为学的方法应用得更加广泛化。

总体上来看，麦克兰德的三种需求理论是建立在 H. 墨瑞的行为主义学派基础上的，因而有效地避免了精神学派过于主观、难以测量等问题。同时，该理论不像马斯洛需求层次理论那样过于理想化，也不同于斯金纳的绝对行为主义，它将行为主义的测量方法和人的思维、情感有机地结合起来，并最终通过对个人素质的成功测量，长久地影响着后来的学者们对人力资源领域的研究。

（二）权力理论的探索者

传统观点对于领袖人物的认识，正如我们所了解到的那样，具有很大的猜测的性质，史书上对于每一个领袖人物的描述，无不具有其独特和神奇的色彩。那些我们眼中的伟大领袖们，大都具有超凡的人格魅力，人们往往被领导者的这种超凡魅力所折服，愿意唯其马首是瞻。因而在传统上，领袖人物都是具有超自然力量的人，他的权威和能力远远超出大众甚至无所不在，大众会心甘情愿地追随领导者，服从并忠诚于他，从而使领导者可以有效地支配和控制追随者。

后来的学者们认为，领袖个人的魅力能不能增加领导人对部下的控制力度是需要科学地测量和验证的。为此，温特曾专门做过一个实验，他给一批管理学院的研究生放映肯尼迪就职演说的影片，然后测定看了影片的学生对肯尼迪的看法和追随程度有无变化。影片具有打动人心的力量，学生们看了之后确实深受打动，但他们并没有改变自己的原意，没有表现得比之前更加追随那些领袖们，自己甘愿被控制的程度也并没有上升，反而更加相信自己的力量。[①] 对于这一类型的组织成员，领导者不仅不能够一味施加自己的影响，反而要激发这些成员的信心和创造力，使他们自身的主观能动性得到很好的发挥，这样才有利于整个组织的管理的顺畅和效率的提高。此外，心理学家约瑟夫·维洛夫、哈佛大学博士厄尔曼和温特还曾使用一种"唤起"实验法来研究权利动机及其对人类的影响。所谓"唤起"实验法，是指通过各种方法唤醒实验对象的权力需要。比如，参加选举后等待选举结果揭晓的候选人，就处于权利意识被唤醒的状态。在这个实验中，他们通过各种方法唤醒实验对象的权利意识和权利动机，然后让这些实验对象表达自己的思想活动，再与那些没有被唤起权利意识的人员进行比较，从而得出权力意识的表现形式。在这个实验基础上，他们进一步的研究表明：人类存在着另种不同的权利观念，一种是"社会化权力"，一种是"个人化权力"。但是，与传统的研究一样，他们并没有指出两种权力之间的关系，而是把其当做相互独立的部分

---

① 这个实验也许并不严谨，他仅仅说明了对于那些已经养成独立思考习惯的人（比如说试验中的管理学院的研究生）而言，领导人物并不能仅仅依靠个人魅力来征服他们。换言之，这个实验并不能证明领导者的人格魅力对于那些处于社会下层、文化程度较低的人群（这些人往往缺乏独立思考习惯）同样不适用。但它至少说明了，传统的理论在某一个范围内受到了挑战。

来研究的。传统的观点除了对领袖人格魅力猜测性较强之外,还默认了领袖都是具有高成就感的人,都具有超凡的能力。

麦克兰德认为,成就需要强烈的人并不一定适合做大型组织的管理者,这一论断使学术界重新开始对传统的观点和认识进行审视,在一定程度上推动了管理学本身的发展。与此同时,麦克兰德也指出了过于亲和与个人权力过重的人也难以成为一个有效的管理者,但在这两个次优选择中,员工显然更偏向于亲和型的领导,而组织则更倾向于个人权力型领导者。只有社会化权力需要强烈的人才能成为一个真正的管理者,此即权力是最大的动力机器。后来的学者们虽然分出了"个人权力"和"社会权力",但大都把这两种权力独立起来,并且比较崇尚"社会化的权力",完全反对个人权力欲望过强。麦克兰德第一次指出了"社会化权力"和"个人化权力"并不是相对的两个概念,两种类型的权利彼此之间也并不独立,它们有着千丝万缕的联系。一个优秀的领导者面对不同的情况时,可能会存在着两种权力之间的相互转化,即权力的两面性。

(三)素质测量试验的开拓者

麦克兰德在管理学中的贡献并不仅限于提出了三种需要理论和权力的两面性等理论层面的内容,不是一个只搞理论研究的教授,还创办了麦克比尔咨询公司,并长期为政府、企业员工做绩效考核和职业培训。由于麦克兰德经常参与和策划一些企事业部门的具体事务,这使得麦克兰德的研究更加富有可操作性。在解决一些更加具体化的问题时,麦克兰德意识到了数据收集和测量的重要性,进而对此做了深入地研究,并取得了丰硕的成果。他不仅开创了心理学中定量测试的先河,将行为主义的测量方法应用到人的精神层面,而且成功地设计出一套员工胜任力的测量方法,该方法对当今的人力资源管理依然有着很大的影响。

在三种需要理论提出之前,麦克兰德就借鉴主题统觉测验来测量个体的动机。主题统觉测验是由 H. 墨瑞于1935年为性格研究而编制的一种测量工具,其方法属于投射技术。全套测验共有30张比较模糊的人物图片,其中有些是分别用于男人、女人、男孩和女孩的,有些是共用的。测验时让被试根据图片内容按一定要求讲一个故事。被试在讲故事时会将自己的思想感情投射到图画中的主人公身上,其目的是从故事中分析一系列的"需要"和"压力"。他认为,需要可派生出压力,而且正是由于需要与压力控制着人的行为,影响了人格的形成和发展。因此,通过主题统觉测验，可以反映一个人的人格特点。但由于其缺乏现代科学方法要求的可重复性和可证伪性，该实验在当时受到了学术界普遍的质疑。

麦克兰德从加强这种测试的客观性入手，修改了这种方法，使之更适合于团体的测试或大规模人群的测试。同时，他将主题统觉实验和问卷调查结合起来，以求更准确地测定被测试者的人格，同时也让这种方法本身定量化和标准化。正是因为这一改变，麦克兰德被认为是心理学测试中定量化的开创者。在实验数据的收集和对实验结果的分析方面，麦克兰德的突破也十分巨大。他采用标准化的计分办法，把故事的特征分为相应的类别，确定不同类别的特征及分值，然后看测试对象所讲的故事中是否出现了这些特征，并以统计方式得出结论。另外，麦克兰德还区分了主题统觉测验方法和问卷测量方法的不同，指明了这两种方法具体的适用范围。问卷测量法适合测量被试者的认知，尤其是焦虑测量问卷适合于测量人们逃避失败的动机；而主题统觉测验更适合测量被试者内隐的、潜意识的动机，尤其是适合于测量追求成功的动机。正是基于这一系列的研究，麦克兰德发现大多数人可以在心理上分为两种，少部分愿意通过寻求机遇和挑战来获取成就感，而大部分则对获取成就感抱以无所谓态度。通过对这一现象的深入研究，麦克兰德提出了著名的成就需要。

在对员工胜任力问题的研究上，麦克兰德坚持从第一手材料出发，他不仅得出了素质才是决定员工潜在特性的重要结论，还对素质这一抽象的特质进行了科学的识别和测评。为此，麦克兰德创造了"行为事件访谈法"。这一方法是结合关键事件法[①]和主题统觉测验提出的。主要操作步骤是通过让被访者找出并描述过去半年或一年之中最成功或最不成功的关键事例，然后详细报告如下内容：(1)情境的描述；(2)有哪些人参与；(3)实际采取了哪些行动；(4)个人有什么感觉；(5)结果如何。

行为事件访谈法被首次应用在一个美国政府的项目上。20世纪70年代初，麦克比尔咨询公司接到美国政府关于选拔驻外联络官的任务。美国驻外联络官的主

---

① 关键事件法又称关键时间技术，由美国学者弗拉赖根和贝勒斯在1954年提出的，是客观评价体系最简单的一种形式。是指确定关键的工作任务以获得工作上的成功。关键事件是使工作成功或失败的行为特征或事件（如成功与失败、盈利与亏损、高效与低产等）。关键事件法是一种要求分析人员、管理人员和本岗位人员将工作过程中的"关键事件"详细地加以记录，并在大量收集信息后，对岗位的特征和要求进行分析研究的方法。

要职责是通过图书宣传、新闻发言、外交文化活动、对其他国家人民演讲以及与他们展开对话等方式，宣扬美国的对外政策，打造美国的国际形象，传播美国的价值观点，从而得到他国人民的更多理解，消除对美国的各种误会。因为其使命的特殊性和重要性，当时的美国政府为了挑选合适的人员，专门为此设计出"驻外服务官员测试"。这个测试主要测评内容分为智商、学历、文凭和成绩（一般人文常识与相关的文化背景知识）三大类，测试的要求十分严格。美国政府希望通过这种严厉的考试挑选出合适的人选，从而能够担负起驻外联络官的重要使命。遗憾的是，这种测试的效果并不理想，许多经过严格筛选的联络官并不称职。为此，美国政府委托麦克兰德寻找并设计出能够有效测评选拔驻外联络官的新方式。

麦克兰德发现，以前的"驻外服务官员测试"由于要求很强的文化知识和背景，经过层层筛选后，最后挑选出的驻外联络官基本上是清一色的男性白人，几乎将那些来自非主流文化背景的人全部排除在外。另外，这种测试方法过于注重表面现象，其要求的种种评价内容并非成为一个称职的联络官所需要的最关键的能力。为了寻找合理并有效的评选标准，麦克兰德借助行为事件访谈法来筛选评价因子。他从现有的驻外联络官中选择了一些人并将他们分为两组，一组是表现最为优异的，被称为杰出组；另一组是一般称职人员，被称作适用组。然后研究小组采用行为事件访谈法，根据访谈的内容来归纳两组人员在行为和思维方式上的差异，并在归纳的基础上对不同因素进行比较分析。这种方法很快见效，研究人员发现，杰出组和适用组人员表现出的特质是不同的，那些特质是所有人员共有的，那些特质是杰出者所独有的。发现了杰出者独有的特质后，研究人员将它们按照科学方法划分类别和层次，总结出了三种核心素质：跨文化的人际敏感性、对他人的积极期望、快速进入当地政治网络的能力。根据这三种核心素质重新设计评级因子，最终得出了能够体现杰出与平庸之间差异的特质体系，并以此建立了联络官的素质模型，供选拔测评使用。后来的事实表明，按照麦克兰德的素质模型选择出的人员更能够胜任工作。直到今天，尽管经过不断的修订和改动，美国政府仍将这三种素质作为选拔驻外联络官的重要依据。

行为事件访谈法至今仍是构建素质模型过程中使用得最为普遍的一种方法。它主要以目标岗位的任职者为访谈对象，通过对访谈对象的深入访谈，收集访谈对象在任职期间所做的成功和不成功的事件描述，挖掘出影响目标岗位绩效的非常细节的行为。之后对收集到的具体事件和行为进行汇总、分析、编码，然后在不同的被访谈群体（绩效优秀群体和绩效普通群体）之间进行对比，就可以找出目标岗位的核心素质。

不足的是，行为事件访谈法对访谈者的要求非常高，只有经过专业培训的访谈者才能在访谈过程中通过不断地有效追问，获得目标岗位相关的具体事件。因而，对于一些制度尚不完善或者规模较小的企业，行为事件访谈法可能并不适用。不论是复杂的行为事件访谈还是简化的行为事件访谈，对其结果的要求都是必须能够直接应用于人才选拔、考核或培训。所以，在成果上要有能够直接观察的行为指标作为依据。这样在实施通过关键行为事件访谈来考察任职者的时候，就可以直接看他是否具有素质模型所描述的行为和事件，以此来判断他是否与目标岗位的素质模型相符合。

可以说，对不同人内心世界的科学测量，伴随着麦克兰德的整个学术生涯，麦克兰德对测量方法的研究和其在理论上的成果是相辅相成、相互促进的。一方面，依据实验和科学测量所得到的数据，麦克兰德不断取得理论上的突破；另一方面，每一个重大理论出现之后，都会带来测量实验和测量方法上更进一步的发展。也正是因为如此，我们说麦克兰德是素质测量领域的开拓者，同时他也被誉为"素质研究之父"。

四、戴维·C.麦克兰德的管理思想评论

麦克兰德在他的学术生涯中，一直致力于对人的需求和动机进行研究，探讨如何激发人的潜力问题，并通过对人需求动机的研究来探讨关于激励、权力和胜任力的问题。

（一）提出了三种需要理论

麦克兰德的学术思想：在人的生命长河中，人们的需要会随着时间的流逝和环境的改变不断发生变化，环境和社会对需要的形成与变化产生重大影响，这些影响被认为是可以控制和测量的，通过对这些影响的合理控制可以使员工在工作中更有激情，进而提升企业乃至整个国家的竞争力。具体来说，麦克兰德提出了成就需要、亲和需要和权力需要这三种需要理论，并沿着这一理论框架不断深化和发展，在权力、胜任力等传统的管理学领域取得了重大的突破。他的《权利的

两面性》、《测量素质而非智力》等经典著作,对管理学的发展有着深刻的影响。

(二) 重视实践,突破传统观点的束缚

麦克兰德的学术性格有两个鲜明的特点:第一,麦克兰德并非一个学院派的教授,他的理论创新不仅仅来自于在大学教学中的研究,更多地来自于咨询和培训实践。他的一生都不断地在学习中实践,在实践中学习,也正是因为如此,他留给后人的不仅仅是经典性的理论著作,还提供了诸多实际问题的具体解决方案。第二,他深受美国著名心理学家桑代克(Edward Thorndike)的影响,认为"凡是存在的,都能用数量来表示"。这一信念与麦克兰德的完美结合,使其在面对类似于成人的性格能否改变、员工胜任力等问题时,总能打破传统观点的束缚,取得创造性地突破。

(三) 缺乏严密的逻辑论证,受客观环境的影响较大

由于缺乏严密的逻辑论证,麦克兰德的观点受到了来自两个方面的批评:有些人仍然对"人的动机可以被塑造"持怀疑的态度,这部分人认为人的动机短期内可能会受到某种精神的感召,但从长期看来是不会受到外界的影响的。另一些人则认为,麦克兰德的理论受客观环境的影响较大,可能只适合于美国、印度等部分国家,而在其他一些国家则并不适用。例如在中国这个讲求"人情"的环境里,成就需要强烈的人显然是难以把具体的工作做好的。但瑕不掩瑜,作为20世纪排名第一的管理心理学家,麦克兰德对管理学的发展作出的巨大贡献是有目共睹的,他留给我们的那些宝贵的经典理论和实用的经验法则,值得每一个人细细品味。

参考文献

[1] McClell and, David C. *The Achieving Society*[M]. Free Press, New York, 1961.

[2] McClell and, David C. Testing for Competence Rather Than for "Intelligence"[J]. *American Psychologist*, 1973,(1),1-14.

[3] 李占舟. 麦克利兰 VS 斯金纳:如何激励才更有效?[J]. 商业管理,2005,(5). 84-85.

[4] 熊哲宏. 管理心理学大师的人格魅力与创新思想 [M]. 北京：中国社会科学出版社，2010：110-122.

[5] 方振邦. 管理思想百年脉络 [M]. 北京：中国人民大学出版社，2007：99-10.

第十五章　克里斯·阿吉里斯的授权：皇帝的新衣

克里斯·阿吉里斯（Chris Argyris），美国著名管理学家，组织心理学的先驱，行为科学的创始人，当代管理理论大师，组织学习理论的主要代表人物之一，麦肯锡奖获得者，是哈佛大学教育与组织行为终身教授。阿吉里斯的主要著作有《个性与组织》（*Personality and Organization*，1957）、《克服组织防卫》（*Overcoming Organizational Defenses*，1990）、《组织性学习：行为观察理论》（*Organizational Learning: A Theory of Action Perspective*，1978）、《组织学习》（*On Organizational Learning*，1993）、《行为知识》（*Knowledge for Action*，1993）。阿吉里斯对组织与个体的关系独辟蹊径的研究，使其在管理学界声名鹊起，大器早成的他俨然已成为一代宗师。

一、克里斯·阿吉里斯的生平

克里斯·阿吉里斯，1923年出生美国新泽西州第一大港口城市纽瓦克。1947年，阿吉里斯在克拉克大学获得心理学学士学位，两年后即在堪萨斯大学获得心理学和经济学硕士学位，之后又在康奈尔大学工业和劳动关系学院攻读博士，于1951年获得组织行为学博士学位。1951—1971年，阿吉里斯任教于耶鲁大学行政科学系，1971年转入哈佛大学教育学院直至1986年。在此期间，阿吉里斯于1977年获得加拿大麦吉尔大学荣誉博士，1978年获得比利时鲁汶大学荣誉博士，1979年获得瑞典斯德哥尔摩经济学院荣誉博士。1986年转入哈佛大学商学院任教至今，并于1994年获得美国管理科学院"管理学科终身成就者"称号。

阿吉里斯在1957年出版的《个性与组织》更是堪称组织行为学的奠基之作。基于对组织和个人关系方面卓有成效的研究，阿吉里斯被聘任为IBM、壳牌石油、通用食品、新泽西标准石油、利弗兄弟等诸多公司的管理顾问，还被法、英、德、挪威、荷兰、希腊、意大利等国家的政府或公共组织聘请为培训和教育方面的顾问。

如果仅仅从履历上来看，阿吉里斯无疑会被认为是一个标准的学院派教授，一个成就卓越的古典主义学者。这可能是因为阿吉里斯在美国的一些大学校园里度过了整个职业生涯。自1947年至今，他曾先后求学于克拉克大学、堪萨斯大学和康奈尔大学，之后又在耶鲁大学和哈佛大学任教。然而，阿吉里斯的思想却会时常冲破传统观点的束缚，他认为"在学院工作让人感到很愉快，但是同时也会很让人懊恼"，并曾坦言：在高质量的学院研究的指导和要求下，他工作十分严谨，对每一个学术观点的论证都力求精益求精，而不是没有确切数据的主观臆断。他的研究内容、成果以及高度也不是一般人可以实现和达到的。他说"我的书有些晦涩难懂，十分深奥，这是我的思维方式。""我写文章的时候喜欢以一些奇闻轶事为基础，但是写书的时候习惯以严谨的研究为基础。我不想做研究，但是一旦提出基本问题后，我又不愿意停止思考和研究。"①

阿吉里斯一直有一个心愿：帮助企业中的个人成长起来。他也确实一直在朝着这个方向努力，在该领域创造出了很多无论对于组织还是对于组织内的员工都很受用的经典理论。对于阿吉里斯而言，研究和教学以及咨询息息相关，他从来不会像其他一些管理学思想家那样对自己的兴趣做细致的划分。相反，教学、研究和咨询三者互相协调，互相影响，使他的职业生涯充实而又协调。

二、克里斯·阿吉里斯的著作

对于管理学，阿吉里斯有一个基本的信仰：如果组织允许和鼓励个人发展，以充分发挥出他们的潜力，那么企业和个人都会因此受益，形成双赢。他的著作也都是围绕着这一信仰展开，其中最具代表性的《个性与组织》《克服组织防卫》和《组织学习》。

---

① 斯图尔特·克雷纳. 影响世界的西方管理思想. [M]. 董洪兰译. 北京：中央编译出版社，301.

(一)《个性与组织》

1.《个性与组织》的写作背景

在1951—1957年的六年中,阿吉里斯一直在帮助一所工程与商学院确定其行为科学应该开设那些课程(如心理学、社会学、人类学及政治学等)。在课程的确定过程中,阿吉里斯愈发意识到同事们对行为科学的研究范围、研究深度以及潜在意义了解得并不是十分清楚,甚至许多学生认为,心理学或社会学等传统课程讲授的内容很少能够引发他们的兴趣,而且也有很多人在怀疑,从工程学院或商学院学生的兴趣出发来整合行为科学的研究成果是否可行。

为了回答上述困惑,最重要的事情就是要尽可能地全面综合目前实践中已经取得的研究成果,最好是按照某种内在的逻辑框架,帮助读者了解人们在现行组织中行为表现的一些基本成因。正是为了能够更好地解答这些问题,阿吉里斯开始对这些方面进行深入、系统地研究和整理,并最终在1957年出版了其专著《个性与组织》。

2.著书的目的

阿吉里斯曾明确指出,这本书的出版并非是想要提出某种成熟的理论,这是基于以下三点原因:第一,不可能单靠某个研究者的一己之力就能提出一套成熟的理论;第二,就理论创立所必须依靠的实证研究成果而言,行为科学现有的研究本身尚不成熟。许多公开发表的专题性研究论文都声明,其得出的只是一些初步结论;第三,显然尚有许多领域还未被探索,而对这些领域的认识程度对于形成一种理论来说至关重要。

这本书的目的在于为行为科学学科理论框架的最终形成奠定一定的基础,推动行为科学的发展。待框架形成后,应当能够借助这个系统框架,综合现有的最佳研究成果(或说明综合所需的步骤)并使之条理化,以便能够在框架当前的应用范围内对人们采取某种行为的原因作出解释(也就是给予更准确的估计),同时还为了解目前尚不清楚的行为(即不属于本系统框架当前应用范围之内的行为)提供新的知识储备,针对宣称已经澄清的问题提供具体的、可操作的建议,或者说明目前还在多大程度上缺少可靠的行动建议。

3.《个性与组织》的主要内容和适用的读者群体

针对"组织的基本组成有哪些,组织会如何发展,如何维持组织内部正常运转"①三个基本问题进行重点讨论。并通过对这些问题的讨论来逐步解答和分析人在组织中为什么会表现出这样或那样的行为重点,在具体的分析过程中,作者也给出了一些实例来帮助读者更进一步地理解。

这本书主要是面向大学高年级学生和研究生,尤其是工程学院、商学院、公共管理学院以及公共卫生学院的学生。同时也可为研究人际关系的学者们、企业中人际关系及人力资源管理方面的专家、企业的管理者提供一些帮助。

4.《个性与组织》的主要结论

书中以命题的形式将得出的一些主要结论罗列出来。这些结论作为一个整体,应当被看作是一个总的假设,这个假设需要通过系统的对比研究来加以验证。阿吉里斯认为,由于组织行为理论正处于发展的初始阶段,因此他希望通过这些分析能够对建立一个系统的、理论严谨的、经过实践检验的、而且真实准确地反映现实情况的框架有所裨益。

命题1:正式组织的要求与健康个体的需要是不协调的。

如果应用传统的正式组织原则(即传统的命令链、任务专业化和统一指挥原则)来建立组织,同时又使用人格趋于成熟的组织成员(即具有相对独立性、积极主动、充分发挥自身重要能力等特征),那么组织就会产生混乱,因为正式组织对其成员的要求与一般健康个体的需要是矛盾的。正式组织往往需求其成员在工作中处于被动从属的地位,而且只是将他们一部分不重要的能力发挥出来。

组织中混乱和不安的程度,与正式组织的要求同健康个体的需要之间的不协调程度成正比。因此,组织的管理者总是会不断地面临这种固有的混乱倾向。

命题2:这种混乱状态会导致组织成员产生挫折感和失败感,使他们变得短视并引发心理冲突。

如果组织成员追求健康、成熟的自我实现,那么结果必然是:(1)组织成员将会因无法实现自我而遭受挫折。(2)组织成员将会因不允许他们根据组织的核心需要来制定自己的工作目标以及实现这些目标的途径而遭受失败。(3)组织成员将会因为不能掌握自己的未来,不清楚自己的未来是什么样以及未来是否稳定而变得目光短浅,只能做短期打算。(4)组织成员将会产生心理冲突。因为作为健康人,他们不喜欢遭受挫折和失败,不喜欢变得目光短浅,而目前的工作恰恰

---

① 克里斯·阿吉里斯.个性与组织[M].郭旭力,鲜红霞译.北京:中国人民大学出版社.

以这些为特征。但是，如果他们辞掉工作，再找一份新的工作，也不是一件容易的事情，或者即便找到一份新的工作，可能情况也没有什么大的区别。

命题3：在一定条件下，组织成员的挫折感、失败感、短视行为以及心理冲突的程度会增强。

组织中这种混乱状态会随着以下情况的出现而变得更加严重：（1）随着个体越来越成熟。（2）随着个体变得越来越依赖、从属和被动，在如下情况中，依赖、从属和被动现象往往愈加严重：第一是个体在命令链中所处的位置越低；二是随着命令式领导的逐渐增强；三是随着管理控制的逐渐加强；四是不恰当地实施一些人际关系计划。（3）随着任务越来越细化。（4）随着更加准确地执行有关组织的传统正式原则。

命题4：组织的正式原则本质上会使各层级的下属感受到竞争和压力，使得他们互相攀比，甚至相互为敌，只追求局部目标，不顾及整体利益。

由于下属依赖和服从于领导，也由于组织内部高层职位有限，下属又怀有努力提高工作效率，以求得职位升迁的抱负，因而他们彼此之间会产生竞争，甚至演化为相互敌对。当然，如果此时下属没有升迁的抱负，则这种情况就不会出现。

根据正式组织的原则，下属被要求高质量地完成好本职工作，只要做好本职工作就会受到奖励，因此下属渐渐变成只重视自己份内的工作，而忽视整体利益。这种人为的面向部分工作的作法，增强了领导者在各个工作任务之间进行协调的必要性，其目的是维护工作的整体性。而领导者的这种做法反过来又会加强下属对领导者的依赖和从属，如此循环往复，其结果是使下属变得愈发依赖和从属于领导者，而且为了投领导者所好，相互竞争和对立的程度更加严重。

命题5：员工为适应组织而采取的行为，使自我整合得以实现，同时却有碍于正式组织实现整合。

如果组织成员由一些健康个体构成，如果组织结构会引发命题1、命题2、命题3和命题4所假设的基本混乱状态，那么组织成员就会采取如下的适应性行为：（1）离开组织；（2）沿着组织的权力阶梯级向上爬；（3）为自我防卫而作出幻想、攻击、举棋不定、退缩和投射等表现；（4）变得对组织、组织的构成及其目标漠不关心，从而导致员工减少和降低他们希望从工作中得到满足的需要的数量和强度，在工作中偷懒、设定定额、故意犯错、欺骗和磨洋工；（5）建立非正式群体以使他们的防卫行为、对组织的漠不关心以及疏远组织得到认可；（6）使非正式群体正式化;(7)制定群体行为规范,使得前面(3)、(4)和(5)中所述的行为得以保持下去;(8)在心理上逐渐形成一种概念,认为人性因素或非物质因素越来越不重要,而物质因素越来越重要;(9)向年轻人灌输并使之接受(7)和(8)中讨论的概念。

命题6:员工的适应性行为具有累积效应,会对组织产生反馈影响,并且自我强化。

所有这些适应性行为都有相互强化的作用,这样他们不仅单独对组织产生影响,而且还会形成一种累积效应,从总体上产生影响。而总的影响就是增强员工的依赖感和服从感,使员工在心理上更加疏远组织,对组织更加冷漠。这是一个反馈过程,在这一过程中,适应性行为得到了自我强化。

由于组织成员不断使用这种适应机制,因此这种适应机制渐渐地就会演变成为行为规范或惯例,而这些行为规范或惯例又起着支持这些适应性行为的作用,并使之成为组织成员采取的"正当"行为。如果这些行为成了正当行为,那些想采取不同行为的员工就会感到偏离了正确的轨道,变得与众不同,脱离了工作群体。

这些防卫机制产生的个别影响及累积影响就是改变组织的投入产出比,也就是说,组织要想取得稳定的产出,就必须在精力、资金、设备等方面作出更大的投入。

命题7:管理层采取的某些措施会强化适应性行为背后所隐含的敌意。

由于管理层作出判断的依据是正式组织应遵循的逻辑以及他们的自我概念,因此对员工的那些适应性行为往往持反对意见。他们还会把导致员工在行为方面出现问题的原因归咎于员工身上,从而按照他们的自我概念及正式组织遵循的逻辑采取一些"纠正"措施。这些措施往往会导致:(1)命令式领导的力度进一步加强;(2)管理控制得到增强;(3)伪人际关系计划更多。

前两种措施会引发命题1所述的基本混乱状态,并使之更加复杂且愈演愈烈,其结果是员工会更强烈地表现出命题4、命题5、命题6中所述的行为(这些行为是管理层最先想到要加以改变的)。采取第三种措施则会使员工与管理者之间的距离扩大,相互之间的不信任感增强,因为所开展的人际关系计划与员工们在工作中所面临的现实情况不符。

现在的员工会对今后新加入组织的员工的态度产生影响。这些员工往往会根据其自我概念来采取行动,从而向未来的员工灌输有关组织内部系统以及他们所采取的适应性行为的情况。

必须指出，命题7中所描述的管理行为会在很大程度上改变投入产出比，因此要想使产出在原来的基础上不下降并保持稳定，就必须大量地增加投入，或者说，要想使产出得到一定程度的提高，需要增加的投入与获得的产出不成比例。

命题8：采取其他管理措施，可以降低个体需要与正式组织要求之间不一致的程度。

减少个体与正式组织间的基本对抗，可以使投入产出比的变化趋势得到逆转。第一种方法就是，雇佣不渴望成为健康成熟的成人作为组织成员（作者在书中表明了这种方式往往是有效的）。第二种方法就是，改变正式组织结构的类型，改变命令式领导，改变管理控制（这种方法假定伪人际关系是很容易被剔除掉的）。

有证据表明，扩大员工承担的任务、职责范围，是改变组织结构的一种有效方法。同时，也可以采取以个体为中心（或者以员工为中心）式领导来改变命令式领导。

命题9：如果适应性行为（如命题3、命题4、命题5和命题6中所述）已经渗入到组织文化之中，并成为个人的自我概念，那么扩大任务和职责范围以及采取以员工为中心的领导方式就不会起作用。

命题10：采取以实际情况为导向的领导方式，可以最大限度地减少如命题8中所述的困难。

（二）《克服组织防卫》

1. 著书的目的

为了使组织实现卓越，学习、能力和公正是比士气、满意度和忠诚更为现实的基石。学习作为第一基石，决定了如何发现并改正错误，尤其在面对那些复杂的、令人困窘的且有威胁感的错误时更为有用。能力则意味着以某种方式解决问题，这种方式使解决了的问题不再出现，并且还有助于提高组织解决今后问题的能力。而公正则是以一套价值观和规则为基础，这里是指保持组织健康的价值观和规则，对于组织所有员工而言，无论其职位高低皆人人适用。在这本书中，作者以组织防卫为主题，以上述三种基石为重点，在阐述了"组织防卫[①]"可能导致的问题之后，通过对其出现的原因进行分析，提出具体的解决这一问题的方法。书中的观点是作者多年研究的结晶，其中有的在之前公开发表的文章中就已经提出，有些则是首次提出。在将这些观点融为一体，形成一个概念轮廓后，这些观点便能够既对许多组织具有普遍适用性，又可针对某个具体个案展开分析。

2.《克服组织防卫》的适用读者群体

《克服组织防卫》面向的对象：一是那些有思想的管理者们；二是那些旨在减少因组织防卫所造成污染的研究生们；三是各行各业的咨询师们。因为咨询师一心想帮助客户解决问题，以为客户创造更多价值。这本书既可以作为讲授组织发展、组织行为和人力资源课程的教材，也可以作为讲授战略、会计、财务、生产、营销和信息技术的教材。

3.三组概念

（1）一级错误和二级错误：一级错误是人们因无知而犯的错误，这是所有人以及所有组织所面临的最为明显的错误。父母、朋友、小学、大学、宗教团体以及其他机构都有责任减少一级错误的发生。然而，一级错误并不是《克服组织防卫》的研究重点，这本书的研究重点是二级错误，即人们因为一些原因而故意犯的错误。二级错误一般不易被发现，但很明显，能够避免二级错误对组织的发展而言也是极为重要的。

（2）Ⅰ型实用理论和Ⅱ型实用理论：人们的头脑中有一套程序，用于指导掌控局面，尤其是当感觉局面失控时更是如此。若遇到尴尬或者面临威胁时，程序便开始发挥作用。在这套程序中，指导人们信仰的实际准则即为"实用理论"。实用理论是指导人们控制局面的主要指令。Ⅰ型实用理论指导人们如何单方面地控制局面，如何争取得到他人的支持而不是将他人推到自己的对立面。这种实用理论建议人们在行动中采取推销和劝说策略，必要时采取给自己面子也给别人面子的策略。Ⅱ型实用理论是一种新的实用理论，其主导价值观是有效的信息、有依据的取舍以及监督决策实施情况的责任。Ⅱ型实用理论建议人们在某些特定的场景下，不要按照Ⅰ型实用理论思考问题。

[①] 具体参见：克里斯·阿吉里斯.克服组织防卫[M].郭旭力，鲜红霞译.北京：中国人民大学出版社.

（3）Ⅰ型社会道德和Ⅱ型社会道德：不同的实用理论对应着不同的社会道德。Ⅰ型社会道德和Ⅱ型社会道德的主要内容见表15-1：

表15-1　Ⅰ型社会道德和Ⅱ型社会道德

Ⅰ型社会道德	Ⅱ型社会道德
帮助他人和支持他人	
肯定和赞美他人；说你自己认为能使他人自我感觉良好的话；通过告诉他人你自己的重视来减轻他们所受到伤害的感觉；如果可能，同意他人不恰当的说法	通过这种方式对待他人，提高他人正视自己思想的能力、开阔思路的能力以及面对暗藏的假设、偏见和畏惧的能力
尊重他人	
顺从他人，不正视他人的推理和行为	归因于他人具有自我反思能力和自我审视能力，不会因为恼羞成怒而变得不计后果或者丧失自我责任感和辨别能力。始终在检验如此归因是否正确
坚定	
为了胜利倡导自己的主张；面对大肆宣传坚持自己的立场；有脆弱感是软弱的表现	倡导自己的主张并兼顾质询和自我反思的结果；有脆弱感是坚强的表现
诚实	
不对他人撒谎或者和盘托出自己的想法和感受	鼓励自己和他人说出知道却不敢说的事情；将那些否则会被歪曲并被掩饰的事情减少到最少
正直	
坚持自己的原则、价值观和信仰	以恳请并鼓励他人提出质疑的方式，宣扬自己的原则、价值观和信仰

4.《克服组织防卫》的主要内容和结论

（1）问题的提出。阿吉里斯通过多年的研究，在《克服组织防卫》一书的开始就提出了组织高层认为很严重的七种错误做法。

第一，那些旨在加深了解和增强信任的举动实则是在造成误解和不信任。高管们在会议结束后常常认为，会上达成一致的事项在会后势必会采取一系列的举措来实施，然而当发现实施情况并非如此后，他们便认为可能是理解上出现偏差或遇到了一些困难，这些原因也可能成为具体负责人对此的托词，对此现象的多次失望使得CEO们作出不再召开此类会议的决定，而这一决定，又会导致这些问题最终不了了之。

第二，因为错误的决策而指责别人或组织体制。一旦出现重大错误，人们往往会从别人身上找毛病（把脏水泼到别人的院子里），或者归咎于组织体制方面的原因（像循规蹈矩或按图索骥等）。人们常常采取欺骗、耍政治手腕等手段来掩盖事实真相（或蒙混过关），并坚持说没人有兴趣去反思组织政策。他们认为，如果事实真相复杂且令人不悦，甚至会威胁到某些人，那么息事宁人比追根究底更为重要。

第三，组织惰性：一切都要墨守成规。阿吉里斯指出，这是因为新的思想和观念总会给某些人带来威胁，这就导致了这些新思想、新观念在组织中被一些所谓的忠告或建议所扼杀。

第四，向上级汇报棘手问题总是拖延。

第五，玩弄预算成为必不可少的手段。

第六，人们往往不是理智行事，即使对他们最为有利的时候也是如此。

第七，管理团队常常是一个神话。许多高管都强调团队精神的重要性，并着力打造，甚至不惜为此投入大量的时间和金钱。然而效果却令人怀疑。

除此之外，阿吉里斯还指出，管理者面对的更多困惑是：一是人们为什么会不断犯错、屡次不改并且还变本加利？为什么又说这种错误是不可避免的？二是既然这些错误耗费了高管们宝贵的时间和精力，那为什么这些明智的人还会营造出这样的环境，他们的举动看起来并不明智？三是从理论上讲，这一切都不应该发生，因为人们不会故意犯错。如果我们设计一个错误并使其发生，那这就不能算是一个错误。

但是上述七个问题确实就是错误，而且具有普遍性。对这一困惑我们该如何解释。阿吉里斯认为出现这种情况的根源在于：在许多组织中，各级管理层按照其意愿营造出一个环境，这个环境与他们嘴上表示希望营造的环境相反，与他们拥护的管理原则背离。给人的感觉好像他们迫不得已而为之，使他们无力改变那些本应该改变的东西。

基于上述现象阿吉里斯指出，管理者可能会认为：只要组织或个体能够按照自己的意愿行事，但其所采取的行动又不符合自己的利益，那么这样的行为便可被认为是防卫性推理所导致的结果。

（2）问题出现的原因。

第一，熟练的无能行为。阿吉里斯指出，人类持有两种行为理论：一种是信奉理论，其内容包括信仰、价值观和人生态度；另一种是实用理论，也就是人们在实际行动中所使用的理论，即Ⅰ型实用理论。Ⅰ型实用理论旨在达到防卫的目的，因此要求进行防卫性推理。同时，Ⅰ型实用理论还使人们意识不到他们的行为取得的效果适得其反，从而使得该理论和人们在婴幼儿时期就开始学习的社会道德观得到强化，这便是Ⅰ型社会道德。由于Ⅰ型实用理论是一种防卫型的行动理论，因此如果一个组织中其成员使用Ⅰ型实用理论，那么该组织必将充满了防卫行为，而这些防卫行为也将会成为该组织的习惯做法。

第二，习惯性组织防卫行为。由于习惯性组织防卫的存在，个体、群体和群体之间以及组织极有可能发现不了、也纠正不了那些令人尴尬和感受到威胁的错误，因为习惯性组织防卫行为的基本规则是：一是回避错误并且表面上掩饰得若无其事；二是使得回避行为成为不可讨论的内容；三是不能对这种不可讨论性进行讨论。这些情况的存在使得组织内部要对这种习惯性组织防卫开战变得非常困难。实际上，正是因为想要克服这一点，反而使得人们加强了组织防卫的行为。另外，个人对此感到无能为力至少有两个原因：其一是由于所用的解决办法似乎使这种现象变得更加严重，因此他们感到改变习惯性组织防卫行为毫无希望；其二是他们不想被别人看作是使情况变得糟糕的人。

第三，玩弄花样行为和衰弱无力现象。在习惯性防卫行为形成后，人们会通过玩弄花样行为的方式来保护习惯性防卫式的思考问题和采取行动。这不仅使这种防卫行为受到了保护，而且玩弄花样行为与熟练的无能行为、习惯性防卫行为等等相互结合起来，综合而成了一种模式，阿吉里斯称其为组织防卫模式。这种模式的存在使得组织变得衰弱无力。

第四，权威简易令问题愈加复杂化。一般情况下，组织内部的一些权威的建议很少包含明显的假设，虽有可能包含一些行为策略，但并没有说明在执行这些策略时该怎么说和怎么做。因此，人们很难明白该如何执行这些策略，也很难判断应该遵从什么样的价值观。如果建议人们拒绝习惯性防卫行为，但提出的建议却回避并掩盖这种行为，那么不仅不会解决问题，反而会使问题更加复杂化。

（3）解决问题的建议。

第一，减少组织防卫模式。阿吉里斯指出，减少组织防卫模式的方法是以不再使其继续存在下去的方式中止它。为了达到这一目的，熟练的无能行为、习惯性组织防卫以及玩弄花样行为都属于必须被中止的行为，并且要深刻地揭露其负面作用。阿吉里斯同时指出,人们的思维方式如果符合Ⅰ型理论,那么人们就没有能力辨别出那些行为应当被中止,也没有能力对这些行为产生的负面作用进行正确的诊断分析。要解决这一问题,就要多阅读像《克服组织防卫》这样的书籍,学习并熟练掌握Ⅱ型理论。人们一旦做到这一点,就会自然而然地运用富有成果的推理过程来解决问题。

第二,使新的员工绩效管理理论真正发挥作用。对员工进行Ⅱ型理论及其道德标准培训,将极大地促进新的员工绩效管理思想的实现。通过培训将可以减少熟练的无能行为、习惯性防卫行为和玩弄花样行为,最终减少组织的衰弱无力现象。需要注意的是,自上而下地开展再培训活动是尤其重要的,因为高层可以通过这种方式表明他们能够按照Ⅱ型理论的要求去做,但这并不意味着要完全取代Ⅰ型理论。因为毕竟Ⅰ型理论在解决易于解决的日常性、计划性问题时还是有着明显的作用。同时,作者指出了专家学者们也应该逐步接受培训以使得Ⅱ型理论成为其实用理论的一部分。

第三,阿吉里斯指出了迄今为止已经确定了的克服组织防卫行为的六个步骤:对问题进行诊断分析,将诊断分析结果与参与者的实际行为联系起来,向参与者展示其行为是如何引起组织防卫的,帮助参与者改变行为,改变使原有行为得到强化的习惯性防卫行为,制定新的组织规范和培育新的组织文化来强化新的行为。

(三)《组织学习》

1.《组织学习》的写作背景

在1990年前后,阿吉里斯曾对有关商业、政府和教育等组织的研究文献进行了整理,在整理过程中发现在很多书籍和文章中都描述了组织学习的障碍,这些障碍发生在组织的各个层次和各种问题中。但现有研究者没有谈到如何利用行动的知识来减少组织学习的障碍,尤其在具体案例的研究中,他们提出的意见要么与客观实际相分离,要么经过仔细检测后发现反而增加了原本想克服的障碍。[1]有的研究者即使得到可供利用的信息,似乎也没有意识到其中的差距。而那些意识到这种差距的研究者又往往引用了科学界中反对这类研究的准则。研究中最有

---

[1] 具体参见:克里斯·阿吉里斯.克服组织防卫[M].郭旭力,鲜红霞译.北京:中国人民大学出版社.

效的准则是可以大致描述客观世界的准则。如果你遵循实践准则，就应该向人员和组织提出提高实践效率的建议。而如果人们能从已出版的研究中作出判断的话，也就不值得去关注设计崭新、美好世界的想法了。阿吉里斯也正是基于这种想法，开始了《组织学习》一书的整理和写作过程。

2. 著书的目的

阿吉里斯认为，组织学习是所有组织都应该培养的一种技能。优秀的组织总在学习如何能更好地检测并纠正组织中存在的错误，并且探求他们何时能检测并纠正这种错误。同样，组织学习越有效，组织就越能够不断创新并发现创新的障碍所在。而这种错误，就是组织的计划与实际执行之间的任何不匹配之处。而阿吉里斯编著这本书的目的就是要解释这种不匹配和错误形成的原因，并且给出了具体的解决方法。

3.《组织学习》的主要内容和结论

《组织学习》一书共有27章节的内容，论述的重点分为组织防卫（第1—7章）、组织学习的障碍和有效性（第8—13章）、组织开发和人力资源行为的反作用结果（第14—17章）和来自正确使用常规科学的有效、可用信息的障碍（18—27章）四个部分。

（1）组织防卫。阿吉里斯指出，"组织防卫是一种政策、实践或行动，它阻止参与者（在任何组织的任何层次上）面对阻碍或威胁，与此同时，也使得参与者无法发现那些阻碍或威胁产生的原因"。[1]事实上，关于这一部分的内容，我们应该在《克服组织防卫》一书中做过更为具体的介绍，故而此处不再赘述。

（2）组织学习的障碍和有效性。在这一部分内容中，作者围绕若干重要的管理职能探索了组织学习的障碍。作者认为每一项类似于会计、预算、战略等的管理职能都是以明确的理论设计、实施管理职能的方法为基础的。比如，可以阐明如何利用作业成本法理论和方法来进行成本的经济分析。这些理论是非常清晰的，以至于如果两个人从相同的数据中得出不同的结论，人们就可以认为，他们其中至少有一个人出了差错。而且阿吉里斯指出，我们还可以通过回顾找到错误来证实这一阐述。因而，作业成本会计法应该被设计得尽可能严密。

这种严密性具有两个至关重要的特征：第一，它使得支撑这种方法的因果推

---

[1] 克里斯·阿吉里斯. 组织学习[M]. 张莉, 李萍译. 北京: 中国人民大学出版社.

理变得尽可能清晰；第二，它利用明确的前提和推论进行因果推理，并使所得出的结论能经受实践的不断检验，这种推理被阿吉里斯称为"创造性推理"。需要指出的是，这样的推理是显而易见的，并且常常被那些设计作业成本会计法、战略、信息系统和其它类似管理职能的学者认为是理所当然的。阿吉里斯认为，这种看法忽略了一个问题：在创造性推理的设计过程中，为了确保整套方法论的实施，本身就需要这种创造性推理，而这种因设计创造性推理而要求的创造性推理又该如何保证呢？

阿吉里斯同时指出，当那些设计者们的建议和行动受到阻碍或威胁时，又出现了一个问题，那就是它的有效实施取决于创造性推理的应用情况。在这些情况下，就产生了防卫性推理。有时因果推理并不清晰，相应的其前提和推理也常常是隐含的，自然也就无法对推理结论进行检验。组织建立防卫体系，既可使防卫性推理起作用，又可使人们不会质疑因果推理。当然，那些设计者们理应为由于设计想法难以付诸实践所带来的一些问题承担责任。实际上，他们也许会认同，在他们的理论和方法中存在着本应缩小的差距和本应化解的矛盾，那些差距是由于知识的匮乏造成的；他们同时也致力于减少由于知识的匮乏所造成的错误。

阿吉里斯还指出，在这种情况下，虽然错误是在实施的过程中发生的，但是这些错误是为了让参与者们避免受到阻碍或威胁而刻意设计的。然而，要让管理者容忍这一设计错误是非常困难的，因而执行者不得不隐瞒实情，而且为了真正保护自己，他们会一直隐瞒下去。这种情况导致了要克服这一错误变得非常困难。

（3）组织开发和人力资源行为的反作用结果。在这一部分内容中，作者首先指出了在以往的管理模式中，那种一问一答的交流方式使得管理者们即使能够发现组织中存在的一些深层次的问题，也因为怕引起主管和员工们的混乱而采取一种保留自己也保留别人面子的行为，对这些问题不加以追究。而当企业面临的竞争压力逐渐增大的时候，管理者就需要员工能够不断地、创造性地思考组织的需要。这个时候，员工就要和所有的公司执行者一样，具有强烈的内部动机，强烈的公仆意识。为了实现这些目标，就应该改变以往的交流方式，真正让每位员工参与组织交流。同时，也要打破过去那种一问一答的管理模式，现代企业需要领导者和员工都要树立更高标准的自我意识、诚信意识及责任意识。

此外，阿吉里斯指出："名义理论、行动理论和应用理论是组织开发实践有效性的关键因素。"① 组织开发专家们应该能够识别这三个因素之间的不一致性、差异程度以及它们发生的外在环境。同时，组织开发专家们应该学习制作他们要创造的行为世界的蓝图。这个蓝图尤其应该集中在组织习惯性防卫和他们如何创造组织的自我强化和反学习模式上。更进一步地，还要研究这个行为蓝图具有什么样的特征，他们在什么情况下会受到挫折，他们过去是如何说明组织开发实践并同时测试他们的理论的。

最后，阿吉里斯对个人成长实验能否代表一种可选择的文化进行了系统的论述。他认为个人成长实验并非依赖于可靠、正确的数据，故而其结论可能只是暂时的。支持个人成长实验的学者们忽视了当人际交往的盲目发挥了作用时，个人成长实验和外面的机械式的、强迫的世界有一定形似的行为，他们仅仅是报告两者的不同点，并以此为依据来论证个人成长实验和外部机械世界的不同。同时，个人成长实验室可能无意间在参与者中产生一种群体的感觉，这甚至会使这些参与者们对外部世界不同的文化和社会背景产生敌对的意识，这无疑使得这些参与者们更加疏远了他们原来的机械世界。再者，在面对重要问题时，那些试图进行实证学习的人要找到将个人意识、人际交往能力和工作完全融合在一起的方式，用这种方式帮助参与者理解并积极地面对他们原来的机械文化。

（4）来自正确使用常规科学的、有效的、可用信息的障碍。在第四部分的内容中，阿吉里斯集中论述了指导严密的实证研究的想法是如何无意识地强化了组织防卫和实践者的防卫性推理的。作者试图论证说明，大部分的研究人员怎样进行团队内部和团队间的组织防卫，这种组织防卫加大了向周围学习的障碍，并且阻碍和影响着研究人员及其研究的对象。

基于上述观点，阿吉里斯认为，组织正在有意识地构建一个自我强化和反学习的流程，该流程将过分保护其参与者，使得人们很难检测错误和纠正错误。此外，由于组织习惯性防卫的存在，伴随着无助、愤世嫉俗、怀疑变化的感受，使得那些反学习和过分保护的特性最终会被认为是理所当然的，这是不利于组织发展的，它不仅限制了组织的学习能力、冲突解决能力、视"满意"为日常生活的本质属性，而且描述性的理论也不会给人们在面对"认识如何学习"的问题上带来太大的变化。另外，需要指出的是，上述观点是建立在以下前提上的：社会科

---

① 克里斯·阿吉里斯.组织学习[M].张莉，李萍译.北京：中国人民大学出版社.

学不仅要尽可能地准确、全面、经济地解释现实，还要创造符合实际的知识以供自由选择。通过这种自由选择，组织和社会赋予人们权力打破那些自我推动、反学习和过分保护的流程。

三、克里斯·阿吉里斯的主要贡献

（一）"不成熟—成熟"理论

阿吉里斯整个职业生涯都在研究个性与组织的关系。1957年他在《个性与组织》一书中首次提到的"不成熟—成熟"理论，更是一举奠定其管理学界大师的地位，该理论也对后来组织行为学的发展产生了深远的影响。

阿吉里斯首先指出，组织行为是由个人和正式组织两个要素相互融洽而成的。组织中的个人既有作为组织成员的一面，又有作为独立的个人的一面。人的独立的个性是由能量、需要、能力等各个部分构成的统一的整体。每个人的个性引起各个构成部分的独特的相互联系，但是这种联系在不同的人之间又是互不相同的，这种独特个性的整体称作自我。他强调，由于人的个性是通过同其他人的社会接触才建立起来的，而不是由其自身来完成的，因而每个人都需要同环境建立适当的联系，并保持二者之间的平衡。

在阿吉里斯看来，人是一个不断发展着的有机整体，因而健康的个性都具有成长的倾向，或者说，一个健康的人都具有发展其个性的内在倾向。所谓个性的成长，就是个性的构成部分扩大了，并同个性的原已存在的部分统一起来。因此，随着人的个性的成长，个人的自我世界也扩大了。这就是自我形成和自我实现的过程。

阿吉里斯认为，这种个性成长的倾向包含多方面的内容，并且如同婴儿一样，是一个从不成熟到成熟的过程。每个人处在这个成长过程中的某个地位，标志着他的个性的成熟程度，也体现出他的自我实现的程度。他指出，一个人从不成熟到成熟的转变过程是通过以下七个方面体现出来的：

第一，从婴儿有限的行为方式发展成为成人的多种多样的行为方式。

第二，从婴儿时期只顾当前发展到成人时期拥有长远的打算。

第三，从婴儿行为的被动状态发展到成人行为的主动状态。

第四，从婴儿的依赖他人发展为成人的相对独立，即自立的同时又和其他人保持着相互依存的关系。

第五，从婴儿时期经常变化、肤浅且短暂的兴趣发展为成人相对持久、专一的兴趣。在这方面趋于成熟的标志是：成年人在遇到挑战时专心致志，从整体上研究某一问题的全部复杂性，并从自己的行动中得到很大的满足。

第六，从婴儿时期在家庭或社会上处于从属地位发展为成年人与周围处于基本平等的地位，甚至支配他人的地位。

第七，从婴儿时期的缺乏自觉发展成为成人的自觉自制。

个性经历了上述发展后，那种富有进取性的心理能力就有了充分发挥的可能。每个人都有其自身的需求。在获取需求的过程中，如果遇到了挑战，他就会竭尽全力迎接挑战。

基于上述认识，阿吉里斯指出，人的个性发展有时会同组织的要求发生冲突，这种冲突如果得不到妥善处理，就会给人的个性成长带来不利的影响。这种状况当然是人们都希望避免的。

总而言之，阿吉里斯认为，传统的正式组织常常同人的个性与成长冲突，妨碍个人的自我实现，使他们停留在不成熟的状态。这种组织要求同个人需求无法一致的情况，常常造成个人心理上的失败感，因而不能促进人的个性健康成长。

为了改变上述由传统管理引起的各种消极状况，为组织的每个成员都创造更多的心理成功机会，企业必须改善组织设计。为此，他提出应制定具有挑战性的目标，以增强员工的个人责任，给他们以更大的自我指挥和自我控制的空间；扩大工作范围，以使个人有更多的机会来充分发挥自己的能力；实行参与式的、以员工为中心的领导方式，以使员工减少依附、顺从的感觉，摆脱冷漠和无聊的精神状态，并有利于满足他们自我实现的需求。总之，要通过各种可能的方式来创造一种健全的组织，借以实现组织与个人的统一，这一方面促进了个人需求的满足，另一方面又促进了组织目标的实现。

阿吉里斯同时也指出，组织的变化过程不仅是组织设计的改变过程，也是构成组织的人的行为变化过程。因此，为了扩大个人心理的能量，仅仅依靠改善组织设计是不够的，还必须改变个人的条件。他要求组织的参与者也必须全面地发展自己，从而具有完成挑战性目标的能力，能够接受其中包含的更大责任。这就是说，在这个问题上，组织和作为组织参与者的个人都需要作出改变。

（二）双环学习理论

在本章第二部分的内容中，我们曾系统地介绍了一级错误和二级错误、Ⅰ型实用理论和Ⅱ型实用理论、Ⅰ型社会道德和Ⅱ型社会道德三组概念，与此相对应的，阿吉里斯针对之前人们经常用到的学习理论（单环学习理论），提出了一种能改善组织学习效率，克服二级错误的双环学习理论。需要说明的是，本章第二部分介绍《克服组织防卫》一书时，我们曾对双环学习理论的思想进行过笼统的介绍，因其后来对组织行为学的影响巨大，故而在此处单独系统地介绍双环学习理论（而不是将其放到《克服组织防卫》一书的内容中介绍）。

阿吉里斯指出，人类通过激活存储在其头脑中的设计来产生行为，因而当大脑被激活时，人们就会产生能执行其意图的必要行为。与此同时，人类也在不断地开发其头脑中的设计，来评估自己意图要产生的行为的完成程度。如果人们完成了意图，那么两者之间就是匹配的，反之则不匹配。为了能对行为的有效性作出正确评估，人们必须察觉上述不匹配的现象并予以纠正。而学习，就是这个观察和纠正过程的核心部分。

同样的，在一个组织中，为了有效地实现组织目标，组织内会形成一系列可以教会个体熟练生产的行为机制，这种机制是决定和构成组织效力的主程序。因为人们不可能在每次遭遇问题时，都重新设计他们的行动，所以，这个主程序在很大程度上就成了人们行动的引导。然而，如果凡事都按照主程序来行动，则可能使组织失去及时行动的机会。尽管如此，主程序依旧是引领组织有效管理常规事务的基础。每个主程序都有着明确的行动策略和结果指向，如果能够正确实施，预期的结果就会随之而来。如果预期的结果没有到来，即结果与之前设计不匹配，此时组织则应该进行学习，改正组织现有战略下的错误。而在一般情况下，组织都会采用单环学习的过程来改变错误。所谓单环学习，就是在改正组织现有战略下的错误时，不会改变控制组织战略的潜在变量，即默认了产生这一战略的前提是正确和无需作出改变的。而双环学习如果要改正错误，还会对控制战略行为的潜在假设和价值观作出修正。两者之间的区别和联系见图15-1：

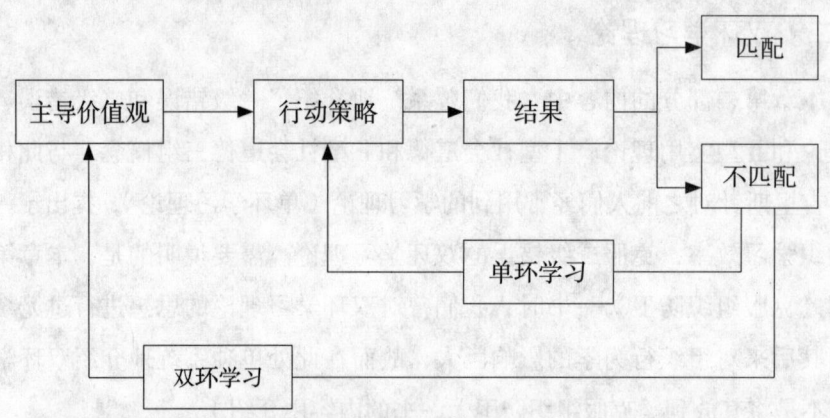

图 15-1　单环学习和双环学习

与单环模型对应，阿吉里斯提出了Ⅰ型实用理论，该理论有三种最流行的行动策略：倡导思想和定位、评价绩效以及寻找自身和他人行为的动因。行动策略在应用时与主导价值观是保持一致的，这意味着深入其中调查和测试各种主张都没有任何意义，因为在这种理论指引下，我们都只关注那些利己的结论。阿吉里斯指出，这种行动策略的结果无疑会使错误不断升级、自我封闭过程逐步实现和自我鼓励过程的减少，这些反馈强化了主导的价值观和行动策略。在表 15-2 中，模型Ⅰ运用的就是一种防卫型的行动策略。

表 15-2　Ⅰ型实用理论

核心价值观和假设		策略	结果
·通过单边控制实现目标 ·成功，拒绝失败 ·最小化所能表达的消极感觉 ·理性地行动	·我看清了形势，那些与我观点不同的人则没有 ·自己是正确的，那些不赞同的人是错的 ·我的动机单纯，那些不赞同的人动机可疑 ·我的感觉是合理的	·拥护我的地位 ·保护合理的隐私 ·不询问他人的行动原因 ·轻松地 ·保存脸面	·误会、矛盾和防卫性 ·不信任 ·自我履行，自我封闭过程 ·限制性学习 ·降低有效性 ·降低工作的质量

如上表所示，由防卫性的推理思维所产生的防卫性的行动策略，最终导致了误会和错误的升级。这是因为在这个过程中，人们一直默认该设计隐性的前提都是正确的。这种推理思维和行动决策共同导致了组织的防卫性习惯。组织的防卫性习惯，是任何行动或政策都期望用来保护个体、群体、群际或者作为一个整体

的组织避免尴尬或威胁，并通过各种方式预防尴尬或者威胁的起因。但是，阿吉里斯指出，组织的防卫性习惯是反学习的，具有过度保护主义色彩。显然，如果组织默认的学习形式是单环学习，那这种由于组织防卫所引起的错误是难以避免和改正的。

针对上述问题，阿吉里斯认为，有必要构建一个纠正无效特征的模型和描述其中过程的理论。他从双环学习的角度出发，构建了一个与表 15-2 对应的理论模型Ⅱ，该模型特别关注如何在第一时间减少甚至杜绝影响学习和有效行为的无效因素产生。模型Ⅱ与模型Ⅰ拥有同样的行为理论框架结构，包含主导价值观、行动策略和结果三个方面。模型Ⅱ的主导价值观是：

（1）保证信息的有效性。

（2）具有抉择的自主权和自由度。

（3）对自己的抉择保有内在承诺，即为了检错与纠错而对行动的执行方式时刻保持监控。具体情况如表 15-3 所示：

表 15-3　Ⅱ型实用理论

主导价值观和假设		策略	结果
·有效信息 ·自由和见多识广的选择 ·内部承诺 ·同情	·各人有不同的信息 ·个人看问题不同 ·差异化是学习的机会 ·根据情况，人们努力表现出正直	·检验假设和推动 ·共享相关信息 ·重要单词上使用特定的案例和意见 ·解释原因和目的 ·强调兴趣而不是定位 ·结合辩护和调查 ·共同设计方法 ·讨论难以启齿的问题 ·运用产生必要承诺的决策规则	·加强理解，降低矛盾和防卫性 ·增强信任 ·较少的自我满足和自我封闭过程 ·加强学习 ·提高有效性 ·提高工作质量

如上表所述，在模型Ⅱ中，重点强调解释主体的主张和观点，鼓励进行深入调查和尽可能稳定的验证。该行动策略不鼓励出于自我保护而进行的自我指认逻辑，这样产生的结果就是自我实现、自我封闭、错误升级过程的减少以及相关问题的有效解决。反过来，这些结果反馈并加强模型Ⅱ的主导价值观和行动策略。另外，模型Ⅱ鼓励有效的推理思维，其假设前提是显性的，推论也比较明确。

四、克里斯·阿吉里斯的管理思想评论

中国目前正处于一个充斥着各种新颖的管理观念和模式而实质上却没有自己管理思想的时代,眼花缭乱的西方管理理念和方法已经成为企业界迷茫和困惑的制造源。企业界不断地流行一轮又一轮的管理思想新思潮,却始终没有找到自己管理思想的主题。管理其本质上是一种思想、一种智慧、一种对管理者的思维起指导作用的方法论,如果仅是以"工具"的层面而非思想的层面去看待管理,那么这种理解一定是肤浅的,而且很快就会陷入茫然无措的窘境。从这个角度上讲,阿吉里斯的研究成果,无论是理论还是实践上都对我们具有很大的启发。阿吉里斯学术研究的特点主要在于以下两点:

(一)第一个系统地研究了组织和个人的关系

阿吉里斯是管理学史上第一个系统地研究了组织和个人关系的学者。在阿吉里斯之前,关于组织及其成员发展的研究,学者们要么只强调正式组织的重要性,要么只强调以人为本的重要性,对于个人和组织两者之间的关系并没有进行深入的研究,而阿吉里斯通过对人性的某些特征以及正式组织的研究,发现了正式组织与个性发展之间深层次的关系,由此提出了著名的"不成熟—成熟"理论,从而在某种程度上为组织行为学的发展起到了一定的推动作用,为企业的组织行为管理提供了一些理论依据。也正是因为如此,阿吉里斯被誉为行为科学的创始人。

(二)提出了克服组织防卫的具体方法

阿吉里斯是一个敢于挑战权威,打破传统的学者。在关于组织学习的问题上,传统组织一般都进行具有自我保护作用的单环学习,在阿吉里斯之前,各个管理者和学者们甚至都没有深刻地认识到单环学习中可能存在的一些问题。而阿吉里斯通过深入而持久的研究,系统地阐述了防卫性推理、组织防卫等等传统组织中经常存在的问题,同时指出单环学习不能改变组织中的过度防卫问题,并由此提出克服组织防卫的具体方法,在很大程度上推动了组织行为学的发展。也正是基于这一贡献,阿吉里斯被称为组织行为的权威。

（三）阿吉里斯研究结果的缺陷

与此同时，也有部分学者对阿吉里斯的研究结果提出了疑问，这些疑问主要表现在以下三个方面：第一，即使在传统的组织形式中，在工作性质和采用领导方式方面也存在着差异，不能把组织都看成是千篇一律的；第二，由于现在的社会和环境处于经常变动之中，绝大多数组织都积极促进员工个人价值观的发展，使员工有成长的机会，并逐渐适应环境的变化；第三，阿吉里斯认为传统的组织鼓励个人不要承担责任而只是顺从，但对一些成功的经理的调查表明，他们既没有支持顺从而不愿承担责任的下属，也没有鼓励这样的下属。

尽管可能存在上述问题，但阿吉里斯对于组织行为学的推动，对于管理学研究视角的开拓，无论是在理论研究还是实际应用上，都是管理学发展中的一笔宝贵财富。

本章参考文献

[1] 克里斯·阿吉里斯. 个性与组织 [M]. 郭旭力，鲜红霞译. 北京：中国人民大学出版社.

[2] 克里斯·阿吉里斯. 克服组织防卫 [M]. 郭旭力，鲜红霞译. 北京：中国人民大学出版社.

[3] 克里斯·阿吉里斯. 组织学习 [M]. 张莉，李萍译. 北京：中国人民大学出版社.

[4] 斯图尔特·克雷纳. 影响世界的西方管理思想. [M]. 董洪兰译. 北京：中央编译出版社，299-307.

[5] 方振邦. 管理思想百年脉络 [M]. 北京：中国人民大学出版社，2007：148-152.

[6] 肯·史密斯，迈克尔·希特. 影响世界的西方管理思想. [M]. 徐飞，路琳译. 北京：北京大学出版社，211-224.

第十六章 查尔斯·M.法卡斯：首席执行官的领导方式

查尔斯·M.法卡斯（Charles M. Farkas），波士顿贝恩公司的主管，领导贝恩公司的北美医疗实践，哈佛商学院出版社的资深编辑，为很多行业的首席执行官及高层管理人员提供有关组织长期发展方面的战略咨询。查尔斯·M.法卡斯著有畅销书《最大化的领导力：世界顶尖CEO如何分享他们成功的五大策略》，并有多篇论文发表在《哈佛商业评论》、《财富》以及其他权威杂志上。法卡斯在《首席执行官引航之路》一文中提出企业领袖的工作取向一共有五种：战略、人才、专长、控制和变革，企业若想取得成功，首席执行官必须选择与企业及其具体商务运行环境相适宜的工作取向，因为他的决策能够改变一个企业及其命运。无论企业位于何处或者经营什么，CEO都必须营造一种具备指导性的、全局性的、能够使他最大限度地创造增加值的哲学。

一、查尔斯·M.法卡斯的生平

（一）法卡斯的求学与职业之路

查尔斯·M.法卡斯（Charles M. Farkas），1969—1973年就读于美国普林斯顿大学（Princeton University），毕业后获得历史学学士学位。经过五年的社会工作，他于1978年重返校园，利用三年时间取得哈佛商学院（Harvard Business School）工商管理硕士学位。之后就任于波士顿贝恩公司，担任主管以及高级合伙人之一，为很多行业的首席执行官及高层管理人员提供有关组织长期发展方面的战略咨询。现为贝恩咨询公司全球金融服务实业部主管、哈佛国际医疗中心董事会成员，兼任卫生保健、消费者产品、加工制造、零售等方面的负责人，同时还参与与消费者交流的工作。身为哈佛商学院出版社的资深编辑，法卡斯先生著有畅销书《最大化的领导力：世界顶尖CEO如何分享他们成功的五大策略》，并有多篇论文发表在《哈佛商业评论》、《财富》以及其他权威杂志上。

（二）法卡斯的合作机构简介

1. 贝恩公司

贝恩公司（Bain & Company）是一家全球领先的战略咨询公司，基于"咨询顾问为客户提供的是结果，而非报告"的理念，为客户提供战略、运营、技术、组织以及并购方面的专业咨询服务。自1973年成立以来，贝恩公司致力于帮助企业提升价值，并以客户的业绩衡量贝恩咨询顾问的成绩。其办事处遍布全球42个主要城市，为全世界各行各业超过4400家跨国公司、私募基金和其他机构提供了专业的咨询。[①]贝恩公司客户的业绩超出市场平均水平的四倍之多。

2. 哈佛商学院出版社（HBSP）

"提升管理的实践，影响变革的世界"是哈佛商学院出版社自创业以来肩负在身的重大使命。多年来，面对激烈的竞争，它始终坚持自己的理念，通过不断地摸索开创出自己独有的风格。作为一个非盈利性组织，它旨在为所有相信思想力量的组织和个人创造出最适合于他们的产品和服务，并致力于发展和出版能够对商业实践产生10年以上深远影响的管理思想。作为哈佛大学商学院的附属机构，哈佛商学院出版社兼具了部分学校的职能，作为知识力量的载体，秉着给最多的人带去最优秀、最前沿管理理念的初衷，让全世界读者能直接接触哈佛先进的管理理念和管理知识。[②]

1998年哈佛商学院出版社编辑出版了《哈佛商业评论》精粹丛书，该丛书按专题分类编著，汇总了自20世纪90年代以来发表在《哈佛商业评论》上影响力颇深的作品，每个专题包括八篇文章，从不同的角度、不同的层面阐述了同一个

[①] http://www.bain.cn/

[②] http://wiki.mbalib.com/wiki/Harvard_Business_Review

主题,阅读此文集有助于读者更新观念、开阔视野、适应变化。《领导》为其中的一个专题,收集了《哈佛商业评论》在领导力领域中影响力最广泛、权威性最强的八篇论文,对现代企业长期发展及在此过程中领导者的作用和地位提出了新的说明。每一位企业经理人员要想成为一名成功的管理者就需要重视管理的职责,形成自身的人格魅力,明确企业生命的核心价值和基本准则。查尔斯·M·法卡斯的《首席执行官引航之路》也被收录其中。

二、查尔斯·M.法卡斯的著作

(一) 法卡斯的著作概述

身为贝恩公司高级合伙人及著名咨询顾问,法卡斯先生在管理学方面的著作虽然不多,但其思想影响极其深远。他提出企业领导者的五种管理方法,在《最大化领导力:世界顶尖CEO如何分享他们成功的五大策略》以及《首席执行官引航之路》中都有明确的介绍,并对应用环境进行了分析。法卡斯的文章以生动形象、通俗易懂为特色,很少以高谈阔论的方式讲述其管理思想,通常都是一些关于决策、会见、谈判、旅行之类的生动而具体的故事,读者仿佛在品尝一桌原汁原味的佳肴,透过这些看似繁杂、实则贴近生活的情节,领会其想要传达的思想。

(二) 法卡斯的大师之作

1.《最大化的领导力:世界顶尖CEO如何分享他们成功的五大策略》(*Maximum Leadership: Five Strategies for Success from the World's Leading CEOs*)

查尔斯·M.法卡斯与菲利普·德·巴克尔于1995年合著出版了《最大化的领导力:世界顶尖CEO如何分享他们成功的五大策略》。① 这是法卡斯先生和巴克尔先生的开创性著作,分析了有效领导力的意义,论证了管理人员应如何安排时间、使用何种管理方法来增加公司的价值。本书展示了五个不同的领导"办法"——通过这些全球各地真实的故事讲述了老总们是如何应对作为领导所带来的挑战,

---

① 菲利普·德·巴克尔(Philippe De Backer)1978年生于比利时,贝恩公司高级合伙人。他在包括金融服务、资本市场在内的许多领域具有十分丰富战略研究经验。

即在强敌遍布的市场竞争中,有效地运用组织与个人的力量再创企业的价值。

每个企业都有自己的一套成功之道,商界流行的风尚也各具特色、变化万千,但不可否认的是,企业领导是使企业取得成功的一个关键因素。那么,使企业领导能够取得卓越业绩的原因是什么呢?他们为什么能够领取数倍甚至数十倍于普通职工的工资报酬呢?正是抱着这些疑问,旨在揭开罩在那些世界级大公司领导们头上的神秘面纱,查尔斯·M.法卡斯和菲利普·德·巴克尔从1994年夏开始到欧洲、亚洲和北美各国游历,采访了金融、工业、商业等行业的160多家大型跨国公司的领导人,获得了丰富的第一手资料。其中不乏一些关于会见、谈判、决策、旅行之类的生动而具体的故事。正是通过这些纷繁复杂的情节,反映出了五种鲜明的领导风格。书中法卡斯并未对这些原始谈话材料进行过多地加工,仅仅是进行了适当的归类并且有所取舍,尽可能原汁原味地奉献给读者。本书的特色在于使读者在阅读时仿佛聆听这些管理大师们亲自畅谈自己的成功秘诀。

由于每个企业的领导人身处环境不同,性格不同,关注的问题不同,因此他们所采用的企业管理方法也就不尽相同。书中将企业领袖实行的管理方法概括为五种:一是战略管理法,制定和实施全局性的战略目标和整体计划,这是从长远角度考虑的;二是人力资源管理法,使用这种管理模式的领导通常以人为本,注重的是培养有自己特色的企业文化;三是"箱式"管理法,建立严密的制度规章,形成有效的激励和制约机制;四是专业知识管理法,以先进的科学技术为原始驱动力,形成招牌产品,培养企业自主品牌;五是变革动力法,主要任务是创立制度、政策和文化,激发活力。五种办法从理论上看起来很简单,但在企业领袖手中却能引导出一幕幕生动的剧情,给人们以无穷的启发和教育。

2.《首席执行官引航之路》(*The Ways Chief Executive Officers Lead*)

查尔斯·M.法卡斯与苏丝·怀特劳弗[①]合著《首席执行官引航之路》,1996年发表于《哈佛商业评论》。老总们能够激起人们从敬畏到狂怒的各种情感,但对其在当今商务领域的重要地位,人们却少有争论。无疑,首席执行官的决策能够改变一个公司及其命运。那么首席执行官们每天到底都做些什么?他们都造访哪些

[①] 苏丝·韦特劳弗(Suzy Wetlaufer)1960年出生,哈佛商学院88级MBA学生,贝克奖学金获得者,从哈佛商学院毕业后,她在贝恩公司开始了新工作,与查尔斯·M.法卡斯合写的关于领导力风格的文章随后还在《哈佛商业评论》(HRB)上发表。1996年,她加入了HBR,职位是高级编辑,2001年10月她被任命为主编。

地方？基于这些问题，查尔斯·M.法卡斯和苏丝.怀特劳弗分析了与世界各地百余位首席执行官的访谈，并对其态度、活动、行为进行了考察，得出了这些问题的答案。起初，作者以为他们可能会发现上百种领导方法，然而并非如此，他们发现综合起来其实只有五种：战略、人力、专长、控制和变革。

3.《新任总裁需知》(What New CEOs Need to Know, HBR Article Collection）

《新任总裁需知》是查尔斯·M.法卡斯与多人合著的文章，发表于《哈佛商业评论》。作为一个新的CEO，总会遭遇许多强加其身上的说法——如你要为公司的前途命运承担一切责任，但实际上却并不能决定任何事。面对这些言论，常使一些攻其不备的新CEO们感到诧异——例如，你不能运行公司，并且很难了解到它实际上发生了什么。应用领导力来更好地满足公司的需要，即使它来的并不那么自然。新CEO也许渴望成为公司的首席战略家，但是如果市场知识是分散在整个组织，新CEO则会主要倾向于集中精力发展战略，即为公司发展创造新的游戏规则。同时新CEO会运用正确的手段方法，收集来自同行和下属对你行动计划的投入，并确保每个人都知道自己该为什么负责。这样的建议可以帮助新CEO挖掘并积累应对独立挑战时的经验。在此领域内《哈佛商业评论》曾刊登过三篇文章，分别是由迈克尔·波特[①]、杰伊·洛尔施和尼廷·罗利亚合著的《新CEO的七大惊奇》、查尔斯·M·法卡斯和苏丝·韦特劳弗合著的《首席执行官引航之路》、彼得·德鲁克[②]独著的《如何实现有效执行》。

---

① 迈克尔·波特（Michael Porter）出生于1947年，他是哈佛商学院的大学教授（大学教授，University Professor，是哈佛大学的最高荣誉，迈克尔·波特是该校历史上第四位获得此项殊荣的教授）。迈克尔·波特在世界管理思想界可谓是"活着的传奇"，他是当今全球第一战略权威，是商业管理理公认的"竞争战略之父"，在2005年世界管理思想家50强排行榜上，他位居第一。

② 彼得·德鲁克（Peter F. Drucker）1909生于维也纳，1937年移居美国，终身以教书、著书和咨询为业。德鲁克一生共著书39本，在《哈佛商业评论》发表文章30余篇，被誉为"现代管理学之父"。2005年11月11日，德鲁克在加州家中逝世，享年95岁。

三、查尔斯·M.法卡斯的主要贡献

(一)探究了企业领袖的工作取向

法卡斯先生曾在《哈佛商业评论》中与苏丝·怀特劳弗共同发表《首席执行官引航之路》一文,两位对世界各地企业 CEO 进行采访,分析其态度、活动和行为,并归类整理,最终确认企业领袖的工作取向一共有五种:战略、人才、专长、控制和变革。法卡斯提出,企业若想取得成功,首席执行官必须选择与企业及其具体商务运行环境相适宜的工作取向,因为他的决策能够改变一个企业及其命运。无论企业位于何处或者经营什么,CEO 都必须营造一种具备指导性的、全局性的、能够使他最大限度地创造增加值的哲学。与此同时,这种哲学决定着该 CEO 的领导取向,这个取向是指企业政策中的哪一方面会得到更大的重视。

然而,法卡斯指出 CEO 所使用的是某一连贯的、明确的管理方法,它并不一定是其个人风格的体现,那些最成功企业领导们所采用的方法,都是与整个组织及其具体商业环境相适应的。法卡斯先生并不同意那种认为领导能力是一种基因特性的观点,也否认一个人的领导方式完全是个人性格的体现。事实上,性格只是优秀领导能力的因素之一,而且并非主要因素。在大多数成功的企业中,CEO 谨慎地分析当前的经营环境,这其中既包括企业领导者本人的个性,更包括瞬息万变的市场、企业文化、科技实力和人力资产,也包括公司在竞争中的地位以及它的过去和未来,这些都决定企业所需要的管理特征,然后选择适当的领导方式。有时候,CEO 所选择的领导方式可能与其个人性格相符合,但大多时候却是不相符合的。事实上,为了能够成功地经营自己的企业,一些格外出色的领导人需要压抑特定的性格特点,或者培养他们天性所不具备的一些品格特性。法卡斯还发现,有些 CEO 缺乏前后一贯的管理方法,这是极其错误的。CEO 缺乏对五点战略方法之中任何一种的清晰理解和坚持,都会使企业面临高昂的风险和代价。

首席执行官,一个意味着权柄与影响力的职位。因此会有人问,到底是怎样的学校能够培养出优秀的企业领导?答案是没有的。要知道,除了实践本身,现实世界中没有能够培养出首席执行官的学校。CEO 们必须从实践中去学习如何管理自己的企业,并且必须在股东们的监督下学习成长。领导们的工作有别于企业中任何其他人的工作,是完全不确定的。具体来说,他们必须对企业每一成员的每一次决定和行动,甚至包括那些他们并不知情的决定和行动负责。

(二)提出了五种管理方法

首席执行官在选择使用何种战略方法时主要考虑以下几个问题:产业所处阶段——是萌芽阶段、迅猛增长阶段,还是已经进入成熟期;目前竞争者的数量以及他们的竞争实力如何;企业的资本设备和人力资产情况如何;企业现有技术是否存在问题;构成企业持久性的竞争优势有哪些因素,等等。

针对企业存在的上述问题,查尔斯·M. 法卡斯和贝恩公司咨询部的同事在全球五大洲采访了163位公司的首席执行官,获取了丰富的第一手材料,整理、归纳后发现五种管理方法——战略管理法、人力资源管理法、专业知识管理法、"箱子"管理法、变革动力法,这五种方法构成了企业领导者们日常经营工作的主要内容。法卡斯和他的同事们还将这五种方法进行了多达十几种的排列组合,发现多数管理者长时间采用其中的一种或两种方法,只有当经营形势或外部环境发生变化时才进行必要的调整,而这种调整在数十年中通常只有一两次。

1. 法卡斯的管理方法一:战略管理法

战略管理法就是首席执行官充当企业的最高战略决策人。被采访的每一位首席执行官都提到了为企业制定战略是自己的一个职责。那些注重企业发展战略的领导者们把大部分精力都用来确定自己的企业应以何种方式在未来的市场上取得竞争优势、占据领先地位,然后围绕这个中心任务设计出企业的核心和其他机构的结构。他们一般把企业的日常工作下放给其他员工负责,自己则专心致力于和经理、供应商、分析人员、股东、特别是顾客讨论未来发展的大问题。总经理充当企业最高战略决策人,系统地勾画出未来的蓝图,具体地设计出到达目的地的方法,使企业获得成功。

(1)实施战略管理法的步骤。所谓战略管理法,并不是靠勇气、靠直觉、靠只有具有经营远见的天才才有的那种富有想象力的思考来管理,而是对我们所说的企业的出发点和目的地进行系统、冷静和严密的分析,精心地在两者之间打开一条通道,对组织的能力和市场环境进行严格的、持续的分析研究,最终确定企业未来应在哪里竞争和竞争什么,如何更好更快地抢在他人之前实现自己的目标。使用这种管理方法通常需要以下几个步骤:

第一,确定出发点。总经理们需要清楚地知道自己企业今天所处的地位。了解客户，知道他们需要什么；掌握竞争对手的优势、技术、成本、主要客户等情况；根据企业能力的评估，清楚知道其能够做什么，不能做什么。

第二，明确目的地。一旦确定出发点，看重战略发展的总经理会通过分析企业的根本性问题来确定他的目标。目标可能是简单的数字，也可以是含义更广泛的"任务"。

第三，采取行动。任何一个伟大的战略如果不付诸于实践便会失去其初始的意义，因此在确定了起点和终点之后，衡量两点之间的最短距离并迅速采取行动。

第四，修正。有战略眼光的总经理会定期修正其初始战略，顺应形势发展。

这些重视战略发展的总经理虽然使用的是不同的工具，但是他们有着一个共同的特点，这就是把日常经营的管理权下放给下属企业或者交给企业其他职员负责。这些总经理们一致认为，他们必须摆脱琐碎的日常工作，集中精力抓大局。当然，一旦出现危机，或者他们制定未来计划需要更多地了解顾客、产品及其他经营情况时，他们也会亲自参与运作。之后，他们便脱出身来，接着考虑企业的未来。

（2）选择使用战略管理法的企业特点。

第一，具有科学技术、地理位置或功能结构上的复杂性。产业种类并不重要，从生产咖啡到汽车配件，从开采金矿到货币交易，行行都有重视战略发展的公司。

第二，危中寻机是领导者们不可或缺的能力。局势越不稳定，高层管理人员就越有必要扮演领航员和先行者的角色。

第三，领导拥有最佳发言权。他们会使用这种管理方法产生的所有信息和见识来决定企业资本分配、资源管理或新产品研发。

（3）选择使用战略管理法需要关注的问题。

第一，收集和测试有关市场和经济的发展趋势、客户的购买模式以及竞争对手的能力等资料。

第二，制定战略方案，选择适用范围，确定其可行性。

第三，了解企业内部运行结构，清楚组织如何能够更好地实现其战略。

注重战略发展的企业冒的风险似乎是最大的，因为高层管理人员首先想了解的便是冒这些风险会有什么样的结果。有的时候，工作的效果并不理想。但在更多的情况下，他们通过对未来的理解，通过把握未来能够给他们带来的好处，使企业获得极大的效益。

2. 法卡斯的管理方法二：人力资源管理法

人力资源管理法就是首席执行官利用人事政策使企业获得成功的管理方法。同那些把制定战略当作推动企业发展的首要方式的管理者不同，这些企业领导者都有这样一个共识，即企业的成功与否，关键在人。人力资源管理法可以归结为"信任、发展、授权"这几个字。领导者掌握企业员工的能力，以系统的方式进行管理，制定培养计划、培训制度以及绩效评估制度，监督企业人际关系。这是一种制度，向员工传播某些明确的价值观和行为准则，放权让员工们以主人翁的态度工作，既可以沿用公司的传统，有时也可以标新立异，并且及时奖励接受这些价值观的人。在这样的组织里，所有员工的表现都是规范的、可以接受的。

管理者们之所以选择人力资源管理法，是因为他们认为，这是一种极其有效地对设计复杂产品和地理位置的经营环境作出反应的方法。这些管理者们还有一个共同的信念，即日常的循序渐进式的管理比长期战略更重要，赋予个人以权力和责任可以为公司带来竞争优势。使用这种方法的企业，其战略问题由经营单位负责，但是基本方向和人力资源管理法的实施却掌握在企业本部手中，借助的有力手段就是信任、发展和权力下放。

（1）选择使用人力资源管理法的企业特点。

第一，制定战略时地方经营单位具有绝对发言权。较企业总部而言，地方经营单位更熟悉地方市场概况、当地组织运营模式，同时更加了解员工自身的特点以及发展方向。

第二，"人"是其长远战略的核心内容。使用人力资源管理法的企业非常明确他们的根本问题是解决人在企业中处于何种地位、发挥何种职能。

第三，具有卓越的执行能力。企业的成功取决于强大的执行，具体例如人们做决定的方式、与客户互动的方式、推出新产品的方式以及击败对手的方式。

第四，领导者可以在非直接监督下有效行事。企业制定完善的人力资源培养体系，通过人事管理办法来提高执行力和监控力。

第五，看重雇员的意见。毫不排斥员工对整体战略提出的异议，善于吸收更有利于企业整体发展的建议，使用人力资源管理法的企业认为竞争优势的关键在于雇员能够最出色地实施企业的政策。

（2）选择人力资源管理法须关注以下问题。

第一，需要面对面传授企业所需价值观、行为方式和处事态度。

第二，领导通过游览各地广泛招募，进行绩效评估，明确员工应承担的义务。

第三，定期评选优秀员工并且给予奖励。

当使用人力资源管理法，且这种管理方式对赋予了权力的雇员没有严峻挑战时，此情况下并不适用。也就是说，如果企业的经营情况既不需要也不赞赏雇员向前冲，既不鼓励企业家精神也不提倡独立决策的时候，这样便毫无意义。

应当指出，虽然许多注重人力资源的总经理觉得他们的管理方法很有意思，但是从时间和精力角度看，与其他管理方法相比，它可能又是实施难度最大的。灌输人力资源管理法可能需要数十年的时间，因为它需要长期努力建立信任、价值观和连续性，它的基础是个人的知识和经历。但是，一旦实施，人力资源管理法远不是总经理"善识人者"之类的事了，而是会建立起一个由具有敬业精神的雇员组成的组织，使每个人都成为"企业人"。

3. 法卡斯的管理方法三：专业知识管理法

专业知识管理法就是首席执行官运用专业知识把企业凝聚在一起。总经理明确地知道什么是使企业具有竞争优势的专业知识，他们制定和实施计划，其中包括有关市场、制造、技术或者销售等方面特殊的专业知识，确保这些专业知识能够运用到各个经营单位，使企业获得成功。这些注重专业知识的企业在制定计划时，往往推动和支持某种企业文化，积极传播能够占领市场的产品或生产程序的关键知识。

尽管各企业核心的专业知识有所不同，但是所有这些组织都经历了共同的过程，即通过严格的、清晰的计划和集中的、明确的政策来推广专业知识。注重专业知识的企业坚持不懈地为知识推广工作努力着，这已经成了企业文化的一部分。在成熟的采取专业知识管理法的企业里，经理们公开交流技术、市场或者其他有关的技能，提出最适合当前发展的一套技术知识并加以推广于全企业上下。

（1）选择使用专业知识管理法的企业特点。

第一，专业知识具有市场竞争力。企业在能产生市场竞争力的专业知识领域充分细致发展，以便获取及维持竞争优势。同时将组织的焦点放在获得成功的能力上，并加以推广传播。

第二，专业知识不易被他人掌握。只有当专业知识在相当长的时期内可以不被其他企业掌握而为本企业独家享有的时候，它才有力量。如果某种知识给予企业的优势只能持续几个月或一年的话，就没有必要坚持不懈地去发展它。

第三，企业各部门经营业务相通。专业知识管理法在那些各个部门都经营着类似业务的企业里实施效果最好。

第四，变革速度可控。企业的变革足以适应专业知识的发展，这个过程有时会持续很多年。

（2）选择专业知识管理法须关注以下问题。

第一，创建包含专业知识在内的方案，从而提高企业的能力，使其在市场中独一无二。

第二，监督雇用流程，以确保企业吸引更多具有专门技术的人员。

第三，奖励与同事分享他们专业知识的人。

第四，必须在选定的专业知识目标领域里跻身于世界前列，仅仅选定企业的专业重点是不够的。

第五，高效率的、注重专业知识的企业还需要设计和实施独有的、有创造性的、有意义的计划，使这个重点变成竞争优势。

4. 法卡斯的管理方法四："箱式"管理法

"箱式"管理法是首席执行官通过规章制度把企业的行为和效果控制在明确范围内的方法。可以说，每家企业都有一种"箱子"，总经理通过建立一整套规章、制度、程序、体系、结构和价值观，用以规范控制员工日常和长期的工作，并且把它们作为衡量全体雇员表现的准则，从根本上将行为和效果控制在明确的范围内，使企业获得成功。组织对"箱式"管理法最通俗易懂的定义是：制定了几百条规章制度，只要你不犯规，没有人会注意你。

法卡斯先生采访的企业中有四分之一的领导者都执行"箱式"管理法，这种方法不仅在西方，乃至全球都是相当普遍的。每家企业都有一只箱子，都进行或钢或柔的控制。几乎所有全面实行"箱式"管理法的企业都有这样一个特点：总经理及其全体管理层都把控制当成增加价值的明确手段。他们制定原则，划出界限，提供一个可参照的框架，把权力分散给雇员，让他们在划定的界限内行事。

法卡斯还提出，尽管"箱式"管理法的名称听起来使人感到压抑，但是按照定义它既不好也不坏。事实上，很多人因为它安全可靠而宁愿在这样的环境里工作，因为这样的企业明确规定了预期目标和对雇员的奖励办法。"箱式"管理法在明确规定目标和员工的表现标准方面，可能比其他任何方法更好。

（1）选择使用"箱式"管理法的企业特点。

第一,该行业高度管制。使用"箱式"管理法的企业通常把风险管理作为竞争优势,要求严格的程序和财务控制,如银行和航空公司等。

第二,善于制定文化方面的规章制度。"箱式"管理法似乎尤其适合于客户对连贯性有明确要求的情况,这样有助于企业成功。

第三,企业能够迅速而彻底地改变标准或业绩。"箱式"管理法在控制行为的基础上,也能起到增加价值的作用。

第四,安全是其首要关注的问题。由于犯错成本太高,使用"箱式"管理法的企业在战略制定及整体运营上都不敢有太大的突破,行为受到一定限制。

(2)选择"箱式"管理法须关注以下问题。

第一,选择该管理法必须为可接受的行为和结果创建明确的规则和奖励制度。

第二,使用审计标准来控制错误,例如错过最终期限,性能低于规定指标等。

这就是说,运用"箱式"管理法重要的是要看到这种方法所包含的一些管理挑战。实行"箱式"管理法的企业必须努力在箱子的四壁之内保持自己的创造力。熟练地使用"箱式"管理法是对企业核心管理层的一种最高要求,也是为企业最能增值的手段之一。一些实行"箱式"管理法的企业可能会把业绩目标、奖励制度与涉及培训和职业计划的人才开发混淆起来。两者不能混为一谈,但缺少其中任何一个方面都会影响到雇员的效率。关键的一点是,实行"箱式"管理法的总经理必须掌握好箱子的范围。如果箱子的四壁之间的空间过窄,一个组织就会被官僚机构、规章制度和满足现状的行为给压垮;如果空间太大,箱子就会失去控制,失去它的基本作用,难以发挥其功效。

尽管受到来自外部及内部的双重挑战,但最终"箱式"管理法仍然受到很多领导者的青睐,因为以精确的会计制度和报告制度为形式的有效控制,可以使企业领导和管理层挤出更多的时间和精力来着重考虑企业的战略发展和未来市场定位等重要的全面性竞争问题。

5. 法卡斯的管理方法五:变革动力法

变革动力法是首席执行官充当变革力量,使企业成为乐于接受新事物的机构。变革既使人激动,又令人畏惧。企业领导者充当着变革的力量,建立与变革相结合的经营体制和价值观,并把它们作为明确的增加价值的手段。通常情况下,企业领导把固步自封、止步不前的官僚机构转变成乐于接受新鲜事物的机构,使企业获得成功。

主张变革的企业不一定非要面临危机，采用变革动力法的总经理们也不一定都想使他们的企业从一个预定的竞争位置走向另一个预定的位置。他们热衷于改变他们企业经营业务的方法，他们中有许多人与战略家们不同，因为他们不谈目的，而只是一般地谈改进企业的能力和赋予雇员权力，以切实承担起创造不寻常结果的责任。

（1）变革动力法的执行过程和基本内容。

美国捷运公司副董事长切诺尔特所说的"改革的四种形式"能够明确表达变革动力法的执行过程和基本内容：

第一种形式，抵抗。面对改革，大多数人的第一反应都是抵制。有人生性就反对改革，他们喜欢抓住现状不放，因为改革会使他们的生活发生大的变化，一时半会难以接受。

第二种形式，表面接受改革。在概念上接受改革，但却更起劲地反对改革。人们按照老样子干得更多，也更快了，他们提高了生产率，却生产出了更多的过时产品。也就是说，这样的企业以不进行根本性的改革来避免真正的改革。

第三种形式，选择逃避。那些本应领导改革的总经理提前离开企业，或让别人来解决这个问题，从而找到一条很好的退路。

第四种形式，企业适应改革。他们学习新的规章制度，提出为取得更高价值所必需的战略。他们明白若不想与旧制度共同灭亡，就必须拥护改革，这不仅是为了成功，也是为了生存下去。

以上四种形式说明了对任何企业进行改革都是困难的，这个过程并不是一蹴而就。要重新绘制企业的组织表是容易的；告诉雇员们应该按新方法来思考和行动也是容易的；开除一些人，雇用一些人，轮换一些人，以使企业看起来像个改革的样子也是容易的。但是，对明确懂得并且采用变革动力法的企业领导者说，实行真正的改革意味着根本性地改变价值观、行为方式和具体行动，它意味着帮助人们承担风险，帮助他们克服对新事物的恐惧。这样一个挑战是需要时间的，不止于此，它更需要的是一个敢于作出改变的领导。

（2）选择使用变革动力法的企业特点。

第一，拒绝固步自封。使用变革动力法的企业深知自己必须改变，以突破一贯非凡的业绩。

第二，运作方式多元化。企业避免唯一的运作方式，清楚知道根深蒂固的经商方式只会削弱自身原本的实力。

第三，具有一定的未知性。企业组织需要包含一定的不确定性和模糊性，在未知环境中抓住最具潜力的机遇，这样才能在很大程度上获得成功。

（3）选择变革动力法须关注以下问题：

第一，激励员工、客户和供应商不断改变。

第二，雇用拥有激情、活力和开放思想的员工。

第三，改造奖励制度，用于鼓励冒险精神以及勇于改变商业运作方式的做法。

"如果你不是变革的动力，那你只能算一个走向破落的家当的看摊人。假如你打算做的不过是守旧摊子，那还要你做什么工作？"一位使用变革动力法的首席执行官如是说。

以上便是法卡斯先生通过对全球各地百余位企业领导人的采访，从中归纳出的五种管理方式。企业领导采用正确的管理方法——即适合企业当前发展环境的方法——会使企业良好发展并且盈利。

但如果一家企业的核心，即它的总经理或者高级职员们，采取了不适合经营环境的战略方法，或者根本就没有使用一贯的方法来经营企业，那会出现什么情况？法卡斯在《最大化领导力》一书中提到，曾经考察了四家一度兴盛而后又垮台或濒临崩溃的企业，分析它们所采用的方法起了什么样的作用。这些例子无疑是书中最令人痛苦的部分，因为任何企业在跌下深渊时都不是孤立的，危害不仅仅限于企业本身，它总要连带拽下许多别的东西——就业机会、社区利益、友谊、还有大大小小许多企业。经营的失败归根到底总是与失败的管理方法有关，不是选用了与当时环境不适合的方法，就是执行不当，要不就是根本就没有执行。

法卡斯所做的采访中由于不当的管理方法而导致失败的实例之一便是曾经光芒四射的个人计算机之星——王安实验室，关于失败的原因，在于其方法正确而执行不当。王安在大半生中管理企业是相当具有策略眼光的，像所有采用战略管理法的企业领导们一样，进行严密的、系统的分析和预见，可是后来他的方法却不奏效了，之前的管理方法及战略思想给企业带来的不再是价值而是四面楚歌。王安的观念是经不起检验的，未能及时更新，未能随着竞争环境的变化而改变，这在由技术驱动的产业里是致命的错误。企业高级主管在选准了符合当时情况的正确方法之后没能随着全新的情况（如新顾客需求、新的竞争对手、新的技术）而修改自己的方法。王安实验室正是由于没有及时改变策略来适应新的市场环境，从而败下阵来。

至于一家企业为何失败，问这种问题就如同问"泰坦尼克"号为何沉没一样。是冰山的缘故，还是船长指挥无方？是船的构造有问题，还是瞭望员的失职？是以为船永远不会沉的自以为是心理，还是所有这些因素合起来的结果？正如美国大都会公司总经理谢帕德所说，成功是很容易的，而失败的原因则是很复杂的。综合前文，企业领导者的管理方法以及它与市场的结合是成败的根本原因。方法失败或是执行出现问题，公司或企业就失败；方法失败的常见原因是不适合企业当时所处的外部环境，有时也由于执行不当。

濒临崩溃的企业有时是可以起死回生的，这种情况令人欢欣鼓舞，因为它们说明，尽管各个企业情况不同，但只要管理者换一种新的管理方法，并且这种新方法是坚决地采用适合于当前环境的正确方法，仍然可以使已经到了破产边缘的企业绝处逢生。

扭转一个公司的方法同人力资源法或"箱式"管理法是不一样的。危机是一种独特的环境，法卡斯先生曾经采访过6位情况类似的企业总经理，他们所使用的方法竟然惊人地相似。首先他们都建立起"箱子"（即制定规章制度保证员工在一个既定的框架内行动）使失控的局面得到控制，同时他们都采取一些大胆的往往是试验性的举措，使用了作为变革动力的总经理们所提到并且经常使用的许多工具。每一个危机救险者说到他的经验时都必定要谈及个人为抢救企业而付出的代价，这其中包括痛苦地裁员、出售下属企业以及为重振旗鼓而不懈地努力等。同样，他们都不否认这场挑战特别刺激，不过这些企业的总经理最引人注目的共同点在于战而胜之的"精神"，作为一名管理人员，这种精神就是，你决不能懈怠，你自己心里就会一直处于战斗状态。

说到解决危机，恐怕最值得庆幸的是它通常为时不长。法卡斯先生曾在他的书中引例说明，困难年头或不良周期时，管理者通过重新选择适应新环境的管理方法之后这种危机是可以战而胜之的。他们还说明，从事救火的总经理可以使用各种类似的方法去灭火。第一步是重新实现控制——控制现金、资本支出、成本、由谁根据什么做决策等，甚至包括对控制系统的控制，而对从顾客到产品到营销的所有其他问题一概暂时搁置。在当时紧急的情况下，没有时间去考虑长远计划、员工的聘用与发展前途等。相反，要卖掉一些部门，解雇一些人员，压缩一些生产线。解决危机之前总是先建立一个箱子，前面提到过，这是一个较小的由新的规章制度和政策构成的箱子，同时全力关注财务以生存下去。箱子发挥效力之后，解决危机的总经理便迅速转向选择并实施能够形成持久竞争优势的方法。解决危机可能是暂时的，但它关于如何生存下去的经验和教训的影响却是深远的。

（三）论证了五种管理方法的普遍适用性

前面我们所提到的是关于法卡斯先生总结出的全球各大企业领导者惯常使用的五种管理方法。而这五种管理方法是否只适用于在一个最高的总经理领导下的全球性的、公开上市的、多样化经营的企业呢？按照法卡斯的观点来看"不是"。法卡斯认为，领导这个概念不仅仅适用于以盈利为目的的企业，甚至不仅仅适用于以传统的总经理为中心的标准的企业，他认为上述管理方法可以而且在实际上也的确使任何组织增值，不论是教堂、学校、博物馆、律师事务所或图书馆。这些组织的领导人们也使用了与前面所介绍的企业领导人相同的方法来增值。例如，法卡斯所在的贝恩投资公司的领导人罗姆尼就像前文介绍的"传统"注重战略管理法的总经理一样，严格而且全面地重视新成员的出发点和目的地。哈佛商学院院长约翰·麦克阿斯善待每一个人，善于发现"特殊人才"并长期注意他们的事业发展，就像之前介绍的运用人力资源管理法的经理们一样。

他们之所以存在相似之处，其原因在于，法卡斯在访问这些经营管理者时所表达的方法不是业务管理的方法，而是组织管理的方法。每个组织都有自己的目的，都有自己达到非同寻常的结果的东西，但如何实现目标的方法则可以在这五种管理方法的范围内找到。

做顶级领袖，简单说来，就是要有不断追求更好、取得非凡结果的能力。但许多有成绩、有经验的最高管理者都认为要做到这一点其实并不简单。他们众口一词地表示，要在竞争中保持优势是很困难的。总经理必须能做别人不能做的事，作出别人作不出的决策。你必须一个人在黑暗中作出决策，因为这些都不是好玩的。但能否作出这种决策便是最高管理者和其他员工之间的差异所在。虽然多数总经理都承认这项工作很困难，但在竞争复杂和变化迅速的情况下，还是有很多办法能够做到，其中就包括选择一项适合自己企业运营环境的管理方法并且即时更新与时俱进。

这五种方法，有时单独使用，有时重叠使用，有时结合在一起使用。法卡斯采访的每一位总经理都说，自己在某些程度上采用过所有这些方法，但是大多数高级管理者都选择一个最符合他们企业所处环境的方法,并且专注于这种方法。许多人以为,企业领导的目标只是增加非同寻常的价值,超越那些看来是不可避免的、几乎困扰每一位企业领导的要求,诸如行政、税收和法律事务、与股票和债券分析家一起吃午饭等。但总经理们一致认为,这些职责都是不能忽视的,但不应让这些职责占满你的日程。高盛公司的弗里德曼说:"要做到这一点很不容易。"正如克尔陶尔德公司董事长克里斯托弗·霍格爵士所作的比喻:"组织就像一架内燃机。30%的时间是有效的,而70%的时间是浪费掉的。这似乎是必然的。"

每种方法的提出都经历了从理论到实践再到理论的过程,这并不是一种发展过程的倒退,而是方法的升华。起初企业领导选择看似适合自己企业的管理方法并付诸实践,再根据实践过程中与外界环境的摩擦以及自身发展的不适应将管理方法作出适当调整及改善,使其再次用于实践,以螺旋式的发展使企业选择的管理方法越来越适应企业本身,最后就像是量身定做一般与之契合。

一种方法只有在符合经营状况时才是最有效的方法。有些总经理,由于本人的性格而倾向于某一种方法,这种做法有些时候并不具有客观性。更多的是,总经理的确也必须超越自己的性格倾向,去使用并适应经营环境的方法,这就是说,要适应公司的市场动力和内部能力。因此,总经理要使方法起到预想的作用,就必须谨慎考虑,不是莽撞地作出本能反应。这些方法必须是在对企业当前的经营状况以及未来5~10年的情况作全面和系统的估价后选出的。然后根据这种信息,把握行为和后果的关系,作出最有意义同时也是最明智的决策。

在这五种管理方法中,有些方法的确比其他方法更难实行。举个例子,每个企业中的成员似乎都对宣布改变现状的管理者有一种天然的直接抵触心理,因此,使用变革动力法来管理企业也许会遇到更多的抵制。又如,以专业知识法来管理公司,企业领导者必须始终警惕对公司在有关产品和工序上的专业知识的威胁;而人力资源管理法在体力上最累人,常常使管理者跑来跑去。但这不应成为不采取行动的借口,而应促使最高管理层做好评估,制定计划,做好充分准备,而且要坚持不懈。

最后,有效地实行一种方法是需要时间的,也需要有自知之明,最高管理者要懂得只有在自己的组织允许的范围内行动才能有所作为。许多总经理说,他们每天必须做的最无力的事,就是承认他们自己不可能什么都包揽,总经理的地位尽管被吹嘘得很高，但是由于许多因素制约着他，使他并不能如人们所设想的那样自由行动。他们是企业组织"雇用"的，当他们认识并接受这一现实时，才有可能最有效率。并且要知道，想要创造一种一贯而全面有效的管理方法是要花很多时间和精力的。领导者们说，他们的组织就像乐团，有许多乐器同时演奏，要达到和谐，演奏这些乐器需要协调政策或训练方法，甚至是整个企业文化和价值观。有时需要几年的时间才能走完创立一种方法的路程。

随着企业越来越大，市场越来越全球化，技术以令人惊异的速度发展，顾客要求提供更多、更快、更好的服务，市场竞争也越来越激烈。如今，成功需要智慧和速度，加上人力、业务和财务的能力。成功的重担落在公司每个成员的肩上，但归根到底，还是落在了最高领导者的身上。而领导者们该如何不负重望，完成自己的使命，很大程度上取决于他本人的决策是否英明，是否真正适应公司目前的环境，是否符合今后发展的道路。为达到最终目标，日常进行的艰苦和努力是必不可少的，实现这个目标就是不断创造出优异的成果，而这一切的前提就是企业领导者必须经过深思熟虑，选择一个不论对外还是对内都适合自身企业的管理方法。

四、查尔斯·M.法卡斯的管理思想评论

（一）法卡斯管理思想的总结及延伸

查尔斯·M.法卡斯，著名管理学家，为很多行业的首席执行官及高层管理人员提供有关组织长期发展方面的战略咨询。他提出的一套关于首席执行官管理方法的理论，浅显易懂，看起来就像是一个个生动而具体的故事，但却具有广泛的普及型和指导性，不仅让管理学家和管理者从中受益，并且极大地推动了管理学在实践中的应用。

战略管理法、人力资源管理法、专业知识管理法、"箱式"管理法、变革动力法这五种方法，有时单独使用，有时重叠使用，有时结合在一起使用。由于企业经营的范围、产品各不相同，管理方法执行起来有难有易，因此五种方法在企业中的使用频率也有所不同，根据不完全统计大致如表16-1所示。

表 16-1　管理方法使用率

管理方法	战略管理法	人力资源管理法	专业知识管理法	"箱式"管理法	变革动力法
使用率	19%	22%	14%	30%	15%

五种管理方法分别对应其各自不同的领导方式，应用于企业，使其朝着更适合于自己成长环境的方向发展。

1. 战略管理法对应决策型领导方式

战略管理法是那些认为自己的主要任务是做长远的考虑、市场的分析和战略的制定，从而使企业处于竞争优势地位的首席执行官们所使用的管理方法。

战略管理法对应决策型领导方式——他们最重要的工作是提出、设计、检验以及执行一个长时期的、在某些时候可能影响企业未来命运的经营战略。这类企业领导告诉我们，他们的大部分时间花在考虑自己企业发展的起点和终点，制定二者之间效率最高的行动路线，并设计出经营企业的具体方案上。公司核心管理层将过多的想法投入到日常琐碎的事务中是毫无意义的。他们的大部分时间和精力都花在评估当前市场和未来的发展动向上，然后将他们的分析结果作为管理活动和做最终决策的依据。

2. 人力资产管理法对应以人为本的领导方式

人力资产管理法是那些认为自己的主要任务是提高员工个人发展能力及处理人际关系的工作，从而使企业处于竞争优势地位的首席执行官们所使用的管理方法。

人力资产管理法对应以人为本的领导方式——他们的主要工作是将人才的成长和发展视为密切关注的部分，为其传播特定的价值观和企业理念。采取这种方法的企业领导，他们亲自上阵，面试百余位求职者，深入参与每个员工的职业规划，决定每个高层管理者的晋升和降职。这一管理方法的核心在于领导们认为，深入了解每一位员工内心的行为准则和价值观是在风险来临时有效应对同时又鼓励雇员发挥创造性和灵活性的最佳手段。这一方法的最大特点表现在员工经常能发现最高领导无刻不在、无处不在。

3. 专业知识管理法对应专业型领导方式

专业知识管理法是那些认为自己的主要任务是在企业里提出并传播重要的专

业知识的首席执行官们所使用的管理方法。

专业知识管理法对应专业型领导方式——他们的主要责任是善于发现企业内部所需要的是什么样的专业知识，并且及时传播到组织上下各个部门，从而转化为企业的竞争优势。这类企业领导中，有许多人认为关键的有竞争力的优势来自于上述步骤，这些管理者告诉我们，他们实施这种专业知识管理法是通过与之相类似的"授粉"计划实现。最重要的一点是，这些总经理们都极为重视保持这些专业知识常新并为企业独家占有。

4. "箱式"管理法对应条框型领导方式

"箱式"管理法是那些认为自己的主要任务是提出并实施控制系统的首席执行官们采用的管理方法。

"箱式"管理法对应条框型领导方式——他们建立明确的制度以及奖惩措施，从而追求令人满意的结果，即他们的效益得益于控制体系。所有企业都有自己的箱子，不论使用什么管理方法。但采用"箱式"管理法的企业领导者其差异表现在，他们认为控制是企业取得成功的首要途径。其中，公司总部的任务是"权威的压力"，这种任务就是一个典型的箱子。

5. 变革动力法对应变革型领导方式

变革动力法是那些认为自己的主要任务是创立新的制度、政策和文化，从而激励整体或者个人都不断变革的首席执行官们采用的管理方法。

变革动力法对应的是变革型领导方式——他们的主要工作是营造一个自我更新的环境，关心的是改变这个过程。很多使用此方法的总经理和企业领导者都说他们的用意是对已走入歧途的箱式管理法作出的反应，因为这些箱子造得太小了，不适应市场发展，或者根本没有起到任何作用。这时就要改造公司的整体文化：它雇用和晋升人员的做法，它对专业知识的看法，以及它的组织结构本身。他们的目标之一就是使每个人都认识到变革的必要性，虽然这样会带来或多或少的痛苦和不适应，但要让他们知道，如果不变革，我们的企业就无路可走。

成就一番事业要有热血和激情，雄心壮志固不可少，但所谓千里之行，始于足下，在通往成功彼岸的一切必备要素中，科学的管理方法可谓是重中之重，它就如同黑暗里的指明灯、风浪中的方向舵。毛主席曾经用过河要有桥这个生动的比喻，形象地说明了领导方法的重要性。能不能实现正确的有效的领导，取决于领导者是否执行了科学的管理方法，这不仅对工作的好坏，而且对整个企业的发展都至关重要。孔子云:"工欲善其事,必先利其器。"适合企业自身发展的管理方法有助于发挥领导者的职能,明确发展方向;有利于增强企业的运作效率、实现既定目标;有益于每个员工都充分发挥他们的潜力,树立企业形象,最终提高整个企业的经济效能。

(二)法卡斯的管理思想对中国企业发展的启示

作为企业,战略规划、管理方式、企业文化犹如三足鼎立,缺一足或一足较短都将导致企业发展过程中出现隐患。这三方面其实更像是三驾马车,必须朝着同一目标共同发力,若方向不一致也将导致企业原地徘徊不前,甚至摇摇欲坠。

我国商业虽发展历史悠久,但和西方上百年的企业管理思想相比,无论在经营理念、战略决策、运营流程等各个方面还是有差距的,仍需不断学习。下面就以五个管理方法之一的战略管理法为例,来谈谈西方管理思想对我国企业管理的启迪和教益。

现代企业的战略是以企业使命和经营目标为约束的,以出发点和目的地为指向,推进企业发展,即按照未来发展方向和阶段性目标来控制企业当前行为——这是法卡斯战略管理思想的核心。企业战略根据不同时期的环境变化和战略目标,来调整企业资源的配置,保证企业的协调发展。

中国企业近几十年的快速发展壮大,很大一部分得益于借鉴了西方上百年的管理思想精华,其中战略制定的作用不可小觑。创业阶段,战略的重点是在资源、资金紧缺的情况下实施的,必须处理好当下的市场定位和未来竞争优势的关系。成长阶段,战略的重点转向产品差异化方面,需要解决市场扩张和成本优势的问题。发展阶段,战略的重点又转向品牌二次定位。企业在获得大规模的扩张和合并重组以后,此时的战略重点又将变成如何进行资源的整合和文化的融合。

中国企业为了应对市场、技术、产品和竞争对手的瞬息万变,已经懂得并且掌握了如何以企业自身为出发点制定适合当前经济环境的战略方法,并充分运用了西方的管理思想,细化出更为详尽的竞争战略、营销战略、品牌战略和融资战略等子战略。然而,一些中国企业并没有从自身制定的战略中取得成功,其最根本的原因或许正是由于流传上千年以中华文明为代表的东方传统文化在企业中的根深蒂固。在战略执行过程中,一顾求稳谨慎和安全保守的思想经常造成结果的不理想,因为有时候富于冒险和勇于承担风险的精神才是企业做大做强的根本动力。

中国企业战略的制定和执行就像硬币的两面，而西方管理思想和东方传统文化就是硬币上的图案，只有协调、和谐、平衡，才能展现完美和圆满。将中西方文化有机融合，恰恰为企业在制定并执行战略思想这一过程提供了指明灯，管理大师明茨伯格[①]说过：" 战略这个概念的基础恰恰是稳定性，而不是变化。" 中国企业要想在快速变化的时代有效地执行制定好的战略，就要学会在执行既定战略的同时，还要对随时出现的非连续性变化有很敏锐的洞察力，这时候东方文化智慧的巧妙运用就显得尤为重要。一方面是永远不变——战略的原则和目的不变，另一方面是随时在变——战略的模式和进程可以因时、因地、因人而进行调整。

法卡斯五大管理思想最大的特点就是其专业化和科学化，条理分明，何种情况使用何种战略，有一定的规律可循；而东方传统文化的特色在于适应多变环境，应变及时，擅长在动态中维持均衡。明确二者的各自优势后，企业领导人以自己企业经营环境为前提，将西方管理思想与中国传统文化有机融合，制定属于自己的一套管理方法。

本章参考文献

[1] 查尔斯·M.法卡斯，菲利普·德·巴克尔.顶级领袖：世界级杰出企业家的战略谋断[M].韩红，何祚康译.北京：北京出版社，1999.

[2] 彼得·德鲁克.管理的实践[M].齐若兰译.北京：机械工业出版社，2006.

[3] CharlesM. Farkas, Suzy Wetlaufer.The Ways Chief Executive Officers Lead[J], *Harvard Business Review*, 1996, May-June, 110-122.

[4] 查尔斯·M.法卡斯，苏丝·韦特劳弗.CEO的领导方式[J].商业周刊，2002,(4).71.

[5] 毕锦云,首席执行官怎样管理公司[J].中国青年科技，2003,(7).46-47.

[6] *Harvard Business Review On Leadership*[C], 1998.

---

① 亨利·明茨伯格（Henry Mintzberg），生于1939年。在全球管理界享有盛誉的管理学大师，经理角色学派的主要代表人物。在国际管理界，加拿大管理学家亨利·明茨伯格的角色是叛逆者。他是最具原创性的管理大师，对管理领域常提出打破传统及偶像迷信的独到见解，是经理角色学派的主要代表人物。

[7] http://www.zoominfo.com/#!search/profile/person?personId=10763640&targetid=profile.

[8] Five *Possible Approaches to Leadership*[Z].

http://streamlinetraining.blogspot.com/2006/10/leadership-in-nutshell.html.

[9] 西风东渐，西方管理对中国企业的影响 [M]. 北京：机械工业出版社，2011.

第十七章　丹尼尔·戈尔曼：领导风格理论

丹尼尔·戈尔曼（Daniel Goleman），哈佛大学心理学博士，现为美国科学促进会（AAAS）研究员，《情商》《情商实务》《情商4：决定你人生高度的的领导情商》被称为戈尔曼的"情商三部曲"，这三部著作奠定了戈尔曼"情商之父"的重要地位。1995年，丹尼尔·戈尔曼在系统研究情商理论的基础上写成了惊世巨著《情商：情商为什么比智商重要》，把"情商"这一概念普及开来。20世纪初，戈尔曼又将情商引入到管理体系中，系统地介绍了情商与领导者风格间的关系，提出了"领导风格理论"，在商业界产生了广泛的影响力。《哈佛商业评论》认为情商"开创了全新的研究范式"，是"近年来最具影响力的商业思想之一"。《金融时报》、《华尔街日报》和埃森哲战略变革研究所将戈尔曼列为最有影响力的商业思想家之一。

一、丹尼尔·戈尔曼的生平

丹尼尔·戈尔曼教授1946年出生于美国加利福尼亚州斯托克顿的一个犹太知识分子家庭。他的父亲叫欧文·戈尔曼，母亲叫费伊。戈尔曼本科就读于美国阿默斯特学院。这是一所以人文科学见长的学校，培育出了美国总统卡尔文·柯立芝、美国国务卿罗伯特·兰辛、经济学家埃德蒙·菲尔普斯等知名校友。戈尔曼以优异成绩顺利从阿默斯特学院毕业，并获得以美国传奇企业家阿尔弗雷德·P.斯隆（Alfred·P. Sloan）名字命名的"阿尔弗雷德·P.斯隆学者"称号。毕业后戈尔曼前往哈佛大学继续深造，并在那里获得了心理学硕士和博士学位。之后，戈尔曼留校任教了一段时间。后因为导师推荐，就职于《今日心理学》（Psychology Today）杂志社，是该杂志社的资深编辑。不久后他又成为了《纽约时报》的专栏作者，开始了他为期12年的科学记者和专栏作家的职业生涯，他的主要写作领域为心理学和大脑科学。他曾四度荣获美国心理协会（APA）最高荣誉奖项，又于20世纪80年代获得了美国心理学会颁发的终身职业生涯奖。作为一个科学记者，他还曾获得沃什伯恩科学新闻奖，并两次获得有"新闻界的诺贝尔奖"之称的普利策奖提名。

戈尔曼的妻子塔拉（Tara Bennett-Goleman）是一位心理治疗师。戈尔曼曾在他《情商》一书的扉页上写到"献给塔拉——情绪智慧的源泉"，并在其后的一系列著作中表达了对妻子塔拉的感谢，感谢塔拉的温暖、爱与智慧一直伴随着他。如今，戈尔曼与塔拉住在马萨诸塞州的伯克郡。两人还育有两子，生活美满。

戈尔曼一直致力于情商实务的推广。他是"学术、社会和情感学习协作组织"的联合创始人，该组织旨在推动儿童情绪教育普及化。他还担任了罗格斯大学组织情绪智力研究联盟的联合主管和心灵与生命研究所的董事，并积极活动，全力推进商界从业者和科学家之间的对话和研究合作。

戈尔曼本人虽然不是专门研究情商的学者，但哈佛大学心理学博士的学养给予了他足够的学术理解力和判别力，《纽约时报》专栏作家的职业角色又赋予了他非同一般的洞察力和文字传播力，两者共同作用的结果就是：《情商》一书作为情商普及的开山之作荣登《纽约时报》畅销书榜首，EQ一词开始在各国语言中流行。

现在，情商不仅被公认为是卓越领导力的要素，甚至可以看做是美满人生的催化剂。情商能从象牙塔走入民间，特别是从实验室理论到付诸管理和教育的实践，进而促进情商研究的学术繁荣，戈尔曼毫无疑问是立了头功的。

二、丹尼尔·戈尔曼的著作

戈尔曼曾经在《情商》一书出版前设想，如果有一天他听见两个人陌生人聊天，一个人提起"情商"一词，对方能明白是什么意思，他就算是很成功了。而事实是在《情商》出版后，情商的应用和发展远远超出了戈尔曼的预期。之后，戈尔曼又陆续出版了《情商2：影响你一生的社交商》、《情商3：影响你一生的工作情商》、《情商4：决定你人生高度的领导情商》、《情商实务》《情商5：绿色情商》

等一系列畅销著作。其中,《情商》《情商实务》《情商4:决定你人生高度的的领导情商》被称为戈尔曼的"情商三部曲",这三部著作奠定了戈尔曼"情商之父"的重要地位。《情商》是戈尔曼的首部经典著作,被译为了33种文字,高居《纽约时报》畅销书排行榜18个月,连续畅销了10年,全球畅销逾1000万册,在美国企业界和教育界掀起了一阵旋风。该书成为了20世纪最具影响力的话题书籍之一,也被公认为是帮助人们认识自我潜能、获得成功的重量级好书。之后出版的《情商实务》是戈尔曼由心理学家转变成为管理学家的重要著作,该书揭示了情商在个人、人际和组织三个层面所体现出来的不同能力,以及怎样培养和利用这些能力实现个人职业和企业组织的目标。《情商4:决定你人生高度的领导情商》是戈尔曼将情商引入管理领域的又一力作,他在此书中详细论述了如何成为一个优秀的领导者以及如何打造一支高情商的工作团队。书中的"领导风格理论"已被万千组织领导者奉为圭臬。

(一)丹尼尔·戈尔曼著作的概述

1990年,美国耶鲁大学的萨洛维(Peter Salovey)和新罕布什尔大学的梅耶(John Mayer)率先提出了"情商"的概念,这一概念立即吸引了戈尔曼的注意。此后,他利用在《纽约时报》工作的时间,详细整理了与情商有关的研究理论,进行了大量的访问和实验,最终著成了《情商》这一惊世巨著。在该书中,戈尔曼通过无数个发生在我们身边的、能与读者产生共鸣的小故事,讨论了人类情绪的产生,以及不同的情绪控制所产生的结果,把深奥的情商理论变成了人人可以理解,并且可以掌握的人生技巧。其中最令人瞩目的就是他提出的"情商模型",该模型第一次向传统的"智力唯一决定论"提出了挑战,也令情商的学术研究走入了繁荣期。

但戈尔曼始终认为,情商的重要性在于,它应该是能指导我们日常生活的,而不只是停留在学术研究层面,于是"情商三部曲"的第二部《情商实务》出版了。该书首次提出了"领导风格理论",并探索了个人、人际和组织如何实现目标的统一,真正把情商落到了实践中。

伴随着现代企业的发展,戈尔曼又意识到了领导者在组织中的重要作用。于是,他开始把目光聚焦在了如何造就好的领导者方面,并于1998年先后在《哈佛商业评论》发表了《是什么造就了一个领导者?》和《高效领导力》两篇文章,收获了极大的反响,他开始受邀为世界各地的领导者做演讲。之后,戈尔曼又通过与世界各地的公司和组织的上百名高管、经理和员工交谈,获取了大量的信息和数据,了解了领导者和员工在合作中所遇到的困境。在此基础上,戈尔曼联手情商专家里查德·博亚特兹斯(Richard Boyatzis)及安妮·麦基(AnnieMcKee)合著出版了"三部曲"的第三部——《情商4:决定你一生高度的领导情商》。在该书中,戈尔曼重新诠释了"情商模型",把《情商》中提出的的情商的五个要素精简为四个,并完善了"领导风格理论",以一种全新的视角解释了为何情商可以促进共鸣的建设,展示了情商领导力是如何在个体领导者、团队和整个组织中施展它的能力的。

此后,戈尔曼一直致力于探索情商的实际应用,并陆续出版了《情商5:绿色情商》、《专注》等书,继续挖掘情商在管理学领域的潜力。戈尔曼在管理领域的最新贡献是"社会智力"这一概念,并著有《社会智力:人类关系的新科学》一书。[①]

(二)丹尼尔·戈尔曼的"竞争三部曲"

戈尔曼的的著作从专注情商的理论探寻,到将情商引入管理领域,探讨如何使一个公司内部效率最大化,再到后来提出"领导风格理论",着力描述如何用情商打造好的领导者,体现出了理论与实践、宏观与微观紧密结合的特点。

1.《情商:情商为什么比智商重要》(2010)

《情商》一书中写到"智商高,情商也高的人,春风得意。智商不高,情商高的人,贵人相助。智商高,情商不高的人,怀才不遇。智商不高,情商也不高的人,一事无成"。戈尔曼用这一段话奠定了情商在人生中的重要地位。在这本书中,戈尔曼充分发挥了他心理学博士的长处,结合神经系统的最新研究成果,详细地论述了人的情绪从何而来,情商究竟对人有何影响等问题。戈尔曼在该书中的学术贡献主要集中在以下几个方面:

(1)首次全面分析了情绪的构成要素,提出了"情商模型"。萨洛维和梅耶在1990年提出了情商理论,戈尔曼沿袭了这一理论体系,提出了原始的"情商模型"。他认为,情商包含五个方面的要素:了解自身情绪、管理情绪、自我激励、

---

① 陈晨.丹尼尔·戈尔曼:情商之父.[J]哈佛商业评论中文版.2013.2(2)

识别他人的情绪和处理人际关系。戈尔曼对该模型做了如下的解释：

第一，认识自我：指对内在心理的持续关注，是自我观察的过程。对情绪的意识是情绪竞争力的基础，诸如情绪自控等其他情绪竞争力因素都是建立在这个基础之上的。

第二，管理情绪：每种情绪都有它产生的必要性，没有激情的人如同荒漠。然而情绪失控又是一种病态反应，因此需要正确的情绪管理。管理情绪的目的是实现平衡，节制不做激情的奴隶。即减少负面情绪，增加幸福情绪，而不是只维持一种情绪。

第三，自我激励：自我激励包含两方面的意思：一是通过自我鞭策保持对学习和工作的高度热忱，这是一切成就的动力；二是通过自我约束以克制冲动和延迟满足。

第四，识别他人情绪：指了解他人感受的能力。人们用语言表达出来的情绪很少，情绪更多的体现为其他信号。识别他人情绪的关键在于理解非语言信息的含义，比如声调、姿势、面部表情等。

第五，处理人际关系：调节他人情绪的能力是处理人际关系艺术的核心，这要求自我管理和社会意识达到一定的水平。人际交往的关键是人们表达自身感受的能力高低。有效的人际交往的一个决定性因素就是人们运用情绪同步性的熟练程度。如果善于与别人的情绪协调一致，或者很容易让别人的情绪跟着自己的情绪走，那么这种人的人际互动在情绪层面就会顺利的多。

（2）系统地解释了情绪如何控制人类行为。传统的研究范式认为理性应当超脱于感性的约束，而戈尔曼的新研究范式则要求人们要保持头脑和心灵的和谐。戈尔曼认为，人类得以生存和延续很大程度上要归功于情绪对人类行为的影响能力。所有的情绪在本质上都是某种行动的驱动力，即进化过程赋予人类处理各种状况的即时计划。戈尔曼通过考察人脑的进化过程，明确了情绪对于理性心理潜在的控制作用。他认为，情绪智力的核心是杏仁核的工作机制与大脑皮层的互动。杏仁核是情绪哨兵，控制整个大脑。感官（眼睛、耳朵）收到的信号可以通过两条通道传递到杏仁核：一条是通过大脑的丘脑传递到杏仁核，这是一束较大的神经元。另外一条是通过丘脑传递到新皮层，也就是思考脑，然后再传递到杏仁核，这是一束较小的神经元，载有不完全的信息，所以传递速度较快，比来自新皮层的信息率先到达杏仁核，触发杏仁核在接收全部信号之前作出反应。当人在神经失控时，边缘脑的神经中枢宣布突然进入紧急状态，召集大脑的其他部分服从其紧急调度，这时掌管思考的新皮层根本来不及全面观察当前的情势，更无从判断行动的正确性，最终导致我们情绪失控，感性压倒理性。

（3）系统的解释了情绪的来源，提倡情绪教育回归。戈尔曼经过长期的实验观察发现，情绪的基本要素都形成于婴幼儿时期。例如，同理心的根源可以追溯到婴儿时期，表现为一种对他人的困扰的身体模仿，个体通过模仿引发相同的感受。与同理心一样，社交竞争力也形成于婴幼儿时期。儿童会通过社会互动的同步以及社会和谐的潜规则获取经验，这些经验是他们成年后正常社交能力的基础。

痛心于青少年群体高发的社交障碍、焦虑抑郁、以及校园暴力等问题，在情绪研究的基础上，戈尔曼发出了让情绪教育回归课堂的呼吁。他认为，学校应该摒弃传统的以学业智力为中心的培养理念，建立融情绪教育于课堂的新教育模式。而建立这种新的教育模式的着手点，戈尔曼认为应该与情绪智力的基本要素一一对应。他提出，情绪教育的主题首先是自我意识，学校应该教会儿童识别和用语言描述感受，识别自身的优缺点，用积极而现实的态度看待自己。第二是要让儿童学会情绪管理，要让儿童认识到感受的起因，并学习如何处理焦虑、愤怒和悲伤等情绪；教会学生对决策和行动负责任以及遵守诺言。另外，还要注重培养学生的同理心，理解他人的感受，站在他人的角度思考问题，并尊重人们对事物的不同感受。学校情绪教育的重点是要教会学生管理人际关系，包括学会倾听和恰当地提问题，学会合作、解决冲突和协商妥协的技巧。最后戈尔曼还建议把学校、家庭和社区紧密地联系在一起。这样儿童在学校情绪素养课程中学到的东西才不会被遗留在学校，而是在人生的现实挑战中得到检验、实践以及磨砺。

2.《情商实务》（2012）

在把情商带入到大众视野后，戈尔曼又撰写了《情商实务》，对他十几年的情商实务经验进行了总结，把情商实务化工作引向它的主战场——企业组织。全书的科学性一如既往，实操性越发突出。该书主要从组织中的员工、领导者以及组织自身三个层面阐述了如何改善情商，提高组织绩效，最终实现组织目标。

（1）员工层面。如果说情商决定了人们学习自我管理等基础要素的潜能，那么情绪竞争力反映的就是人们把情商转化为职业能力的潜力。个人在工作中不可避免会出现情绪失控，工作不在状态等问题，戈尔曼把这种情况称之为"杏仁核劫持反应"。他经过研究发现，情绪和冲动的自我调节很大程度上取决于大脑执行中枢前额皮层与中脑情绪中枢之间的相互作用，尤其依赖汇合于杏仁核的神经回路。前额皮层是实现自我调节的主要神经区域，它可以把我们导向最佳状态；杏仁核是苦恼、愤怒、冲动、恐惧等情绪的触发器，一旦杏仁核神经回路连接大脑就会导个人采取事后感到后悔的行动。因此，戈尔曼指出，员工在当前工作节奏加快的紧张气氛下如果遭遇了"杏仁核劫持反应"，那么就需要提高自己的注意力，反应过来自己已被杏仁核劫持，然后采用认知方法，说服自己脱离控制。或者运用同理心，设身处地为对方着想，最终控制住自己的情绪。

（2）领导者层面。戈尔曼指出"在工作中，人们遇到困难的时候总是习惯于求助领导者，希望他们给我们指明方向，激励我们，使我们前进。因此领导者的基本工作就是一个情感方面的工作。"[①] 智商和技能只是领导者的"门槛能力"，也就是属于管理岗位的入门要求，情商才是决定一个领导者是否成功的关键要素。那么，领导者是如何炼成的呢？戈尔曼用"领导者风格理论"回答了此问题。他认为，领导者如能在愿景式、辅导式、亲和式、民主式、标杆式、命令式六种领导风格中自由转换，即可展现最佳领导力。此外，戈尔曼还在耶克斯—多得森曲线的基础上，提出了领导者进入"涌流区"（人在此区域意味着为了工作和学习最大限度地控制情绪，是自我调节的巅峰状态。此时，人可以导入积极的情绪，精力充沛地完成当前任务）的方法：一是要根据员工技能调整任务要求。领导者必须努力保持员工完成任务的最佳状态，如果员工的参与度不够，领导者就要增加工作乐趣，提高挑战性；如果员工压力过大，那么领导者就要降低要求并提供更多的支持。二是练习和提升有关技能，以适应更高水平的要求。三是提高专注的能力，集中注意力。通过这三种方法，领导者便可实现自身与员工工作效率的最大化。

（3）组织层面。戈尔曼经过研究提出，群体智力最重要的一个因素并不是群体员工学业意义上的平均智商，而是群体的情商。在其他要素相同的情况下，团队协调一致的能力是激发团队才能、提高效率和取得成功的保证。在团队成员才能和技能相同的情况下，团队如果无法协调一致就无法出色地完成任务。因此，团队整体的用心管理才是组织得以焕发生机的根本动力。

---

① 及轶嵘，如何提高团队的情商：访情商大师丹尼尔·戈尔曼 [J]. 当代经理人 . 2007（1）

3.《情商4：决定你人生高度的领导情商》(2013)

鉴于领导者对企业组织成功的极端重要性，戈尔曼把它从企业组织中单独抽调出来，专门对其进行了系统的阐释。戈尔曼在该书中构建了情商领导力模型，提出了"共鸣型领导"概念。戈尔曼认为，领导者的根本任务是为员工带来积极的情感，让员工能够实现共鸣（当领导人带动员工的积极情感时，就可以激发出员工的最佳状态，戈尔曼把这种效应称之为共鸣）。并且，他认为共鸣可以扩大并延长领导力的情感影响：人们相互存在的共鸣感越强烈，他们的交流就会越多，系统内的矛盾和争辩也会越少。

在对共鸣型领导者的行为进行了实验观察后，戈尔曼得出结论：传递积极情感的共鸣型领导者更容易带领公司取得成功，并且领导者传达积极的情感的能力越强，员工就越会自然而然的被其所吸引，从而更容易留住人才。这是因为当员工的心情舒畅时，自然会表现出最佳的工作状态，即使遇到复杂的问题也更容易轻易化解。而团队中的情感冲突则会分散员工对工作的注意力和精力，进而影响到整个团队的表现。戈尔曼在实验中发现，在共鸣型领导者的指引下，员工在发生任何事时都能感受到共同的慰藉。他们分享自己的观点，互相学习，集体作出决策，合作完成工作。他们之间形成了一种情感上的纽带，使他们在面对巨大的变化和不确定性时依然可以保持专注力。而如果领导者缺乏共鸣感，那么他所进行的只是管理，而不能称之为真正的领导。

虽然不是专门研究情商的学者，但是通过"情商三部曲"，戈尔曼建立起了完整的情商理论与实践的体系架构。他成功将情商引入到了管理学领域，开创了新的管理理论研究范式，形成了新的管理思想，在全球范围内产生了深远的影响。

三、丹尼尔·戈尔曼的主要贡献

戈尔曼在情商领域研究成果颇丰，这既得益于他哈佛大学心理学学习的基础，也得益于他在《纽约时报》工作的经历提供给他的良好表述能力和缜密的逻辑思维。他把情商这种无形的东西，通过大量的实验进行了严谨科学的量化，又以清新明快的笔调呈现在读者眼前。他的研究，既具超前的联想能力，善于吸收前人的研究成果，又时刻关注社会现状，立足于社会现实问题。长达10年的坚持和细心，最终塑造出了"情商之父"这位永载史册的管理大师。

(一)情商模型

在情商模型提出之前,管理者们一直都把工作中的情感看做是扰乱组织理性运转的噪音,认为一个好的领导者是需要保持理性和远离情感的。然而科学研究表明,情感是理性的组成部分而不是它的对立面。

戈尔曼的"情商模型"颠覆了传统的"智商一元决定论",使得商业组织对情商概念的应用越来越广。特别是在领导者的甄选、提拔方面,情商已经成为了不可替代的考核指标。戈尔曼的"情商模型"把情商分为了四个要素:自我意识、自我管理、社会意识和人际关系管理。在这四种情商要素基础上,戈尔曼还根据每种要素的特点,细化出了18种情绪竞争力,从更细微的角度揭示了情商领导力所需要培养的品质。

1. 自我意识

戈尔曼认为,自我意识是情商的第一个要素,它是对自身的情绪、优势、劣势、需求和动机的深切理解。自我意识较强的领导者们了解自己的价值观、目标和梦想,他们清楚自己的前进方向以及选择目标的原因。他们会随时调整自身状态,积极适应那些自己认为正确的事情。同时,自我意识强的领导者也会培养自我反思的思维模式,这使他们做事认真而不受冲动情感的影响。

自我意识需要具备三种能力:情感的自我意识、准确的评估自我的能力和自信感。情感的自我意识可以使领导者在复杂多变的环境中看到事情的重点所在;准确的自我评估可以使一个领导者了解何时寻求帮助以及重点培养哪些新的领导优势;自信的领导者会非常乐于接受困难、有挑战的任务。

2. 自我管理

自我管理这个过程类似于持续进行的内心对话,可以避免领导者受到情绪的支配。它是领导者实现目标所需的关键动力,可以使领导者免于成为"情感囚徒",保持清醒的头脑,集中注意力,阻止那些偏离主题的破坏性情感的产生。戈尔曼认为,能够控制情绪和抑制冲动的领导者是理性的人,他们可以营造信任和公正的环境,这样可以大大减少办公室的政治和内讧,提高生产效率。另外,自我管理能力强的人更容易适应变化,这在当前变幻莫测的商业环境中十分重要。此外,自我管理还有助于塑造正直无私的品格,对组织的长足发展有益。

自我管理要求领导者具备自我控制、透明度高、适应性强、成就感充沛、主动性强、积极乐观六种特质。自控力强的领导者可以在高压情况或危机中保持冷静和清醒的头脑，即使在面对艰难的局面时也仍然可以临危不乱；透明度高的领导者可以坚持始终践行自己的价值观；适应性较强的领导者可以在不失去重点或精力的情况下应付多种需求，也可以坦然面对组织生活中难以避免的一些模糊区域；具有成就感优势的领导者有较高的个人标准，这将推动他们以及下属不断追寻更好的表现；主动性强的领导者会抓住或者创造机遇，而不是简单地守株待兔；一个乐观积极的领导者则能以柔克刚，在逆境挫折中看到机遇。

3. 社会意识

社会意识，是情商领导力中不可或缺的一部分，它意味着领导者必须认真充分的考虑员工的情感，并作出明智的决定，让这些情感得到回应。社会意识中最重要的就是同理心。戈尔曼认为同理心有三种类型：第一种是认知同理心，即了解他人看待事物的态度，站在他人的立场上考虑问题。这类领导者可以用员工理解的方式来表达，会使员工感到备受鼓舞，从而有超出领导者预期的表现；第二种是情绪同理心，即与他人感同身受；第三种是同理心关怀，即感觉到他人需要帮助时就及时提供帮助。这样的领导者会成为团队中最具正能量的人，能在团队中形成温暖的组织氛围。

除了同理心，社会意识还要求领导者具备组织意识和服务意识这两种特质。组织意识较敏锐的领导者可以在政治上保持机敏，能够发现重要的社交网络，并读取关键的权力关系；服务能力强的领导者可以为员工营造一种情感氛围，让他们直接与客户进行联系，确保维持正常的关系。

4. 人际关系管理

人际关系管理可以归结为处理他人的情感。优秀的领导者知道，员工内心深处最重视的东西会是他们工作中最强大的动力，所以他们可以为员工绘制正确的愿景，树立起强烈的集体使命感，从而建立起一个协调有序、和谐融洽的团队。

人际关系管理要求领导者培养起激励、影响力、培养他人、催化改革、冲突管理和团队合作6种能力。善于激励他人的领导者可以创造共鸣感，同时还可以用具有说服力的愿景或共同的使命来激励员工一起前进；具有影响力的领导者在管理团队时会非常具有说服力和个人魅力；善于培养他人能力的领导者会对员工表现出真正的兴趣，了解他们的目标、优点和不足，真正提高员工的能力；而那些能够促进改革的领导者敢于挑战现状并且会支持新的秩序，能够推进组织的长足发展；善于管理冲突的领导者会揭露冲突，并认识到各方的感受和想法，然后集结能量转向一个共同的理想；善于团队合作的领导者则会吸引员工以一种积极、热情的态度为集体努力贡献，并建立团队精神和认同感。

戈尔曼认为，上述四种要素之间存在一种动态关系：自我意识可以促进社会意识和自我管理的发展，而这两者的结合又会促进有效的人际关系管理。因此，戈尔曼提出，情商领导力是建立在自我意识基础之上的。

（二）领导风格理论

戈尔曼提出的"领导风格理论"包含六种领导风格，分别是愿景式、辅导式、亲和式、民主式、标杆式和命令式。六种领导风格的特征及其具体的应用如表17-1所示。

表17-1　戈尔曼6种领导风格

领导者风格	激发共鸣的方式	对组织氛围的影响	适用时机
愿景式领导	鼓励大家为共同的梦想奋斗	最积极	变革需要树立一个新的愿景，或一个明确的前进方向
辅导式领导	将员工的理想与组织目标联系在一起	非常积极	需要帮助员工培养长远能力，以改善其工作表现
亲和式领导	把大家紧密团结在一起，创建和谐氛围	积极	需要消除团队中的裂痕，以及在紧张时期鼓舞大家，增强团队之间的联系
民主式领导	珍视他人的付出，并参与其中以增强员工的奉献精神	积极	需要得到支持或共识，或从员工那里得到有价值的投入
标杆式领导	实现具有挑战性和激动人心的目标	经常因为使用不当而产生很大的消极影响	需要从一个积极、有能力的团队那里获得高业绩。
命令式领导	在紧急情况下为人们提供明确的前进方向，减轻他们的恐惧	经常因为使用不当而产生很大的消极影响	面对危机需要转机或处理问题员工

1. 愿景式风格

这类风格的领导者可以帮助员工了解如何使他们的工作符合企业的大蓝图、了解他们工作的重要性以及其原因。这类领导者善于营造积极乐观的情感氛围，让员工有集体荣誉感的同时最大化地支持组织整体的长远目标及战略。愿景式领导者需要同时具备激励和自信、自我意识、同理心和透明度五种情感能力。其中同理心是最为重要的，可以帮助领导者绘制出真正有激励意义的组织愿景。戈尔曼的研究结果表明，愿景式领导风格是最为高效的，他鼓励领导者们在日常工作中优先采用此风格。

2. 辅导式风格

辅导式风格的领导者会与员工建立起彼此信任的关系。他们会通过与员工长期的密切交谈，帮助员工认识到自己的优缺点，鼓励员工建立起长期的发展目标，并在后续工作中帮助员工实现此目标。这种领导风格需要具备开发他人能力的意识，自我意识和同理心三种能力，好让领导者在起到帮助员工的同时不让他们感到受人制约或是攻击。

3. 亲和式风格

亲和式领导风格的显著特点是坦诚共享情感，领导者需要摒弃高高在上的权威感，坦率真诚地表露自己的情绪并与员工分享。亲和式领导风格注重实践中的协作能力和同理心，领导者需要更关心如何营造和谐友好的交际氛围与培养人际关系，以期增强与员工间的密切关系。

这种领导风格看似成效显著，但戈尔曼认为领导者如果完全依赖亲和式方法，可能会造成情感第一、工作第二的尴尬局面，即领导者会因为顾及与员工的亲密关系而刻意回避矛盾和冲突，无法针对员工的工作问题给出建设性的意见和建议，最终造成团队工作的失败。因此，他建议最好将其与愿景式领导风格结合使用。

4. 民主式风格

这类型的领导者善于听取有能力的员工的意见，使得最终决策能够为员工所接受。员工会因为意见得到了尊重和重视而与领导者形成真正的合作关系。这种风格要求领导者具备团队协作能力、冲突管理、影响力和同理心这四种能力。但是，戈尔曼也强调，过分依赖民主式领导风格可能会导致无休止的会议，因为员工们可能各执己见，难以决断。另外还可能因为员工不具备解决问题的能力，随意作出决策而把公司带入困境。

5. 标杆式风格

这种风格的领导者期待卓越的表现，注重实现目标的动力和抓住机会的主动性能力。他们经常以身作则，为员工树立榜样。此类领导者所带领的团队往往极富进取精神。但是这种领导风格的使用需要谨慎，使用不当可能会导致领导者苛责不断，员工压力巨大，紧迫感十足，最终会使团队不和谐因素越来越多，影响工作效率。另外，标杆式领导者可能会倾向于事必躬亲，很难放心将任务交给员工，缺乏大的领导视野和格局，不能胜任领导者一职。因此，需要与其他的领导风格配合使用才会有成效。

6. 命令式风格

这种领导风格也称为高压式领导风格，它的有效实行依赖于三种情感能力：影响力、成就感和主动性。此类型领导者往往需要员工顺从自己的命令，但从不解释命令背后的原因，他们寻求的是全权控制整个局面。戈尔曼认为，这种领导风格效率最为低下，因为它损坏了所有领导者必备的重要工具——让员工觉得他们的工作是符合宏伟的共同使命的能力。

在"领导风格理论"中，戈尔曼强调，没有任何的领导者是完美的，只要有足够均衡的优势来保证他的领导力的有效性即可。优秀的领导者要能根据需要灵活转变自己的领导风格，根据不同的时机和状况运用不同的情感能力，以取得最佳的管理效果。

对于那些不具备或是具备较少的领导风格的组织领导者，戈尔曼认为，他们可以通过后天的学习来增强推动某一特定领导风格发展的相关情感能力，并且这种学习成果是可以维持的。戈尔曼还提出了这种学习过程的五个步骤：

第一步是揭示理想的自己。戈尔曼指出，识别并阐明理想自我需要自我意识。揭示了理想的自己后，领导者会充满动力想要发展自己的领导能力，这种愿景强大到足以唤起领导者的激情和希望，变成维持他们工作的动力。

第二步是发现真实自我。领导者需要正视自己的行为、他人对自己的看法以及自己内心深处的信念，然后将其与理想的自我相对比，找出自己喜爱并想保留的部分以及想要改变或者调整的部分。想要保留的部分就是领导力优势，也就是真实自我和理想自我相匹配的地方；想要根据环境去调整改变的就是领导力缺陷，找准缺陷和不足才能为改变领导风格铺平道路。

第三步是为自己想要培养的领导力制定可行的方案。任何一项行动都需要列举详细的行动指南，领导者必须按照理想自我的标准为自己量身定做合适的改变计划。戈尔曼认为，当领导者试图克服原有的领导习惯并形成更好的领导风格时，他的计划必须满足以下特征：

（1）目标应该建立在个人的优势之上。

（2）目标必须是自主建立的，而非他人强加的。

（3）计划应该具有灵活性，允许领导者为将来做几种准备。

（4）计划必须可行，并且步骤易于管理。

（5）计划必须适应领导者自身的学习风格。

第四步是培养新的领导技能。戈尔曼认为此过程的关键在于通过不断的练习来掌握技能，因为人的大脑需要很长的时间来建立新的神经通路。只有不断进行强化，最终内化为自控力，才能把新的领导方式转变成为新的习惯。此外，戈尔曼认还给出了一个扩展领导力的方法——内心演练。领导者可以在内心提前预估工作中员工可能出现的问题，在内心里演练如何克服以前的领导习惯，如何采用新的领导风格去解决问题，这种内心演练可以大大提高学习新技能的效果。

第五步是通过组织中员工的反馈来检验新的领导风格的实践效果。之后进入新一轮的自我认识，规划未来的发展议程，开展新的磨炼和实践。

通过以上五个步骤，就可以培养起多种领导风格所需能力，进而熟练在多种领导风格间转换。但戈尔曼也指出，改变一个领导者只是任务的开始，关键性的任务是培养产生共鸣的领导者集体。然后，改革领导者和员工们的合作方式，打造出一支高情商的团队，鼓励这些领导者持续进步，进而带领团队走向成功。

四、丹尼尔·戈尔曼的管理思想评论

情商模型和领导风格理论的提出，奠定了戈尔曼在情商领导力领域的先驱地位。戈尔曼利用他临床心理学的专业知识背景和作为科学记者的严谨态度，深刻剖析了现实的组织经营管理中的问题。不仅没有学科间的不适应，反而开辟出了一条以心理学和神经学知识阐释管理学问题的新途径。在戈尔曼的一系列著作中，不仅没有高深晦涩的专业术语，也罕见空洞的单纯理论架构。他以生动的小故事为案例，层层递进，带领读者进入到情商世界中。其著作既具有严密的科学性，又对读者的知识背景要求不高，浅显易懂，很好地做到了科学性和叙事性的结合。对戈尔曼管理思想的理解，需要立足于现实问题，从一生的长远角度感知情商塑造人的奇妙能力。可以说，戈尔曼如今的理论已从早期的专注情商飞跃至从社会人际互动和神经科学的角度对领导力的考察。他大胆将神经科学引入管理领域，对管理学和心理学及神经科学的跨学科研究有着重要的建树。[1]

（一）聚焦情商领导力新方向

戈尔曼最大的贡献是开创了情商领导力模式，提出了著名的"领导风格理论"。时代的大变革从未停息，科技一日千里、全球竞争以及机构投资者们的压力不断升级，经营的暗潮日益汹涌。加之受到虚拟企业的强烈冲击，实体企业纷纷尽力缩小规模，这就使得留下来的员工需要担负更多的责任，也使得管理者肩上的担子更重：他们要更有效地驱动更少的员工完成组织的目标。另外，劳动力的全球化也使得企业越来越将员工的情商放在优先考虑的位置。简言之，对于企业而言，情商已经越来越重要。在以往的管理领域的研究中，虽然不乏用人格特质来解读管理能力的理论，但都缺乏系统和严谨的论证。戈尔曼第一次用情商来概括了人格特质，创新性在情商与企业管理之间建立了联系。

在聚焦情商领导力的过程中，戈尔曼的研究呈现出三个显著特征：

第一，抽象出了领导力关键因素的同时保证了模型解决实际问题的效度。无论是情商模型还是领导风格理论，戈尔曼都在极力追求把情商这种不可见的东西用最精简的要素概括出来。情商模型把人类的数百种情绪用自我意识、自我管理、社会意识和人际关系管理四种因素概括了出来。领导者风格理论中，戈尔曼又把所有管理者在企业管理中遇到的各种问题用六种领导风格巧妙化解。这样的方式简化了模型的复杂程度，使得模型的传播能力更强，更易于为人所接受。同时戈尔曼也保证了这些模型的简洁程度没有以牺牲模型的实用性和有效性为前提，情商模型和领导风格理论在实际中的广泛应用已经佐证了戈尔曼在简洁和实用性上做到了完美的平衡。

第二，呈现出强烈的实践导向。在《情商》中，戈尔曼利用详细的案例分析阐明了情商的理论知识，但是缺乏实操性，阻碍了情商在实际生活中的运用。戈尔曼及时意识到了这一点，他随后便致力于探索情商在管理学中的实际应用。他将情商由个人情绪管理逐渐延伸到了组织经营管理，建立了情商与组织领导之间的联系，积极探索什么样的领导可以帮助组织实现目标。在探索过程中，与数千家企业的管理人员的交流与研究，为其理论体系的构建提供了大量的数据和案例

---

[1] 陈晨.丹尼尔·戈尔曼：情商之父.[J]哈佛商业评论中文版.2013.2(2)

支撑，也使其理论越来越具有实操性和普适性，从提供一些宽泛的原则转化为可以具体应用的指导意见。至此，情商在管理学组织的实践有了实质性的进展。戈尔曼自己也提到，提出情商领导力"是为了提高整体经济的活力，因此所带来的好处不仅会有益于新一代的领导者，也会恩泽我们的家庭、社区以及整个社会。"可见，戈尔曼的研究始终以解决社会实际问题、造福社会为导向。

由宏观到微观的逐步递进。在情商的研究过程中，戈尔曼最初的对象是情商在全社会的应用，没有给出具体的对于某一职业角色的建议。而在后来的发展中，他逐渐缩小研究范围，将情商引入商业管理，探讨情商如何带来组织内部运作的优化。最后，他选取了组织中最重要的领导者这一角色，更具体地强调了情商如何塑造出优秀的领导者。整个过程符合研究的一般规律，由抽象到具象，由浅及深，更加鞭辟入里。

（二）在心理学、神经科学的基础上发展管理理论

在戈尔曼之前，从未有人想过管理学、心理学和神经科学能碰撞出如此绚烂的火花。

戈尔曼在读博士时，师从哈佛大学著名的社会心理学教授戴维·麦克利兰（David C.McClelland）。麦克利兰的团队主要是从事心理学和企业管理的，他们经过研究提出了"以个人从事的各类工作的水平衡量个人能力"的评估管理人员的新标准，这一论断事实上为情商的普及奠定了基础。戈尔曼很好地继承了麦克利兰的研究思想，丰富的企业调研经验又赋予了他敏锐的商业嗅觉，让他及时把心理学与企业管理合二为一。这一做法看似不可思议，但又合乎情理。因为管理学是管理人的科学，管理者的目的就是要让员工聚集在一起，产生强大的凝聚力，积极发挥主观能动性和创造力，让每个人都能人尽其才。而员工个人的行为正是由其心理所决定的，所以企业管理归根到底就是管理人心。戈尔曼的情商领导力理论能够在商界大放异彩正是因为他系统地诠释了领导者怎样激发员工的积极情绪，更好地管理人心。

另外，在从事心理学研究的几十年间，戈尔曼还一直关注着神经科学前沿的新发现，这一点也为他深入探索情商模式奠定了脑科学的研究基础。正如戈尔曼自己提到的，"在管理理论中，情商领导力理论是唯一一个建立在神经学的联系上的理论。大脑研究上的重大突破揭示了为什么领导者的情感会对下属产生巨大的

影响，阐明了情商领导力激发人们热情和积极性以及保持人们工作动力和奉献精神的能力"。在他之前，没有人考虑过神经科学、心理学也会与管理学产生如此紧密的联系。戈尔曼用他的情商领导思想完美诠释了学科之间的相通性。

也许有很多商界人士会认为心理学及神经科学是一种"软性"研究，无法为管理学提供有力支撑，因而对此抱以质疑的态度。但是，神经科学的最新研究已经清楚地显示出情商的地位非比寻常。戈尔曼在此领域的探索确实起到了帮助企业更好的遴选管理者、实现企业管理目标的作用。此外，戈尔曼始终强调，智商并非不重要，而是随着时代的发展，人类的智商以及专业能力已经有了很大的进步，情商领导力的作用在于帮助企业从一群高智商的、具有相当完备的专业技能的领导者中筛选出最具有成功潜力的那一个。因此，批评情商领导力理论过分夸大情商作用的人，应该在理解透彻戈尔曼的思想后再提出质疑。

现在，在戈尔曼研究的基础上，情商领导力领域的学术研究已经日趋成熟。国内外都已经出现了大量的情商培育机构，例如卡内基训练、国内的清华大学领导力培育中心等，情商领导力的普及正如火如荼地进行着。毫无疑问，未来这一领域的研究还将纵深。

（三）继承和发展了人际关系学派学术传统

任何科学研究的成果都是站在前人的肩膀上获得的，戈尔曼也不例外。他的研究是对人际关系学派已有理论的一种继承和发展。人际关系学派是主要研究人与人之间和人群内部的各种现象的管理流派，这一流派把行为的动因看成是一种社会心理学现象。这一流派的代表人物，美国依阿华大学的研究者、著名心理学家库尔特·卢因（Kurt Lewin）于20世纪30年代率先提出了"领导风格理论"，他的理论包含三种领导风格：专制型、民主型和放任型。在这三种风格中，卢因认为民主型的领导风格效率最高，他建议领导者多采用该风格。

虽然卢因率先提出了"领导风格"理论，但其理论存在一定的局限。他只考虑到了领导者本身的风格，却没有考虑到员工的反馈以及组织环境等因素的影响，也没有给出不同领导风格具体的应用建议。戈尔曼在卢因的基础上，将情商竞争力引入到领导者的风格中，细化出了六种领导风格以及每种风格所需要具备的能力，较卢因的理论更为全面，实操性更强。戈尔曼还针对员工的不同反馈以及组织所处的实际环境，总结出了六种风格的应用时机、注意事项以及培养途径。可以认为是卢因提出了"领导风格"的概念,而戈尔曼将其完善为了可付诸实践的科学理论。可见,任何学术研究都是对已有理论的继承和发展,也是不同领域知识的融合过程。

(四)让情商观念深入人心

除了以上的实际影响,戈尔曼的情商领导力的另一大贡献在于他改变了我们的思维。正如《哈佛商业评论》评价的那样,戈尔曼的情商研究彻底颠覆了传统的以智商作为衡量个人能力的唯一指标的看法,是"一种革命性的,范式冲击的想法"。在戈尔曼之前,"情商"这一概念虽然已经产生,但无论是对其学术研究还是实践应用都还远远未普及。无论是学校教育还是组织领导者遴选,学业智力和专业技能都是唯一的考核标准,然而实践中存在的诸多问题已经多次向这种单一的标准发起了挑战。戈尔曼的情商模型从我们生活中的实际问题出发,系统深刻地诠释了情绪的四个要素,详细地分析了我们的情绪从何而来、如何控制自己的情绪等问题,为我们在生活中利用情商解决问题提供了成熟的理论和实践建议。

从《情商》出版到现在已经22年过去了,情商已经成为了我们在与人交往时关注的重点。无论是学校教育或者是职场交际,情商越来越成为了决定人生是否成功的新要素。情商教育机构和情商领导力培育中心在全球遍地开花,情商已经内化成为每个人心中的追求。这个结果,也印证了戈尔曼"人生的成功只有20%靠智商,80%都是其他因素"的看法。而现在,毫无疑问,情商已经是80%的因素中最具决定性的了。

本章参考文献

[1] 丹尼尔·戈尔曼. 情商实务 [M]. 杨春晓译. 北京:中信出版社.2012.

[2] 陈晨. 丹尼尔·戈尔曼:情商之父 [J]. 哈佛商业评论中文版.2013.2(2).

[3] 丹尼尔·戈尔曼. 情商3:影响你一生的工作情商 [M]. 葛文婷译. 北京:中信出版社.2013.

[4] 丹尼尔·戈尔曼. 情商:情商为什么比智商重要 [M]. 杨春晓译. 北京:中信出版社.2010.

[5] 西伦·派克. 管理思想家50强 [M]. 余彬译. 上海:上海三联书店.2006.

[6] 丹尼尔·戈尔曼，博亚特兹，麦基. 情商 4：决定你人生高度的领导情商 [M]. 任彦贺译. 北京：中信出版社 .2013.

[7] 及轶嵘. 如何提高团队的情商：访情商大师丹尼尔·戈尔曼 [J]. 当代经理人 . 2007（1）.

[8] 王京，李丽. 浅谈管理学中的心理学. 求知导刊 [J].2015.10.

第十八章　费德勒：领导权变模式

费德勒（Fred Edward Fiedler）美国著名心理学和管理专家，西方管理学界称之为"权变管理的创始人"，是国际公认的领导学和管理绩效问题的权威。费德勒被认为是一个多产的研究者、思想家、作家，因其对经济学、科学的成就和贡献受到广泛赞誉。费德勒1949年在芝加哥大学获得哲学博士学位。费德勒出版了十多本有关领导学的著作和200多篇领导学学术论文。1951年起从管理心理学和实证环境分析两方面研究领导学，提出了"权变领导理论"，开创了西方领导学理论的一个新阶段，使以往盛行的领导形态学理论研究转向了领导动态学研究的新轨道，对管理思想发展产生了重要影响。费德勒获美国人事指导协会1953年颁发的"杰出成就奖"；1960年同一协会颁发的"荣誉状"；1971年美国心理学协会咨询心理学分会颁发的"研究奖"；1979年获"军事心理杰出科学贡献奖"；1978年由于他"对领导科学的卓越贡献"而获得斯道戈迪尔奖。1979年，他被列入科学文献中最经常引用的100位心理学家的名单。

一、费德勒的生平

费德勒于1922年7月13日出生于奥地利维也纳。他的父母Victor和Helga Schallinger Fiedler在1938年之前拥有一家纺织和剪裁用品店。费德勒是他们唯一的孩子。中学毕业后，他在父亲的纺织业务中做了短暂的学徒工，之后于1938年移居美国，在印第安纳州的南本德（South Bend）定居。1940年高中毕业后，费德勒在印第安纳州，密歇根州和加利福尼亚州从事各种低级工作，然后回到印第安纳州密歇根电气公司工作。

在1942年夏天，费德勒在西密歇根教育学院（现在的西密歇根大学，卡拉马祖）申请了工程学课程，但很快就发现不是他的领域。他也申请并被芝加哥大学录取，他从1942～1945年在美国陆军服役。经过基本训练和医疗营的简短任务后，他被派往印第安纳大学接受土耳其地区和语言研究课程的培训。后来他在一个步兵营，军事平民事务和军政府任职。在英国和德国执行任务期间，费德勒参与了培训、口译、电话沟通和公共安全等活动。费德勒在进入军队之前曾在芝加哥大学与朱迪思·约瑟夫见过面，费德勒在他十几岁的时候就开始对心理学感兴趣，他读了他父亲关于这个话题的书。在服兵役期间，他参加了几个心理学的延伸课程。1945年11月他退伍后，费德勒被录取到芝加哥大学，并于1946年1月重新开始学习心理学。他于1947年获得组织行为学硕士学位，并在1949年的临床心理学博士学位。在芝加哥大学期间，费德勒积极参与了该领域一些最卓越的研究。费德勒的硕士论文是"预防性心理治疗对缓解考试焦虑的疗效"，他的"由精神分析学，非指导学和阿德勒学派的专家和非专家创造的治疗关系的比较研究"，则是他引用最多的作品之一。在芝加哥大学期间，他曾是退伍军人管理局（VA）的实习生和研究助理，在毕业后继续工作了一年，担任芝加哥弗吉尼亚州的研究助理和讲师。在兰德芙·菲尔德（Randolph Field）的战斗机组研究实验室度过了一个夏天之后，他成为伊利诺伊大学教育学院海军研究合同的副主任。他在这个时期与唐纳德·菲斯克（Donald Fiske）和李·克朗巴赫（Lee Cronbach）一起工作，引发了他一生对领导的兴趣。

从1950年到1969年，费德勒在伊利诺伊大学任教，并开始领导集团效能研究实验室（GERL）。在伊利诺伊大学期间，费德勒被任命为人格和工业心理学部门的负责人。他的妻子在大学的调查研究中心担任研究社会学家。1969年，费德勒搬到华盛顿大学，直到1993年退休。在那里，他成立了组织研究小组，指导了小组有效性研究实验室。

费德勒因为他的写作，讲座和咨询工作而闻名世界。在他的职业生涯中，费德勒获得了许多政府机构和私人基金会的研究经费和合同。他于1957～1958年在阿姆斯特丹大学担任研究员，从1963～1964年在比利时鲁汶大学，1986～1987年在牛津Templeton学院担任研究员。他曾担任过多个联邦和地方政府机构的顾问以及美国和国外的私营企业。

费德勒因于1971年的辅导研究和1979年为军事心理学作出贡献被美国心理学协会（American Psychological Association）承认，1978年获得斯通德尔（Stogdill）杰出贡献奖。1993年，美国管理学院授予费德勒杰出教育管理人，工业和组织心理学协会在1996年认可了他杰出的科学贡献。1999年，美国心理学会向费德勒颁发了James McKeen Cattell奖，费德勒是国际应用心理学协会的成员，也是该组织心理学分会的前任主席，他是美国心理协会的成员，也是实验社会心理学协会和中西部心理学协会的成员。他撰写或合着了200多篇科学论文和几本书。他的文章经常被别人引用，并被心理学、领导力和管理领域最权威的期刊发表。

费德勒的职业生涯跨越了五十多年。即使退休，他仍然鼓励对领导力和其他相关主题的研究。他在职业生涯的早期就提出了领导力的理论，并且花费了好几年的时间来检验自己的假设并且作出修改。费德勒和他的权变领导理论在管理思想史上应该占有一席之地，他是第一个认识并且结合了人格特质和情境因素的领导力模型的人之一，费德勒的认知资源理论有望在未来多年延续他的影响力。

二、费德勒的著作

费德勒对领导理论的发展作出了卓越的贡献，他的主要著作和论文包括《让工作适应管理者》（1965），《领导效能论》（1967），《领导方式和管理效率》（1974），以及《领导领导效能新论》（1987）等。费德勒所提出的"权变领导理论"开创了西方领导学理论的一个新阶段，使以往盛行的领导形态学理论研究转向了领导动态学研究的新轨道。

（一）《让工作适应管理者》（1965）

1965年，费德勒在哈佛商务评论杂志上发表了这篇具有划时代意义的论文，引起了世人的瞩目。费德勒的权变领导理论远远超越了传统的选拔和培训领导人的观念。费德勒所强调的是，组织变革（即改变组织环境）可能成为一种非常有用的工具，使得管理阶层的领导潜能得以更充分地利用和发挥。当别人的注意力还集中在企业领导采取哪种领导风格更为有效时，费德勒已经把自己的研究方向转移到更重要的问题上：民主和专制这两种领导风格分别适用于什么样的环境？

费德勒认为，一个组织的成功与失败在很大程度上取决于它的管理人员的素质，即取决于领导。如何寻求最佳的管理人员即领导者是一个十分重要的问题，但更现实、更重要的是如何更好地发挥现有管理人员的才能。为了得到好的经理人员，传统办法是依靠招聘、选拔和培训。费德勒指出，依靠培训使领导者的个性适合管理工作的需求，这种做法从来没有取得到真正的成功。相比之下，改变组织环境即领导者所处的工作环境中的各种因素，要比改变人的性格特征和作风容易得多。我们应当尝试着变换工作环境使之适合人的风格，而不是硬让人的个性去适合工作的要求。

费德勒指出，企业中的领导职务要求人们具有极强的适应性，而合格的、胜任的企业领导人员变得越来越难找了。过去有一个时期，到处似乎都能发现所谓"天生的领导者"，他们素质极佳，前程远大，而且人数众多，可以信手找来，可惜这种惬意的事情已经一去不复返了。企业界必须抓住现有的领导人才，像使用厂房、设备那样尽可能有效地发挥他们的作用。比如说，企业界的财务专家，高级科研开发人员，管理生产的天才，这些人很可能是不可或缺而又不可替代的。他们承担着领导责任，不可能一夜之间找到或训练出代替他们的人选，而且他们也不甘愿充当二把手的角色。如果这些人的领导风格与工作环境的要求不相符，恐怕只能改变工作环境适合他们的领导为式。

《让工作适应管理者》费德勒试图阐明的就是如何去修改和变化工作环境以使其具有适用性。事实证明，一是在某些环境条件下专制式的领导者工作效率高，而在另一些环境中民主型的领导者工作起来得心应手。在任何一种环境中我们都有可能改变那些与领导者固有风格相抵触的客观因素条件。如果一个组织的最高层领导者明白这种可能性，他便可以为他们的中层经理设计出适合他们各自风格的工作环境，从而提高领导效率。二是领导者与职工的关系是最重要的环境因素。它直接影响领导者对下属的影响力和吸引力，反映下属对领导者的信任、喜爱、忠诚和愿意追随的程度。三是受欢迎的领导在指挥过程中并不需要炫耀身居高位和大权在握，下属都自愿追随他并执行他的命令。四是最高领导人应当学会分析和识别工作环境，然后使可以将部门经理和下层经理分配到适合他的风格的环境里去工作。每种具体环境需要什么样的领导风格，取决于环境对领导者的有利程度，而这种有利程度又由若干环境因素决定。如领导者与职工的关系，群体成员的经历是否类似，工作任务是否明确，领导对下属是否了解等。显然，改变这些环境因素要比调换下级经理和改变他们的作风容易得多。

（二）《领导效能论》（1967）

在1967年出版的"领导效能理论"中，领导权变模型立即引起人们的关注，成为第一个领导理论，用于衡量领导者人格与领导者情境控制之间在领导绩效预测中的相互作用。尽管许多学者认为有一种最好的领导风格，但是费德勒的权变领导模型假设领导者的有效性是基于"情境偶然性"，或者是领导者的风格和情境优势之间的匹配，后来被称为情境控制。此后，有400多项研究调查了这种关系。

费德勒权变领导理论的一个重要组成部分是最不喜欢的同事（LPC）量表，这是一种衡量个体领导倾向的工具，使用18至25对形容词，每对之间有8个双相量表。被调查者被要求考虑他们最喜欢的人，不管是现在还是过去，并且对每个形容词的同事评分。高层次领导或以关系为动机的领导者以更积极的态度描述他们最不喜欢的同事，并关心保持良好的人际关系。低LPC或任务驱动的领导者会以拒绝和否定的方式描述他们最不喜欢的同事，并将任务放在首位，而不是人际关系。费德勒认为，没有理想的领导者。如果他们的领导方向适合这种情况，那么低LPC（任务导向型）和高LPC（关系导向型）领导者可以是有效的。

费德勒研究了两种领导风格，即关系领导型和任务领导型。费德勒以一种被称为"你最不喜欢的同事"（LPC, Least Piefened Co-worker）问卷来反映和测试领导者的领导风格。一个领导如对其最不喜欢的同事仍能给以好的评价，即是关心人（关系导向）的领导；一个领导如对其最不喜欢的同事评价很低，即是关心任务（任务导向）的领导。

费德勒发现，LPC低级领导者在非常有利或不利的情况下更有效，而高级LPC领导者在中级偏好的情况下表现最好。由于人格相对稳定，应急模式表明提高效率需要改变情况以适应领导者。组织或领导者可以增加或减少任务结构和职位权力，培训和组织发展可以改善领导者与成员之间的关系。领导者匹配是一个自我进步的领导力培训计划，旨在帮助领导者改变形势的好处，或情境控制。

（三）《领导效能新论》（1987）

在1987年出版的《领导效能新论》（*New Approaches to Effective Leadership*）

中，费德勒提出了领导和管理的新理论。对领导者为什么有效，领导者的具体特点以及如何提高领导者及其组织的有效性提供了更为清晰的认识。而且这部书结合了领导者的个性，情境因素和压力，领导行为以及智力，技术知识，技能和经验等认知资源变量。此外，要建立一个高效的团队，还要看领导者是指导性还是非指导性这一条件。

新的领导效能理论建立在以下几个假说和命题的基础上。

假说1：聪明而有能力的领导者在制定计划、决策和行动战略上要比那些智力和能力较差者更有效。

假说2：工作群体的领导者在传达计划、决策和行动战略时，基本采取的是指导型行为。

命题1：领导者处于应激状态下，他的智能将从工作分散到其他事物上，或者对群体工作绩效起到反作用。因此，在应激状态下，特别是在人际压激下，领导者的智能和技能量度与工作绩效是不相关的。

命题2：指导型领导者的智能与群体绩效的相关性要大于那些非指导型领导者的智能与群体绩效的相关性。

命题3：只有在群体成员服从领导者的指导时，领导者的计划、决策才能得以贯彻执行。因此，当群体全力支持领导时，领导者的才能和工作绩效的相关性要大于群体不支持领导者的情况。

命题4：在领导者为非指导型，同时群体成员对其领导为支持型的情况下，群体成员智能与工作绩效相关。

命题5：领导者智能对群体绩效贡献的大小取决于工作对这些特别能力要求的程度。

命题6：在应激状态下，特别是在人际关系应激下，领导者与工作有关的经验将与工作绩效相关。

命题7：领导者的指导型行为部分取决于权变模型的要素，即领导真是工作任务激励型还是人际关系激励型以及对环境的控制力。

权变理论强调了对领导者个性和领导情况之间相互作用的重要性的理解。认知资源理论综合了权变模型和多屏模型，并指出在一定条件下，领导者和群体成员的能力及与工作相关的知识对有效的领导绩效的作用。

应激对于领导绩效的影响主要在于焦虑把一个人的注意力从工作上分散开来

时，导致了他陷入缺乏自信的境地。正如焦虑实验和社会促进理论所研究论证的那样，当人们面临对自己绩效进行重大评价时，忧虑所产生的有害效果最为普遍。对很多领导者来讲，他的直接上司是产生应激的重要原因。顶头上司的关键性评语不仅对使用评价的组织，而且对个人在整个职业生涯中都起着重要的作用。经常会有这样的事情，一个离开原单位很长时间后，又来找他们以前的上司要求对他的工作绩效做一个评语或者说明。这种评语对一个人的晋升或应聘都有着深远的影响。可能更重要的是，顶头上司的评语对一个人的自我感觉和自尊有很大的影响。

经验和领导绩效之间不存在着一致的相关。经验可以由组织、工作和领导位置的任期来衡量，也可以从先前职位的相关性与差异性来得到。我们也没有能够发现智力较高的领导人从经验中获益更大，但有证据表明智力欠佳的领导人富有经验并非是好事。经验的结果似乎对环境更具有控制力，并且可能在完成工作时增强自信心。

某个有着控制力较强领导者的群体，同一个领导者控制力较弱的群体相比较，两者所完成的工作绩效基本相同。这个结论非常重要，因为它表明：降低情境控制所引起的影响并不等于降低领导绩效或降低群体工作效率。平均地说，具有较低情境控制力的领导者所在的小组，效率并不低于具有较高情境控制能力的领导者所在的小组。工作经验的一个主要作用是增强领导者控制环境的能力，而这一点又引起人际关系激励型和工作任务激励型领导者的绩效差异。工作经验究竟提高还是降低绩效取决于领导者的人格特点与情境控制的匹配度。当工作经验引起情境控制度由低至中等水平时，低 LPC 分领导者的绩效降低而高 LPC 分领导者的绩效却提高，当工作经验引起情境控制度由中变化至高水平时，低 LFC 分领导者的绩效提高而高 LPC 分领导者的绩效却降低。这些效果解释了许多研究一致的结论，即一般而言，经验并不能够改进领导绩效。

领导者必须为指导型且处于支持型或无应激的情境中才能有效发挥智力的作用。而有关有效发挥群体成员智力的命题则未得到证实。这可能是因为我们采用的是群体成员的平均智力分数而不是其他指标，也可能是因为群体成员的智力不如其专业技能重要，还可能是因为我们需要考虑的是群体主要成员而不是全体成员的均值。对领导者和群体成员智力作用进行的比较表明，二者对群体绩效的作用是相互矛盾的，领导者的高智力对群体绩效有积极作用之时，也正是成员的高智力对绩效起消极作用之时；反之亦然。最后，指导型行为对于智力较高的领导者的绩效有积极作用，而智力欠佳的领导者以非指导型方式管理自己的群体似更有效。领导者的指导型行为可以从人格和情境的相互作用，即从权变模型中得到预示。工作任务激励型的领导者在控制程度较低的情境下表现为指导型，而人际关系激励型的领导者在控制程度较高的情境下表现为指导型。权变模型预示了领导者的指导型行为，而指导型行为和智力又预示了支持型群体的绩效。

当应激低时，如果任务要求智力活动，领导者智力可能对群体的成功产生积极作用。而智力对社交俱乐郊领导者的成功不会起多大作用。当应激高时，工作资历和一般性经验能使得领导者干得更出色，特别是当工作要求人际关系技能时。适宜于具体任务的高度的创造力，可能会干扰具有指导型领导者群体的绩效，因为它可能使得领导者对那些非创造性的领导职能漫不经心。群体的管理和群体活动的监督似乎需要智力，但在高度应激状态下，智力任务与心理能力的配合作用很有限，因而智能可能会导致绩效低下。

三、费德勒的主要贡献

1951年起，费德勒从管理心理学和实证环境分析两方面研究领导学，提出了"权变领导理论"（Contingency Leadership Theory）。他的研究开创了西方领导学理论的一个新阶段，使以往盛行的领导形态学理论研究转向了领导动态学研究的新轨道。菲德勒的理论对尔后领导学和管理学的发展产生了重要影响。

（一）领导风格

费德勒首先从领导风格入手进行研究。他定义的领导是指一种人际关系，是指某一个人指挥、协调和监督其他人完成一项共同的任务。特别是在所谓"交互影响的工作群体"中这一点尤其重要，因为在这种组织里大家必须相互合作共事才能达到组织的目标。领导者管理下属的方式可以简单地分为两种：

（1）明确指令下属做什么和怎样去做。

（2）与组织的成员共同分担领导工作和责任，吸收他们一起来规划并实现组织目标。

尽管这两种极端的典型领导风格都存在缺点，但是他们都达到了激励组织成员并使之配合协调行动的目的，只是使用的手段不一样。一个挥舞起权力的"大棒"驱使人们去工作,另一个是以友善的态度用"胡萝卜"诱使人们与之合作。前者是传统的以工作任务为中心的专制独裁的领导风格,而后者是人情味十足的以群体为中心的领导风格。

上面两种领导风格分别适用于不同的环境条件。为了使领导者风格与工作环境的需要吻合,管理人员有两种办法可循:

(1)先确定某具体工作环境中哪种风格的领导者工作更有效,然后选择具有这种风格的管理者担任领导工作,或是通过培训使其具备工作环境要求的风格。

(2)先确定某管理人员采用什么样的领导风格最为自然,然后改变他的工作环境,使新环境适合领导者自己的风格。第一种办法就是传统的人员招聘和培训方式,人们对这种方式已经进行过大量的研究。但是,以往我们从未认真考虑过第二种方式是否比第一种方式更容易实现。

(二) 具体环境下需要什么样的领导风格

如何确定环境对管理者的有利程度"怎么改善那些与领导者风格相抵触的环境因素"如何才能设计出适合领导者风格的环境？1951年,费德勒曾在海军研究部的资助下主持领导效率的问题的研究。为了弄清领导效率和群体的关系,他们调查分析了1200多个群体,研究对象当中包括大学的篮球队、平炉炼钢车间、勘探队、军事小分队以及公司董事会等。在每一类研究对象中取一定数量的个体作为样本,然后分别衡量样本中各群体或组织的工作成绩和领导者的风格。工作成绩的衡量以客观的最终指标为准,比如篮球队要看比赛中取胜的百分比,平炉炼钢车间要看单位时间的出钢量(即出钢时间间隔),企业则要看连续三年的净利润,如此等等。在分析领导者的领导风格时,费德勒首创了LPC问卷方法,让每个群体的领导者对他"最不能合作共事"的同事按照一系列"正反两极"式的项目进行评分。这些同事不一定是当时在一起工作的,也可以是以前的同事。根据评分可以测定这个领导者对同事的态度。假若一个领导人对自己所最不喜欢的同事仍能给予较高的评价,那就说明他关心人,是宽容型的领导,有民主式的领导风格,他的LPC分数值较高,那些对自己最不喜欢的同事给分较低的领导者,则是以工作任务为中心的领导者,领导风格是专制型的,其LPC分值较低。费德勒研究结果表明,专制型的领导在篮球队、勘探队、平炉车间以及企业管理人员的群体中工作得很出色,在各种创造性的工作群体中,要求领导者能和下属维持好关系，则民主型的领导更容易作出成绩。

1. 关键因素

适用于任何环境的"独一无二"的最佳领导风格是不存在的，某种领导风格只是在一定的环境中才可能获得最好的效果。一位在某种环境中能取得成效的领导者（或一种领导风格），在另一种环境中就不那么有效。因此，必须研究各种环境的特点，而组织环境分类又取决于多种环境因素，长期研究的结果说明，三类主要的环境因素条件决定了几乎所有特定环境所适用的领导风格。

第一，领导者与下属的关系。领导者与职工的关系是最重要的环境因素，它直接影响领导者对下属的影响力和吸引力，反映下属对领导者的信任、喜爱、忠诚和愿意追随的程度。受欢迎的领导在指挥过程中并不需要炫耀身居高位和大权在握，下属都自愿追随他并执行他的命令。

第二，任务结构。工作任务的结构是第二个重要的环境因素，它是指下属工作程序化、明确化的程度。如果工作的目标、方法、步骤都很清楚，那么领导者就可以下达具体的指令，下属的任务只是执行；相反，则无论领导还是下属都不清楚应该做什么和怎样做。结构清楚明确的工作任务对于专制的领导者是有利的，因为他可以很容易地下达程序化的工作指令，并可以按步骤分别检查各阶段工作的成绩。工作任务含混，领导者的控制力就很弱。而这恰好为群体提供了轻松气氛，有利于创造力的发挥。在一般情况下，领导群体完成一个结构化的任务比完成一个非结构化的任务要容易些。

第三，职位权力。领导者所处地位（职位）的固有权力是最后一个环境因素，它是指与领导职位相关的正式权力，即领导人从上级和整个组织各方面取得支持的程度，如他是否有雇用和解雇职工的权力以及提升下属的权力。领导者职位权力不是来自他个人（如能力，水平）的权力。职位权力较强的领导者指挥起来更得心应手。

2. 环境分析模型

依据各环境因素的好坏、高低、强弱，领导环境可以分成8种，拥有强大权力、受职工爱戴的领导者，带领下属完成结构性很高的工作任务时处于最有利的环境，完成任务很容易。相反，另一种环境就对领导和工作十分不利，因为在那里工作任务模糊不清，领导者没有权力，下属又不喜欢他。一个受人尊敬的建筑工地工头，带领工人按蓝图施工，就比一个由志愿人员组成的委员会，在不讨人喜欢的主席主持下计划一个新政策要容易得多。费德勒认为，三个环境因素中最重要的是领导者与职工的关系，最不重要的是职位权力。比如在一个结构化的工作群体中，一个低职位的人可以顺利地领导那些比他职位高的人，就像一个低级军官可以指挥刚入伍的高级军医接受一些基本军事训练一样。相反，一个资深而不受欢迎的经理主持政策讨论会往往却很吃力。

3. 不同环境条件要求不同的领导风格

以上是根据三类环境因素所处的条件进行排列组合归纳出8种不同的领导环境，第1种是最有利于领导者的，第8种是最不利的。费德勒经过大量调查研究后指出，在不同的环境条件下应当采取不同的领导方式，如方法得当便可取得很好效果。采取以人际关系为中心的民主型领导方式效果较好，不同的领导风格在一定的环境条件下表现出各自较好的适用性。

环境不是一成不变的，当环境因素发生变化时，与之相适应的领导风格也会发生变化。因此，即使一个管理者的领导方式与环境的要求一致，即使现在工作顺利，也不意味着他就永远适合于做这个工作，除非他的风格也随环境的要求而变化。比如在一个工作程度很清楚明确的企业，领导者受职工信赖并精明强干，以往工作成绩显著，突然企业面临危机，于是经理便会把顾问们请来商量对策。过去在顺利时经理只需要下达命令就行了，是专制型的领导。而他和顾问们一起开会时便需要和谐气氛，必须当民主型的领导，这一过程实际上就是领导风格随环境变化而变化的例子。

4. 实际验证

费德勒的理论得到了大量实际经验和实验结果的验证。以领导者与下属的关系为例，他分析了若干B—29轰炸机组，30个防空分队以及32个小型农场用品供应公司的情况。显然，这三项研究所得的结论很相似：当领导者受下属信赖或下属与领导者关系恶劣时，领导者应当采用专制型的工作方式。而在不那么极端的中间情况下，一般来说民主型的领导更容易作出成绩。不仅在美国进行的研究是这样的，费德勒在比利时海军训练中心测验结果也是这样。其中一半由母语属于相同语系的人员组成，彼此没有严重的语言障碍。另一半由那些不同语系的人组成，彼此语言不通。前一半小组由资深专业人员领导，而另一半由新手领导。每个小组完成三件工作，其中一件是非结构化的（拟写征兵信函），两件是结构化的工作（依次寻找船中航行10个和12个港口的最短路径）。工作完成以后，所有成员和领导都要描述他们的群体气氛和领导者与下属关系的情形。按照环境对领导者的有利程度将工作环境分类，最有利的工作环境是：成员间没有语言障碍，由受下属尊重的专业人员领导，任务则为寻求最短路径；最不利的环境是：由新手领导的语言不通的小组，工作任务又是拟定征兵信函。有意思的是那些由不同语系的人员组成的小组，通常只有在专制型的领导者控制下才能有效地进行工作。这恰好和那些跨国公司的经理们反映的情况一样。费德勒在最后作出了简短的结论，他认为依靠招聘和培训管理人员来适合工作环境要求不是好办法。现在，各企业都在设法吸引那些经过良好培训而且有丰富经验的人充当领导，这些人绝大多数都是些专家而且年事已高，他们的才智已经很难与日俱增有所发展，企业今后是不能依靠这些技术专家的。企业可以把人员培训成具备一定风格的经理，但是这种培训很困难，而且成本高、时间长。与之相比，按照经理人员自己固有的领导风格，分配他们担任适当的工作，要比让他们改变自己的作风以适应工作容易得多。费德勒认为，最高领导人应当学会分析和识别工作环境，然后便可以将部门经理和下层经理分配到适合他的风格的环境里去工作。每种具体环境需要什么样的领导风格，取决于环境对领导者的有利程度，而这种有利程度又由若干环境因素决定。如领导者与职工的关系，群体成员的经历是否类似，工作任务是否明确，领导对下属是否了解等。显然，改变这些环境因素要比调换下级经理和改变他们的作风容易得多。

四、费德勒的管理思想评论

费德勒的权变领导理论极大地促进了领导管理科学的发展，费德勒吸收了过去有关领导行为的研究成果，分清了在不同情境模式下不同领导方式如何发挥最大效能。对于领导者而言可以通过费德勒模式评估自身领导方式进而发挥自己长处，更进一步的使自己的领导能力适应不同的情况。通过权变领导理论企业可以选择更合适的领导者，充分发挥领导者的效能。

（一）使用最不喜欢同事规模评估领导力

费德勒将领导者分为两类：关系驱动型和任务驱动型。并且可以通过LPC量表来区分两种类型。在此之前，并没有一个完整的系统的有说服力的方法来测度领导者的领导力。一个系统完整的领导力评估方法不仅能帮助领导者认清自身而且有利于企业选择合适的领导者。费德勒综合考虑领导者与成员之间的关系、职位、权力和任务结构这三种因素来衡量领导者的风格。在费德勒看来，一个领导者要想取得理想的领导效能，必须通过一定的领导方式来对领导情势实施有效的控制，而领导者对领导情势的控制程度又决定于领导者使领导情势三因素相互配合的状况。根据这三个因素不同的配合情形，可以看出主管对情势的控制程度有多高。在此基础上，费德勒深入研究了不同领导风格的领导者发现：没有完美的领导者，不同的领导方式需要不同的情境与之相适应才能发挥领导者的领导效能。

（二）认知资源理论深入人心

认知资源理论认为领导者智力、经验和环境压力都是重要的，该理论提出了如下假定：首先，如果领导者属于指示命令型，他的智力可能对团队绩效起到一种积极作用。换句话说，如果领导指导下属，团队可能得益于领导者的高智力。在团队执行一个复杂任务时，领导智力与团队绩效显著相关。其次，认知资源理论指出压力使智力与绩效之间的关系变得不明显：如果处于一种无压力的情境，领导的智力是一种"资产"，而处于一个高压环境中时，智力可能发生转移或对团队绩效不产生影响。第三，认知资源理论提出，在一种高压环境下，领导的经验与绩效正向相关，而在一个没有压力的环境中却不是这样。在面对一种高压情境时，有经验的领导可能凭借于他们已有的可靠方法，因而可以帮助团队做得更好。然而同样一个经验丰富的领导，在一个没有压力的环境中可能对经验有太多的依赖，但在一个压力较小的环境下，对领导有用的是智力而非经验。在许多组织中，我们可以发现资源认知理论在发生作用。当面对危机时，大部分组织在寻找那些曾经经历过相同危机的领导。

认知资源理论是相当新的一种理论。虽然它的许多主张得到了广泛的支持，一些较早的研究对该理论的某些方面提供了支持，然而一些问题还需要进一步澄清，特别是对经验的定义与测量一定要更准确，也必须考虑其他认知能力、领导者对压力的忍耐、智力与经验可能存在的关系等。评价压力在领导情境中的作用。尽管其他一些领导理论关注任务的复杂性与下属的个性特征，但压力的大小也应该是领导者与组织需要考虑的另外一个因素。这进一步表明，压力管理是领导培训的一个重要组成部分。特别是，应该鼓励高认知资源的领导者更好地控制压力，使他们在压力时期能更有效地领导团队。智力与经验影响绩效。在挑选与培训领导时，组织不应也不能忽视这两个因素。

（三）在领导形态学理论基础上发展了领导动态学

费德勒之前的领导学研究主要集中在领导者行为对领导有效性的影响，这些理论主要是从对人的关注和对生产的关心两个维度，以及上级的控制和下属参与的角度对领导行为进行分类。这些理论在确定领导行为类型与群体工作绩效之间的一致性关系上取得了有限的成功，主要的原因是缺乏对影响成功与失败的情境因素的考虑。

此外，费德勒认为领导行为与领导的有效性之间的关系显然还依赖于任务结构、领导与成员关系、职位权力等情境因素。通过调查研究得出结论：任务取向的领导者在领导与成员关系比较好、任务结构比较高和职位权力比较强的情境和和领导与成员关系差、任务结构低和职位权力弱的情境下工作会取得比较好的工作绩效，关系取向的领导会在中等条件下取得比较好的工作绩效。费德勒的理论让人们意识到领导形态学理论的不足，并且认识到情境因素对领导者的重要影响，促进了领导理论的研究和发展。

本章参考文献

[1]Fiedler, F. E. A Comparative Investigation of Early Therapeutic Relationships Created by Experts and Non-experts of the Psychoanalytic, Non-directive, and Adlerian Schools[J]. *Journal of Consulting Psychology*, 1950(14):436–445. (a).

[2]Fiedler, F. E. Engineer the Job to Fit the Manager[J]. *Harvard Business Review*, 1965, 43(5): 115-122.

[3]Fiedler, F. E. A *Theory of Leadership Effectiveness*[M]. New York: McGraw-Hill,(1967).

[4] Fiedler, F. E. and Chemers, M. M. *Leadership and Effective Management*[M]. Glenview, IL: Scott, Foresman and Co,(1974).

[5] Fiedler, F. E. and Garcia, J. E. New Approaches to Leadership[M].*Cognitive Resources and Organizational Performance*, New York: John Wiley and Sons, (1987).

第十九章　小约瑟夫·L.巴达那科：建立文化原理

小约瑟夫·L.巴达那科（Joseph L. Badaracco）哈佛商学院教授，他因"企业文化—领导力"研究而闻名。20世纪末21世纪初，他撰写过很多关于企业文化—领导力方面的书籍以及文章，系统地阐述了领导者们在动荡世界遇到的棘手问题以及处理策略，比如"界定时刻"、"沉静领导"、"责任型领导力"、"灰度决策"等，其领导力思想产生了广泛的影响力。2002年，巴达那科教授出版的《沉静领导》被《财富》杂志评为纽约最热畅销书，1997年出版的《界定时刻：两难境地的抉择》成为哈佛大学的经典教科书，巴达那科在企业文化—领导力管理方面的声名与才华。

一、小约瑟夫·L.巴达那科的生平

1948年出生的小约瑟夫·L.巴达那科现任哈佛商学院的约翰·沙德（John Shad）商业伦理讲席教授，在哈佛MBA项目及同级经理培训项目中讲授商业伦理、战略管理和一般管理等多门课程。巴达那科教授热衷于教学工作，从1989年至1990年担任伦理学高级学者，并成为哈佛商学院首位伦理学终身教职人员。他将道德教育融入到教学课程中，并于2004年创立了该校历史上第一门全方位伦理课程，多年来的成功教学实践更是创造了他的写作风格。另外，巴达那科教授在哈佛大学伦理与职业中心的教职工委员会任职，同时也是东京野村高等管理学院的教职人员。他还曾担任哈佛大学股东责任咨询委员会主席，并曾在两家上市公司的董事会任职，这种经历使他更能体会企业文化和了解领导者面临的市场环境及所能够遇到的问题，为今后在企业文化—领导力方面的研究给予了启发，使研究更倾向于实践操作。

巴达那科教授曾先后就读于圣路易斯大学，牛津大学和哈佛商学院。在牛津大学他获得了世界级的罗德奖学金，在哈佛商学院获得工商管理硕士和博士学位。他具有丰富的专业经历，曾在美国、日本和其他许多国家的管理培训项目中任教，且接受各类机构和企业的邀请，多次进行有关领导力、价值观和商业伦理等主题的演讲，这为他今后在企业文化—领导力方面的建树开阔了视野。

二、小约瑟夫·L.巴达那科的著作

巴达那科对于企业文化—领导力思想的解读得到各国广泛的推崇，他的著作风靡全球。迄今为止以独立作者出版了七本著作，合著一本著作，发表九篇论文，130多篇案例和教学材料。他的众多著作在中国都具有广泛的影响，如《界定时刻：两难境地的抉择》(1997)、《沉静领导》(2002)、《领导者性格：从文学管理中透视管理》(2006)、《伟大的挣扎：不确定时代的责任型领导力》(2013)、《灰度决策：如何处理复杂、棘手、高风险的难题》(2016)等。其中《界定时刻：两难境地的抉择》、《沉静领导》、《伟大的挣扎：不确定时代的责任型领导力》影响最为深远，它们成为世界管理学领域著名的经典书籍。1997年出版的《界定时刻：两难境地的抉择》是他的第一部广为流传的著作，他首次提出管理学领域中"脏手问题"（对与对的冲突），并给出了解决策略，填补了当时管理学领域上的空白，该书成为美国哈佛大学MBA金牌管理书。另一本著作《沉静领导》的出版引起了管理学界"英雄观"的浪潮，在书中巴达那科颠覆了人们对于伟大领导者的认识，以全新的视角，为领导者提出了"领导之道"，迄今为止该书已被各国译为十多种文字。《伟大的挣扎：不确定时代的责任型领导力》的出版为在不确定时代中迷茫的领导者指明了一条道路，书中有关"责任型领导力"的思想触发了广泛的思潮。奠定巴达那科教授管理大师地位的是他所提出的"界定时刻"、"沉静领导"以及"责任型领导力"的理论观点与实践策略。

（一）著作概述

1991年，巴达那科出版了第一部专著《知识链接》，本书以通用汽车IBM建立的各种国际联盟为例引出"策略联盟"的概念，他提出主管如何善用策略联盟带来利益，本书被《未来》杂志推崇为杰出管理书籍之一。1993年，他与理查德·R. 埃尔斯沃斯（Richard R. Ellsworth）教授合著《领导与整合》，概述了涵盖管理者的人格、信仰、愿景、道德、标准和判断的管理风格，并讨论了管理学的三个基本原理。1994年出版了《商业伦理：角色与责任》一书，在这部著作中，巴达那科关于商业伦理的思想开始崭露头角。随后，他潜心研究管理与领导学问并获得很多研究成果。1997年在《界定时刻：两难境地的抉择》书中，巴达那科给予界定时刻的描述性概念，系统的介绍了"界定时刻"理论。《沉静领导》的出版更使巴达那科名声鹊起，他所提出来的"沉静领导"引起了各行各业领导者的赞同，带动了世界各地管理者的研究热潮。2006年出版了《领导者性格：从文学管理中透视管理》，巴达那科广泛搜索了详细描述领导挑战和差异的经典文学故事作品，提出了文学中最古老、最令人困惑的主题之一——成功的危险，他警示领导者要有能力远离成功的压力和诱惑。2013年出版的《伟大的挣扎：不确定时代的责任型领导力》阐述了在如今复杂环境中责任型领导力建立的重要性。2016年出版的新书《灰度决策：如何处理复杂、棘手、高风险的难题》提出了工作中最棘手的五个问题，讨论了作出艰难决定和传达坏消息的最佳方法。

巴达那科写作风格独特，多年的教学经历使他擅长从文学故事和实际案例抽丝剥茧，刻画领导者在真实环境下如何应对危机和决策。巴达那科认为，领导者也是人，有着自身的缺陷，所以我们不可能仅仅通过严肃的模型和理论研究去推导他们的行为模式，这才是真正不科学的。此外，巴达拉克所提出的理论不仅仅是为了纯理论研究，他更加注重实践。他的著作不仅为企业的经理、领导者提供了领导之道，致力于提高企业界管理人员的管理水平，而且会对生活在这个复杂社会中形形色色的平凡人在处理生活琐事具有一定启发。

巴达那科对领导力情有独钟，迄今为止，他在企业文化—领导力研究领域中探索的步伐依旧没有放慢。目前，他所研究的重点是回答这样一个问题："对于责任重大，面临严峻实际问题的忙碌男女来说反思意味着什么？"在社会中反思被广泛提倡，但关于对反思的概念或忙碌的管理者能否能抽出时间去做此事并没有做详细的描述。这个项目的第一阶段是通过阅读大量的相关文献。第二阶段涉及访问来自各种背景的80位管理人员和高管，以了解他们如何定义反思和他们何时以及如何去做。本书计划一共有七章，现已完成了前三章的草稿。教授现在正系统地通过采访记录和文献整理笔记。

(二)《沉静领导》

2002年出版的《沉静领导》引起了社会各界的研究浪潮，推动了世界的进步。巴达那科利用大量的 MBA 商业伦理教学案例以一种反英雄主义的全新视角为领导者们提出了一套深思熟虑、务实可用的全新领导模式。这本书是解决日常领导难题的实用指南，本书贯穿"世界远比我们想象的复杂""人的动机也很复杂"两种思想，提出英雄风格领导人的成功并不是推动世界进步的关键，真正推动世界进步的力量来自于那些不为公众所知的无数"非领导人"每日所做的现实而有效的决策。例如，制药公司的线上工人发现产品包装有瑕疵时，如何回应？食品公司被怀疑有食品安全隐患时，经理如何解决？他把这些人称为"沉静领导人"。他们没有浪漫的英雄主义，而是躲在英雄主义的背后默默承担艰难的领导挑战，严谨地为组织、为同事、为自己作出正确的事。他们有利他和利己交错的混合动机，他们在组织做决策时也会兼顾自己的地位和前途，采用谨慎的步骤来解决复杂的问题，以便保护组织、同事、部署和自己。他们并不会获得公司高层的资源和支持，却日复一日、年复一年地做了许多那些琐碎至极的事，表面上看来像是小事，但近看之后却透漏出别的讯息，这些问题通常才是真正地领导挑战。因此，他们得非常实际地面对自己动机的复杂性，以及他们所遭遇的两难。在今日快速变动的商业世界中，这才是最重要的。此外，巴达那科在书中以生动的故事引出了要成为伟大领导者——沉静领导人必须具备的品质：谦逊、克制和执着，以及沉静领导者做事原则，即六大策略：争取时间，深入钻研，明智投资，变通规则，轻推渐进，妙手妥协。

巴达那科利用四年的时间完成了《沉静领导》的研究，本书分析了沉静领导人从努力中得到的成功与教训，从他们的实例告诉人们如何看待这个世界、如何思考人与组织的问题。如果你是个想要根据自己的价值来生活的人，也具有承担困难、严重问题的担当，透过本质，你将更能认识沉静领导人的精神与贡献：他们每天耐心付出努力，是让公司更好，也让世界更美好的关键所在。

本书的完成带来了很多成功人士的好评，美国学校董事会联合会理事长安妮·L.布莱恩特评价到"这本书彻底改变你看待领导者以及你自己的方式"。美国前任劳工部部长罗伯特·B.赖克指出"在这本思想深刻而又相当实用的书中，巴达那科帮助我们理解真正的领导之道并不是宏大的或者英雄式的,真正领导之道就发生在基层管理者在人性和常识的指引下迈出的每一小步"。哈佛大学肯尼迪政府学院公共领导中心主任大卫·葛根认为"这本书不仅向我们展现了平凡人是怎么成功的,更重要的是,还解释了他们为什么能够成功。对于那些必须学习从中层领导做起的人,阅读这本书是一个最好的开始"。①

(三)《界定时刻:两难境地的抉择》

面对一个单身妈妈,她的工作进度跟不上团队,你是主管,你该如何处理?请她离开公司?或者体恤她,继续任用她?一项发明药品有两种不同的社会道德看待它,是造福人群?是轻蔑生命?究竟该不该生产,你是老板,你该怎么办?生活中、工作中,类似的情况不胜枚举,尤其是经理人,他们对他人负有责任,在做决定时,往往无法两全齐美,但两者都对,却想要顾此失彼,顾彼又失此,因而抵触自己的价值观,在作出决定前痛苦挣扎不已,不知如何是好。针对对与对问题的选择,现有的研究缺乏一个适当的概念和实践框架来描述它。由于缺乏这个框架,巴达那科认为决策者无法理解界定时刻的真正意义且无法事先准备。在一个决定性时刻,通过适当的准备我们不仅会更好地了解自己,也可以通过规划成功,预测障碍,提高我们的决策能力。而《界定时刻:两难境地的抉择》的出版正好填补了管理学领域关于这一问题的空白,这是一部探索领导决策问题的著作,它将商业管理者所面临的对与对矛盾的时刻定义为界定时刻,还逐一审查了每个管理人员所必须面对的合理两难的冲突,并提供了一个非正统的、重实效的方法来思考这些抉择。这部书的最大特点是应用了历史上经典的哲学、伦理学理论来带领读者从各个角度探究、思考,帮助读者在面临这类对与对之间的对立冲突抉择困境时,知道如何使用策略作出决定。巴达那科把这些理论运用于自己的案例分析中,使这个研究有了新的活力,从而使得这部管理学著作带有浓重的哲学、伦理学色彩。

此书以三个步骤来论述:第一步是考察经营者必须解决的几种对与对的冲突问题,巴达那科将其称为"脏手"问题。三个案例引出了对与对冲突的三种基本类型,通过斯蒂夫·莱维斯面临着是否参加圣路易斯会议引出了对与对冲突的第

---

① 小约瑟夫·L·巴达那科. 沉静领导 [M] 杨斌译. 北京:机械工业出版社,2003:1.

一个基本类型：一个急迫的、复杂的，并且有时痛苦的，有关道德认同和个人认同的冲突。通过彼得·阿达里奥经理面临是否解雇麦克耐尔的脏手问题引出了第二个基本类型：作为拥有重要权利的中层管理者，对其他人和组织责任的冲突。通过多尔得·萨克兹是否同意避孕药RU484的推广引出第三个基本类型：一个公司同社会上其他组织共同承担的责任问题。

第二步是对与对的冲突是难以解决的，其原因在于大原则对其没有什么帮助。公司职责陈述比较短且宽泛，对有些问题的回答模棱两可，对解决对与对冲突没有什么价值意义。商业法律似乎为商业管理者提供了一个清晰明确的伦理定义"履行他们基本的法律责任"，然而这只是一个假象，对于概念的解释是笼统毫无帮助的。普遍的伦理原则是区分好与坏、对与错，是无法解决对与对的冲突。因此职责陈述、法律标准以及普遍的伦理原则笼统且非人性，使那些必须在对与对的冲突中作出选择的人们失望。

第三步是对与对的选择最好是"界定时刻"来理解，揭示、检验与塑造构成了界定时刻的主要因素。首先，界定时刻具有揭示作用，它可以使一些隐藏的东西显现出来，使不稳定的以及未成形的东西凝结起来，使一个人的基本价值以及他或者她隐藏着的生命与责任显示出来其重要性。其次，界定时刻所做的选择是对价值观的检验。在对与对之间抉择时，必须选择牺牲掉另一种价值的忠诚与认同，从此可以看出他对价值观的重视度。最后，界定时刻可以塑造人。这种塑造有时体现于平淡无奇、微不足道的决定和行为中，但这种时刻会使人记忆犹新，更加坚定选择今后的道路。

因此，在处理对与对之间冲突时：一是决策者要仔细并准确的分析所处的环境；二是决策者必须弄清楚自身的价值观；三是决策者必须明白其他人的价值观，特别是那些具有权利的人；四是也是最重要的，决策者必须能够仔细分析该决策长期的影响及后果。巴达那科一再表明，在不损害自身价值的情形下，管理者能够多样在多项可予接受的解决方案之间作出选择，但又决不是伦理学所谓的唯一"正确"答案。巴达那科提出界定时刻的抉择决定着决策者今后人生，必须处理好界定时刻的冲突。

美国广播公司政治评论员，克林顿政府前任顾问乔治·斯特凡洛普洛斯评价道："《界定时刻》提了一些正确合理的问题，这些问题的提法，对于任何一位在首先判断上意欲保持敏锐，在职业决策上试图达到明智的经理人员来说，正是助益良多。"百事可乐董事长安德拉尔·皮尔逊说:"《界定时刻》指引了一条通往管理伦理学的新颖而现实的道路"。①

(四)《伟大的挣扎:不确定时代的责任型领导力》

当今世界是一个市场主导型世界,与20世纪相比,"模块"与"市场"是这个新世界的本质元素。我们的经济和社会生活在很大程度上被划分为各种模块,它们在市场上不断重组,使如今的世界充满了机遇、复杂性、脆弱性和不确定性,传统的商业定理、规律、范式正在遭遇创造性破坏,不确定性成为时代的标志,领导者被不确定的市场所推动主导,巴达那科称之为"新的看不见的手"。企业领导者、创新创业者每天都要面临着"伟大的挣扎",挣扎成为复杂社会的特点。因此,了解挣扎的必然性和重要性至关重要。巴达那科仔细研究了商业背景下企业中挣扎的概念,并从一个独特的视角审视了如今领导者所面临的挑战,并将研究成果写入本书中。在本书中,巴达那科针对创业维艰之际的五大问题,通过研究和采访过去和现在的企业家们,以实际和挑衅的方式为我们提供了有价值、切实可行的经验和教训,教会我们如何在变化无常和充满未知的环境中去挣扎并获得成功。在这个动荡、不确定甚至无情的时代,领导者必须更进一步创造巴达那科所说的"伟大的挣扎",成为"责任型领导者",以解决他们在工作中的难题,达到他们的人生目标。在挣扎中,必须考虑以下五个问题,这些问题看似简单轻松,却往往是人们在日常工作中所忽略的。

第一,我真的掌握基本原则了吗?在波动的市场中,以知识责任去分析市场数据理解变化,寻找市场和社会中的驱动力量,指引企业发展方向,是不确定时代应对市场万变的"基本原则"。

第二,我到底应该对谁负责?在企业所有权变更频繁,企业管理者、经理人频繁跳槽的今天,与其空谈对他人、对企业负责,不如换成更切合实际的对市场负责、对自己的职业生涯负责来得靠谱。由此观之,对自己的行为负责,在市场上展现自己的远见与能力,才是一位职业经理人、企业领导者的首要目标。正如巴达那科所言,在变动的时代,真正决定高管薪酬的并不是他现在的老板,也不

---

① 小约瑟夫·L. 巴达那科. 界定时刻:两难境地的抉择 [M] 李伟译. 北京:经济日报出版社,1998:07.

是董事会，而是由市场的综合力量决定的。

第三，我如何制定关键决策？企业进行大的决策要扣紧时代的脉搏，而小的决策则要呼应市场的波动。而在今天，尽管领导者们拥有了海量的数据源，更先进的数据分析方法，但决策却变得越来越艰难。依据现有技术、市场、消费者偏好对未来作出预判，从某种程度上说，更类似于一场充满技术含量的"豪赌"。领导者在确定企业发展大方向之后，要作出"不断进化的承诺"，即领导者和核心团队确定企业的远景目标后，用一种灵活开放的方式朝着一个特定的方向前进，审慎计划即将迈出的每一步，再根据执行中遇到的具体问题，调整步伐。

第四，我们拥有正确的核心价值观吗？竞争的压力导致人们把注意力都集中在利润和短期绩效上。在永不停息的人才市场上，员工在组织中进进出出，很少有时间和动机去主动学习、切实理解企业核心价值观或共识价值观，并出于个人意愿献身于此。透明度、有意义的项目和清晰的道德准则，这是领导者的核心承诺，每一个都要求领导者充满勇气地努力奋斗。

第五，我为什么选择了这种生活？如果说生活的目标是轻松和舒适的话，任何有理智的人都不会愿意承担领导者的重任。但如果亚里士多德的说法是正确的，最好的生活意味着充分发挥个人能力，那么如今对领导力的种种苛求，就是一种艰巨但却值得为此奋斗的生活方式。因为领导者们的挣扎与斗争越是艰辛，就越证明了他们的确在改变这个世界。

万科集团原高级副总裁毛大庆"非常感谢巴达那科教授如此深入地研究领导者的内心挣扎这一命题。面临复杂多变的市场和各种各样的利益相关者，一个负责任的领导者不仅要面临巨大的压力，还要带领团队完成自身的使命"。瑞士诺华公司前任董事长兼首席执行官丹尼尔·魏思乐评价到"成功地处理好波动性、不确定性、复杂性和模糊性这四种关键要素，是如今的领导者们在为企业、员工和自己成功作出正确选择的斗争过程中，无法逃避的问题。《伟大的挣扎》这本书为处在各种分散力量之间的责任型领导者，指出了一条明路"。松下集团前任总裁中村邦夫评价道："《伟大的挣扎》中，小约瑟夫·巴达那科运用他非凡的洞察力和远见卓识来理解如今的领导力内涵，向领导者提出了几个至关重要的问题。在这个充满动荡和无常的时代,领导者们必须直面这些问题"。①

三、小约瑟夫·L.巴达那科的主要贡献

巴达那科教授是伟大的,他为管理学界奉献了一生,并继续为之奉献。他善于对现实生活中的案例仔细推敲并提取出有用的管理学原理,他的原理不仅适用于领导者处理棘手问题,也会对平凡人具有一定的生活启示。巴达那科教授之所以这么成功,在于他的勤奋好学,在他的观念中没有节假日的存在,他的努力有目共睹,从而造就了自身的成就。

(一)辨别抉择

我们都有过这样的经历,有时我们的职业责任与我们所深深信仰的价值观相冲突,我们必须在对与对的冲突中抉择,巴达那科将其称为"辨别抉择",并对社会上普遍存在的辨别抉择进行分析,给出解决策略。辨别抉择主要包含三种类型,分别是"我是谁?""我们是谁?""这个公司是什么?"。

1. 我是谁——个人的辨别抉择

这是最基本的辨别抉择,他要求经理解决一个与他们关系重大的问题,就是一个对与对之间的辨别抉择。解决这类冲突必须遵循以下方法:一是经理们需要感受内心的矛盾冲突。如果身处这种困境,那么经理们可以首先后退一步,从局外人的角度看待这两种正确观点之间的自然对峙。二是拥有根深蒂固的价值观。通过感觉和直觉对辨别选择的重新聚焦,将矛盾冲突和工作环境区分开,提升到一个更加可控的个人化层次上。然后开始第二个有助于解决冲突的问题,即在相互碰撞的价值观和责任中,清晰哪一部分在我们生活中以及社会中更重要。最后理知和权宜之计。怎样将个人理想、抱负与理智和现实结合起来才能够帮助我们更好的解决问题。

2. 我们是谁——工作团队的辨别抉择

随着经理们在企业中位置的逐步攀升,抉择也变得更加难以解决。主要原因

---

① 小约瑟夫·L.巴达那科.伟大的挣扎:不确定时代的责任型领导力[M].孙莹莹译.浙江:浙江人民出版社,2016:5.

在于：一是意见的多样性。许多经理会认为自己的整个工作集体都会以与自己相同的角度看待问题，这种思维方式绝对不可能把大家团结在一起共同完成目标。因此解决所面临的挑战不是将自己的是非观念强加给团队，而是去体会其他人关于问题的看法。二是行为的影响。发现相互对抗的不同观点是很正常的事情，经理们必须认真地思考他们所工作的企业，并对哪种观点能够在碰撞中最终胜利作出具有实际意义的分析预测，因此要以真理为处理原则，在抉择之前就将有效的解决措施布置到位。三是利益的驱使。通常，每个参与者会将自己的个人利益摆在第一位，而辨别抉择的标志之一是所有参与人的利益都会受到影响，在这样的商业环境下，最善意的意图和设计最佳的过程都不一定能够完成工作。经理们必须准备好挽起袖子加入公司的论战，应用适当有效的战术将自己的希望变成现实。

3. 这个公司是什么——企业领导的辨别抉择

负责整个公司运营的领导人所面对的抉择是非常复杂的，他们必须在一个更广阔的舞台上明确自己对于真理的理解，他们的抉择会成为个人、工作小组甚至整个公司不可逆转行为的筹码。在面对此类重大压力的决定时，领导者必须做好以下几点：一是明晰企业和个人的优势。采取必要的措施在争论中明确自己的位置，思考自己是否尽力去保护个人位置以及公司的稳定，使个人行为不会影响企业的生命力、员工的工作以及股东们的利润。二是明确企业在社会中的角色。企业领导不仅需要建立、反思、维护自己以及他们工作团队的形象，同时也不能忽略整个企业在社会中的角色。这就要求必须在个人、集体以及社会这三个层次制订翔实的行动计划。企业领导应该认真考虑企业在社会上所扮演的角色以及与有关股东之间的关系。三是将梦想变为现实。俗话说知己知彼、百战不殆，领导者们必须认真细致的分析他们的对手和同盟，考虑如何将精明、创造以及坚忍相结合起来使梦想变为现实。

巴达那科提出的辨别抉择被管理人士和成功人士广泛的应用，它解决了管理学领域中关于对与对冲突的矛盾，在管理学界掀起了一番浪潮。

（二）英雄观

以前我们认为成功的领导者是勇敢的风险承担者，处理任何事情都轰轰烈烈，让部属感到敬佩不已。他们确实能够代表真正的领导典范吗？巴达那科对此产生了质疑，经过潜心研究管理与领导学问，巴达那科打破了我们对英雄观的认识。

他以一个全新的视角阐释了英雄观,他认为这些领导者的成就被夸大了,他们的成就并不能影响世界运行,而且他们看人的观点通常过于狭隘,只看到站在金字塔顶端的人,要不就是最底层的人,将人性的绝大部分置于模糊的、道德的灰色地带。他认为世界上存在一种平凡人,他们默默地、谨慎地做好自身的工作,他们才是推动世界进步和改变世界的主要动力,我们称之为沉静领导人。巴达那科提出沉静领导人必须具备三大品质和掌握六大策略。

1. 三大品质

第一,沉静领导人选择自我克制。停顿和等待给予人们时间去学习和掌握,去钻研复杂的问题,从正确的方向去接近事物。如果没有高度的耐心和自制就很难有沉静领导之道,所以沉静领导人具有耐心和自制的美德。这种美德是需要日复一日地进行实践练习,是努力积累起来的成果。

第二,沉静领导人具有谦逊美德。沉静领导者他们没有英雄主义,他们只是尽自己本分而已,他们是现实主义者,不会太看重他们努力的重要性,也不会太高估他们成功的可能性。在整个系统中,他们态度是谦逊的,他们认为每一件事情的成功是由多种因素共同作用而成,自身在其中起的作用很渺小。他们认为最周密的计划也非无懈可击,他们会争取时间、钻研问题、逐渐推进去迎接挑战。

第三,沉静领导人具有执着的品质。每个人心中都有看重的事情与价值观,它是个性化、根深蒂固的。沉静领导人需要执着,因为他们常常面对艰难的战斗,在战斗中他们力量薄弱,必须通过长期而艰苦的努力才能得到他们认为重要的东西,所以他们在行动中执着。

谦虚、克制和执着三种道德品质相辅相成,如果想要成为伟大的领导者,这三种美德缺一不可。

2. 六大策略

第一,争取时间。对于每个人而言,时间是极为宝贵的,时间给了人们观察和学习的机会,会使人们理解人与事物之间相互作用的细微之处,在事态变化中寻找模式和机会。在如今不断运动、无从预测的世界中,使人们没有办法立即对那些变幻而多面的问题给出答案,这时争取时间变得如此重要。对于需要争取很少时间的事情,一般可采取权宜之计策略,寻找合理可靠的借口争取一点时间。对于需要争取很多时间的事情,一般采取战略拖延策略,可以通过"把所有人卷进来"、"情景设定方案"、"通过驿马传信方式沟通"等方法争取较多时间。

第二，明智投资。在采取风险的、不确定的行动处理棘手问题时，首先要计算自身所掌握的政治资本，衡量所承担的风险以及投资回报，谋求以最小的风险和成本，得到最大的利益回报。此种方法听起来可能显得精于计算和心胸狭隘，但却是一条有力而实际的途径。

第三，深入钻研。如今在我们周围生活和工作都像阿米巴原虫一样，迅速地分裂，变成更专门化的复杂范畴，正因如此，工作在所有组织里的人们都常常会遇到技术、法律、组织上复杂性纠缠不清的问题。对于这种特定的情况，沉静领导者需深入到特定情景中，感同身受洞察其复杂性，耐心而长久的努力，弄清楚已经知道什么事情，还需要知道什么事情以及还需要什么人帮助。针对复杂性的问题，要牢记四条训诫，即牢记你的责任、观察你的"鱼"、不要孤军作战以及不要害怕后退。

第四，变通规则。世界过于丰富变幻，难免会发现规则在有些情景不合时宜，这时应打破陈规，充满想象力和创造性地寻找变通规则，从而支撑他们的价值观和承担的责任。当遇到复杂的伦理困境时，要遵循两个准则，一是严肃对待规则，二是寻找转圜空间。循规蹈矩有时会导致有害的局面，这时要充满想象力和创造性地找出办法打破规则，但行为仍应控制在规则约束的范围当中。

第五，轻推渐进。在面临挑战时，责任感推动人们有强烈的意愿选择有所作为而不是置身事外，这时应想方设法地投石问路、审时度势，小心谨慎地逐渐推进他们的努力，先了解问题所处环境的复杂程度，然后通过测试、探索和实验，逐渐掌握整个事件的来龙去脉，尽可能避开危险，充分利用可用的机会，谨慎、警觉、敏感地采取行动。

第六，妙手妥协。在不得已的情况下，沉静领导者会为了某个更伟大的原因在一定程度上牺牲一些原则达成负责而可行的妥协，他们把妥协视为想象力和独创性的挑战，他们相信妙手妥协是一个学习和实践务实智慧的机会。它们是持久而实际地保护和显现重要价值观的有利途径，是实现争取时间、明智投资、深入钻研、变通规则、轻推渐进的最佳途径。

四、小约瑟夫·L.巴达那科的管理思想评论

《沉静领导者》、《界定时刻：两难境地的抉择》的问世奠定了巴达那科在管理

发展史上的重要地位。巴达那科教授从思想上极大丰富了企业文化—领导力管理的发展，他既填补了管理学领域的空白，又打破常规提出新的观点，通过他的视角，我们对领导力的本质有了更多的了解。

（一）聚焦企业文化—领导力研究方向

巴达那科热衷于企业文化—领导力方面的研究。通过《界定时刻：两难境地的抉择》他给处于对与对矛盾中的领导者一套解决策略。随后通过《沉静领导》他提出伟大的领导者应该是沉静型领导者，并提出成为沉静领导者所具备的条件以及沉静领导者多采取的策略。通过《伟大的挣扎：不确定时代的责任型领导力》他给处于在动荡世界中挣扎的领导者指出了一条道路，即形成责任型领导力。通过《领导者性格：从文学管理中透视管理》他从文学角度给处于逆境中的领导者提出了成功之道。通过《灰度决策：如何处理复杂、棘手、高风险的难题》他提炼了许多历史上最强大、最深刻和最高尚思想的永恒智慧为领导者解决工作中最棘手问题提供了强有力的指导。这些著作的都是关于企业文化—领导力的研究。至今为止，他仍然没有放弃在"企业文化—领导力"道路上奋斗，最近在研究领导者对于反思的认识及如何、何时进行反思。巴达那科教授在企业文化—领导力这一主题上的集聚研究，最终形成一整套企业文化—领导力体系，被各行各业的领导者广泛地应用。

（二）填补了管理学界的学术空白

管理学领域中不缺乏对领导困难问题策略的研究，但是巴达那科深入解剖了生活工作中存在的问题，提出了许多管理学界当中没有涉及到的问题，对以前的观点进行了补充。例如，管理学领域已经提出了很多对与错选择的策略，巴达那科发现在现实生活工作中经常还存在另一种矛盾冲突，那就是对与对的冲突，对此他进行深入研究，并提出了一套解决方案，从而丰富了管理学领域的研究，开启了领导力研究一个新的里程碑。同时，巴达那科眼光独到，不受原有理论、规则的束缚，创新性地打破了原有所谓的观点，推陈出新提出了新的观点。"英雄观"正是巴达那科以全新的视角提出新的领导观——沉静领导，将沉静领导人推崇为伟大的领导者。某种程度上可以说沉静领导之道是一种"离经叛道"的领导者之道，远远背离了我们以往对于英雄作用的崇拜，也不符合从小接受的坚持真理和理想、为自己价值观抗争的道德要求。但是，或许这才是最符合绝大多数平凡人的生存之道，才是最符合人性的。

（三）观点深入人心

巴达那科的思想不仅适用于企业领导者，也适合于在市场风浪中打拼的普通人，不仅为这个新世界的领导者指明了方向，也为普通人认识世界、过好生活提供了思路。他利用 MBA 课堂中所采用的案例用通俗的话语给处于困难中的人们提供了一套实用而不落俗套的方案。巴达那科的著作重在实践，他的目的是为人们提供可具体操作的思路，而不是仅仅限于书本上的理论。他的研究贴近现实生活，将企业经营的困苦上升到学术层面给予非常正面的分析讨论，最后回归现实，提出能够使企业成功，有助于解决现实生活中问题的策略。书中除了经济学术语带点专业性外，丝毫看不到那种纯粹理论著作的晦涩。正如德鲁克曾经强调的那样，管理是一种实践，其本质不在于"知"而在于"行"。①

巴达那科写作风格独特，善于把观点综合到一个广阔的哲学和理论框架当中，并结合真实的相关案例。巴达那科每本书都是通过伦理或者学问提出一个领导力的问题，然后再以案例详细地介绍故事主人公与困难进行的争斗。文学、伦理使研究问题更加真实可靠，案例故事引入更现实地反映了生活的多变性，有效地帮助我们摒弃了大多数商业图书提倡的僵硬法则。巴达那科建议读者假设自己深入故事情景，问自己在那种情景下会怎么做。通过这种独特的方式，启发读者的想象力，使研究观点更加深入人心。

本章参考文献

[1] 小约瑟夫·L. 巴达那科. 沉静领导 [M] 杨斌译. 北京：机械工业出版社，2003.

[2] 小约瑟夫·L. 巴达那科. 界定时刻：两难境地的抉择 [M] 李伟译. 北京：经济日报出版社，1998.

---

① 彼得·德鲁克. 管理：使命、责任、实务（实务篇）[M] 王永贵译. 北京：机械工业出版社，2013:05.

[3] 小约瑟夫·L. 巴达那科. 伟大的挣扎：不确定时代的责任型领导力 [M] 孙莹莹译. 浙江：浙江人民出版社，2016.

[4] 彼得·德鲁克. 管理史上的奠基之作 [M] 孙国强译. 北京：中国纺织出版社，2004.

[5] 胡艳丽. 在激荡时代御风飞翔——读小约瑟夫·巴达那科的《伟大的挣扎》[J]. 经济参考报. 2016（8）.

[6] 邓纯雅. 巴达那科：挥别英雄式领导 [J]. 中外管理. 2013（5）.

[7] 马长英. 运用经典理论寻找权变方法——从巴达那科的《界定时刻》看哲学、伦理学理论的应用 [J]. 南京大学学报（哲学·人文科学·社会科学版）. 2001（2）.

第二十章　尼提·诺里亚：实事求是的管理之道

尼提·诺里亚（Nitin Nohria）哈佛商学院第十任院长，乔治·贝克（George Baker）管理学教授，著名领导力学者，担任过领导倡议的联合主席，教师发展高级副院长和组织行为部门负责人。主要致力于人类动机、领导力、企业转型和问责、可持续经济和人类绩效等领域的研究。他的著作丰富而有见地，思想大胆创新且鼓舞人心，是管理界的表现杰出的新秀，是《4+2：什么对企业真正有效》(*What Really Works: The 4+2 Formula for Sustained Business Success*) 等17本书的合著者或联合编辑，发表期刊文章、案例、工作论文和笔记等近200篇，提出的一些观点和见解具有突破性和发人深思，其研究为管理学研究注入新的思想和活力。《20世纪最伟大的商业领袖》(*In Their Time: The Greatest Business Leaders of the 20th Century*)（2005）、《权力之路：内部人士和外部人士如何塑造美国商业领袖》(*Paths to Power: How Insiders and Outsiders Shaped American Business Leadership*)（2007）和《企业家、管理者和领导者：来自航空业的领导力课程》(*Entrepreneurs, Managers, and Leaders: What the Airline Industry Can Teach Us about Leadership*)（2009）被称为"领导力历史研究三部曲"。尼提·诺里亚在2011年和2013年世界管理思想家50强排行榜上，分别位居第13位和第21位。

一、尼提·诺里亚的生平

尼提·诺里亚教授1962年12月10日出生在印度拉贾斯坦邦的一个不足5万

人口的诺哈尔小镇,他的父亲克瓦尔·诺里亚(Kewal Nohria)是克朗普顿·格里夫斯(Crompton Greaves)有限公司的前主席,对其决定从事商业工作产生了巨大的影响。青年时期,他几乎每个夏天都在不同的公司实习,他的父亲在印度各地开设制造工厂时,他和他父亲一起出差。当时的印度刚进入电气化,国家绝大多数地区没有电力,他父亲的工厂当时在生产一些发电机、变压器和有助于国家电气化的设备。他看到他父亲把纳西克(Nashik)贫瘠地区变成工业园区,工厂运转良好,创造了就业机会,地区蓬勃发展。然而,所有这些都来自于最初的一无所有,他亲眼目睹了商业对社会产生的巨大影响,这给他留下了不可磨灭的印象,并影响了他今天的世界观,让他意识到商业必须成为世界上的一股力量。

诺里亚教授曾在孟买的印度理工学院学习化学工程学。尽管在印度理工学院的教育对他来说是一段非凡的经历,但他很早就意识到自己不会成为一名伟大的化学工程师,成长经历和个人兴趣让他选择了商业。在完成本科工程学位后,22岁的诺里亚顺利进入麻省理工的斯隆管理学院转向商科。最初他对国际金融感兴趣,但他的指导老师离开学校去华尔街追求职业生涯时,他发现了组织行为和领导力领域,并最终成为他的学术兴趣。在麻省理工学院求学期间,他是少数拿着奖学金求学的人群中的一员,且奖学金是他得以继续求学的保障。这是由于,尽管他父亲在印度是一位非常成功的商人,但由于印度在那个时候限制雇员的薪资,其家庭仍然是一个工薪阶层,而且政府甚至限制不可以汇钱到国外,家里没有资金来实际支付麻省理工学院高达20万美元的学费。1988年他获得了管理学博士学位,同年7月正式加入哈佛商学院,当时的哈佛商学院只有三个印度裔的教职员工。1993年他成为副教授,1996年在伦敦商学院(London Business School)担任访问教员。

谁也没有想到,这位印度裔的教授刷新了哈佛商学院的历史。2010年5月4日,哈佛大学校长德鲁·吉尔平·福斯特(Drew Gilpin Faust)任命他为哈佛商学院院长,2010年7月1日生效。尼提·诺里亚成为哈佛商学院第十任院长。身为印度裔美国人,他是哈佛商学院百年历史上第一位出生在美国之外的院长。此外,他不像前任那样大都是经济学或财务背景,而是一名领导力教授,且历来强调商业伦理在商学院教育中的重要性。2010年诺里亚的上任意味深长,他承载着哈佛商学院重振声誉、保持辉煌的使命。因为始自2008年的金融危机让曾经风光骄傲的华尔街精英名誉扫地,甚至整个商业世界都失信于民。作为培养出最多华尔街精英、代表整个美国商业大脑与灵魂的机构，哈佛商学院因此备受指责和压力。对诺里亚的任命，被认为是哈佛大学对这一切的回应。

诺里亚也是哈佛商学院乔治·贝克管理学教授。他曾担任领导力倡议联合主席，教师发展高级副院长和组织行为部门负责人。诺里亚的学术兴趣集中在人类的动机，领导力，企业转型和问责，以及可持续的经济和人的绩效。他是17本书的合著者或联合编辑，也是近200篇期刊文章、书章、案例、工作论文和笔记的作者。他是塔塔父子公司（Tata Sons）和马萨诸塞州总医院（Massachusetts General Hospital）的董事会成员。此外，他还担任了Piramal集团的顾问、Akshaya Patra咨询委员会的顾问，并担任将资本集中于长期全球（FCLTGlobal）的一个战略顾问。他曾接受美国广播公司（ABC）、美国有线电视新闻网（CNN）和NPR的采访，并被《商业周刊》、《经济学家》、《金融时报》、《财富》、《纽约时报》和《华尔街日报》所引用。

二、尼提·诺里亚的著作

诺里亚编写和联合编写的著作有17部，发表了近200篇文章，其研究领域广泛，主要涉及人类动机、领导力、企业转型和责任、可持续经济和人类绩效等领域。1992年，诺里亚与同为哈佛商学院的同事罗伯特·G.艾克利斯一起发表了他的第一部著作《超越臆测：重新发现管理的本质》（Beyond the Hype: Rediscovering the Essence of Management）后，在管理学界的渐露锋芒。他在2000年出版的《管理你的企图心》（The Arc of Ambition: Defining the Leadership Journey）开始了他对领导力的钻研。2001年出版的《驱动力：人性如何塑造选择》（Driven: How Human Nature Shapes Our Choices）打开了他对人类本性探索的大门。2003年出版的《4+2：什么对企业真正有效》（What Really Works: The 4+2 Formula for Sustained Business Success）成功破解了难以保持企业持续成功的难题。

诺里亚在领导力研究方面的成就同样是不容小觑的，《20世纪最伟大的商业领袖》（In Their Time: The Greatest Business Leaders of the 20th Century）（2005）、《权力之路：内部人士和外部人士如何塑造美国商业领袖》（Paths to Power: How Insiders and Outsiders Shaped American Business Leadership）（2007）和《企业家、管理者和领导者：来自航空业的领导力课程》（Entrepreneurs, Managers, and

Leaders: What the Airline Industry Can Teach Us about Leadership）（2009）被称为"领导力历史研究三部曲",与其后来出版的《领导力理论与实践手册》（Handbook of Leadership Theory and Practice）（2010）和《领导力教学手册：知识、技能和品格》（The Handbook for Teaching Leadership: Knowing, Doing, and Being）（2012）共同奠定了诺里亚在作为著名领导力学者的地位。

这里我们仅选择其比较有代表性的著作进行探讨,诺里亚出版的其他著作此处就不再赘述。从这些著作看,诺里亚这些年看似都在不同的领域不断地进行钻研,但实质上,诺里亚的研究在内在都有着千丝万缕的关系,从企图心到驱动力再到领导力,各个研究和思想之间相辅相成、密不可分。

（一）《管理你的企图心》（2000）

《管理你的企图心》是诺里亚第一本关于领导力的著作。在充斥着领导力书籍的市场中,诺里亚和著名的畅销书作家詹姆斯·钱皮（James A. Champy）采取了一种新的策略,他们选择研究那些想要领导欲望的人的动机。在商业中或在任何努力中,企图心是向前和向上的精神,是为有价值的事物而努力奋斗的精神。它是所有伟大的实验和冒险、成功与失败背后的驱动力。对于诺里亚和钱皮来说,它是能够区分单纯的管理和领导力两者的一种本质。这本书瞄准的是那些梦想在任何领域取得伟大成就的人,书中的基本原理并非来自传统心理学（临床或理论）,而是来自活生生的生活经验,源自作者对过去和现在各行各业的雄心勃勃的人们的长期观察。他们在本书中最大的贡献是提出了一个独特的"企图心曲线",涵盖了企图心的三个主要阶段：上升、高峰和衰减。作者认为这里的"企图心曲线"是一个理想的模式,因为它认为职业生涯将在某个时候达到顶峰,然后回落。面对企图心的上升、高峰和衰减,每一个阶段都需要特别的对策和处理方式,只有这样才能保持企图心轨迹的完整和能量,才能管理企图心,而非受制于它。

企图心也可以说是野心,它需要一个更好的名声。在任何社会,贬低它都将是得不偿失的。人们对于企图心总是有些矛盾和困惑,人们通常认为它是危险的,但同时又认为它是一种必备的基本素质；我们不赞成人们滥用它,但同时又瞧不起缺乏它的人。我们理智地认为企图心是一种可以激发的能量,一方面可以带给我们无尽的荣耀,另一方面却可以使我们彻底毁灭,这都取决于怎样利用它。企图心本身是虚无缥缈的,但诺里亚在该书中对企图心的清晰分析,会让人们感到开阔、激动。诺里亚和钱皮通过对来自商界、政界、科学界和艺术界的数十位当代和历史人物的原创访谈和人生经历的研究，发现这些人的人生决定性时刻或转折点。在这个过程中，他们揭示了一些关于领导力的基本事实，比如坚持梦想并实现梦想的能力，知道什么时候该改变生意或看着它消亡，并认识到什么时候该交出权力。他让大家受益于其中的一个重要观点：企图心并非与生俱来，相反它是可以培养的、学习和驾驭的。企图心是指一个人做成某件事情，或达成既定目标的意愿。企图心的强烈程度，取决于意愿的大小。如果意愿越强烈，说明企图心越大，成功的可能就越高。

诺里亚和钱皮研究企业发展和管理多年，具有极强的材料驾驭能力，纵横开阔、旁征博引。整部书稿既有潜入历史深处的追思，也有横跨当今行业的比较，诸多丰满生动的案例，无不顺手捻来。从根本上说，《管理你的企图心》代表了当今最伟大的两位商界人士的新思维，肯定会挑战和启迪有抱负的领导者。诺里亚和钱皮在该书中提供的关于企图心的特点的见解和理论，让人们看到任何愿意作出努力的人都有可能取得成就，而在"曲线"中的每个阶段背后的故事都表明，成功不仅仅是一个由少数人拥有的"神奇时刻"。《管理你的企图心》不仅是有趣和独特的，更是有启发性的和鼓舞人心的实用指南。这本书鼓励我们每一个人仔细审视我们的梦想和想法，并考虑为未来创造有价值的东西。如果你意欲遵循梦想开拓生活，无论是独立自主追求宏伟目标的人还是率领大型团队在多变的世界上颠簸的领导者；是进入大学的年轻人还是对在商业中经常受挫的人，这都是一部不容错过的著作，它向我们提供了一个改变人生的途径。

（二）《驱动力：人性如何塑造选择》（2001）

《驱动力：人性如何塑造选择》是由诺里亚和哈佛商学院同事保罗·R.劳伦斯（Paul R. Lawrence）在2001年联合编写出版的。早前一些大思想家，包括亚里士多德（Aristotle）、亚当·斯密（Adam Smith）、西格蒙德·弗洛伊德（Sigmund Freud）、亚伯拉罕·马斯洛（Abraham Maslow）等，都曾努力理解人类行为的种种微妙特征，给了人们许多启发。从弗洛伊德的性欲驱动理论到史蒂文·赖斯（Steven Reiss）的驱动理论，形成了很多相互竞争的驱动理论。但是，这些先知们缺乏现代脑科学所发现的知识，他们提出的理论确实有细致、科学的调查为基础，但这种调查也仅仅是一种直接观察。诺里亚和其同事在这部令人震惊、具有挑衅性和深入研究的著作中综合了 200 多年的思想，以及神经科学、生物学、进化心理学、社会科学等领域的跨学科最新成果，提出了一个新的理论，即人类本性的统一综合。他们书中独特的方法是将他们的理论具体应用到工作场所。历史案例研究表明，成功的组织是那些让员工提供有机会实现所有这四个驱动力的组织。书中认为人类拥有相互独立的四种基本情感需求或驱动力：获取（acquire），即获得稀缺的东西，包括社会地位等无形的东西；结合（bond），即与个人和群体建立联系；理解（comprehend），即满足我们的好奇心，了解我们周围的世界；以及防御（defend），即抵御外部威胁和推动正义。①

人类行为是由四种基本情感需求或驱动力决定的，这些需求的出现是人类进化的结果，这些驱动力是人们一切行为的基础。这四种驱动力会塑造人们的选择，四种情感需求需要保持平衡，过度追求或满足其中的一到两种而不顾其他，人们的幸福感会打折扣。当代社会多数人可能过多的关注"获得"，对他们来讲学习和建立关系的目的就是为了获得，这看似为获得而满足了学习和建立关系需求，其实不然。虽然没有纯粹的为学习而学习的目的，也没有纯粹的为建立关系而建立关系的目的，问题是没有根据自己的爱好或兴趣去选择。

埃德加·H.施恩（Edgar H. Schein）（麻省理工学院斯隆管理学院荣誉退休教授和高级讲师）曾这样评价这本书："这是一本具有挑衅性的、发人深省的书，它汇集了来自不同领域的重要思想，从而为我们提供了一种全新的人性"。诺里亚的驱动力理论受到学术界很大的争议，他也曾公开承认他们驱动力的数量和确切性质需要进一步的探索，并为其研究项目提供建议。但无论人们拥有多少驱动力，诺里亚的研究理论对人们来说都是极具启发性的。对于想要更好的理解什么不仅驱动人们自己也驱动周围的商业领导者的人来说，这本书是我们探索人性的不可多得的好书。

（三）《4+2：什么对企业真正有效》（2003）

《4+2：什么对企业真正有效》是关于企业管理的一部大胆的著作，是由诺里亚与威廉·乔伊斯（William Joyce）和布鲁斯·罗伯森（Bruce Roberson）于

---

① 基思·S.哈里斯. 评论保罗·R.劳伦斯和尼提·诺里亚的《驱动力：人性如何塑造选择》[J]. *Human Nature Review*, Vol. 3, 2003, 263-265.

2003年共同编写完成的。该书并非道听途说或是仅凭个人直觉臆测，而是根据一项大规模的研究计划撰写而成，采取严谨的科学方法，并且经过客观事实的验证。什么才是保持企业持续成功的不二法门？这个问题一直以来强烈地吸引着许多经理人的注意，但无论是享誉世界的管理大师德鲁克（Peter F. Drucker）、波特（Michael E. Porter）还是管理界的新宠卡普兰（Robert S. Kaplan）、查兰（Ram Charan）都只是研究了企业管理的某一个方面，很少对企业的所有成功法则有全面的涉及。为解答这个问题，本书作者结合50多位学术界和管理顾问界知名人士共同完成了一项名为"长青计划"的研究，这项计划始于1996年，总共花费5年时间，对40个行业的160家企业在1986~1996年期间采用的200多项管理实务进行分析、整理。在研究中，他们所认定为成功的企业在所有四个主要领域（策略、执行、文化和结构）和任何两个次要领域（人才、领导、创新、合并和合作）中都遵循成功的实践。他们认为，长期成功的关键是同时在六个方面实施有效的方案。诺里亚和其同事根据"长青计划"的发现和结论总结出了保持企业持续成功的4+2方程式，并据以写作本书。

该书除了充分阐述八项管理实务，以及每一项管理实务的行为准则之外，更有趣、也更具启发性的是许多企业的实例，例如被列为"成功者"企业的达乐公司（Dollar General Corporation）、杜克能源（Duke Energy），"失败者"企业的凯玛特百货（Kmart），"进步者"企业的泰瑞达（Teradyne）、艾弗利丹尼森（Avery Dennison），"退步者"企业的耐克（Nike）、洛城装备（L.A. Gear）等。在一家家企业的起起落落之间，印证4+2方程式，也启发读者如何建立自己的4+2方程式。该书最大的特色是，他们不只是比较成功者和失败者，他们也观察进步者和退步者，这种做法有别于同类型其他研究的做法，而且比其他研究更能够区分因和果。

"《4+2：什么对企业真正有效》中所提出的管理实务与准则应该制成牌匾，悬挂在每一个董事会的墙上。"在明潮暗流四面八方而来的企业环境里，4+2方程式用非常简洁有力的方式为企业指出明确的方向。诺里亚与其同事并不认为这个方程式是企业惟一的选择，他们强调的是，这个方程式大大提高了成功的机会。他们还一再强调企业应把相关利益者纳入各项管理实务中。信息技术的高度发达，已促使企业不再是一个封闭的实体，企业的边界已经成为一个日益虚化的互动形式。股东、员工、供应商、销售商、顾客、大众，越来越参与制定企业战略，影响企业文化，推动企业创新。所以企业的结构、领导和执行等等策略都要兼顾各种利益相关者，使企业向着社会型企业的目标演化。被称为"管理领袖中的领袖"的汤姆·彼得斯（Tom Peters）评论说："即使这本书的每一个字我并非全部同意，但是，这本书所提出的想法的确非常令人信服。就算是那些我不同意的部分，也让我思之再三，甚至动摇了我的自信"。

（四）《20世纪最伟大的商业领袖》（2005）

诺里亚和他的同事安东尼·J.梅奥（Anthony J. Mayo）在2005年合著了该书。在20世纪社会演变的过程中，商业的影响力无出其右。那个时代记录了最伟大的历史开拓者们如雷贯耳的名字：亨利·福特（Henry Ford）、山姆·沃尔顿（Sam Walton）、沃尔特·迪斯尼（Walt Disney）、凯瑟琳·格雷厄姆（Katharine Graham）、比尔·盖茨等。为什么他们取得了如此了不起的成功，而很多人没有？现今的领导人可以从他们身上学到些什么？在《20世纪最伟大的商业领袖》这本具有里程碑意义的书中，诺里亚和梅奥对我们理解真正伟大的领导力提出了崭新的见解，作者引入了"情境智慧"（Contextual Intelligence）的概念，总结出20世纪最杰出的商业领袖都具备"情境智慧"的领导力。该书通过描绘数十位商业领袖的迷人风采，揭示了卓越的领导者成功的秘诀不局限于人格魅力和冒险偏好，而更多地具备其他的"特质"（traits）。诺里亚曾表示他不相信卓越领导者拥有一系列"特质"，而更愿意说他们具备一系列"能力"（capabilities），因为"特质"是生而有之，而"能力"是后天习得的。卓越领导者拥有审时度势的能力，而这一能力就称为"情境智慧"，这是一种能够深刻理解时代要求并抓住机会创造成功组织的高超能力。诺里亚在书里总结了导致情境差异的六个要素：政府干预、全球事务、民主环境、社会规范、技术和劳动力，不同市场有不同差异，商业领袖们需要跨越这六个要素的局限作出正确的商业决定。这本书强调了"时代背景"在塑造企业发展中的重要性，在某一时代中有多种力量在影响着世界，所以习得"情境智慧"，驾驭这种"情境领导力"，获得全球视野，无论对哪个时代的领导者来说都是尤为重要的。

《20世纪最伟大的商业领袖》书中还总结了领导人走向卓越的三条不同的路径——创业革新、睿智的管理以及突破传统进行改革的领导模式，并深入探讨了成功领导人必须正确"识别"的时代情境特征。作者在书中区分了三者的差异：创业者（entrepreneurs）是改变行业规则、创造全新事物的人；管理者（managers）

是把企业从小做大，实现规模性增长的人；领导者（leaders）是在企业遇到危机时将企业带向新生的人。作者主要是从领导力的类型来区分三者，但是对一个领导者来说，这三种能力应该是结合在一起的，在企业发展的不同阶段，需要他更多体现或具备其中某种或全部这些能力。

通过回顾20世纪早期这些梦想家们在新兴市场上的艰苦打拼、大萧条时期的低迷、20世纪晚期的技术淘金热……该书栩栩如生地刻画了"情境智慧"帮助领导者获得成功的故事，这些领导者中既有像先驱商业女性沃克尔夫人这样的无名英雄，也有像IBM的郭士纳（Louis V. Gerstner）以及可口可乐的罗伯特·伍德拉夫（Robert W. Woodruff）这样大名鼎鼎的人物。基于对20世纪最有影响力的1000个商界领袖所进行的详尽研究，书中那些关键的成功人士的给世界带来重大变化，也改变了我们现在的工作和生活。

《20世纪最伟大的商业领袖》被认为是新世纪最优秀的经典商业书籍之一，之所以这么说，是因为仅仅这一部书，就可以纠正当代管理和组织研究中的许多脱离历史情境的错误。技术不能改变世界，理论也不能改变世界，改变世界的是人。《20世纪最伟大的商业领袖》所要教导我们的，正是那些给世界带来重大变化的人是如何行事的。在当今的大多数商学院与管理培训班，人们往往通过一些含义狭窄的、精巧的定义和一些案例来表现与解释管理这一概念，而《20世纪最伟大的商业领袖》则突破性地带给我们许多振奋人心的教益，提出了一些发人深省的问题。

三、尼提·诺里亚的主要贡献

诺里亚的研究为管理学界带来了很多突破性的思想和贡献，例如"企图心曲线"、员工激励的"四力模型"、4+2方程式、"情境智慧"、"情境领导力"、创业者精神、管理的希波克拉底誓言等，而他这些大胆创新的思想观念也越来越得到学术界、商界等各界人士的认可和推崇。这其中的员工激励的"四力模型"和4+2方程式所包含的思想和智慧对现实商业管理有极大地借鉴意义，值得细细推敲。

（一）员工激励的"四力模型"

尼提·诺里亚在管理学界的一个很大的贡献就是总结出员工激励的"四力

模型"。诺里亚在 2008 年发表在《哈佛商业评论》的一篇《员工激励的"四力模型"》(Employee Motivation: A Powerful New Model)的文章中基于前面的研究详细阐述了该模型。[①] 员工激励的"四力模型"成功破解了困扰了人们几个世纪的难题——如何让员工作出最好的成绩,尤其是在艰难的环境下如何做到这一点?如何让员工创造出最佳绩效是管理者长久以来面临的严峻挑战。员工激励的"四力模型"的有关人类行为的洞见将帮助公司和管理者满足员工的最基本的需求,从而让他们发挥出最大的潜能。

1. 模型的假定

员工激励的"四力模型"假定,员工的激励度是受一系列复杂的管理和组织因素影响的,认为员工受到激励后能够提升组织的绩效。

2. 诺里亚的研究及结果

为了解决这个难题,诺里亚及其团队做了两项重要的研究。

研究 1:调查两家全球性企业中的 385 名员工,一家是金融服务业的巨头,另一家是领先的 IT 服务公司。

研究 2:调查《财富》500 强中 300 家企业的员工。

诺里亚主要用企业经常衡量的四个指标来定义员工的整体激励度,它们分别是:参与度、满意度、投入度和离职意愿。参与度(engagement)表示员工在工作中所投入的精力、努力和主动性。满意度(satisfaction)反映的是员工认为公司满足他们的期望,以及履行与他们订立的隐性和显性契约的程度。投入度(commitment)描述的是员工承担企业公民责任的程度。离职意愿(intention to quit)则最能反映员工的流失率。

这两项研究都表明,一个组织满足上述四种基本驱动力的能力,可以解释激励指标变化情况的 60% 以上(以前的理论模型只能解释 30%)。研究还发现,某些驱动力对某些激励指标的影响要大于其他驱动力。例如,"结合"驱动力对员工投入度产生的影响最大,而"理解"驱动力与员工的参与度关系最为密切。如果一家企业能够协调满足全部四种驱动力,就能最大程度地提高员工的整体激励度。整体大于部分之和;如果其中一个驱动力比较弱,那么即使其他三个驱动力都很强,员工的整体激励度也会大打折扣。对管理者来说,忽略任何一个驱动力都

---

① 尼提·诺里亚,鲍里斯·格鲁斯伯格,琳达·凯琳·李. 员工激励的"四力模型"[J]. *Harvard Business Review*, 2008 Jul-Aug; Vol. 86 (7-8), pp. 78-84.

有可能带来严重的后果，组织作为一个整体必须关注这四个基本情感驱动力。

实证研究表明，受到激励的员工能创造出更好的业绩。因此，管理者要想激励员工，就应该了解这些驱动力以及可以采取哪些举措来满足这些驱动力，从而提高员工的整体激励度。

3. 影响员工激励度的四个驱动力

由于这四个驱动力在我们大脑中已经根深蒂固，所以它们得到满足的程度会直接影响我们的情感，进而影响我们的行为。下面我们来看每个驱动力是如何发挥作用的。

第一，获取人们总是设法去获取一些稀缺的东西，以增加自己的幸福感。当这个驱动力得到满足时，我们会感到高兴；反之，则会觉得不满意。这个驱动力往往是相对的（我们总是拿自己与别人进行比较），而且是难以满足的（我们总是想得到更多）。

第二，结合许多动物都与自己的父母、亲属或种群建立密切关系，但只有人类把这种关系扩展到了更大的群体，如组织、社团和民族。"结合"驱动力得到满足，人们就会产生热爱、关怀等强烈的积极情感；反之，则会出现孤独、愤世嫉俗等消极情感。在工作环境中，当员工为自己是组织的一员而感到自豪时，他们的激励度就会大大提高；而当组织背叛了他们时，他们就会士气低落。

第三，理解我们都渴望了解周围的世界，于是提出各种理论去解释各种事情，并且提出合理的行动和应对措施。当事情看上去毫无意义时，我们会感到沮丧；而寻找问题答案的挑战，一般会让我们充满激情。在工作环境中，员工所做的工作如果具有挑战性，并能让他们成长和学习，他们就会受到激励；而当他们所做的工作看起来毫无价值或毫无前途时，则会士气低落。

第四，防御在面对外来威胁时，保护自己，保护我们的财产、家庭和朋友、思想和信仰，是我们的天性。这种驱动力根植于"斗不过就逃"的基本反应中，这种反应是大多数动物所共有的，但对于人类来说，它不仅表现为攻击性或防御性，还表现为寻求建立一系列制度来推动正义，明确目标和意图，并且允许人们畅所欲言。这种驱动力得到满足后，人们会觉得安全和自信，否则就会产生恐惧、憎恨等强烈的消极情感。"防御"驱动力在很大程度上解释了人们为什么会抵制变革。

这四个驱动力都是相互独立的，没有主次之分，也不能相互替代。要想充分激励员工，管理者就必须同时满足所有四个驱动力。

4. 员工激励的组织杠杆

尽管对任何公司来说满足员工这四个基本情感驱动力都是至关重要的，但研究表明，事实上，每一个驱动力都可以用不同的组织杠杆最有效地来加以满足。

第一，奖励制度"获取"驱动力最容易通过组织的奖励制度得到满足。当然，这还得看组织的奖励制度能否有效界定员工的不同表现，将奖励与绩效挂钩，以及给予最优秀的人员晋升的机会。

第二，文化要满足"结合"驱动力，在员工之间培育强烈的同志情谊，最有效的方法就是建立一种促进团队合作、协作、开放和友谊的文化。

第三，岗位设计满足"理解"驱动力的最佳途径是设计出有意义、有乐趣且具有挑战性的岗位。

第四，绩效管理和资源配置流程公正、可信、透明的绩效管理和资源配置流程，有助于满足人们的"防御"驱动力。

对于员工的四个情感驱动力，公司可以分别采用不同的组织杠杆来加以满足，表20-1列出每个驱动力和其对应的组织杠杆，以及公司在利用这些工具时可以采用的具体行动。

表20-1 如何满足员工的情感驱动力

驱动力	主要杠杆	具体措施
（1）获取	奖励制度	·明确区分工作表现优异的人与表现平平和较差的人 ·把奖励与绩效明确挂钩 ·薪酬水平与竞争对手相当
（2）结合	文化	·在员工之间培养相互信任和友谊 ·重视协作和团队合作 ·鼓励分享最佳实践
（3）理解	岗位设计	·设计出组织中具有独特重要作用的岗位 ·设计出有意义的工作，并让员工觉得对组织有所贡献
（4）防御	绩效管理和资源配置流程	·提高所有流程的透明度 ·强调流程的公平性 ·在奖励、任务选派和其他形式的认可中体现公正和透明，从而建立信任

诺里亚通过解读大量的公司案例来说明不同组织杠杆是如何影响员工的整体

激励度的，而且利用美国家庭人寿案例揭示了如何通过具体举措全面满足所有四个驱动力。数据表明，这种全面的方法是最有效的。从员工调查的数据来看，任何一个驱动力只要稍有加强，整体激励度就会出现相应的提升，但是与其他公司相比，激励度的大幅提升还是来自对所有四个驱动力的整体影响。之所以会这样，不仅是因为有更多的驱动力得到了满足，而且因为多管齐下能让这些驱动力相互加强——整体性方法要胜过部分之和，尽管加强每一部分也确能有所贡献。以一家在员工激励度方面排名第50百分位的公司来说，员工按0—5分对公司的岗位设计（这是对"理解"驱动力影响最大的一个组织杠杆）进行评分，如果评分提高1分，上升到第56百分位。如果同时加强所有四个驱动力，员工激励度将提高21%，排名跃至第88百分位（如图20-1）。所以，从员工满意度、参与度、投入度及留任意愿来看，这将给公司带来巨大的竞争优势。

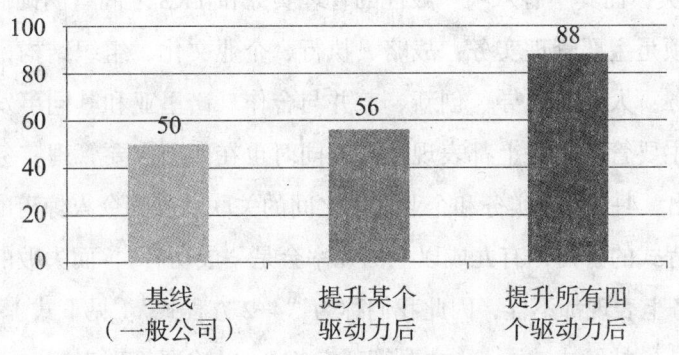

图20-1　如何大幅提升员工激励度

4. 直接上司的角色

诺里亚的研究还显示，并不是只有组织才能提升员工激励度或满足员工的情感驱动力，员工对自己直接上司的看法也有同样重要的作用。人们承认，有许多组织因素会影响他们的激励度，而且其中有些因素也不是他们的直接上司所能控制的，但对于上司激励员工的能力他们是很有辨别力的。在诺里亚的研究中，员工认为在满足他们的四个驱动力方面，上司与组织政策同样重要。员工并不指望上司能对公司的整体奖励制度、文化、岗位设计或管理体制施加重大影响，然而管理者在自己的影响力范围内确实有一定的决定权。例如，管理者可以在表彰、认可和任务选派等方面把奖励与员工表现挂钩。尽管员工指望不同的组织因素能够满足自己不同的驱动力，但他们也希望自己的上司能够在组织制约条件下尽最大努力满足他们所有四个驱动力。

管理者只有在组织的制约条件下尽最大努力满足员工的所有四个驱动力，才能最有效地提高对员工的激励效果，提升组织的业绩。

（二）4+2方程式

4+2方程式是诺里亚的著作《4+2：什么对企业真正有效》的核心所在。它是根据"长青计划"的研究结论总结形成的。他们采用"整体股东投资回报率"（Total Return to Shareholders 简称 TRS）为标准来衡量企业绩效的。作者也考虑到有些人觉得TRS是"不理性"的评量标准，会受到市场上各种臆测和变化的影响。不过作者认为，长期而言整体股市其实相当精确地反映了企业绩效的好坏。研究开始之初，他们选择的200种管理实务，经过研究后发现大多数的管理实务的成败与TRS无关，而其中有八项一般性的管理实务和TRS之间有明确而显著的关联性，其中四项是主要管理实务：战略、执行、企业文化、组织结构，另外四项是次要管理实务：人才、领导、创新、兼并与合作。诺里亚和其同事发现，成功的企业在四项主要管理实务上都表现优异，同时也在四项次要管理实务中，至少有二项表现杰出。4+2管理实务和企业成功之间的关联性高到令人惊讶的程度，持续遵守4+2方程式的公司，有九成以上的几率会是"成功者"，而失败的企业则在这几项管理实务上表现都不佳，因此我们称为"4+2方程式"（见下式）。

$$持续成功 = C_4^4 主要管理实务 + C_4^2 次要管理实务$$

1. 4+2等于持续成功

4+2方程式指的是四项主要管理实务和两项次要管理实务。这个方程式其实涵盖了八项管理实务，这八项管理实务分为四项主要管理实务和四项次要管理实务。四项主要管理实务包括战略、执行、企业文化、组织架构，四项缺一不可；四项次要管理实务则包括人才、领导、创新、兼并与合作，这四项却只要任选其中两项即可。这个方程式的解答之所以"大胆"，是因为他们经过缜密的研究设计，认真的资料收集，严密的数据分析，生动而有说服力的案例之后，敢于宣称只有八项管理实务是真正能够有效地持续创造企业的成功，其余的则都不重要。

对经理人而言，这个方程式能够有效指引他们，真正重要的是哪些因素，究竟哪些关键的管理实务能让企业永葆成功。此外，"长青计划"显示，在上述八项管理实务中，成功企业在每一项都有典型做法，我们将之称为"准则"。这些准则可为经理人提供实用的标杆,以进一步强化这八项管理实务。

2. 四项主要管理实务

四项主要管理实务:战略、执行、企业文化和组织结构。无论你的战略是低价竞争还是不断推出创新的产品实行差异化,都必须明确定义并清楚沟通,让员工、顾客、合作伙伴、投资人都充分了解。你也许无法做到永远讨得顾客的欢心,但至少绝不要让顾客失望。"成功者"总是能持续遵循自身的价值主张,来满足顾客的期望,让自己的质量排名尽量维持在前三分之一以内。成功的企业文化都支持高绩效标准,同时企业在组织结构上还应保持迅速、弹性和扁平化。

第一,战略必须清楚专注。企业要由外而内制定一个清楚明确、而且目标集中的战略。这个战略要充分尊重顾客、合作伙伴和投资人的意见,建立在清晰的顾客价值主张上;保持警觉,随市场变化来高速战略;与组织内部、顾客和其他外部相关人士清楚地沟通战略;企业在扩张时,持续扩大核心业务,当心不熟悉的领域。如果企业能够专注清晰地实行核心战略,对成长战略的焦点保持动态调整,企业可以长葆成功者的地位。

第二,执行必须毫无瑕疵。企业界人士的大部分时间都花在一些熟悉的小事上,但有些时候,突然涌现出的某个想法,使我们发现自己正站在岔路口上,面临何去何从的选择:是继续走以前走过的路,还是通往一个充满希望和不确定的未来。不管是怎样的决定,企业都需要持续提供符合顾客期望的产品和服务;授权第一线员工回应顾客的需求;不断努力提高生产力,消除所有形式的冗余和浪费,这就是毫无瑕疵的执行。

第三,企业文化要以绩效为导向。企业文化被热炒过,但人们似乎一直不太明白企业文化到底是什么。许多非文化的策划、宣传被贴上了文化的标签,更强化了对文化只能锦上添花,不能雪中送炭的观念。本书的重要贡献在于把企业文化还原为以绩效为导向,这恰恰是文化理论的奠基人和管理大师埃德加·沙因(Edgar H. Schein)所一贯强调的。一个企业应当致力于鼓励人人全力以赴,以赞美和金钱奖励员工的成就,创造一个充满挑战、令人满意又有趣的工作环境。

第四,组织结构要保持扁平迅速。关于企业的组织结构,扁平化是一个不可遏制的趋势,即去除多余的组织层级及官僚化结构和行为,将企业的组织结构简化、简化、再简化。同时,积极促进全公司的合作和信息交流,让最好的人才上前线,让最优秀的第一线人员适得其所。本书敏锐地观察到并用数据证明了组织结构的扁平化趋势。我国的企业也不能例外，但是在这一进程中一定要慎重，不能盲目追求企业的扁平化。因为我国企业在管理结构和制度上的历史积累不足、制度意识淡漠；中国特有的文化也会影响到组织结构发挥出来的效率。

3. 四项次要管理实务

第一，四项次要管理实务：人才、领导、创新、兼并与合作。要衡量组织内部人才的质与量，其中最重要的指标就是你能否在公司培养出自己的"明星"。选择卓越的人才担任决策主管，可以大幅提升公司的绩效。据研究显示，公司CEO对企业绩效的平均影响幅度可达正负15%。反应灵活的公司能够不断推出新的产品和服务，来不断推进整个产业的创新，而不是被动地加以应对。内部扩张式的成长固然重要，但是如果公司同时也擅长并购和找寻合作伙伴，就更可能成为"成功者"。

第二，留住优秀人才，培养更多人才。在人才管理方面表现优异的公司都很擅长以下四项准则：尽量选拔内部人才担任中高层的职位；设计并持续推动一流的教育培训工作计划；为最优秀的员工规划有吸引力及具有挑战性的工作；高层主管密切参与培养和发掘新人的工作。

第三，让领导人专心经营公司。在领导管理实务上表现出色的"成功者"企业，都认真遵循以下准则：鼓励管理层加强与公司各层级员工的关系；鼓励管理层强化及早发现机会和问题的能力；指派个人财务利益与公司成败息息相关者为董事；公司领导团队的待遇和绩效紧密相关。

第四，创造能够改变整个产业的创新。在创新管理实务方面表现杰出的"成功者"企业，往往都遵循下列的准则：引进破坏性技术和经营模式；运用各种技术来设计产品、服务以及强化流程；在需要淘汰现有产品时绝不犹豫。

第五，通用兼并和合作成长。对兼并管理实务上表现杰出的"成功者"企业而言，兼并的目的并不一定是为多元化，而是应把兼并当作企业成长的一种方式。这么做的前提是兼并能够善用买方或卖方现有的客户关系，或是两者优点能够互补。任何公司都很难拥有足够的内部资源来满足扩张的需求，因此许多"成功者"企业都选择兼并作为追求成长的第二种方式。根据长青计划发现的准则，当一家公司要跟另一家公司合作进入新的业务领域时，应该考虑双方能力结合之后的独特性，来选择发挥双方专长的新业务领域。同时，企业应该培养有系统地辨识、筛选和执行合作案的能力，以发掘并完成有利的兼并。

4+2方程式不是神话，不是理论，不是说教，它是首度经过验证，确实有效的一组做法。它明确地指出有哪些管理实务可以带领企业成功，不过并没有告诉你如何才能在那些管理实务上表现杰出，因而它更像是复杂商业环境下的一颗指南针。如果一家公司在所有四项主要管理实务和任意两项次要管理实务上的表现都很成功，就有九成的机会能够成为"成功者"。因而，这个方程式并不只有唯一解。每一家企业的情况都不一样，所以执行这些管理实务的方式不尽相同，企业可以根据自己的资源和现状来灵活选择最佳的经营管理模式。

四、尼提·诺里亚的管理思想评论

诺里亚作为管理学界的新秀，他的著作和主要贡献正在被越来越多的人接受和认可。诺里亚的员工激励的"四力模型"和4+2方程式的确给当今企业家和领导者带来了发人深省的管理理念和经营模式。

诺里亚是一个思想上大胆的创新者和开拓者，其研究为管理学界研究注入新的活力。他敢于在已有研究的基础上另辟蹊径，提出的一些突破性和发人深思观点和见解。在他的带领下，我们往往能够"透过现象看本质"，发掘到问题的精髓，进而获得一种恍然大悟的快感。他对人性的诘问，对企业成功秘诀的解锁，以及对领导力循序渐进的研究，都让我们不禁发叹"原因竟是如此简单""成功可以被轻易复制，只要我们方法得当"。从目前诺里亚的研究来看，诺里亚正在向人们不断传递着这样一个管理理念，那就是实事求是。他的研究并不是毫无根据的大放厥词，他的每一个观点的提出，都是靠大量的科学分析、"案例研究"、结论印证得来的，这样的研究必然是繁多、耗费精力的，然而他对学术的严谨的态度正是其这样做的原因。尽管他对其学术研究作出了很大的努力，但其思想和观点的认知度以及接受度仍然与迈克尔·波特这些管理学巨擘相差甚远，但诺里亚作为管理学界一颗的新星正在冉冉升起。

（一）对人性的研究奠定研究基础

100年前的泰勒，通过科学的管理原理，确立了管理学，奠定了标准化、规范化的基础。所谓管理，无论是管理人、财、物、信息和时空，都要依赖于人去实施。而诺里亚在其研究早期，就对在《管理你的企图心》和《驱动力：人性如何塑造选择》等著作中，对人的企图心、行为的驱动力等进行了详尽的研究，得出了人类是可以管理自己的企图心（驱动力）的，进而通过满足人们的四大基本驱动力来管理人们的行为。

诺里亚还将对人性的研究从表象提升到科学层次。《驱动力：人性如何塑造选择》中早前一些大思想家亚里士多德、亚当·斯密、西格蒙德·弗洛伊德、亚伯拉罕·马斯洛等对于人性研究缺乏现代脑科学所发现的知识，多数理论仅仅来自于生活中的直接观察。而诺里亚和其同事在本书中综合了200多年的思想，以及神经科学、生物学、进化心理学、社会科学等领域的跨学科最新成果，提出了一个新的理论，即人类本性的统一综合。诺里亚的研究让人们对人性的认识"从抽象上升到具体""从现象直击本质"，将人们对人性的研究从表象提升到了科学层次，为人们提供了一种全新的人性。诺里亚对人性的研究对其后来其他相关领域的探索奠定了深厚的研究基础。

（二）确定领导力为其重要的研究方向

领导是管理的重要部分，但领导似乎又可以从管理中独立出来。在法约尔看来，领导无论在层次还是在意境上都高于管理。领导是一种变革的力量，关于领导力的研究首先是从领导研究开始的。阿伯拉罕·扎莱兹尼克（Abraham Zaleznik）曾指出"管理者如果说不是以一种消极的态度，也是以一种非个人化的态度面对目标；领导者则以一种个人的、积极的态度面对目标。"[①] 由此可见，领导力能带来有用的变革，领导力研究更具有全局性、超前性和超脱性。诺里亚将领导力作为其重要的研究方向，符合现代管理发展研究的需要。

近些年，诺里亚也为领导力方面的研究作出了不懈努力。2005年出版的《20世纪最伟大的商业领袖》作为诺里亚领导力的历史研究三部曲的第一部，借鉴了20世纪最著名的美国商界领袖的经验教训，向世人揭示了卓越的领导者成功的秘诀。第二部是2007年出版的《权力之路：内部人士和外部人士如何塑造美国商业领袖》，它记录了在美国商业中崛起的来自不同背景的领导人（一些可以被认为是局内人士，而其他则是一些外部人士）。而关于领导力的历史研究三部曲中的第三

---

① 阿伯拉罕·扎莱兹尼克. 管理者和领导者：两者有什么不同？ [J]. *Harvard Business Review*, 1977, 82(1), 74-81.

本《企业家、管理者和领导者：来自航空业的领导力课程》出版于 2009 年。2010 年出版的《领导力理论与实践手册》汇集了心理学，社会学，经济学和历史学等各个领域的重要学者的观点，有助于提升领导力向更高层次智力发展。2012 年出版的《领导力教学手册：知识、技能和品格》为领导力教育领域的发展奠定了坚实的基础。

（三）将"案例研究"作为研究根据

纵观诺里亚出版的多本著作，我们可以看出其对各种案例运用得心应手，且这其中的多项研究成果都是来自于对案例的透彻分析。《管理你的企图心》一书瞄准的是那些梦想在任何领域取得伟大成就的人，诺里亚对过去和现在各行各业的雄心勃勃的人们的长期观察，总结出独特的"企图心曲线"原理。《4+2：什么对企业真正有效》则是在对 40 个行业的 160 家企业在 1986～1996 年期间采用的 200 多项管理实务进行分析和整理后，总结出了保持企业持续成功的 4+2 方程式。而《20 世纪最伟大的商业领袖》中观点和教训的也是基于对 20 世纪最有影响力的 1000 个商界领袖所进行的详尽研究。《领导力教学手册：知识、技能和品格》也是通过对 30 多位作家、研究人员、顾问、学者和实践者们的近三十年积累的领导力教学经验的总结而形成的。同样的员工激励的"四力模型"也是源于对两家全球性企业中的 385 名员工和《财富》500 强中 300 家企业的员工的详尽调查而得出的。诺里亚把"案例研究"作为研究根本，始终脚踏实地追求实质，才能将研究之道坚定不移地走下去。

（四）强调实事求是的管理之道

实事求是指从实际对象出发，探求事物的内部联系及其发展的规律性，认识事物的本质。诺里亚在其研究中也不断向大家强调实事求是的管理之道。例如，诺里亚在其《20 世纪最伟大的商业领袖》中强调"情境智慧"，即能够深刻理解时代要求并抓住机会创造成功组织的高超能力。当代社会挑战和机遇无处不在，怎样纠正当代管理和组织研究中的许多脱离历史情境的错误？他深知"时代背景"在塑造企业发展中的重要性，所以必须强调"情景智慧"在当前时代中显得尤为重要。所有管理工作的展开都离不开具体的时间和空间，诺里亚强调作为现代管理者或领导者必须能够感知不断变化的情境环境，以及他们所面临的商业机遇和挑战。没有一劳永逸的成功之道，没有一成不变的管理秘诀，所有的管理必须依靠具体环境来审时度势的调整，而这一点正正契合实事求是的管理之道。所有不切实际的管理，都是虚浮的大楼，必有倾覆之患，所以只有坚持实事求是的管理之道，才是商业发展长盛不衰的秘诀。

本章参考文献

[1] 尼提·诺里亚，詹姆斯·钱皮. 管理你的企图心 [M]. 赵婕，赵洪云译. 北京：中信出版社. 2003.

[2] 保罗·R. 劳伦斯，尼提·诺里亚. 驱动力：人性如何塑造选择 [M]. 旧金山：Jossey-Bass 出版社，2001.

[3] 基思·S. 哈里斯. 评论保罗·R. 劳伦斯和尼提·诺里亚的《驱动力：人性如何塑造选择》[J]. *Human Nature Review*, Vol. 3, 2003, 263-265.

[4] 威廉·F. 乔伊斯，尼提·诺里亚，布鲁斯·罗伯森. 4+2：什么对企业真正有效 [M]. 张玉文译. 机械工业出版社，2004.

[5] 安东尼·J. 梅奥，尼提·诺里亚. 20 世纪最伟大的商业领袖 [M]. 侯剑译. 商务印书馆，2012.

[6] 斯科特·A. 斯努克，尼提·诺里亚，拉克什·库拉纳. 领导力教学手册：知识、技能和品格 [M]. 徐中，刘雪茹，胡金枫译. 北京大学出版社，2015.

[7] 詹姆斯·G. 克劳森. 关于斯科特·A. 斯努克和尼提·诺里亚的《领导力教学手册：知识、技能和品格》的书评 [J]. *Academy of Management Learning & Education*, 2011, Vol. 10, 535–539.

[8] 尼提·诺里亚，鲍里斯·格鲁斯伯格，琳达·凯琳·李. 员工激励的"四力模型" [J]. *Harvard Business Review*, 2008 Jul-Aug; Vol. 86 (7-8), pp. 78-84.

[9] 阿伯拉罕·扎莱兹尼克. 管理者和领导者：两者有什么不同？[J]. *Harvard Business Review*, 1977, 82(1), 74-81.

第二十一章　L. S. 帕纳：企业道德管理

　　L. S. 帕纳（Lynn Sharp Paine），牛津大学哲学博士，哈佛大学法学博士，哈佛商学院教授（John G. McLean Professor）和前 Novartis 研究员。L. S. 帕纳为多个国际化大公司提供管理学、领导学和商业道德咨询，曾在《哈佛商业评论》、《加州管理学评论》、《商业道德季刊》、《哲学和公共事务期刊》等美国权威期刊和杂志上发表多篇文章。她的主要著作《领导、伦理与组织信誉案例：战略的观点》、《公司道德：高绩效企业的基石》、《风险下的资本主义：企业角色的再思考》在过去 30 年里深刻影响着世界的商业领袖和社会学家们，她被称为商业领袖的道德导师。

一、L. S. 帕纳的生平

　　L. S. 帕纳（Lynn Sharp Paine）出生于 1950 年，曾任 Novartis Fellowship 研究员，现任哈佛商学院约翰 G. 麦克林教授（John G. McLean Professor）、高级副院长、高级管理课程培训师，中国高级经理人课程项目的联合主席。①

　　L. S. 帕纳毕业于牛津大学史密斯学院，取得牛津大学哲学博士学位，并在哈佛大学取得法学博士学位。L. S. 帕纳曾任教于乔治城大学商学院和弗吉尼亚大学的达登学院，1976 年和 1977 年在台湾国立政治大学做 Luce 学者，1990 年开始在哈佛大学任教。多年来，她的主要教学课程包括管理学概论、企业道德理论、跨

---

① 参考哈佛商学院官方网站 http://drfd.hbs.edu/fit/public/facultyInfo.do?facInfo=bio&facId=6526.

文化管理学等，L. S. 帕纳曾在哈佛大学商学院创办领导能力和法人责任课程，并授课五年，这门课被列为哈佛大学 MBA 及高级管理学专业的必修课程。1987 年以来，她一直是 Henry Luce 基金会 Luce 学者遴选委员会的常任委员。

在职业生涯早期，L. S. 帕纳在波士顿的 Hill & Barlow 律师事务所担任马萨诸塞州的律师工作。后来，L. S. 帕纳为众多企业和集团提供管理和咨询服务。2002 年，她加入公众信任和私人企业研讨会蓝丝带委员会（the Conference Board's Blue-Ribbon Commission on Public Trust and Private Enterprise）。2009 年，她加入高级经理人薪酬研究委员会（the Conference Board's Task Force on Executive Compensation）。L. S. 帕纳目前是战略国际研究中心学术委员会成员，并担任研究中心的顾问工作。此外，L. S. 帕纳是美国公众审计管理委员会会员，并担任 Risk Metrics 集团的前任董事会成员（Risk Metrics 集团在 2010 年 6 月被摩根士丹利收购）。

二、L. S. 帕纳的主要著作

L. S. 帕纳的研究主要集中在企业绩效和道德约束双重标准下的企业领导能力和企业管理上。L. S. 帕纳的出版物包括超过 200 个案例的研究，她的文章出现在各种著作和期刊上，包括《哈佛商业评论》《加州管理学评论》《商业道德季刊》《哲学和公共事务期刊》等。她的主要著作《公司道德：高绩效企业的基石》（Value Shift: Why Companies Must Merge Social and Financial Imperatives to Achieve Superior Performance）被图书馆期刊评为年度最佳作品，被《Sound View 高级经理人文摘》评为前 10 名商业著作之一。她的文章和案例分析集《领导、伦理与组织信誉案例：战略的观点》（Cases in Leadership, Ethics, and Organizational Integrity: A Strategic Perspective）和《风险下的资本主义：商业角色的再思考》（Capitalism at Risk: Rethinking the Role of Business）都已被翻译成中文。其最近的出版物有：《一个全球领导者的管理商业行为指南》（合著）、《风险全球资本主义：如何应对》（合著）、《中国规则：管理中国跨国公司的 CEO 实用指南》等。

（一）《领导、伦理与组织信誉案例：战略的观点》

《领导、伦理与组织信誉案例：战略的观点》（Cases in Leadership, Ethics, and

Organizational Integrity: A Strategic Perspective）由 Irwin 公司于 1997 年出版，中文版由东北财经大学出版社于 1999 年 8 月出版。

《领导、伦理与组织信誉案例：战略的观点》的组织结构简洁明了，分为三部分：理论介绍、案例分析和简评。理论介绍部分主要提供了理解案例及其分析的理论框架；案例为读者提供了应用理论框架的演示；简评部分对案例中企业的目标和责任进行了评价总结。这本书探讨了企业管理与伦理、信誉之间的价值取向问题，在面对公司利益与雇员、股东、公众、社区及其他利益相关者利益的两难选择时，公司是采取有利于自己的价值取向，还是以信誉为主、恪守伦理道德并尊重他人的利益呢？针对这两种不同的选择，本书选择了一些国际知名企业的案例分析，描述了各个企业采取不同价值取向及其产生的不同结果，并对这些结果进行分析。通过分析得到所要证实的结论：现代企业要保持具有竞争力的领先地位，就必须把企业伦理和组织信誉放在重要的位置。

L. S. 帕纳认为，企业商业绩效评价体系需要引入道德规范。20 世纪 90 年代的一系列商业丑闻是狭隘管理思想带来的结果。道德规范是企业谋求可持续发展和取得最终成功的核心因素。道德规范应该被看作是一个公司日常管理和领导机制中所考虑的重要因素。L. S. 帕纳分析，有充分的例子可以证明这种转变，比如人们对与之经常打交道的公司作评价就是一个很好的例子。看一下关于雇员和雇员责任的调查报告，就会发现他们经常对公司的雇主作道德评价，他们对在报酬、待遇等各方面都能公平对待雇员的公司比较有好感，更喜欢选择去那些信任雇员、关心雇员福利并且在社区中口碑好的公司工作。

在《领导、伦理与组织信誉案例：战略的观点》一书中我们可以看到，在整个组织层面进行道德管理的企业行为案例。通过企业行为的绩效评估，这些企业认识到，即使企业行为合法，也并不能保证道德上就是正确的。正如 L. S. 帕纳所说："法律的目的并不是鼓励人们弘扬美德或者追求卓越，它不具备模范行为的示范效应，甚至也并未对优良品行作出界定。"因此，这些企业实行了基于诚信的道德策略选择，以道德价值观为绩效评价的一个方面来指导企业行为，寻求企业发展的机遇，设计组织管理体系，作为个人和团队决策的重要参考因素，这些都对提升企业竞争力，团结员工，鼓舞士气，建立长期稳定的客户关系起到了重要的促进作用。这本书树立了一个重要观点：企业道德是可以带来绩效的，尽管这种绩效在某种意义上是难以量化的，但至少是定性的。

(二)《公司道德：高绩效企业的基石》

《公司道德：高绩效企业的基石》(*Value Shift: Why Companies Must Merge Social and Financial Imperatives to Achieve Superior Performance*) 由 McGraw-Hill 公司于 2004 年出版，同年被翻译成中文。

这是一本全球经济危机背景下有关企业伦理的专著。近年来恩龙（Enron）、安达信（Arthur Andersen）及泰科（Tyco）等企业丑闻事件的发生，导致美国国会要求修改相关法令，企业界内部要求自律，这些因素使商业伦理愈来愈被视为重要的企业问题。于是，关于企业的道德疑问越来越多：企业经营的目的是什么，企业的核心价值理念是什么，企业的行为规范准则又是什么，采取什么样的行动以便可以提高企业的信誉，什么样的企业才值得信赖，企业应该对员工、顾客、投资人、社区尽什么样的责任。

为了找到这些问题的答案，许多企业求助于企业伦理领域的专家，企业伦理领域迅速成为美国商业界的一个新兴行业。据《商业周刊》(*Business Week*) 调查，企业伦理顾问服务业已经发展成为一个收入高达 10 亿美元的产业。不过 L. S. 帕纳发现，在这些顾问服务之中，有不少是协助企业逃脱由于不正当行为受到政府部门的调查，也有一些是为了协助公司处理价值观濒临破灭的危机，或者产品召回、丑闻、劳资纠纷、环境危害之类的负面事件。L. S. 帕纳提出，另有一些企业是为了将企业伦理看做门面，只在表面上说得冠冕堂皇。

《公司道德：高绩效企业的基石》这本书在方法上采取庞大的经验研究，在分析架构上则运用了涉及利益相关主体的分析模式（The Stakeholder Analytic Model）。书中运用了大量的实证研究案例分析，非常适合作为商学院学生的基础教材，所举的案例如强生公司（Johnson）、所罗门兄弟投资公司（Salomon Brothers）、皇家荷兰壳牌石油集团（Royal Dutch/Shell）、施乐百公司（Sears, Roebuck and Co.）、爱依思发电公司（AES Corporation）等都是赫赫有名的跨国集团，对于商学院的学生来说，这些案例分析非常值得研究。

在《公司道德：高绩效企业的基石》一书中，L. S. 帕纳强调伦理导向的正面利益，认为符合伦理的行为会给公司带来良好的声誉，而良好的声誉又会帮助公司吸引商机，吸引预期的客户、雇员与投资者，这样公司会获得不断增长的潜在收入与市场份额。"伦理性与经济优势是密切相关的……那些将伦理原则作为行为指导、重视员工道德素质的公司会收获多种经济利益。这些经济利益源于一个简单的事实……在同等条件下，多数人还是愿意和那些诚实、可靠、公平与细心的公司打交道。种种案例与研究表明，重视这些价值观是调动人们能力、建立信任、保持客户信心的根本。反过来，这些努力又会产生多种盈利——在组织内，在市场里，在与政府和广泛社会的交易里。"

在《公司道德：高绩效企业的基石》一书中，L. S. 帕纳提出了企业在当今社会道德约束下的发展方式，这种发展方式的目的是将社会伦理标准与优异的经济绩效结合起来，成为公司发展业绩的综合评价标准。《公司道德：高绩效企业的基石》论证了企业道德的价值，并且论述了道德导向的企业风险管理优化、组织效能提高、增加股东信心和提升社会声望对于公司创造杰出业绩的正面影响。而这些论点的提出，都基于《公司道德：高绩效企业的基石》的核心观点：企业道德是能够为企业带来效益的。

（三）《风险下的资本主义：企业角色的再思考》

《风险下的资本主义：企业角色的再思考》（*Capitalism at Risk: Rethinking the Role of Business*，合著）哈佛商业评论出版社于2011年出版。《风险下的资本主义：企业角色的再思考》论述了全球金融危机背景下企业道德行为是解救资本主义市场经济困境的关键因素。这本书内容丰富，论述精辟，所述观点十分具有创新性，它奠定了一个基于对全球商业认真思考的新观点，预示着全球资本主义市场经济发展的一个新路径。

资本主义市场经济的蔓延已经使得西方人比以往任何时候都富裕。但是，资本主义市场经济的未来依然很不确定。2008年的全球金融危机产生了全球经济大萧条。欧洲经济仍然步履蹒跚，收入不均，资源枯竭，移民潮，宗教原教旨主义，这些只是威胁资本主义市场经济繁荣的一小部分因素。资本主义如何能持久，谁应该起到带头作用？大多数批评者将矛头转向政府。《风险下的资本主义：企业角色的再思考》认为，在各国政府必须发挥作用的同时，企业应该起到带头作用。无论对处于发展阶段的创新公司、大型跨国公司，还是小型初创企业，眼前的危机也带来了许多机遇。L. S. 帕纳与世界各地的商界领袖讨论，得出10个全球市场体系潜在的干扰因素。已有的公司案例说明了改革的迫切性，企业必须在作为创新者的同时作为实践者，发展合作战略，承担应有的道德责任，带来区域、国家和国际层面的效应，促进全球资本主义市场经济的一个新的发展阶段。《风险下的资本主义：企业角色的再思考》对未来资本主义市场经济的发展提出创新而有建设性的见解：相互信赖、道德依存成为资本主义市场经济主体的核心要求。

《风险下的资本主义：企业角色的再思考》根据世界各地的知名企业领导人的观点，发出资本主义市场经济的危险警报，并呼吁商业领袖采取行动来拯救资本主义市场经济。书中论述了全球资本主义市场经济与全球福利有着错综复杂的联系，提出了一个有关企业在社会中的责任和义务的辩论，引发了政府、学术界、和企业家的深刻思考。世界银行预测，一直到2030年，一些衰退因素，如贸易保护主义、环境退化、法制不健全、贫富差距导致的基本生活水平差距拉大等都会威胁经济发展。为了制定一个权威的全球资本主义市场经济状态评估体系，L. S. 帕纳与来自亚洲、欧洲和美洲的46位著名商业领袖进行讨论和调查，她广泛引用这些领导人的观点来解释问题。一位接受调查的商业领袖指出了企业间普遍不信任的传递问题："如果多数人认为，某个体系不能代表他们的利益或对他们是不公正的，那这个体系就不可能得到合法性的共识"。另一位商业领袖提出缺乏全球化商业游戏规则的问题："我们面临不同国家的竞争，而每个国家的游戏规则也大不相同，双方根本没有达成共识，就好像我们准备下棋，而他们想玩没有球的棒球游戏，仅仅是为了挥舞两下球棒"。还有一位商业领袖提出过时的监督制度问题："今天的监督机构大多成立在50年前，甚至更早，但我们今天面对的是一个完全不同的世界"。这些企业家提出的问题都是世界经济贸易中的现实问题，那么企业怎样去应对这些问题呢？《风险下的资本主义：企业角色的再思考》提出，企业必须将解决社会问题和承担社会责任作为企业绩效评估的一个重要方面。例如，利用互联网和手机技术，使偏远地区同样享受资本主义市场经济的好处，这样才能在更广的范围内促进资本主义市场经济的新发展。《风险下的资本主义：企业角色的再思考》为企业家们列举了一些符合企业道德约束的风险投资项目的成功经验，希望说服商业领袖们能够作出新的选择。

《风险下的资本主义：企业角色的再思考》的核心思想是企业领导人必须超越单纯的资本主义行为，而成为资本主义市场运行的裁判，努力提高资本主义市场体系的可持续性。这和过去要求盈利企业努力提高市场体系的绩效的观点完全不同。要做到这一点，L. S. 帕纳呼吁企业领导人走到一起，一起努力去完善市场体系的运行规则，包括政府规制、法律约束、学术引导等。在作者看来，即使这个过程非常困难，甚至有些激进，但没有比这更好的选择了。

三、L.S.帕纳的主要研究贡献

（一）企业道德研究的引路人

"法律不能激发人们追求卓越，它不是榜样行为的准则，甚至不是良好行为的准则。那些把伦理定义为遵守法律的管理者隐含着用平庸的道德规范来指导企业。"——L.S.帕纳

现代商业经济中的各种丑闻不断出现，食品安全问题、企业信用危机、会计丑闻越来越多地被社会所关注，社会要求给予不道德行为更严厉的惩罚，公司道德问题越来越重要。随着企业管理理论研究的深入和企业经营管理实践的不断变革，一些市场经济发达的国家在企业经营管理领域出现了一个新的动向，无论理论界还是企业界都开始高度重视企业管理中伦理问题的研究与实践，并逐步形成一个新的学术研究领域——企业伦理学。同时，伦理向企业活动广泛而全面地渗透也愈来愈成为企业经营管理实践中一个新的趋势。L.S.帕纳正是企业伦理理论的先导者，她的企业伦理理论标志着全球范围内一种全新的商业道德理念和高标准的公司行为要求慢慢形成，企业伦理与企业管理的融合，是企业内外环境变化的结果，既反映了社会发展对企业外在的责任与义务，也体现了现代企业经营管理变革发展的一种内在的、自律性的要求。伦理化经营管理已经逐渐成为现代企业经营管理的一种战略选择。

L.S.帕纳在其著作《领导、伦理与组织信誉案例》一书中说到："近年来，许多经理人员纷纷采取措施来加强公司伦理和价值观念。一些公司的经理人员专门设立了公司伦理办公室、董事会层次的伦理与公司责任委员会，或者安排专门力量来处理复杂的伦理问题。另外，一些公司的经理人员还引入专门的培训项目来增强员工对伦理问题的认识，促使经理人员把伦理考虑纳入到决策的制定过程之中。"企业毕竟不同于自然人，其道德主体身份不可能完全等同于人的道德主体身份，它也不可能完全享有人所具有的道德权利，承担人所具有的道德义务，因为企业是有限的，它只是为了某个特定目的而组织起来的。但是，这并不妨碍我们对企业提出一定的道德要求，并不妨碍我们对企业的行为进行道德评价。

传统观点认为公司是无道德的纯粹的功能性机构，L.S.帕纳提出了"公司人格"观，认为公司是道德的行为人，公司不但能够执行某些重要的职能，如生产产品、提供服务、创造财富、创造就业、创新等，它们也能够作出选择，具有特有的品行，并且能够和社会中的其他道德行为人进行交往。作为道德的行为人，人们至少可以期待企业通过遵守法律和基本的公正原则来履行对社会的义务。人们理想中的公司应该有更高的道德标准，它们在开展活动时应该遵守广泛接受的伦理原则，为他们的错误和不端行为承担责任和社会谴责，在经营运作过程中为客户和社会着想，作为社区的一分子为社会作出贡献。

现代社会本身的发展要求企业重塑自身的价值，重新确立存在于社会的合理性根据，以一种对人类的幸福生活和社会的健康发展更加负责的姿态存在于社会，而不仅仅是创造财富。正如L.S.帕纳所言："人们期望今天的企业不仅能创造财富，生产和提供优质的产品和服务……而且为自己的所作所为包括好事和坏事承担责任，对他人的利益和需要作出积极反馈，管理自己的价值体系和承诺。"也就是说，企业一方面要承担经济责任，另一方面也要承担社会责任。同时，要将企业承担的经济和社会责任以客观、公正的形式反映给各个相关利益方。

L.S.帕纳称企业道德为现代企业的"价值观的回归"。企业的合法性取决于社会效用和社会责任两个相辅相成的基础，如果企业不能生产出被社会认为是有效并可靠的产品或服务，公众就会对企业存在的价值提出疑问。由此看来，企业伦理是企业绩效不可缺少的因素，它和企业的经济效益的根本并不矛盾，都是取得客户和社会的认可和信任。L.S.帕纳认为，企业道德的沦陷必将带来企业业绩的下滑，甚至造成毁灭性打击，企业应该把企业伦理放在第一位，而不是经济效益，这是企业价值更深层次的回归选择，并非社会强制或是公众要求，而是出于企业自身存在和发展的需求。这正是企业伦理回归的逻辑，L.S.帕纳一直在引导企业找回自己失去的灵魂：企业道德。

（二）企业伦理是企业经济绩效的基石

L.S.帕纳认为企业伦理应该高于企业经济绩效，是企业价值的首要因素，企业的经济绩效是由于企业遵守企业伦理、以伦理为目标而带来的结果，企业伦理是经济绩效的基石。L.S.帕纳在她的《领导、伦理与组织信誉案例：战略的观点》一书中对此观点从三个方面加以论证：

第一，企业伦理是企业建立管理体系的基础。企业伦理能够为企业管理带来正向的引导作用，建立行之有效的管理体系，实现企业更高的管理绩效。"一套良好的价值体系对于取得和维持优秀的管理业绩十分重要。一个普遍被接受的目标和一套完善的价值体系是组织力量的中心，也是组织个性的源泉，并且这样的组织个性能够带来组织的自豪感和满足感，帮助公司适应环境，有利于公司的长期生存、繁荣和发展。在逆境中，一套合理的价值体系是抵抗短期诱惑的缓冲区，可以避免损害长期利益。"

第二，企业伦理是企业建立长期稳定市场关系的必备条件。坚持企业伦理能够取得客户和社会更多的认可和支持，并取得长期稳定的市场关系。"坚持合理的伦理原则，着眼于利益关系者的需求，公司可以减少这方面的损失，进一步构筑与核心利害关系群体的牢固关系。"因为赢得了顾客、员工和供应商的信任，公司也就赢得了收益、效率和灵活性，同时也降低了控制成本和交易成本。"要想在当今的环境中赢得成功，组织及其领导者必须理解利害关系群体的需求和利益。同时，企业还必须着眼于利益关系而不是利益交易。简而言之，必须坚持伦理的观点去处理市场活动。"

第三，企业伦理是企业取得社会认可的必要条件。L. S. 帕纳认为，企业遵循企业伦理，为企业带来良好的社会声誉，这种社会声誉可以使企业"拥有优秀的企业形象，在利害关系群体中拥有较高的地位，因而减少了它们遭受起诉、法律制裁以及政府限制性法规制裁的可能性"，并取得客户和社会的认可。在某些情况下，利害关系群体的积极合作态度，"也便于公司制定出一些创新性的方案来解决商业难题"，更为重要的是，"良好的声望有助于公司吸引顾客、投资者、潜在的员工和商业伙伴，为企业带来更好的绩效。"

（三）企业伦理会带给企业更好的绩效

L. S. 帕纳在《公司道德：高绩效企业的基石》一书中，阐明了企业伦理是能够带来经济效益的，他并以全世界多家著名企业为例，证明企业的伦理资本是无形成本，企业伦理可以转化为经济价值。正是由于她的这种观点，愈来愈多的企业已经从几十年前的"伦理造成成本负担"（Ethics costs）的观念，转变为"伦理带来经济效益"（Ethics Benefit）的观念。她提出企业伦理与企业绩效的一种新的数学思维模型：伦理与经济的乘积等于更大的企业绩效：$Ethics \times Economy =$

Efficiency，企业绩效（Efficiency）效率可以包括利润（profit）、益处（benefit）及效益（utility）等企业绩效企业绩效应该包括利润（Profit）、收益（Benefit）及效益（Utility）等多重因素，而正是由于企业伦理的作用，才产生了更大的企业绩效。企业伦理从四个方面可以为企业带来更高的绩效：

第一，减小风险管理成本。企业违反法律或道德的行为一旦公之于众，企业就将名誉扫地，企业原有的客户、投资者、供应商等利益相关主体构成的各种核心关系也将不复存在，企业甚至可能承担由此造成的巨额罚款和诉讼费用。信息科技发达的今天，各种商业行为将很难隐秘，严格守法和尊重企业伦理是企业规避此类风险的唯一有效方法。

第二，提高信任度和内部工作效率。遵守企业伦理有助于提高企业内部的组织功效，当企业承担社会责任的行为和理念内化为企业文化时，企业成员的行为都将受到这种道德文化的影响，从而产生积极的组织管理效应。首先，企业道德文化有利于赢得员工的忠诚度。要吸引并留住人才，仅有物质条件是不够的，还要有对人有基本的尊重、理解、信任、关心、培育以及良好的道德关系。其次，有利于企业建立良好的员工关系。一个讲究伦理道德的企业能提供一种和睦、融洽、向上的工作和生活环境，在这样的环境中，员工之间精诚合作、彼此信任、分担责任、更具创新精神。最后，有利于激发出员工的工作热情，认可企业的价值取向。这种热情来自三个方面：企业员工间的道德信任、员工与企业的道德信任、企业与社会的道德信任。

第三，扩大企业的认知度。一个具有社会责任感的企业能够以消费者的利益为出发点，以顾客需求为中心，为顾客提供能满足需要的、安全的、物有所值的产品的同时，通过承担企业的社会责任，尊崇企业伦理，树立良好的企业形象，从而降低企业的经营风险，提高产品的认知度。相对于花大笔钱去做企业宣传广告，由企业社会责任和企业伦理带来的企业知名度对消费者应该更有说服力，因而有利于吸引新顾客，扩大市场。

第四，建立企业与消费者的信任关系。对产品进行适度的包装，制定合理的价格，实事求是地向消费者传递产品信息，方便消费者购买，并为消费者提供细致周全的销售服务能够建立良好的客户关系。一个具有社会责任感、遵守商业道德的企业能够保持和加强与客户的信任关系，这种关系能够大大降低企业的交易成本，为企业取得更好的经济效益。

(四)经理人罗盘

L. S. 帕纳在《公司道德：高绩效企业的基石》一书中提出以目的、原则、人员和权力四个方向的"经理人的罗盘"（Manager's Compass）模型，分析了一个企业经理人在进行新产品的研发和销售时，能够全方位地评估产品的各种因素，以修正决策盲点而作出企业伦理与经济收益兼顾的决策。

第一，目的：这是基于企业伦理的实用分析，它包括企业伦理在内的"目标导向"的制定，要求企业经理人在产品生产或企业经营过程中做到目的与方法的统一，目的必须有价值，方法必须有效率。

第二，原则：这是基于企业伦理的企业行为规范性分析，它涉及的是各种企业行为规范准则、企业自我要求的理想与追求，以及企业行为标准，如法律、产业规范、企业规范、商业道德等各种原则。

第三，人员：这是企业基于利益相关主体影响的分析，它是从相关利益主体的立场进行分析，从而找出减小负面影响和促进相互利益的途径，尤其是必须评价企业行为是否能够确保利益相关主体的正当权益。

第四，权力：这是企业决策者的能力分析，是指决策的必备条件以及执行力，包括工作技巧、掌握资源、影响力、制约因素等可行性评估。唯有排除执行障碍，企业行为的决策者才有实现决策的可能性。

这个分析模型结合了理论与实践、经济与伦理等多面向的评价因素，使得企业经理人不会陷于较抽象的伦理思考。企业伦理今后应该是职业经理人必备的条件，这门学科会成为商业领袖们的热论话题。企业领导者角色定义的精髓是责任感的扩大，今天的企业主管，其决策不仅要对股东负责任，也要对其他利益相关主体负责任，并将伦理模型与经济理性作为决策的依据，他们必须是兼顾伦理需求与利益驱动的多重逻辑决策者。因此，选择企业的决策者至关重要。

(五)利益关系主体分析模式

利益相关主体是企业通过行动、决策或目标而影响的任何个人或群体，反过来说，这些个人或群体也能影响企业的行动、决策和目标选择。利益相关主体理论把企业对股东的责任扩展到了对所有的利益相关者的责任，使企业不仅要处理好与股东的关系，而且要处理好与其他各种利益相关者的关系，承担起对利益相关者的责任。

L. S. 帕纳在《公司道德：高绩效企业的基石》一书中提出，涉及利益相关主体分析模式的理论基础是利益相关主体理论（The Stakeholder Theory），L. S. 帕纳将这个理论用于企业新的绩效评价中。同时，她调查全球的成功企业——各种利害关系者所谓的"卓越企业"，并基于利益相关主体理论分析这些所谓的"卓越企业"所应该具备的特征：

第一，一般功能：和企业整体利益相关的标准。评价因素包括管理绩效、创新、考虑周全的策略、企业价值的长期导向、企业发展的变革能力、系统管理方法、较高的信誉度、坚持企业伦理等。

第二，投资人层面：和员工利益相关的标准。评价因素包括吸引、发展、留用人才的能力、工作环境、鼓励组织学习与个人学习的氛围、被员工认可的优良雇主、坚实而人性化的企业文化、较高的员工福利等。

第三，顾客层面：和顾客利益相关的标准。评价因素包括顾客服务品质、产品与服务质量、顾客忠诚度、顾客满意度、创新机制、市场扩展、顾客导向等。

第四、社区层面：和社区利益相关的标准。评价因素包括高素质社区公民、社区与环境责任、企业的环境保护责任、企业对社会的贡献、对当地经济发展的贡献、遵守管制与法律。

L. S. 帕纳基于利益相关主体理论的分析模式提出了实施企业伦理系统的各种策略，并列举了在企业伦理的导向下创建一家具有社会责任感的企业所需要的一系列工具。这个模式对新建企业具有非常好的引导作用，并提醒新建企业重视企业的伦理体系建设，它是企业存在和发展的基础，是企业发展成为"卓越企业"的必经之路。

（六）拯救资本主义市场的"生态系统"

自 2008 年全球金融危机以来，资本主义市场陷入了前所未有的悲观情绪，经济学家也许能够找出各种逻辑性的理由去解释这个糟糕的结果，但谁又能指出一条光明大道呢？

L. S. 帕纳为了更好地解释全球资本主义市场经济的困境，并寻找一个具有说服力的决策理由，构建了一个全球性的"生态系统"，在这个生态系统中，社会责任、资本主义和其他力量相互影响。作者用这个应用模型来说明资本主义市场的成功取决于社会友好度，这个社会友好度以法治程度、劳动力和自然资源的可用性、公众信心等因素衡量。该模型论述了一个基本观点：这个全球生态系统的进化不需要监督员引导，是由社会成员对道德本身的需求所引导的。这和亚当·斯密书中指出的，认为市场需要一些外部强加干预是不同的。作为生态系统倡导者，L.S.帕纳认为，企业要将"明智的自我利益"作为行为准则，并能够服务于社会，而这并非因利他主义的驱动，而是出于自我利益的需求。

四、L.S.帕纳的管理思想评论

（一）企业伦理的意义何在

20世纪80年代比纳食品公司（Beech Nut）隐瞒苹果汁掺假的事件，以及20世纪90年代西尔斯汽车维修中心向客户销售不必要的零部件和服务的丑闻都说明了企业对员工个人行为的影响。不道德的商业行为往往是员工和企业合谋的结果，反映出该企业的文化导向。企业伦理的重要性引起了更多管理人员的关注，许多人要求公司的法律顾问制定道德规范，用于发现和防范违法行为。此类计划强调企业通过加大监督和控制力度，以及对行为不当者进行强制处罚，来预防违法行为的发生。毫无疑问，公司确有必要建立有效的法律法规策略。但是，如果管理人员认为做合法就足以解决日常经营中出现的所有道德问题，那就错了。有些行为虽然合法，从道德的角度来看问题却很大，后果也很严重。

正如L.S.帕纳所言，人的首要行为目的是保障自身利益，但是光凭"看不见的手"并不能确保有效使用社会资源，也不能确保公众福利，仅仅追求财富利益并不会带来社会福利，反而会导致社会不信任和道德堕落。一个公司或社会要取得进步，则每个个人必须以尊重他人并维系社会结构的方式追求私利，市场机制固然能够起到一定的约束作用，但是市场的高效运作必须依赖市场参与者的责任感。几百年来人们一直抱有的观念是：公司从本质上讲是没有道德规范可言的，而现在的情况正好相反。从短期看，企业承担社会责任出现弗里德曼所说的经济绩效的降低，但富有社会责任感是组织有效的基石和保证，一套建立在合理的伦理准则基础上的组织价值体系也是一种资产，它可以为企业带来多种间接收益。也就是说，从长期来看企业应当承担广义的社会责任。

从 20 世纪七八十年代起，美国企业界发生了以"道德生成运动"（Moral Genesis Movement）为代表的一场影响深远的企业经营伦理运动。同样，在加拿大、德国等西方国家以及日本、韩国等东亚国家也兴起了经营伦理化的热潮，一些日本企业提出："让伦理进入企业，心灵进入市场"。有学者已经提出企业经营管理将进入"伦理的时代"。伦理经营是伦理与企业经营管理相结合的产物，它反映了现代企业经营管理发展的方向，是 21 世纪企业可持续发展的重要保证。

以 L. S. 帕纳为代表的学者认为，现代企业必须有一种企业伦理价值观，这种企业伦理价值观不应该仅是企业的虚拟目标，而且还能够促进企业经济绩效的提高。他们对企业伦理持肯定态度的观点是符合企业发展规律的，但是他们的分析还不足以回答这样一个问题：既然企业伦理与经济绩效是正相关的关系，那么为什么还有那么多企业不愿意履行伦理，承担社会责任，而要用不符合伦理的手段去谋取利润呢？显然，其中需要进一步证明企业将伦理价值作为目标的理由。

现代企业发生了巨大的变化，其中之一就是越来越关注企业价值观的管理，许多企业提出了伦理计划、价值动力、声誉管理，有的企业雇佣了伦理监督员，越来越关注"我们的目标是什么"，"我们的信仰是什么"，"引导我们行为的准则是什么"，"对于雇员、顾客、投资者、社区等利益相关者，我们的责任是什么"等企业价值观问题。很多研究者认为，对企业社会责任的重视可以提升风险管理，改善企业内部职能，降低监管成本、合作成本、缔约成本、政治和管理成本，促进市场定位，提高公司的声誉和社会地位。现代企业利益相关者的出现，提高了公众对企业绩效的期望，在要求良好的财务指标的同时，要求企业有优良的价值观念和伦理立场。

优秀的企业伦理具有创新功能，它能对企业的各种创新活动提供精神上的支持和激励，无论是管理模式的创新，还是科技创新、产品创新、营销创新等，都要依赖于观念、思维的创新，而观念、思维的创新必然要有伦理基础。具有内在创新特质的伦理精神能营造一个良好的伦理环境，并能引导、激励观念和思维的创新。在这个意义上可以说，企业伦理是企业所有创新活动的根源、动力。"一家公司如果没有富于想象力的、勤奋的员工，就不可能维持其革新能力，并进而在飞速变化的环境中保持竞争力。管理者也越来越清楚地认识到，大多数人在充满信任、责任和抱负的环境中能够取得最出色、最富创造性的成果，而这种环境只有在诚实、信赖、公平和尊重等价值观念的基础上才能建成"。新制度学派认为，有效率的伦理基础对经济主体创新和进取精神的推动，具有和产权界定匹敌的巨大作用。

我们能够欣喜地发现，在 L. S. 帕纳的理论里，企业伦理是企业出于自身利益需求而产生的，它并非需要社会强迫或是公众监督，企业伦理是企业自身存在发展的基础，是企业经济绩效的基石。这样一来，企业主体坚持应有的道德标准和社会责任是自身绩效驱动力所推动的。企业及相关利益主体必须先清楚地了解这个体系的运行逻辑，接下来所要做就是维护这个体系本身的正常运转。

（二）企业伦理与信任基础

L. S. 帕纳根据一项对 1500 名美国经理的调查表明，经理们通过对上司的具体行为分析来判断其诚实程度及工作的原则性，从而评价上司的可信赖程度。这表明，忠诚是上司所有品质中最受员工钦佩的一种。也有一些研究认为，如果高层领导拥有很高可信度的，坚持始终如一的价值观念，则员工在组织中更能够感到自豪，更具有主人翁责任感。从这项调查结果来看，它反映出领导者行为对员工所产生的信任依存与引导作用。企业的领导者是组织的权威，这一地位一方面来自于组织权力的人格化，另一方面则来自于领导者自身的道德素质。换句话说，德才兼备的领导者将在企业中更具备领导力与协调力。由于领导者在企业中的独特地位，决定领导者需要身先士卒地成为企业中的道德榜样。这不仅需要领导者在进行决策的时候能够考虑相应的道德因素，同时还要以积极的道德参与者的身份协调好企业与各种利益相关者之间的关系。当然，自身的道德修养问题也是十分重要的，它取决于领导者自身是否具备相应的道德知识、道德责任感和个人良知。总而言之，相互信任是组织内领导艺术的关键构成因素，而这种信任，构成了企业伦理的内部基础；反之，企业员工间的不信任和员工与高管间的不信任会将企业陷入泥潭。L. S. 帕纳的信任在某种意义上是社会人的基本属性在企业内部的正向影响，这种来自于社会人的基本属性不仅仅在企业里存在，同样在各种政治团体、体育团体等都存在，这是人与人之间最基本的需求。

尊重信任的伦理规范包括对同事的尊重信任和对客户的尊重信任，而信任是"人与人之间的道德关系"。对员工的尊重信任是对首席执行官最基本的伦理规范要求，做不到这一点，企业就无法生存。一个企业要想有序地发展，首先对员工要尊重信任。尊重信任员工，就是要尊重员工的人格，同时作为企业的领导要表达对员工的这种尊重,使员工能够感受到真心实意的情感。当一个人受到信任的时候,他将加倍回报这种信任。大多数人没有忽视他们被如何对待,许多人基于相互性的原则而实施一种交互式的道德核算。因此,首席执行官对员工的信任将促进并加速员工努力工作,在进行人事安排的时候要注意尊重员工,信任员工,真正做到用人不疑,使员工的利益和企业的利益统一,尽量发挥员工的积极性和创造性,激发他们对企业的信任和依赖。同时,首席执行官还要加强同员工的交流沟通,培养企业员工的群体归属感。群体归属感是员工为企业真心实意工作的核心支持力,员工们有了归属感,才能视企业为家,才能真正尽全力为企业添砖加瓦,在企业遇到困难的时候不离不弃,在面对外面诱惑的时候能够断然拒绝,一心一意为企业谋发展。

同样,企业与消费者之间也存在彼此信任的问题,企业要为消费者提供可靠的产品,这是企业的基本职责。同时,企业要承担应有的社会责任,这是企业作为社会道德主体的必然要求。如果一个企业的社会道德约束不复存在,那么消费者如何去信赖其产品呢？国内近几年出现了各种食品安全问题,这对消费者造成非常大的影响,促生了市场交易行为中的不信任关系,这种关系如果长期存在,将会对企业造成毁灭性打击。

我们看到在 L. S. 帕纳的企业伦理理论中,信任是基础,这个信任体系包括企业员工与企业领导之间的信任、企业与消费者之间的信任、企业与社会之间的信任。这三个层次逐渐递进,相互影响,构成企业伦理的基础。大多数企业危机都是由信任危机造成的,食品安全、价格垄断、医疗事故等等这些负面事件都严重影响了消费者对企业和市场,甚至是政府管制机构的信任,从而造成了难以挽回的损失,这些问题正是企业伦理所要解决的。

中国的经济发展已经跃升为世界经济的重要一极,当世界许多国家的企业文化正在寻求他们的价值移转时,各种各样的"商业事件"引发了国民对企业、政府的不信任。我们的企业除了创造更多的财富价值之外,如何脱离本位主义,如何建立企业尊严、安全、荣誉和持续性发展道路,也许企业伦理能带给企业一些启发。

(三) 企业伦理与企业绩效

归根结底,企业伦理的核心就是企业的权利和义务的问题。这一问题在美国

"企业社会责任运动"（Corporate Social Responsibility）中得到了充分的体现。"企业社会责任运动"围绕企业的权利和义务问题展开理论讨论和实践探索，它把企业的权利和义务集中体现为企业的社会责任，这种社会责任包括财务、法律、道德以及公民、环境等方面的责任，通常以社会责任作为非财务责任的总称。以往的观点是，以社会责任组成的企业伦理与企业经济效益是相分割的两个范畴。但在L.S.帕纳的理论中，企业伦理就是企业绩效的基石，正是由于企业伦理的存在，才有了企业绩效，企业伦理正是企业绩效的一种回归。

企业首先是组织，而社会是更大的组织，任何组织如同个体一样，都有一个必须在社会中存在、发展和壮大的问题。组织是由有意识、有目的的个体组成的集合体，若干个体的意识和目的所形成的合力即群体意识和目的，构成组织的意识和目的。组织的意识和目的就是如何维持本组织的存在和发展。从社会学的角度看，组织的这种意识和目的就是组织的功效、关系与形象，也就是组织的利益。而组织在谋求自己的利益时，伦理道德价值能发挥其他因素代替不了的作用。从组织内部来看，组织意识中也包括伦理道德意识。这种伦理道德意识是组织内生的，是组织在长期的管理活动过程中逐渐形成的。作为一种群体道德意识，以及在这种群体道德意识的驱动下出现的组织的一切行为和所创造的一切成果，它强调要通过深层的精神力量和伦理道德因素的作用来管理组织，通过优化组织成员的群体道德意识来发挥伦理对组织的激励功能、调节功能、升华功能、整合功能，从而长期推动该组织的发展。因此，一个组织在成长发展的漫长过程中，一旦形成一种优秀的组织伦理文化，必将对组织内在因素、组织聚合的各种要素产生积极的影响和推动作用，从而带来积极的绩效影响。这就说明了为什么在L.S.帕纳的理论里，企业伦理是企业自身利益驱使的内生决策。

L.S.帕纳的理论合理地将企业伦理与企业经济效益统一，证明了企业伦理是能够提高企业绩效的。L.S.帕纳认为，企业伦理与企业经济效益之间的关系是动态相关的，此两个领域的重叠区域会随着不同背景，如国家的社会、文化、政治、经济及环境等条件不同而出现不同程度变化，重叠的大小可以看出一个企业的信誉度（ladder of commitment）到达何种水平。第一个阶梯是坚持最低标准的基本正义，这个阶梯是法律规范所制约的核心范围第一层信誉度是坚持最低标准的基本正义，是法律规范所制约的核心范围。第二个阶段是一个企业更高层次的信诺，包括的不只是基本正义，还有基本的人道主义与更高层次的正义戒律第二层信誉度是一个企业更高层次的信誉,包括的不只是基本正义,还有基本的人道主义与更高层次的正义戒律。第三阶梯包含前两个阶梯的行为,再加上不一定是严谨的相互关系所要求的贡献行为。第三层信誉度包含前两层信誉度的行为,再加上不一定是严谨的相互关系所要求的贡献行为,但却是一个主动领导与自我改善的阶梯但却是一个主动领导和不断自我改善的水平。

企业实施社会责任行为最终必须依赖于市场机制才能实现。从社会责任的角度看,当然希望企业实施更多的社会责任行为,甚至出现了企业社会责任无限化的趋势,如要求跨国企业在经济全球化进程中承担责任,对发展中国家减少贫穷和其他发展目标作出更多的贡献等。但是,企业承担社会责任必须综合权衡自身的成本、收益,并在基于市场利益的基础上对社会责任项目进行投资。企业在履行社会责任的过程中,可能存在着利己的、互惠的或超功利的动机,或者是它们的混合形式,但纯粹的超功利的企业行为是不存在的,企业最终必须盈利,其社会与环境的目标与残酷的市场竞争现实并不总是一致的。因此,很多企业选择了利润目标而忽视了社会责任。所以,企业承担社会责任和企业伦理依旧存在一个"度"的问题,L. S. 帕纳的理论里并没有提到这一点,因为任何生产要素都会受到边际收益递减的约束,只有解决好"度"的问题,才能实现企业绩效最大化。

(四)企业伦理与企业管理

市场经济发达的今天,人们却开始怀疑商业道德的含义,甚至怀疑其是否真的有用处。L. S. 帕纳认为,企业伦理是如今一个公司要谋求可持续发展和取得长期成功的核心环节。企业伦理应该被看作是一个公司日常管理和领导机制中所要考虑的重要因素。

毫无疑问,合理的企业伦理观念有利于组织的运作和控制,有利于加强组织的团结与凝聚作用,对组织成员具有激励与振奋作用,从而提高企业绩效。合理的企业伦理观念可以方便企业管理层对成员的行为灵活控制和合理期待,可以让领导者在下放决策权时感到放心,从而有利于企业内部的管理和控制。任何一个组织的正常运行都需要一定的控制系统——用于监督和控制成员行为的规章、制度及直接监督机构系统,这些机构和监督系统是非生产性的,而建构和营造这一控制系统需要组织付出大量的人力、物力、财力、时间等宝贵资源。这也是组织正常运行所必须付出的成本。但同时,组织在耗费了这些成本后,也并未能扼制、杜绝某些组织和组织成员的不道德行为。因此，尽管组织的控制和监督系统是必要的，但组织的伦理价值观对组织行为的约束则是无成本或低成本的，并且存在较高的管理绩效。因为组织的道德行为不需要专门机构，而只需要一定程度的控制监督系统；也不需要付出巨大的运行成本，而只需要依靠组织发自内部的自律行为。企业伦理也能促进企业成员对企业的集体认同感，形成企业对成员的吸引力和成员对企业的向心力。企业伦理是一种黏合剂，可以把整个企业成员聚合起来。而企业内部成员之间团结了，企业的凝聚力也就增强了，说明企业内所有成员都遵循彼此认同的伦理规范，相互信任，相互尊重，宽容谦让，人人平等。成员之间的摩擦和冲突、成员的流动等不确定性因素大大减少了，成员之间的关系变成了团结协作的关系，企业也成为一个团结合作、和谐协调、稳定有序、整体性强的组织，其管理成本和运行成本也相应降低，整个企业绩效相应提高。

在一些管理实践中，有的企业已逐渐形成了一系列管理与伦理相结合的"管理伦理化"或"伦理管理化"的趋势，如从追求利润最大化到通过合乎法律和伦理的方式，提供具有国际竞争力、能增进社会福利的产品和服务；从以所有者为中心到注重利益相关者；从手段人到目的人；从法律独尊到法律和道德并重；从注重目标、战略、结构、制度到强调企业价值观；从他律到自律；从对立到兼得；从注重管理技巧到注重管理道德等。在这种趋势下，企业的管理决策开始由非伦理管理决策向伦理管理决策转化。强生公司、惠普公司、通用电器等世界著名厂商都奉行以伦理为导向的管理决策，国内的海尔集团等也在追求产品质量和规模扩张的同时，提出"顾客的满意最大化"等伦理目标。要实现由非伦理管理决策向伦理管理决策的转化，必须以社会为前提，在满足企业所有者利益的同时，还能考虑其他利益相关者的利益，通过对社会作出贡献的方式谋求自身利益最大化。

了解了L.S.帕纳和她的理论，似乎我们又要回到那些最基本的问题，企业到底是什么，企业经营的目的是什么，企业的价值信念是什么？企业的核心价值理念是什么，企业我们的行为规范准则又是什么？企业的行为规范准则又是什么，企业我们应该对往来的对象：员工、顾客、投资人、小区尽什么责任？企业应该对谁负责任，负什么样的责任？L.S.帕纳指给我们一条企业伦理铺垫的道路，而走完这条道路，需要你、需要我、需要每个人、每个企业坚持最根本的行为准则：道德。

本章参考文献

[1] 冯宗智. 公司责任：第三次提升的新标杆 [J]. 科技智囊，2005，(93).

[2] 刘翔. 伦理经营及其基本思想探析 [J]. 商业经济与管理，2001，(10).

[3] 董军. 企业的道德关涉及其社会责任担当 [J]. 经济与社会发展，2008，(10).

[4] L. S. 帕纳，公司道德：高绩效企业的基石 [M]. 北京：机械工业出版社，2004.

[5] 崔秀梅，施平. 企业责任、企业社会责任、会计责任：关系和整合，生产力研究 [J].2009，(07).

[6] 雷婷. 社会责任为医疗企业发展助力 [N]. 中国医药报，2006，(183).

[7] 龚天平，窦有菊. 西方企业伦理与经济绩效关系的研究进展 [J]. 国外社会科学，2007，(6).

[8] 韩晶. 企业社会责任的博弈模型分析 [J]. 财经问题研究，2007，(10).

[9] 叶瑜敏. 企业伦理在当代企业管理中的功能及发展趋势 [J]. 上海电力学院学报，2003，(12).

[10] 许敬媛. 论全球化视域中我国企业道德责任的条件 [J]. 江苏社会科学，2008，(1).

[11] 朱贻庭. 伦理学大辞典 [Z]. 上海：上海辞书出版社，2002.

[12] 洪梅初. 企业伦理三论 [J]. 上海市经济管理干部学院学报，2005，(5).

[13] 龚天平. 管理伦理新解 [J]. 河北学刊，2004，(11).

第二十二章　杰伊·A.康格：代际转变与组织变迁

杰伊·A.康格（Jay A. Conger），南加州大学领导艺术学院主席及执行董事，是世界闻名的领导艺术专家之一。杰伊·A.康格对行政领导艺术、企业的组织变迁与管理以及领导者和经理的培训培养等诸多方面进行了研究。他的《学会领导》（1992年）是他在管理者培训领域两年来研究的结晶。《学会领导》一书被《财富》杂志誉为是理解领导培训的"泉源"。杰伊·A.康格的著作《工作精神》（1994年）对工作场所环境及含义进行了探索性研究。

一、杰伊·A.康格的生平

1970～1974年，杰伊·A·康格就读于新罕布什尔州汉诺威的达特茅斯学院，并于1974年6月荣获文学学士优等学位以及人类学的主要荣誉——鲁弗斯乔特学者。1975～1977年，康格于坐落在弗吉尼亚州夏洛茨维尔的弗吉尼亚大学达顿商学院攻读工商管理专业，并于1977年6月荣获商业管理学士学位，同时当选为商业论坛的主席兼顾问。1977～1980年间，康格在马里兰州罗克维尔的SOLAREX股份有限公司担任国际市场营销部的经理，为世界领先的光伏发电系统制造商建立国际营销计划。康格在任职期间为40家经销商和六家欧洲合办的合资公司发展海外营销网络，共计国际销售额增长了20倍。1979～1980年，康格在华盛顿特区的乔治敦大学担任工商管理的兼职教授。1980～1985年，康格在哈佛大学工商管理研究生院攻读博士期间的专长领域是组织行为学，并以论文"商业领导魅力"荣获工商管理博士学位以及1982~1985年的研究论文奖学金。攻读博士学位期间,康格还负责管理行动与企业文化的硕士课程,并以助理顾问身份为财富500强企业在组织变革和管理技能的发展等领域提供咨询服务和开发式的管理教育。在获得哈佛博士学位后,康格于坐落在蒙特利尔魁北克的麦吉尔大学管理学院担就职并于1995年荣升组织行为学教授。在此期间,康格先后在INSEAD商学院(欧洲工商管理学院)和哈佛大学工商管理研究生院担任组织行为学的客座副教授。1995年以来,康格先后在洛杉矶的美国南加州大学工商管理学院和英国伦敦商学院担任组织行为学教授。

杰伊·A.康格是伦敦商学院组织行为学教授和洛杉矶南加州大学有效组织中心的高级研究科学家。康格曾是南加州大学领导学会的执行理事。他是领导学领域世界专家之一。作为70篇以上文章及九本书的作者,康格对领导、创新、董事和董事会的组织变革以及领导人和经理人的培训和发展进行了研究。他的文章出现在《哈佛商业评论》、《组织动态》、《商业和战略》、《领导季刊》、《管理学会评论》和《组织行为》杂志上。目前他是《领导季刊》的助理编辑。他的著作之一《学会领导》(*Learning to Lead*)被《财富》杂志描述为理解领导发展的"源泉"。他撰写的《激励忠诚和热情的领导》(与R·N.坎那戈合著,Jossey-Bass出版社,1998年)在1999年获得精选著作奖。其他的著作有《公司治理结构:增值新战略》(*Corporate Boards: New Strategies for Adding Value at the Top*)《培养领导人》(与B·本杰明合著,Jossey-Bass出版社,1999年)、《领导人变革手册》(与C·M.斯伯莱茨和E·E.劳勒三世合著,1999年)、《光芒四射的胜利》(1998年)以及《工作精神》(Jossey-Bass出版社,1994年)。

除在大学任职之外,康格与全世界范围的私人公司和非赢利组织进行研讨。他的洞察力已经在《商业周刊》、《经济学家》、《福布斯》、《财富》、《洛杉矶时报》、《纽约时报》、《培训》、《华尔街杂志》和《职业女性杂志》中得到体现。作为大众发言人和杰出的教师,康格被《商业周刊》选为高级行政管理人员领导才能教学上最好的商学院教授。作为大学教授,他赢得众多教学奖并且是H.史密斯·理查德森创造性领导中心的成员。他从达特蒙斯学院取得管理学士学位,在弗吉尼亚大学取得工商管理硕士学位,并且在哈佛商学院取得工商管理博士学位。2004年《商业周刊在线》为帮助企业选择战略、全球商务和人力资源方面的最佳讲师,根据全球514家企业的统一调查报告对其最欣赏的内训教授作出排名,杰伊·A.康格位居第五。

二、杰伊·A.康格的著述

（一）《公司治理结构：增值新战略》

1.著书背景

国家的事业是企业，国家经济建设应以企业为本为重，要建设好国家必须建设好企业，只有在强大的企业的基础上才会有强大的国家。国与国之间的竞争实质上是企业与企业之间的竞争，能否搞好企业是能否搞好国家经济建设的关键。惟有建立和完善企业或公司的治理结构，才有可能真正搞好企业。简单地说，公司治理结构研究的问题是各国经济中的企业制度安排问题。这种制度安排，狭义上指的是企业在所有权和管理权分离的条件下，不再参与企业实际经营管理活动的投资者（也就是所谓的"外部人"）与上市企业及其管理者（也就是所谓的"内部人"）之间的利益分配和控制问题。广义上可理解为与企业的组织形式、控制机制以及利益分配相关的所有法律、机构、文化和制度安排，其界定的不仅仅是企业与其所有者（shareholders）之间的关系，而且包括了企业与所有相关利益集团（例如雇员、顾客、供货商、所在社区等，统称stakeholders）之间的关系。这种制度安排决定企业为谁服务、由谁控制、风险和利益如何分配等一系列问题。从宏观角度出发，可以说这种制度安排的合理与否是决定企业绩效的最重要的决定因素。

横向来看，世界各国在公司治理结构方面的制度安排差异很大。大体而言，英国和美国的股市比较发达，企业资产结构中股市的地位举足轻重，企业主要由投资人控制，为投资人服务。而在日本、德国和法国，企业的资本则更多地来自并受控于银行和财团，企业的控制权更多地表现为投资人和企业的其他利益集团（例如员工、顾客、供货商、所在社区）之间的妥协平衡关系。纵向来看，公司治理结构在过去十几年中也发生了巨大的变化。用美国沃顿商学院教授麦克·尤西姆的话来说，美国的治理结构正在从经理人事实上执掌全权、投资人监督基本上形同虚设的"经理人资本主义"，向由投资人对公司经理层实行积极监督控制的"投资人资本主义"转变。这种转变的最突出的戏剧性表现，就是1992年美国五家最著名的大公司（通用汽车、IBM、康柏电脑、AT&T和美国捷运）的总裁先后被各自的董事会炒了鱿鱼。表面上看，这些公司的首席执行官被炒鱿鱼的原因各不相同，但是究其根本，则都是投资者和代表投资者利益的董事会与企业最高管理层之间相互关系和力量对比发生了根本变化。

2. 著书目的

现阶段，公司董事会正受到来自各方的攻击。投资者、政府部门、社区和员工比以往任何时候都更仔细地审视董事会的业绩并对它们的决策提出质疑，而且这一关注程度有增无减。21世纪的董事会将如何改变它们的工作实践并调整他们的工作原则从而使自己负责的对象感到满意，作为公司的领导和公司治理的专家杰伊·A.康格、爱德华·劳勒和大卫·法戈德的答案是——董事会必须成为一个有效的群体，而关键是公司治理的实践与行为。《公司治理结构：增值新战略》一书是对董事会责任功能的全面分析。这本书通过对美国著名咨询公司光辉国际公司对美国《财富》1000强企业董事会最佳实践的调查数据的详细分析和对董事会职责研究的经典文献的讨论，提出董事会应当对企业的所有利益集团而不仅仅是投资人负责的观点，总结了有效董事会的基本行为特征和工作准则。

《公司治理结构：增值新战略》是有关董事会实践的最具综合性的分析，研究结果和现实世界中的例子将有助于首席执行官和董事们构筑将来的董事会，深入的分析和行动步骤的有效结合使治理实践变得现实可行。哈里·戴维森公司前董事会主席兼首席执行官里茨·梯林克认为，这本书是迄今为止对美国公司董事会有关政策和实践的最前瞻性的研究，这对任何从事董事会工作的人或者对董事角色感兴趣的人都是极具价值的工具。光辉国际咨询公司董事会主席理查德·M.法瑞说道："本书对公司治理进行了重新定义。基于翔实、综合的研究，作者为如何增强董事会的有效性提供了明确的路径图。我们建议每一位首席执行官都应当认真阅读。"莫尔瑟·德尔塔（Mercer Delta）咨询公司董事会主席大卫·A.耐德尔推荐该书是公司治理方面一本以数据为基础的好书，建议每一位高级行政管理人员和董事会成员进行认真阅读。

3. 主要内容

《公司治理结构：增值新战略》一书着重探讨了公司治理在21世纪的组织中的作用以及推动董事会有效运作的关键的实践方法。长期以来人们一直认为董事会只对股东负责，在对这一观点提出质疑的同时，作者提出判断一个董事会是否成功的关键应从股东的角度转移到利益相关者的角度。随后，文章从董事会职责的问题展开，从一个团队和组织有效性的角度审视董事会，并提出了真正影响公司有效治理行为的框架——信息、知识动力、报酬和机会。本书罗列了一系列对首席执行官和董事会成员具有建设性意义的最佳实践方法以及评估样表，还提供了对《财富》1000强上市公司的董事所进行的大量调研数据。此外，本书还介绍了各种综合分析工具、最佳实践方法、应用理论和实证研究，董事会可以依次衡量自己所取得的进步。

纵观全书引用了光辉国际咨询公司对董事会进行年度研究的分析所得出的数据。以1996年的调研为基础，将邮件式调研表送达至财富1000强公司中902个上市公司中7000位以上的董事。有1150位以上的首席执行官和内外部董事对其董事会当前治理实践方法和有效性作出报告。调研由衡量董事会实践方法或觉察到的有效性而设计的两种类型问题构成。第一种类型是简单的"是或否"的问题，有关某些特定的实践方法目前是否使用。第二种类型的问题要求董事根据从1（"强烈反对"）至"5"（"完全同意"）的等级给自己的董事会评分。除了来自光辉国际咨询公司的调研数据之外，作者还与110位首席执行官、董事会董事、治理专家和高级经理进行广泛会谈，以取得对有关治理事项和实践方法更深入得了解。参与者的组织范围从新兴公司到成熟公司，代表了成熟的高成长行业董事会宽泛的范例，行业范围从自然资源、医药、高科技、金融到易损耗物品。

该书共由十章组成，分三个部分分别讨论了董事会应该做什么、有效董事会的原则和实践方法以及未来的董事会。三部分主要内容如下：

第一部分，关于董事会应该做什么。

第一，考察了董事会的责任领域所包括的范围并提出所引发的问题。根据首席执行官的成熟程度和专业知识，公司及其从事行业的生命周期，组织财务状况是否健康，董事的个人能力以及重大的外部挑战，如立法、环境问题、市场上的人才等等，每一项责任的重要性都会有所不同。从会谈中作者明确董事会总会倾向于注重某些活动（如参与战略问题的讨论），因此当董事们比较热衷的活动挤走其他活动的时间时就会产生问题。由此提出的挑战就是在7个责任领域之间形成健康的平衡：（1）给出战略方向和建议；（2）监督战略的执行和业绩；（3）发展和评估首席执行官；（4）开发人力资本；（5）监督公司的法律和道德表现；（6）防止和处理危机；（7）寻找资源。尽管每个角色可能具有特定的"季节性"，并有特定时间表分配给公司当前面临的问题，但是从长期目标而言，它们中的每一个都应引起董事会的充分关注。另一个问题是董事们会陷入传统的窠臼里，即主要对首席执行官担负起顾问的角色而不是法官。

第二，归纳了高效董事会的属性。作者通过分析所提供的充分证据表明，接受了某些关键属性的董事会能够有效地进行公司治理并产生优异的公司财务业绩。这些属性包括以下各项：一是有关衡量组织有效性一套宽泛的指标，以及这些指标如何与和公司处于同行业的领先公司业绩进行比较的信息；二是影响公司前途的关键技术和市场变化的知识；三是对高层管理进行平衡的权力，可以通过确保外部人员占据明显多数的董事会席位，控制会议议程、对首席执行官的业绩进行正式的年度评估来维护这一权力；四是对公司长期战略和确认公司潜在风险投入时间的时机。

第二部分，对有效董事会的原则和实践方法的归纳。

对董事会而言，在多种有时是互为冲突的使命中同时取得成功的最好方法，需要从为一个强大和独立的董事会提供基础的结构和整套实践方法的落实开始。在牢固建立确保进行审慎的、前瞻性进度的基本要素后，各个董事以及董事会就能作为整体与最高管理层紧密合作，加强战略并且以公司的新资源为杠杆。作者总结出建立一个独立董事会第一步的基本组成部分。首先，要确保独立董事（加入董事会之前与公司没有正式的商务关系和家庭关系）在所有的董事会成员中占有明显多数席位。对照公司变化的市场和技术上的要求，定期评估这些董事的知识和能力，以确保他们具有必要的技能来有效监督公司的行动。其次，要使独立的董事会主席控制所有的关键委员会，即薪酬、审计、提名和公司治理委员会。薪酬委员会应该完全由外部董事组成。为外部董事形成一个有凝聚力的团体，并为董事会本身树立明确的领导形象提供机制——通过董事会主席和首席执行官角色的分离，委派首席董事。定期召开没有内部董事出席的高级行政人员会议，或者把这些结合起来实行。然后，为独立于管理层的董事会建立正常的信息渠道，如建立与员工、客户、供应商和投资者直接进行交流的环节。向董事会提供职员、资源或者两者均予提供，使董事感觉有必要时（如在建立高级行政管理人员薪酬的基本标准时）能自己对问题进行分析。如果个别董事正在履行重大职责而且履行的很好，超出了对一般董事会成员的要求，那么这一作用就应该得到认可而且由董事会而不是管理层作整体考虑进行奖励。最后，对首席执行官进行正式的年度评估，评估过程中预先规定与关键竞争对手相对比的业绩指标，而董事会向首席执行官提供明确的书面和口头反馈意见。同时，在组织中从上至下的若干层面引入定期换届的规划过程。

虽然，这些实践方法结合在一起能有助于增强提供有效监督所必要的知识、信息、权力和时间的可能性，但是它们给董事会本身留下了必须回答的悬而未决的问题。公司董事会在评估自身业绩和设定自身报酬方面相对处在异乎寻常的地位。在很多公司中，实际的解决办法，即在很大程度上依赖于公司最高层管理来掌握董事会承担的责任，确实存在问题的。因为它对董事会需要很强的独立性是一种妥协。而作者的分析显示董事会应该考虑采取以下步骤向公司的利益相关人提供某些保证，使他们确信董事会正在为他们的利益负责。首先，通过股票发放和认股权的方法，使报酬中很大的比例和公司长期业绩挂钩。其次，对董事会及其各个成员定期进行评估，其中应包括来自董事本身、关键利益相关人团体和公司经理人提出的意见。然后，利用评估结果和其他公司的基本标准定期审查公司治理规程。同时，要求董事在改变自己主要工作或者在另外的董事会担任董事时提出辞职。因为这样有助于保证董事会成员的组合保持其恰当性和独立性。

有效董事会的原则和实践方法具体可从以下五个方面来看。

第一，关于董事会的成员资格。建立一个不仅能担当起有效的顾问角色而且还能产生巨大影响的董事会，适当的人才组合是关键因素。为了同时满足这两项要求，在挑选新董事时，必须仔细关注并考虑这些个人如何满足董事会对知识、信息、权力和机会的要求。

原则一：挑选董事会成员需要考虑成员的知识和专长，这样董事会作为一个整体就有能力理解商务，发展关键的高级行政管理人员，为组织的设计和管理作出贡献，并了解商务模式和组织的技术问题。

在评估当前强项和缺陷以挑选将来的董事会成员时，通过制定董事会成员专长列表或图表，能使董事会很快的评估出需要填补的知识领域，以便将来董事会进行题名时给予考虑。其中的关键问题是明确应该在董事会提出的知识领域。考虑公司的规模和已运作时间也很重要，因为随着公司集团的成长和变得越来越巩固，董事扮演的角色不同对其所要求的技能也不同。此外，董事会中应该有一个非管理人士或一个工会代表。随着主要公司中越来越多的员工拥有更多的股票，在董事会中有一个一般员工的代表显得很有意义。员工不仅是一个重要的利益相关人团队，他们还是董事会和员工股东群体及其观点之间建立联系。

原则二：董事会的规模部分应由董事会的技能需求以及团队效能所决定。

随着公司（集团）经营领域越是多样化，越复杂，董事会需要的成员可能越多。根据实际经验所得出的做法是，大型集团公司董事会成员应该在10—20之间。关键是董事会需要有极其适当的技术和商务专业知识的组合，应能有效地利用其成员的知识并以团队的方式进行运作。也可以挑选那些能与现在的董事会成员进行良好合作的未来的新成员，有助于创建一个有效的工作团队。作为通常的惯例，组织应避免挑选那些有全职工作或者已经在其他两个董事会有席位的董事。而且当一个董事情况发生变化时，审查此人对董事会具有的潜在贡献并确定其是否仍然适合董事会的需要。

原则三：外部的独立董事应控制董事会和关键委员会。

应确保至少有75%的董事会成员是独立董事。在某些情况下，让首席执行官成为董事会公司唯一的全职员工是最好的做法。然而对很多董事会而言，在董事会内另有一个内部成员或者与首席执行官关系密切的人能增强与首席执行官的交流。如果预先知道首席执行官的人选，把首席执行官的继承人增加到董事会中将会更有利。

第二，关于董事会领导。时至今日，在有关公司治理的实践方法上已取得最大进展的公司具有强大的委员会领导权，它能与首席执行官的权力相抗衡。然而所有的因素表明，有能力的委员会只是建立真实有效董事会领导权的部分解决办法。通过设立非行政管理人员主席可以对领导角色进行补充，它能在抗衡首席执行官权力方面扮演至关重要的角色。首席董事从较少的程度上说，既是治理过程中的投诉调查委员又是这一过程的推动者，所以他们能起董事代言人的作用。围绕所有这些角色有一个中心目标，即把董事会的领导权放在董事的手中而不是首席执行官的手中。

原则一：首席执行官和独立的董事会董事应该分享董事会的领导权。可以委派一个未曾担任首席执行官的非行政管理人员任董事会主席。在没有非行政管理人员董事会主席的情况下，委派一个是独立董事会成员的首席董事。

原则二：独立董事会成员应该定期举行会议，而公司高级行政管理人员不出席会议。让所有外部董事会成员在正式召开会议之前提前到达，使他们之间能有几个小时的交谈时间。为外部董事会成员安排一次机会，使他们在董事会会议之后有一个小时的会面时间,就董事会会议的反应进行讨论,并决定在今后会议上要讲述的问题。确保外部董事通过电话或电视会议装置定期举行按计划的务实会议。

原则三:外部董事应能召集董事会的特殊会议并能把事项安排在董事会的常规议程中。任命一个首席的外部董事,与首席执行官一起制定董事会会议议程,而且能召集董事会的特殊会议。

原则四:独立董事会应该控制薪酬委员会以及公司治理委员会或者任何对董事进行挑选和评价的委员会。

原则五:会议时间应该充足,这样能详尽地讨论关键战略和治理事项。每月安排董事会全体会议的时间,如果没有足够的应该处理的事务要求召开一次会议,那么应该留有取消会议的余地。安排每年举行几天的董事会会议,审查组织的关键战略事项和整体商务战略。

第三,关于高效董事会的信息。多数董事会为真正达到有效而需要的信息会出现质量不高或数量也不足的情况,妨碍了它们作为治理团体的决策质量和行使权力的质量。此外,数据几乎总倾向于组织业绩的滞后指示项而不是超前指示项,部分解释为什么董事会对问题的反应看上去总是慢了。与此同时,董事会和管理层面临着一个根本的两难处境。一方面,太多的信息涌向董事会,把董事会压垮了;另一方面,太少的信息又阻碍了董事会进行明智决策的能力,并且会限制董事们预测暴露问题的本领。董事会本身必须预先积极地找出更宽广的信息范围,并且在更大的程度上依赖于超前指示项和数据外部的和客观的来源。如果董事真正地进行领导的话,那么它们就应脱离历史上依赖于标准财务信息,滞后指示项和由管理层提供信息的做法。

原则一:董事会应该具有公司业绩的综合信息。

确保董事会接收并审查客户满意度数据,员工满意度数据和与公司在社区中地位有关的从售货商及客户关系中反映的公司形象数据。向董事会提供会计报告以及包括经济增值数字和诸如生产率、质量、退货和周期的运作衡量数据。向董事会成员提供定期到公司所在地进行现场访问的机会,使他们对组织如何运作进行最直接的观察。确保董事会有机会和组织的主要供应商会面,并为不满意的员工、销售商和客户提供与董事会直接交流的方便而又安全的渠道。

原则二:董事会应该定期审查有关公司高级行政管理人员的发展计划。

让关键的高级行政管理人员定期向董事会报告,以便于相互熟悉。公司的换届计划应该到位,董事会每年至少审查一次。这一计划应包括哪些人是所有关键职位的后备人员,还应该包括公司内至少50位最高行政管理人员的发展规划和活动。

原则三:董事会应该及时方便地获得有关公司业绩适当详尽的信息。

在董事会会议之前把董事会成员提供信息的工作做好。通过以网络为基础的途径,以获得财务和其他公司业绩的信息。董事会成员在他们需要接收的关于关键业绩指示项信息的详细程度上应取得一致。董事会每年举行一次会议,应集中于大量的信息和有关商务环境、公司战略和竞争对手的讨论。

第四,关于评估首席执行官。慎重地对首席执行官做评估,能为首席执行官与董事会之间的关系建立起新的动能,使董事会和首席执行官明确预期业绩并相互掌握对方该负的责任,避免了董事会介入日常管理的危险。同时,评估还能向首席执行官提供坦诚的反馈意见并针对发展领域改进董事会的运作,增强首席官领导的同时澄清双方各自发挥的作用,并确保首席执行官始终如一地致力于自己的责任。现在评判对首席执行官进行正式评估的最终成功与否可能为时过早。从宏观的有效治理到具体的评估工作,关键都在于强调不断地改进。有必要对评估工作规程本身进行定期审查并且每年或每几年对评估目标和形式进行改动,防止这一过程模式化并丧失其整体有效性。

原则一:应该对首席执行官的业绩进行年度评估。

年度评估周期从薪酬委员会设定这一年的首席执行官的业绩标准开始。年度结束时,对这些目标的实现情况进行系统评估,并且根据评估确定首席执行官的现金薪酬。在评价周期末,确立根据年度中期目标或者更短的间隔期目标的定期审查。在选择业绩衡量方法时,把质量指标和数量指标结合起来,如包括换届规划、领导技能、游说工作、内部交流会和工会的关系。运用比较评估法,如应该与关键的行业对手相对比并且应该反映整个经济形势。此外,把一年中的业绩目标限定为5~10个优先项。把每一目标仔细地定义为三种类型的业绩,如差的、可接受的和杰出的。这些等级就成为收入和福利不同的基准。根据对公司成功所形成的重要性对每个指标加以区别。

原则二:独立董事应该控制首席执行官的评估过程。

与首席执行官考核工作有关的关键委员会中只能有外部董事。外部董事应该在年末向首席执行官提供书面报告，说明这一年中他们对首席执行官业绩的有效程度的看法。这一评估需要依靠首席执行官自我评估数据之外的信息。例如，它可以包括诸如客户和员工满意度评分、行业调研、机构性投资者信息等等之类的来源中的数据。

原则三：首席执行官的薪酬应该由组织和个人的业绩确定。

收集有关高级行政管理人员薪酬金的调研数据，提供有关行业竞争对手收入的信息，在首席执行官的薪酬中保留50%的指标，允许根据业绩做重大调整。对根据同行业其他公司如何执行的相对业绩数字，考虑指明认股权估定价格和其他可变薪酬的形式。薪酬中既有现金也有股票，两者之中至少有一个和业绩考核的结果挂钩。避免对认股权重新定价，并且避免仅仅为少数挑选出来的高级经理创造特殊的获得股票和收入的机会。只有业绩高于竞争对手时，高级行政管理人员的收入水平才应该高于行业竞争对手。全公司中对公司业绩作出贡献的个人应该经历与高层经理相同的通常的收入变化。高级经理应该和组织中其他人员一样对自己的业绩负责，而且对公司计划，高级经理不应该有特殊待遇或例外。

第五，关于对董事会业绩的评估和奖励。随着对上市公司要求改进自身治理实践的压力逐渐增大，越来越多的公司开始对董事会进行评估。然而对董事会的正式评估不是一个万灵妙方，公司只能通过行动来使投资机构满意。正确地实施评估工作是为首席执行官与董事会关系创造积极的动力，不仅能为董事会和首席执行官相互掌握对方对明确界定的预期业绩该负的责任提供一种手段，同时避免董事会陷入日常管理事务的危险。评估还能改进董事会的运作，澄清董事会和首席执行官各自的角色，并确保两者始终如一地注重于自己的责任。

原则一：定期审查董事会的业绩。

对董事会的业绩进行的一年一次正式评估，从对董事的评估中总结资料并且把发现的问题送交董事会。报告总结应该包括未来有待发展的方面以及对业绩的反馈意见。在每一年的开始，把对董事会的评估注重的4—7个发展目标作为董事会的业绩目标，并对每一项确立可以衡量的成果指标。同时，全体董事会成员就自己对董事会工作的看法提供资料，通过董事会会议讨论取得对董事会业绩的改进方法。作为评估过程的一部分，从关键利益相关人处对董事会已经进行的工作收集系统的资料。把这些资料反馈给董事会，使它们成为业绩讨论时可以考察评估的多方信息来源。在年底评估时，对有关董事会业绩的董事自我评估采用评估问题调查表的形式，并由首席董事或者提名委员会或薪酬委员会主席进行面对面私下会谈。除了董事会的发展目标之外，制定一张包括董事会有效性五个关键属性（信息、知识、权力、奖励和时间）的独立检查表。在董事会责任的每一个方面得出明确直观的结果和制定出明确的工作步骤，以确定在每一属性上是否符合董事会的需求。

原则二：对所有董事会成员个人的业绩进行年度评估。

可以通过把自我评估、同时评估和董事会委员会审查结合起来进行，并将个人评估的结果反馈给每一位董事，然后对有待改进的方面和行动步骤提出建议。利用业绩考核结果使负责对董事会成员进行提名的委员会辞退业绩很差的董事会成员。

原则三：董事会成员薪酬的多少应该根据其他具有可比性公司的董事收入的多少来确定。

对具有可比性的公司进行调研，确定他们的收入之后，再形成具有可比价值的总体薪酬福利待遇。保留充分的上升空间，这样在公司的业绩超出同行业公司时，董事的总体薪酬福利待遇也能比同行业公司的同级人员更高。

原则四：董事会成员的总体薪酬待遇有必要明确地实质性地与长期股票价值挂钩。

要求董事会成员拥有公司实际的股票所有权。给予董事会成员的认股权种类与给予其他高层管理人员的种类相同。确保发放的认股权在几年内不能兑现，以促使董事会成员着眼于公司业绩的长期发展。确保独立董事会成员至少有50%的薪酬采用股票形式支付。

第三部分，未来的董事会。

一旦这些作为独立的、负责人的董事会的基础建立起来之后，董事就能把精力集中在帮助组织分辨潜在的威胁和机遇上，以形成能适应这一千变万化的环境的公司战略，并构筑起有助于董事会和管理层最有效的以组织的能力为杠杆的外部关系。确实，在适当的保护措施落实后，一个更积极地参与战略过程和制订战略联盟的董事会还能对组织提供更有效的监督。没有这种参与和这种参与提供给董事的附加知识和信息，董事会实际上被囿于被动反应的模式中，被迫在事实之后对经理人的决策做充分评估。在今天快速变革的全球经济中，即使是公司最独立和采取基于良好意愿的管理方式时，这些延误也可能产生可怕的后果。由于越来越深入地参与战略制订和监督过程，董事们能提出更尖锐的问题，在对最高层管理提出挑战的同时建议开拓新的潜在的途径，并且用现存的方法分辨困难和可能出现的预警信号。

董事会的战略和网络构筑角色将通过以下实践方法得到加强。提供常规的发展经验以增强董事对公司业务的理解。确保董事会具有多样化的、补充性的专业知识，一些董事具有公司行业中的精深专业知识和关键技术，而其它的董事能从行业之外带来自己独立的观点。把董事和公司的信息系统直接连接起来，也许可用一种定制的入口，向他们提供他们想用以跟踪的关键衡量尺度。对能够够预先审查的运作和财务信息的讨论在会议上投入最少的时间，注重于战略问题的探讨。通过进行特殊的年度休闲活动，专门讨论长期战略并且对负责执行这一战略的经理进行审查。

除了这些特定的实践方法之外，为了能使公司有能力应对自己在未来将不断面对的各种挑战，董事会运用新的不同机制进行实验对公司治理而言是有益的。新的快速发展的电子商务世界为董事会同时带来了机遇和挑战：一方面鼓励董事会促成一系列新的技能并由此在公司的最高层发展出更具适应性的理念，并具有开启新市场和商业伙伴的潜能；另一方面加快了董事会必须进行决策的速度，越来越多的决策将围绕着需要进行重大实验的未开发领域的高度复杂问题，这使董事会面临了极大的挑战。因为他们治理的组织将面临新的竞争，这些竞争者的理念、尺度和基础结构更适合电子商务世界。董事会必须做好准备与公司正面临的相同的创新压力做斗争，必须融合互联网时代的品质特征——迅速、灵活、新的世界观和对实验的深刻重视。如果董事会自身能成功转换，那么它们就能够在这个新时代成为其所在公司不可或缺的领导队伍。

20世纪80年代和90年代是股东的时代。然而若治理模式能和全球经济社会的需求相一致的话，那么21世纪就应以更广泛的利益相关人为特征。把股东作为公司投资者的狭隘概念已经不能反映当今社会的现实性，员工和供货商也在公司中进行了高度专业化的承担风险的投资。在以知识为基础的当今社会中，应该把这种投资看成是由股东购买的股权同样重要投资。如果董事们真正想把他们的公司带入未来的话，公司董事会必须反映出这一投资者"多样化"的新世界。

在几十年的跨度中，美国公司董事会的标准形式已经经历了从能被管理层轻易操纵的相对无效的"小卒子"，变成能够提供忠告和独立监督以确保公司一贯注重创造价值的战略资源的过程。即使很多公司的能力已经增强，但对董事会的期望还是在以更快的速度增长。从作者对高效董事会的分析中显示，对董事会而言，重新审视自己的角色和继续培养自己的能力既可行又有益。然而没有一种途径在所有情况下对董事会而言都是最佳的。与较小的新兴公司、合资企业公司以及其他组织形式相比，成熟的全球性和全国性的大型公司需要不同的董事会的结构和政策。显而易见，没有一种模式能适合所有的组织，但是有一个原则：所有组织必须意识到多种关键利益相关人在公众创造的价值，而且它们必须在董事会的会议室中给每一个利益相关人以发言权。

（二）其他著作

除了《公司治理结构：增值新战略》一书外，杰伊·A·康格在1998~2008年间还出版了8部著作，见表22-1。

表22-1　杰伊·A·康格著作一览表

序号	作者	年份	著作
1	J.A.Conger and S.Murphy	2008	*Leadership in the Boardroom: The New Rules, The New Realities*
2	J.A.Conger and R.Riggio	2006	*Best Practices in Leadership*
3	R.M.Fulmer and J.A.Conger	2004	*Growing Your Company's Leaders: How Organizations Use Succession Management to Sustain Competitive Advantage*
4	C.Pearce and J.A.Conger	2002	*Shared Leadership: Reframing the How's and Why's of Leading Others*
5	J.A.Conger and B.Benjamin	1999	*Building Leaders: How Successful Companies Develop The Next Generation*
6	J.A.Conger, G.Spreitzer and E.E.Lawler	1999	*The Leader's Change Handbook*
7	J.A.Conger and R.N.Kanungo	1998	*Charismatic Leadership in Organizations*
8	J.A.Conger	1998	*Winning'Em Over: A New Model for Management in the Age of Persuasion*

（三）期刊文章

2000年后，杰伊·A·康格在《哈佛商业评论》等著名期刊发表了许多颇有见地的文章，具体情况见表22-2。

表22-2 杰伊·A·康格2000年后的期刊文章一览表

序号	作者	年份	文章	期刊
1	D.A.Ready and J.A.Conger	2008	Enabling Bold Visions	*Sloan Management Review*
2	J.A.Conger and B.Fishel	2007	Accelerating leadership performance at the top: Lessons from the Bank of America's executive on-boarding process"	*Human Resource Management Review*
3	C.L Pearce, J.A.Conger and E.A.Locke	2007	Shared Leadership Theory	*Leadership Quarterly*
4	D.Ready and J.A.Conger	2007	Make Your Company a Talent Factory	*Harvard Business Review*
5	N.Anand and J.A.Conger	2007	Capabilities of the Consummate Networker	*Organizational Dynamics*
6	J.A.Conger and R.Riggio	2007	The Best Practices in Boardroom Leadership	*Corporate Board*
7	J.A.Conger and D.A.Ready	2006	Indispensable: Case Commentary	*Harvard Business Review*
8	J.A.Conger and D.A.Ready	2004	Rethinking Leadership Competencies	*Leader to Leader, Spring*
9	J. A.Conger and D.Nadler	2004	When CEOs Step to Fail	*MIT Sloan Management Journal*
10	J.A.Conger and R.Fulmer	2003	Developing Your Leadership Pipeline	*Harvard Business Review*
11	J.A.Conger and G. Toegel,	2003	Action Learning and Multi-raterFeedback:Popular but Poorly Deployed"	*Journal of Change Management*
12	D.Ready and J. A.Conger	2003	Why Leadership Development Efforts Fail	*Sloan Management Review*
13	G. Toegel and J. A Conger	2003	360-Degree Feedback: Time for Reinvention	*Academy of Management Learning and Education Journal*

续表

序号	作者	年份	文章	期刊
14	J.A.Conger and E. E.Lawler	2002	The Next Step in Boardroom Effectiveness: Individual Director Evaluation	Ivey Business Journal
15	D.Finegold, E.E.Lawler and J.A.Conger	2002	Building a Better Board	Journal of Business Strategy.
16	E.E.Lawler, D.Finegold, G. Benson and J.A.Conger	2002	Corporate Boards: Keys to Effectiveness	Organizational Dynamics
17	E.E.Lawler, D.Finegold, G. Benson and J.A.Conger	2002	Adding Value in the Boardroom	MIT Sloan Journal of Management.
18	J.A.Conger and E. E.Lawler	2001	From Meek to Mighty:Reforming the Boardroom	Strategy &Business
19	D.L.Finegold, E. E.Lawler and J.A.Conger	2001	To Whom Are Boards Accountable?	The Corporate Board
20	J.A.Conger and E. E.Lawler	2001	Building a High Performing Board:How to Choose the Right Members	Business Strategy Review
21	J.A.Conger, R.N.Kanungo and S.T.Menon	2001	Charismatic Leadership and Follower Effects	Journal of Organizational Behavior
22	J.A.Conger, E. E. Lawler, D. Finegold and G. Benson	2000	CEO Appraisal:Keys to Effectiveness	Global Focus
23	J.A Conger and K.Xin	2000	Voices from the Field: Trends in Executive Education Among Global Corporations	Journal of Management Education

三、杰伊·A.康格的主要贡献

（一）创立了领袖魅力的领导理论

领袖魅力领导（Charismatic leadership）理论是归因理论的扩展，它指的是当下属观察到某些行为时，会把它们归因为伟人式的或杰出的领导能力。大部分领袖魅力的领导研究主要是确定具有领袖气质的领导者（如杰西·杰克逊和约翰·肯尼迪）与无领袖气质的领导之间的行为差异。一些研究者试图确认有领袖魅力的领导者的个性特点。罗伯特·豪斯（以路径 - 目标理论而著名）确定了三项因素：极高的自信、支配力以及对自己信仰的坚定信念。瓦伦·本尼斯（Warren Bennis）研究了90位美国最有效和最成功的领导者，发现他们有四种共同的能力：（1）有令人折服的远见和目标意识；（2）能清晰地表述这一目标，使下属明确理解；（3）对这一目标的追求表现出一致性和全身心的投入；（4）了解自己的实力并以此作为资本。

不过在此方面最新最全面的分析是由杰伊·康格和鲁宾德拉·卡农格（Rabindra Kanungo）进行的研究。他们的结论是，有领袖魅力的领导都都有一个他们希望达到的理想目标；为此目标能够全身心的投入和奉献；反传统；非常固执而自信；被认为是激进变革的代言人而不是传统现状的卫道士。总结了区别有领袖魅力的领导者与无领袖气质的领导者的关键特点（如表22-3所示）。

表22-3 有领袖魅力的领导者的关键点

自信	有领袖魅力的领导者对他们自己的判断和能力有充分的信心
远见	有理想的目标，认为未来定会比现状更美好。理想目标与现状相差越大，下属越有可能认为领导者有远见卓识
清楚表述目标的能力	能够明确地陈述目标，以使其他人都能明白。这种清晰的表达表明了对下属需要的了解，然后它可以成为一种激励的力量
对目标的坚定信念	被认为具有强烈奉献精神，愿意从事高冒险性的工作，承受高代价。为了实现目标能够自我牺牲
不循规蹈矩的行为	他们的行为被认为是新颖，反传统，反规范的。当获得成功时，这些行为令下属们惊诧而崇敬
作为变革的代言人出现	被认为是激进变革的代言人而不是传统现状的卫道士
环境敏感性	能够对需要进行变革的环境约束和资源进行切实可行的评估

越来越多的研究表明，有领袖魅力的领导者与下属的高绩效和高满意度之间存在着显著的相关性。为有领袖魅力的领导者工作的员工，会因为受到激励二付出更多的努力，而且由于他们喜欢自己的领导也表现出更高的满意度。虽然，有领袖魅力的领导者对于员工达到高绩效水平来说并不是必须的，但是当下属任务中包含着观念性要素时，它最为恰当。同样也解释了为什么有领袖魅力的领导者

更多地存在于政治、宗教中,或在一个引入重要新产品或面临生存危机的企业中出现。

(二)强调领导力的代际转变

当前,企业经营正在经历领导力的大规模代际转变。婴儿潮时期出生的这代人所成长的时代深受父辈经历的影响,他们走过两次世界大战的滚滚硝烟,也经历过大萧条时期。因而,在经营企业时也自然而然形成了一种控制命令型的惯常思维。20世纪五六十年代世界上的许多大型企业都采取控制命令的领导方式。而今天的职员是知识型工作者,他们不仅有选择的自由而且追寻生命的意义。当今世界的伟大商界领袖们应该懂得如何让所有员工快速进步,并一举成为先锋者。当美国年轻一代接替婴儿潮时期出生的一代成为企业高管后,企业领导力方面发生了巨变,由于年轻一代有着独特的世界观、他们的人际交往及工作方式都与前一代截然不同。因此,鼓励员工认同公司的使命感和价值观的同时促使其不断进步并起带头作用,已成为新世纪年轻一代领导力的转变方向。杰伊·A.康格通过《建设领导人后备梯队》、《领导力素质模型的反思》、《领导力开发的三个病因》以及《CEO的交接缘何失败》等文章,对在这个充满挑战的时刻成为一名强有力的商界领袖需具备的素质进行了不同角度的阐述。

1.《建设领导人后备梯队》

《建设领导人后备梯队》发表于2003年12月份《哈佛商业周刊》上,由杰伊·A.康格与杜克大学企业教育学院罗伯特·富尔默合著而成,系统地论述领导力管道建设与培养之间的依存关系。文章指出要确保公司的长期健康发展,没有什么比选拔和培养未来领导人更为重要,然而仍有许多被认为训练有素的新任领导者由于准备不足而惜败。在研究了陶氏化学、礼来、实耐格产品和美国银行等企业的成功经验之后,康格与富尔默总结出了五条原则,公司可据此建立继任管理系统,以培养稳定可靠的领导人后备梯队。

原则一:领导力管道必须是一个以领导力培养为导向的弹性系统,而不是一份罗列了高潜质员工和空缺岗位的固定名单。将管道建设和领导力发展相结合,既关注了高级管理职位所需的技能,又能建立起帮助经理人发展这些技能的培训系统。

原则二:将领导力管道建设与领导力培养规划整合成一个体系。帮助企业从长远考虑,将中层管理者,甚至部门主管以下级别的管理者培养成为综合型管理者。

原则三:建立透明的继任规划系统,不仅仅要做到开诚布公。实际上,对于自己的个人情况、技能和经验,员工本人是最清楚的。如果他们知道自己需要怎么做才能上升到某一层级,他们就会想方设法达到这些要求。

原则四:定期考量进展。只知道谁可以替代 CEO 是远远不够的,必须了解是否有合适的人选正在以合适的速度发展,能够在合适的时间踏上合适的岗位。

原则五:保持灵活性。优秀的企业都在奉行日本的"改善"理念,也就是对流程和内容进行持续改进。它们根据各个部门主管和参与者的反馈,对领导力管道建设与培养体系进行改进和调整,监控技术的发展,并向其他领先的组织学习。文章同时指出,一支健康而可持续的领导人队伍建设,需要各方面的人员参与到这两个流程中来——仅仅依赖人力资源部和培训部门负责领导力管道建设和领导力发展工作实在不可取,还应该包括 CEO 和各个层级的员工。

2.《领导力素质模型的反思》

通过研究美国银行、GE、IBM、汉莎航空、百事可乐、辉瑞制药、皇家壳牌和加拿大皇家银行金融集团等卓越公司,杰伊·A.康格与道格拉斯·莱德发现其共同点是在确定和培养领导者方面都做了不菲的工作并且赢得了卓越的声誉。刊登在"Leader to Leader" 2006 年春季刊上的《领导力素质模型的反思》,通过反思领导力素质模型的优势与局限,指出素质模型的构建应考虑的最主要的内容。领导力素质模型是企业管理人员的领导力行为结构模型,它通过建立了一系列切实的、可评估的能力、技能和理念,成为组织内培养领导者的基本框架。素质模型可以帮助组织确立对领导者角色有重要影响的清晰的期望值,可以为组织的领导力发展计划的执行提供了一个最为基本的沟通框架与语言,同时为企业的其他人力资源管理流程提供了基本的规范。但是领导力素质模型不是一个完美无缺的工具,必须对其缺陷保持必要的敏感。由于素质模型的研究都是基于管理与领导行为的范围及其延伸,因此素质模型的局限性导致其很容易变得复杂化、空洞化,有时候只会围绕目前的现实需要来构建。

要解决这一潜在的病理,要有前瞻性地对组织未来的领导者所要求的特征进行准确的甄别,并将这些维度整合进将要定型的素质模型中。企业的领导力发展专家如百事可乐、IBM、皇家壳牌、加拿大金融集团、联合利华、澳洲银行和 BP

都成功地将领导力素质要求与未来战略方向和组织能力需求联接起来。因此，在组织内负责甄别和发展下一代领导力的管理人员，应该考虑首先要保持简单化，把注意力集中到几个不同的技能与行为上，将下一代领导者与静止的领导力行为模式区分开来。其次要将领导力发展与能力发展相联，运用最普通的理解，构建领导力发展思路，让组织内每一个管理人员都可以轻松找到方法去完成。然后是要关注未来，当组织的战略发生变化时，组织的领导力发展需求也随之发生了变化，接受和承认不同观点来帮助构建领导力要求的基础，以应对明天的挑战。

3.《领导力开发的三个病因》

尽管企业带着最为良好的目标，在时间与金钱上都作出了持续的投资，但领导力开发收到的效果却令人沮丧。杰伊·A.康格与道格拉斯·莱德在《领导力开发的三个病因》（2003）中指出，当前企业不善于从内部培养领导力，并且领导力开发一直存在三个严重的瑕疵。一是权力导向的思维定式。传统的管理方式经常与新现实发生冲撞，权力导向思维主导下的领导力开发就会由于没有真正理解责任与义务的分享而走向失败。二是产品导向思维。很多企业的领导力开发都缺乏一个战略目标，经常把领导力定位为一个市场化的产品，以满足企业的实际需求。三是标准定量思维。目前领导力开发细分为量化指标被视为理所当然，然而绝大多数企业使用量化指标评估领导力开发的成效，往往会误入歧途。

虽然这三个病因在很多组织内根深蒂固，但包括 IBM 在内的一些企业在领导力开发上仍取得了很大的进步。IBM 公司的经验表明，成功地培养下一代领导者主要有三个关键。第一，共同参与，权责明晰。IBM 制定了全面的、结果导向方式的领导力开发计划，拥有 300 多人的高管团队建立起明确的领导力期望标准，确保具备领导潜质的个人都被发现并在最高管理层的季度会议上讨论。直线经理也为领导力开发担负了责任，并同时组建了一个掌握技术知识与业务的 HR 开发专业人员的部门，负责帮助 IBM 的直线经理思考公司的经营战略对人力资本的意义。第二，投资于流程，而非产品。在 IBM，领导力开发流程是由 IBM 的领导力架构主导——公司最高层主管、直线经理以及全球高级主管与组织能力部（GEOC）共同创建的文件。其中一个重要原则是，经理人员从经历中学习要远比从教育课程中更为有效，因此 IBM 偏向于运用有计划的在岗开发方式培养领导人。第三，制定评判指标。IBM 制定了信度很高的指标，将领导力开发投入与建立产生卓越经营结果的能力相联系。通过寻求以下问题的答案：我们比竞争对手更有能力满足顾客的需求吗？在出现关键岗位空缺时有合适的领导人接手吗？在出现新的机会时，我们能比竞争对手更迅速地抓住吗？员工都能准确理解，并具备执行企业的愿景和战略的能力吗？如果上述问题的回答都是肯定的，IBM 就可以判定对领导力开发的投入是成功的。

4.《CEO 的交接缘何失败》

近年来，一些声名显赫的大公司的 CEO 在任期尚未结束便突然被解职，其中包括：施乐的理查德·托曼、宝洁的迪克·雅格、朗讯科技的理查德·麦克吉恩、可口可乐的道格拉斯·伊维斯特及美泰玩具吉尔·巴拉德。2004 年杰伊·A. 康格与戴维·纳德勒在《MIT SloanManagement Journal》春季刊上发表了《CEO 的交接缘何失败》，该文荣获猎头顾问协会颁发的 2005 年欧洲领导及企业管治研究奖。文中指出，CEO 交接的压力一直都在影响着 CEO 的成功。首先是前任 CEO 的言行对继任人的绩效所带来的压力；其次是继任程序本身有问题，比如离任 CEO 可能并没有为继任人的接班做好充分的准备；再次是新任 CEO 由于专业能力有限，没能建立一套合适的交接过渡期。

因此为了企业的长期稳定发展，即将离任的 CEO 应该明白，真正成功的交接应该是交给继任 CEO 一个稳定的局面以及继续保持公司的优秀业绩。首先在上任的第一天就要在整个任期内考虑接班人问题，其次处理关系的能力应成为选择候选人的重要衡量标准，然后在每年都应对内部候选人的发展情况进行跟踪的同时注意挖掘新人。与此同时董事会作用逐渐上升，首先要监控离任 CEO 在感情驱动下发生的非工作行为，引导 CEO 参与讨论企业的战略需求及相应的合适人选；其次董事会必须确保 CEO 在任何时候都有一个合理的接班计划和结构化的交接流程，并同时关注外部候选人的搜寻；然后董事会还要持续评估离任 CEO 在临近退休时对企业营运的参与程度。CEO 候选人则首先应明确在职业生涯中将培养良好的关系技能列为优先发展技能，其次必须投入足够的时间进行尽职调查并充分了解前任 CEO 离去后留下的挑战，然后还必须通过讨论来评估前任 CEO 高管团队的质量。

（三）研究了当今组织变迁的新情况

组织变迁，即组织在原有环境通过内部转变到适应现有环境的过程。组织变迁时，组织同时会受到各种变革力量（forces of change）与稳定力量（forces of stability）所左右，这两种力量交织作用，组织就借此维系其（equilibrium）均衡与平衡（balance）。而在组织中的个人就如同组织一样，也会受到各种变革力量与稳定力量的压迫，组织中的个别成员可能适应组织变迁，也可能抗拒变革（Albanese& Van Fleet, 1983）。随着企业的发展扩张，企业对人才的需求与日俱增。此时，倘若没有一个立足长远的人才培养计划来进行组织变迁，企业就会发现自己的高速增长将受制于人才瓶颈，在急需用人之时却无人可用，处处捉襟见肘，只能眼睁睁地看着大好机会被拥有精兵良将的竞争对手夺走。反观那些成功的百年企业和全球化公司，大多建立了完备的人才培养体系，保证关键岗位始终后继有人，这样它们在谋求更大发展时才能无后顾之忧。杰伊·A.康格通过《在新兴市场上打赢人才战》、《把你的公司建成人才工厂》、《跨国管理新思维》以及《高潜力人才的"X特质"》等文章，对于当今企业组织变迁过程中出现的新情况进行研究。

1.《在新兴市场上打赢人才战》

新兴市场的经济增长率远远高于西方和日本，众多公司都将增长的期望寄托在巴西、俄罗斯、印度和中国（金砖四国），以及其他发展中国家身上。这种高速增长的环境需要更多优秀的人才来支持，为此全球各地的企业展开了激烈的人才争夺战。杰伊·康格与道格拉斯·雷迪（Douglas A. Ready），琳达·希尔（Linda A. Hill）在人才管理和领导力发展领域有着数十载的研究经验。为探究新兴市场上人才战略的成功因素，通过访问了数十位高管并收集了20多家全球化公司的数据，三位作者于2008年11月份《哈佛商业周刊》上发表了《在新兴市场上打赢人才战》一文。文中指出，新兴市场上吸引和留住人才的四个关键要素——品牌、机会、宗旨和文化（见图22-1）。

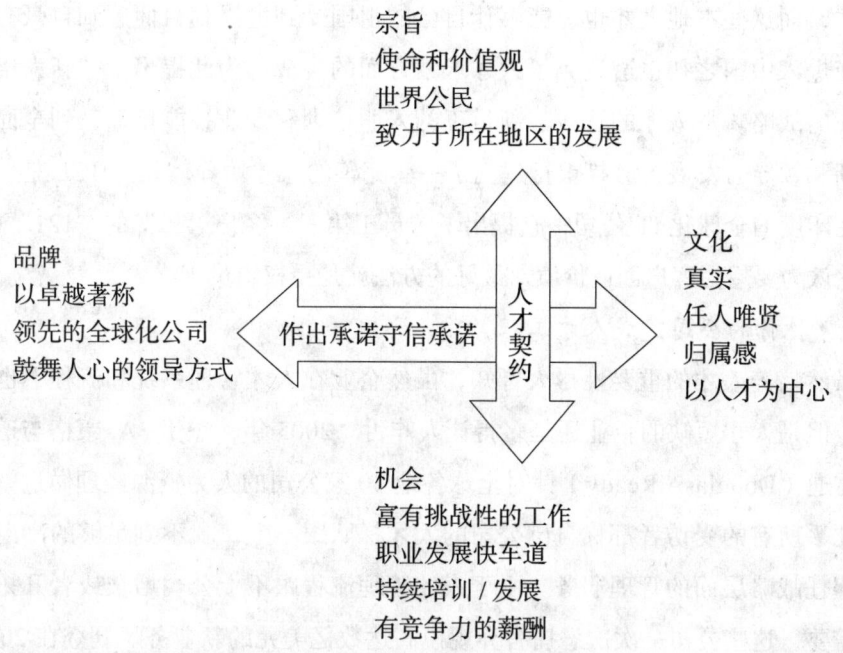

图 22-1　吸引和留住人才的框架

发展中国家的员工面临着众多选择机会，一个让人联想到鼓舞型领导风格的公司品牌能够吸引高潜质的年轻人。在新兴市场上，机会意味着提供职业发展快车道，或者至少是让员工能更快地获得技能和经验。公司宗旨应当有利于求职者本国的建设和发展，并表现出世界公民的价值观。而公司文化则应当任人唯贤，既重视个人成就，也注重团队绩效，而且必须真正"以人才为中心"，让人们知道员工对公司的成功至关重要。这四个要素可以在两条指导原则下统一起来：作出承诺（品牌、机会和宗旨的结合）和信守承诺（主要表现为员工在组织文化中的日常体验）。新兴市场上的人才战略挑战比较特殊，跨国公司要谨防将本国的人才战略照搬到新兴市场，以免水土不服。

联想集团、塔塔咨询、渣打银行和 IT 公司 HCL 都作出了吸引人才的承诺，而且切实兑现了这些承诺来留住人才。例如，联想集团创始人提出了建立"伟大公司"的愿景，吸引了一批立志成就一番事业而不仅仅是找份工作的员工，并为高潜质人才库中包括 CEO 在内的每位成员系统地规划出职业蓝图和晋升通道。塔塔咨询公司扩张到巴西和乌拉圭时，首先招聘的不是销售人员而是工程师，并将他们派往印度去亲身体验公司的核心实力。回国后他们干劲十足并积极招募本国的人才,而这些本地人才也为能够让自己的祖国受到世界瞩目而感到自豪。渣打银行在进入中国之初也遭遇到了人才求索方面的挑战,为此提出了"新人培养高速路"的战略。从人才的选拔、新员工的入职培训和专业技能培训,到全面的管理培训和领导力发展,渣打银行建立了一套完善的人才培养体系。HCL 是一家总部设在印度的全球化 IT 公司,它提出了"员工第一,客户第二"的"121"口号,因为它认为要想为客户创造价值,最好的方法就是授权给员工。

2.《把你的公司建成人才工厂》

虽然培养人才的重要性尽人皆知,虽然企业在人才管理系统和流程上也下了血本,但是人才短缺的企业还是多得让人咋舌。2005 年,杰伊·A.康格与道格拉斯·雷迪(DouglasA.Ready)针对全球各地 40 家公司的人力资源经理做过一次调查,几乎所有的受访者都称自己公司的人才梯队跟不上,找不到足够的高潜质员工去担任战略层面的管理职务。由于人才管理流程跟不上公司增长或者开拓新市场的需要,这些公司一次次忍痛舍弃规模高达数亿美元的新业务。刊登在 2007 年 6 月份《哈佛商业周刊》上的《把你的公司建成人才工厂》,以消费品巨头宝洁公司和金融巨头汇丰银行为例,指出企业要想建立与业务发展相匹配的人才库,必须做到以下两点:一是严格制定符合公司战略和文化目标的人才管理流程,二是管理者要在日常活动中体现出对人才管理的满腔热情。

"人才工厂"(talent factory),即把人才管理的机制(functionality)和活力(vitality)紧密结合在一起。机制重点关注的是通过公司的人才管理流程取得某些结果,活力指的则是流程负责人员的态度和思维方式。这使得企业能够培养和留住关键员工,并把他们委派到合适的岗位上去,以满足不断变化的业务需要。通过考察宝洁公司和汇丰银行两个"人才工厂",宝洁建立了大量的、非常详尽的人才配置系统和流程;汇丰则倾注了巨大的心血努力把人才管理流程融入公司的 DNA。虽然在人才管理方法上略有差别,但都反应了机制和活力并重这一方法的威力。任何一家希望实现增长的公司,如果不能快速把合适的人安排在合适的岗位上,就根本不可能实现目标。许多公司都是一门心思想要获得资金、信息技术、设备和世界领先的流程,其实归根到底——人,才是最重要的。

3.《跨国管理新思维》

随着经济全球化发展步伐的加快,全球化为组织管理者带来了新的压力。杰伊·A.康格与爱德华·劳勒在《中国海关》2007 年第 5 期发表了《跨国管理新思维》

一文中，提出管理跨国界组织的复杂产品和服务需要一套不同于以往的理念。一是虚拟管理。通信技术的发展为与遍布全球的同事交流提供了众多的方式。然而尽管电子邮件和视频会议是简单交流的好的方法，但面对面会议对战略规划而言仍然至关重要。它让个人可以马上对意见作出反应，更深入地探究各种选择方案，有助于建立起理解和信任关系，在处理问题时更有成效。二是无权威管理。当产品或服务较为复杂，而且不容易观测和监督其创建时，往往需要创建交叉功能和跨境的工作小组。通过把项目团队越来越多的划分为小组，可以使这些小团队更有效地工作，以完成关键的单项任务。三是共享领导权。随着直接权力的削弱，传统的等级划分将被较宽松的工作关系取代，劝说和构建联盟成了必要的管理工具。当要把关键决策权交给团队时，管理者需要更多地采取协助的姿态，训练并开发团队中的个人与集体领导技巧。四是建立广泛的关系网络。在今天这个复杂而虚拟的组织中，管理者需要来自很大范围的信息与支持。研究证明，关系网络与工作效率之间有直接关系。挑战在于，建立关系网不仅是件费时的事而且需要很长时间才有回报，但完成任务与建立人脉上必须两者兼顾。

4.《高潜力人才的"X 特质"》

研究表明，无论企业承认与否，也无论培养过程是正式的还是非正式的，高潜力人才名单确实存在。尤其在资源有限的情况下，企业的确会在有能力引领公司迈向未来的人才身上投入更多关注与精力。杰伊·A.康格与道格拉斯·雷迪，琳达·希尔于刊登在 1998 年《Strategy & Business》的《高潜力人才的"X 特质"》一文中，共同探讨了如何进入高潜力人才名单并保持这一位置。高潜力人才，即在各种场合和环境中的表现总是显著地优于同事，并显示出在公司职业道路上成长、发展并取得成功的卓越能力。高潜力人才取决于内在素质，不仅需要具备表现优异且踏实可靠、迅速掌握新型专业知识以及时刻注意自己的行为三大要素，还必须完成从"胜任/从属"到"楷模/导师"的转变。

然而，要想取得并保持令人欣羡的高潜力人才地位，还取决于一些看不见摸不着同时也不会出现在领导能力清单或绩效评估表格的"X 特质"的因素。一是追求卓越，尽管高潜力人才已经做得不错甚至是相当好，但是对他们追求成功的渴望来说都还远远不够。二是学习催化力（catalytic learning capability），高潜力人才会不断寻找各种新思想新观念，并有能力去理解和吸收，还能将学到的新知转化为高效的行动，为客户和公司创造价值。三是进取精神，高潜力人才是积极的开拓者，为了取得进步会跨出职业舒适区并接受挑战，认为机会大于风险并为之兴奋。四是敏锐的感知力，有助于高潜力人才判断何时出击、何时收手，使其能在合适的时间出现在合适的地方。成功的高潜力人才具有更好的判断力，更看重高质量的结果，因此会避免与上司公开发生分歧，或者不愿给同事坦率的、可能让对方失望的反馈意见。五是发展自己的"X特质"，高潜质人才的"X特质"不仅未体现在领导力模型中，而且难以授习。因此第一步便是了解自己哪些方面存在不足，然后通过反省培养积极性或进取精神，从而愿意多承担一点的风险。

四、杰伊·A.康格的管理思想评论

（一）大力倡导"贵人贱物"的管理思想

21世纪是国际竞争和新技术革命挑战日趋激烈的时代，全球范围内的竞争由原来的自然资源和资本资源竞争转向人力资源的竞争。杰伊·A.康格管理思想的核心是，人力资源价值已成为衡量企业整体竞争力的标志，企业要想取得主动和领先地位，就必须更新人力资源的建设理念。日新月异的外部环境促使领导力的代际转变加速到来，从而给那些自身能加快发展脚步并勇于接过使命的年轻领导者带来机遇。通过领导力的代际转变对大型企业、新兴公司和新的组织机构造成的影响，带来企业整体的组织变迁，推动企业制度建设的成熟化发展。杰伊·A.康格针对国际上企业发展的这一趋势，致力于研究在领导力的代际转变和企业的组织变迁过程中出现的困境与挑战。"贵人贱物"是贯穿杰伊·A.康格管理思想的根本原则。杰伊·A.康格的学术性格特点是所有的研究都基于美国财富1000强范围内公司的治理实践以及与首席执行官、董事会等的广泛会谈，在杰伊·A.康格的几乎每一个结论里都可以看到相关大型公司的实践经验。

（二）为中国的百年老企业的长久发展找到制度原因

改革开放40年来，中国涌现了大批创业成功的优秀企业。然而，中国企业的成功主要表现为企业家个人的成功。中国企业制度的建设还处在摸索总结的初级阶段，无论上市企业还是非上市企业的董事会，其成员构成、专业素质、工作程序、决策方式以及方方面面对董事会责任功能的认识都还存在不少问题。其中，能否制度化地、平稳地、有效地解决企业的首席执行官更替问题是中国企业能否创办百年老店的关键所在。因为一旦现任总裁的思维方式不再适应环境的需要，同时企业内部有没有一套制衡机制，曾经非常成功的总裁就会在错误的道路上越走越远，使企业付出惨重的代价。根据杰伊·A.康格的管理思想，也许这就是为什么许多中国优秀企业可以一时辉煌却难以长治久安的制度原因。

本章参考文献

[1] 杰伊·A·康格.公司治理结构：增值新战略[M].许静芬译.上海交通大学出版社.2003.

[2] 道格拉斯·雷迪，杰伊·康格，琳达·希尔.高潜力人才的"X特质"[EB/OL].http://www.ebusinessreview.cn/articledetail-57563.html.

[3] 杰伊·A.康格.建设领导人后备梯队[J].哈佛商业评论，2009年10月.

[4] 杰伊·康格道格拉斯·莱德.领导力素质模型的反思[EB/OL].钟孟光译 http://www.cnutc.com/detail.asp?ClassID=25&ArticleID=475.

第二十三章　珍妮·丹尼尔·德克：变革理论

珍妮·丹尼尔·德克（Jeanie Daniel Duck），1988年加盟波士顿咨询管理公司（BCG），现为该公司高级副总裁和内部组织实施的领导者。德克女士一直致力于最具创新性的"变革管理"工作，《变革之魂：波士顿咨询公司组织变革理念》一书通过一系列生动、具体的案例，描述了组织在变革过程中遇到的种种问题，并创造性地加以解决，她对大型跨国企业的变革具有独到的见解，其领导和参与的美国及欧洲许多大型重组项目都获得巨大成功。她不仅是一个变革管理方面的专家，还是一位艺术家和雕塑硕士。

一、珍妮·丹尼尔·德克的生平

珍妮·丹尼尔·德克是一名极不平凡的变革管理专家和咨询师，她经历了离婚、单身母亲、孤独和失业，但她没有放弃，最终成为波士顿管理咨询公司的高级副总裁。如今，德克女士已逾六十，但她多数时间仍然穿梭于世界各地，帮助那些大型的跨国公司实施变革管理。

珍妮·丹尼尔·德克25岁时是一位遭遇不幸婚姻的年轻母亲，最终她选择了离婚，带着孩子回到了父母身边。原本毕业于美国普瑞特设计学院雕刻专业的德克进入阿拉巴马州的一家银行，从此开始了她的商业旅程。尽管银行的工作只能让她收支相抵，但她还是感觉到金融业工作对人精力的挑战，她从银行的一名普通培训师逐渐成长为负责几家金融机构的高级咨询分析师。1980年，她所在的银行——名里阿波利斯市储蓄和信贷协会破产，德克随之失业。随后她创办了自己的咨询公司，直到八年后，波士顿管理咨询公司叩开了她的门。

珍妮·德克女士经历了她著名的"变革曲线"的各个阶段：停滞期、准备期、实施期、巩固期和收获期。在为公司进行变革管理时她指出，无论是人类情感还是社会变化都会经历这样的"变革曲线"过程。珍妮·德克带领自己的公司在商界打拼：她时常产生让人耳目一新的管理方法和创意，尽管有时会令人吃惊，但结果却很奏效；她极具个人魅力，这给她的咨询工作带来很大帮助。一次工作使她与 BCG 公司相识，他们受雇于同一位客户，并在一个房间进行自我介绍，事后，该公司的高级主管卡尔·史迪恩（Carl Stern）邀请珍妮·德克加入。波士顿管理咨询公司向来凭借精确的数据分析问题，而他们这次准备在心理和行为学上有所突破。1988 年，珍妮·德克作为第一位高级合伙人加入 BCG 公司（在此之前，公司的高级管理人员都是通过内部选拔产生）。

珍妮·德克认为，这次合并无论对于她本人还是对于 BCG 公司，都是一场耐心与容忍的考验。BCG 有着非常成熟的企业文化，多数人都已获得 MBA 学位并受公司影响颇深；而珍妮·德克来自公司外部，最初她常常感到不知所措，不知道如何交流。但事实证明，数字与情感的结合使 BCG 看起来更像是个整体，珍妮·德克独创的管理方法得到公司成员的欣赏和好评，她对人类情感和行为的关注使她的客户获得更大的竞争优势，她丰富的工作经验帮助她预见变革中的障碍、困难和潜在危机。现在，她重新找到了真爱并再婚，完成了人生的变革曲线。

二、珍妮·丹尼尔·德克的著作

珍妮·德克在普瑞特设计学院攻读艺术教育的硕士学位时，还负责管理兼职教书的大学生，与这些大学生的讨论话题经常集中在特定事物发生的原因、如何利用相关事物导致确定的结果上来。这些经历使珍妮·德克发现，业务分析能够帮助他们了解团体中的行为准则如何形成、相互促进的主意如何被激发、不同的个体行为是如何由各种力量促成的。珍妮·德克逐渐成为一名资深的专业咨询分析师，并花费多年时间证实——尽管个体的变革经历不同，但变革中的情感与心态是相似的，而且是事关变革成败的重要因素。在此之后，她结合自身的工作经验，花费多年时间完成了《变革之魂：波士顿咨询公司组织变革理念》一书。该书通过一系列生动、具体的案例,描述了组织在变革过程中遇到的种种问题,并创造性地加以解决。尤其是作者将组织变革的过程视为人内在情感的调整过程——这里的情感并非稍纵即逝的情绪,而是"人类情感的主要表现:恐惧、好奇、身心疲惫、忠诚、偏执、沮丧、乐观、愤怒、暴露、快乐和爱"[①],这些情感因素应该像公司中的销售数据、利润状况一样,能够被精确合理地描绘、鉴别和定义,进而通过分析得出它们对公司业绩、策略和战略的作用机理。下面是这本书的主要内容:

(一)变革的基石

本书的英文名称为《变革怪兽》(The Change Monster),这是珍妮·德克对那些出现在变革期间的、复杂的、甚至令人惊恐的人类情感和社会心态的总称。她认为处于变革中的公司以及人们的情感和行为是对变革产生巨大影响的关键因素,而很多变革的失败也是由于未对此加以重视导致的。成功的变革往往需要经历很长时间,在这一过程中,参与者所面临的困难、挫折、打击和对精神的折磨经常会使他们万分沮丧,甚至不得已放弃变革。本书通过介绍一些变革的案例,向读者清晰地表达变革的动态过程和变革中可能遇到的各种情况,帮助读者更加清楚地思考问题,调整自己的行为,更富有勇气地面对困难,成功地实现变革目标。

珍妮·德克认为,成功的变革应具备以下三个基本要素:一是对变革要达到的目标有坚定的信念。对此必须制定明确合理的战略,只有描述清楚能够兑现的承诺,才能让人理解,并将其转化为行动;二是良好的基础管理。一项成功的变革要求公司具备扎实的管理实践,这种基础管理实践能够让公司在稳定和正常的程序中有效地运行;三是提高领导者对人的情感及行为的重视程度和敏感度,并有把握它们的愿望,这也是本书最关注的问题。

在对变革管理的研究过程中珍妮·德克发现,虽然每个组织的变革经历不同,但是变革的阶段和变革的基本原理是一样的,变革的持续时间、难易情况、推进速度等都取决于领导者对变革要求的强烈程度,根据多年的工作经验和多方搜集的可靠证据,作者提出了普遍适用于各个行业和地域的变革曲线,这一曲线描述

---

① 珍妮·丹尼尔·德克. 变革之魂:波士顿咨询公司组织变革理念[M]. 北京:机械工业出版社,2002: 8-9.

了变革经历的每个阶段、各阶段出现的时间、问题和特点，帮助领导者找准自己的位置，设定合适的目标，明确变革中的分歧，激发变革动力。

1. 停滞期

所有的组织都会出现停滞现象。由于战略规划不合理、领导能力的缺乏、市场变化、资源匮乏、技术和工艺落后等原因，公司往往陷入发展的停滞期，如果没有外部信号（诸如销售额下降、市场份额减少、人才流失等）的提醒，一些停滞的公司可能无法意识到变革的来临，即使领导层认识到变革的必要性，他们也不知道变革什么、如何开始变革，此时的变革怪兽正处于冬眠状态，公司几乎没有实质性的变化。

有两类行为能够结束停滞：外部行为和内部行为。外部行为包括：接管、合并和收购、杠杆收购、解除管制和私有化导致的重组。内部行为包括：财产强制处理、业务转型、调整机构、削减成本、工艺改进和首次上市发行股票。

2. 准备期

准备阶段开始于作出变革决定之后。无论采用外部或内部变革的形式，一旦宣布了变革决定，准备阶段也就开始了，这时变革怪兽会从冬眠中苏醒过来，整个公司中的情感震动也随之而来，人们的情感丰富起来，公司上下充满了对变革的各种猜测，每个人都无法摆脱怪兽的影响：他们变得焦虑、烦恼、恐惧、紧张、兴奋，工作效率直线下降。

由于准备期介于充满渴望和不确定性之间，所以常被务实派的领导者们忽略，导致高层管理者只达成表面认同而对变革执行缺乏根本性的共识，他们朝着不同方向盲目行动，而中下层成员结成的小团体也会尾随其后，各种派别你争我斗，最终导致变革失败。过长的准备期也会成为一种新形式的停滞——即使高层领导作出很好的沟通，也会因为诸多事情出现分化使变革夭折。

3. 实施期

当领导者宣布了所有变革的计划和安排后，就需要明确新的隶属关系，制定新的工作规则，这也表明变革正式进入实施阶段。这一时期，变革怪兽从隐蔽的地方跺着脚走出来，所有人都会作出各自的反应：焦虑、烦恼、恐惧、兴奋夹杂着困惑、冷漠、怨恨和不能胜任的感觉，同时也伴随着信任感和希望被人重新认识的愿望。一切将蓄势待发，一切又安然未动，只有人们的情绪在千变万化。

在实施阶段，光有业务上的变革是不够的，领导者需要帮助人们了解整个变革计划,让他们认识到变革计划确实有用,并鼓励他们参与、完善计划,与他们一起保证计划的顺利实施。领导者必须认识到这样一个问题:变革不仅是要描绘一个新的蓝图,更是要改变人们的思想观念、精神状态和工作内容。

4. 巩固期

这是变革进程中最重要的时期,也是最容易失败的危险期。若变革顺利进行到这一阶段,领导者通常会认为变革已经完成,而将注意力转向其他地方;若变革在这一阶段仍然混乱不堪,悲观、消极、失望的情绪便弥漫整个公司,怪兽安顿下来了,因为它知道自己要赢了。巩固阶段之所以重要,是因为在这一时期要明确所有努力的结果,公司因此也就进入了变革的疲劳期,领导者会宣布在推进变革的进程中暂停一下,休息片刻,而这种暂时的休息也许会成为终止变革的信号,意味着变革到此为止。

想要在这一阶段成功地领导变革,管理层必须始终对变革保持高度关注,能够真诚地解决问题,设法调整好人们的预期、能力和经验,这样即使消极事件可能发生,但承认和正确处理挫折会为增强变革的可信度和鼓舞员工士气带来意想不到的效果。

5. 收获期

这是变革的最后一个阶段,所有长期的艰苦努力要取得最终结果,那些在公司中发生的互不关联的变革活动,现在开始联结起来并互相促进。员工们乐观、自信、充满活力,工作效率直线上升、股价提高、销售增加、利润增长、成本下降、人才汇集、新的产品和服务吸引了更多忠实客户。变革怪兽已经被关了起来,再也不会让人感到害怕了。变革正是要将所有个体的努力整合为一个能发挥更大作用的新的整体,它让人感到为变革所做的努力的值得的,它激励这些人一次又一次地完成这项工作——这就是变革的魅力所在。

收获期的来临表明:公司经历了一个完整的变革循环,收获期的结束则意味着新的停滞期的开始,公司要进入下轮变革之中。成功的变革领导人要认识到,完成一次变革不是最重要的,关键是要帮助组织增强适应性,去进行持续的变革,并通过激发人们的情感力量完成它。

(二)变革的过程

在这一部分,珍妮·丹尼尔·德克详细介绍了变革曲线上的每个阶段,并将霍尼韦尔微型开关公司和科文公司的变革经历贯穿其中，前者在领导雷·阿尔瓦雷斯的带领下，找到了应对各种变革难题的方法，取得了巨大的成功；后者是作者编写的两家制药公司（康曼多制药公司和维内雷波有限公司）合并的案例，旨在介绍变革中的种种错误做法。

1. 停滞阶段

在变革的第一阶段，你经常会看到组织中出现的一些现象：感情和财务数据被忽视，即使出现大量的财政赤字，有很清晰、具体的指标反映出公司的状况（如股价下跌、市场份额下降、缺乏新的产品和服务、客户群流失），领导者们也不会承认公司出了问题，更不会主动发现问题或寻找机会解决问题，他们压根不愿意接受这个事实——公司需要彻底的变革。

处于停滞阶段的公司往往表现出两种风格：一种是"抑郁型"，另一种是"亢奋型"。抑郁型公司里弥漫着一种让人感到麻木、冷漠、厌倦的空气，公司上下表现出让人无法忍受的压抑感：做事拖沓、决策失误、无法胜任工作、缺乏动力和活力；而亢奋型公司里充满了缺乏理智的事物，花费了很多精力与时间却收效甚微，在这样的公司中，人们感到急躁、紧张、精疲力尽，虽然付出诸多"努力"，最后还是一无所获。抑郁和亢奋有时会同时存在于处于停滞状态的公司里，这种现象被珍妮·德克称为西西弗斯怪圈。① 陷入这个怪圈的公司时而表现得很亢奋，因为它们制定了过多的变革项目，公司的大部分员工正在超负荷运转。虽然有很多项目和变革措施开始实施，却从未有结果：很多项目缺乏资源，缺乏员工的重视，很多人同时忙于若干个项目，但却无法完成其中任何一项。在这种状态下，人们感到悲观、失望、尴尬和窘迫，他们承认公司既亢奋又压抑，急需进行一次彻底的革新。

当处于停滞状态的公司试图完成一项又一项的变革项目，但却重复失败，没有任何结果，这时糟糕的事情便会发生：管理层失去信任，他们几乎不可能采取新的方法推动变革；员工变得反感和抵制变革，他们学会敷衍各种项目、商业构思和行政改革，什么样的革新都无法再触动他们的神经。

---

① 西西弗斯是希腊神话中的一个人物，他因绑架死神而触犯了众神，诸神为了惩罚他，便要求他把一块巨石推上山顶，由于巨石过于沉重，每每未上山顶就又滚下山去，于是他不断地重复，永无止境地做这件事——诸神认为再也没有比从事这种无效无望的劳动更为严厉的惩罚了。

接下来,珍妮·德克通过微型开关公司和维内雷波公司的案例对停滞阶段的变革进行了描述和分析。当雷·阿尔瓦雷斯先生接任微型开关公司的总经理时,公司事实上已陷入抑郁型的停滞当中,管理层对公司漠不关心,员工们垂头丧气,销售增长减缓,利润下滑,客户群流失,竞争者们正在强力冲击着公司传统的核心业务。为了更深入地了解公司,雷开始搜集关于公司的"软"数据——情感数据,对工厂和工作环境进行考察,与工人谈话,观察员工的精神状态,几个星期后他发现,该公司正沉湎于过去的荣誉和辉煌中:公司里过时的设备和工艺表明公司缺乏再投资,恶劣的工作环境和低落的士气直接反映出管理层的水平,而领导者们并未感受到他们现在面临的严峻形势,也不愿承认公司需要变革的现实。总部希望雷能够改进公司的销售和利润,重建技术开发能力,成立全新的领导团队,鼓舞工人们的士气,雷知道公司必须完成这项长期而艰巨的任务。

微型开关公司是逐渐认识到自己的停滞状态的,而维内雷波制药公司则在瞬间迎来了它的停滞期。该公司是阿姆斯特丹的著名药品公司之一,其产品有长达20年的专利保护,它们开发出的抗抑郁药使公司获得了轰动性的成功,在后面的几十年里不断获得利润。对于药品公司而言,只有始终保证具有强大市场潜力的产品不断被开发生产出来,才能不被市场淘汰。维内雷波公司的抗抑郁药在1999年即将失去专利保护,此时他们已开发出一种新的替代品,这种药品疗效更加显著:只需要较少的剂量,价格更便宜,而副作用更小。令他们意外的是,这种新药没有通过审查,备存的新药也乏善可陈。在此后的一个月里,该公司接到了康曼多国际公司的收购要约,这个消息像晴天霹雳,使整个公司陷入对未来的惊恐和不确定之中,变革怪兽突然惊醒了,它在公司上蹿下跳,引起巨大骚乱。

要想脱离停滞阶段,首要任务是要勇于承认停滞的存在。一场危机是很有帮助的工具,它强迫人们认识到变革的必要性,让领导者们认识到公司正处于停滞状态;另一个最常见的停滞的征兆就是自满,很多具有光荣历史、傲人产品的公司都表现出规模过大、反应过慢、骄傲和缺乏动力等特点,这种"强大"和"成功"的公司对停滞信号的反应非常迟钝,"他们的行为就像一列高速行驶的火车,但却失去了动力,这时很难让人明白机车已失去动力,因为它仍然可以以高速行驶很远，特别是在下坡的时候。"[1]对公司的停滞拥有清楚的认识后，还需要对当时的情况进行全面判断——领导者必须明确是什么导致了停滞，状况严重到何种程度。珍妮·德克认为，最好的判断方法是分析以下三种信息：一是与数字有关的信息，这类信息与公司的销售、业务利润、新产品的开发情况、资产回报率、周转时间等密切相关，能够准确揭示出公司的经营状况；二是公司外部和内部的信息，尤其是来自公司外的意见，例如消费者、合作者、供应商、分销商等对公司的见解，"当局者迷，旁观者清"，与这些人的交谈经常会帮助管理者认清公司的形势和面临的问题；三是情感信息，在与相关人士进行交谈后，领导者们会发现，停滞的公司确实会对人们产生压抑的影响，处于这种状态下的人们会表现出淡漠、无聊、自鸣得意、缺乏激情的情感，结果则导致了百无聊赖、与世无争、消极顺从、身心疲惫的行为。当一个公司能够意识到自己确实处于停滞状态，并对这一状态进行了全面分析和判断后，他们就需要制定一个战略，这个战略应围绕未来不确定的竞争形势和动态的外部环境制定，这个战略必须领先于现实。战略制定不易，战略实施更难，一个组织的理念、习惯和态度经常落后于现实，要想实施成功的战略，领导者们就必须确定现行文化的突破口——还有什么落后观念和行为仍在公司流行？哪些会阻止我们构想和执行新的战略？人们需要从行业中盛行的思维惯式中解放出来，让新的文化鼓舞和激励所有人发动彻底的变革。

在变革发生的当时，很难将停滞阶段明确划分出来，它经常出现在领导者们确信要彻底变革的时候。这一阶段的结束点有时会因个人来自内部，正如微型开关公司的总经理雷的决定那样；有时由外部刺激而造成，正如维内雷波公司突然发现自己的药品不再具有市场潜力那样。当这些结束点与分析现状、变革倾向、制定战略结合在一起的时候，停滞阶段就会演进到变革的下一阶段：准备阶段。

2. 准备阶段

每个公司在准备阶段都会表现得相当焦虑，当下定决心要变革，计划和准备阶段才算开始，这个阶段要持续到计划开始执行的时候，只有当变革达到预期效果时，人们的焦虑才会有所减轻，他们会感到兴奋，甚至高兴。在准备阶段，领导者需要完成三项任务：一是领导班子必须达成共识并围绕可实现的目标和已制

---

[1] 珍妮·丹尼尔·德克.变革之魂：波士顿咨询公司组织变革理念[M].北京：机械工业出版社，2002：54.

定的战略共同努力；二是将情感因素置于核心地位，全面评估公司的变革倾向；三是激发出员工对现实的不满足感和自发的变革倾向。

在变革初期，领导者们可能需要独立完成多项工作：在谈判开始前充实和完善计划，亲自参与制定蓝图和战略，并完全了解需要巩固的后续计划，如果能做到这些，他们对员工的激励就会变得有说服力，当新的问题和机会出现时，前期的准备也会帮助他们作出正确的决策和交易。领导班子最重要的素质是对未来和战略达成共识，如果管理者们各行其是，甚至相互猜忌，员工们会对变革的承诺产生怀疑，将其看成是一场可笑的恶作剧。这时，领导者不仅仅需要通过分析数据和个别谈话来得出共识，更重要的是采用集体讨论的方式，围绕真正涉及变革核心的分歧展开讨论，仔细倾听支持者和反对者的意见，深入了解他们的想法。表面的顺从对于真正的变革远远不够，组织需要一群真诚而充满活力的志士们参与、倾听和交流。

当领导班子已经就变革达成共识时，他们需要将注意力转移到其他方面——评估变革的准备情况。珍妮·丹尼尔·德克和她的团队开发了一个用于评估公司变革倾向的调查模式，即"准备—愿望—能力（RWA）"模式。这个调查模式描述了三种关键的变革准备状态：一是变革的准备状态。这种状态用来描述人们对公司变革的理解和相信程度，人们是否清楚公司面对的外部压力，是否对变革带来的变化有所认识；二是变革的愿望状态。这种状态用来描述人们对现状不满意的程度、对未来的担忧和对变革的意愿，人们是否清楚变革的具体对象和需要怎样的变革能力；三是变革的能力状态。这种状态用来描述人们是否相信公司拥有必要的技能和工具推动变革，是否相信管理层拥有变革所需的愿望和能力。这一调查针对不同的公司进行不同的设计，但同时包含了一些核心问题，便于同其他公司进行比较。调查包括定性和定量的数据，前者便于测定一些概念和观点的普遍性、地域性和广泛性，后者则能够说明情感的力度和表现形式。

准备阶段的最后一步是激发人们进行变革的欲望，这就需要领导者为现实状况创造一种"健康"的不满意，即通过一定程度的焦虑来帮助和激励人们采取行动。珍妮·丹尼尔·德克认为，自信是记忆中的成功，提醒员工回忆曾经取得的成就，让他们去迎接挑战，超过以前的记录是一种鼓动性的策略，这有助于激发他们的变革愿望，帮助其采取有效率的行动。

微型开关公司陷入抑郁型的停滞，为了避免公司陷入更加糟糕的境地，公司的领导层暂时没有宣布变革计划，而是开办了交流信息座谈会，这项活动有两个目的：一是让员工认清目前面临的形势；二是让人们知道基本的技能训练是获得更大成功的基础。在座谈会上，管理者围绕以下三个基本点与员工进行沟通，告诉他们变革的必要性和紧迫性：一是公司已面临危险，我们必须采取行动；二是造成这一结果并非员工的过错；三是公司始终关心每一位员工。在座谈会中，雷和他的领导班子用形象的标志性语言传递信息，他们不断重复多种交流方式，使人们能够理解和执行领导层的决定。

科文公司准备变革的过程则更为艰难。具有悠久历史的跨国企业维内雷波制药公司将被只有10年历史的新兴企业康曼多公司收购，合并为一家大型制药企业科文公司，虽然表面上看这样的合并是前者的药品开发能力与后者的市场和分销体系的结合，能够迅速和灵活地提供具有市场潜力的产品。但由于价值观的冲突——前者受社会价值驱动为人类的健康创造和提供药品，后者则受商业利润驱动只关注产品的市场潜力并精于广告和营销，使两家公司发生了混乱，很多人认为这样的并购是不公平的。针对这两家公司就并购事件的激烈争论，珍妮·丹尼尔·德克和她的团队建议公司的领导者马科在合并合同签字之前与研发机构所有的员工谈话——最终马科接受了这一建议，并制定了与所有研发小组交流的计划。访问取得了丰硕的成果，员工们踏实了许多，他们知道了变革的依据和相对确定的时间。通过开诚布公的交流，领导层获得了整个研发机构的支持。

同样的，准备阶段的结束也没有明确的界限，相邻的两个阶段可能还有重叠。一个阶段的开始并不意味着获得好的结束，变革常常因为在准备阶段没有应对好关键挑战而失败，比如说领导者没有达成共识，组织的成员未能理解变革的必要性或根本不赞同变革计划。珍妮·丹尼尔·德克认为，在准备阶段应做到"先慢、后快"，花费充分的时间为变革做些准备，向人们明确解释达成的目标，使变革中带有希望的焦虑成为整个变革过程中的力量源泉。

3. 实施阶段

实施阶段需要公司上下全身心地投入。与变革曲线的所有阶段一样，领导者必须学会调整预期、调配资源和控制变革的过程；与其他阶段不同的是，此时领导者更希望人们脚踏实地地做事，采取实际行动参与变革。

在并购中，实施阶段开始的标志就是并购协议被管理当局批准，并由各自公司的领导者签署生效；在内部变革中，实施阶段开始于制定了详实的计划并要分派工作的时候。选择合适的时机（开始的时间、地点和原因）启动实施阶段，以便在要求的时间框架内获得最可能成功的机会。以下是珍妮·丹尼尔·德克列出的可供选择的方式：一是先试点，再推广，这种方法适用于新工艺或新流程的推广，能在小范围内进行而不与公司中的其他部门相互干扰；二是树立行动的榜样，发挥榜样的带动作用；三是启用明星的力量或进行悬赏，明确的赏罚能够证明变革的严肃性，更快地聚集人们的注意力；四是采用"他山之石"，将其他部门的成功经验推广到本单位；五是有计划地等待反馈，先在几个地方实施变革，同时让下一轮进入实施阶段的领导者做好准备，通过对上一轮工作经验的学习执行好本轮变革计划。实施阶段重视变革的操作层面，它是一个确定并理顺新的组织结构、工作职能、工作程序和部门联系的过程，公司应具备良好的基础管理能力才能在这一阶段获得成功。

在变革的实施阶段，还需要培养骨干力量和领导班子，扩大参与变革的规模。为了使变革的影响扩展到公司更低一级成员，微型开关公司的总经理雷开展了一项"包容性战略计划"活动，他要求公司每个部门都制定战略计划，由高层领导班子对这些计划逐一审核。他将参加活动的人员分为三类：第一类是支持这个设想并已经开展工作的人员；第二类是稍加指点就能够以这种方式进行管理的人员；第三类是很难以该方式进行管理的人员。这一分类为骨干力量和领导班子的培养提供了清晰的思路和明确的方向。雷从中挑选了能够带领公司实现变革的50位管理者，并和他们组成的班子一起就远景规划、战略、采取行动的日期和影响公司进一步发展的关键性因素等进行了讨论，鼓励、验证、完善关于变革的想法，尽可能地让大家完整领会管理层的思想，与会者完全理解并接受了公司的远景规划，他们带动组织的其他成员更加热情地投入工作。雷通过这种方式激发了强大的变革力量。

在变革的实施阶段，交流起着新的、重要的作用，它变成了一种操作层面上的事务，能够保持变革在正确的轨道上运行，每个部门都了解其他部门的分工，各项工作相互协调并相互补充。组织的交流渠道是多种多样的，一个公司大多数的日常工作起初通过非正式网络进行交流，随着时间的推移，组织中逐渐建立起电话、电子邮件、临时会议、门庭走廊聊天等交流方式。在许多变革中，这些非正式的网络会被干扰或破坏，此时领导者就需要重新建立非正式网络。领导者应该采用三种重要的网络听取并交流意见：预警师、联络员和号召者。预警师指那些可快速辨别迫近的变化并能发出预先警告的人，他们通常是中层经理人和生产线的班组长，处在公司的生产第一线，对未来将要发生的事情具有特殊的直觉，能够第一时间了解外部的真实情况。一个可靠的预警师是一条听取意见的好渠道。联络员是那些由于自身性格、爱好和所处位置能够在公司中起协调作用的人，他们了解公司所有的人和事，能够结合当前的形势作出明确的解释，他们是"温度计"，可以准确测量公司中的情绪温度。号召者像自动调温计，能够调整和转变公司中的态度和观点。其他人经常向他们征求意见，并以这些人的言行作为自己的态度和行动的准绳。领导者们需要鉴别这些预警师、联络员和号召者，去了解他们，谋求他们对企业变革的支持，并促使他们在工作中影响周围的人。

在变革的实施阶段，组织需要很多实践和实实在在的努力去养成新的习惯。"承认你有问题几乎等于解决问题"，试着用好习惯代替坏习惯，用新想法和新做法解决问题，这样才能战胜停滞阶段带来的挑战。

4. 巩固阶段

巩固阶段决定着变革的命运，许多未经仔细琢磨的想法必须经历这一阶段加以完善，直至最终成功地到达收获阶段。巩固阶段位于实施阶段与收获阶段的中间地带，面临着关于公司未来的各种难题，当人们以积极的方式应对这些难题时，他们会看到其价值所在，很快置身于新环境，付出更多的努力适应新的工作，并且能够忍受因环境改变带来的考验和挑战；一旦人们不知道如何应对这些难题，他们变革的动力就会马上消失，转而代之的是对所有行动的怀疑和不信任。操作层面带来的难题很容易被看到，这些问题能够受到人们的关注，也较容易被解决；而隐藏在操作层面背后的情感问题可能是致命的，领导者常常忽视这些问题，这将使公司雪上加霜，矛盾激化。可能的结果是，当一个企业追求成功时，却陷入了一个长时间难以决策的泥潭里，甚至各种变革的努力全部被瓦解，各种计划蓝图无疾而终，企业已经被怪兽牢牢控制了。巩固阶段是对变革实实在在的考验，这个阶段可能会经历意想不到的痛苦，是一项最富有挑战性，同时也会得到最大回报的工作。

领导者的行为对巩固阶段的性质和期限均起了很大作用。对于变革，将耗费极大精力的领导者要有所预料，要求他们研究变革计划、塑造理想的信仰和行为、招募拥护者、克服阻力和惰性、引导人们步入新的轨道。变革领导人应该善于将自己的想法与现实情况紧密结合起来，并且通过汲取其他人的经验认真地判断形势。领导者提出的关于变革的想法必须经过实践的检验和证明。身体力行地、持续不断地与公司员工交流是成功的必备条件，尤其在具有挑战性的巩固阶段。实施阶段的人们倾向于把自己困在工作中、部门中和项目中，缺乏对组织其他部门的了解，因此，在巩固阶段提供的最新消息对于组织中的成员极其重要，同时领导者还必须学会抓住思想动态。此时的变革工作可能是零碎分散的，各个部门的工作目标甚至还不一致，需要密切关注组织中的各种变化，不断地进行监督和定期总结经验教训。

当工作进程出现困难，关键措施没有起到作用，人们对组织管理机制产生怀疑，高级人才流失时，组织成员很容易产生放弃变革的想法：也许整个计划本身就有问题，也许计划并未经过深思熟虑。重蹈覆辙将对变革产生灾难性后果，它会导致人们对变革失去信心，表现出放任自流的消极状态。对于领导者而言，此时最需要保持对变革的长期关注，既需要付出大量体力和精力推动公司渡过转型的关键时期，还需要获得中层经理和一线班组长的帮助来渡过难关。

在科文公司的变革过程中，领导者马科主张将公司位于阿姆斯特丹的实验室关闭，并将所有的研究活动转移到偏远的新泽西州。关闭效率低下的实验室无疑是一个正确的决策，但是这一决策却遭到大家的反对，以玛戈利斯博士为代表的人认为，实验室是公司受人尊敬的象征，领导者们不应将历史问题、从属关系、企业忠诚度和价值观简单转换为金钱问题，关闭实验室等于毁坏公司的灵魂。但是马科并不认同，他提前发布关闭实验室的消息。这条新闻在公司内引起了激烈的反应，震怒和疑惑的员工们无一不在谈论这项计划和其草率的决定，关闭实验室马上成为公司冷酷、不近人情和办事糟糕的象征。实验室事件使整个公司乱成一团，更严重的是，在实施阶段由研发职能整合小组任命的工作小组和实验小组不得不重新设计程序、开发新的系统，变革受到了巨大的挫折。

实验室事件的开始标志着科文公司的变革进入了巩固阶段。在实验室撤除的过程中，整个公司几乎瘫痪，马科和其同僚都在忙着应付这一事件带来的负面影响，即使风波慢慢平息，人们也失去了工作的激情和乐趣，实验室事件的影响已经远远超出了事情本身。更让人震惊的消息是玛戈利斯博士辞职了，并在科文公司的一个主要竞争对手——克洛格公司找到了工作。

玛戈利斯离开科文公司不久，马科召开了关于研发部未来蓝图的会议，在会议中他对因关闭实验室带来的重创表示诚挚的歉意，并对药学家的价值观大发宏论：他们是为了提供减轻痛苦和提高生活质量的药物而奋斗的群体。这一发言鼓舞了每个员工，士气重新高涨。就在每个人期盼蓝图的部署和全盘计划时，马科和他的领导班子却没有提出具体的指示，他们以为研发部的人已经完全领会了他的思想并能够着手实施蓝图了。组织成员好像看到了希望，但现在又回到冰冷的现实当中。直到报纸上出现了一篇有关科文公司诸多问题的专题文章——这篇文章不仅用事实说明了科文公司目前的境况，还对马科在变革过程中的决策和行为作出评论，对他的领导风格提出了批评，整个变革这才有了新的突破。马科重新召集研发职能小组开会，花费了一整天时间制定出具体的行动计划和整个战略启动阶段的详细方案，他们还向员工承诺，在三个月内拿出详细的长期战略方案、总体规划、价值准则和预期结果描述。在公司宣布合并后的第 11 个月，盼望已久的战略计划和配套方案终于公布了，它涉及面广且充满智慧，全面而具体，富有操作性。整个公司变得积极主动，充满活力，呈现出团结协作、士气高涨的大好局面。

变革是现实的，要持续很长时间，一项深刻而彻底的变革需要参与者投入情感、智慧和办事的灵活性，如果这三个方面能够发生与变革相适应的改变，那么这些参与者就可以以一个更优秀的个人或者领导者顺利出现在收获阶段。

5. 收获阶段

当变革的努力已经产生了实实在在的有积极意义的效果时，变革的收获阶段如期而至。在为变革成果欢呼高兴的过程中，要抓住机会做两件事情：一是使公司上下已形成的相互信任和团结的精神得到巩固；二是使那些取得成功的能力和员工的态度得到承认。这两点对更快更顺利地完成变革至关重要。

在收获阶段，领导者应该强化这样一个理念：管理不仅仅是要求管理者设计一个可行的方案，还要求他们在变革过程中分析运转失灵的因素，能够找出新的解决问题的办法，树立将变革进行到底并最终取得成功的决心。在大多数情况下，领导者需要与员工一起完成这一任务，而不是牺牲员工的利益，在这个过程中，整个公司也能在亲自实践中认识到为一个共同的目标而协同作战的重要性，用实践证明公司可以作出惊人业绩。①

---

① 珍妮·丹尼尔·德克，变革之魂：波士顿咨询公司组织变革理念 [M]．北京：机械工业出版社，2002：220.

领导者需要建立一种有效的奖励制度和方案，设法巩固变革成果，激励全体成员取得更大的进步。设计庆祝和奖励方案是一项复杂、具体的事情，奖励方案可以是小范围的，甚至因人而异。有时，最好的奖励可能是举办一次活动，用恰当的方式向员工表达一种精神上的认可。不管如何设计，每次奖励都不会让所有人满意，因此，处理这类事情也应该像处理变革过程中的其他事情一样小心谨慎、考虑周全。

在收获阶段更需要进行全面的总结，帮助员工记住变革过程中的心得，并从中吸取经验和教训。总结包括在变革中用到的新技能、新方法和新态度，并在整个公司变革工作的各个方面推广使用。变革的过程越艰难，对经验教训的总结就越有价值——这次变革中所学到的东西很可能在下次变革中派上用场，员工们已经学会如何应对大规模的变革，如何采取有效的变革步骤，对变革的困难和预期成果都有客观的认识和评价。

在所有的公司中，收获阶段都潜伏着这样的危机：骄傲自满的情绪可能导致变革僵化和倒退，变革怪兽随时会伺机反扑，将公司重新推向停滞阶段。因此，进入收获期后仍需要马不停蹄地继续做好总结，将变革变成一种制度化的行为。要做到这一点有六种方法：一是不照搬照抄上一次变革的方法和经验，一种新的方法只适用于特定的时间和环境，并不会永远正确；二是密切关注外部环境的变化，当变革取得重大成功时，更需要重视竞争环境——新的对手、新的技术和新的方法；三是经常与员工交流并听取他们的意见，不断掌握公司最新的发展变化情况；四是及时补充新鲜血液，在领导班子长期工作无法休息时，能够从其他部门或公司外注入新鲜血液，为公司提出新的设想和方法；五是发挥好优秀分子的作用，有效利用变革先进分子和积极倡导者在变革中的作用，发挥他们的特殊才能；六是要培养自我发现、自我改正的能力，使公司的员工都能理解和掌握变革曲线和驾驭变革所需的重要知识。

微型开关公司在收获阶段取得了丰硕的成果：公司销售增长率达到7.5%，主营业务利润平均每年提高16%，市场份额上升，业务费用降低，公司又吸引了更多的新客户。不仅如此，该公司在雷到来后的三年还获得了马尔科姆·鲍德里奇质量奖，从客户那里得到了127项供货商质量奖。尽管在收获阶段成果显著，公司的领导者雷还想使整个公司继续保持积极、活力的状态，雷和他的管理层都参与到弗里波特的社区事务中，将企业战略计划的办法用到社区建设上，帮助该地区开展教育培训、基础设施、公共安全、种族团结和医疗保健服务。

科文公司也获得了成功的合并，公司提前向市场推出了一种治疗糖尿病的新药，研发部的问题也得到了全部解决——不仅产生了更大的作用，工作效率也比合并前任何一个公司都高。公司的领导者马科总结了这次变革的教训，承认当初解散研发部职能整合小组是个错误的决定，没有与组织成员保持联系也是重大失误之一，在这次变革中，公司得到了教训，也付出了沉重的代价。

公司必须不断地变革以求生存和发展壮大。领导者应该以能够带来力量和生机的方式去变革，而不是以削弱力量和痛苦的方式去变革。能够理解变革曲线的公司就会对变革产生积极的影响。怪兽正躺在那儿，等着你和它去战斗。

三、珍妮·丹尼尔·德克的主要贡献

（一）将情感视为最重要的因素

变革不仅仅要求组织中的各类业务经营因素发生前所未有的改变，更重要的是，变革要求人们确立新的思维和行为方式。要想使变革获得成功，就必须高度重视变革中人们的情感，把对情感和行为因素的处理置于对经营业务处理的高度；要想使变革收到全面的成效，就必须像考虑机器设备和体制因素一样来考虑智力和情感因素：心情和意志。珍妮·丹尼尔·德克认为，变革是对组织成员内在情感不可避免的调整过程，变革中的情感因素不仅是重要的，而且是至关重要的，变革中不仅面临操作层面上的业务改革，同时还面临来自人的心态和情感的袭击，情感和公司中的销售量、利润率等"有形"数据一样，如果能够对情感数据进行精确合理的描述、鉴别和定义，它们就能够反映公司在变革中的影响，变革领导者就可以利用它们促进公司战略的实现。珍妮·丹尼尔·德克对情感因素的重视体现在变革的每个阶段：

1. 停滞阶段分析情感信息

珍妮·德克提出，判断停滞最好的方法之一就是对情感信息的分析。收集情感信息需要倾听大量的意见，这件事需要从与公司以外的人们交谈开始：与消费者、合作者、供应商、分销商等进行交谈，了解他们对公司目前所处状况的见解和看法，在此基础上与公司内部人员交流，全方位地认清公司面临的问题。总体来说，停滞的公司不仅会对身在其中的成员产生消极影响，也会使外部的合作者和供应商感到分外压抑。这时，公司已不能为员工们提供有效的激励，他们很可能会失望、放弃，甚至离开。

2. 准备阶段准确衡量情感因素

珍妮·丹尼尔·德克与她的合作者开发了用于评估公司变革倾向的调查模式："准备—愿望—能力（RAW）"模式，它能够对准备阶段的情感因素进行合理、准确地衡量，以确保这一阶段顺利进行。这一模式描述了三种关键的变革准备状态：变革的准备，即公司成员是否已经完全意识到变革的必要性和紧迫性，并且对公司变革的决策非常认同；变革的愿望，即公司成员是否已经对现状很不满意，变革的规划是否已产生强大的激励作用；变革的能力，即是否相信公司拥有必要的技能和工具执行变革，是否对公司管理层的变革规划充满信心。

3. 实施阶段重视和利用情感因素

实施阶段是公司上下采取具体措施完成变革的时候，这就更需要重视和利用情感因素，鼓励变革顺利进行。珍妮·丹尼尔·德克介绍了启动实施阶段的方式，这几种方式多是从个人到集体、从特殊到一般、从小范围到大范围的推广，而这些方式的目的均在于通过典型的成功范例激发成员对变革的情感认同，通过明星或榜样的力量唤醒公司成员变革的激情，使员工全身心地投入到组织变革中来。

4. 巩固阶段反映深层次的情感问题

这是关系变革能否成功的关键时期，它决定着变革的命运，许多未经仔细琢磨的想法必须经历这一阶段的考验，直至最终到达收获阶段。在此阶段，人们会自问公司目前及将来面临的难题，这些难题反映了深层次的情感问题，而这些问题可能是致命的——领导者常常误认为它们是微不足道的或是暂时性的，而不知道忽视它们可能使决策难以进行，各种规划蓝图胎死腹中，变革的努力土崩瓦解，巩固阶段变得异常漫长，甚至变革以失败告终。

5. 收获阶段情感因素至关重要

当收获阶段来临时，珍妮·德克提出两件事情：一是使公司上下已形成的相互信任和团结精神得到巩固；二是使那些取得成功的能力和员工态度得到承认。这两件事无一不是针对变革中的情感因素而为，完成这些任务对更快更顺利地完成变革至关重要。另外，珍妮·德克还强调了精神奖励的巨大作用。

（二）提出变革曲线的概念

就像变革曲线描述的那样，变革会向人们展示一系列合理的、可以预期的、能够进行管理的动态阶段，它们是开始的停滞阶段、接下来的准备阶段、实施阶段、巩固阶段和最后人们所希望的收获阶段。所有组织都会出现停滞现象，这也正体现出变革的必要性，此时，拥有强烈变革愿望的权威领导层作出变革的决定，准备阶段即将来临。领导者有时会略过这一阶段，有时也会花费过多的时间在这个阶段，甚至会由于无法通过政府机构批准使变革重新回到停滞期，最终导致变革夭折。当领导者宣布了变革的所有计划和安排，明确了新的隶属关系，制定出新的工作规则后，变革就进入了实施阶段，这一阶段不仅要求领导者描绘全新的蓝图，全面规划各项工作，更要去改变人们的思想观念、精神状态和工作内容。接下来会进入到变革最危险的阶段——巩固阶段，此时，领导层会认为变革已经完成，从而将精力转向其他地方，殊不知公司由此进入了变革的疲劳期，人们对重新思考他们的日常工作、改变业务流程感到筋疲力尽，领导层也会丧失对变革的关注，稍不留神，变革就会滑向失败的深渊。如果之前各阶段进展顺利，则会迎来变革的收获阶段，这是经过长时间的艰苦努力而取得成果的阶段，当组织到达这一阶段的时候，需要停下来，体会一下付出艰苦劳动之后成功地改变组织的感觉，关注和分享已取得的成绩，花一些时间和精力汲取在变革历程中的经验和教训。

所有变革的过程都经历了这些阶段，并且每个阶段都包含着"变革怪兽"的不同表现，每个阶段经历的时间长短不一，有时也会有所重叠，不同部门也许在相同时间里经历着不同的阶段。变革是一个动态的过程，在每个阶段都会存在压力、困惑、消极的事件，动态的事情是不断变化的、微妙的、难以捉摸的，所以领导者们应该学会预见、创造和认识，他们需要通过努力、时间和执着来发现和管理这些看不见的东西。收获阶段的成功会把组织带入一个完整的变革循环，因为收获阶段的结束就意味着一个新的停滞阶段的开始，它与上一轮的停滞似乎有些不同，但一样会使组织充满危险并导致瘫痪，新一轮的变革势在必行。

（三）指出变革的魅力所在

珍妮·丹尼尔·德克认为，变革就是要将所有单个人的努力、项目创造整合成一个新的能发挥作用的整体,这就是变革的神奇之处。它能让人感到为变革所做的努力是值得的,它激励有这些体会的人一次又一次地从事这项工作。

没有必要为变革的过程感到过分沮丧。很多人都发现,彻底的变革给他们的职业生涯带来了最具有意义的兴奋感与参与感,并且认为变革是一份很有意义的工作。领导者们感受到了少有的挑战,管理人员则全身心地投入到工作中,每个人都与公司的重要工作紧密相连。对公司本身而言,成功的变革会给公司带来更进一步的成功、更高层次的自我认识和自信。

四、珍妮·丹尼尔·德克的管理思想评论

(一)对变革理论和实践的影响

首先,珍妮·丹尼尔·德克提出"变革曲线"的概念,用高低起伏的曲线将组织变革的进程充分表现出来,不仅明确了变革的时间、范围和界限,而且将变革视为动态的、不断变化的过程,揭开了组织变革这层神秘的面纱。其次,珍妮·丹尼尔·德克的变革管理理论将人视为变革中最重要、最关键也是最难以控制的因素,并针对这一难点,提出了激发人们进行变革,让人们在变革过程中认同组织、全力投入和服从安排的一系列措施。珍妮·德克从情感的角度出发,详实地描述了社会心态、人的情感,富有极强的创造性和洞察力。另外,珍妮·德克拥有丰富的管理咨询经验,也曾参与多家跨国企业的合并重组,提出的变革原则和措施都以真实的案例为基础,细致具体,具有较强的可操作性。

(二)对中国企业变革管理的影响

随着经济全球化的发展和经济开放程度的进一步提高,中国必然会经历一场前所未有的变革。在这种大的变革背景下,更多的企业会与别的企业合并(或重组),企业内部也将可能优化组合,事业单位面临企业化改革,政府机关面临精简改革,每个人都可能经历变革带来的巨大震撼。人们在参与和选择中经历着情感的波动和心灵的考验,而这些正是我们的管理者所忽视的,中国各地所谓的兼并、重组、并购进行得如火如荼,却很少有领导者真正考虑过情感因素带给变革、带给企业的影响。

珍妮·德克女士的变革理论不仅适用于西方国家，也适用于现阶段的中国。她对组织变革进行了科学的阶段划分，更重要的是，对各个阶段的人的情感因素的规律性及其与企业发展的关系进行了分析和总结。珍妮·德克用通俗易懂的语言告诉读者应对变革的技巧和方法，她所提出的"保持交流的气氛"、"集体讨论重大事项"、"去看工厂和与工人交谈"、"扩大参与的规模"、"领导勇于承认错误"等正与我们所倡导的"群众路线"、"民主决策"、"以身作则"、"放手发动群众"等工作方法不谋而合，我们只是从形式做到了这些，而忽略了实际效果。中国企业的领导者们真应该从珍妮·德克的变革理论中学到新的东西，受到新的启发。

（三）局限和不足

珍妮·丹尼尔·德克的变革理论也存在一些局限性。该理论是珍妮·德克作为变革公司以外的管理咨询师的经历总结，组织变革的关键来自于组织内部，外部的指导和帮助并不能起到关键的作用。另外，该理论还强调了情感在变革中的重要作用，但情感很难管理，也很难用某种形式进行表达。珍妮·德克虽然进行了勇敢的尝试，然而，她对情感和心态的论述却被埋没在一系列变革策略之中。

本章参考文献

[1] 珍妮·丹尼尔·德克，变革之魂 [M]. 王胜利译 . 北京：机械工业出版社，2002.

[2]Donna J. Tuttle. Jeanie Daniel Duck[EB/OL]. http://www.fortéfoundation.org.

第二十四章　苏曼特拉·戈沙尔：组织理论与跨国企业

苏曼特拉·戈沙尔（Sumantra Ghoshal，1948—2004），战略领导力教授，国际知名的管理学权威之一。欧洲工商管理学院（INSEAD）工商管理教授，英国高级管理研究院（Advanced Institute of Management Research）成员，伦敦商学院策略和国际管理学教授，哈佛商学院监委会成员，印度商学院（Indian School of Business）第一任院长。他的作品包括《跨国管理》、《组织理论与跨国企业》和《战略进程》等。

一、苏曼特拉·戈沙尔的生平

1948年9月26日，苏曼特拉·戈沙尔出生在印度西部的孟加拉邦首府加尔各达。这座由英国东印度公司建立起来的英属印度首府，本身就是全球化在东方的标志。在这座东方著名的智慧之城和商业之城中，戈沙尔感受到学术和商业的魅力。成年后，戈沙尔进入印度最有名的德里大学（Delhi University），主修物理学。毕业后他先后在印度社会福利和工商管理研究所（the Indian Institute of Social Welfare and Business Management）、印度石油公司（Indian Oil Corporation）工作。

戈沙尔的才干和锐意进取的精神，使他很快进入了公司管理层。在工作实践中，他感受到管理的重要性，立志再度求学。1981年，戈沙尔得到富布莱特（Fulbright Fellowship）和汉弗莱奖学金（Humphrey Fellowship）的支持，这两项奖学金均为享有盛誉的美国政府奖学金，每项都得之不易。靠着这两项奖学金的资助，他在麻省理工学院斯隆管理学院和哈佛大学商学院同时求学，1983年获得麻省理工学院理学硕士，1985年获得哲学博士，同时获得哈佛大学商学院工商管理博士学位。

在哈佛求学期间，戈沙尔师从研究跨国管理的巴特利特（Christopher A. Bartlett），从而奠定了研究方向，并找到了以后长期合作的伙伴。巴特利特年长戈沙尔5岁，1943年生于澳大利亚，于1964年和1979年在哈佛大学分别获得工商管理硕士和博士学位，毕业后一直执教于哈佛商学院。

1985年，戈沙尔来到位于法国枫丹白露的欧洲工商管理学院（INSEAD）担任工商管理教授，研究方向为大型公司的战略和组织、高层管理的角色和任务、管理变革等。在这里，他的影响力迅速提升，很快成为具有世界水准的亚裔学者。

1989年，戈沙尔和巴特利特首次合作，出版了《跨边界管理：跨国公司的经营决策》（Managing Across Borders: The Transnational Solution）一书。这本书被《金融时报》（Financial Times）评为"50本最著名管理学著作之一"，奠定了戈沙尔的学术声望，引起了学术界和工商界的巨大反响。到戈沙尔去世时，它被翻译为九种文字广为流传。

1994年，戈沙尔加入伦敦商学院（London Business School），担任战略与国际管理学教授。在这里，他继续扩大管理理论方面的研究成果。1997年，戈沙尔与巴特利特再度合作，出版了《个性化公司》（The Individualized Corporation）一书①。此书被誉为"颠覆传统管理模式"的划时代之作，获得了1997年度的伊戈尔·安索夫（Igor Ansoff）最佳战略管理图书奖。到戈沙尔去世时，它已经有7种其他文字的译本。

1997年，戈沙尔还与尼丁·诺瑞亚（Nitin Nohria）②合作出版了《微分网络：组织价值创造的跨国公司》（The Differentiated Network: Organizing Multinational Corporations for Value Creation），获得管理学会颁发的1997年乔治·特里（George R. Terry）杰出管理图书奖。

作为印裔学者，戈沙尔一直关注着印度的管理教育。2001年，他倡导创立了印度商学院（Indian School of Business）。这个学院由宾夕法尼亚的沃顿商学院

---

① 汉译本一名《个性化的公司》，江苏人民出版社1999年版，曾瑚等译；一名《以人为本的企业》，中国人民大学出版社2008年版，苏月译。

② 诺瑞亚主要从事领导力研究和管理伦理研究，2010年起担任哈佛商学院院长。

（Wharton School）和西北大学的凯洛格商学院（Kellogg School of Management）联合设立，由戈沙尔担任首任院长，总部位于印度安得拉邦首府海德拉巴（Hyderabad），为在南亚推进工商管理教育作出了突出贡献。2000年出版的《管理完全变革：印度公司必须做什么才能成为世界一流》（Managing Radical CHANGE: What Indian Companies Must Do to Become World-class）获得了印度管理图书年度奖。

戈沙尔还是设在美国的管理学会（Academy of Management）、国际商学会（Academy of International Business）和达沃斯论坛（World Economic Forum）的会员，《经济学人》称他为"欧洲大师"（Euroguru）。

2004年3月3日，戈沙尔因患小脑动脉瘤不幸去世，享年仅55岁。

二、苏曼特拉·戈沙尔的著述

戈沙尔教授共出版了10部专著，发表了70多篇论文，组织了大量案例研究。

（一）《跨边界管理：跨国公司的经营决策》

《跨边界管理：跨国公司的经营决策》（Managing Across Borders: The Transnational Solution）是由戈沙尔和巴特利特共同撰写的，该书通过描述新型的革命性的公司形式——跨国公司，揭示了激烈的竞争是如何导致了根本性的改变。《跨边界管理：跨国公司的经营决策》（第一版）揭示了公司应怎样赢得全球化的高效率，对不同国别市场的差异作出灵活反应，培养在全世界的学习能力，并由此确立了其在全球管理研究探索中的前沿地位。如今，《跨边界管理：跨国公司的经营决策》（第一版）中描述的跨国公司的权力和能力已不是一个理想化目标，而是从事全球商务经营的公司的标准。但是国际商务发展的步伐并未放缓。当撤销管制、私有化和信息技术改变着竞争时，跨国化模式也在不断发展进步。戈沙尔和巴特利特对这个瞬息万变的商业世界作出了及时的反应，在第二版的《跨边界管理：跨国公司的经营决策》中，他们重温了曾经提出的突破性观点，选用了当今顶级全球性企业的范例，以正在进行的跨国理论探索为基础，研究拓展并阐明了其早先著作中的发现。"变革的挑战"是一个全新的篇章，着重讨论了几家公司是如何贯彻实施本书中的观点。

在九家核心企业与236位管理者广泛合作中，证实了正在出现的被网络一体化组织结构支撑的跨国管理模型，在现今的环境中不再是一个简单的理想化的模型。跨国公司是必然出现的组织形式，有环球和国际组织的特征，如完整的网络配置、多样化的组织结构和责任、管理跨国组织的过程。这要求管理者在进退两难中权衡，注意平衡愿景与实现能力，建立弹性调节机制，通过使命和共同努力使组织联合起来。

在20世纪的百年中，撤销与否定管制的力量席卷了整个世界。同时，信息时代与知识革新重组了整个工业的战略角色，并为经济服务部门的增长提供新动力。同时，合并和获得联盟同伴的扩张波动证明了需要度量、观察经济，并迫使公司获得管理更加复杂的网络组织的能力。建立新的模式是对组织结构的挑战，需要打破传统观念，这一过程很艰难。一个社会、政策及经济改革第一次展示在世界各个地区面前，根本性地改变了公司的运营背景，创造了政策集团和经济联盟。对组织的全新挑战，不仅仅是恰当的结构，而且需要寻找行业要求和公司能力的平衡点，从而达到新的战略挑战——过渡到跨国企业。

跨国挑战中还存在行政遗留的问题，即组织中的财产和限制、以及策略和组织的后果。行政遗留的形成者有领导者的角色、民族文化的冲击以及组织历史的影响。以往的公司案例说明，跨国企业要适应新挑战，纵使公司的遗留问题不同，也都采取了不同措施来解决，积极向跨国转变。

（二）《微分网络：组织价值创造的跨国公司》

戈沙尔与诺瑞亚共同撰写了《微分网络：组织价值创造的跨国公司》(The Differential Network: Organizing the Multinational Corporation for Value Creation) 一书。在这一具有里程碑意义的作品中，戈沙尔和诺瑞亚从组织设计的角度提出了一个可行的选择差异化的网络，旨在寻求管理系统的变化，提高管理者的工作绩效，充分挖掘跨国公司分布在全球各地的价值创造潜力。在一个动态化的全球经济中，跨国公司面临着与一般的传统、层次"中心辐射"式组织根本不切合的竞争挑战。在他们建立的组织前提下，跨国公司的各个单位作为一个差异化的网络组织，通过优化资源利用，鼓励知识交流和发展，加大创新力度。戈沙尔和诺瑞亚通过系统的组织理论的核心理念，严格测试其有效性，绘制出微分网络的组织、结构和系统。同时他们还在九家大型跨国公司的管理实践中进行深入的案例研究，采用大样本数据，说明为什么公司业绩与整体和附属公司的内部分化、公司业绩与具有共同价值观的高层次子公司的高度呈现正相关，这为组织提供实际应用的策略。详细探讨每个国家的子公司，总部和子公司、附属公司之间的性质和职能的联系，为研究跨国公司的综合结构和企业开拓性组织理论夯实了基础，并绘制出最可靠、最强大的现实世界的区别网络。根据戈沙尔和诺瑞亚在分化网络基础上提出的组织模型，任何跨国公司可用于在全球市场上寻求有竞争优势的公司，不论是今天还是在可预见的将来。

（三）《个性化的公司：以一种全新的方式进行管理》

戈沙尔与巴特利特共同撰写了《个性化的公司：一种全新的方式进行管理》（*The Individualized Corporation: A Fundamentally New Approach to Management*）。在这部著作中，戈沙尔提出了这样一些问题：为什么通用电气能从古板的传统组织中迸发出新的活力？为什么麦肯锡不惜花费大量资金、时间对新员工进行培训？为什么英特尔能从濒临衰败的存储器制造商跃升为微处理器巨擘？答案是这些企业是提倡"以人性为本"的柔性管理方式的"个性化公司"。作者首先以美国几家著名企业为例，通过表格的方式，对美国西屋电气与通用电所的绩效进行直观地比较。然后又以西屋电气的一位前管理者为例，描述其在西屋电气和ABB完全不同的职业历程，由此反映出善于变革、以人为本的当代企业模式是如何全方位取代了臃肿的、以规章制度为中心的、管理层次繁多的旧有模式。

在耗时多年的研究项目中，戈沙尔的研究团队拜访了花王、ABB、3M等多家跨国公司的不同层次管理者，从企业组织、企业文化、员工激励机制、部门之间的人力资源流动、企业精神的贯彻实施等内部因素，透析了当代"个性化"企业制度逐步形成与发展的机理。

（四）《主管别瞎忙：成为有效领导的意志型主管》

《主管别瞎忙：成为有效领导的意志型主管》（*A Bias for Action: How Effective Managers Harness Their Willpower, Achieve Results and Stop Wasting Time*）是由戈沙尔与Heike Bruch合著的。通常，管理无效可能是由如下原因引起的：巨大的工作负担、紧张的财务预算、不合作的上司等等。但是，根据对银行业、软件业、航空业以及咨询业十年的调查，戈沙尔发现90%的管理者工作无效是因为工作方法的不当，只有10%的管理者是通过目的明确的行动达到了预期的管理效果。戈沙尔指出，效率高的管理者之所以能够成功，不是因为他们拥有独一无二的品质，也不是因为他们擅长管理，而是因为他们能把活力和集中的注意力有效地结合起来，从而驾驭个人的意志力。这种意志力是隐藏在活力和集中的注意力背后的力量，它比激励措施向前迈进了决定性的一步。而正是这种意志力帮助管理者达到目标。

三、苏曼特拉·戈沙尔的主要贡献

（一）跨国组织理论

戈沙尔与巴特利特一起发展了"跨国公司"的概念，认为一种新的国际商业战略和机构模式正在崛起。老式的多国公司和全球公司在全球效率和本地适应性的呼声推动下不得不进行变革，它们同时接受全球化和本土化这两种策略是必然选择，其结果就是跨国公司的产生——它兼具大公司和小公司的特性，可以同时进行全球化和地区化的运营。戈沙尔与巴特利特认为，目标比战略或体制更重要，应把目标而不是那些先入为主的公司概念和策略作为关注的焦点。与集权化和等级森严的结构不同，跨国公司实行网络化运作，遍布全球的"基地"相互协调运作，机构的每个成员都拥有一个共同的目标，这是机构变革的关键。"跨边界管理"理论体系的核心要求经理人必须具备跨越国界工作的心态，整合各地资源，实现战略目标。

跨国公司是在全球化潮流中产生的。从国内市场走向国际市场，预示着公司要重新考虑组织与管理问题；全球经济环境的不断变化，预示着公司要在考虑之后再考虑。很多失败的跨国公司，未能解决实际"跨国"问题，只不过是把一个公司扩大到国外经营而已。真正的跨国公司，不仅需要走出国门，而且需要实现由单一向多元的转变。

1. 基于"环境—战略"的跨国组织模式

市场环境和行业特性是公司制定主导战略的两个重要方面。公司的一贯做法是根据行业特征制定战略。在经济全球化早期，市场、技术和需求等国别差异因素对公司的影响并不十分明显，因此很多公司采用"单焦点"做法，寻找自己在行业中的着力点。这种单焦点进行跨国经营的公司模式分为多国型公司（multinational companies）、全球型公司（global companies）和国际型公司（international companies）。这三种类型的公司分别能够形成自己的关键战略能力。多国型公司以对地方差异作出敏锐反应的强大分支机构而取胜，全球型公司通过集中的国际规模的经营来建立成本优势，国际型公司以在世界范围内利用由母公司扩散出的知识与能力而见长。然而，一旦市场环境和行业特性不再稳定，它们都将不再稳操胜券。要走出这种困境，就必须适应市场和行业变化的要求，用多元的战略能力去应对多元的市场和行业。抛弃传统的单一主导战略构建的组织模式，代之以拥有多元战略能力的全新的组织模式，这种全新的组织模式具有全球竞争力、国际适应力和全球型学习能力的跨边界（transnational）经营管理模式（与前三种公司模式对应，可称为跨国型公司）。戈沙尔认为，他研究中所涉及的企业，尚没有一个能全面拥有这种全新管理模式，但是他发现，"所有的在竞争中生存下来的公司都发展了这种组织的某些特征和能力，并使它们向着理想中的形态发展"。

戈沙尔总结了九个公司的成功经验，结论是："企业的表现主要取决于其主要的战略能力是否与该行业主导的战略需求相匹配。"响应能力、效率和知识的转移对每一行业而言，必然有一样是最重要的。既然拥有这些战略能力能够给企业带来较好的回报，那么研究这些战略能力背后的作用机理就显得非常重要。

市场响应的灵敏性是企业在国际经营中抓住商机的关键能力。要做到这一点，需要及时发现市场中的空白和差异。有的行业，消费者的需求偏好存在着明显的地方性差异，从而对子公司战略方针的需求也会不同。这种行业被戈沙尔称为多国型行业（multinational industry）。与这种市场结构相适应的是联合利华采取的多国战略。采用多国型模式的公司，由于市场需求的迥异及其松散性，公司在各国建立能对当地需求及机会反应灵敏的分支机构，总部避免下达指令，而是给予这些分支机构以最大限度的自由，让它们能敏锐地嗅到所在国市场的"风吹草动"，灵活经营。在这样一种公司模式中，带给企业最大利益的就是响应能力。

具有相同消费倾向的行业，称为全球型行业（global industry）。这种行业需要的是全球规模，而非地区差异。在这种行业中，提高效率的前提是统一产品标准，进行规模生产。统一的产品针对的是同一市场，即消费者的需求偏好趋同。这种行业采用全球型的公司模式，在总公司控制下进行集中生产，效率的提高会起到其他两种模式达不到的效果。

产品生命周期短，产品更新需要公司内部在技术、知识的及时共享上紧密合作，这种属性的行业称为国际型行业（international industry）。在这种行业中，"成功的关键将取决于向海外分支机构转移知识的能力以及能否灵活有效地对产品的生命周期进行管理"。

总之，响应快慢、效率高低以及学习能力在每个行业的不同增值阶段有不同的要求。简单说，多国型行业靠响应，全球型行业靠效率，国际型行业靠学习。但到了20世纪80年代以后，情况有了变化，单一能力不足以持久取胜。当很多行业由单一的主导力量转变为复杂的主导力量共同作用时，处在这些行业中的公司也要及时调整自己的战略能力。"如今没有一家公司能靠一种一维的战略获得成功，无论这种战略是注重效率、响应性，还是运用母公司的知识与财富的能力。要想获胜，这些公司就要把这三个目标合而为一。"戈沙尔把这些行业称之为跨国界行业（transnational industry），它的最大特征是：由全球效率、地区响应能力和在世界范围内运用创新与知识的能力这三种需求共同驱动。

2. 组织的管理传统

环境的变化促使战略的转变，然而任何战略的改变都要立足于传统之上。"一个公司能否有效塑造与运用其新的战略能力取决于其现有的组织属性——它在过去几十年中形成的对资产与才能的配置方案、它对于不能快速转移的管理职责与权力的分配、在任何结构变动之后都不易发生变化的现存人际关系。这些属性共同构成了我们所说的公司的管理传统。"组织管理传统是一柄双刃剑，"管理传统可以成为公司最重要的一项资产——公司核心竞争力的潜在来源，但也可以成为一项巨额的负债——因为它抵制变化，也阻碍了公司战略能力的重整与扩张。"

组织管理传统包括资产结构、责任分配、主要管理风格以及组织的价值观，它们并不是由单一因素作用而形成的。对管理传统最具影响力的因素有三个：

（1）领导对公司模式和秩序的影响。领导对组织的影响极大，尤其是强势的企业领导者，他们的信念和价值观在企业发展中留下了深深的烙印，比如老沃森对IBM的影响、松下幸之助对松下公司的言传身教等。

（2）公司所在国文化对潜在价值观及行为方式的影响。要想在海外经营发展，就必须对当地文化传统、消费者偏好了如指掌。在这个耳濡目染的过程中，管理者会不知不觉被"同化"。这样，"受各地影响的行为特点成为公司'做事的方法'

及其塑造国际组织结构与方法中必不可少的一部分"。

（3）组织历史的影响。组织的发展无法割断，无视自己的"遗传基因"，妄想进行"基因突变"，往往会威胁到组织的生命。"管理层决定扩展海外业务时的背景以及它实现这一决定时所处的环境同样有着深远的影响。在决定资产配置和组织结构的过程中作出的有关产品、市场和经营模式的简单抉择将限制企业以后发展的可能性。对于由多种易变的经济、政治和社会因素共同作用的国际经营环境来说，历史背景就显得尤为重要。"

不同的管理传统形成不同的组织结构，戈沙尔把它们梳理后分为三种模式：一是与多国公司对应的分权联盟（decentralized federation），二是与国际公司对应的协同联盟（coordinated federation），三是与全球公司对应的集权中心（centralized hub）。这三种组织结构在取得全球效率、地区差异性以及跨国开发运用知识的能力方面并不具有同等优势，只有单一优势，"鱼和熊掌不可兼得"，获得一个就必须舍弃另一个。

3. 跨国型公司组织模式

跨国型公司需要突破"只能这样，不能那样"的思维方式，使组织能同时获得全球效率、地区差异化以及知识学习与创新的共享所带来的收益。"为了取得全球竞争优势，成本与收入应同时考虑，效率与创新同样重要，而公司各部门都应进行创新。"灵活地根据情况进行差异化对待，这是跨国经营走出困境的有效途径。

在资源和能力配置上，有些资源和能力可以集中在国内，实现规模经济，保护某些核心能力；有些资源和能力也可以集中在国外，比如利用低廉劳动力及对稀缺资源的配置；也有一些资源可以根据情况分散在各地，比如潜在规模经济小于差异化带来的效益，为避免依赖性而增强地方创造性，为应对政治、社会、自然等不稳定因素时，该集则集，当散则散。但需要注意的是，分散的资源并不各自为政，而是通过公司网络互相联系，能够实现整合。

在母子公司的不同角色上，全球型公司以标准化的产品为依托，强调的是全球效率，子公司几乎完全服从总部。多国型公司强调的是各地的差异，由此需要为各国特制产品和战略；国际组织采取了中庸之道，"它们让各子公司从包含多种产品和工艺的菜单上进行选择，有时也许还会允许它们稍加改动以适应当地的情况。"它们的共同之处是假定"子公司的角色就在当地，其活动也仅限于自己的环境之内；总部的角色是基于全球的，其决定将影响公司在各个市场上的经营"。但是，当行业既要求标准化产品，又要求个性化产品时，多国型和全球型公司就捉襟见肘。跨国型公司的地方响应性和经济效率都是必不可少的，这就需要根据行业结构、竞争地位和战略任务的不同，进行差异化管理，即让不同市场的子公司扮演不同的角色，同时在经营、产品和职能上区别对待。

公司知识资源的共享，是企业发展壮大的关键。如果每个子公司之间有"专利"意识，那么势必会阻碍知识资源在公司内部的流动，削弱公司的整体竞争力。多国型公司通过各地分支来创新，全球型公司和国际性公司依靠总部机构来创新，这些组织在知识资源交流上是单向流动，要么是中央流向地方，要么是地方独自享用。跨国公司与之不同，在跨国公司，"对新出现的国际机遇，跨国组织会同时使用中央机构与各子公司的资源来为其分布在各地的机构提供解决方案，而不是仅运用一个中央方案（像全球型和国际型组织一样）或是为不同的环境提供不同的方案（像多国型组织）"。

4. 跨国组织的战略能力构建

与跨国行业相适应，跨国组织需要具备三方面的战略能力：全球化的效率、区域性的响应力和在世界范围内有效开发并扩散创新的能力。

（1）一体化网络。在从传统组织模式向跨国组织模式转变的过程中往往会涉及到公司重组。戈沙尔强调，任何公司在走向世界的过程中，只能在原有基础上进行变革。飞利浦、松下等公司的实践表明，它们在变革中遵循着两个简单原则：一是对保护、加强自己现有资产的能力与开发新的资产的能力同等对待；二是在创新能力方面，首先考虑如何弥补自身的不足，而非模仿竞争对手。传统公司的跨国化过程表现出向同一种结构发展的趋势，这种结构就是"一体化网络"（integrated network）。

一体化网络能够使公司整合效率、响应性和创新三重战略目标，实现组织上的分散化、专业化和相互依存。分散化是为了响应不同区域的需求偏好，同时可以充分利用当地的要素成本差异，并分散风险。专业化是为了形成有效的规模经济。相互依存是为了实现"中枢神经"与"四肢"之间的协调。要营造相互依存的关系并非易事，不是建立一个新机构就能实现的，需要通过营造产品、职能和各地管理集团之间的相互依存来实现。"从本质上来说，它们的方法是让每个群体为了实现自己的利益而合作，这样就使整合与协作可以自我实施。"

（2）角色定位。对资源、市场和廉价劳动力的寻求，是造成跨国企业海外扩张的主要原因。由于受不同管理传统的影响，跨国组织结构也不一样。以往的跨国子公司组织模式可以概括为三类：多国型的联合国模式，即各个子公司具有确定经营战略的自主权；总部金字塔综合模式，即一种高度集权模式，总部与子公司是明确的上下级关系，决策和资源都集中在总部；对称金字塔结构模式（symmetrical hierarchy），即"联合国"和"金字塔"的结合，以无差异的结构及刚性的管理方法来经营，将复杂的战略简单地分解为子公司与总部两部分互相对应。公司要适应跨国经营的新需要，就得摆脱过去的这三种角色模式。从寻求稀缺新信息和新知识、运用各地资产组合复杂的价值创造出发，依据子公司的能力和资源以及在当地的战略重要性，可以把子公司的角色分为四种：战略领袖（strategic leader）、贡献者（contributor）、执行者（implementer）、黑洞（black hole）。

第一，战略领袖。这类子公司在当地具有重要的战略地位，并且有强大的能力，它们能够更早发现变革的前兆，而且能全力分析变革有可能带来的机遇，并作出恰当的组织响应。这种子公司，应该被视为总部的合作伙伴。

第二，贡献者。这类子公司能力很强，但是当地市场的战略地位有限，过多的能量无法在当地释放，它们会成为母公司获益的来源，总部可以利用子公司的资源在其他市场创造价值。

第三，执行者。这类子公司"仅有能力维持当地非战略市场的经营，总公司对该市场的资源投入也反映出市场的有限潜力"。它们虽仅是公司价值链的传送者，但肩负着公司的经济生存能力和获取支持公司战略与创新进程资源的任务。执行者偏重的是效率，它们的效率与战略领袖和贡献者的创造力同样重要。因此，这一角色对公司规模化和多元化起着重要作用。

第四，黑洞。这类子公司所处国家的战略地位比较高，但是其自身没有强大的能力来充当战略领袖角色，而且难以改变这种劣势地位。应对这种情况的办法要么是利用当地的学习可能性提高其能力，要么是总部予以高度扶持，但补救的难度较大。

对于子公司的发展来说，不仅要准确定位子公司的角色，而且要防范这种角色定位对子公司的负面暗示效应。"当一些管理者发现他们所处的低增长行业被归入追随者或摇钱树行列时就变得不思进取，意志消沉。而在那些被指定为他人战略执行者的单位中，技术萎缩，企业家精神坏死，所有的创新火花都会熄灭。"因此，组织激励是影响角色成效的制约因素。戈沙尔认为，可以让不发达或较小的单位在一些非关键产品中扮演领袖或贡献者的角色，让它们关注自己核心产品的领导地位，以起到激励作用。在子公司的角色定位中，还要警惕另一种思维惯性，即认为总部以及处于总部所在地的本土企业应该扮演领袖角色。

（3）多元创新方法。创新是企业发展的不竭动力。创新产生的知识，通过组织内部共享，可以不断地推进企业发展。成功的公司能够敏锐感觉到随时随地会出现的市场或技术趋势，能创造性地响应不同地域的机遇和威胁，能以一种迅捷的方法在全球有效利用它们的新观点和新产品。

传统的创新有中央创新和当地化创新两种方法。前者是指在子公司所在国发现机遇，由母公司集中资源创造新产品和新工艺，然后将其运用于全球市场；后者是指由各国子公司用自己的资源和能力自主创新，以响应当地的环境需求。新的跨国创新方法是由这两种传统方法演变而来的，可以分为借力地方型创新（locally leveraged）和全球联动型创新（globally linked）。前者是指运用子公司的资源和能力进行创新，但要服务于公司的全球经营战略；后者是指把全球的各种资源和能力都联系起来，在总部和子公司两个层面上共同进行创新及运用，在这一过程中，每个单位都贡献出自己独特的资源，使整个公司一致地对各种机遇作出响应。

跨国公司在创新过程中，必须加强中央创新的可行性，提高地方创新的效率，并为跨国型创新创造条件。在戈沙尔所研究的样本公司中，没有一家做得十全十美，但是它们通过学习，逐渐创造出一种内在差异化的组织，使每个单位能在其参与的创新过程中发挥出最大效用。

第一，中央创新的典型是松下公司。松下的成功主要靠三种组织机制：一是取得子公司对创新过程的投入，二是确保开发与市场需求相联系，三是控制从开发到推广再到销售中的责任转移。在保证子公司与总部的联系方面，松下克服了研发者不了解市场需求和接受研发成果者不尽心尽力两个主要问题，使子公司能在市场需求方面给总部以影响，总部又能对战略和计划（包括新成果的运用）的执行进行协调与控制。在开发与需求的联系方面，松下采用了"内部市场机制"的做法。中央研究实验室（CRL）既从事由总部确定的"公司总体项目"，又从事自选的与特定产品事业部相关的一般项目。前者由公司董事会直接提供所需资金，后者由 CRL 举办年度展览和会议供事业部选择,同时由各事业部根据自身需要选择与自己利益吻合的项目给予资助。在责任转移的管理方面,松下通过人的转移来实现协调,比如让研究人员先做五至八年的纯粹研究工作,再到产品事业部做五年应用研究与开发,再到生产职能部门担任管理者。

第二,当地化创新的典型是飞利浦公司。飞利浦的成功主要靠总部对各地管理层的授权,建立有效联结地方管理者和总部决策机构的机制,促使每个子公司之间的紧密联系。对地方的授权通过组织的资产、资源和权力的分散来实现,保证子公司可以对当地问题进行创新尝试;总部在决策中尽可能对子公司的观点和作法给予认同和支持,乐于听取它们的意见;在协调子公司的相互联系方面,飞利浦采用传统做法,通过一个技术、商务及财务职能负责人组成的委员会来协调。

第三,在新的跨国型创新方面,爱立信、宝洁和日本电气公司各有所长。"在跨国企业中,机遇(或危机)和资源通常并不处在一个地方。"因此,跨国公司需要运用现有的资源和能力去抓住可能出现在任何地方的机遇。要做到这些,需要形成组织各单位资源和责任的相互依存性——强大的跨单位整合安排、在管理态度上对公司的认同感及发达的全球视角。

真正做到跨国创新,必须面对这样一种组织困境:既要避免不同创新方法的各自缺陷,又要实现多种方法的协同。比如,当地化创新需要地方子公司拥有足够的资源及自主权,而中央创新需要资源向总部的集中以及对子公司的严密控制,这两种方法明显是矛盾的。戈沙尔指出,跨国型公司在这一困境中取得成功的奥秘在于创新多元化,不是在所有子公司都推行同一种创新方法,而是对不同的子公司区别对待。比如,战略领袖角色的公司与执行者角色的公司,其创新方式是迥异的。

(二)组织动力理论

领导者的任务不仅是让雇员满怀希望开心地做合适的事情,还有一个重要职责是确保企业的愿景和战略能够"俘获"雇员的感情支持,使他们愿意奉献自己的才能,并在日常工作中坚持付诸行动。实际上,这也是释放和配置组织的动力以支持关键战略目标的一个重要任务。组织动力既可以激励也可能阻碍企业的竞争力。这就是为什么没有一个较高的动力水平,企业不能实现根本的生产力改善、不能快速发展、不能引起重要变革的原因所在。企业领导者应该学会识别和关注最适合组织文化与目标的力量类型，了解怎样释放组织需要的动力，实现组织预定的业绩。

1. 四个"动力圈"

最卓越的领导者都懂得关注组织的动力，并知道怎样动员组织的动力。但怎样判定像风一样无形却强大的动力呢？尽管很难直接看到和测量，但组织动力在发挥作用时还是可以被明显感知的。

企业在动力的强度与质量上一般都存在差别。强度是指组织动力在行为层面、相互作用、反应灵敏度和情感刺激上的强弱情况。低动力的表现非常明显：冷漠、惰性、疲倦、缺乏灵活性、玩世不恭。组织动力的特征也非常明显，如积极的动力一般表现为充满激情、欢快和满意，消极的动力表现为担心、挫折感或伤感。事实上，强度与质量的交会点也决定了一个组织的动力状态，一般情况下有四个动力圈。

（1）舒适圈。处于舒适圈内的企业有较低的激情和相对较高的满意度，有较弱但积极的情感，如平静、满足，他们缺乏活力、敏感和紧张性的压力，而这些往往都是开始推动一个大胆的新战略或重要变革所不可或缺的。

在英国伦敦上市的耆卫集团（创立于南非的世界级国际金融服务组织）在上市之前的一段时间，就是这一动力形态的最好例证。耆卫集团拥有一批相当优秀且教育水平较高的员工，责任心强且诚实正直，其管理人员在南非颇有声望，员工以在耆卫工作为荣。他们说话彬彬有礼，避免争议性问题，以非常稳健的风格工作，财务业绩尽管不是非常突出，但非常平稳而健康。

（2）顺从圈。处于这一形态的企业有着较弱的负性情感，如挫折、失望和悲伤情绪。员工缺乏生气，对企业准备实现的目标非常冷漠，缺乏激情和愿望。

瑞典的斯凯孚公司在过去20年里就处于这一动力圈。尽管拥有突出的技术、著名的品牌和全球网点的优势，但利润却不高，市场份额在一点点地下降，股价在这段时期内慢慢滑低。斯凯孚公司一直以其卓越的技术而自豪，个性温和的员工讨厌公开的竞争。直到苏克颂（1998年9月至2003年4月担任CEO）加入公司后采取行动，斯凯孚的管理人员才从挫折感中反应过来。

（3）进攻圈。进攻圈的企业有很强的内部压力和较强的消极情感。压力推动他们富有竞争精神，使员工都拥有较高的积极主动性——关注业绩以实现企业目标。

世界软件业排名第二的甲骨文公司就是这种类型。员工终日在"没有永恒的胜利，必须打败对手"的公司"格言"下工作。甲骨文公司的广告也在强化这种强烈的进攻性文化。员工由财务激励和 CEO 拉里·埃里森的个人进攻性风格来驱动，吸引了大批有闯劲、好胜心强的员工加入公司。

甲骨文公司直接针对竞争对手的这种进攻性带来了突出的业绩。不论什么时候，甲骨文公司的产品或服务都有可能挤掉其主要的竞争对手，销售人员的业绩总是翻番。在其发展的每一个阶段，甲骨文都超越了其竞争对手，在埃里森看来，诸如阿什顿·泰特、希柏、仁科公司等竞争对手的消失只是时间问题。

（4）激情圈。激情圈的企业有非常旺盛而积极的情感，在工作中体验到开心与自豪。员工的热情与兴奋意味着注意力直接指向组织的关注点。卡地亚集团的传奇 CEO 阿兰·多米尼克·培朗激励组织的热情长达 20 年，推动法国奢侈品企业的年销售额从 5000 万美元劲升到 12 亿美元，使卡地亚集团增强了与劳力士、夏奈儿和克里司汀·迪奥等对手竞争的实力，成为这些品牌不敢掉以轻心的对手，同时也增强了卡地亚集团的创造力。

一般来说，舒适圈或顺从圈的企业，员工的关注程度、情感和积极性都偏低。而进攻圈或激情圈的雇员则表现出较高的情感关注、集体积极性和执行力。

高动力企业表现出一种要有更高生产率的紧迫感，持续提醒企业需要快速处理信息和动员资源，它们为了一个比生活大的目标而努力。低动力企业更喜欢标准化和制度化，它们努力避免意外、反对和风险，而这些在高动力企业看来则是家常便饭。高动力帮助员工的认知、情感和积极性都保持一致。低动力组织经常碰到究竟哪个事情优先的难题，缺乏协作。高动力企业很容易针对共同目标整合资源，为组织凝聚力构建一个良好的基础。

2. 三个"病态动力"

动力如果没有合适的管理，可能退化成三种主要病态。

（1）加速陷阱。一些 CEO 超越组织所能承受的极限推动组织发展，采取的一些近乎无情的手段或措施导致组织能量加速耗尽。此时如果企业没有采取积极的变革措施重建动力，那么企业就会陷入"加速陷阱"。

以 1988—1995 年期间的 ABB 公司为例，CEO 珀西·巴尼维克推动公司剧烈的重组。成本缩减了，并购整合并进入了新的市场，年销售收入从 178 亿美元提高到 362 亿美元。但 ABB 公司一直顶着很大的压力，而这种压力随着公司的发展而开始显露。ABB的组织动力已经从之前的一个健康的压力水平退化成恶性竞争。1998年9月，新CEO林达尔针对已经疲惫不堪的公司采取了一个积极的措施：剧烈的结构重组。员工一度被迫放弃与成熟地区的经理已形成的稳定的工作关系，开始和年轻的、有进取心和闯劲的管理人员共事。组织筋疲力尽的结果是管理注意力分散，对需要关注的组织的重要问题显得力不从心，迫使管理人员放慢脚步。这种疲惫使林达尔和继任者约根·森特曼承担了非常大的压力，最后在2002年才最终解决这种加速陷阱。

因此，管理者必须抵制推动组织极限的诱惑。动力首先是作为一种能力而存在的，其次这一能力必须根据定位与状态来使用。成功运用组织动力能使自我动力强化、扩展。管理人员必须采取有节奏的方式，管理好激发和配置动力的过程。

（2）惯性陷阱。陷入这一陷阱会弱化企业配置资源的能力，在长时间透支较高或较低的绩效后，会带来较大的损失。在稳定的环境下取得长期成功可能会使企业认为它们已经找到了完美的经营方法。如果环境变化不是很剧烈，企业战略的一致性、组织结构与组织文化对业绩提升都很有帮助。但不可避免的是环境永远都是变化的，这种一致性往往会成为企业发展的障碍，最后组织会发现，它们不能集中动力去打破僵化的陈规。同样地，长时间透支组织的能力，企业也会失去弹性。

（3）腐蚀陷阱。当一个企业面临外部威胁（或机会）的同时也面临内部冲突时，就陷入了腐蚀陷阱。与共同合作应对外部挑战相反的是，人们倾尽全力陷入了内部争斗。此外，腐蚀动力也会带来个人消极性，即使相对小的事件都会发展成消极的情感，螺旋上升而失去控制。

美国西屋电气的CEO保罗·莱格在1990—1993年的任职期间，傲慢自大和只使用自己喜欢的人的做法，导致在公司管理人员之中信任缺失，普遍都缺乏信心。分公司领导者都将注意力瞄准了内部同事，而不是外部竞争者。慢慢地，内部恶性竞争腐蚀了雇员的动力，给企业带来了破坏性的影响。

3.组织动力的释放

企业在激烈的变革后往往需要采取一种或两种方式来释放、引导组织的动力：一是"除恶"战略，在威胁面前通过关注员工的注意力、情感和成果推进到进攻圈；二是"赢标"战略，针对一个让人动心的愿景构建激情，推进到激情圈。

（1）"除恶"战略。"除恶"战略与一个明确、清晰且濒临的威胁相关，这些威胁包括破产、竞争对手的危险或技术断层，要求员工从一个相对安逸或顺从的圈子内向进攻型圈子转变。这时就需要释放和引导强大的消极情感去克服威胁。

实施"除恶"战略需要具备下述三个条件：首先，残酷的危机必须是让人可见的。人们必须亲自体验到威胁，才会产生共鸣。第二，必须要有一个高度严格的流程引导这种情感。第三，领导者必须持续引导、监控和控制整个流程。他们的亲身参与和个人承诺是成功的一个重要前提。飞利浦公司的案例很好地诠释了这三个条件。①

然而，这一战略也有其不足。人们过度关注一个明确的威胁，有时候会引发组织的短视行为。同时，企业在实施"走出困境"战略时，在建立新的发展通道上很少会带来重大变革，而且这一战略一旦实施，对舒适圈的雇员无疑是一个极大冲击。

（2）"赢标"战略。"赢标"战略依托强烈的正向情绪（兴奋、热情）将人们推进到激情圈。为了激发雇员的梦想，并将愿景转化为积极的努力，领导者需要构建一个看得见的愿景，并激发员工的热情，让雇员克服对现状的满足感。进入21世纪后索尼公司的实践是一个很好的案例。②

（3）"除恶"与"赢标"的关系。"除恶"（走出困境）要求高动力、勇敢和自上而下的领导力；"赢标"（实现一个明确的愿景）要求的是沉着、温和、鼓舞和感情注入的领导者。"除恶"战略引导进攻型动力转向严格的执行力，要求自上而下的指示性说明和周密的计划。"赢标"战略则需要领导者建立一个充满好奇、兴奋和有主人翁意识的环境。

在实施"除恶"战略过程中，最重要、最困难的是确定、描述和证实无形中存在的事情。如果愿景过于抽象，领导者往往都会以失败收场。愿景必须是简单、明确、让人信服和鼓舞人心的。领导者必须将愿景具体化，他们的个人诚信和象征性的行动是吸引并保持员工认同愿景的关键，每天用行动来堵住杂音，在最开

---

① 1990年，飞利浦半导体公司新CEO享氏·哈默思特将员工从舒适圈（有利可图的无源元件业务）和顺从圈（无利可图的综合电器）向进攻圈转变。飞利浦的新CEO杨·蒂默开始变革这个动力圈。哈默思特非常艰难地将分公司引导到进攻圈。

② 进入21世纪后，以生产技术出众的视听产品著称的索尼面临一个业务的转换：IT、媒体、消费电子行业与数码、网络娱乐越来越趋同。为了让这一愿景成真，CEO出井伸之提出了VAIO World的战略方向，给索尼员工指明将索尼的多样化产品结合起来，超越竞争对手，满足新世界的娱乐要求。

始就要为一个脆弱的激情创造一个空间和兴奋点。领导者在追求一个无形的未来时，要在开玩笑式的活动和相对不令人兴奋的正常业务保护之间取得平衡。

"除恶"是为了"赢标"。这个思路结合了进攻圈的直接、纪律、坚定性和激情圈的热情、开心和荣誉感。但最重要的挑战在于自上而下、有计划的变革，关注的是创造性和在轻松的氛围中追求一个长远的愿景。这里的一个风险是在整合战略中固有的矛盾和含糊性可能会导致最糟糕的结果——业务工作失灵。

将这两个战略结合起来的唯一方式是构建一条通往愿景的通道，同时融进"除恶"。也就是说，目前的问题与威胁能够克服，愿景也能够实现，就如同拉里·埃里松在甲骨文公司努力实施他的剧烈变革一样。[①]

如果企业面临一个可见的威胁，就不得不创造一个"恶"：愿景更多的只是空洞的，雇员在威胁面前担心的是生存问题。同样地，当现实中的确不存在临近的威胁时，没有领导者会让一个"恶"变得可信。因此，一个有效的战略选择很少是建立在外部因素上的。内部的组织因素更为重要，特别是高管层的风格、企业现有的动力状态和组织的传统。

第一，高管人员的行为或风格。当管理人员试图表现得与其真实的本性相反时，往往是表现拙劣，而不是激情满怀。多数 CEO 本身在战略方面都是不错的领导者，当战略与领导者自身的风格更为融合时，企业更容易成功。

第二，企业现有的动力形态。除恶较易于执行，对舒适圈的企业来说释放动力也更为有效。如果企业有一个相对较为满意的形态，那么在这些企业内通过描绘一个更为美好的未来以创造兴奋点和持续性的动力就比较困难。相反，企业如果已经陷入顺从圈，在现实与理想之间已经发现存在差异，"赢标"则是最佳的战略，因为这样更容易将人才的期望转变为工作的动力。企业如果处于较低的消极动力，"除恶"就需要较长的一段艰苦时间，因为他们冒着要陷入更深的失望和被动中的风险，甚至是瘫痪。

第三，企业历史传统。索尼素来就没有进攻型的文化，一直是一个温情脉脉的君子，并不是一个斗士类型的企业，更喜欢将成本投入在创造新产品上，推出

---

① 甲骨文公司的目标（愿景）是从数据库公司发展成为整合服务提供商，各个应用软件相互兼容，客户可以在 Oracle 系统上使用所有软件——一个完全整合产品与服务的系统。如果这个愿景变成现实，甲骨文公司会成为世界上占支配性地位的软件巨头。这无疑有极大的情感激励作用，因而很容易激发员工参与。

一些让客户想象不到的新品。"赢标"更多是源自企业开始表达一个目标,鼓励工程师在轻松开心工作过程中采用新技术。甲骨文公司的历史传统则相反,更崇尚斗士精神,如同埃里松被人所崇拜一样。

总之,组织的动力导致了结合认知、情感和采取行动可能性的必要性,推动行为与企业目标保持一致。这就是为什么没有一个较高的动力水平,企业就不能实现根本的生产力改善,不能快速发展,不能引起重要变革的原因所在。企业领导者应该承认这个简单的事实,并开始投入相当的重视,了解他们怎样才能释放组织所需要的动力,实现组织预定的业绩。

(三)以人为本的管理哲学

戈沙尔提出的个性化公司,在管理思想史上具有独特的价值。它预示着一种新的公司哲学正在出现,引导着新的企业价值发展方向。

1. 公司是社会价值的创造者

受以往经济学的影响,人们普遍认为公司就是要追求利润。如果以追求利润为宗旨,为了超额利润,公司当然可以采取阻碍资源自由流动的行为。"正如经济学家所指出的,如果存在真正的自由竞争,公司获得的利润不可能超过其资源的市场价值。因此,公司的战略目标是防止这类公开的自由竞争,使公司能在分享份额的同时阻止他人将其吞食。"但是,在戈沙尔看来,经济学家的自由竞争理论并不能很好地解释社会的发展。否则,就难以理解在公司采取措施阻碍社会福利发展的同时,人们的生活质量却有了明显持续的提高。他强调,经济价值不是在市场竞争中实现的,而是在像公司这样的组织为实现其目标的合作中实现的。

公司通过两种方式为社会创造新价值:一是发明创新产品和服务;二是寻求改进生产和服务的方式。"公司不再只是产品和服务的价值的主要体现者,取而代之的是通过不断地从现有的天然资源中创造新价值来服务于社会,成为社会发展和进步的主要动力。"

以往的管理理论,导致有些公司的行为紧紧围绕着自己是否得益进行,这种狭隘的利润观让他们成了"井底之蛙",对"井"外的财富创造茫然不知。不仅公司与社会之间的关系是这样,而且公司与员工之间的关系也是这样。公司用市场的逻辑处理与员工的关系,员工也"以其人之道还治其人之身"。这样的结果使公司失去了它创造社会价值的属性。戈沙尔强调,公司和市场是不一样的,因为

"市场没有自身的目标或看法,它能够无情地铲除效率低下者,而在效率最佳的情况下重新分配资源。但是,出于同样的原因,市场并不善于创造对资源进行重新组合才会产生的革新"。而公司的立足点正在于创新。有些公司"所能做的一切就是努力从它们所有的业务中榨取更多的效率,它们的战略完全集中在提高产量和削减成本上。它们没有能够进行革新并非由于它们本身没有革新的能力,而是因为公司内部所采用的市场规则不允许其在超出现有经营活动的效率之外进行革新"。

要突破这种市场化思维,避免成为市场规则的牺牲品,公司就必须突破自我狭隘利益,由此能够诞生立足于创造价值的个性化公司。这样的公司不仅是经济实体,更是社会机构。作为经济实体,它们寻求使公司生存下去的利润;作为社会机构,它们寻求公司不断革新,为社会提供更多更好的产品和服务。

公司和政权一样,需要社会承认的合法性。公司的合法性在于它对社会的贡献得到了公众的认可。"历史上很明显的一个教训是:如果机构失去了社会给予的合法性,机构就会衰退。这正是君主政体、宗教组织以及国家所发生过的现象。这种现象也将会发生在公司身上,除非公司管理者对重建社会对其机构的信任给予与提高各自公司经营业绩以同等的重视。"公众看的不是公司获得了多少财富,而是为社会作出了什么贡献。

2. 公司与员工的新型道德契约

雇佣关系是现代企业制度的重要内容。现有的劳动关系契约建立在双方琐屑较量的经济关系基础上。于是,社会陷进了算计的泥潭,也引发了员工对企业的普遍不满。戈沙尔指出,"尽管人们可能会为获取最高的收益而像经济领域的雇佣兵一样长期强制自己工作,但大多数人也渴望得到由大家庭式的组织归属感所带来的满足感。"

为了消除这种困境,必须重塑一种新的契约关系:员工有责任使工作取得最佳业绩,并能进行持续性学习,以适应不断变化的经营环境;公司确保每位员工的雇佣自由,而不是提供就业保障,并能为员工持续学习提供技能培训,提高员工在公司内外求职的灵活性。公司为员工发挥才能提供积极氛围,员工为公司尽职尽责履行道德承诺。在这种新的契约中,员工不被看作是一种经济资源,而是责任主体和价值创造的源泉。"新契约认为,只有市场能为就业提供保障,并且在市场中所创造的业绩并非来源于高层管理者的全能智慧,而是来自于有能动性、有创造力及专业技能的全体员工。然而，公司对员工负有长期保障及改善其生活的道德义务，并且有义务帮助他们成为所选择的业务领域中的最优秀的员工。"由此，传统经济契约转变为新型的道德契约。

3. 高层管理者职能的转变

以往的企业高管层立足于战略，进行资源配置，通过一套复杂的控制体系，以计划为参照，监督事业部的工作、业绩。当知识代替资本成为企业至关重要的稀缺资源时，这种模式发生了改变，主要表现在：高管层较少执行谨慎确定的战略，而是建立一种充满活力的目标；较少重视正规结构，而是重视有效的过程；较少控制员工行为，而是培养员工个人的能力。"他们超越了战略、结构和体系的旧的管理原理，而开始建立一种更广阔、更有生命力的管理哲学，即建立在发展目标、过程和员工基础上的管理哲学。"究其本质，这种转变势必导致管理方向由控制向服务转变，指导思想由他治向自治转变，管理方法由指令向营造氛围转变。戈沙尔把这种转变表述为"超越战略，发展目标；超越结构，发展过程；超越体系，培育员工"。

对公司中的人，管理者和被管理者的看法大概从来没有一致过，代表公司与组织的高层管理者说人才缺乏，珍惜人才，而任何公司的基层都有很多的怨言，或者比怨言更糟的绝望。在经典名著《组织人》中，威廉·怀特刻画了公司人的典型命运，这一点至今未变："当代公司的管理方式要征服个人的主动性和创造力，从而满足管理的可持续性和可控制性的要求。"在他之后，有很多管理学者试图寻找到一种方法以改变这一状况。查尔斯·汉迪放弃了对企业改造的想法，他自己亲身实践，转而去做一只不与公司组织这只"大象"共舞的"跳蚤"。戈沙尔则没有放弃改造之心，在《以人为本的企业》中，他想"重新发现"组织中的人，试图构建一种个人化的公司（the individualized corporation）。

或许，只有还试图改造的人才能深入地了解现实，戈沙尔在《以人为本的企业》中的记述让我们看到现实，觉得他所倡导的在组织和个人之间建立新的契约需要的时间比我们能想象的都要遥远。从观察者的角度，戈沙尔对组织现实的判断是，"处于公司基层的人员并不缺少主动性、创造力和动力，通常是管理使他们成为公司等级制度的'人质'。"从公司人的角度出发，在公司中的人应该回到原点去思考终极问题，所做的事是不是自己热爱的？然后再判断：做组织人？做自由人？为利用组织而创办企业？抑或为改变组织而创办企业？

戈沙尔基本上是从基层管理者这个角度来设计公司和人的新契约，这是一个比较适当的视角，因为一线管理者真正影响公司内所有员工的感受。在管理结构中，中层管理者人数会大量地减少，但基层管理者却始终是公司运转的关键节点。问题是，从戈沙尔的分析看，基层管理者的情形不妙："位于高层的CEO看重的是公司的秩序、对称性和一致性，从而能形成一种有计划、精确的手段，将公司的任务和重点层层分解。而从底层看，公司基层管理人员却不走运地看到了一群匿名指挥，他们就如同一块无形的海绵，将精力和时间都吸走了。"

基层管理者是公司业绩的执行者。他们一方面会面临上面的这种状况，执行自己未能看到的全局战略中的"碎片"；另一方面，他们发现自己只不过是一串数字，而这将对他所直接管理的人员产生种种影响：或者他强力地执行，导致下属比他还失望；或者他试图当母鸡罩着下属的基层管理者，但强调执行的公司多半不支持这样的行为。然而，"令基层管理人员感到失望的是，他们看到自己富有创新的想法和细致的分析被编制成标准格式，然后被合并、摘选并混杂成供高管进行评审的材料。当他们通过筛选、评价和解释，将最初的提议者排斥于讨论和评审过程之外时，这种潜在的失望感便转化成懒散态度。当提议者看到他们内容丰富的计划和建议沦落成为投资估算中的一个简单的数字，或者成为企业战略投资图上的一个浮点，懒散态度最终发展成为不满和完全悲观的情绪。"

戈沙尔试图建立一种新的组织模式："组织绝不仅仅是由层级分明的职责和任务构成的经济实体，它更是一个由人和其职责、相互关系构成的社会机构。"相应地，基层管理者、中层管理者、高层管理者的角色分别是：基层管理者是领导那些分散的和相互依存的小单位的管理者，主要是发现特定的机遇，他们是公司的"创业者"；中层管理者就像那些教练，能将每个运动员的优势集中并转化为一个成功的团队；高层管理者则通过将充满活力的目标注入公司，从而为其业务经营提供基础。

（四）管理教育思想

"为了避免安然事件重演，商学院并不需要做太多事情，相反，他们只要停止做一些正在做的事情就行了。"戈沙尔在《恶劣的管理理论正在破坏优良的商业实践》中说道。虽然这篇文章是在戈沙尔去世后发表的，但还是在全球的商学院和企管界引发了热烈的反响和讨论。戈沙尔认为，如今的管理实践中很多饱受抨击的弊病，都可以在管理学术理论中找到根源，"我们的理论和观点可能助长了我们如今正在厉声谴责的管理实践"。

1. 管理学不是物理学

戈沙尔提出，主流管理理论对实践的破坏作用主要来自两个因素：一是不顾学科差异，把自然科学的研究方法全盘移植到管理学中；二是对人性和世界的"灰暗"看法。前者把管理学变成因果决定论，抹煞了人的主观能动作用，后者导致管理学假定人和组织都是自私自利的，忽视了人性中道德和伦理的一面。

过去50年中，管理学术界致力于把管理学提升为社会科学的一个分支，因此大量引入了"科学化的"研究方法去发现管理中的规律和法则，并以此来解释企业的方方面面。"实际上，我们已经把管理学简化成一种'物理学'，人在其中即使有作用，也被认为是完全受经济、社会和心理的定律来控制。"

戈沙尔承认，"科学化"的模型的确给管理研究和教学带来了一些好处，但代价是昂贵的。这种研究方法导致对"人的主观能动性"的否定；而道德和伦理是同人的主观能动性密不可分的。因此，这种管理学"科学化"，从一开始就造成了管理理论对伦理道德的视而不见。比如，学生在商学院学到的思想是不能信任公司的管理人员，因此当他们日后成为经理人后，也不认为自己有义务保持严格的操守。这种倾向不仅仅限于MBA学生，而且通过成千上万的学习管理课程的经理人，散布到公司管理的各个角落，融入经理人的日常行为和思考方式中。于是，这些似乎"不涉及道德"的管理学"科学"理论，在不知不觉中消蚀了MBA学生和企业经理的道德责任心。

2. 股东价值就是一切？

戈沙尔在文中特别批评了股东价值最大化理论。这个理论来自于经济学家米尔顿·弗里德曼（Milton Friedman）的著名论断：经理人的职责就是最大化股东价值。如今，这个理论在公司治理实践中大行其道，以致于很少有人敢于公开反驳，但戈沙尔却对此提出了质疑。他指出，从理论角度，股东并不是真正像"拥有"自己的汽车那样"拥有"公司，他们只是拥有对公司利润的分配权，而公司的价值创造来自于多种要素。股东权益最大化理论实际上认定股东的财务资本高于人力资本。但这需要其他一些先决条件才能成立，比如劳动力市场是完美的，即每个员工的收入完全体现了其对公司的贡献，或者员工可以无成本地立刻转换到另一个工作。在这种情况下，可以认为股东承担的风险比雇员更大，因此股东价值最大化应该成为首要目标。戈沙尔认为,"而事实恰恰相反。绝大多数股东卖掉他们的股票,比公司员工换一个工作要容易得多。"

他进一步指出,股东权益最大化的基础是代理人理论,这一理论给公司治理开出了一系列药方:增加独立董事的权力以便有效地监督管理层;董事长和CEO由不同的人担任以限制CEO的权力;用期权来保证管理层同股东的利益一致;允许恶意收购者的存在来淘汰低效的管理层。"然而事实表明,这些手段并没有对公司业绩产生应有的预期效应。"一项综述性研究分析了54个关于董事会构成与公司业绩的关系,发现二者没有明显的相关性。另一项类似的研究分析了31个关于董事长和CEO分任的研究,结论是这一措施同公司业绩没有任何联系。戈沙尔认为,理论研究和实证分析都证明股东权益最大化建立在错误的假设之上,不符合实际。然而,这一理论仍然占据主流地位,并且通过政界和学术界的支持者,取得了几乎无人敢于质疑的合法性。

"事实上人们有其他理论可以选择。"比如,公司应该对顾客、雇员、股东,乃至社区同样关注,这样才能兴旺发达。这种视角的理论实际上是存在的,如管家理论。"但为什么我们在公司治理中如此青睐代理人模型?"戈沙尔认为,原因仅仅是其他理论还不能很好地"数学模型化",而代理人理论可以导出理想的数学公式,"把股东置于所有者的首要地位,把管理者看成自我中心的、只会利用公司资源为自己谋利的代理人之后,学者就可以用优雅的数学模型来解释各种各样复杂的经济、社会和道德问题了。"

3. 透过墨镜看世界

戈沙尔认为,主流管理理论对管理实践有负面影响。除了特定的理论或思想,更重要的是这些理论背后的对人性"灰暗"的假设和世界观,被"整合"到商学院学生头脑中后,通过管理者的管理实践变成了现实。

戈沙尔指出:同物理学不同,管理学理论能够"自我实现"。比如,一个关于微观粒子的理论,无论正确与否、影响多大,并不会影响到这些粒子的运动;而一个被经理人接受的管理理论,即使不正确,也会使得经理人的行为思想发生变化,逐渐与这个理论契合,从而变成现实。实证研究表明,如果一个管理理论假定"人都会投机逐利",由此发展出的管理措施和手段会导致更多的投机逐利行为。而基于"不能信赖经理人"这个前提制定的公司治理方案会让经理人变得更加不可信。

戈沙尔特别对当代经济学带给管理思维的"去人性化"倾向进行了批评。该倾向突出地表现在"芝加哥学派"中，这种被弗里德曼称为"自由主义"的理论体系，重点关注人的缺点，认为社会科学的主要作用在于解决人类自身缺陷所导致的"负面问题"，而不是让好人做更多有价值的事。他们认为道德伦理是个人的事，可以被社会科学排除在外，同时假定人都是追求个人利益最大化的理性人。

这一理论影响了社会科学的许多领域，包括管理学的一些基础理论，比如代理人理论、交易成本经济学、博弈论、组织理论中的网络分析，等等。于是，如同在公司治理理论中把经理人视为不可信的"代理人"一样，在组织设计理论中，基于交易成本理论，理论家提倡对人的严格管理和控制来防止"投机行为"；在战略课程中，学者更关注占有价值而非创造价值。著名的波特"五力模型"就暗示，公司不仅要同对手竞争，还要同供应商、顾客、雇员和监管机关竞争。

这些理论集合起来构成的画面，就同人们眼前的管理实践非常相似：公司成为等级森严的组织，管理基于自上而下的命令和控制，惟股价导向的领导人为了成功可以不顾一切。"安然和世通不过是这种理念的极端反映。"管理理论所描绘的"灰暗的景象"变成了现实。

戈沙尔相信，实际上人类的行为一直有着更为复杂的动机，面对诸如利他主义、志愿工作乃至照顾孩子的母亲等诸多现象，经济学的假设显得苍白无力。如果管理学的理论假设能够承认人性的多样化，既看到人的逐利性，又看到其他倾向，而不是只把目光投注在弗里德曼所说的"负面问题"上，管理理论可能会有很大的不同。

尽管对商学院和管理理论的质疑之声从来就没有消失过，管理学家亨利·明茨伯格就认为，"MBA教育是用错误的方式培训了错误的人，并且导致了错误的结果"。但像戈沙尔这篇从研究思想的角度反思管理学的学术文章，还是不多见的，其在实务界和学术界的威望，也加强了其观点的影响力。一时间，管理学界的资深人士纷纷发表自己的看法。斯坦福商学院的著名教授杰佛瑞·菲佛（Jeffrey Pfeffer）表达了对戈沙尔观点的强烈赞同，甚至认为戈沙尔对经济学影响管理学的批评还不够尖锐。菲佛还谈到，很多研究表明，学习经济学和管理学与学生伦理道德标准的下降有相关性。比如，一项对31所大学的16000名本科生的研究表明，商学专业学生的欺骗行为发生率是总体平均值的两倍。就在同一期的《管理教育和学习》上的一项研究指出，学习经济学专业或经济学课程与学生道德缺陷有相关性,这些缺陷包括更多的自私行为、背叛同事和腐败行为倾向的增加等。《金融时报》专栏作家斯卡平克(Skarpinker)则用了两期专栏的篇幅,讨论了戈沙尔对股东价值理论的批评,他认为并不能简单地否认股东价值最大化理论,"尽管该理论有局限性,但同样也有优越性"。安然等公司丑闻的发生不是因为其管理层把股东价值放在第一位,而是因为他们把个人利益放在第一位,而公司丑闻的发生恰恰表明"代理问题无疑是存在的"。

另外也有人表示,戈沙尔或许夸大了商学院的影响力。哈佛商学院教授摩斯·肯特(Moss Kanter)就在对戈沙尔的回应中写到,商学院并没有把观点"强加给企业家"。她觉得代理人理论和经济人假设等并不是一无是处,戈沙尔的观点本身也是瑕瑜互现。

戈沙尔和菲佛都认为管理学应该适当减少对数学模型的强调,转而增加对"常识性的智慧"的重视。这一点得到了不少学者的赞同。宾州州立大学的汉布克里(Hambrick)在给戈沙尔的回应中表示,商学院里应该有更多不同的视角和声音,但他不同意戈沙尔把科学化的研究方法同人的主观能动性对立起来的说法。摩斯·肯特表示,所谓"科学化的、分析性的、计量式的理论",看起来是"硬性"的,实际上管理是"与人打交道的艺术",那些"软性技能"更加重要。"哈佛 MBA 毕业生常常谈到,如果重读 MBA,他们会少选几门金融课程,多选一些和人相关的课程。"

看起来,关于管理理论和实践的讨论,还会继续占据管理学家和管理者的议事日程。但有一点可以肯定,无论戈沙尔的观点是完全正确还是有所偏颇,都会对管理学的发展带来新的视角和机遇。

四、苏曼特拉·戈沙尔的管理思想评论

对于戈沙尔的管理思想,英国著名管理哲学家查尔斯·汉迪评价道:"戈沙尔的观点比其他管理大师更容易明白,更容易从组织的角度来加以了解。他的国际化程度最深,最有能力带着各种观念跨越国界。"

(一)跨国组织理论的奠基者

戈沙尔从组织的角度,为跨国公司构筑起"企业能力+管理角色"组织构架

1. 明确跨国公司的能力

跨国公司应具备三种能力：变革能力、协调能力和确立思维模式的能力。

（1）变革能力。任何组织，在变革过程中总会受到过往的影响，它的发展历史会给自己制造出阻碍变革的壁垒。公司变革面临三大挑战：一是战略壁垒，即公司长期经营中形成的战略模式，代表了公司的理念和力量，凝聚着公司核心管理层的心血；二是组织壁垒，即公司的结构和体制模式，组织变革中的新机构和团队将面临传统结构和传统体制的挑战；三是文化壁垒，即根深蒂固的观念体系、潜移默化的行为模式和错综复杂的非正式关系，是"公司中最难以解决的问题"。戈沙尔的结论是："在我们所研究的公司中，那些重大改革的成功无一不归功于公司管理高层切实和持久的努力。"

（2）协调能力。组织的重要意义就在于对资源的有效整合，规模越大，组织结构越复杂，所需要的协调就越多。如何构建一个有效的协调体制，对跨国公司的生存发展至关重要。在跨国公司中，存在着三种不同的协调模式：集权制、正规化和社会化。现实中的公司，协调模式是混合使用的。跨国经营中常见的偏差是单一使用某种协调模式，让其他协调模式处于休眠状态，从而无法发挥不同协调模式的协同效应。戈沙尔认为："管理者们必须了解多种协调模式，而非只沿袭传统的某种模式。只有这样他们才能敏锐地决定该如何发展、联系以及管理新的协调模式和手段，藉此对原有的'公司方式'加以补充。"三种方式的协同不是混合，而是有机融合。"组织结构重构与新的管理理念及能力的发展并非一件易事。何况一种新的机制和手段的运用并不能自动地保证高效协调过程的产生。"戈沙尔认为，要保证协同效用，需要管理高层坚持不懈，最高领导核心不仅要持续关注和支持，而且要注重协同技巧，使在不同协调模式的平行应用中不会产生副作用（比如原有的协调模式"短路"或被毁坏），还要防止新模式被旧模式同化。

协同使用协调模式，要注意不同模式的适用范围。集权制、正规化、社会化三种协调模式，在公司的不同流通内容中作用不一样，子公司的角色不同，对协调方式的需求也不一样。戈沙尔指出，跨国公司有效的组织协调应该是多元而灵活的。"因为分支机构通过产品及业务扮演了一系列不同的角色，作为一种产品的领导者，某个分支机构可能对另一个而言是贡献者，但同时对第三个而言可能又是执行者。"在公司管理中，协调模式不是单项选择，而是在权力的集中化、体系的正规化和管理者的社会化三者之间进行多项选择和适当组合。

（3）确立思维模式的能力。思维模式对于管理至关重要，观念差异会造就不同的管理方式。戈沙尔认为："在发展跨国组织的过程中，最高管理层的注意力应超越管理所需要的结构、系统和程序。只要认识到组织的所有功能都建立在个体认识的基础上，那么最高管理层就能够在全公司发展一种精神，使员工团结起来，共享公司的理念，而不是迫使他们屈从不被理解的组织体制。"

管理思维首先表现在确立组织共享的发展蓝图上。"一个认真编制并且明确的组织发展蓝图可以成为指引战略方向的灯塔以及（面对多种潜在风险时）保持组织稳定的基础。"戈沙尔指出，成功的发展蓝图具有三个重要的特征：目标的明确性、连贯性和一致性。明确性使目标易于理解并产生意义。戈沙尔认为，"一个表达清楚的公司发展蓝图能够给管理者们提供一个总体的参考架构，使其更明确地认识到各自特定角色和职责的内容和意义。相反，太模糊、太复杂或太抽象的目标很难将管理者各自的努力同组织总体的发展重点联系在一起。"目标的明确表达可以用三个词界定：简洁、中肯、对核心内容的强调。戈沙尔指出："无论一个发展蓝图有多明确、持久和一致，仅仅规划和传达是远远不够的。一个代表各方利益的发展蓝图能否贯彻于行动，其关键在于每个组织成员对目标的理解和接受能力。这往往不是一个传达的问题，而是一个接受能力的问题。"

靠管理者的个人信念来实现公司的发展蓝图，在理论和实践中都是难度极大的。现实中的管理者，往往过于注重当前的经营责任，遇到全球性事务时常常会用狭隘的观念来思考和行动。因此，有必要培育管理者有约束力的信念，来保证对发展蓝图的忠诚，同时赋予管理者实现发展蓝图的直接责任和关键角色。戈沙尔认为，参与战略蓝图实现的形式和程序是多样的，主要分为两类：一是创立一种结构，使管理者参与关键决策的讨论能制度化；二是赋予管理者在完成公司核心任务中的具体责任。前者有利于将管理者的信念纳进公司的决策中，后者让管理者摆脱狭隘思维。

戈沙尔特别强调思维模式，认为组织结构、协调模式、发展蓝图都是会变化的，唯一能应对这些变化的就是管理者的思维模式。"与其在公司结构上确立一种模式，不如在我们管理者的思维中树立一种模式。""员工个人解决复杂的和潜在矛盾问题的能力越强，组织就越不必想法设法去对付他们。"

2. 界定跨国化管理者角色

新的经营模式的建立，需要管理者转变角色。在跨国型企业里，公司需要的是"具备一定技能和知识的、能够在这些专门化又互相依赖的角色中运作的管理人员,为跨国公司紧密相连但并非等级化的网络体系工作"。管理中的一切问题都是人的问题,这是发展跨国公司多元化战略及组织模式最主要的约束和挑战。

尽管不同角色都需要全球视野和宏观眼光,但没有通才式跨国管理者。戈沙尔认为,全球化管理人才只能是专门人才,子公司的管理者包括业务管理者、国别管理者和职能管理者三类,公司总部的高管层负责协调三类管理者之间的复杂关系。

(1)业务管理者(The Business Manager):"战略家+建筑师+协调者"。作为所在组织的战略家,他负责各项业务的战略制定和执行。作为企业全球资产与资源结构的建筑师,他负责把企业的资源优化分配到所需要的地方。作为跨国交易的协调者,他要负责资源或资产在全球的流动。归结起来,他的任务就是要提高公司在全球的效率和竞争力。

(2)国别管理者(The Country Manager):"传感器+发掘者+贡献者"。对世界各地的子公司管理者而言,他们的任务是要灵敏响应当地市场,满足所在国消费者的要求,同时捍卫公司在当地的市场地位。传感器角色需要收集和甄别所在地域的市场信息,分析并预测可能的结果,还需要向总部管理者传送本地区的信息。发掘者角色需要善于发现、发展并充分利用所在国的资源和人力财富。贡献者角色要求他们能转变过往的执行者定位,成为对公司战略设计的积极贡献者。

(3)职能管理者(The Functional Manager):"智囊团+异花授粉者+斗士"。职能管理者的任务是要把在全球获得的专业知识在公司内部进行传播,并将不同国家的稀有资源和人力财富有机地联系起来。智囊团角色要求职能管理者能识别专业知识和稀缺资源,为这些知识和资源的利用发挥智囊作用。异花授粉者(Cross-Pollinator)角色要求职能管理者把各子公司经过验证的领先优势变成公司的整体优势,打破地域的隔阂。斗士(champion)角色要求职能管理者要夺得相关职能的冠军,致力于发展已经观察到的资源、人力资本和专业知识,为公司服务。

(4)总部高层管理者:"远见家+伯乐+设计师"。作为总部高管,他要完成的任务有三:第一,统一观点和目标,为公司确立愿景;第二,寻找优秀的业务管理者、国别管理者和职能管理者;第三,营造有利于管理者发挥才能的环境,协调不同角色之间因不同视角和职责而可能产生的分歧。作为远见家,要传播坚定、统一的公司愿景，让各子公司的工作聚焦于长期目标，凝聚力量。作为伯乐，要寻找能应对复杂事物和冲突的管理人才，同时要负责管理者的培养和发展。作为设计师，要营造一种恰当的环境，让承担跨国公司不同战略要求的管理者具有全球视角，避免陷进狭隘的局部情形，同时要释放管理者的能量，变革限制管理者发挥作用的规则和措施。

（二）个性化管理思想的捍卫者

尽管戈沙尔以研究跨国公司组织和管理出名，但他的管理学说处处突出人本思想和理论反思。在英国《金融时报》评选出的世界最伟大的20位管理学家中，戈沙尔被誉为"个人化的捍卫者"。

早期的企业，人只是提高效率的工具。在大型事业部制企业，人被看作是一种生产要素。尤其是经济学中对人的抽象平均化倾向，使企业只有"劳动力"，而不是活生生的人。迄今的管理学理论中，尽管口口声声以人为本，但因为人的能力和性格千差万别，人的行为具有不可预测性，所以无法在理论上说明"人"。正如曾在ITT公司担任过CEO的哈罗德·杰宁（Harold Geneen）指出的："大部分新公司的结构和体系中充斥着日趋复杂的管理政策和程序，设计它们的目的是用来最大程度地削减个人特性，从而使劳动力成为像资本资源一样可预知和可控制的要素。"这就是戈沙尔批评的"组织人"。

"所有实践家都是已故理论家的囚徒。"把人当成工具管理的基本逻辑占据了主导地位。人们渴望与企业的关系是："大多数人通过就业，使自己最大限度地在经济上得到回报。同时，他们又渴望公司能使其产生一种家庭般的归属感。"戈沙尔因而对公司的使命提出这样的设想，所谓公司与员工的新的道德契约是："公司不仅是强大的经济体，而且也是重要的社会机构。公司应当利用其经济力量，为整个社会和人们的生活创造价值。"对个人而言，"公司成为最重要的社会交往和实现个人理想的场所。"实现这一梦想的关键是改善基层管理者的处境，把他们的主动性、创造力和企业家精神激活。

首先，激发员工的能动性。戈沙尔认为，要从"组织人"管理模式中解脱出来，就必须激发员工的能动性，把管理逻辑从员工只是可替代的"零部件"转移到员工是有待挖掘的价值上。他发现，能够发挥人员积极性的企业具有三个特征：一是员工对自己工作的主人翁意识；二是依赖员工的自律性；三是营造对员工有利的企业环境。凡是员工自主的企业,管理层都培育出了两种组织特征:"一种是激励员工掌握知识和技巧以便营造自律、自控的环境;另一种是创建一种企业文化,使员工建立起承担风险所必需的自信心。"可见,只有具备了条件的授权,才能真正获得授权的预期收益。

其次,创造和传播知识。戈沙尔指出,很多企业极力提高短期静态效益,并试图将所有人力资源的价值榨尽,却损失了长期的动态效益。"只有通过不断加强和提高员工的综合能力,并促使他们创造新的价值,才能产生这种长期效益。""个性化公司把管理核心从尽可能榨取价值转换到创造新价值,把建立员工持续学习计划作为企业发展的基石而不是作为达到企业目标的一个手段,同时将其作为企业的一大最终目标。"员工的持续学习,包括拓展员工个人的能动性和专业技能,还包括将分散在员工身上的主动精神凝聚在一起,将不同员工的专业技能联系起来,并将这种联系根植于持续的组织化学习和实践过程中。这需要按以下五步循序渐进,依次实施:培养个人专长、拥有凝聚力的组织者、开发信息的横向交流、创造以诚信为基础的企业文化、将企业组织视为一体化的网络。

最后,确保持续性变革。戈沙尔认为:"成功之后的衰败"可以归咎于两个原因:一是昨天的制胜之道变成今天的惯性思维,企业会产生组织惰性;二是组织的傲慢自大,把过往借助多种因素获得的成就归功于管理者个人的决策和实践,过于相信自身的能力,低估竞争对手,并将客户看作是自己的俘虏。所以,个性化公司需要三个管理理念:一是培养一种持续更新、永不知足的自我拓展意识;二是提高组织的灵活性;三是提高协调能力。

从"组织人"到个性化公司,是一个痛苦的过程。正如戈沙尔所说的:"从结构性等级管理机制到自我更新机制,个性化公司所走过的这段历程漫长而痛苦。一个毛虫的蛹将自己蜕变成一只蝴蝶的隐喻也许很罗曼蒂克,但这个过程对于毛虫来讲是一个非常痛苦的阶段。在这个过程中,它变瞎了,它的腿蜕化掉了,他的身体从中撕裂开来,以使美丽的翅膀显露出来。"然而,只有经过这样的转变,僵化的企业才能成为"可以自由翱翔的个性化公司"。

(三)传统管理哲学的挑战者

对跨国公司组织和个性化管理的研究,不仅形成了戈沙尔独特的组织理论体系,而且令戈沙尔对管理理论提出了强烈挑战。面对经济学对管理学的强势影响,面对管理学的科学化追求，面对企业的现实困惑，戈沙尔对现有的管理理论进行了全面反思和检讨，重新提出了企业价值界定和管理思想重新定位的问题。他叩问现有的管理理论基础，认为"经济人"假设以及委托代理理论、交易成本理论、博弈论、理性主义、组织分析等学说，误导了公司的价值取向，从而使公司走向了歧途。遗作《恶劣的管理理论正在破坏优良的商业实践》引起的热议，与当年明茨伯格对管理理论的挑战很相似。如果说，当年明茨伯格的《经理工作的性质》挑战的是管理理论的职能框架，那么戈沙尔的文章，挑战的则是管理理论的哲学基础。

戈沙尔认为，管理实践中的种种弊病，可能是从商学院带来的。尤其是各种流行的管理理论，在一定意义上是败坏管理实践的源头。举世瞩目的安然公司丑闻，正是这种恶劣理论的表现。他甚至提出："为了避免安然事件的重演，商学院并不需要做太多的事情，相反，他们只要停止做一些正在做的事情就行了。"

在戈沙尔眼里，管理学最大的失误之一就是"科学化"。这里所谓的"科学化"，不是反对以科学精神来研究管理，而是反对把管理学当作自然科学，尤其是当作物理学来研究。几十年来，管理学界一个重要的努力方向就是提升管理学的科学性，强化了管理学的社会科学属性而弱化了人文属性，大量运用"科学"方法"去人性化"，把管理学简化为"物理学"。活生生的人变成了遵循"客观规律"支配的企业组件，同"客观规律"不吻合的人性因素，都变成了管理理论中要排除的"负面影响"。经济学的数理方法是排除道德因素的，管理学也紧随其后清除理论体系中的道德伦理内容，而"不涉及道德"的管理学，在潜移默化中消解了MBA学员和企业经理人的道德责任。

戈沙尔进一步批判道，采用数学模型的"科学化"，确实方便了论文的写作和教学的明晰，但却给人们带上了一副有色眼镜，这种研究方法严重误导了工商业。在社会生活中，你假设人是什么样的，就会采用什么样的行为；而你采用什么样的行为，又会促使你的假设变为现实。也就是说，管理理论可以"自我实现"。恶劣的管理理论通过商学院的教学，融入学生的头脑，进而通过管理者的实践变成公司行为，这种公司行为又与相应的理论契合，验证了理论的"正确"。戈沙尔很严肃地指出，当代经济学给管理学带来的"去人性化"理念，导致人们都去关注解决人类自身的"负面问题"，而不是鼓励人做更多有价值的事。正是现有的管理理论和商学院教育，培养了"安然们"。戈沙尔强调，经济学在对利他主义、志愿者以及母爱等行为上的解释是苍白无力的。管理学理论不应仅仅建立在"经济人"假设上，要承认人性的复杂性，这样管理理论将会有大的不同。

这些掷地有声的观点确实发人深省，并引起了管理学界的强烈关注。相关问题直至今天还在不断讨论，在一定程度上反映出戈沙尔思想的前瞻性。

本章参考文献

[1]Sumantra Ghoshal. Environmental Scanning in Korean Firms: Organisational Isomorphism in Action[J]. *Journal of International Business Studies*, 1988, 19(1): 69-86.

[2]Sumantra Ghoshal, Christopher A. Bartlett. Creation, Adoption, and Diffusion of Innovations by Subsidiaries of Multinational Corporations[J]. *Journal of International Business Studies*, 1988, 19（3）: 365-388.

[3]Bartlett CA, Ghoshal S. *Managing across Borders: The Transnational Solution*[M].Boston: HarvardBusinessSchool Press, 1989.

[4]Ghoshal S, Bartlett C A. The multinational corporation as an interorganizational network[J]. *Academy of Management Review*, 1990, 15(4):603-625.

[5]Christopher A. Bartlett, Sumantra Ghoshal. Matrix Management: Not a Structure, a Frame of Mind[J]. *Harvard Business Review*, 1990 Jul-Aug; 68(4): 138-145.

[6]Bartlett,C.,Ghoshal,S. Beyond the M-Form: Toward a Managerial Theory of the Firm[J] . *Strategic Management Journal*, 1993, 14 (8) :23~46.

[7]Nitin Nohria, Sumantra Ghoshal. Differentiated Fit and Shared Values: Alternatives for Managing Headquarters-Subsidiary Relations[J]. *Strategic Management Journal*, 1994, 15（6）: 491-502.

[8]Sumantra Ghoshal, Harry Korine, Gabriel Szulanski. Interunit Communication in Multinational Corporations[J]. *Management Science*, 1994, 40(1), January: 96-110.

[9]Sumantra Ghoshal, Christopher A. Bartlett. Building the Entrepreneurial Corporation: New Organisational Processes, New Managerial Tasks[J]. *European Management Journal*, 1995, 13 (2): 139-55.

[10]Ghoshal S, Moran P. Bad for Practice: A Critique of the Transaction Cost

Theory[J]. *Academy of Management Review*, 1996, 21(1):13-47.

[11]Peter Moran, Sumantra Ghoshal. Theories of Economic Organisation: The Case for Realism and Balance[J]. *The Academy of Management Review*, 1996, 21(1): 58-72.

[12]Ghoshal,Bartlett. The Myth of the Generic Manager:New Personal Competencies for New Management[J]. *California Management Review*, 1997, 40 (1) :92-116 .

[13]Nahapiet J, Ghoshal S. Social capital, intellectual capital, and the organizational advantage[J]. *Academy of Management Review*, 1998, 23(2):242-266.

[14]Tsai W, Ghoshal S. Social capital and value creation: the role of intrafirm networks[J]. *Academy of Management Journal*, 1998, 41(4):464-476.

[15]Moran P S,Ghoshal S. Markets,firms and the process ofeconomic development[J]. *Academy of Management Review*, 1999, 24(3):390-412.

[16]Sumantra Ghoshal, Christopher A Bartlett, Peter Moran. A New Manifesto for Management[J]. *Sloan Management Review*, 1999, 40(3).

[17]Sumantra Ghoshal, M Hahn, Peter Moran. Management Competence, Firm Growth and Economic Progress[J]. *Contributions to Political Economy*, 1999，18: 121-150,.

[18]Bjorn Lovas, Sumantra Ghoshal. Strategy as a Guided Evolution[J]. *Strategic Management Journal*, 2000, 21(9): 875-896。

[19]Bartlett, C., Ghoshal,S. Building Competitive Advantage through People[J]. *MIT Sloan Management Review*, 2002, 43 (2) :34-41.

[20]Heike Bruch, Sumantra Ghoshal. Beware the Busy Manager[J]. *Harvard Business Review*, 2002, 80(2): 62-69

[21]Heike Bruch, Sumantra Ghoshal. Unleashing Organisational Energy[J]. *MIT Sloan Management Review*, Fall 2003，45(1):45–51.

[22]Christopher A. Bartlett, Sumantra Ghoshal. What is a Global Manager[J]. *Harvard Business Review*, 2003 Aug;81(8):101-108, 141

[23]Lynda Gratton, Sumantra Ghoshal. Managing Personal Human Capital[J]. *European Management Journal*, 2003，21(1): 1-10

[24]Sumantra Ghoshal. Bad Management Theories are Destroying Good

Management Practices[J]. *Academy of Management Learning and Education*, 2005, 4(1): 75-91.

[25]Hector Rocha, Sumantra Ghoshal. Beyond Self-Interest Revisited[J]. *Journal of Management Studies*, 2006, 43(3): 585-619.

[26] 苏曼德拉·戈沙尔，克里斯托弗·巴特利特. 以人为本的企业 [M]. 北京：中国人民大学出版社，2008.

第二十五章　丹尼尔·T.琼斯：从精简生产到精简企业

丹尼尔·T.琼斯（Daniel. T. Jones），威尔士大学卡迪夫商学院管理学教授。与詹姆斯·P.沃麦克（James P. Womack）因《改变世界的机器》一书而闻名于世。该书是关于新工业世界的介绍。在这个世界里，大规模生产已让位于"大规模客户化"，而且重点在于"精简生产"。通过对比汽车业的历史和现状，它描述了制造业发生的沧海桑田的变化。

一、丹尼尔·T.琼斯简介

丹尼尔·T.琼斯博士是英国精益企业研究院的创始人和主席，精益企业研究所的高级顾问，精益管理思想的领导者，企业应用精益流程导师。他和詹姆斯·P.沃麦克是非常有影响力的畅销管理书籍作者，阐述了生产的原则和精益思想的实践，一起完成了《改变世界的机器》、《精益思想：消灭浪费，创造财富》、《精益方案：公司和客户如何一起创造价值和财富》等著作，并将精益思想扩展到消费、供应和服务交付等领域。同时，琼斯博士在欧洲举办精益高峰会议，包括"精益高峰前沿会议"、"第一届全球精益医疗高峰会议"和"精益思想转型峰会"等。琼斯博士是一位活跃于各类组织的精益变革顾问，担任麻省理工学院未来汽车和国际汽车计划主任。在经历伦敦国家经济和社会研究所、苏塞克斯欧洲研究中心和英国苏塞克斯大学科学政策研究组的研究生涯后，他在威尔士大学卡迪夫商学院担任生产管理学教授，并创立精益企业研究中心，同时服务于英国政府建筑反思组、制造期货行动、汽车创新行动以及增长和可持续发展社区功能组织,并担任"欧洲高效消费响应运动"的顾问和《国际商业评论》的编辑。

二、丹尼尔·T.琼斯的著述

(一)主要著作

1.《汽车的未来:麻省理工学院国际汽车计划》

《汽车的未来:麻省理工学院国际汽车计划》(The Future of the Automobile: The Report of MIT's International Automobile Program)是有史以来对世界上最大的产业进行的最全面的评估,《商业周刊》将其列为1984年十大最佳商业和经济书籍之一。它是由日本、德国、法国、意大利、瑞典、英国和美国共同在企业层面进行的研究,覆盖了全球行业领先的研究人员和业内专家。这一研究项目跨越汽车行业20年,在估计长期需求产品时,认为焦点在越来越多的合作生产商与个别车型,并揭示了劳资关系的替代路径。世界汽车工业的一个新的状况引起了种种深入的研究,预测了各种完全不同的发展道路,并得出未来必将发生巨大变化的结论。

2.《改变世界的机器》

有这么一本书,在美国同时被列为商学院和公共管理学院学生的必读书目,这就是丹尼尔·T.琼斯、詹姆斯·P.沃麦克、丹尼尔·鲁斯在1990年所著的《改变世界的机器》(The Machine That Changed the World)。该书首次以"精益生产"(Lean Production)为核心介绍丰田的生产方式,集中对日本在1980年代风行全球的精益生产方式作了全方位的介绍,如TQM、JIT、KANBAN等;同时也是汽车工业生产方式演进的一部简化的编年史。自此,一种直接以丰田命名的"丰田生产方式"(或称为"精益生产方式")正式诞生,并陆续成为众多公司学习、借鉴的模板和作为全球化以及提高生产力的标准和尺度,其中包括索尼、NEC、佳能、富士通等国际知名企业。同时,该书预示了精益生产方式将对世界政治和经济局势产生深远影响。三位作者以精益生产在日本的产生以及后来逐渐在全球扩散为主线,描述了在人类工业生产方式中的这么一次巨大的变化,并且解释了美日之间两国竞争的核心所在。

《改变世界的机器》首次出版时，丰田汽车公司的规模只有通用汽车公司的一半左右。今天，丰田超过通用汽车，成为世界最大的汽车制造商和在过去五十年最成功地延续着的全球企业。当通用汽车成为汽车产业霸主时，那个被《商业周刊》称为"汽车行业，正被日本统治着"的时代早已不再。但是，没有一个国家能像日本那样带给全球汽车制造业以深刻的影响。这种影响源自品牌塑造和商业文化，源自技术创新和意识革命。其中丰田作为一个汽车制造商，它在日本以惊人的速度和其他厂家无以匹敌的架势扩大规模，进行金融购并以及制造出足以统治全球汽车工业的杰出车型。丰田生产方式取得了巨大的成功，销售业绩长期保持增长，其标杆意义已经不再局限于汽车制造业，而是在许多领域成为卓有成效的领先者。

该书说明，世界并不是面临供大于求的危机，而是面临着严重缺乏具有竞争力的精益生产方式的生产能力的危机。各工业界普遍采用精益生产方式，将会改变消费者的选择、工作的涵义、公司的命运、世界的经济等诸多方面的重大变化。它提出：真正过剩的是缺乏竞争力的大量生产方式的生产能力，而具有竞争力的精益生产方式的生产能力是严重缺乏的。这一令人耳目一新的结论，不仅使世界工业界而且使世界经济界都为之一振，使人们在不断变化的世界政治经济形势下，重新认识问题，重新定位自己。同时，也为解决不断困扰人们的生产能力过剩、地区贸易不平衡等诸多问题提出了新的思路。在1996年，前两位作者又对精益生产进行了更深一步的描述与分析，这就是后来他们的著作《精益思想：消灭浪费，创造财富》。

3.《精益思想：消灭浪费，创造财富》

自大野耐一首次提出"消除浪费到精益（lean）"这个术语以来，伴随着数不清的论文和著作围绕着"精益"进行论述，精益生产方式早已为人们所耳熟能详。但是把所有方法紧密联系，形成一个完整的思想体系方面，则大多辞不达意，权威著作更是寥寥无几。幸运的是，那些想了解精益生产方式、想学习和运用精益思想的人，拥有了《改变世界的机器》和《精益思想：消灭浪费，创造财富》（*Lean Thinking: Banish Waste And Create Wealth In Your Corporation*）。1996年，丹尼尔·T.琼斯和詹姆斯·P.沃麦克合著了《精益思想：消灭浪费，创造财富》，该书以大量的例子说明什么是浪费，介绍了如何才能真正实现精益生产方式。精益思想认为改革没有尽头，它追求的是尽善尽美。精益思想作为一种人们生活的指导思想，远远超出了工业生产范畴。在当前改革的浪潮中，所有企业都在努力提高自身的经济效益，消费者也在不断规范自己的消费行为准则。在《精益思想：消灭浪费，创造财富》首次出版之后的七年中，琼斯和沃麦克跟踪不断进步的精益思想，观察企业的持续精益转型，总结出共同的教训他们，于2003年修订出版了《精益思想：消灭浪费，创造财富》，它全面论述了精益思想的发展和新认识、新应用，阐述了精益思想如何为当今困难的经营环境带来源源不断的动力，并加入了符合当前的案例，成为开辟精益思想的至关重要的第一步。

人们常常会将精益和JIT、看板等混为一谈，其实精益的意义远不止于此。随着时代的发展，这种思想也一直在发展之中，因为精益始终和浪费针锋相对，而浪费的形式和内容在不断地增加和变化。除了大野耐一曾经提出的七种浪费之外，琼斯和沃麦克又补充了一种浪费，即商品和服务不能满足客户要求。对付浪费的锐利武器，就是精益思想。两位作者以这种思想，为管理者提供了一种类似北极星那样的可靠行动指南。

琼斯和沃麦克将大野耐一针对日本企业的生产方式扩展到了欧美国家。而且，他们并不满足于精益思想给汽车行业带来的翻天覆地的变化，将它扩展到了制造业以外的很多其他行业，包括服务业。通过对不同行业的大量企业的研究，琼斯和沃麦克归纳出了精益思想体系的五大核心：价值、价值流、流动、拉动、尽善尽美。从这五大核心发散出了将大批量生产转变成精益生产的五个步骤：根据用户需求，重新定义价值；按照价值流重新组织全部生产活动；使价值流流动起来；让用户的需要拉动价值流；不断完善，达到尽善尽美。

当前面四个步骤形成良性循环的时候，这个系统能够达到几近尽善尽美的状态。他们指出："就其细节来讲，应该足以体现这些原则的基本原理和方法；就其范围来讲，应该足以形成一个整体概念，成为人们向往的目标。更重要的是，它与人们的实际情形应该具有足够多的共性。"从这个角度提供的多个范例看，从简单的小型的企业逐步过渡到大型的复杂的集团，将精益思想的覆盖范围，从原先集中于汽车等制造行业，大范围地辐射到了其他五花八门的行业。

琼斯和沃麦克对精益思想的应用提出了更高的要求，并揭示了一个核心问题：当你的企业实现了精益化生产之后，是否整个价值流也已经精益化了呢？价值流是一个整体的渠道，只有当这个渠道中不存在停滞现象之后，它才是精益化的。为此，他们创造了另一个专用词：精益企业。精益企业不是我们通常理解的企业，而是包括了整个价值流中所有相关的企业，确切地说，应该是一个企业的联合体，像链条一样，牵一发而动全身。对这些问题的处理，是这部权威精益思想著作的一大特点——并非简单地阐述，而是将问题不断推进、不断演化、不断解决，预想未来，制定尽善尽美的蓝图。而这张蓝图，正是每个企业都需要的。

该书促使所有的管理人员从"精益思想"的角度，重新思考自己的企业怎样才能真正生产出用户需要的产品，消灭浪费，创造价值，真正提高经济效益；同时将精益生产方式扩大到制造业以外的所有领域，尤其是第三产业。通过精益思想，消费者也可以明确自己的需要，提高消费质量。

4.《精益解决方案：公司与顾客共创价值与财富》

21世纪制造商最大的困难是什么？是产品卖不出去。这一论断是《精益解决方案：公司与顾客共创价值与财富》（Lean Solutions: How Companies and Customers Can Create Value and Wealth Together）一书的大前提。为什么卖不出去？怎样才能卖出去？如何做到在卖出产品的同时实现企业、员工与消费者三赢？这三个问题贯穿该书的始终。

当世界从制造为王全面转向消费时代的时候，生产过程中价值流越完美，并不意味着销售的压力就会越轻。因为，消费者已经在大量的物美价廉产品中挑花了眼。此时，琼斯和沃麦克意识到，精益生产的完整目标应该从生产好产品升级到提供"令人满意的服务"。他们发现了实现精益供应存在的问题，提出了精益消费的六项原则，并将精益消费原则与精益生产原则结合起来形成了精益解决方案的七条原则，同时为经理人成功实现企业精益化转变提供了操作守则。

21世纪消费者所处的困境是，产品更好了，价格更便宜了，可是消费起来却需要花费越来越多的时间。面对越来越多的麻烦：一台定制的计算机，却不能与其他打印机、计算机和软件等匹配；修理汽车时，要经过许多回合的沟通、等候和返工；驾车长驱至"大卖场"，那里有数万种商品，而且大多数都比25年前又好又便宜，只是没买回我们真正需要的东西；商务旅行要没完没了地排队、转机和延误；令人恼火的"客户服务中心"，既不解答问题，也不提供服务。在航空公司、客服中心、汽车维修店、医院、鞋店、超市等很多地方，顾客排队等候的时间，对于供应商是收益，还是浪费？是顾客买单，还是供应商买单？如果由供应商买单，那么供应商愿不愿意消除这些浪费的时间？如果真正的精益供应能够与真正的精益消费密切结合，则消费者能生活得更好，员工能更满意，供应者能更赚钱。这就是三赢的局面：供应者、员工和消费者将一起奉献精益解决方案。

作者以改善流程中的全局观，将消费看成一个解决问题的整体过程，企业应该带动员工和消费者一起完善这个过程。该书为营销和客服人员指出了一个明确的努力方向：通过观察客户的困扰为公司和客户创造价值。这对于那些只想向客户倾销的顶级销售员来说，无疑是提升自己思路的良好指南。

精益思想是一种管理方法，强调以最小的投入满足客户需求，在最短的时间内取得最大的回报。这个想法由来已久，是每个创业者与经营者的梦想，但如何实现是最大的挑战。读者可能会认为，制造业固然重要，但毕竟与个人的日常生活还有相当距离。的确如此，因此《精益解决方案：公司与顾客共创价值与财富》将精益的理念带入我们生活中的衣食住行，诸如超市购物、网上订货、医院看病、银行业务、搭机旅行等，希望通过"精益消费"与"精益供应"，将双方的认知拉近，明确客户的需求，一切以满足客户为前提。

（二）代表性论文[①]

1.《什么是精益思想》(*What is Lean?*)

在这篇文章中，琼斯向大家解释了"什么是精益思想"，并通过实例加以论证。同时向更多人推广了精益思想，证实了精益思想广泛的应用前景，指出精益思想可以应用在各个领域。

琼斯一直惊讶于高层管理者经常向他询问"什么是精益？"而更令他感到沮丧的是，这些从事汽车制造领域的人，在没有精益思想的帮助下工作了数十年。而令人鼓舞的方面是，医疗保健和服务机构则渴望着取得进步并且处于领先地位。琼斯说："对我而言，精益实际上是一种向客户、员工、股东和整个社会提供更高效的新商业模式。最初，这种高效是用来确保客户所希望的在（生产工程中）不会出现任何问题、延误、麻烦、错误和熄火。很快，精益思想只用很少的额外费用，就从现有的资源中，释放出至少三分之一的生产能力。"

但是，这种思想实际上是在学习如何重新配置这些资产以及调整与供应链合作伙伴的关系，作出一个步骤上的改变来为顾客创造更多的价值。打个比方，组织诊断和治疗一个非紧急的病例，在一个小时内就可以完成，而其他人则需要几

---

① 这部分内容所引用的论文是琼斯在英国精益企业研究院的工作论文。

个月。又或是，通过压缩从原材料到消费者的供应链，原本需 11 个月缩至 30 天，使每一次交货按时足量。

琼斯坚信，在接下来的十年中，精益模式将取代当前的商业模式。最初精益模式是由艾尔弗雷德在通用汽车发展的，彼得·德鲁克在许多书籍进行了分析和描述，随后被杰克·韦尔奇在通用电气进一步改进。精益的力量渐渐被各行业的组织领导所认识，其中丰田就是那个时代参考的典范。各行业的组织领导的共同愿望是成为各自行业的丰田。

为了证明自己有能力在行业的竞争中取得根本上的优势，甩开竞争对手，各个公司不断增加着自己的压力，并最终纷纷选择了精益这条路。只需要从大的战略方面回想一下，看看沃尔玛甚至是乐购在美国市场开的第一家鲜易店，越来越多的成功收购映证了早期精益先行者丹纳赫[①]的观点。

精益思想背后的基本观点在于，顾客的价值是由许多不同部门的不同人共同努力创造的。而将这些努力连接成一个无缝的、端对端的流水线或一条价值链，将会为每个生产单位提供数以百计的简化流程，消除非增值步骤，创造符合客户需求产品的机会。实际上，组织是作为一个集合的生产线或者说价值链又或者是常说的垂直组织职能部门而存在的。垂直是从组织的结构来说，而组织创造的价值却是横向价值流。

这一过程的重点是需要一个非常不同的精益管理方式。需要有人来将这些分散的管理活动化为端对端的价值链，为管理过程改进提供机会，这个过程也许会经历几代产品。管理者应该在价值链的每一点上来帮助员工，先完成目前的一小时或一天的计划，再作出更进一步的改善，而不是在精益管理的过程中使用后视镜去观察目前的进度。在政策管理的过程中，要在组织与客户的需求间取得平衡，将相关功能的资源租赁系统纳入到精益体系中，这也是管理者的责任。

如今，每个价值链的每一个步骤之间的相互依存度越来越高，这将从不断变化的市场揭示出所有的问题和挑战。而解决这些问题，需要可视性，而不是含糊不清。当每个雇员都可以主动地发现问题并改善他们的工作，努力提高客户与组织的价值时，精益组织就会发挥出真正的力量。

[①] 丹纳赫公司自 1987 年开始从丰田汽车公司引进精益生产管理方法，持续不断推行精益成为公司最为重要的长盛不衰的法宝，被"财富"杂志聘选为最受尊敬的公司之一。

2.《精益管理引入团队》(Lean Problem Solving and Teamwork)

该书研究如何在一个团队内实施行之有效的精益管理,阐明了如何将精益管理引入一个已成熟的团队。文章的基本观点是大部分活动无法顺利展开是因为管理者没有搞清楚三个基本问题:第一,了解为什么要去解决;第二,适用于工作的详细知识;第三,合适的工具。

精益思想包含深刻的团队意义,强调用团队合作解决个别问题的重要性。琼斯用案例解释在精益组织中,有更多的问题需要用团队精神解决:

你需要三样东西来真正解决问题。首先弄明白为什么这是一个很重要的必须解决的问题,其次要详细了解在实际中工作如何展开,第三用正确的工具和知识来解决问题。没有一个人或一群人完全理解这些观点,这也就是为什么在团队里工作时,看不清楚事实,无法建立恰当的沟通,并从根本原因上找出一系列对策。

在精益组织,需要在三个不同的维度建立这种对话。首先,整个组织需要达成协议,将精力集中在至关重要的几个点;其次,沿着每条主要价值链横向移动,消除阻碍流动的障碍;最后,部门之间要在生产线和解决问题上取得同步。

3.《精益管理中的丰田竞争力》(Toyota's Challenge for the Lean Movement)

这篇文章研究如何从丰田的麻烦中吸取教训,承认了丰田公司的历史地位,揭示出精益思想到了一个必须有所改变的阶段。琼斯认为丰田作为精益思想的起点,他陷入麻烦的情况将使得精益思想有所改变。

丰田的麻烦真的结束了吗?我们应该从中吸取什么样的教训?面对这样的问题,琼斯认为,从丰田事件得出的主要教训是,精益运动现在必须依靠丰田的智慧来生存,而不是简单地作为丰田的大衣。如果从丰田事件学到了足够多的经验并且将这种经验转化到实践、参考系以及学习途径中,使得其他组织也可以建立起自己的、与丰田功能等同的、显示出优越性能的精益体系,精益思想就会继续成长和繁荣。如果只是简单地抄袭丰田公司就会忽略了重点。不要没有理解就去工作,要深刻理解这一文化,使各行业在精益旅程中的不同点上去适应面临的各种情况。

丰田事件很清楚地说明,丰田企业的每个方面的业务都是一个重要的起点。琼斯也从其他机构中学到多年来这些机构已形成的、很多丰田公司精益管理的版本,认为试图在事后凌驾于丰田公司之上的理论通常都是错误的、没有帮助的和分散人注意力的。这些真实的描述给琼斯一种思维方式的权利,去了解问题或差距，尝试用正确的对策加以解决。事实上，在实践工作中，琼斯只有在一个特定的情况下才能确定通过多数的控制实验。这反过来又使琼斯作出进一步的假设——下一次在什么样的情况和背景下可以产生功效。

通过精心选择的实验和实际工作中精益思想的运作，琼斯建立了这一知识的基础：共享许多实验、实践的成果和从故事里建立精益文化则是关键。但是精益运动下一步将会寻求机会，在下一组的实验中加深人们的认识，验证这些做法。如果人们有勇气使用相同的科学理论、实验方法来评价什么可行、什么不可行，将会建立起一个强有力的知识和实践系统，将改变管理工作并且能够经得起时间的考验。

4.《精益创新中的精益之同见》(*Lean Insights before Lean Innovation*)

本文阐述了精益思想的研究重点。文章指出，精益思想的创新不是单纯的改良质量、交货期和成本，其真正目的和最终结果是：创造新的产品和服务，设计与客户交流的新途径，并与客户共同创造更高的价值。在文中，琼斯解释了实行精益管理的三个阶段：第一，受限制地利用现有资源；第二，减少现有系统中不必要的浪费，采取新的工艺；第三，使用新的功能，拉开与竞争者的距离。

琼斯一直认为创新不是单纯的质量、交货期和成本，它应该是精益思想的真正目的和最终结果；创新就设计的产品和服务而言，就是如何通过顾客寻找新的合作办法去创造价值。精益生产的经验是：它的存在导致了新的能力，开辟了新的商业模式，从而扭转了竞争的形势，并且重塑了整个行业。换句话说，精益理解可以引起精益创新，这其中没有捷径可走。

第一次精益机会是改善操作，使现有的设计拥有更多优点。虽然大幅改善是可能的，但是它必然受到精益生产前所作决定的限制。实际上，琼斯是在充分理解它所涉及到的限制的基础上建立一个新的稳定基线。第二次精益机会是学会如何使用精益从现有的系统中移除废物，利用一种非常不同的方式去设计下一个时代的产品和工艺——提供优越的性能和更低的成本，不同的配置设备和供应链。但是当他们把精益提升到与整个企业连接时意识到，现在也可以做新的东西——那些在以前根本不可能做到成本效益的东西。然后是第三次精益机会，就是利用这些新功能开发新的商业模式，从而发现竞争是很难遵循的。

这方面的例子是丰田公司在混合型引擎上的开拓。丰田公司在一个较短的时间内形成有效成本，是由于它的快速迭代的新产品开发过程更快。乐购是唯一能够开拓成本效益的购物网络、现代化的便利店和多格式的零售，这是因为它开发的精益快速反应,为它的核心产品提供了供应链。银行简化办公程序,有可能开辟了新途径去处理更加复杂的投资组合的风险,处理普通顾客的现金和投资。

正如琼斯在精益方案中的概述,在消费过程中,一方面,生产和服务交付流程;另一方面,正确的产品、服务和知识组合在未来去帮助顾客解决他们的问题。

5.《精益组织规律》(The Laws of Lean Organizations)

本文研究了精益组织的规律,总结出三条"精益组织规律"。

第一,最成功的组织领导人,推动了其客户真实需求的深刻理解业务。这些组织领导人知道这正是组织应该做的:设计新的产品和解决方案,帮助客户获得和使用合适的产品、服务和知识,识别他们需要解决的问题。

第二,最成功的组织,以最低的浪费时间、工作人员和资产创造和提供价值。从原材料到产品使用的整个价值流,没有过多的现金、成本及资本开支,并与环境和谐可持续发展。琼斯描述了精益流程设计的原则和精益思想的价值流分析的技术。组织通过核心业务流程创造价值客户,并消除不必要的可变性。

第三,最成功的组织能将重点放在组织中的人努力实现的目的和简化流程上,培训他们运用科学的方式来规划自己的工作和解决问题,通过创建学习型组织响应客户不断变化的需求。这个学习过程要在管理中学习、实践并推动。

6.《学习以超越丰田》(Learning beyond Toyota)

本文对丰田事件作出了一次客观的、全面的总结。琼斯对丰田召回产品、停产部分车型、遇到发展瓶颈表达了自己的看法,认为丰田公司的遭遇使得精益思想改革运动陷入青黄不接的境地,但是其遭遇是一个很好的案例,揭示出精益思想的一些不足。

丰田正在暂停其大部分车型的生产工作,应对它的产品召回问题。当然,大多数公共目光重点放在"丰田做错了什么"上。琼斯觉得这是一个非常具有挑战性的问题。而问题本身并不是最重要的,重要的是丰田问题还能反映出什么教训,丰田真的已经到了其潜在的限制吗?关键的问题是,人们从丰田公司目前的状态可以学到什么?

丰田公司的令人印象深刻的增长,成为世界上最大的汽车制造商无疑展示了精益运动独特的实力。丰田公司的例子意味着青黄不接的精益运动,几乎与所有其他运动不同,这项运动是由实践驱动的,而不是理论驱动的。事实上,这已远远超过 20 年后的丰田生产系统的优越作法背后的理论和原则。

深刻的教训之一是如何推翻现代化的管理,即组织顶部的思想家和底部的实干家的分离基础。丰田找到了一种方法，使每一个员工变成一个科学家，由导师指导，用科学的方法来解决妨碍价值创造过程本身的更深层次的问题。琼斯认为，人们最初看到的工具和持续改进，实际上是员工已经开发的一个体验式的学习过程，教导员工如何去思考。

另外一个很重要的教训是如何管理以年为周期的整个价值创造过程（琼斯称之为价值流）。整个价值创造过程是跨部门和跨组织的横向流动，同时保持较强的部署知识和必不可少的垂直功能以及在同一时间整合组织的资源。大多数带动功能强的部门和业务部门未能充分发挥它们的潜力，因为每个人都在隔离管理其活动的重点，而没有人看到、管理或优化横向价值流。

从琼斯的著作与文章可以看出，精益思想的适用范围已从过去的单一的制造业开始向服务业、金融业等方面拓展，医疗、IT、金融、电信以及各类公用事业成为精益思想的重要研究领域。

三、丹尼尔·T.琼斯的主要贡献

伴随着20世纪60年代日本丰田汽车的神奇崛起，精益生产方式和精益思想已被世界各地无数企业效仿和应用，并且不断地改进和演绎，并取得了无以伦比的成就。而这一思想的提炼者和传播者当数丹尼尔·琼斯和詹姆斯·沃麦克。

（一）精益思想的集大成者

琼斯和沃麦克在《改变世界的机器》和《精益思想：消灭浪费，创造财富》指出，精益生产方式是通过企业系统结构、人员组织、运行方式和市场供求等方面的变革，使生产系统能适应用户需求的不断快速变化，并能使生产过程中一切无用的、多余的东西被精简，最终达到包括市场供销在内的生产各方面的最好效果。而精益思想的核心则是在客户价值的基础上，持续改善生产环节，杜绝一切可能的浪费，彻底降低成本，以此作为获得利润的源泉，同时带来资源利用率的提高。精益思想是将精益生产方式从一些具体的方法提升成为一种思维方式、一套完整的思想体系。这是琼斯和沃麦克自20世纪80年代对丰田汽车公司的生产方式长达20多年的研究和实践的结晶，也是企业效仿和应用丰田模式的行动指南。

（二）精益管理方式的倡导者

进入 21 世纪，商品的种类和销售渠道不断增加，大多数消费品的实际价格持续下跌。与此同时，产品质量稳中有升。然而，消费者常常对消费过程感到十分沮丧。比如，商店里商品琳琅满目，但找到自己想要的东西非常困难；厂商设立了服务台和客户服务中心，可它们很难有效地帮上忙。总之，本来应当轻松愉快的消费过程，就像变成了一场折磨。

以生产和提供优质产品为单一目标的传统精益生产方式和精益思想面临前所未有挑战。如何面对产品的高度定制化、工艺路线的变化、严格的按时交货的压力的同时，解除消费者所处的困境，应对剧烈的市场变化，这是摆在世界各国制造企业一个亟待解决的重大问题。

琼斯和沃麦克带着这个问题，自 20 世纪 90 年代后期，围绕精益理念，展开了又一轮的深入调查和研究，适时推出了《精益解决方案：公司与顾客共创价值与财富》这部力作。

与前两部著作相比，《精益解决方案：公司与顾客共创价值与财富》将传统"生产更好的产品"的精益单一目标，转变为"生产更好的产品"加"提供更满意的消费"双重目标；将精益生产方式和精益思想中"消除八大浪费"、"五个原则：价值，价值流，流动，拉动，完善"进一步充实为"必须在所需要的时间和地点，提供消费者真正需要的商品和服务，又不给消费者增加负担"的原则。在精益生产、精益供给的基础上进一步提出了精益消费理念，对精益思想中价值概念作出更进一步、更完备的诠释。

《精益解决方案：公司与顾客共创价值与财富》是对精益思想的进一步升级，是沃麦克和琼斯解决世界各国企业特别是制造企业由"21 世纪消费者所处的困境"所带来的问题，开出的又一副良剂。

在面对全球日益激烈的竞争，中国企业特别是制造企业如何在强手如林的环境下，形成自身的竞争优势，立于不败之地，这是每一个企业家值得深思的头等问题。沃麦克和琼斯精益思想的三部曲《改变世界的机器》、《精益思想：消灭浪费，创造财富》和《精益解决方案：公司与顾客共创价值与财富》，特别是最后这一部给了我们一个解决问题的切实可行的利器。

中国企业在继续发展的战略问题上几乎都认同做大做强或做强做大，要在国内已经取得了一定成功的基础上，做成世界级公司。然而，看看丰田的发展道路就知道，在做强做大之前还是先要精益求精。

琼斯和沃麦克以消费者的呼声的形式向企业提出了"六点精益消费原则"：能够完全解决我的问题；不会浪费我的时间；为我准备好我想要的东西；在我需要的地方提供价值；在我需要的时候提供价值；在解决问题的时候减少我的决策选择。这正是 21 世纪每一个企业努力的方向。

四、丹尼尔·T.琼斯的管理思想评论

（一）精益——改变世界的思想

精益思维在制造业中最成功的注解就是著名的丰田生产系统，在战后日本一穷二白的基础上，丰田用了 30 年的时间"精耕细作"，坚持只在正确的时间提供正确的产品，成为了世界汽车业的领导者，利润高于同行 10 倍。

精益思维的提出者和积极倡导者——丹尼尔·琼斯和詹姆斯·沃麦克认为精益思维能够改变世界，称之为"改变世界的机器"，并且提醒世人，精益思维不仅仅是制造业掘金的法宝，任何行为，只要有浪费存在，就有精益的空间。

丰田发明了看板管理、拉式生产，在琼斯看来，这些措施的真正意义在于：让水平面降下来，池塘里的石头才能露出来；让生产活动充分地"瘦身"，不再有任何为了弥补各种小差错而打出的物料和时间"余量"，那些生产过程中不合理和荒唐的问题才会浮现出来。那些看似偏执的做法所节省的直接成本只是精益思维效果的一个部分，还有一大块潜在的收益在于建立一个"智能型的反馈系统"，从而真正实现整体经营精益求精。

近年来，"精益生产"理论又被延伸至经营活动全过程，变为"精益管理"，其核心都在于最大限度地降低浪费。简单地说，精益管理就是关于通过消除那些被认为是有浪费的活动来为顾客创造更多价值的一种工具、活动或过程。只要消耗了资源、增加了成本或是占用了时间而没有创造价值的活动或过程都会成为被消除的对象。精益管理的一个重要方面就是集中于系统层面的改进（而非某一点的改进），它是系统层面的操作，将能极大地提高一个公司的基本绩效。如何适当地消除浪费，这对任何成功的精益管理的执行都是非常重要的。对于服务型企业而言，精益管理可以提升企业内部流程效率，做到对顾客需求的快速反应，可

以缩短从顾客需求到产生再到实现的过程的时间,大大提高顾客的满意度,从而稳定和不断扩展市场占有率。

(二)精益——中国企业转型升级之路

贴着"Made in China"标签的产品席卷全球市场,同时负面消息也接踵而来,原材料、能源、劳动力价格不断上涨,吞噬着中国制造业已稀薄的成本优势。越来越多的企业开始寄希望于发端自近邻日本的精益制造方式,继续支持中国企业在世界经济体系里成为一股持久的征服性力量。

一直以来,中国制造的成功逻辑,都是台湾制造业教父施振荣的"微笑曲线":两个扬起的嘴角分别是营销和研发,这两者是制造业"微笑"的拉动力。过去正是因为一群中国顶着CEO头衔的CMO们长袖善舞,用营销拉起了中国制造第一次高调的微笑。

近年来,由于增长乏力而笑不出来的中国制造,又集体求诸于研发,继"中国制造"之后,"中国创造"成了最流行的口号。对于习惯于模仿跟随战略,看行业标杆"尾灯"行事的中国企业来说,开始向内寻求解决方案,注重研发,无疑是企业走向成熟的标志。但比起多种少收的激进主义的研发创新,企业修炼内功,提高自身的能力,还有另一条细水长流、见微知著的解困出路:精益。

鲜有中国企业不认同这点:在被微笑曲线遗忘的谷底,最基础又最易被价值创造忽略的地方——生产线,其间隐藏着巨大的能量,大量的"金子"正躺在上面。但是,如何寻找并挖掘到这座隐秘的金矿?精益思维就是发现金矿的工具,它向中国企业提出一条"以退为进"的思路,凭着对客户需求的响应而进行拉式生产,杜绝价值链上的一切浪费,追求不断改善。

(三)精益——回归企业管理的本质

现场永远是实施精益的起点。每当有公司找到丹尼尔·琼斯,希望获得专业的建议时,这些公司得到的回答总是一样的:"让我到现场去走走看。"他总是从公司和他们的客户最接近的地方开始行程:零售卖场、产品陈列室、装运码头、或者是客服热线中心。他所指出的阻碍公司业务流程顺畅的各种瓶颈、失误和冗余,常常是那些由于人们的习惯在公司的运营中根深蒂固而无法发现的。

真正去实践精益思维并不容易,而且也无法保证在财务上获得迅速的成功。

因此，像大多数昙花一现的管理时尚一样，当诸多公司发现实际运用难度很大的时候，他们就掉头回去，精益也常遭遇到这种被打入冷宫的命运。一个真正的精益实践是从四个方面整合联动的系统行动：制造、产品开发、供应链管理以及客户管理。而在这个系统背后决定成败的关键因素，是企业的领导者是否具有将其作为长期实践的决心，企业的文化中是否蕴涵着精益求精的基因和强烈的理性自律的精神。这些真知灼见既是琼斯的研究贡献，也是他为企业开出的经营药方。

本章参考文献

[1] Womack J P, Jones D T, Roos D. *The Machine that Changed the World*[M]. New York: Rawson Associates, 1990.

[2] James P. Womack, Daniel T. Jones, Daniel Roos. *The Machine that Changed the World: The Story of Lean Production*[M]. New York: Harper Perennial, 1990.

[3] Womack J P, Jones D T. *Lean Thinking: Banish Waste and Create Wealth in Your Corporation*[M]. New York: Simon & Schuster, 1996.

[4] James P Womack, Daniel T. Jones. *Lean Solutions: How Companies and Customers Can Create Value and Wealth Together*[M]. New York: Simon & Schuster, 2005.

[5] [美] 詹姆斯·P. 沃麦克，[英] 丹尼尔 T. 琼斯. 精益思想：消灭浪费，创造财富 [M]. 沈希瑾，张文杰，李京生译. 北京：商务印书馆，2000.

[6] [美] 詹姆斯·P. 沃麦克，[英] 丹尼尔 T. 琼斯. 精益解决方案 [M]. 张文杰，等译. 机械工业出版社，2006.

[7] [美] 詹姆斯·P. 沃麦克，[英] 丹尼尔 T. 琼斯. 精益思想 [M]. 修订版. 陈荣秋，等译. 北京：机械工业出版社 2008.

[8] [美] 詹姆斯·P. 沃麦克，[英] 丹尼尔 T. 琼斯. 精益思想 [M]. 沈希瑾，张文杰，李京生译. 北京：机械工业出版社，2011.

后　记

将管理学作为一门独立学科进行研究和探索只有短短百余年的历史,这百余年的发展历程是管理由零散到系统、由经验到科学的过程,更是管理思想不断演化、不断丰富、不断创新的过程。20世纪管理学的发展遵循了三个方面的路径:一是组织理论研究的演进路径:古典组织理论→组织行为→组织(社会技术系统)→领导科学→组织文化;二是管理方式方法研究的演进路径:科学管理理论→行为科学→管理科学理论→决策理论→生产管理→信息管理;三是经营理论研究的演进路径:厂商理论→产业组织→市场学→消费者理论→策略学(战略管理)。百年管理学,大师云集、星光璀璨,各类管理思想、流派纷纷涌现,研究和学习20世纪有影响的管理学家的思想,展示管理学家经典的影响广泛的管理思想、管理原理和管理方法,对于管理理论与管理实际的发展,对于建设现代化经济体系,创建一流企业,对于发展实体经济,提高经济质量具有重要的意义。

本书选择了影响世界经济的20世纪的25位管理大师,突出了管理学家的成长研究,突出了管理学家经典著作的导读,突出了管理学家关于创办一流企业阐释。《影响世界的25位管理大师思想述评——基于一流企业视角的研究》由西北大学经济管理学院惠宁教授和西安财经学院经济学院周宇博士共同讨论选择了25位管理学家,制定了编写体例,周宇博士具体负责文稿的编纂。参加撰写的人员是:惠宁,经济学博士、博士生导师、西北大学经济管理学院教授;周宇,经济学博士、西安财经学院经济学院讲师;褚志远,经济学博士、西北大学经济管理学院讲师;惠炜,经济学博士、中央财经大学中国财政发展协同创新中心讲师;吴宁宁、蔡慧芝和谢沛是西北大学经济管理学院国民经济学硕士研究生,刘鑫鑫和宁楠是西北大学经济管理学院产业经济学硕士研究生。初稿形成后,周宇博士对全书进行了细致的修改,甚至对个别部分进行重写。惠宁教授通读全书,注重了书稿逻辑结构的严谨,突出了一流企业的建树。全书的分工如下:惠宁撰写(绪论,第一章彼得·德鲁克:现代商业理论,第二章迈克尔·波特:竞争战略思想,第三章加里·哈默尔:战略是一种革命,第四章亨利·明茨伯格:战略规则的衰落与兴起)四章。谢沛(第五章 C·K·普拉哈拉德:公司核心竞争力),褚志远撰写(第六章罗伯特·S.卡普兰:启动平衡计分卡,第二十四章苏曼特拉·戈沙尔:组织理论与跨国企业,第二十五章丹尼尔·T.琼斯:从精简生产到精简企业)三章。周宇撰写(第七章迈克尔·汉默的企业重组:经营革命的宣言,第八章詹姆斯·A.钱普:企业重组与公司重塑,第九章杰佛里·佩弗:新企业会重蹈覆辙吗?第十章查尔斯·汉迪:信赖与虚拟企业,第十一章诺萨贝斯·穆丝·坎特:让人性之光闪耀,第十二章乔·R.卡曾巴赫:团队、变革、绩效管理理论,第十三章罗伯特·西蒙斯:授权年代的控制问题)七章。惠炜撰写(第十四章戴维·C.麦克兰德:权力是最大的动力器,第十五章克里斯·阿吉里斯的授权:皇帝的新衣,第十六章查尔斯·M.法卡斯:首席执行官的领导方式,第二十一章 L·S.帕纳:企业道德管理,第二十二章杰伊·A.康格:代际转变与组织变迁,第二十三章珍妮·丹尼尔·德克:变革理论)六章。宁楠(第十七章丹尼尔·戈尔曼:领导风格理论),吴宁宁(第十八章费德勒:权变领导模式),刘鑫鑫(第十九章小约瑟夫·L.巴达那科:建立文化原理),蔡慧芝(第二十章尼提·诺里亚:实事求是的管理之道)。

《影响世界的 25 位管理大师思想述评——基于一流企业视角的研究》是国家社科基金项目《互联网驱动区域创新能力提升的效应与路径研究(17XJL004)》、陕西省高等学校《工商管理专业创新人才协同培养模式》综合改革试点项目。在撰写过程中,我们参阅了国内外许多著作、论文,吸收了其中的部分研究成果,谨向这些论著、论文的作者表示感谢!中央编译出版社的谭伟编审对本书提出了许多修改意见,做了大量的编辑工作,从而使《影响世界的 25 位管理大师思想述评——基于一流企业视角的研究》一书得以出版,在此我们表示深深的谢意。同时,由于管理学研究范围大、现实发展日新月异,许多新问题、新情况和新动态需要进一步探讨,加之管理学的名家大师层出不穷,各类管理思想和流派纷纷涌现、对于管理学家的选择,本书难免存在许多不足,诚请同仁、读者批评指正,使我们的研究不断完善,管理学理论不断发展。

2018 年 2 月 7 日于西安